浙江省第一测绘院 编制 地图审核号：浙S(2015)89号

金华年鉴

(2017)

中国共产党金华市委员会
金　华　市　人　民　政　府　主办

金华市地方志编纂委员会　编

方志出版社

编辑说明

1.《金华年鉴》于 1997 年 创办，本书是第 19 部《金华年鉴》。

2.《金华年鉴》的编写以马克思列宁主义、毛泽东思想、邓小平理论、“三个代表”重要思想、科学发展观、习近平新时代中国特色社会主义思想为指导，坚持辩证唯物主义和历史唯物主义的立场、观点和方法，旨在全面真实反映年度全市经济和社会各项事业的发展状况，汇集各行业、各方面在改革开放和社会主义现代化建设中的实绩。

3.《金华年鉴》采用分类编辑法。分为类目、分目、条目 3 个层次，部分分目下增设副分目。为方便检索，标题使用不同字体和版式，类目标题用魏体字通栏，分目标题用黑体字加网纹，副分目为黑体字顶格，条目标题用黑体字加【】号。条目为记述的基本形式，是收录信息的实体。

4.《金华年鉴(2017)》的记述时限为 2016 年 1 月至 12 月。无年份日期专指 2016 年，“上年”指 2015 年。全书分特载、大事记、概况、经济建设、政治建设、文化建设、社会建设、生态文明建设、党的建设、县(市、区)概况、国家省直驻金单位、专记、附录。

5.本年鉴内表述为“全市”的，指金华市行政区划范围的两区四市三县范围；表述为“市区”的，指金华市城区(婺城区、金东区、金华经济技术开发区)范围。

6.本年鉴采用的文稿由各相关单位提供，并经单位领导审阅。各种数据、资料均经有关部门核实确认，综合性数据以金华市统计局提供为准。

7.主要组织机构及其负责人名录由市委组织部提供，均为市本级机关各部委办局及各县(市、区)正职。凡 2016 年职务有变动的，姓名后加括号注明任(免)职时间。

金华市地方志编纂委员会

《金华年鉴》编辑部

主　　编 袁朝明

副 主 编 张　峰

编　　辑 郑　龙 林　莉 邵云花 王沁虹

▲ 1月4日，金华市63个省、市重大项目集体开工。

▲ 2 月 14 日，省委书记、省人大常委会主任夏宝龙(右二)在磐安考察金华威邦塑胶有限公司，了解企业新年开工情况。

▲ 2月23日—27日，金华市政协六届六次会议召开。

▲2月24日—28日，金华市六届人大八次会议召开。

▲3月24日，省委副书记、省长李强（左前二）考察金华唯见科技有限公司VR产品研发情况。

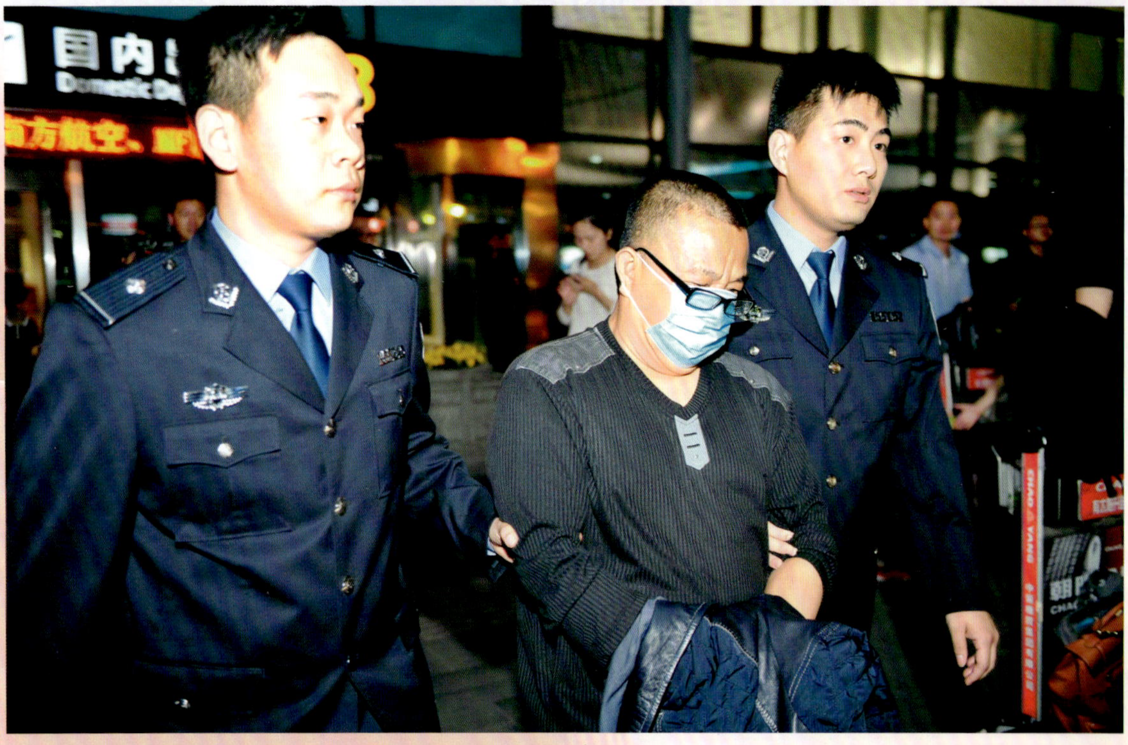

▲ 金华市“猎狐 2015”专项行动缉捕境外逃犯数居全省第一。图为 4 月 30 日，缉捕的首名外逃经济犯罪嫌疑人喻某被成功引渡回国。

▲ 4 月，环保工作人员进行取水化验 。

▲ 4月20日，省委书记、省人大常委会主任夏宝龙（左前二）考察金华华科汽车工业公司。

▲7月22日,金华市举行全市扩大有效投资重大项目集中开工仪式,55个重大项目集中开工。

▲7月22日，金华市举行全市扩大有效投资重大项目集中开工仪式，55个重大项目集中开工。

▲ 7月28日，省委书记、省人大常委会主任夏宝龙(左前二)考察义乌市涉外纠纷人民调解委员会。

▲8月18日，省委副书记、代省长车俊(右三)考察北大金华信息科技园。

▲ 10月，文化礼堂开展孝老活动。

▲ 10月，学生在五百滩公园名人雕塑园进行德育教育。

▲ 10 月 11 日，省委书记、省人大常委会主任夏宝龙(右前二)在东阳了解横店镇环境整治提升情况。

▲ 11 月 29 日，全省水利工作会议暨百项千亿防洪排涝工程建设动员大会在金华市召开，省委副书记、代省长车俊出席会议并讲话；图为 11 月 30 日，车俊(左前二)考察金华市本级金华江治理工程项目。

▲ 11月30日，全省畜牧业转型升级现场会在金华召开。图为省委副书记、代省长车俊(左二)，省委副书记袁家军(左三)考察金华美保龙种畜育种有限公司。

12 月 28 日，金华市域轨道交通工程金义东轨道交通项目开工。

目　录

经济建设

政治建设

文化建设

社会建设

生态文明建设

党的建设

县(市、区)概况

国家、省直驻金单位

专　记

附　录

特 载

实现全面小康　加快浙中崛起
努力开创现代化都市区建设新局面

——在中国共产党金华市第七次代表大会上的报告

（2017 年 2 月 25 日）

中共金华市委书记 赵光君

同志们：

中国共产党金华市第七次代表大会，是在我市高水平全面建成小康社会决胜阶段召开的一次重要会议。大会主题是：高举中国特色社会主义伟大旗帜，深入学习贯彻习近平总书记系列重要讲话和在浙江考察时的重要指示精神，动员全市广大党员和干部群众，走在前列，共建金华，为实现全面小康、加快浙中崛起，开创现代化都市区建设新局面而努力奋斗。

现在，我代表中共金华市第六届委员会向大会作报告。

一、金华在赶超发展中砥砺前行

过去五年，面对错综复杂的外部环境和繁重的改革发展稳定任务，在党中央和省委的坚强领导下，市委团结带领全市人民，励精图治，苦干实干，较好完成市第六次党代会确定的目标任务，在新常态下推动各项事业发展取得明显进步。

五年来，我们坚定打好转型升级系列组合拳，综合实力稳中有进。大力发展实体经济，重点培育五大千亿产业，着力补齐发展短板，主要经济指标增速高于全省、占比提高。2016 年，全市实现生产总值 3635 亿元，年均增长 8.6%，人均生产总值 7.57 万元；财政总收入 555 亿元，固定资产投资 2084 亿元，年均分别增长 11.1%、19%；金融存贷款余额和旅游收入均居全省第 4 位，外贸出口总额从全省第 7 位跃居第 3 位。农业“两区”建设和畜牧业转型发展态势良好。工业经济赶超进位，永康规上工业总产值突破千亿元，兰溪工业加快振兴、位次前移。现代物流、信息经济、文化创意等服务业发展迅猛，三次产业结构调整为 4.1:43.6:52.3。

五年来，我们积极推进都市区建设，城乡发展互促共进。编制完成都市区规划纲要，启动实施都市区“同心圆”建设。布局推动金义都市新区、金华山旅游经济区、多湖中央商务区和婺城二七新村等重点区块开发，城市有机更新、小城市培育、特色小镇创建全面推进，城镇化率达到 65.7%，提高 5.7 个百分点。杭长高铁、金温铁路新线、东永高速建成通车，金华铁路南站及货场投入运营，杭金衢高速改扩建一期工程完工，衢江金华段航运开发项目进展顺利，义乌机场改造扩建和东阳横店通用机场建设加快实施,金义东轨道交通开工建设,市域公交一体化有序推进。治堵工作连续两年考核全省第一。美丽乡村建设成效明显,农村生活污水治理实现全覆盖,农村生活垃圾分类处理模式全国推广。

五年来,我们致力深化改革开放,制度创新加快推进。40多项国家和省部级改革试点有序实施,形成一批可复制、可推广的制度成果。义乌国际贸易综合改革试点取得重大突破,市场采购贸易方式落地实施,义新欧班列常态化运行。义甬舟开放大通道启动建设,金义综保区通过国家验收。对外经贸合作步伐加快,获评"一带一路"最具活力城市。国家现代服务业综合试点绩效考评居全国首位,各县市均入围中国电子商务百强县。低丘缓坡综合开发利用试点通过验收,拓展用地空间5.4万亩。基本建成"四张清单一张网",率先实行"五证合一"商事登记制度,个体工商户总量居全省第2位,企业数列全省第4位、全国地级市第25位。东阳横店影视文化产业实验区成为国家级文化和科技融合示范基地,浦江列为省协调推进"四个全面"战略布局试点县,永康、金华开发区列入省供给侧结构性改革试点。农村"三权"改革、户籍制度改革稳步推进。

五年来,我们扎实开展治水拆违专项行动,环境整治加压奋进。强势推进"五水共治""三改一拆""整治环境、靓化金华"和小城镇环境综合整治,全国水环境综合整治、违法建设治理现场会在我市召开。创新实施河长制,全部消除劣Ⅴ类地表水断面,连夺"大禹鼎",兑现了"一年灭黑臭、两年提水质、三年可游泳"的承诺。累计拆除违法建筑面积6800万平方米,"三改"面积9600万平方米,拆改力度空前。浦江抓治水促转型成为全省样板,磐安被纳入国家重点生态功能区。我市成功创建国家森林城市、园林城市,空气质量优良率明显提高。

五年来,我们切实加大民生投入,百姓福祉不断增进。新增财力70%以上用于民生事业,城乡居民收入增幅高于经济增速。新增城镇就业37万人,成为全国创业先进城市。家庭人均年收入4600元以下贫困现象全面消除,武义、磐安摘帽快跑、绿色崛起。全国义务教育基本均衡县和省体育创强实现"满堂红"。群众性精神文明创建活动广泛开展,一城五人"感动中国"。覆盖城乡的社会保障体系不断完善,基本形成20分钟医疗服务圈,金东统分结合居家养老模式成为全国典型。民主法治建设得到加强,获得首批设区市地方立法权。实现全国双拥模范城"三连冠"。妇女、儿童、老龄、老干部、红十字和残疾人事业加快发展。援疆援藏援青和对口帮扶工作扎实有效。圆满完成服务保障G20峰会等重大维稳安保任务,安全生产、食品药品安全、网络安全监管全面加强,捧回平安银鼎。

五年来,我们严格落实全面从严治党要求,党风政风明显改进。扎实开展党的群众路线教育实践活动、"三严三实"专题教育和"两学一做"学习教育,从严贯彻中央八项规定精神,认真抓好中央和省委巡视组反馈意见的整改落实,"四风"问题得到有效遏制。创新建立书记抓党建专项述职、基层党建工作例会等制度,"五星争创""全科干部""整乡推进、整县提升"成为党建品牌,家规家训上榜中纪委网站数量居全国第1位。干部管理全面加强,换届风气有了根本性变化。出台实施人才新政,成功申报和引进"千人计划"134人。坚持和发展"后陈经验",普遍建立五务监督委员会。率先推进派驻监督、基层巡察、乡镇纪委回归主业改革,强化廉政风险防控和违纪违法案件查办,反腐败斗争压倒性态势已经形成。重视加强市委常委会自身建设,支持人大、政府、政协和法院、检察院依法依章履行职能,旗帜鲜明地做好意识形态工作,充分发挥统一战线、党管武装和群团组织作用,最大限度凝聚共识、汇聚力量。

五年砥砺奋进,成绩来之不易。我们能够应对困难挑战、推动事业发展,是党中央和省委正确领导的结果,是全市干部群众团结拼搏、不懈奋斗的结果,也离不开历届市委和老领导、老同志打下的坚实基础。在此,我代表中共金华市委,向全市广大党员和干部群众,向各民主党派、工商联、人民团体和各界人士,向驻金部队和武警官兵,向所有为金华发展作出贡献的同志们、朋友们,表示崇高的敬意和衷心的感谢!

回首五年奋斗历程,我们深刻体会到,做好金华工作:必须绝对忠诚讲政治,切实增强"四个意识"特别是核心意识、看齐意识,坚决贯彻落实中央和省委的决策部署,充分发挥党总揽全局、协调各方的领导核心作用；必须解放思想谋发展，以新发展理念引领新发展实践，以全球视野谋划经济社会发展大招，改革破题，创新开路，推动金华发展步入快车道、跑出加速度；必须执政为民办实事，坚持群众想什么我们就干什么，解决好人民群众普遍关心的突出问题，让创业更富激情，让发展更有“温度”；必须敢于担当抓落实，保持政治定力、战略定力、执行定力，以功成不必在我的境界，以抓铁有痕、踏石留印的作风，一任接着一任干，一张蓝图绘到底；必须从严治党强保障，把纪律和规矩挺在前面，把正风肃纪进行到底，切实强化基层党组织战斗堡垒和党员先锋模范作用，为“走在前列、共建金华”提供坚强保证。

在肯定成绩的同时，我们要清醒看到：县域经济向城市经济、都市区经济转型步伐不大，破解“散”这个战略性短板任务艰巨；科技创新能力和高新产业发展水平不高，改变“低小散弱”产业格局任务艰巨；重点领域和关键环节改革系统集成不够，改革举措落地见效任务艰巨；公共服务有效供给总体不足，促进居民增收、持续改善民生任务艰巨；反恐防暴、“两链”风险、安全生产等隐患还不少，维护社会稳定任务艰巨；少数党员干部的领导能力与所承担职责不相匹配，干部理念更新、素质提升任务艰巨。我们要永葆共产党人的政治本色，立说立行、即知即改，不忘初心、继续前进，在新的起点上努力推动金华改革发展更进一步、更快一步。

二、阔步迈向全面小康浙中崛起新征程

今后五年是深化改革攻坚期、全面小康决胜期、浙中崛起黄金期，蕴含机遇，充满挑战。全市上下要认清时代大背景、把握发展大逻辑，将成绩留给昨天，把目光投向远方，翻篇归零再出发，抓紧转、加快赶，迈出现代化都市区建设更大步伐。我们要在适应把握新常态中坚定扛起新使命，积极应对世界经济进入长周期调整和我国经济结构性失衡带来的风险挑战，主动对接“一带一路”和长江经济带国家战略，紧紧抓住我省推进四大都市区和义甬舟开放大通道建设等历史性机遇，应时而动、顺势而为，加快推进县域经济向城市经济、都市区经济转型，自觉肩负“扛起改革发展大旗、加快推进浙中崛起”新使命。我们要在全国全省发展大格局中准确锚定新坐标，清醒认识金华在长三角城市群中的功能定位、在全省发展大局中的重要作用，厚植优势、补齐短板，确保与全省同步高水平全面建成小康社会，加快建设全国区域性中心城市。我们要在日趋激烈的区域竞争中积极谋求新作为，切实增强“经济份额占全省10%，各项工作进入全省前四”的意识，提升标杆、锐意进取，努力从“跟跑”“并跑”到更多领域的“领跑”，为浙江打造全面小康标杆省份注入更多金华元素、贡献更多金华力量。新使命是省委的嘱托，新坐标是时代的呼唤，新作为是群众的期盼，我们一定不负重托、不辱使命，勤勉工作、奋力前行，向党和人民交出一份满意答卷。

今后五年工作的指导思想是：**高举中国特色社会主义伟大旗帜，以马克思列宁主义、毛泽东思想、邓小平理论、“三个代表”重要思想、科学发展观为指导，全面贯彻党的十八大和十八届三中、四中、五中、六中全会精神，深入学习贯彻习近平总书记系列重要讲话精神，统筹推进“五位一体”总体布局和协调推进“四个全面”战略布局，以“八八战略”为总纲，围绕“全面小康、浙中崛起”总目标，按照“走在前列、共建金华”要求，大力实施群城聚市、实业兴市、创新强市、开放活市、环境立市五大战略，坚定不移推进全面从严治党，着力打造全省高质量发展的重要增长极，确保与全省同步高水平全面建成小康社会，加快建设圈带聚合、协同共兴、富有活力、和谐宜居的现代化都市区。**

今后五年的主要目标是：

——*综合实力更强*。主要经济指标增速高于全省平均水平，地区生产总值超过5000亿元。现代产业体系初步构建，区域创新体系更趋完善，开放型经济优势进一步凸显，打造制造高地、商贸高地、创新高地。

——*都市能级更高*。城乡区域发展协调性明显增强，城市化率达到或超过全省平均水平，全国性综合交通枢纽功能不断完善，都市区“同心圆”初具形态，在全国大城市第二方队中争先进位。

——*生态环境更美*。全流域水质达到或优于Ⅲ类标准，城市空气质量优良率85%以上，森林覆盖率稳定在61%以上，主要污染物排放总量持续降低，创建省级生态文明示范区和美丽浙江先行区。

——*人民生活更好*。就业创业更加充分,城乡居民收入持续较快增长,全覆盖、多层次、均等化的基本公共服务体系全面建立,社会安定有序,文明程度更高。

——*管党治党更严*。全面从严治党主体责任有效落实,党的建设科学化水平不断提高,各级领导班子的领导水平和执政能力得到提升,党风政风和干部作风持续向好,齐心协力干事创业的氛围更加浓厚。

三、努力开创现代化都市区建设新局面

始终牢记发展第一要务,贯彻落实五大发展理念,大力实施“五大战略”,扛起改革发展大旗,加快推进浙中崛起,着力打造全省高质量发展的重要增长极。

(一)实施群城聚市战略,共绘浙中发展“八骏图”。只有抱团发展,才能赢得主动。坚持共建共融共享共赢,着力破“散”促“聚”,探索建立发展共同体的体制机制,加快建设网络状城市群、组团式都市区。

强化规划引领。编制实施金义都市区规划、新一轮城市总体规划,积极推进“多规合一”,合理布局产业空间、城镇空间和生态空间,科学谋划都市区未来发展“大棋盘”。坚持在都市区发展大局中找准各自定位,以战略眼光和工匠精神搞好规划设计,让城市“成长坐标”更具鲜明的地域特色、形态特色、人文特色、生态特色。积极推进都市区主轴规划、重点建设,打造代表都市区发展方向、发展水平、发展高度的金义黄金主轴,着力提升都市核心区首位度。研究制定都市区融合发展实施意见,从产业对接、功能互补、设施联通、资源共享等方面入手,统筹谋划实施一批战略性基础性重大工程项目。制定实施加快市区发展行动方案,增强中心城市集聚辐射能力。深化城市之间的分工协作和优势共创,加快兰溪老工业基地振兴步伐,推进东阳影视文化和建筑业提质发展,建设义乌现代化国际性商贸城市,打造永康先进制造业基地,创建浦江世界水晶产销中心、武义温泉养生名城、磐安江南生态养生源,让县域板块各展风采又顾盼生辉、浑然一体。

构筑三条廊道。按照“内畅外联”要求,加快“两高三快五大”交通体系建设,金义东轨道交通投入运营,杭温高铁和金台、金甬、金建铁路建成通车,打通断头路、织密交通网,形成轨道交通、高速公路、快速干线复合闭合圈,着力构筑对外交通快速化、城际交通便捷化、城市交通立体化、公共交通一体化的综合交通廊道。依托金义主轴,加快建设金华科技城、义乌科创新区,培育和引进30家以上与地方产业关联度高的科研院所,带动建设一批公共创新服务平台,集聚中高端要素,发展中高端产业,着力构筑科技人才资本充分涌流、产城融合发展的金义科创廊道。以“美丽城防工程”建设为抓手,推进金华江流域全域治理,通过水系联通、水岸环境整治及基础设施配套,打造贯通金华全境的生态河流、防洪堤坝、健身绿道、彩色林带,把沿线的特色村镇、休闲农园、文化古迹和自然景观有机串联起来,着力构筑集生态保护、休闲观光、文化体验、绿色产业于一体的浙中生态廊道。

推进城乡统筹。加强智慧城市、海绵城市、精品城市建设,大力实施背街小巷、老旧小区和城中村改造,强化城市立体开发,推进城市精明增长、有机更新,力争2020年前基本消灭城中村。加强城市天际线、主色调、疏密度、景观带的建设引导,勾画碧波映城、城托青山、山水相依的美丽画卷。积极发展总部经济、楼宇经济、文化创意、金融商务等高端业态,让城市既有“颜值”更具“气质”。因地制宜实施“小县大城”建设,培育发展小城市、中心镇和特色小镇。深化土地、户籍、产权、社会保障等城乡综合配套改革,推进以人为核心的新型城镇化。加快美丽村落、美丽田园、美丽经济和美丽风景线建设,让一口波光潋滟的池塘、一座其乐融融的文化礼堂、一个充满温情的居家养老服务中心成为“标配”,全域打造美丽乡村建设升级版。

(二)实施实业兴市战略,挺起金华经济的脊梁。做强实体经济特别是先进制造业,是浙中崛起的硬任务。坚持制造强基、振兴实业,扎实推进供给侧结构性改革,持续深入打好经济转型升级系列组合拳,加快构建支撑都市区发展的现代产业体系。

实施“十百千万”工程。认真落实五大千亿产业发展规划,一手抓大引强,一手促小育新,优化块状经济,壮大产业集群,促进经济转型升级、提质增

效。围绕培育十家产值超百亿元的大企业大集团，强化政策引导、分类指导，在股改上市、要素保障、技术改造、兼并重组等方面予以重点支持，形成一批行业龙头企业和“隐形冠军”，力争更多企业跻身中国民营企业500强。围绕实施百个投资20亿元以上的重大产业项目，招引“高大上”、留住“根与基”，做大增量、优化存量，以大项目生成大产业促进大发展。围绕打造若干产值超千亿元的现代产业集群，鼓励龙头骨干企业开展产业链整合，推进汽车制造、现代五金、生物医药、时尚纺织服装和新能源新材料等产业集聚集群、扩张提升。围绕构建万亿级的工业体系、市场体系和金融体系，大力营造扶工兴工氛围，加快推进新型工业化，力争工业规模和整体制造水平进入全省第一方阵；鼓励龙头市场采取连锁加盟、兼并收购等形式抢占市场空间，推动线上线下市场融合发展，把虚拟经济做实，把实体经济做强；提升金融支持实体经济力度，鼓励企业对接多层次资本市场，防范化解“两链”风险，创建优良金融生态。

念好“拆治归”三字经。以思想上的大彻大悟，推进行动上的大拆大整，实现发展上的大立大美。坚决打赢“五水共治”“三改一拆”攻坚战，全面围剿“低小散”“脏乱差”，防止“劣币”驱逐“良币”，倒逼生成淘汰落后、优化结构的动力之源。整治环境污染，消除安全隐患，既要治标、更要治本，加快传统产业改造升级，培育发展高端装备制造、战略性新兴产业和高新技术产业，以产业结构调整带动人口结构优化、促进新旧动能转换。全面落实“三去一降一补”任务，大力发展新实体经济，帮助企业补齐研究开发、工艺装备、产品质量、标准制定、品牌价值等方面短板。强化大抓项目抓大项目的鲜明导向，推广PPP和“股权投资+银团商贷”等模式，加大浙商回归、对接央企、引进外资、激活民资工作力度，确保固定资产投资保持较快增长。

促进产业融合提升。紧抓新一代信息技术和产业变革机遇，以渐进、渗透、跨界方式，延伸产业链、提升价值链。深入实施“四换三名”“互联网+”“机器人+”“标准化+”工程，大力推动技术改造、发展智能制造，争创中国制造2025试点城市。深入推进农业供给侧结构性改革，扎实抓好高标准农田建设和现代生态循环农业发展，实施种子种苗工程，培育新型农业主体，发展“绿色生产+适度规模经营”，增加安全优质农产品供给，加快农业绿化、农村美化、农民转化。深化国家现代服务业综合试点，做大做强电子商务、现代物流、影视文化、商贸会展等优势产业，加快发展研发设计、互联网金融等生产性服务业，培育发展健康养生、教育培训、养老服务等消费热点，不断拓展服务业发展新空间。按照“全域景区化、景区生态化”要求，有效整合旅游资源，培育“千万十亿”大景区，运用“文化+科技”提升旅游核心竞争力，实现旅游收入翻番，打造长三角重要的休闲旅游目的地。

（三）实施创新强市战略，增强转型发展驱动力。抓创新就是抓发展，谋创新就是谋未来。坚持把创新作为区域发展的主引擎，持续加大创新投入，全面打通创新“堵点”，激活都市区发展动能。

强化科技创新。聚焦经济转型主战场，全方位推进产品创新、品牌创新、产业组织创新和商业模式创新，争创国家自主创新示范区。加快发展壮大创新型企业群体，整合优化科技创新系列扶持政策，大力发展科技金融，推进百强企业研发机构和规上企业创新活动“两个全覆盖”，实现科技创新龙头企业、高新技术企业、科技型中小企业“三个倍增”。建立产业技术联盟，实施一批自主创新重大专项，创建一批高新技术产业园区。加强多层次科技孵化器建设，推进产学研协同创新，加快把科技成果转化为现实生产力。

推进制度创新。强化市场和政府“两只手”作用，加强制度顶层设计，探索建设运营管理的投入分担和收益分成机制，充分发挥各主体参与大平台大项目建设的积极性和主动性，集中优质资源合力办大事办成事。大力总结推广基层的新创造新经验，拿出遵循规律、打破常规的实招破解发展难题。深化“放管服”改革，健全“四张清单一张网”，扎实推进“最多跑一次”改革，倒逼各级各部门减权、放权、治权，以政府权力的减法换取市场活力的加法。深化要素配置市场化改革，推进各种资源要素向有竞争力创新力的企业集中，以亩产论英雄、以集约促转型。当好“店小二”，建立清费减负长效机制，为企业提供深度精准专业的服务，构建“亲”“清”新型政商关系。

鼓励社会创新。尊重群众首创精神,因势利导发展“能人经济”“草根经济”,培植大众创业、万众创新的沃土。扎实推进“青年创业谷”计划,培育壮大以高校系、电商系、海归系、婺商系为代表的“创业新四军”,建设创客之城、圆梦之都。整合用好各类产业引导基金,支持发展新技术、新产业、新业态、新模式,形成新的经济增长点。深入实施“双龙计划”“八婺英才计划”,健全柔性引才机制,努力实现引进一个高端人才、带来一个创新团队、培育一个高新企业、催生一个新兴产业。支持浙江师范大学等在金高校品牌化办学、特色化发展,推动建设金华应用技术型大学,积极引进优质高等教育资源,切实把教育优势转化为人才优势、科技优势,最终转化为发展优势。

(四)实施开放活市战略,勇当“一带一路”排头兵。开放的广度和深度,决定着发展的速度和高度。坚持以开放促改革促发展促转型,全面融入国家开放发展总体战略,推进更深层次更高水平双向开放,加快提升都市区国际化水平。

打造国际商贸高地。深化外贸体制改革,加快转变外贸发展方式,大力发展服务贸易,推动外贸向优质优价、优进优出转变,促进进口、出口、转口平衡发展。放大义乌国际和国内贸易综合改革试点效应,以贸易便利化为核心,完善市场采购贸易方式,着力构筑贸易通达体系。依托金义综保区、义乌B型保税物流中心等功能平台,加快义乌国际贸易改革试验区建设,争取设立金义小商品自由贸易港区,着力打造国际货物集散地。

拓展对外开放通道。全面落实义甬舟开放大通道建设规划,促进义乌国际陆港与宁波舟山港有效衔接,加快浙中公铁水联运港建设,紧密链接兰溪嘉宝物流港、东阳国际物流港、永康无水港,构建江海联运、海铁联运新格局。积极推进义新欧班列“增点、拓线、提效”工程,布局沿线物流分拨中心、展示中心和海外分市场,扩大进出口双向国际贸易。依托金义跨境通、义乌国际邮件互换局和交换站等平台,完善信息共享、贸易金融、智慧物流等服务体系,申创国家跨境电商综合试验区,积极开拓“网上丝绸之路”。

深化对外交流合作。认真落实对接“一带一路”战略行动计划,加强经贸、科技、环保、教育、文化等领域的务实合作。充分利用侨务、友城、海外商会等资源,合作建设中欧生态工业园、中欧智造园、中捷水晶产业合作园,大力引进资本、人才、先进设备和技术。鼓励跨国公司在我市设立地区总部、研发中心、采购中心,积极吸纳品牌、管理、营销网络等高端要素。支持企业“走出去”投资办厂、拓展营销网络,参与基础设施和产业园区建设,加强国际产能和装备制造合作,更深更广融入全球供给体系。围绕沪杭金发展带建设,深化与沪杭甬等中心城市互动发展,加强海西经济区、四省九方经济区互动协作。认真做好对口支援帮扶工作。

(五)实施环境立市战略,增创区域竞争新优势。未来区域竞争,比拼的不仅仅是资源,更多的是环境。坚持以人民为中心的发展思想,牢固树立环境是第一竞争力的理念,创建良好人文环境、服务环境、生态环境、社会环境,增强都市区辐射力和承载力。

彰显八婺文化特色。大力培育和践行社会主义核心价值观,深入实施“八婺好家风”工程,以传统家规家风涵养良好社会风气,积极争创全国文明城市。提炼和弘扬新时期金华人精神,凝聚起“共建金华”的强大精神力量。加强大型文化设施建设,加快文化小康建设步伐,大力发展文化产业,切实增强文化软实力。深入推进“信义金华”建设,广泛开展“最美”系列创建评选活动,让“善美”成为城市靓丽名片,让“守信”成为社会主流文化。加强古城古镇古村保护利用,重视非物质文化遗产保护传承,扶持发展历史经典产业,形成独具风格和地域文化的城市辨识度,展现国家历史文化名城的独特魅力。

扩大公共服务供给。按照区域统筹、分级配置、城乡一体的思路,加快社会事业发展,优化公共设施布局,着力构建与现代都市区相匹配的公共服务体系。以标准化促进均等化,推进教育、文化、卫生、体育等事业优质均衡发展,打响“学在金华”“健康金华”品牌。加强“一卡通”建设,加快推进公共服务同城化。鼓励以创业带动就业,深入实施低收入农户收入倍增计划,推进精准扶贫,确保全面小康一个不少、一户不落。进一步完善社会保障体系,办好垃圾分类、居家养老、危旧房改造等群众普遍关注的民生“小事”,努力在学有所教、劳有所得、病有所医、老有所养、住有所居上持续取得新进展。

改善生态环境质量。牢记“绿水青山就是金山银山”,以实施新一轮“811”美丽浙江建设行动为载体,加强城乡生态建设和环境保护一体化管理,构建山水林田湖生命共同体,让人民群众望得见青山、看得见绿水、记得住乡愁。坚决将环境整治进行到底,持续推进“整治环境、靓化金华”“治堵治气”和小城镇环境综合整治,决不把违法建筑、污泥浊水、脏乱差带入全面小康。倡导践行绿色低碳生产生活方式,加快环境治理基础设施建设和提标提档,认真解决群众身边的环境突出问题。严格落实生态环境保护责任终身追究和损害赔偿制度,全面贯彻《金华市水环境保护条例》,实施更高标准、更严执法,送下游一江清水、还百姓一片蓝天。

提升社会治理水平。深化法治金华、平安金华建设,完善固化G20峰会维稳安保工作机制,加强应急管理体系和便民服务平台建设,推进社会治理体系和治理能力现代化。深化司法体制改革,抓好“七五”普法工作,加强公共法律服务体系建设。进一步健全法治、德治、自治相结合的基层社会治理体系,善于运用法治思维和法治方式化解矛盾、解决问题、推动发展。切实维护国家政治安全特别是政权安全、制度安全,依法严厉打击暴恐、邪教、涉黑涉恶等违法犯罪活动。构建立体化社会治安防控体系,加强安全生产、食品药品安全、网络安全等工作,实施地质灾害“三年清零”行动,牢牢守住平安底线,力夺平安金鼎。

四、着力锻造堪当重任的金华铁军

实现今后五年的目标任务,关键在党。要坚定推动全面从严治党向纵深发展,全力打造绝对忠诚、勇立潮头、敢打硬仗、能打胜仗的金华铁军,更好肩负起“全面小康、浙中崛起”的重任。

(一)加强理论武装建设,铸就绝对忠诚的政治品格。深入学习贯彻习近平总书记系列重要讲话精神和治国理政新理念新思想新战略,提高政治站位,坚定地向以习近平同志为核心的党中央看齐,在思想上拥护核心,在政治上维护核心,在行动上紧跟核心。学深悟透习近平总书记在浙江考察时的重要指示和在浙江工作期间对金华工作的重要指示精神,内化于心、外化于行,确保中央和省委各项决策部署落地生根。严明政治纪律和政治规矩,严肃认真开展党内政治生活,增强自我净化、自我完善、自我革新、自我提高能力。推动“两学一做”学习教育常态化制度化,完善党委(党组)理论中心组学习和领导干部考学述学评学制度。坚持党性原则,牢牢把握意识形态工作领导权和主动权,在媒体融合中奏响时代主旋律。

(二)加强干部队伍建设,打造担当有为的干事团队。继续打好“上下管育爱”组合拳,建设好班长、好班子、好梯队,着力打造能谋善断、能征善战的“狮子型”团队。强化干部队伍专业化建设,培养领导干部的战略眼光、创新思维和职业素养,切实提高各级领导班子的执政能力。按照好干部“五条标准”,重用那些想干事、能干事、敢担当、善作为的干部,重用那些对群众感情真挚、深得群众拥护的干部,重用那些说话办事有灼见、有效率的干部,重用那些对上对下都实实在在、不玩虚招的干部,切实在选人用人上把好方向、守住原则。加大干部交流力度,积极选派优秀干部特别是年轻干部到改革发展主战场、维护稳定第一线、服务群众最前沿,扛主责、挑重担,在实践锻炼中增强党性、改进作风、磨炼品质、增长才干。按照“三个区分开来”要求,落实容错免责制度,关心关爱基层干部,为担当者担当,让有为者有位,激励广大干部放开手脚履职尽责、甩开膀子干事创业。

(三)加强基层基础建设,筑牢坚强稳固的战斗堡垒。牢固树立大抓基层导向,高标准落实“浙江20条”,深化“整乡推进、整县提升”工作,推进基层党建全面进步、全面过硬。深入开展“五星争创”活动,切实整治基层党员干部侵害群众利益行为,培养建设一支谋划发展有思路、推动工作有办法、化解矛盾有本领、干事创业有激情的农村带头人队伍。加快软弱落后党组织整转提升,三年基本消灭集体经济薄弱村。严格落实“走村不漏户、户户见干部”制度,用脚步丈量民情、用真情化解民忧,真正把群众工作做到老百姓的心坎上。全面推进村居、机关、国企、两新等领域党建均衡发展,培育1000个以上高品质示范党组织,让党旗在每个基层阵地上高高飘扬。全面推行“红色细胞工程”,健全党员志愿服务体系,优化基层党组织设置方式和党员教育管理模式。进一步落实党员管理“十条红线”制度,更好发挥党员先锋模范作用。

(四)加强党风廉政建设,营造风清气正的政治生态。全面落实党风廉政建设党委主体责任和纪委监督责任,有序推进监察体制改革,践行监督执纪“四种形态”,推动管党治党从宽松软走向严紧硬。坚持纪在法前、纪严于法,从严贯彻中央八项规定精神,严格落实《准则》《条例》等党内法规,切实做到真管真严、敢管敢严、长管长严,坚决防止“四风”问题反弹回潮。紧抓“关键少数”,推动各级领导干部增强政治定力、纪律定力、道德定力、抵腐定力,从自己做起,从身边人管起,从最近身的地方构筑起预防和抵制特权的防护网。坚持严字当头、实字托底,大力发扬定了干、马上办、抓到底的作风,坚决整治“中梗阻”“为官不为”行为,向不愿为、不敢为、慢作为、乱作为的怠政顽疾“亮剑”,把忠诚干净担当书写在金华事业上、印刻在八婺大地上。坚持反腐败无禁区、全覆盖、零容忍,“老虎”“苍蝇”一起打,全方位扎紧制度笼子,着力营造不敢腐、不能腐、不想腐的政治氛围。

(五)加强民主政治建设,汇聚共促发展的强大合力。坚持党总揽全局、协调各方,认真落实地方党委工作条例,着力把方向、管大局、作决策、保落实。支持人大及其常委会依法履行职权,加强立法、决定、监督、任免等各项工作,鼓励人大围绕全市中心工作开展依法督查、代表视察和专题调研。支持政府充分依法履行职责,进一步转变职能、优化服务,全力以赴抓好重大决策部署贯彻落实。发挥政协作为协商民主重要渠道作用,切实履行政治协商、民主监督、参政议政职能。支持各民主党派、工商联和无党派人士发挥智力密集、人才荟萃、联系广泛的优势,做好民族、宗教、外事、侨务和港澳台等统一战线工作,扩大朋友圈、画好同心圆。深入开展双拥共建工作,推进军民深度融合发展。用心用情做好老干部工作。支持工会、共青团、妇联等群团组织深化改革、联系群众、服务中心、建功立业。

同志们,当前的金华,正挺立在都市区建设的潮头上、奔跑在浙中崛起的跑道上、伫立在全面小康的关键节点上。回顾过去我们豪情满怀,展望未来我们信心百倍。让我们更加紧密地团结在以习近平同志为核心的党中央周围,在省委的坚强领导下,上下同欲、戮力同心,撸起袖子加油干,扑下身子抓落实,为夺取高水平全面建成小康社会的决定性胜利、谱写现代化都市区建设新篇章而努力奋斗!

政府工作报告

——在金华市第七届人民代表大会第一次会议上的报告
（2017 年 4 月 9 日）

金华市人民政府市长　暨军民

各位代表：

现在，我代表金华市人民政府向大会作政府工作报告，请予审议，并请市政协委员和其他列席人员提出意见。

一、本届政府及 2016 年工作回顾

市六届人大一次会议以来，在中共金华市委的坚强领导下，本届政府和全市人民一道，围绕“百姓富裕、浙中崛起”目标，按照“走在前列、共建金华”要求，认真落实市委各项决策部署和市六届人大各项决议，在赶超发展中砥砺前行。六年来，28 项主要经济指标中，有 24 项全省占比提高；2016 年全市实现生产总值 3635 亿元，年均增长 8.9%；一般公共预算收入 338 亿元，年均增长 12.7%；城乡常住居民人均可支配收入分别达到 46554 元和 21896 元，年均增长 10.2%、11.3%。

（一）改革开放创新重大举措有效落地。市县两级“四张清单一张网”基本建成，权力清单事项平均削减 36.8%，取消行政事业性收费 97 项，率先探索“互联网+政务服务”建设，“网上政府”建设三年行动计划全面实施。供给侧结构性改革初见成效，40 多项国家和省部级改革试点扎实推进。义乌国际贸易综合改革试点取得重大突破，国家现代服务业综合试点绩效居全国前列，全国低丘缓坡综合开发利用试点进展顺利，浦江协调推进“四个全面”战略布局试点成效明显。商事制度改革加快推进，新增市场主体数量居全省前列。认真落实国地税征管体制改革及“营改增”试点，“互联网+财税”做法在全省推广。科技创新力度加大，研发经费支出占生产总值比重超过 2%。义乌开发区升格为国家级开发区。规划建设 22 个特色小镇，其中省级 11 个。累计入选和引进“千人计划”专家 129 人、评选“双龙计划”人才项目 154 个。获评中国“一带一路”最具活力城市，义甬舟开放大通道加快建设，“义新欧”班列开通线路 8 条、运送量突破 1 万标箱，义乌国际邮件互换局业务量居全国第四，金义综合保税区通过国家验收，全球跨境电商大会永久落户，陆港、口岸加快建设，海外名校学子走进金华古村落活动产生良好影响。外贸出口额年均增长 25.2%，总量跃居全省第三。对口帮扶工作扎实有效。

（二）经济转型升级取得新进展。三次产业结构实现“二三一”向“三二一”转变，三产增加值占生产总值比重达 52.3%，规上工业总产值突破 5000 亿元，工业增加值突破 1000 亿元，农业全省排名实现晋位。先进装备制造业加快发展，新能源汽车产业规模居全省第三，新引进华科汽车、华灿光电等总投资超 15 亿元的浙（婺）商回归重大产业项目 38 个，新增上市公司 10 家、新三板挂牌企业 46 家，“金华制造上京东”企业 6277 家，“机器换人、空间换地”经验在全省推广。义乌进入生产总值千亿元俱乐部。永康规上工业总产值突破千亿元，成为全国首个县级质量强市示范城市。兰溪规上工业进入全省 20 强，华东铝业实施战略重组。浦江水晶等行业治转结合成效明显。武义获批国家级出口质量安全示范区。东阳建筑业发展稳居全国县市榜首。网络零售额居全省第二，7 个县市全部入围中国电子商务百强县，青岩刘等一批中国淘宝村蓬勃发展。旅游收入居全省第四，横店影视文化产业实验区成为国家级文化和科技融合示范基地，影视城年游客接待量居全国景区前三。金融存贷款余额位居全省第四。现代农业加快发展，连续获评全省粮食生产先进市，建成省级粮食生产功能区 81 万亩、省级现代农业综合园区 11 个、设施农业 21 万亩，培育规范性农民专业合作社812家、示范性家庭农场251家。金华国家农业科技园区获批。兰溪、浦江入选全国休闲农业和乡村旅游示范县。

(三)环境综合治理走在前列。全国水环境综合整治、违法建设治理、农村生活垃圾分类及资源化利用等现场会在我市召开，成功创建国家园林城市、国家森林城市、国家节水型城市,各县市创建为国家卫生城市、省级森林城市,磐安、义乌成为国家生态县市。全省“五水共治”第一枪在浦江打响,河长制、“治水十法”在全国推广,农村面源污染治理成效明显,沙金兰等水源涵养生态功能区建设深入推进,兰江等全流域防洪能力进一步提升,兑现了“一年灭黑臭、两年提水质、三年可游泳”承诺,地表水Ⅲ类以上水质断面占比达到97.6%,连续三年荣获大禹鼎。实施气尘合治三年行动,2016年金华市区PM2.5平均浓度比2013年下降34.3%，空气质量优良率提高到80.6%,改善幅度居全省前列。全面推进“三改一拆”“整治环境、靓化金华”等行动,婺城二七棚户区改造成全省典型,金东横塘沿城中村改造做法获百姓点赞,东阳红椿巷、兰溪排岭、浦江金狮湖、义乌仓后等区块大拆大整取得突破。深化美丽乡村建设，加强历史文化村落保护利用,农村生活垃圾“两次四分法”在全国推广,垃圾分类处理和污水治理村庄覆盖率分别达98.1%和95%。浦江成为全省美丽乡村示范县,浦阳江国家湿地公园获批。

(四)都市区共建加快推进。编制完成都市区规划纲要和综合交通规划、轨道交通线网规划、金义都市新区规划、基础设施空间一体化规划等8个专项规划,村庄规划覆盖率达95%。实施都市区建设三年行动,基本形成“一小时通勤圈”,城市化率达到65.7%,被列为长三角26个中心城市、沪杭金发展带重要节点城市。金华跨入高铁时代,杭长客专、金温铁路新线开通,金义东市域轨道交通、金甬铁路开工建设,金华铁路南站和新货场投入运营,铁路客站交通枢纽区改造加快推进。东永高速、杭金衢高速改扩建一期和一批城际快速路建成通车,义乌疏港高速、杭绍金台高速、临金高速加快建设。布局推动金义都市新区、金华山旅游经济区、多湖中央商务区开发建设，湖海塘等重点区块建设步伐加快。开通BRT线路6条，金华市区公交分担率提高到20.2%。衢江金华段航运开发和义乌机场改扩建、横店通用机场建设加快推进。治堵工作考核三年全省第一。九峰水库验收运行,第二水厂建成使用。我市成为特高压交流直流混联城市,全社会用电量突破300亿千瓦时。

(五)民生福祉持续改善。财政民生支出占比超过70%,公共服务均等化程度达90%以上。每年办好十方面实事。全面消除年人均收入4600元以下贫困现象,城乡居民收入差距缩小。武义、磐安实现“摘帽快跑、绿色发展”。新增城镇就业37万人,城镇登记失业率控制在2.9%以内。最低工资标准提高69%,企业退休人员基本养老金标准提高57%,城乡居民基础养老金最低标准提高100%,农村最低生活保障标准提高18.5%。建成城乡居家养老服务照料中心3020家,惠及20余万老年人。金东居家养老模式获评全国民生示范工程。城乡居民医疗保险实现并轨。基本公共文化服务体系不断健全,建成农村文化礼堂784个、居全省第四,市体育中心、中国婺剧院、东阳木雕博物馆等投入使用。开展最美系列创建评选,一城五人“感动中国”。教育改革发展步伐加快,义务教育入学率和巩固率达100%,实现全国义务教育基本均衡县和省体育强县全覆盖。“双下沉、两提升”扎实推进,9家县级医院与上级医院开展紧密型合作办医,基本形成城乡20分钟医疗服务圈。依法稳妥实施全面两孩政策,出生人口性别比实现六连降。社会治安、安全生产、食品药品安全、信访、调解、社区矫正、应急管理等工作扎实有效,实现平安银鼎全覆盖,婺城、武义、磐安获平安金鼎。创建8890便民服务平台,为群众解决各类诉求162万件,办结率和回访满意率99%以上。

(六)政府自身建设不断加强。从严落实中央八项规定精神，扎实开展党的群众路线教育实践活动、“三严三实”专题教育、“两学一做”学习教育,认真抓好中央和省委巡视组反馈意见的整改落实。建立健全政府常务会议学法、领导干部夜读学法、政府法律顾问等制度,行政诉讼案件败诉率明显低于全省平均水平。坚决贯彻市委决策部署,主动接受人大及其常委会依法监督、政协民主监督和社会监督、舆论监督,邀请人大代表、政协委员列席政府常务会议。改进办理方式,认真做好人大代表、政协委员建议提案办理工作。加强廉政风险点防控,审计监督实现全覆盖,政务公开力度进一步加大。建立政府投资项目超概算责任追究办法、财政性资金竞争性存放管理制度,强化公共资源交易领域信用建设,完成党政机关公车改革,"三公"经费支出持续下降。深化行政执法体制改革,综合行政执法全面推进。组建市场监管局、卫生计生委。

全面发展老龄、残疾人和关心下一代等事业,广泛开展慈善救助活动。支持工会、共青团、妇联等人民团体开展工作。加强民族、宗教、外侨、对台、统计、气象、民防、档案、地方志、仲裁等工作。完成"六五"普法、第三次经济普查和第六次人口普查,启动"七五"普法。支持国防建设和军队改革,实现全国双拥模范城"三连冠"。金华在全省首批获得地方立法权。

2016年是本届政府的收官之年。我们积极应对经济下行压力,扎实推进供给侧结构性改革,坚定不移打好转型升级系列组合拳,全面完成年初确定的工作目标,实现了"十三五"良好开局。

这一年,我们全力服务保障G20杭州峰会。举全市之力实施"四大计划、十大行动",兑现了金华的庄严承诺,圆满完成了省委、省政府交给我市的工作任务。

这一年,我们大力发展实体经济。全面落实市委关于补短板的决策部署,开展专题调研,出台"1+8+X"政策体系,推进"五个一百"行动,加快发展五大千亿产业,加大企业"两链"风险化解和帮扶工作力度,开展"三百竞赛"活动,重大产业项目投资增长29%、高新技术产业投资增长18.2%,新引进吉利英伦、零跑科技等总投资超15亿元重大产业项目12个,浙(婺)商回归资金332亿元,列入国家首批消费品工业"三品"战略示范试点,大企业大集团产值(营收)增速连续11个月保持10%以上。金华科技城入驻企业62家、引进科研院所2家。菜鸟电商园建成运营,腾讯众创空间落户。美保龙、九峰牧场等成为全省畜牧业转型升级典型。

这一年,我们合力加快都市区建设。着力规划共绘,加快推进"多规合一",启动编制"三条廊道"专项规划和都市区建设第二个三年行动计划。着力设施共建,固定资产投资增长13.5%,重大基础设施投资增长37%,完成交通基础设施投资220亿元,金义东市域轨道交通项目试验段开工建设。着力生态共保,"五水共治""三改一拆" 工作考核居全省前列,河塘清淤量全省第一,东阳"环境革命"、磐安"新农村乡风革命"等掀起城乡环境整治新高潮,横店成为小城镇风貌提升全省样板。

这一年,我们强力推进供给侧结构性改革。开展金华开发区、永康供给侧结构性改革省级试点,扎实推进"三去一降一补",处置"僵尸企业"102家,淘汰落后产能企业103家,整治关停"低小散"企业3206家,商品住宅去化周期降至10.7个月,为企业减负84亿元,处置不良贷款力度全省最大。

这一年,我们加力对接国家"一带一路"战略。制定实施三年行动计划,"义新欧"班列新增6条线路,金义综合保税区签约入驻企业40家。"引进来"和"走出去"并举,实际利用外资3.5亿美元,对外直接投资8.3亿美元、承包工程营业额4亿美元。11家跨境电商园区、14家公共海外仓列入省级试点,居全省第一。

这一年,我们着力提高群众获得感。财政民生支出增长13.2%,占全部支出的73.6%,十方面民生实事全面完成。全体居民可支配收入增长8.1%,低收入群众收入增长18.9%。新增城镇就业7.8万人,城乡居民养老保险和医疗保险参保率分别为95%、98%。义务教育标准化学校覆盖率达95%,金东、义乌通过省教育基本现代化县验收。实现优质医疗资源下沉乡镇全覆盖,分级诊疗和家庭责任医生签约服务加快推进,浙医四院建成运营,市妇幼保健院、中心血站迁建项目开工建设。郑义门、延福寺等一批文保单位得到修缮,浦江上山文化遗址公园落成,市科技文化广场加快建设。完成文化惠民"五进五送"4.5万场。群众性体育活动广泛开展,重点公共体育场所向社会开放。

各位代表,发展成绩来之不易。这是省委、省政府和市委坚强领导的结果,是市人大、市政协和社会各界监督支持的结果,是全市人民创业创新、奋力拼搏的结果。在此,我代表市人民政府,向全市人民和外来投资者、建设者,表示衷心的感谢!向人大代表、政协委员,向各民主党派、工商联、人民团体、无党派人士，向驻金部队、武警官兵、部省属驻金单位，表示衷心的感谢！向所有关心、支持我市建设和发展的港澳台同胞、海外侨胞以及社会各界朋友，表示衷心的感谢！

我们也清醒地看到，我市经济社会发展和政府工作还存在一些不足和问题：县域经济向城市经济、都市区经济转型步伐不快，破解"散"这个战略性短板任重道远；科技创新能力和高新技术产业发展水平不高，传统产业改造提升亟待突破；一些企业转型升级面临困难较大，防范化解企业"两链"风险任务艰巨；重点领域和关键环节改革系统集成不够，"放管服"改革还需深化；基本公共服务供给仍然不足，安全生产、食品安全、网络安全、社会治安还存在一些薄弱环节。同时，一些政府工作人员不担当、不作为问题没有根本改变，"四风"问题面临反弹压力，消极腐败现象时有发生，廉政建设任务依然艰巨。对此，我们一定采取更加有力的措施加以解决。

二、今后五年的目标任务和工作重点

市第七次党代会描绘了今后五年发展的宏伟蓝图，我们要按照市委的总体部署，干字当头、狠抓落实，扛起改革发展大旗，加快推进浙中崛起，充分发挥金华在浙江中西部崛起中的龙头、带动、示范作用。

今后五年工作指导思想是：**高举中国特色社会主义伟大旗帜，以马克思列宁主义、毛泽东思想、邓小平理论、"三个代表"重要思想、科学发展观为指导，全面贯彻党的十八大和十八届三中、四中、五中、六中全会精神，深入学习习近平总书记系列重要讲话精神，统筹推进"五位一体"总体布局和协调推进"四个全面"战略布局，以"八八战略"为总纲，全面贯彻落实市第七次党代会精神，围绕"全面小康、浙中崛起"总目标，按照"走在前列、共建金华"要求，大力实施群城聚市、实业兴市、创新强市、开放活市、环境立市五大战略，着力打造全省高质量发展的重要增长极，确保与全省同步高水平全面建成小康社会，加快建设圈带聚合、协同共兴、富有活力、和谐宜居的现代化都市区。**

建议今后五年的发展目标是：主要经济指标增速高于全省平均水平，到2021年生产总值超过5000亿元，一般公共预算收入超过500亿元，城乡常住居民人均可支配收入分别达到6.5万元和3.2万元。

（一）聚焦群城聚市，加快共建都市区

完善都市区"同心圆"规划。健全规划体系，推进"多规合一"，编制实施都市区规划，完成新一轮城市总体规划修编，统筹做好"三条廊道"等重点专项规划，编制城镇控制性详细规划，实现重点区域城市设计全覆盖，加强城市天际线、主色调、疏密度、景观带和显山露水视线通廊的建设引导。

建设网络状城市群、组团式都市区。建立健全都市区共建共融共享共赢体制机制，加大对都市区重大区块、重大平台和重大项目的统筹协调力度，实施都市区建设第二个三年行动计划，提升都市核心区首位度，促进都市区融合发展。婺城、金东作为中心城市的核心区，要高起点规划、高标准建设、高水平管理，进一步做优老城区、做强新城区、做美大郊区。金华开发区要加快打造工业发展的主引擎、城市拓展的核心区、产业转型的新高地。金义都市新区要加快打造高端产业集聚、科技创新驱动、对外开放引领的都市区聚合发展战略支点。金华山旅游经济区要打响"三教名山""双龙胜景""休闲养生"品牌，加快建设现代旅游休闲区。多湖中央商务区要加快建设"五大中心"，打造浙中城市建设标杆区。湖海塘、尖峰山、铁路客站、二七区块、婺州古城、石门农场、三江六岸、高铁南站新组团等重点功能区要加快建设步伐，打造城市发展特色亮点。义乌要勇立潮头、勇扛旗帜、勇当标兵，建设世界小商品之都。兰溪建设产业振兴示范区，东阳建设影视旅游名城，永康建设现代化国际五金名城，浦江建设世界水晶产销中心，武义建设温泉名城养生胜地，磐安建设江南生态养生源。

合力构筑"三条廊道"。围绕建设全国性综合交通枢纽目标，共建综合交通廊道，完成投资1500亿元以上，建成5条高标准铁路、5条高速公路、5条城际快速路，形成轨道交通、高速公路、快速干线复合闭合圈，实现县县通高铁。依托金义主轴，共建金义科创廊道，重点建设"一城一区"高能级科创平台，布局科技园区、高教新区、特色小镇等科创载体，集聚一批大院大所和高精尖人才，打造引领都市区发展的科技创新带、高新产业带、品质生活带和科技人才高地。按照“一年打基础、三年见成效、五年成廊道”要求，共建浙中生态廊道，推进全流域综合治理，加快生态河流、美丽城防、绿道联网、彩色林带、休闲公园等建设，实施连片造田造地7万亩，打造山水林田湖生命共同体，完成投资2600亿元以上。

统筹城乡协调发展。加强城市规划、建设和管理工作，加快智慧城市、海绵城市、精品城市、公交都市建设步伐。抓住“三改一拆”这一“牛鼻子”，坚持以改造带项目，能改则改、能快则快，加大城中村连片改造力度。加快城市有机更新，加大背街小巷、老旧小区改善力度，加强历史文化街区保护。加强地下综合管廊建设，提升城市基础设施和配套设施水平。积极实施“小县大城”建设，培育发展小城市、中心镇和特色小镇，保护传统村落，推进产业非农化、农民市民化、城乡一体化，城市化率力争超过全省平均水平。加快打造既有现代文明、又有田园风光的美丽乡村升级版，全域推进农村人居环境整治和基本公共设施建设，美丽乡村“三个标配”达到98%以上，争创省级美丽乡村示范县4个、示范乡镇45个、示范精品村150个。支持磐安国家级重点生态功能区建设，提升发展金磐扶贫开发区。进一步改善武义柳城、兰溪水亭等民族乡镇生产生活条件。

（二）聚焦实业兴市，全力振兴实体经济

打造全省先进制造业基地。大力实施“十百千万”工程，积极创建中国制造2025试点城市、全国质量强市示范城市和国家消费品工业“三品”战略示范试点城市，加大“四换三名”“互联网+”“机器人+”“标准化+”工作力度，先进装备制造业规上总产值突破4000亿元，新能源汽车产业形成150万台整车生产能力和超千亿元产业规模，新增产值超百亿元大企业10家、超十亿元企业100家、中国驰名商标10个、省著名商标200个、省名牌产品50个，战略性新兴产业增加值占规上工业增加值比重达28%，高新技术产业占比达38%。依托“三条廊道”做大平台，形成重大项目生成机制，全力招大引强、招才引智、招院引所，新引进投资50亿元重大项目50个、企业总部50个、高校2所、科研院所30家。同时，加大“个转企、小升规”工作力度，新培育市场主体30万家以上。

加快发展现代服务业。深化国家现代服务业综合试点，加快11个省级服务业集聚示范区建设。以电子商务、互联网泛娱乐和大数据产业为重点，大力发展信息经济，力争五年达到万亿级规模。发展壮大文化影视时尚产业，五年产值(收入)超过5300亿元。加快推进全域旅游，培育“千万十亿”大景区，新增国家5A级景区2家以上、4A级景区20家、3A级景区40家，旅游总收入实现五年翻番。加快构建万亿级市场体系，鼓励龙头市场加快营销网络布局，大力支持菜鸟、京东等电商平台建设，发展壮大“义乌购”“尚五金”“东作云”等线上平台，重视办好品牌展会，巩固提升浙中商贸中心地位。积极引导企业对接多层次资本市场，新增股份制企业500家、上市挂牌企业300家，力争直接融资比例达到10%，金融存贷款余额双双突破万亿元。同时，大力发展总部经济、楼宇经济、廊道经济和都市经济。

深入推进农业供给侧结构性改革。全面落实粮食安全责任制，推进“互联网+农业”，加强农产品品牌建设，建设绿色高效生态农业强市。到2021年，建成省级农业产业集聚区3个、特色农业强镇10个，种子种苗生产基地1万亩、设施农业25万亩，市级以上农业龙头企业达300家、示范性家庭农场400家、上市企业10家。大力推进畜牧业转型升级，建成省级美丽牧场100家、现代生态循环农业示范区10个、示范主体100个以上。积极发展创意农业、休闲农业、景观农业、养生农业，创建市级农旅融合示范点100个、国家级休闲农业与乡村旅游示范点5个。

（三）聚焦创新强市，再造体制机制新优势

增强科技推动力。完善区域创新体系，深入实施“千人计划”“双龙计划”“八婺英才计划”“青年创业谷计划”，推进大众创业、万众创新，跻身国家创新型试点城市行列，争创国家自主创新示范区。到2021年，实施自主创新重大专项100个、创建高新技术产业园区3个，国家高新技术企业达900家、省级科技型中小微企业3000家、市级以上研发机构1300家，专业技术人才超过60万人，研发经费支出占生产总值比重达2.6%。

提升平台承载力。加快打造“一城一区”科创大平台，整合提升“多园多镇”，争创国家级高新技术产业开发区。做优做强金华、义乌国家级开发区，支持永康、东阳、兰溪开发区创建国家级开发区，做新做美省级产业集聚区、开发区、工业园区，做专做精特色小镇、工业强镇、电商新镇，做活做特科技孵化器、众创空间。到2021年，特色小镇累计投资超1000亿元，培育省十强工业强镇2个、电商新镇50个。

激发改革新活力。以共建"三条廊道"为契机，积极探索建设运营管理的投入分担机制和收益分成机制。以供给侧结构性改革为主线，全面推进"三去一降一补"。充分发挥国家和省部级改革试点示范引领作用，积极争取更多改革试点。支持义乌建设国际贸易改革试验区、浦江打造"四个全面"战略布局标杆县，统筹推进各县(市、区)重点改革。支持国防建设和军队改革，积极推进军民融合深度发展，创建省级军民融合创新示范区。联动推进土地、户籍、产权、社保、撤村建居等城乡综合配套改革。

(四)聚焦开放活市，勇当"一带一路"排头兵

建设国际商贸高地。深化义乌国际贸易综合改革试点，建立健全与小商品进出口相适应的交易平台、贸易通道和监管方式，提升贸易便利化水平。充分发挥金义综合保税区、义乌B型保税物流中心功能作用，做强金义跨境通、义乌国际邮件互换局等开放平台，争取设立金义小商品自由贸易港区。推进义乌国际陆港与宁波舟山港一体化运行，加快推进浙中公铁水联运港、兰溪嘉宝物流港、东阳国际物流港、永康无水港等陆港建设，打造国际货物集散地。

拓展开放通道。加快义甬舟开放大通道建设，实施金甬铁路等100个重大项目，完成投资3500亿元，全面融入义甬舟交通带、物流带、产业带、科创带建设，加快构建"海上丝绸之路"。完善"义新欧"班列市场化常态运行机制，建设经贸合作园、物流分拨中心，加快拓展"陆上丝绸之路"。加快跨境电商海外仓布局建设，争取设立国家跨境电商综合试验区，积极开拓"网上丝绸之路"，跨境电商进出口年均增长30%以上。

构筑开放新格局。厚植小商品出口优势，扩大高新技术产品、名优特产品出口，补齐进口、加工、转口贸易短板，大力发展跨境电商、市场采购等新型贸易，对"一带一路"沿线国家出口年均增长10%，到2021年占全市出口半壁江山。优化外资营商环境、产业结构、区域布局和招引方式，提高利用外资规模质量，实现五年翻番、累计达到27亿美元。加快推动外经发展，支持企业集团式、产业链式"走出去"投资办厂、海外营销和开展跨国并购。深化对外合作交流，充分利用侨务、友城、海外商会等资源，加强经贸、科技、环保、文化等领域合作，建好中欧生态工业园、中欧智造园、中捷水晶产业合作园等。

(五)聚焦环境立市，持续增进民生福祉

优化政务服务。加快推进"最多跑一次"改革，从与企业和人民群众生产生活关系最紧密的领域和事项改起，全面梳理政务服务事项，实现受理一窗化、服务集成化、全程电子化，让数据多跑腿，群众少跑腿、争取不跑腿，提高"放管服"改革实效，全力打造最优政务服务环境，建设"互联网+政务服务"先行区，让百姓办事更便利、让企业办事更省心。

优化自然生态。严格执行《金华市水环境保护条例》，深入实施美丽金华建设行动，决不把违法建筑、污泥浊水、脏乱差带入全面小康。坚决打好治水治气、治危拆违、治城治乡、治土治山系列攻坚战，全面推行污水处理"金华标准"，深入实施城乡生活垃圾分类处理和废弃物处置，全面开展土壤污染防治行动，创建森林城市群和省级生态文明示范区、美丽浙江先行区。两年基本完成城乡危房治理，三年完成小城镇环境综合整治，四年基本消灭城中村，五年全流域水质达到或优于Ⅲ类标准、城市空气质量优良率达85%、PM2.5平均浓度比2013年下降40%、森林覆盖率稳定在61%以上、污染耕地和污染地块安全利用率达91%。

优化公共服务。加大民生投入，基本公共服务均等化程度达到95%以上。精准扶贫帮困，大力推进旅游、电商、光伏扶贫，加大异地搬迁、结对帮扶力度，确保全面小康一个不少、一户不落。织密扎牢就业社保安全网，城镇登记失业率控制在3.5%以内，积极推进社保扩面工作，实现居家养老服务全域化，提高住房保障水平。推进教育现代化，高标准普及15年教育，重视发展职业教育、高等教育和特殊教育、老年教育、家庭教育，筹建高水平应用型高

校。深化医药卫生体制综合改革,提高“双下沉、两提升”实效,完善分级诊疗机制,建设“健康金华”。加强“信义金华”建设,大力发展文化体育事业,开展最美系列创建评选,争创全国文明城市,建好管好用好农村文化礼堂。鼓励社会资本投资文化、教育、医疗、养老等事业。

优化社会治理。加强平安金华、法治金华建设。打造社会治安防控升级版,依法防范和惩治各类违法犯罪。牢牢守住安全生产底线。积极创建国家食品安全城市、全国网络监管服务示范城市。实施重要地质灾害隐患点三年清零行动。提高防灾减灾、应急管理能力,做好重大事项社会稳定风险评估工作。积极开展双拥共建,深化 8890 便民服务、12345 政务服务,建好乡镇(街道)“四个平台”,加强和创新信访、调解、社区矫正、“七五”普法等工作,确保人民安居乐业。

三、2017 年主要工作

建议今年经济发展主要预期目标为:生产总值增长 7.5%左右,城乡居民收入、财政收入增长与经济增长同步,供给侧结构性改革取得新进展,节能减排降碳指标完成省定目标任务。

(一)以“最多跑一次”改革撬动各项改革落地生根

全力推进“最多跑一次”改革。分批公布“最多跑一次”目录,确保年内覆盖 80%以上的政务服务事项。推进简政放权和一窗化受理,建立事项受理容缺机制,形成覆盖行政许可、行政征收、行政裁决、行政服务等领域的一次办结机制。推行“双随机、一公开”,形成事中事后监管一次到位机制。推行淘宝式全流程网上办理模式、移动端 APP 应用,尽快联通各部门信息数据,形成“互联网+政务服务”零上门机制。

整体推进行政审批制度改革、商事制度改革、政事分开改革和事业单位改革,实现投资项目网上审批、核准、备案,规范和培育中介服务市场,推进“最多跑一次”改革向中介机构延伸。

扎实推进重点领域和关键环节改革。支持义乌改革发展和浦江“四个全面”战略布局标杆县建设,加快推进东阳国家级文化和科技融合示范基地建设,深化金华开发区和永康供给侧结构性改革试点,扎实开展兰溪海绵城市、武义低碳城市、磐安林业股份制改革等省级试点。

(二)以新旧动能接续转换加力发展实体经济

实施五大千亿产业三年行动。加快构建 5+X 现代产业体系,确保网络零售额、跨境电商零售出口额、软件与信息服务业营业收入均增长 20%,先进装备制造业产值增长 8.5%,健康生物医药产业增长 10%,旅游业收入增长 18%,文化影视时尚产业增长 10%,争取设立金华国家数字内容产业基地和浙江(金华)网络文化产业试验区。

实施传统产业“老树发新芽”行动。制定实施水晶、五金、建材、化工、小商品、纺织服装、红木家具、建筑装配、批发零售等传统产业改造提升行动计划,推进火腿、婺州窑、木雕、茶叶、酥饼、黄酒、中药材等历史经典产业提升发展。落实大企业大集团、高成长企业培育和小微企业成长计划,新增产值超 50 亿元企业 5 家、股份制企业 100 家、上市挂牌企业 60 家,新增入驻京东商城制造企业 2000 家、工业机器人 1000 台,为企业减负 100 亿元,入选浙江制造精品和省级优秀新产品 15 个、省名牌产品 10 个、省著名商标 40 个。

实施招大引强扩投资行动。引进浙(婺)商回归资金 350 亿元、内资 420 亿元、实际利用外资 4.3 亿美元,引进投资超 50 亿元大项目 10 个以上,确保固定资产投资增长 12%,工业投资增长 7%,重大基础设施项目、重大产业项目、重点技改项目、生态环保投资均增长 17%以上。

(三)以“三条廊道”建设推进都市区共建共融

编制都市区规划,推进新一轮城市总规修编,统筹做好“三条廊道”专项规划,强化规划引领和依法管控。

加快建设综合交通廊道。完成交通投资 260 亿元,金义东市域轨道交通项目全线开工,加快建设杭温、金台、金甬、金建铁路和临金、杭绍金台、义乌疏港等高速公路,开工建设义东永高速、杭金衢高速改扩建二期和金义中线、G351 国道,加快建设金武、金兰、义永、义兰等城际快速路。衢江航运金华段建成通航。加快义乌机场改扩建步伐,建成横店通用机场。优先发展公共交通,新增停车位 3000 个。

加快建设金义科创廊道。推进科创平台建设,积极创建国家高新技术产业开发区,金华科技城引进大院大所1家、研发机构5家、产业化项目10个以上,支持建设菜鸟商学院、吉利衡远新能源研究院。完善科技政策,创新科技金融,制定实施科技创新龙头企业、高新技术企业、科技型中小微企业“三倍增”计划,推进百强企业研发机构和规上企业创新活动“两个全覆盖”,做大做强创新主体。

加快建设浙中生态廊道。按照“一年打基础、基本形成廊道主体框架”的要求,开工建设653个重点项目,投资470亿元,加固病险水库19座,新开工建设河道堤防53公里,新增截污纳管400公里。启动实施市区三江六岸景区贯通和景观提升工程,还绿于民、还景于民,打造浙中生态廊道的示范样板。

(四)以科技创新提升转型发展驱动力

建设科创平台和载体。加快建设金华科技城、义乌科创新区,支持北大信息科技园扩容,加快中科院金华科技园、浙中信息产业园、金东信息软件创业园、浙师大婺城科创园、永康五金生产力促进中心、武义科技城等科技园区建设。推进金华开发区新能源汽车、永康现代农业装备、兰溪光膜新材料、浦江水晶等特色产业园区建设。加快特色小镇建设,完成固定资产投资210亿元。鼓励利用闲置厂房建设科技孵化器、众创空间。

推进科技成果产业化。建立10亿元以上的科创投资基金,支持企业加大科技投入,加强研究开发,强化知识产权保护,与大院名校加强产学研合作,推进国家标准化综合改革试点,新增国家高新技术企业100家、省级科技型中小企业470家,实现万人发明专利拥有量7.5件、重大发明专利产业化项目100个、技术市场交易额15亿元以上,创建国家知识产权示范城市。

加快集聚创新人才。全面落实人才新政,重视企业家队伍建设,大力培育战略型、领军型企业家和新型职业经理人,加强高层次人才、高技能人才和工匠队伍建设,培养引进“千人计划”10人、“双龙计划”人才项目30个以上。

(五)以大拆大整打赢环境综合治理攻坚战

坚持有违必拆,联动打好治危拆违、小城镇环境综合整治攻坚战,整治环境、靓化金华。完成全部D级危房和涉及公共安全的C级危房治理,实施城中村、景中村改造1000万平方米,旧厂区改造300万平方米,旧住宅区改造300万平方米以上,拆除违法建筑1000万平方米,小城镇环境综合整治完成40%以上,创建省“无违建县(市、区)”1个、“基本无违建县(市、区)”2个。推进城镇低效用地再开发7000亩、盘活存量用地8500亩。

坚持有污必治,横下一条心,坚决打赢剿灭劣Ⅴ类水攻坚战。按照“干流水质全达标,支流溪流灭Ⅴ类,沟渠河塘荡污浊”的年度目标,全面推进截污纳管、小微水体整治、入河排污口整治规范、工业污染整治提升、农村双治改造提升、农业面源污染治理提升、沟渠河塘清淤修复和智慧治水保障等“八大工程”。同时,打好蓝天保卫战,努力减少重污染天气,全面完成高污染燃料锅炉淘汰改造任务,全年PM2.5平均浓度比2013年下降35%、空气质量优良率达到81%以上。深入开展土壤污染防治行动,农业“两区”内土壤清洁率达90%以上,重点企业工业危险废物无害化处置率达到95%。

坚持有劣必除,重视防范化解企业“两链”风险,坚决淘汰落后产能。完成处置“僵尸企业”30家、淘汰落后产能企业80家、整治提升“低小散”企业1000家。提升金融服务实体经济能力,严厉打击逃废债行为,确保不发生系统性金融风险,新增融资规模700亿元以上。综合施策强化保障性住房体系建设,多措并举促进房地产市场持续健康发展。

(六)以义甬舟大通道建设提升对外开放水平

加快建设义甬舟开放大通道。大力实施80个重大支撑项目,完成投资400亿元。加强金义综合保税区封关运行和招商工作,积极推进二期项目建设。加快实现义乌国际陆港与宁波舟山港“同港同关同检”,推进浙中公铁水联运港二期建设,提升兰溪嘉宝物流港、东阳国际物流港、永康无水港功能。加快建设中欧生态工业园、中欧智造园、中捷水晶产业合作园。

提高国际贸易便利化水平。深化义乌国际贸易综合改革试点,做优一般贸易,扩大服务贸易,发展加工贸易,探索建立外贸综合服务平台,推进“单一窗口”模式,加快建设省级跨境电商创新发展示范区。确保外贸出口增长6%,对“一带一路”沿线国家出口额超过1500亿元,进口增幅同比提高10个百分点，服务贸易进出口增长10%。

深化对外交流合作。深入实施对接“一带一路”战略三年行动计划，加强经贸、文化、科技、教育等各领域交流合作。支持企业“走出去”开展跨国并购，建立产销网络，组织参加境内外展会100个以上。继续办好海外名校学子走进金华古村落等活动。积极参与沪杭金发展带建设，加强与海西经济区、四省九方经济协作区互动，做好东西部扶贫协作和对口支援帮扶工作。

（七）以“三转”促进“三农”工作

加快农业转型。全面落实粮食安全责任制，努力增加绿色优质农产品供给，大力发展绿色种植、绿色养殖等高效生态循环农业，新建省级粮食生产功能区8万亩、省级农业产业集聚区1个、省级特色农业强镇2个、设施农业1万亩、绿色农产品基地1万亩、现代农业科技示范基地30个。创建畜牧业绿色发展示范县1个、省级示范性美丽牧场15家。培育现代农业经营主体，新增示范性家庭农场30家、上市挂牌企业2家。办好义乌森博会、华东农交会、中国苗交会、磐安药博会等农业展会。

促进农村转美。创建美丽乡村风景线9条、精品村45个、秀美村90个、3A级以上景区村20个，新建或改建旅游厕所185个，治乱美化创建达标村95%以上，生活污水治理、生活垃圾分类处理实现行政村全覆盖。

推动农民转行。深化农村土地承包经营权、宅基地用益物权、集体经济收益权“三权到人、权跟人走”改革，完成农村土地确权登记颁证。加强农民职业技能培训和创业扶持，深入实施集体经济薄弱村消除三年行动计划和低收入农户收入倍增计划，培训农村实用人才2万人，建成电商特色镇10个、电商专业村100个，低收入农户人均可支配收入增长10%以上。

（八）以基本公共服务均等化提升群众获得感

鼓励创业、扩大就业、促进社保全覆盖。支持各类人才在金创业、来金创业。做好高校毕业生、就业困难人员、农村转移劳动力等重点群体就业工作，新增城镇就业5.8万人以上，城镇登记失业率控制在3.5%以内。完成市民卡发放100万张。加大社保扩面力度，稳步提高退休人员基本养老金、城乡居民基础养老金和城乡低保标准。加快发展养老服务业，加强医养结合养老服务机构建设，形成城乡居家养老20分钟服务圈。实现大病医疗保险市级统筹，完善社会救助体系，关爱弱势群体，加强城市无障碍设施建设。

加快教育改革发展。制定学前教育第三轮行动计划，实施学前教育、义务教育扩容工程，完成23所薄弱学校提标改造，加强师资队伍和校园文化建设，争创省教育基本现代化县2个。推进中高职融合发展，重视发展特殊教育，积极支持浙师大、金华职业技术学院、上海财大浙江学院、义乌工商学院等在金高校加快发展，做好高水平应用型高校筹建工作。

深化医药卫生体制综合改革。强化“双下沉、两提升”工作，推进分级诊疗，加强社区卫生服务中心、乡镇卫生院和村级卫生服务组织建设，推进县域心电、影像、检验、远程会诊、消毒供应等五大共享中心建设。加快市人民医院、妇幼保健院、中心血站等重点项目建设。加强慢性病防治和传染病防控，大力发展中医药事业。推进医药价格改革。提升计生服务水平。

丰富群众文化生活。实施优秀传统文化传承发展工程，完善基本公共文化服务体系。建成市科技文化广场，推进非遗馆和数字文化馆、图书馆、博物馆建设，发展收藏文化事业，推动农村文化礼堂建管用育一体化。加强对外文化交流，打造婺剧文化金名片。争创全国文明城市提名资格城市。积极发展体育事业和全民健身运动。

深入推进平安金华、法治金华、信义金华建设。健全立体化治安防控体系，防范和打击各类违法犯罪活动，重视网络安全，维护国家安全。落实安全生产“党政同责、一岗双责”，积极创建国家食品安全城市，打造“互联网+菜篮子”全链条可监控可追溯体系。提升防汛防台、防灾减灾、应急管理能力，抓好重要地质灾害隐患点治理、城乡危旧房整治。加强和改进信访、矛盾调处、8890便民服务、12345政务服务等工作，抓好乡镇（街道）“四个平台”建设，完善社会信用体系，推进“法治+德治+自治”综合治理。争创全国双拥模范城“四连冠”，创建东阳、永康省级军民融合创新示范区，支持部队做好全面停止有偿服务工作。

各位代表,今年我们将按照“群众提、代表定、政府办”的要求,切实办好十方面民生实事。同时,支持工会、共青团、妇联、科协等群团组织改革工作,重视做好民族、宗教、对台、民防、气象、统计、档案、地方志、残疾人和关心下一代等工作。

四、切实加强政府自身建设

贯彻落实市委关于全力打造“金华铁军”的要求,以更高标准、更严要求、更实作风,加强政府自身建设,全面提升政府系统的执行力、战斗力和公信力。

(一)提能增效,建设服务政府。以“最多跑一次”倒逼“放管服”改革,建设“互联网+政务服务”先行区,走好网上群众路线,及时回应社会关切,当好“店小二”,优化服务供给,着力构建“亲”“清”新型政商关系,大力营造亲商、安商、富商氛围,依法平等保护各类产权。

(二)担当有为,建设责任政府。以时不我待、舍我其谁的担当精神,当工匠、钉钉子,提高执行力、增强公信力。建立重点工作清单制度,强化首问负责制,健全容错纠错机制,严格绩效管理,严肃追责问责,使政府各项工作有清单、有督查、有考核、有问责,营造真抓实干、狠抓落实的浓厚氛围。

(三)依法行政,建设法治政府。切实把各项行政行为纳入法治轨道,做到授予有据、行使有规、施政有信、监督有效。认真执行重大行政决策程序规定,依法民主科学决策。深化行政执法和行政复议体制改革,严格规范公正文明执法。主动接受人大依法监督、政协民主监督以及监察监督、司法监督,加强审计监督,畅通社会和舆论监督渠道。全面推进政务公开工作,让权力公开透明、阳光运行。

(四)严守规矩,建设廉洁政府。牢固树立政治意识、大局意识、核心意识、看齐意识,严守政治纪律和政治规矩,严格落实中央八项规定精神,严防“四风”问题反弹回潮。健全廉政风险防控机制,严控“三公”经费支出,严肃查处各类违纪违法案件。切实治理庸政懒政怠政现象,从群众急切盼望的事情抓起,从社会反映集中的问题改起,用政府“紧日子”换来群众“好日子”。

各位代表,蓝图已绘就,关键在实干。让我们更加紧密地团结在以习近平同志为核心的党中央周围,在省委、省政府和市委的坚强领导下,撸起袖子加油干,扑下身子抓落实,为高水平全面建成小康社会、谱写现代化都市区建设新篇章而努力奋斗!

中共金华市委关于走在前列共建金华的决定

（2016年5月17日中国共产党金华市第六届委员会第十一次全体会议通过）

市委六届十一次全会认真学习贯彻省委十三届九次全会精神，按照“走在前列、共建金华”新要求，研究部署我市补短板工作，作出如下决定。

一、总体要求

1.**重大意义**。根据中央和省委部署要求，市委着眼金华长远发展和现实需要，在全市上下联动找短板的基础上，提出了“走在前列、共建金华”的新要求。这一新要求，深入贯彻落实习近平总书记系列重要讲话特别是在浙江工作时对金华发展的重要指示精神，符合省委、省政府关于金华在全省发展大局中的定位定向；这一新要求，顺应区域发展的内在逻辑和客观规律，适应、把握和引领经济发展新常态；这一新要求，正视金华发展的深层次矛盾和基础性问题，为提升标杆、补齐短板，确保与全省同步高水平全面建成小康社会提供了行动指南和根本遵循。

2.**指导思想**。深入学习贯彻党的十八大，十八届三中、四中、五中全会和习近平总书记系列重要讲话精神，按照中央、全省经济工作会议和省委十三届九次全会决策部署，以“四个全面”战略布局为统领，以五大发展理念为引领，以“八八战略”为总纲，正确树立大局观和全局观，牢牢把握问题导向、效果导向和满意导向，坚持共建共融共享共赢原则，扎实推进供给侧结构性改革，着力补短板、促均衡、增后劲，走在前列、共建金华，以崭新的姿态和优异的成绩共创金华发展的新时代。

3.**主要目标**。力争通过五年的努力，全面或超额完成市“十三五”规划确定的各项目标任务，努力打造全省发展新的重要增长极，确保与全省同步高水平全面建成小康社会。

二、做优做强实体经济

4.**培育现代产业体系**。大力培育以信息经济、先进装备制造、健康生物医药、文化影视时尚和休闲旅游服务五大千亿产业为核心的“5+X”主导产业体系，促进产业智能化、信息化、绿色化发展。到2020年，全市五大千亿产业总产值突破2万亿元。积极对接“中国制造2025”及“浙江行动纲要”，加快推进传统产业升级换代，大力发展战略性新兴产业，着力打造先进装备制造业重要基地。统筹推进标准强市、质量强市、品牌强市和“互联网+”“机器人+”“标准化+”等行动计划，推动市场与实体经济融合发展，大力弘扬“工匠精神”，积极创建“金华制造”品牌。深入推进“四换三名”“两化融合”和“四破攻坚”，加快淘汰落后产能，大力发展循环经济。扎实抓好“个转企、小升规、规改股、股上市”工作，实施大企业、大集团和高成长企业培育行动。积极推进农业现代化，着力提高农业质量效益和竞争力。

5.**扩大产业有效投资**。实施百项千亿重大产业项目工程，重点推进机器换人、新兴产业与工业强基等示范项目建设。建立全市招商招才资源和投资信息共享机制，实施“浙(婺)商回归”“央(省)企对接”工程和“引进外资五年倍增计划”。建立重大建设项目储备滚动机制，完善重大建设项目与土地、资金、环境容量、人才等要素供给的联动保障机制。加快投融资体制改革，切实增强民资、国资、外资市场化自主投资能力，健全政府和社会资本合作机制。

6.**健全减负帮扶机制**。进一步转变政府职能，深入推进“四张清单一张网”建设。全面建立“亲”“清”新型政商关系，完善困难企业帮扶机制。落实企业税费减免政策，进一步降低企业负担。清理规范涉企收费，实行中介资源一体化、标准化、市场化配置管理。深化流通体制改革，降低物流成本。

推进金融和实业深度融合,着力解决资不抵债企业问题,切实防范和化解“两链”风险,严厉打击恶意逃废债行为。

7.推动对外开放合作。把握“一带一路”、长江经济带和自由贸易区等国家战略机遇,加快建设义新欧、义甬舟等开放大通道,充分发挥金义综合保税区、义乌国际陆港等开放平台作用,全面构筑对外开放新格局。进一步放大义乌国家级贸易改革试点优势,加快形成与国际投资、贸易通行规则相衔接的基本制度体系和监管模式。积极争创跨境电子商务综合试验区,大力发展电子商务、现代物流和国际服务贸易。加快境外经贸合作区布局,推进实体市场和企业全产业链集团式“走出去”,支持企业通过境外并购、股权置换、资产注入等方式,推动国际产能和装备制造合作。

三、着力提升科技创新能力

8.建设科技创新大平台。加快金华科技城规划建设,做优做强中科院金华科技园、北大金华信息科技园、赛伯乐浙江互联网创新中心等科创平台,积极打造金义科创走廊。高质量推进特色小镇建设,大力发展科技孵化器、众创空间和青创工场,打造“创业苗圃—孵化器—加速器—产业园”四级创新载体。规划建设“一城一园两镇”为主体的国家级高新技术园区。到2020年,高新园区对规上工业增长贡献率超50%。

9.完善区域协同创新体系。建立完善区域创新生态系统,推动区域创新资源整合共享,合力推进创新大平台、大项目、大团队、大环境建设,加大企业科技研发投入,积极创建国家创新型城市。大力实施“高新技术企业倍增计划”和“科技型中小企业倍增计划”。到2020年,省科技型中小企业达到2000家,国家级高新技术企业800家以上。大力引进培育以技术研发中心和重点科研院所为主体的科研机构,发挥在金高校的创新引领作用,引导和鼓励企业与大院名校结成技术创新战略联盟,推进大型工业企业研发机构建设、规上工业企业技术创新活动全覆盖。加强军民两用技术研发交流,推进重点技术和产业“民参军”“军转民”。

10.集聚高层次创新人才。加快建立科学化、社会化、市场化的人才评价体系,深化拔尖人才培养工程,探索建立以创新创业为导向的人才培养机制。深入推进“千人计划”“双龙计划”,强化海外人才及外国专家对接与项目合作。重视新生代企业家培养力度,加强创新型企业家队伍建设,培育一批战略型企业家和新型职业经理人。建立政府、企业、社会多元投入机制,创新人才与资本、技术对接合作机制。建立创新人才顺畅流动机制,推动区域人才开发一体化。到2020年,全市“千人计划”“双龙计划”专家数各新增100人以上,新增高层次人才15000人。

11.推进科技体制机制创新。全面落实科技创新和成果转化政策,完善职务发明、收益分配、股权激励、成果转化激励、科研经费管理等政策。健全财政科技投入稳定增长机制,重点向以普惠性、竞争性、政府购买服务为主转变。市、县两级设立创新引导基金、政府产业基金,引导企业资金、社会资本、风险投资进入创新领域。完善科技创新投融资机制,建立从实验研究、中试到产业化全过程科技创新融资模式。大力培育科技中介机构,推进市场化的科技中介服务发展模式。健全项目、技术、资本、人才与产业对接的长效机制,开展产业关键共性技术集中攻关。

四、积极打造综合交通枢纽

12.优化综合交通网络。树立大交通理念,创新大交通管理体制。加快建设“两高三快五大”为骨干的内畅外联的现代综合交通体系,突出抓好交通路网加密提标提效,基本形成到邻近省会城市两小时交通圈、都市区内一小时通勤圈和都市核心区半小时联系圈,打造全国性综合交通枢纽。加快金义东城际轨道交通和杭温高铁规划建设,推进金台铁路、金甬铁路、金建铁路建设。加快建设临金高速、杭金衢高速金华段拓宽(二期)工程、杭绍台高速金华段、义乌疏港高速及延伸线,全面打通“断头路”,加快打造都市区高速环线闭合圈。实施义乌机场改扩建工程、横店通用机场建设,完成衢江航运开发、兰江航道整治,推进公铁水空多种运输方式快速转换和无缝对接。到2020年,实施综合交通重点建设项目200个,力争完成投资1500亿元。

13.大力发展公共交通。积极创建公交优先示范城市,加快都市区“八干四支”快速公交网络建设,扩大BRT运行辐射面，提升集散接驳能力。逐步提高公交分担率，加快都市区城际客运班线公交化改造，优化加密城市公交线网，提升农村客运条件，推进城乡公交服务一体化全覆盖。加快通景公交建设，探索高峰通勤巴士、定制公交、社区小巴等特色公交服务，拓展公共自行车服务网点，稳妥推进出租车行业改革。深入实施城市交通治堵工程，构建智能交通科技体系，实施公交全链化智慧化管理，构建多模式、多层次、高效率的公共交通体系。

14.*构建现代化运输物流体系*。进一步完善物流基础设施网络布局，加快重点物流集聚区建设。完善“跨境通”服务功能，搭建基于“互联网+”的物流公共信息服务平台，发展供应链物流、电商物流、金融物流等新型物流业态。引导交通运输装备升级，争创国家多式联运示范工程。

15.*创新交通投融资体制*。建立社会化、市场化、多元化的交通基础设施投融资模式，结合市属国企改革和事业单位改革，探索实施资源捆绑、资产重组等方式，多渠道整合资源，做大做强交通投融资平台。完善市级公共财政交通保障机制，建立“政府主导、分级负责”的公益性交通基础设施建设资金保障体制。创新市场融资模式，培育造血功能，加大拟建项目招商引资力度，运用PPP模式，引导社会资本参与建设经营。将资产整合与政策处理创新结合起来，在整合优质资产、财政税收、建设用地等方面创新支持政策。

五、加快推进新型城市化

16.*提升中心城市集聚辐射能力*。按照“一轴两带多组团”空间布局，深化城市间协作和功能互补，促进组团城市融合互动、串点成圈，加快打造现代化都市区。以金义都市新区为战略支点，大力推进金华市区和义乌市聚合发展，不断强化双城联动性和协作度。按照“一体两翼聚主轴、三江四片强中心”空间发展导向，进一步完善市区发展机制，加快金华山旅游经济区、多湖中央商务区和湖海塘、二七新村等重点区块建设，全面提升金华市区首位度。以义乌国际国内贸易综合改革试点为引领，加快推进丝路新区、陆港新区、科创新区建设，提升义乌在全球贸易体系中的地位和作用，打造现代化国际性商贸城市。着力提升金义主轴核心辐射带动功能，积极推动周边城市与都市区核心接轨融合、同城化发展。

17. *推动城乡区域一体化发展*。推进“多规合一”，启动新一轮城市总体规划编制，实现区域协同的多层次规划体系和跨部门空间规划“一张图”。做好东阳、浦江经济社会发展总体规划编制试点，逐步推进市县空间发展分区划定工作，科学划分城镇、农业、生态三类空间的适度规模和比例结构。组建都市区综合性网络城镇体系，加快推进小城市、中心镇、特色镇与县域中心协调发展。统筹推进交通、水利、能源、信息、环保等基础设施建设，形成市场化、可持续的投入机制和运营机制，加快实现城市基础设施互联互通、共建共享。

18.*打造凸显文化内涵的精品城市*。注重保护和开发相结合，因地制宜植入文化元素，塑造个性鲜明的城市形象，打造具有金华记忆、彰显八婺韵味的城市风貌。注重城市规划引导，推进城市有机更新，加强城中村、城乡接合部和背街小巷的改造提升。积极争创“海绵城市”和国家森林城市、国家湿地公园，完善城市功能配套，推动城市精细化管理，全面提升城市品质，创建全国文明城市。加强历史文化名城名镇名村、历史文化街区保护和开发，建设“婺派民居”。

19.*完善都市区统筹协调机制*。顺应县域经济向都市区经济转型发展趋势，强化对都市区空间规划、产业发展、设施建设、资源配置、生态保护、社会民生等统筹协调力度。以跨县(市、区)基础设施、公共服务和重大产业项目为重点，探索建立跨区域重大事项统筹协调、成本分担和利益共享机制，提高统筹协调能力和效率。创新跨县域合作开发机制，充分发挥区域统筹资金引导激励作用，调动各方参与建设的积极性。

六、大力发展生态旅游经济

20.*推进长效化生态治理*。加大环境执法和司法保障力度，精准推进环境治理，实现区域生态环境联防联治。统筹推进“五水共治”“三改一拆”“治气治土”，推进河塘清淤、污泥处置利用和污水截污纳管工作，全面建立依法治违长效机制，实行最严格的危险废弃物和污泥全过程监管措施。到2020年，全面消除黑臭水体和V类水质断面，主要干流水质基本达到或优于Ⅲ类水;基本完成存量违法建筑处置,拆后土地利用超过80%,实现县县基本无违建。加大"两路两侧""四边三化"环境整治力度,科学布局美丽乡村风景线,推进全域洁化绿化美化。加强危险废物和城乡生活垃圾收集处置设施建设管理,推进城乡垃圾分类处理和资源化利用。

21.*构建全域化发展格局*。构建全市大旅游综合协调管理体制,推动景区旅游向全域旅游转变、单一业态向综合产业转变,统一做好全市旅游发展规划,加强各类相关规划的衔接协调,全域化整合景区资源。探索建立全域化旅游项目建设规范,推进旅游基础设施、公共服务和城乡建设一体化发展。探索建立打破行政区划界限的资源共享、市场共建、客源互送、信息互通、利益共赢机制,构建旅游经济共同体。

22.*打造多元化产品体系*。全域发挥旅游+新型工业化、旅游+生态农业、旅游+文化、旅游+信息化、旅游+生态化以及"家+"功能,推动旅游与其他相关产业深度融合,增加旅游体验式、参与式、互动式内容,积极培育旅游新业态,促进旅游产业链的联通和延伸,积极构建影视文化、休闲购物、生态观光、健康养生等多元化旅游产品体系。大力推进旅游产品转型换代,深入挖掘开发资源潜力,加快旅游小镇、旅游度假区、特色旅游基地、休闲养生基地、工业旅游示范基地、旅游创客基地建设,构建新的发展载体。

23.*打响特色化旅游品牌*。加强对全市旅游特色和人文优势的提炼,打造以全域旅游为视野的旅游品牌。推动各地旅游景点、旅游企业、节庆活动、旅游服务等特色化品牌培育创建,着力提升旅游市场影响力和品牌知名度。改革创新旅游综合执法机制,全面优化旅游市场环境,切实加强旅游市场诚信建设。建立旅游全域营销体系,搭建全域旅游推广平台,不断提升金华旅游知名度、美誉度。

七、全面提升公共服务水平

24.*推进基本公共服务均等化标准化*。全面加强教育强市建设,创新各层次各类型职业教育模式,加快薄弱学校改造,打造金华优质教育品牌。到2020年,义务教育标准化学校覆盖率超过95%,全面消除"大班额"现象,全市实现教育现代化。实施基层医疗卫生服务能力提升行动计划,深化医疗、医保、医药联动改革,完善医疗资源"双下沉、两提升"长效机制,推进县乡村卫生人才管理一体化。到2020年,全面实现县域内医疗卫生机构标准化建设,县域就诊率达90%,分级诊疗制度基本建立。实施全民参保计划,推进城乡居民同类保障制度并轨整合。强化政保合作统筹机制,用好财政杠杆,全面推开巨灾保险、社区居家养老服务机构综合保险以及残疾人、特殊群体老年人意外伤害保险,稳步提高大病保险统筹层次,创新小额人身保险筹资机制。强化就业创业服务体系建设,鼓励多渠道多形式就业。全面实施体育公共服务"四提升、四覆盖"工程。充分发挥8890等平台作用,创新公共服务提供方式。积极应对人口老龄化,全面推行居家养老模式,加强养老服务机构专业化建设,建立养老护理志愿者制度。探索发展社区嵌入式养老机构,开展智慧养老社区建设,鼓励发展民办养老机构。到2020年,65岁以上老人全部纳入健康管理。

25.*促进低收入农户增收致富*。加快建立低收入农户精准扶贫长效机制,健全低收入农户数据库,完善兜底措施,提高扶贫工作的整体性和精准性。实施健康扶贫工程,鼓励设立"乡情基金",畅通社会力量参与社会救助渠道,完善因病因残因灾致贫返贫帮扶救助机制。逐步提高并统一城乡低保标准,实现低保人口应保尽保。加强低收入农户就业技能培训,巩固扩大来料加工业,促进低收入农户实现就业转移。加大教育帮扶和结对帮扶力度,切实阻断贫困代际传递。实施扶贫致富带头人培养计划,支持鼓励返乡创业。推广合作扶贫,财政扶持产业项目收益分配精准到户到人,加快构建"三位一体"农民合作经济组织体系,支持低收入农户以承包土地、集体资产股份参与合作开发经营。扎实推进"富村五年计划",实施"美丽经济"发展行动,全面消除年收入10万元以下集体经济薄弱村。

26.*深化法治金华建设*。坚持依宪执政、依法执政,推动各级领导干部做尊法学法守法用法的模范,提高党员干部法治思维和依法办事能力。加快推进地方立法,增强地方法规的针对性和实效性。加强法治政府建设,全面推进综合行政执法,强化行政权力监督和约束,打造"互联网+政务"先行区。

深入推进司法体制改革，优化司法职权配置，健全司法权力运行机制，推进公正司法。坚持和发展“后陈经验”，积极探索基层民主法治建设新途径。全面推进覆盖城乡的公共法律服务体系建设，加大法治宣传和普法工作力度，增强全民法治观念，在全社会形成良好的法治氛围和法治习惯。

27.*强化公共安全保障*。深入推进“平安金华”建设，深化“网格化管理、组团式服务”，构建以信息化为支撑的立体化社会治安防控体系，扎实推进互联互通、信息共享的城乡视频监控一体化建设，健全群防群治长效工作机制，增强防范打击各类犯罪的能力。加强流动人口管理服务。实行社会风险隐患清单式管理，落实重大决策社会稳定风险评估机制，强化矛盾源头防控。加快构建关键信息基础设施安全保障体系，增强网络安全防御能力和威慑能力。深入推进社会信用体系建设。深化重点行业领域安全生产隐患排查治理，进一步夯实企业主体和部门监管责任，消除行业监管“盲区”。健全公共交通安保机制。完善防灾减灾体制机制，提升综合防灾减灾能力。实施食品药品安全战略，深化餐桌安全治理行动。

八、全力推动改革举措落地见效

28.*完善责任体系*。建立完善重大改革任务责任落实机制，强化各级各部门对本地区本领域改革的主体责任。落实年度重点突破改革项目市、县领导对口联系制度，实行重大改革任务“年报告、季通报、月联系”和专项小组研究改革专题会议制度。建立分级分项目督察机制，突出引领性、标志性重点改革任务的督察。健全改革考核评价体系，把改革实绩考核纳入对各县(市、区)党政领导班子政绩考核和市直单位绩效考评，形成改革落实全流程、高效率、可核查责任链条体系。

29.*发挥集成效应*。强化顶层设计和统筹谋划，注重改革举措的配套组合，加强跨区域、跨领域重大改革项目的交办、督促和协调。建立改革项目协同推进机制，形成各地区、各部门、各环节改革项目衔接配套、联动推进的局面。探索建立改革试点扩面推广机制和淘汰退出机制，及时总结提炼改革经验做法，加快释放改革红利，形成一批全省乃至全国有影响力的改革样本。

30.*提升改革质量*。建立重大改革方案与立法衔接机制，为改革落地提供法制保障。加强改革智库建设，建立重大改革项目评估制度，引入第三方力量对改革项目进行科学评估。建立重大改革试点竞争性甄选制度和公众意见征询制度，畅通专家学者和公众参与改革的开放渠道。制定惠民惠企改革政策清单管理制度，明确政策事项、享受标准和服务流程，加大宣传力度，健全落实机制，给群众和企业带来实实在在的获得感。

九、切实强化“走在前列、共建金华”的组织保障

31.*加强组织领导*。各级党委政府要不断增强政治意识、大局意识、核心意识、看齐意识，切实把思想和行动统一到中央、省委和市委的重大决策部署上来。市级层面加快建立都市区决策体系、会商制度、协调机制和督导办法，研究解决金华发展中的重大问题。发挥人大、政协职能作用，进一步发挥工青妇等群团组织优势，充分激发各级各部门干事创业热情。

32.*加强督查考核*。更好地发挥督查考核“指挥棒”和“风向标”作用，突出经济发展目标导向，创新完善督查考核机制，整合工作力量，加快构建上下贯通、横向联动的督查工作格局。加大问责力度，强化结果运用，不断增强督查考核的刚性实效，确保党委政府政令畅通、决策落地生根。

33. *加强纪律保障*。严格落实全面从严治党要求，把纪律和规矩挺在前面，探索建立“两个责任”全程记实制度和践行“四种形态”工作机制。持续抓好正风肃纪，着力推动作风建设常态化长效化。深入挖掘郑义门等廉政文化，开展“树家风，严规矩，促廉洁”活动，推进权力运行痕迹管理，强化对权力的制约和监督。全力推进基层监督体系和能力现代化建设，切实解决基层党员干部侵害群众利益问题。坚持“老虎”“苍蝇”一起打，严格按照“无禁区、全覆盖、零容忍”的要求，始终保持严惩腐败的高压态势，着力营造风清气正的政治生态。

34.*加强队伍建设*。深入开展“两学一做”学习教育，全面提升党组织的战斗堡垒作用和党员的先锋模范作用。树立大抓基层鲜明导向，推动基层党建工作水平整体提升。以换届为契机，完善干部选拔任用机制，打好“上、下、严、管、爱”干部工作组合拳,深入推进好班长好班子好梯队建设,培养敢打硬仗、能打胜仗的“狮子型”干部队伍。从严整治为官不为,着力解决“不能为”“不想为”“不敢为”问题。建立健全容错免责机制,进一步激发干部干事创业、改革创新、敢于担当的积极性。

35.加强舆论引导。坚持正确舆论导向,多渠道、多形式、全媒体宣传党委政府决策部署,让共建共融共享共赢发展理念家喻户晓、深入人心。讲好“金华故事”,提高八婺文化的认同感和归属感。坚持传递正能量、挤压负声音,及时总结推广金华的好经验、好典型、好做法,切实营造全社会共同关心、支持、参与“走在前列、共建金华”的浓厚氛围。

全会号召,全市各级党组织和广大党员干部群众要紧密团结在以习近平同志为总书记的党中央周围,认真贯彻落实中央、省委和市委决策部署,凝心聚力、真抓实干、锐意进取,为走在前列、共建金华努力奋斗!

中共金华市委关于全力打造绝对忠诚勇立潮头敢打硬仗能打胜仗金华铁军的决定

（2016年12月20日中国共产党金华市第六届委员会第十三次全体会议通过）

按照“走在前列、共建金华”要求，扛起改革发展大旗，加快推进浙中崛起，加快推进全省第三大城市群、第四大都市区建设，确保“十三五”发展走在全省前列，关键在干部队伍。中国共产党金华市第六届委员会第十三次全体会议全面贯彻党的十八届六中全会、省委十三届十次全会精神，深入学习贯彻习近平总书记系列重要讲话精神，落实全面从严治党要求，研究了从严加强干部队伍建设、打造金华铁军问题，作出如下决定。

一、总体目标和基本原则

1.总体目标。紧紧围绕金华新坐标新航向新任务，把全面从严治党要求贯穿于干部教育培养、选拔任用、管理监督全过程，以领导干部为重点，努力打造绝对忠诚、勇立潮头、敢打硬仗、能打胜仗的金华铁军。

——绝对忠诚，就是始终忠诚于党，真正爱党、忧党、兴党、护党，坚决维护党中央权威，不折不扣执行党的路线方针政策，自觉在思想上政治上行动上同以习近平同志为核心的党中央保持高度一致。

——勇立潮头，就是紧紧围绕“金华经济份额要占全省10%、各项工作要进全省前四”的目标，在精神状态、工作标准和工作要求上向标杆看齐，为中国方案、中国道路、中国智慧的鲜活浙江样本提供更多的金华元素。

——敢打硬仗，就是勇于担当、不畏艰险、攻坚克难，煮沸干事创业的激情，在“拆治归”等转型升级主战场，培养形成碰到难题不退缩、遇到挫折不气馁、不达目的不罢休的精气神。

——能打胜仗，就是拓宽视野、增强本领、练好功夫，提升工作专业化水平，以铁的意志力、战斗力和执行力，上下同欲落实见效，在“全面小康、浙中崛起”中创出一番业绩、干出一片天地。

2.基本原则

——坚持围绕中心、服务大局。将干部队伍建设切入到经济社会发展的重要领域和关键环节，高度对接，深度融合，主动作为。通过选准干部、配好班子，为同步高水平全面建成小康社会提供坚强保障。

——坚持底线思维、问题导向。针对当前少数干部存在的政治上不规矩、工作上不作为、能岗上不适应、作风上不实在、廉洁上不干净等方面问题，找准症结、精准施策，用切实有效的举措补齐短板。

——坚持从严管理、强化约束。认真贯彻党要管党、从严治党方针，抓住领导干部“这个关键少数”，以上率下，层层传导压力。健全严管机制，立规矩、破陋规，正风肃纪、干净自律，把从严管理贯穿干部队伍建设全过程、各方面。

——坚持关心关爱、激发活力。落实关心关爱政策，激励干部比学赶超、创先争优。推动干部能上能下、能进能出，让想干事的有机会，能干事的有平台，干成事的有地位，形成百舸争流、千帆竞发的生动局面。

——坚持着眼长效、健全制度。深刻把握经济发展新常态对干部队伍建设提出的新要求，健全完善从严管理干部长效机制，全面提高干部队伍建设科学化水平。坚持用制度管权管事管人，确保真管真严、敢管敢严、长管长严。

二、拧紧理想信念总开关，打造绝对忠诚的金华铁军

3.坚决拥护核心、维护核心、紧跟核心。深入学习贯彻习近平总书记系列重要讲话精神，学深悟透习近平同志在浙江工作期间对金华工作的重要指示精神,引导各级干部切实增强“四个意识”特别是核心意识和看齐意识,坚决维护以习近平同志为核心的党中央权威,在思想上拥护核心,政治上维护核心,行动上紧跟核心。把学习党的十八届六中全会精神作为重要政治任务来抓,结合“两学一做”学习教育,深入开展主题宣讲、集中轮训,推动各级干部内化于心、外化于行。坚决贯彻落实中央、省委各项决策部署,结合金华实际创造性开展工作,做到党中央提倡的坚决响应、党中央决定的坚决执行、党中央禁止的坚决不做。严格执行请示报告制度,领导干部在涉及重大问题、重要事项时,按照规定向组织请示报告。

4.*从严加强党性教育*。把加强思想理论武装作为全面从严治党的首要任务,带头践行社会主义核心价值观,坚定中国特色社会主义道路自信、理论自信、制度自信、文化自信。完善党委(党组)理论中心组学习制度,坚持领导干部讲党课、作专题报告制度,健全考学述学评学机制。发挥党校主阵地作用,抓好党性党风党纪专题培训,各级党校主体班次中关于理论教育和党性教育的课程不少于70%。把家风建设作为领导干部增强党性修养的必修课,汲取浦江郑义门(郑氏规范)等八婺好家风精髓,领导干部积极带头立家规家训。建好用好本土红色教育基地,大力宣传先进典型和先锋群体,激励干部不忘初心、继续前进。

5.*严肃党内政治生活*。以党章为根本遵循,以贯彻《关于新形势下党内政治生活的若干准则》为抓手,坚持党的政治路线、思想路线、组织路线、群众路线,着力增强党内政治生活的政治性、时代性、原则性、战斗性。把是否遵守政治纪律和政治规矩,作为纪律检查和专项巡察的重要内容,严肃查处违反政治纪律和政治规矩的问题。严格落实意识形态工作责任制,切实增强政治意识、政权意识、阵地意识,在大是大非面前当战士不当“绅士”,打好意识形态主动仗。突出选拔任用干部的政治标准,评价领导干部首先看其政治立场坚定不坚定、政治意识强不强、政治担当够不够。坚持和落实民主集中制,增强全局观念和责任意识,发扬民主、善于集中,严格按程序决策、按规矩办事,注意听取不同意见,决策形成后一抓到底。严格落实民主生活会和组织生活会制度,健全领导干部参加支部组织生活制度,用好批评与自我批评的锐利武器,及时发现和解决自身存在的问题。深化落实“三会一课”、谈心谈话、党性体检和民主评议、党员亮身份、集中党日活动等系列制度。

三、扛起浙中崛起新使命,打造勇立潮头的金华铁军

6.*旗帜鲜明激励干部改革创新*。推动干部进一步解放思想,把能否担当改革重任、开创工作新局,作为评价和检验各级干部的重要依据,重视了解干部落实改革决策部署中的现实表现,大力选拔求真务实、敢闯敢试、担当有为的改革“弄潮儿”。弘扬法治精神,坚持依法行政、依法办事,引导干部在遵法守纪前提下大胆创新。认真落实《关于建立容错免责机制激励干部干事创业的意见》,宽容干部在工作中特别是改革创新中的失误,健全纠错机制,建立澄清保护和信访核查宣告制度,严肃追查处理诬告陷害行为,为敢于担当的干部担当,为敢于负责的干部负责。对那些勇于改革、敢于做事、不怕得罪人、不谋私利的干部要充分理解、大力支持和保护,理直气壮地为其撑腰鼓劲,最大限度调动干部的积极性、主动性、创造性。

7.*建设“狮子型”团队*。坚持德才兼备、以德为先,全力锻造事业发展需要的好班长、好班子、好梯队。突出“一把手”这个关键,注重把政治坚定、敢于担当、善谋全局、作风民主的“狮子型”干部选拔到各级党政正职岗位,优先从具有地方或基层领导经历特别是下一级党政正职经历的领导干部中选拔。坚持结构服从功能,重视领导班子成员的领导经验、工作经历和性格气质互补,实现优化组合。坚持老中青相结合的梯次配备,不简单以年龄划线,不搞任职年龄层层递减和“一刀切”,充分调动各年龄段干部的积极性。重视培养选拔优秀年轻干部,加强和改进后备干部工作,注重优苗选育,实行常态化培养,防止“温室”培育、拔苗助长。完善党外干部培养选拔机制,加大培训、交流力度,搭建必要的成长台阶。注重抓好女干部的培养选拔。

8.*构建科学选人用人机制*。按照选贤任能、用当其时、知人善任、人尽其才的要求,严格落实《党政领导干部选拔任用工作条例》,切实把好干部发现出来，合理使用起来。坚持党管干部原则，论德才、凭实绩、重基层、讲公认，严把资格关、条件关、程序关、纪律关，使选出来的干部组织放心、群众满意、干部服气。把考察识别干部的功夫下在平时，坚持“二八分”原则，健全分析研判机制，提人知情、提情知人，坚决纠正唯票、唯分、唯生产总值、唯年龄取人等偏向。拓宽选人用人视野和渠道，坚持事业为上，推行署名推荐干部办法，根据不同区域和部门特点，以事择人，人岗相适，不断提高选人用人精准度。加强领导干部跨条块跨领域交流，推动机关中层干部跨部门交流，探索建立业务相近单位联动交流机制。

四、提振干事创业精气神，打造敢打硬仗的金华铁军

9.*驰而不息改进作风*。始终坚持以人民为中心，自觉践行党的群众路线，顺应群众期待，完善党员干部直接联系服务群众机制，坚持市县领导班子成员联系软弱落后村，落实蹲点调研、下访接访、结对帮扶等制度，全面推行乡镇班子联村带片、乡镇干部走村入户情况在村公示等制度，深化乡镇干部联村联党建工作。探索县乡干部和机关干部“集中夜访”制度，实现“三个走遍”“走村不漏户、户户见干部”，做到面对矛盾敢于迎难而上，面对危机敢于挺身而出，面对失误敢于承担责任。全面推行在职党员干部进社区服务制度，打造8890党员志愿服务联盟。继续高标准贯彻落实中央八项规定精神、省委“28条办法”“六个严禁”“七个一律” 以及市委贯彻落实意见，建立“四风”问题立体监督防控长效机制，坚决防止“四风”反弹回潮。

10.*坚持一线培养选拔干部*。推行“干部一线工作法”，在改革发展主战场、重点工作第一线、服务群众最前沿培养发现干部、考察识别干部、选拔任用干部。健全完善上挂、下派等干部实践锻炼制度，注重选派后备干部、年轻干部和没有基层工作经历的干部，到条件艰苦、环境复杂的基层单位、与群众直接接触的岗位挂职任职，健全落实农村工作指导员、“第一书记”制度。改进和完善干部考核评价办法，深化干部日常巡查和专项考察工作，全面推行公务员平时考核。

11.*落实干部关爱举措*。在政治上、思想上、工作上、生活上真诚关爱干部，加强谈心谈话，推行“向组织说说心里话”，开展心理健康促进工作。全面落实县以下机关公务员职务与职级并行制度，严格执行省委关于乡镇干部经济待遇一般高于县级机关同职级干部20%以上、乡镇(街道)公务员年度考核优秀等次比例提高到20%的规定，落实住夜值班补助等政策。认真落实干部带薪休年休假、疗休养、健康体检制度，按规定落实节假日福利待遇。完善市县乡权力、责任、问责清单，做到权责对称、相互支持。严格规范和控制各种检查。

五、练就攻城拔寨真本领，打造能打胜仗的金华铁军

12.*加强干部队伍能力建设*。围绕统筹推进“五位一体”总体布局和协调推进“四个全面”战略布局，践行五大发展理念，有针对性地开展经济管理、科技创新、文化建设、法治建设、社会治理、生态文明等方面专题培训，坚持“干什么学什么、缺什么补什么”，优化知识结构，增强领导能力，不断提升科学决策、民主决策、依法决策水平。注重领导班子专业匹配度，提升各级干部的专业思维、专业素养和专业能力。重视加强基层干部能力建设，着力培养乡镇全科干部。

13.*畅通干部能上能下、能进能出通道*。深入治理“为官不为”，加大调整不适宜不胜任现职干部力度，推动形成能者上、庸者下、劣者汰的选人用人导向。破除论资排辈、平衡照顾的观念，制定打破隐性台阶的具体办法，优化干部成长路径。推行群团领导班子成员专挂兼相结合、部分领导岗位职务与职级分离等做法。改进完善公开选拔、聘任、挂职等方式，畅通社会优秀人才进入党政机关、国有企业、高等学校等渠道。建立健全干部退出机制，探索构建干部职务能上能下、待遇能升能降、人员能进能出的制度体系。

14.*健全从严管理机制*。坚持关口前移抓早抓小抓现行，探索建立干部监督信息收集机制，落实专项约谈、提醒函询诫勉、个人有关事项报告、领导干部出国(境)管理等制度，规范领导干部配偶、子女及其配偶经商办企业行为。严格执行部门和单位主要负责同志“五不直接分管”制度，完善党政主要领导经济责任审计制度，健全党委(党组)书记履行选人用人职责情况离任检查制度。从严落实“凡提四必”,深入开展选人用人专项检查、“带病提拔”倒查,严肃查处跑官要官、买官卖官、拉票贿选等行为,严肃追究用人失察失误责任,坚决防范和纠正用人上不正之风。持续推进党员干部不守规矩专项整治,加大违规兼职取酬、违建违排等行为整治力度,营造从严从紧的大环境。

15.加大监督和惩治力度。认真贯彻《中国共产党党内监督条例》,健全党内监督体系,完善权力运行制约和监督机制,加强同级人大、政府、监察机关、司法机关的依法监督,人民政协和民主党派的民主监督,审计机关的依法审计监督,加强社会监督、舆论监督,建立领导干部定期听取党员群众批评建议制度。坚持有腐必反、有贪必肃,坚持无禁区、全覆盖、零容忍,减少腐败存量、遏制腐败增量。运用好监督执纪“四种形态”,把纪律挺在前面,抓早抓小、防微杜渐。对涉及违纪违法行为的举报和问题反映,任何党组织和领导干部都不准隐瞒不报、拖延不办。涉及所反映问题的领导干部应该主动回避,不准干预或插手组织调查。加强党内政治文化建设,构建“亲”“清”新型政商关系。全面深化纪律检查体制改革,积极稳妥推进国家监察体制改革试点,巩固派驻机构改革、乡镇纪委回归主业、基层巡察、“五务”监督委员会作用发挥等改革成果,充分发挥巡察“利剑”和派驻“探头”作用,着力构建不敢腐、不能腐、不想腐的体制机制。

六、落实打造金华铁军的主体责任

16.明确责任主体。各级党委(党组)要坚持以严的标准要求干部、以严的措施管理干部、以严的纪律约束干部。党委(党组)书记是第一责任人,对本地本单位领导班子建设负总责,党委(党组)其他班子成员对其分工范围和分管领域内的领导班子建设负有直接责任。纪检、组织、宣传、统战、政法等党的工作机构和部门,要根据各自职能主动承担责任,形成各司其职、齐抓共管的良好局面。要加强制度建设,结合各地实际,探索建立系统完备、科学规范、有效管用、简便易行的干部管理制度体系。

17.加强考核督察。健全党建工作责任制绩效考核体系,加强对党委(党组)抓干部队伍建设情况的考核督察,将其纳入工作巡察的重要内容,作为考核评价领导班子成员特别是“一把手”的重要依据。建立党委(党组)书记定期向上级党委报告干部队伍建设情况制度,认真履行干部选拔任用“一报告两评议”等制度。对履行职责不到位,导致领导班子涣散、不正之风长期滋生蔓延的,要严肃追究主要负责人和相关责任人的责任。

18.注重宣传引导。切实加强对好干部标准和正确用人导向的广泛宣传,及时总结宣传典型经验和先进事迹,旗帜鲜明唱响主旋律,最大限度汇聚正能量,营造有利于干部队伍建设的良好舆论环境,最大限度调动广大党员干部的积极性、主动性、创造性。

金华市水环境保护条例

（2016年10月25日金华市第六届人民代表大会常务委员会第四十二次会议通过
2016年12月1日浙江省第十二届人民代表大会常务委员会第三十五次会议批准）

目录

《金华市水环境保护条例》已于2016年10月25日经金华市第六届人民代表大会常务委员会第四十二次会议通过，2016年12月1日经浙江省第十二届人民代表大会常务委员会第三十五次会议批准，现予公布，自2017年3月1日起施行。

金华市人民代表大会常务委员会
2016年12月22日

第一章　总则

第一条　为了保护和改善水环境，防治水污染，保障公众健康，推进生态文明建设，促进经济社会全面协调可持续发展，根据《中华人民共和国环境保护法》《中华人民共和国水污染防治法》和有关法律、法规，结合本市实际，制定本条例。

第二条　本条例适用于本市行政区域内的河流、湖泊、水库、水塘、渠道、湿地等地表水体和地下水体的水环境保护。

第三条　水环境保护坚持政府主导、公众参与、保护优先、预防为主、综合治理、生态补偿、损害担责的原则。

第四条　各级人民政府对本行政区域内的水环境质量负责。市、县(市、区)人民政府应当加强对水环境保护工作的领导，将水环境保护工作纳入国民经济和社会发展规划、计划，加大对水环境保护的财政投入，建立健全水环境保护协调机制，督促有关部门依法履行监督管理职责。

市、县(市、区)人民政府应当每年向本级人民代表大会及其常务委员会报告水环境保护工作情况。

乡(镇)人民政府、街道办事处应当加强本辖区内水环境保护工作，配合有关部门做好水环境保护相关监督管理工作。发现水环境违法行为的，应当予以制止；对严重的水环境违法行为，及时通报负有水环境保护监督管理职责的部门。

第五条　政府有关部门应当按照下列职责分工，做好水环境保护工作：

(一) 环境保护主管部门负责对水环境保护工作进行统一指导、协调、监督管理和考核评价，对企业事业单位和其他生产经营者（以下统称排污单位)污染物排放情况实施监督管理；

(二)国土资源主管部门负责地下水环境保护的监测管理，监督、监测、防止地下水过量开采和污染；

(三) 住房和城乡建设主管部门负责城镇污水处理设施建设、管理和截污纳管指导工作，落实城市黑臭水体的治理；

(四) 水行政主管部门负责水资源保护的监督管理，会同环境保护主管部门负责入河排污口设置的监督管理；渔业主管部门负责水产养殖污染防治的监督管理；

(五) 农业主管部门负责农业面源污染防治的指导、协调、服务以及畜禽养殖和屠宰环节病死动物无害化处理的监督管理；

(六)林业主管部门负责生态公益林、湿地的保护和管理;

(七)发展和改革、经济和信息化、教育、公安、城乡规划、交通运输、农业和农村综合管理、卫生、市场监督管理、质量技术监督、安全生产监督管理、旅游等有关部门依照有关法律、法规和本条例规定以及市、县(市、区)人民政府确定的职责分工,依法履行职责。

实行综合行政执法的区域,有关水环境保护的行政处罚以及与行政处罚相关的行政强制等职权,依法由综合行政执法部门实施。

第六条 水环境保护实行目标责任制和考核评价制度。市、县(市、区)人民政府应当根据本行政区域水环境保护目标制定年度考核评价指标。考核评价指标应当包括水污染防治、水生态保护任务和水环境质量改善目标完成情况等内容。考核结果向社会公布。

第七条 排污单位应当承担水环境保护责任,严格执行环境保护法律法规和制度,加强污染治理,推行清洁生产,防止、减少水环境污染和生态破坏,对所造成的损害依法承担责任。

第八条 任何单位和个人都有义务保护水环境,并有权对损害水环境的行为进行举报。市环境保护主管部门应当公布全市统一的举报电话、网络举报平台、电子邮箱等,方便公众举报。有关监督管理部门接到举报后,应当及时进行调查处理,对实名举报的应当将处理结果反馈举报人。举报事项经查证属实的,有关部门应当按照规定给予奖励。

鼓励公民、法人和其他组织通过捐赠、资助和志愿服务等形式参与水环境保护活动,支持水环境保护公益事业。

村(居)民委员会可以依法组织制定村规民约、居民公约,明确有关垃圾收集、水面保洁、环境绿化、民主监督等权利义务以及奖惩机制,引导村(居)民参与水环境保护活动。

第九条 各级人民政府以及有关部门应当加强水环境保护宣传培训和教育引导,鼓励和支持水污染防治公共管理和科学技术研究,推广先进适用的水污染防治技术和装备,健全水质自动监测体系以及长效管理运行机制。

第二章 污染防治

第十条 市、县(市、区)人民政府应当根据国家、省有关市场准入的限制性、禁止性规定,明确本行政区域产业准入要求,严格限制和禁止不符合生态环境功能定位的产业项目,优化产业布局,淘汰高污染落后产能,发展绿色经济,从源头上控制和减少对水环境的污染。

第十一条 排污单位排放水污染物,应当符合省水污染物排放标准;省水污染物排放标准没有规定的,应当符合国家标准。

市人民政府可以根据水环境保护的需要,报请省人民政府制定适用于本行政区域的严于国家和省的水污染物排放标准。

第十二条 实行重点水污染物排放总量控制制度。排污单位排放重点水污染物的,排放总量不得超过经核定的控制指标。

新建、扩建、改建有水污染物排放的项目实行新增水污染物总量削减替代制度。新增水污染物的排污权指标可以通过水污染物排污权交易等有偿方式取得。

对重点水污染物排放超过总量控制指标的县(市、区)、乡镇(街道),市、县(市、区)人民政府应当增加其重点水污染物排放总量的削减指标;有关环境保护主管部门应当暂停审批该区域新增重点水污染物排放总量的建设项目的环境影响评价文件,并要求有关负责人说明情况,提出整改措施。

第十三条 排污单位应当依法设置排污口,并通过依法设置的排污口排放水污染物。禁止私设暗管或者采取其他规避监管的方式排放水污染物。排污单位在江河、湖泊新建、改建、扩建排污口的,应当经有管辖权的水行政主管部门同意。

排污单位应当在排污口设置标志牌,载明责任单位、监管部门和监督举报电话,公示排污信息,接受社会监督。

第十四条 各级人民政府应当按照国家有关环境保护、清洁生产和循环经济的规定,合理规划工业布局,加强对不符合国家产业政策的工业企业的整治,引导工业企业进驻工业集聚区,实现工业污水集中处理。

发展和改革主管部门应当会同有关部门,严格执行国家有关产业结构调整的规定和准入标准,禁止新建、扩建严重污染水环境的工业项目。

经济和信息化主管部门应当会同有关部门,严格执行国家有关淘汰严重污染水环境的工艺、设备和产品的规定,推动对水环境有污染的工业企业实行清洁生产。

第十五条 农业主管部门和乡(镇)人民政府应当推广测土配方施肥、精准施肥、生物防治病虫害等先进农业生产技术,指导农业生产经营者合理施用化肥、农药,推广施用高效、低毒、低残留农药,削减和控制污染物进入水体。

支持农业生产经营者使用有机肥和对农业废弃物进行回收以及资源化利用,发展生态循环农业。

第十六条 市、县(市、区)人民政府应当根据功能区水质保护要求,依法划定畜禽养殖禁养区、限养区、宜养区,科学规划和布局畜禽养殖。规模化畜禽养殖场以及畜禽养殖户不得在禁养区从事畜禽养殖活动。

农业主管部门应当指导畜禽养殖场(户)采取循环经济模式等科学养殖技术,做好废弃物的综合消纳利用和无害化处理。

规模化畜禽养殖场应当配套建设污水处理设施和废弃物处理设施,收集、存贮、利用或者处理养殖过程中产生的污染物,实现达标排放。畜禽养殖户应当采取污染防治措施,防止畜禽养殖废弃物渗出、泄漏,避免对水环境造成污染。

本条所称畜禽养殖户,是指畜禽存栏数量未达到省规定的规模标准,从事经营性养殖活动的单位和个人。

第十七条 渔业主管部门应当推广使用生态养殖和标准化水产养殖技术,实施循环水、洁水养殖,指导水产养殖业合理确定水产养殖范围、规模、品种、密度和方式,防止和减少水产养殖对水环境造成的污染。

水产养殖污水排放应当符合国家和省规定的水污染物排放标准。

第十八条 国土资源主管部门应当科学规划、合理布局本行政区域内制砂场(点),乡(镇)人民政府、街道办事处应当加强日常监管。从事制砂的企业事业单位和其他生产经营者应当建设洗砂废水处理设施,废水经处理后循环利用或者达标排放。

第十九条 交通运输主管部门、渔业主管部门、海事管理机构应当加强船舶污染的监管。港口、码头、装卸站应当按照规定设置含油污水、垃圾等船舶污染物、废弃物的接收、转运或者处理设施。

前款所称船舶,包括各类机动、非机动船舶以及其他水上移动装置。

第二十条 各级人民政府应当加强截污纳管工作,建设城镇污水集中处理设施以及配套管网,提高本行政区域城镇污水的收集率和处理率。

城镇新区的开发和建设应当同步规划、设计、建设公共雨水排放管网和污水排放管网,实行雨水、污水分流。尚未实现雨水、污水分流的区域,应当加强雨水排放管网和污水排放管网改造。

第二十一条 经济开发区、高新技术产业园区、工业功能区等工业集聚区实行污水集中处理。集聚区内工业废水经过预处理达到集中处理要求的,方可排入污水集中处理设施。鼓励工业废水明管输送。

新建工业集聚区应当同步规划、设计、建设污水集中处理设施。已设立但未实现污水集中处理的工业集聚区,应当制定改造规划,逐步配套建设污水集中处理设施,实现污水集中处理。

第二十二条 各级人民政府应当加强农村环境综合治理工作,按照城乡规划和村庄规划统筹安排项目和资金,推进农村生活垃圾处理设施和生活污水集中处理设施及其配套管网建设,实现农村生活垃圾分类处理、农村生活污水纳管集中处理。

农村生活垃圾、生活污水集中处理设施由乡(镇)人民政府统筹规划、组织建设,由县(市、区)住房和城乡建设主管部门或者县(市、区)人民政府确定的其他部门进行运营监管。市、县(市、区)人民政府应当对农村生活垃圾、生活污水的收集、运输和处置费用给予财政补助和支持。

第二十三条 城镇污水管网覆盖范围内的生活污水、工业污水应当纳入污水集中处理设施进行处理。

从事工业、建筑、餐饮、医疗等活动的排污单位向城镇污水管网排放污水的,应当向住房和城乡建设主管部门申请污水排入排水管网许可证。排放的污水应当经过预处理,达到国家和地方规定的排放标准方可排入城镇污水管网。

城镇污水管网尚未覆盖的地区,宾馆酒店、餐饮、娱乐、车辆维修清洗、洗衣洗浴等行业应当采取措施,实现污水达标排放。

在城镇污水管网覆盖地区,排污单位应当将自建排水设施与城镇污水管网相衔接;尚未覆盖地区,鼓励排污单位自建排水管网,将自建排水设施就近与城镇污水管网相衔接。

第二十四条 任何单位和个人不得向雨水收集口、雨水管道排放或者倾倒污水、工业废渣、垃圾和其他废弃物。在污水管网覆盖区域,禁止直接排放未经集中处理的污水。

第二十五条 污水集中处理设施的运营单位应当保障处理设施正常运行,确保出水水质达到国家和省规定的相关排放标准。

第三章 生态保护

第二十六条 饮用水水源保护区所在地的市、县(市、区)人民政府应当加强饮用水水源保护区隔离防护设施建设。在饮用水水源一级保护区的边界应当设立明确的地理界标、明显的警示标志和必要的护栏围网等物理隔离设施;在饮用水水源二级保护区和准保护区的边界应当设立明确的地理界标和明显的警示标志。在饮用水水源一级保护区和二级保护区开通进入保护区的短信提示。

任何单位和个人不得损毁、涂改和擅自移动地理界标、警示标志或者隔离设施。

第二十七条 环境保护主管部门应当会同同级水行政主管部门,根据水资源开发项目环境影响评价要求,核定最小生态下泄流量。

水行政主管部门应当会同同级环境保护主管部门,按照水环境质量和流域水量的变化情况制定生态补水方案。

水资源项目应当执行最小生态下泄流量和生态补水方案的规定,新建、扩建、改建水资源项目应当安装下泄流量设施。

本条所称最小生态下泄流量,是指满足河道基本生态功能安全的最小流量。

第二十八条 各级人民政府应当加强流域水生态功能的保护和修复,注重水生态安全以及水环境改善,保持河流自然流向和河道自然形态,保障水域面积;定期开展水生态健康调查评估,采取有效措施维护水生态健康,提高水体自然净化和修复能力。

第二十九条 除河(航)道疏浚、清淤外,禁止在重点流域干流河道内采砂。禁止采砂的重点流域干流河道,由市、县(市、区)人民政府确定并向社会公布。

水行政主管部门、交通运输主管部门应当加强对区域内河(航)道疏浚和清障清淤的监管。实施河(航)道疏竣和清障清淤的单位应当采取有效措施,防止污染下游水体。

第三十条 市、县(市、区)人民政府可以依法采取划定禁渔区、规定禁渔期等措施,加强对河流、湖泊、水库等水域鱼类资源以及其他水生生物多样性的保护,维持水生态平衡。

禁止炸鱼、毒鱼、电鱼等破坏水生态环境的行为。

第三十一条 垃圾填埋场和含有贮存液体化学原料、油类的地下工程设施的单位,应当按照规范建设防止渗漏设施、配套设置地下水监测井等水污染防治设施,加强地下水质监测,每季度向环境保护主管部门提交地下水质监测报告。

水行政主管部门和国土资源主管部门应当编制地下水环境监测规划,建设和完善地下水动态监测网络,会同环境保护主管部门定期开展地下水质量综合评价。

水行政主管部门应当严格控制开采地下水。在地面沉降、岩溶塌陷等地质灾害易发区域开发利用地下水的,国土资源主管部门应当进行地质灾害危险性评估。

第三十二条 市、县(市、区)人民政府应当将饮用水水源保护区和行政区域内重点流域干流、支流两岸以及源头区一定范围内的森林、林木(茶树、毛竹等经济林除外),划为生态公益林,加强水源涵养。重点流域干流、支流具体范围,由市、县(市、区)人民政府确定并向社会公布。

市、县(市、区)人民政府应当编制湿地保护规划，划定湿地红线，建立湿地信息管理系统，组织、协调对湿地资源、湿地利用状况和湿地生态系统进行调查、监测和评估，防止湿地面积减少和生态功能退化。

第三十三条 县(市、区)人民政府应当建立对饮用水水源保护区区域和江河、湖泊、水库上游地区以及有关生态保护区区域的水环境生态保护补偿机制。水环境生态保护补偿以资金补偿为主，以实物、技术、政策等补偿为辅。

市人民政府应当建立以跨县(市、区)河流交界断面、市界出境断面出水水质达标和改善为标准的流域水质考核奖惩制度。

水环境生态保护补偿和流域水质考核奖惩具体办法，由市、县(市、区)人民政府制定。

第四章　监督管理

第三十四条 水环境保护实行水域管理责任人制度。水域管理责任人应当牵头组织开展河流的水污染防治工作，建立多部门的协调联动机制，协调和督促有关部门按照各自职责做好排污口治理、疏浚清淤、保洁绿化、生态修复等综合治理工作，并对责任水域水环境质量考核结果负责。

水域管理责任人制度具体规定，由市、县(市、区)人民政府制定。

第三十五条 市、县(市、区)人民政府应当按照国家和省有关规定，建立市、县、乡、村四级网格水环境监管体系，确定重点监管对象，划分监管等级，健全监管档案，采取差别化监管措施，加强对本行政区域内水环境保护的监督管理。

市、县(市、区)人民政府应当加强环境保护监管能力建设。环境保护主管部门应当建设覆盖重点区域的水环境电子监控系统，对重点区域的水环境实行实时监控。

第三十六条 排放工业废水的企业，应当对其所排放的工业废水进行监测，并保存原始监测记录。

重点排污单位应当安装污染源自动监控系统，与环境保护主管部门联网，并接受监督。环境保护主管部门应当加强重点排污单位的污染物排放自动监控设备运行情况的监督，对排污情况实行动态跟踪分析，建立节能减排预警机制和企业负责人约谈制度，对超标排放的单位及时警示并依法作出处理。

市环境保护主管部门应当根据本行政区域的环境容量、环境承载力和重点水污染物排放总量控制指标等因素，会同同级有关部门，依法确定本行政区域重点排污单位名录。

重点排污单位排放水污染物的有关情况应当向社会公布。

第三十七条 毗邻县(市、区)人民政府应当加强沟通协调，协调解决跨界水污染纠纷。市环境保护主管部门可以组织开展联合执法、跨区域执法、交叉执法，查处水环境整治重点区域内水环境违法行为。

第三十八条 环境保护主管部门和其他负有水环境保护监督管理职责的部门，应当通过环境保护主管部门的网站或者其他便于公众知晓的方式，及时公开下列信息，为公众参与和监督水环境保护提供便利：

(一)重点排污单位名录；

(二)水环境质量；

(三)对重点排污单位的监测情况；

(四)重点水污染物的种类、排放控制和削减情况；

(五)突发水环境事件以及应对情况；

(六)水环境行政许可、行政处罚情况；

(七)其他依法应当公开的水环境信息。

第三十九条 环境保护主管部门应当建立排污单位环保诚信档案，记载排污单位遵守水环境保护法律法规和承担水环境保护责任的情况。环保诚信档案记载的信息纳入社会征信体系，并作为有关部门实施信用联合奖惩的重要依据。

第四十条 排污单位违反法律法规规定排放污染物，造成或者可能造成严重水污染的，负有环境保护监督管理职责的相关部门依法可以查封、扣押造成污染物排放的设施、设备。

第四十一条 排污单位拒不履行市、县(市、区)人民政府或者环境保护主管部门依法作出的责令停产、停业、关闭或者停产整顿决定，继续违法生产经营的，市、县(市、区)人民政府可以作出停止或者限制向排污单位提供生产用水、用电的决定。供水、供电部门应当根据决定要求,及时采取措施停止或者限制向排污单位供水供电。

第五章　法律责任

第四十二条　违反本条例规定的行为，法律、行政法规和省的地方性法规已有法律责任规定的，从其规定。

第四十三条　违反本条例第十三条第二款规定,排污口未按规定设立标志牌的,由环境保护主管部门责令限期改正;逾期不改正的,处二千元以上一万元以下的罚款。

第四十四条　违反本条例第十六条第一款规定，畜禽养殖户在禁养区内从事畜禽养殖活动的，由环境保护主管部门责令停止违法行为;拒不停止违法行为的，可以处一千元以上五千元以下的罚款，并依法报请本级人民政府责令拆除或者关闭。在饮用水水源保护区从事畜禽养殖活动的,由环境保护主管部门责令停止违法行为,处二万元以上十万元以下的罚款,并依法报请本级人民政府责令拆除或者关闭。

违反本条例第十六条第三款规定,畜禽养殖户未经处理直接向环境排放畜禽养殖废弃物或者未采取有效措施,导致畜禽养殖废弃物渗出、泄漏的,由环境保护主管部门责令停止违法行为,采取措施消除污染,可以处三百元以上三千元以下的罚款。

第四十五条　违反本条例第二十七条第三款规定,未执行最小生态下泄流量的,由环境保护主管部门责令限期改正,逾期不改正的,处一万元以上十万元以下的罚款；未执行生态补水方案规定的,由水行政主管部门责令限期改正,逾期不改正的,处一万元以上十万元以下的罚款。

第四十六条　违反本条例第二十九条第一款规定,在重点流域干流河道内采砂的,由水行政主管部门责令停止违法行为,没收违法所得,并处五万元以上二十万元以下的罚款;情节严重的,可以并处没收作业设施设备。

违反本条例第二十九条第二款规定，实施河(航)道疏浚、清障清淤的单位未采取有效措施造成下游水体污染的,由水行政主管部门、交通运输主管部门处一万元以上五万元以下的罚款。

第四十七条　违反本条例第三十一条第一款规定,垃圾填埋场和含有贮存液体化学原料、油类的地下工程设施的单位,未按规定建设防止渗漏、地下水监测井设施的或者未定期实施地下水质监测并提交报告的，由环境保护主管部门责令限期改正,逾期不改正的,处五千元以上五万元以下的罚款。

第四十八条　排污单位向水体违法排放污染物受到罚款处罚并被责令改正后拒不改正的,依法作出处罚决定的行政机关可以自责令改正之日的次日起,按照原处罚数额按日连续处罚。

第四十九条　违反本条例规定,有下列情形之一的,由有权机关对直接负责的主管人员和其他直接责任人员依法给予处分：

(一)不符合行政许可条件准予行政许可的；

(二)依法应当公开水环境保护信息而未公开的；

(三)接到对污染水环境行为的举报或者其他部门移送的水环境违法案件，未依法查处或者泄露举报人信息的；

(四)违法实施行政处罚或者违法采取行政强制措施的；

(五)其他不依法履行本条例规定职责的。

第六章　附则

第五十条　本条例自 2017 年 3 月 1 日起施行。

大事记

1月

4日，金华市63个省、市重大项目集体开工。

4日—5日，副省长朱从玖一行到金华征求省政府工作报告和省“十三五”规划纲要意见，部分在金省人大代表、省政协委员参加座谈会；调研融资性担保工作，走访座谈部分金融机构与企业。

5日，金瓯路沥青路面全线贯通。

6日—7日，省委常委、组织部部长廖国勋一行到东阳、磐安调研基层党建工作。

7日，金华至宁海铁“天天班”首发。

8日，潘建伟团队的“多光子纠缠及干涉度量”项目获得国家自然科学奖一等奖。

8日，浙江省首个大学生创客服务全程通站点在金华职业技术学院成立。

12日，金华市启动“在金华，过大年”暨2016年旅游节庆活动，整合推出全市旅游节庆活动202项。

13日，市委副书记、市长暨军民会见百度公司高管，就无人驾驶汽车项目合作等事宜进行交流。

14日，省政协副主席王建满到金华市调研“五水共治”民主监督、“两路两侧”“四边三化”专项整治工作情况。

15日，金华市召开立法工作会议，部署2016年依法开展立法工作。

19日至2月1日，浙江舞剧团受文化部委派前往南美洲访问演出，参加2016年海外“欢乐春节”活动。

20日，二七区块首期地块出让成功，中天集团竞得两幅地块，成为首家参与二七区块开发建设的企业。

28日，金华新能源汽车小镇、东阳木雕小镇、永康赫灵方岩小镇列入省级特色小镇第二批创建名单。

28日，首趟义乌至德黑兰班列自义乌发车。2月15日，班列顺利抵达德黑兰。

30日，华科汽车首款汽车下线点火成功。该项目从开工建设到首款车下线历时仅10个月，创造市区重点项目建设新速度。

2月

1日—11日，来自美国、德国等19个国家的36名在中国名校就读海外留学生到金华过大年，参加“感受中国年·快乐寺平行”活动。

2日，省委常委、常务副省长袁家军率省慰问组到金华慰问驻金部队和困难群众。

4日，市中心医院金西院区启用。

5日，市人民医院PPP项目框架合作协议正式签署，物产中大集团和树兰医疗将为市人民医院输出资本、品牌、技术和管理。该项目为金华市区第一个PPP项目。

7日，婺剧首次登上中央电视台春晚舞台。

13日，首届世界义商大会在义乌举行，签约义商回归项目5个，投资额123亿元。

14日，省委书记、省人大常委会主任夏宝龙一行到磐安县考察当地落实省委、省政府重点工作情况和新一年工作安排。

14日，副省长朱从玖到永康调研社会经济发展情况，了解企业经营状况。

14日，省政协副主席、党组副书记王建满到浦江调研走访乡镇、企业。

15日，金华市召开全市作风建设大会，按照走在前列的总要求，坚持严管厚爱，不断深化“三严三实”

专题教育,拉长板、补短板、撬烂板,提升干部作风。

16日,全市召开文化影视时尚产业发展大会,加快推动金华文化影视时尚产业全域化发展。市政府向优秀文化企业发放1000万元奖金。

17日,全市工业大会召开,会议要求全市找准短板,增添推动“三大转变”动力;把握重点,精准发力推动“三大转变”。

18日,副省长郑继伟到兰溪市调研文物保护与旅游发展工作。

22日,市委召开政法工作会议。

23日—27日,市政协六届六次会议召开。

24日—28日,市六届人大八次会议召开。

28日,金华唯见科技虚拟新品发布会举行,金华市启动东方VR之都建设。

29日,金华市被评为2015年度全省“五水共治”工作优秀市,再次捧回大禹鼎。浦江县、武义县被评为全省“五水共治”工作优秀县(市、区)。

3月

3日,副省长梁黎明一行到金华调研商务和金义综保区建设工作。

4日,金华市召开食品安全工作会议,会议要求全市必须严守不发生重大食品安全事故底线,确保群众“舌尖上的安全”。

6日,正大康地中央厨房项目落户义乌。项目计划总投资24.4亿元,用地面积2000亩。

7日,省委副书记、政法委书记王辉忠到金华市考核平安建设工作,要求确保G20峰会安保工作万无一失,推动平安建设水平全面提升。

7日—18日,介绍浦江郑义门的廉洁动漫片《郑义门》登陆央视。

8日—9日,市委副书记、市长暨军民带队考察深圳中广核集团、中兴通讯、大族激光、惠盈集团等企业,了解调研深圳科技创新工作。

9日,金华市政府与腾讯公司签订战略合作协议,双方将共同建设服务体系,完善产业链和生态链,打造中国网络文艺之城。双方将与北京微播科技公司合作,共同建设华东地区泛娱乐众创空间项目,项目选址金东新城区,计划3年内引进、孵化100家泛娱乐企业,总产值超10亿元。

10日,省委常委、组织部部长廖国勋到金华市调研经济社会发展和党建工作。

11日,市委副书记、市长暨军民带队考察广州空港跨境电子商务试验园区。

11日,浙中论坛2016年首场报告会举行,邀请省政府研究室主任沈建明作关于“十三五”发展的形势和任务专题报告。

14日,全市“五水共治”工作会议举行,会议要求确保“十三五”全面消灭V类水质断面,提前一年建成基本无违建市。

14日—15日,省委常委、宣传部部长葛慧君到金华调研中小学育人、文化产业发展、文化礼堂建设等工作。

15日,省人大常委会副主任、省总工会主席厉志海到金华进行立法调研,就《浙江省工会劳动法律监督条例(草案)》征求意见。

16日,金华银行进驻台州,台州分行正式营业。

17日,金华市通过国家卫生城市省级复审。

19日,意大利、德国等10国驻沪总领馆外交官到武义考察。

20日,金华市政府与广东天心天思软件有限公司签订战略合作协议,该公司将聚焦金华中小微企业,从云存储、云服务等方面技术输出、人才培训入手,共同构建云产业生态链。

22日,省、市、县三级政协“五水共治”民主监督“万千行”活动在浦江县启动,由三级政协主席会议成员带领千个小组、万名委员深入村庄调研检查“五水共治”等决策部署贯彻执行情况。

23日—24日,省委副书记、省长李强到金华市调研经济工作,要求各地各部门毫不动摇地支持民营经济健康发展。

24日—25日,全省各市侨联主席工作会议在金华举行。

25日,长三角城市经济协调会第十六次市长联席会全体会议在金华召开。30个成员城市市长等嘉宾参加会议。

28日—30日,省委常委、统战部部长王永康带领省委检查组,对金华市2015年度党风廉政建设主体责任、意识形态工作主体责任和省委十大整改行动落实情况进行全面检查。

29 日，金华市召开农业和农村工作会议，要求全市大力推进农业发展方式、乡村建设方式、农民增收方式和基层治理方式转变。

31 日，金华市在全省建设平安浙江工作会议上连续第 10 年被评为“平安市”，荣获综治优秀市。9 个县(市、区)实现平安考核“满堂红”，被授予平安县(市、区)。

31 日，省十二届人大常委会第二十八次会议审议通过金华市人大常委会报请批准的《金华市制定地方性法规条例》。

31 日，市委副书记、市长暨军民等与唯见科技负责人到阿里巴巴与中国移动浙江公司对接 VR 产业事宜。

31 日，义乌–台湾航班正式开通。

31 日，浙江婺剧研究院演员李烜宇荣登白玉兰戏剧表演艺术奖新人主角奖榜首。

4 月

1 日，金华市正式实施《金华市人民政府关于进一步降低企业成本减轻企业负担若干意见》，推出 31 条降低实体经济成本具体措施，推动实体经济发展。

5 日，市委副书记、市长暨军民会见德国迪恩市代表团一行。

5 日，武义县国地税联合办税服务大厅挂牌运营，成为全市建成的首个国地税共建大厅。

6 日，浙中论坛举行报告会，邀请国务院发展研究中心资源与环境政策研究所副所长李佐军作《推进供给侧改革、实现“十三五”良好开局》辅导报告。

6 日—7 日，副省长熊建平到金华调研城市建设和管理工作。

7 日，中国科学技术大学金华技术转移中心挂牌成立，校地双方将在产业发展、人才培养等多方面开展合作。

7 日，中国青年科技工作者协会五届四次会长(扩大)会议在金华召开。

8 日，全市建设平安金华工作会议暨 G20 杭州峰会维稳安保工作动员大会召开。会议要求全市各级各部门坚决贯彻落实中央和省委决策部署，深化平安建设，为 G20 峰会护航。

9 日—10 日，新疆阿克苏地区党政代表团到金华考察访问现代农业与文化旅游产业发展。

11 日—13 日，2016 中国国际电子商务博览会在义乌举行。展会设国标展位 2551 个，来自美国、德国等 10 个国家和国内各省市 1185 家企业参展。

12 日—13 日，全省农村文化礼堂建设工作现场会在东阳召开。

13 日—14 日，副省长孙景淼到兰溪市、义乌市调研综合交通工作。

14 日，吉利集团金华动力电池总成项目开工。

14 日—15 日，省委常委、纪委书记任泽民到金华调研纪检监察派驻机构改革、基层党风廉政建设巡察等工作。

15 日，兰溪市作为全国重点防洪县，全面进入临战备汛状态。

15 日—16 日，中非智库论坛第五届会议在义乌开幕。

18 日，市委全面深化改革领导小组召开第八次会议，审议通过《2016 年市领导联系重点突破改革项目工作方案》《2016 年度市委全面深化改革工作考核办法》《2016 年金华市重大改革项目督察工作计划》；听取义乌市重点改革推进情况汇报。

19 日，金义都市新区第二批重大项目集中开工。此次集中开工项目包括金华传化物流信息港、捷孚传动科技、网仓科技跨境中心仓等，用地面积 613 亩，总投资 38.2 亿。

20 日，省委书记、省人大常委会主任夏宝龙到金华市调研社会经济发展情况，要求金华市打好转型升级组合拳与补短板攻坚战，推动经济持续健康发展。下午，受全国人大常委会委托，夏宝龙率省人大常委会执法检查组对金华市食品安全执法工作开展检查，检查市区四牌楼农贸市场有关情况。

20 日，省人大常委会副主任毛光烈到金华市进行“五水共治”专项督查和大气污染防治执法检查。

20 日，金华市在财政部、商务部 2015 年现代服务业综合试点绩效评价中得分排名居首，被评为优秀等级。

20 日，金华籍学者、北京大学教授俞孔坚获选美国艺术与科学院院士。

20 日—21 日,全国水环境综合整治现场会在浦江召开,会议总结浙江“五水共治”经验做法,要求各省(区、市)学习浙江经验,扎实推进全国水环境保护和水污染防治工作。

22 日,金华市政府召开县(市、区)长座谈会,分析一季度金华经济形势。

27 日—30 日,第 11 届中国(义乌)文化产品交易会在义乌举行。展会设国际标准展位 3360 个,面积 6 万平方米。来自 15 个国家和地区及国内共计 1300 家单位、企业参展,实现洽谈贸易额 52.04 亿元。

28 日,金华市召开劳动模范表彰大会,表彰全国和省“五一”劳动奖状、奖章获得者,市级劳动模范和劳动模范集体。

29 日,金华市举行“两学一做”专题党课暨学习教育部署会,市委书记赵光君讲课,全市“两学一做”学习教育启动。

29 日, 市政府召开企业帮扶工作电视电话会议,要求全市一手抓困难企业帮扶,一手抓重点企业服务,切实在发展实体经济上下功夫。

5 月

1 日,金华市全面推行“营改增”。

3 日,市政府召开市区缴纳税费大户座谈会,听取企业对当前生产经营情况及未来发展规划汇报,征求市政府相关部门意见建议。

6 日, 国家工信部在金华召开首次国家工业运行重点联系城市工作座谈会,工信部副部长冯飞等参加会议。金华市在会上就本地区开展工业运行监测协调工作作典型发言。

6 日,金华市经省治堵办考核,2015 年治堵工作成效获全省第一。

9 日,金华市召开“整治环境,靓化金华”行动动员部署视频会议, 要求全面消除市域内高速公路、铁路两侧可视范围内 13 类环境问题。

9 日—10 日,全国妇联党组书记、副主席、书记处第一书记宋秀岩率队到金华市督查 2011-2020 年中国妇女儿童发展纲要实施情况。

11 日,省政协在磐安举办“送法律下乡”活动。

12 日,金华市政府与中信银行签署战略合作框架协议,该行将为金华创新驱动、产业升级、城市建设等方面提供金融支持和服务。

12 日,金华市召开商标品牌大会,要求全市把品牌作为新常态下转型升级和供给侧改革的重要途径来抓,深化拓展“三名”工程,推动“品牌金华”建设纵深发展。

13 日, 金华市召开人口和计划生育工作视频会,要求全市以促进人口均衡发展为目标,优化计生服务,提升人口素质。

15 日, 金华南站首趟始发动车 16 时 50 分驶离,于当晚 20 时 35 分抵达福州。

16 日,中宣部在义乌召开全国建设核心价值现场会,要求各地大力加强社会诚信建设,增强全体公民诚信意识,努力营造诚信光荣、失信可耻的社会氛围,推广学习义乌市场诚信体系建设经验。

18 日,金华山与金华古城成为“徐霞客游线标志地”。

19 日—20 日,省委常委、常务副省长袁家军到金华调研有效投资与浦江“四个全面”战略布局试点县建设情况。

24 日—27 日,第八届中国国际旅游商品博览会在义乌举办。博览会设国标展位 2000 余个,吸引 21 个国家和地区及全国 1300 余家企业参展,展览面积 5 万平方米,参会总人数超 10 万人次,总成交额达 36.12 亿元。

26 日,中央改革办专职副主任陈一新一行到义乌市调研改革发展、国资国企改革等工作。

26 日,国内首款为手机专属定制 VR 产品由金华唯见科技开发成功。

26 日,全球首张 3D 打印银行卡在义乌发行。

27 日,市人大常委会与浙师大签订共建“地方立法研究院”合作协议。金华市地方立法研究院是省内首个校地合作建立的地方立法智库机构。

27 日,全市“五水共治”现场会在兰溪召开。

29 日,金华市举行 G20 峰会安保工作誓师大会。

6 月

1 日, 省政协副主席陈艳华带领督查组到金华督查全面推进户籍制度改革情况。

1 日—2 日，副省长熊建平一行到义乌、永康调研“五水共治”、城市规划设计、浙商回归、“两路两侧”环境整治等工作，要求进一步强化城乡生态环境整治，提升城市规划建设水平。

3 日—4 日，外交部原部长、中国公共外交协会会长李肇星到金华考察，受聘为金华市“海外名校学子走进金华古村落”活动名誉顾问。

6 日，《金华港总体规划》通过交通运输部、省交通运输厅、省港航局专家评审，金华市 2016-2030 年港口建设规划布局正式形成。

7 日，金华市政府与宁波舟山港签署全面战略合作协议，双方将实施宁波舟山港、义乌陆港和金义综保区联动发展，全面构建义甬舟大通道。

7 日—8 日，金华市考察团对宁波国际海洋生态科技城、宁波舟山港、宁波航运中心进行考察，就轨道交通建设情况进行学习交流。

8 日，全省“四队”(战斗队、宣传队、工作队、专业队)兼备应急力量建设现场会在义乌召开。

8 日，金华投资环境推介会在宁波举行，现场签约项目 49 个，总投资 316 亿元，协议引进资金 285 亿元。

8 日，中国铁路正式启用中欧班列统一品牌，义乌成为全国 8 个始发城市之一。

11 日—12 日，第四届“千人计划”智汇金华信息网络峰会暨海高会电子信息分会 2016 年会在浦江县举行，73 位“千人计划”专家聚集金华，现场达成人才项目合作意向 38 项，签约 17 项。

13 日—14 日，省委副书记、政法委书记王辉忠一行到金华市调研 G20 杭州峰会维稳安保工作，要求借助此次峰会安保契机，着力解决影响公共安全和社会稳定的难点问题，完善促进社会长治久安、和谐稳定的长效机制。

14 日，金华市召开第五次府院联系会议暨深化法治政府建设部署会，通报 2014 年全市行政应诉和行政复议情况、全市法院行政案件审判情况，要求全市不断优化法治环境，加快建设法治政府。

16 日，全市召开实体经济发展大会，要求全市聚焦制造业，着力构建现代产业体系，提升发展平台能级，增强市场主体活力，抓好企业办帮扶解困，力争早日进入全省先进制造业第一方阵。

16 日，市县政协联动、助推农村垃圾分类工作“百千行”专项民主监督活动正式启动。由市、县两级政协组织的百个小组、千名委员将在三年时间内对百个乡镇、千个村庄的垃圾处理情况开展专项民主监督。

18 日，金华市作家李俏红获得第七届冰心散文奖。

21 日—23 日，省人大常委会副主任冯明带领调研组到金华市调研经济运行情况。

22 日，金华市召开全市重大项目工作情况汇报会，听取 2016 年全市重大项目实施和储备情况，要求充分发挥重大项目尤其是重大产业项目对经济社会发展的支撑作用，促进经济社会持续平稳健康发展。

23 日，住建部 2016 年第 1 期中国传统村落保护发展培训班在义乌市开班。

23 日，“四个全面”战略布局与基层治理理论研讨会在浦江举行，中国社科院、国家行政学院、中央党校等单位专家参加会议。

23 日，金华市召开全市质量大会暨创建“全国质量强市示范城市”动员会，启动质量强市创建。

24 日，第三季“海外名校学子走进金华古村落”活动在武义县俞源乡俞源村启动，来自 19 个国家的 39 名海外参与者参加本次活动。

24 日，美丽金华建设领导小组第一次会议召开，会议通报 2015 年度生态市建设考核结果，听取并审议“811”美丽金华建设行动相关文件。

28 日，金华市举行金义综保区招商项目集中签约仪式，上海外高桥物流中心、惠盈集团等 20 个首批入区项目现场签约，项目完全运行后可实现年进出口额(成交额)10 亿美元以上。

30 日，金华市召开庆祝中国共产党成立 95 周年大会暨先进事迹报告会，表彰先进基层党组织、优秀共产党员和优秀党务工作者。

30 日，金华市第二水厂建成通水，市区最大供水量由 30 万吨提升到 55 万吨。同时，金华市“西水东输”工程正式开工。

7 月

1 日，金台铁路永康段建设启动。

1日,婺城区二七和下沿区块征迁全面结束。二七区块征迁面积1693.5亩,房屋征收规模超过62万平方米,涉及住户6130户,1.7万余人,是金华有史以来最大一次集中开展旧城改造,也是浙江体量最大的棚户区改造工程;下沿区块征迁在22天全部完成298户家庭,500余人签约工作,创造金华市区重点区块和谐征迁新速度。

5日,省检察院检察长汪瀚到金华调研检察工作。

5日,阿里巴巴旗下菜鸟网络在金华打造首个菜鸟电商产业园。产业园位于金义都市新区核心区,总建筑面积14万平方米。

7日,金华市首家公益性乡村影院在兰溪市游埠镇洋港村免费向社会开放。

8日,蒙牛乳业(金华)公司举行正式投产暨工业旅游开游仪式。工厂项目总投资7.52亿元,占地183.67亩,年产能30.37万吨。除乳品生产外,该工厂将逐步打造浙江工业旅游示范基地。

13日,永康市通过全国质量强市示范城市现场验收,成为全国第一个接受验收的县级城市。

14日—15日,省人大常委会副主任刘力伟率调研组到金华就《浙江省实施〈中华人民共和国消费者权益保护法〉办法(修订草案)》开展立法调研。

15日,市委召开会议表彰法治建设先进集体和个人,部署全面深化法治金华建设工作。

18日,位于婺江五百滩江心岛的金华历史名人雕塑园建成对市民开放。

18日—19日,省人大常委会副主任袁荣祥率专项督查组到金华督查深化"四张清单一张网"改革。

20日,金华市召开县(市、区)长座谈会,分析上半年经济形势,研究部署下半年工作,要求全市集中主要精力,集聚资源要素,抓好政策落地和举措落实,确保完成好各项年初既定目标。

20日,金华市老年体育活动中心投入使用。

20日,兰溪市开建金华市首家工业水厂,开启分质供水模式。

21日,全市召开会议部署防汛抗洪和安全生产工作,要求各级各部门充分认识当前防汛抗洪和安全生产严峻形势,牢固树立红线意识和底线思维,确保人民群众生命财产安全。

21日,市政府与中国建设银行浙江分行举行共同推进"十三五"经济发展战略合作协议签约仪式,未来五年该行将对金华市提供五百亿元的金融支持。

22日,金华市举行全市扩大有效投资重大项目集中开工仪式,55个重大项目集中开工,项目总投资额达788亿元。

22日,临金高速公路建设在兰溪梅江镇开工。

26日,金华市召开综合交通工作会议,要求全市按照"打造全国性综合交通枢纽"的新目标,加快构建内畅外联的大交通。

27日—28日,省委书记、省人大常委会主任夏宝龙到金华看望慰问驻金某部部队官兵。其后,到义乌市调研经济社会发展情况,要求金华市要充分认识浙中在全省经济社会发展中重要作用,把精力集中到抓经济抓发展上来,加快推动浙中崛起。

8月

1日,金华市召开庆祝建军89周年暨"全国双拥模范城三连冠"表彰大会。

2日,金华市召开全市县(市、区)领导班子换届工作会议部署换届工作。

2日,金华市政府与中国银行浙江省分行签订战略合作协议,中行未来五年将向金华提供500亿元新增融资和授信支持。

3日,国家安监总局党组成员、总工程师王浩水到金华检查安全生产工作。

4日,省委常委、省纪委书记任泽民到金华调研经济社会发展与党风廉政建设。

5日,浙中论坛邀请景域集团董事长、驴妈妈旅游网创始人洪清华作全域旅游发展专题报告。

9日,金华市召开市级河长履职情况汇报会,汇报交流2016年上半年履职情况。

12日,第四季"海外名校学子走进金华古村落"活动在兰溪市黄店镇芝堰镇启动,来自9个国家的45名学生参加活动。

13日,中欧班列(义乌–俄罗斯)从义乌启程出发,义乌成为国内开通国际铁路集装箱运输线路最多的城市。

15日,市委全面深化改革领导小组召开第10

次会议,审议金华市重大改革项目第三方评估工作实施方案和深化医药卫生体制综合改革实施方案,听取永康市和金华开发区省级供给侧结构性改革试点进展情况。

17日—19日,省委副书记、代省长车俊到金华调研经济社会发展情况,考察市区北大信息科技园、华科汽车公司、金义综保区、义乌青岩刘村、中国小商品城、浦江水晶产业集聚区等地,主持召开座谈会听取金华、义乌工作情况汇报,要求金华加强改革创新,加快打造制造高地、商贸高地、创新高地,成为全省高质量发展重要增长极,实现浙中崛起。

18日,中央宣传部、中央文明办发布10个"诚信之星"先进事迹。浙江中国小商品城集团股份有限公司成为全省唯一入选单位。

19日,省人大常委会副主任毛光烈到金华市作"IT企业要加快转型"专题讲座。

22日,金华市首条纯电动城际公交班线(永康-武义)正式投运。

23日,省政协主席乔传秀到磐安县、东阳市调研政协工作与经济社会发展情况。

23日—24日,全省设区的市地方立法工作交流会在永康召开。

24日—25日,省委常委、统战部部长王永康到金华市调研统战工作。

27日,腾讯众创空间(金华)暨网红大厦在金东区开园,首批12家泛娱企业入驻园区。

28日,义乌至阿富汗中亚班列首发,成为义乌开行的第五条铁路国际联运班列。

9月

1日,根据财政部、教育部意见,金华从2016年秋季学期起,免除普通高中建档立卡家庭经济困难学生学杂费。

1日,国家质检总局命名永康为"全国质量强市示范城市",永康成为全国首个成功创建全国质量强市示范城市的县级市。

7日,全市"五水共治"现场会在东阳召开。

8日—9日,住建部村镇司组织国内专家到金华调研农村垃圾分类和资源化利用工作并举行研讨会。

9日,兰溪市人民医院在全省率先启用云查房。

10日,金华市举行群泳横渡婺江活动,兰溪、义乌、东阳、永康、武义等地也同时举办畅游母亲河活动,验证各级政府治水"三年可游泳"的承诺。

11日,金华南站首趟始发列车驶往西安。

13日,省委常委、宣传部部长葛慧君到金华调研经济社会发展情况,慰问G20峰会服务保障人员。

13日至11月13日,2016中国金华山国际黄大仙文化旅游节在金华举办。

14日,国务院批复同意将磐安县纳入国家重点生态功能区。

14日,金华市召开全市旅游发展工作会议,要求全市树立"大抓旅游、抓大旅游"导向,构建市域旅游共同体,强化空间布局和业态功能统筹谋划,优化全域旅游资源配置和产品服务供给,加快绿色崛起。

19日,金华市成功创建"国家森林城市",接受国家林业局授牌。

19日,第十届中国磐安中药材博览会开幕。

20日—21日,省人大常委会副主任毛光烈一行到金华调研"一带一路"国家战略实施情况。

21日,金华市举行G20杭州峰会维稳安保工作总结大会,传达贯彻习近平总书记重要指示和全省G20峰会总结表彰大会精神,传递总书记亲切关怀,落实省委部署要求。

21日,金华市开始开展"百日攻坚、百日招商、百日服务"竞赛活动,要求全市抓住2015年最后百日时间,落实落实再落实,确保完成市委、市政府"两保一争"目标任务。

21日,金华市政府与横店集团签署战略合作框架协议,双方将围绕影视、旅游等重点产业开展全面合作。

21日—22日,省人大常委会党组书记、副主任茅临生一行到金华调研县乡人大换届选举和经济社会发展工作。

22日,副省长高兴夫到金华市调研综合交通建设工作。

23日,2016浙中购物节启动。

24 日,全市“三改一拆”工作现场会在兰溪召开。

26 日,2016 浦江·第九届中国书画节开幕。

26 日,全省首个国际税收服务点落户义乌。

26 日,金华科技园入选工信部第二批国家小型微型企业创业创新示范基地名单。

26 日—27 日,国务院督察组到金华督查国家重大决策部署落实情况。

29 日,金华市紧急部署台风影响下的全市防汛救灾工作。

30 日,市党政军领导与社会各界代表在市区五星革命烈士纪念公园向革命烈士敬献花篮。

30 日,市区 BRT3 号线、4 号线开通,其中由金华到义乌的 BRT3 号线是金华市首条城际快速公交线路。

30 日,义乌市稠江街道原纪工委书记周峰入选中央文明办 9 月“中国好人榜”。

30 日,市区三江六岸亮化一期工程完工并投入使用。

10 月

1 日—3 日,金华市举办首届动漫游戏展,全市 10 多家网络游戏企业集体参展。

2 日,全市接待游客 117.73 万人次,首次突破单日游客接待量百万大关。

2 日—8 日,市委书记赵光君随省代表团出访捷克、德国,参加系列科技、经贸、文化交流活动。期间浦江与捷克企业就水晶生产加工合作,金义都市新区与德国企业就光伏电站建设分别签署协议。

8 日,金华市召开金融工作座谈会,要求认真贯彻落实省委省政府和市委部署要求,精准防范化解“两链”风险,加大金融支持实体经济力度,全力维护金融生态环境。

8 日,“金税三期”税收征管系统正式上线运行,国税、地税征管应用系统版本统一。

9 日, 副省长孙景淼一行到金华调研畜牧业转型升级工作。

9 日, 市四套班子领导带队走访慰问部分养老机构和百岁老人。

12 日,省委书记、省人大常委会主任夏宝龙到东阳调研小城镇综合整治工作,考察横店镇多个整治改造点。

13 日,全市召开深化医药卫生体制综合改革工作会议, 要求进一步深化医药卫生体制综合改革,优化医疗卫生服务供给,加快建设浙中医疗中心。

14 日—31 日,武义第十届温泉节暨第七届国际养生博览会在武义温泉小镇举行。

16 日,金华日报报业传媒集团和横店影视等联合出品的电视剧《抗倭英雄戚继光》获金鹰奖电视剧荣誉提名奖。

16 日—18 日,2016 浦江·第八届水晶玻璃产业博览会在浦江举行。

17 日, 金华市举行市区招商引资重大项目签约仪式,签署 1 个战略合作框架协议、23 个重大项目,总投资 154 亿元。项目投资方包括万里扬集团、大族激光、大华股份等企业及中科信息等重点科研院所。

18 日,金华市召开县(市、区)长座谈会,听取各县(市、区)政府及市有关部门 2016 年前三季度经济工作汇报,分析当前经济形势与第四季度经济工作对策措施。

19 日,由人民日报社举行的第四届中国民生发展论坛发布《2016 年中国民生发展报告》,金华市在报告中位列全国第五、浙江第一。

19 日, 省委副书记王辉忠到义乌调研小城镇环境综合整治和农村土地制度改革工作,要求以小城镇环境提升让广大城乡居民有更多获得感,在农村土地制度改革过程中探索可供全国借鉴的先进经验。

19 日, 金华市城市规划设计院交通所编制的《金华市区公共交通专项规划(2013-2020)》获 2015 年度全国优秀城乡规划设计三等奖。

21 日—25 日, 第 22 届中国义乌国际小商品博览会在义乌举办。本次义博会设标准展位 4100 个,展览面积 15 万平方米,国内外 2000 余家企业参展。

25 日, 省政协副主席王建满率调研组到金华市开展“两路两侧”“四边三化”整治整改情况民主监督。

26 日—28 日, 省督察组到金华专项督查 “清三河”与垃圾分类工作,对全市环境整治工作表示肯定。

27日，金华市举行科技创新大会，会议要求全市合力建设国家自主创新示范区和国家创新城市，加快补齐全面发展的科技短板。

28日，金义综合保税区一期项目通过省级联合预验收。

31日，全市基层党建工作现场推进会在义乌召开，会议要求全市各级党组织和广大党员干部深入学习贯彻党的十八届六中全会精神，坚定不移推进全面从严治党，全力抓好改革发展稳定各项工作，确保“十三五”发展良好开局。

11月

1日—2日，水利部部长陈雷赴永康考察调研水利改革发展，肯定金华“河长制”工作。副省长孙景淼等陪同调研。

1日—4日，第9届中国义乌国际森林博览会举行。本次博览会吸引45个国家和地区1595家企业参展，设国标展位3736个，展览面积8.5万平方米。博览会期间实现成交额47.79亿元，其中外贸成交额12.24亿元。

2日，全市小城镇环境综合整治行动会议召开，会议要求全市全面掀起小城镇环境综合整治热潮，补齐小城镇发展短板，提升金义都市区整体竞争力。

4日，全国农村生活垃圾分类和资源化利用现场培训会在金华召开，金华市在会上向全国各省市介绍该项工作的“金华模式”。

5日，首趟中国·义乌–拉脱维亚·里加中欧班列与李克强总理同时抵达拉脱维亚。

9日，全省深化基层党建“整乡推进、整县提升”工作暨党员干部家风家规建设现场推进会在浦江召开。

10日，金华市与中国联通浙江分公司就加快推进金华市“十三五”信息经济发展签署战略合作协议，浙江联通将向金华投资25亿元打造智能网络体系。

10日—11日，省人大常委会副主任姒健敏一行到金华市开展学前教育立法项目调研。

11日，浦江县江南第一家景区获评全国社会科学普及基地。

12日，“双11”期间，金华市快件量居全国第二，网络零售总额突破55亿元。

13日，市委副书记、市长暨军民会见英国浙江联谊会主席李雪琳一行。

14日，2016中国(义乌)丝绸之路经济带城市国际论坛在义乌开幕，来自30余个国家超过400位政府官员、商界人士和专家学者参加论坛。

15日，金华市召开新一届县(市、区)党政正职座谈会，要求新任县(市、区)党政正职同志珍惜创业机遇舞台，创造新业绩。

15日—16日，副省长朱从玖到金华调研指导企业“两链”风险防范化解工作。

17日，省人大常委会副主任程渭山到金华市调研畜牧业转型升级工作。

18日，市委全面深化改革领导小组第十一次会议召开，听取兰溪市海绵城市试点进展情况汇报、市公安局关于户籍制度改革进展情况汇报，审议通过《关于化解企业“两链”风险支持实体经济发展的意见》《金华市地质灾害防治与地质环境保护“十三五”规划》。

18日，铁路金华南货场开通运营。该项目是建设金华公铁联运港重大基础设施工程，预计近期货物到发总量为398万吨。

18日，金华市举行社保卡·市民卡首发仪式。新的市民卡将集合社保、医保、公积金、图书馆、水电缴费、公交、景点门票等领域惠民服务于一身。

18日，2016中国义乌国际装备博览会开幕。博览会设国际标准展位3054个，展览面积8万平方米。省人大常委会副主任程渭山等参加开幕式。

18日，市公安局经文保支队支队长张辉被公安部授予“公安楷模”称号。

18日—20日，省委副书记袁家军到东阳市单良村、王宅村和花园村蹲点调研“三农”工作。

23日，金华市通过国家节水型城市验收。

23日—24日，上海合作组织成员国丝绸之路法律服务国际论坛在义乌开幕。上合组织成员国和观察员国、对话伙伴司法系统高官及各方代表参加论坛活动。

23日—24日，司法部部长吴爱英一行到义乌、东阳调研司法行政工作。

23 日—24 日,浙江省协调推进“四个全面”战略布局试点县建设协调小组第四次会议在浦江召开。

28 日—29 日,第 15 届中国·金华工业科技合作洽谈会举行,国内外 79 家院校 275 位专家、全市 584 家(次)企业参加活动。共签订各类合作协议 202 项,总金额 2.235 亿元,新达成科技合作意向 50 项。

29 日,全省水利工作会议暨百项千亿防洪排涝工程建设动员大会在金华召开。

30 日,全省畜牧业转型升级现场会在金华召开。

12 月

1 日,金华首部实体地方性法规《金华市水环境保护条例》经省十二届人大常委会第三十五次会议表决批准,将于 2017 年 3 月 1 日起实施。

1 日,永康五指岩生姜通过农业部主持的国家农产品地理标志评审。

1 日—2 日,省政协副主席汤黎路一行到金华调研绿色节能环保产业发展情况。

5 日,省政府第 77 次常务会议审议并通过义甬舟开放大通道建设规划。

5 日—7 日,全国党史网络宣传教育工作培训班在金华举行。

6 日,市政府与省健康产业联合会签署战略合作框架协议,双方将在医疗大数据、健康小镇、医学共享中心、司法鉴定中心等 7 个方面开展合作。

7 日,市区“三百”竞赛活动扩大有效投资项目集中开工仪式在金华开发区生物医药产业园举行,37 个项目集中开工,总投资 213 亿元

8 日,省人大常委会副主任王辉忠到金华调研人大工作。

8 日,全市美丽乡村和农村精神文明建设现场会在武义召开,要求全市大力推动美丽乡村和农村精神文明建设实现新突破,为打造美丽中国浙江样板贡献金华力量。

9 日,省委常委、省公安厅厅长徐加爱到婺城区城中街道人大代表联络站听取人大代表和基层群众意见建议。

13 日—14 日,省委常委、宣传部部长葛慧君一行到磐安县、东阳市调研农业产业化、小城镇环境综合整治、文化旅游产业发展等工作。

13 日—14 日,省人大常委会副主任毛光烈一行到金华市调研县乡两级人大换届选举工作。

15 日,浙江万里扬股份有限公司与德国吉孚动力技术(中国)有限公司签约成立合资公司,共同打造全球领先的自动变速器和新能源传动系统产业基地。

18 日—20 日,2016 中国花卉苗木交易会在金华举行。省人大常委会副主任程渭山等出席开幕活动。展会设展位 287 个,面积 5000 多平方米,800 多家企业参展。现场成交额超 1.5 亿元,观展人数超 4 万人次。

23 日,金义综合保税区一期通过海关总署等部委联合验收小组验收。

23 日,235 国道金武快速路开工。

28 日,金华市域轨道交通工程金义东轨道交通项目开工。

29 日,副省长郑继伟到金华召开座谈会,征求对省政府工作报告意见。

30 日,金华市妇幼保健院建设工程开工。

概　况

基本市情

地　域

【位置面积】 金华市位于浙江省中部，为省辖地级市，以境内金华山得名，处于北纬 28°32′~29°41′、东经 119°14′~120°46′30″之间。东邻台州、南毗丽水，西连衢州，北接绍兴、杭州。市域东西直线距离151 千米，南北直线距离 129 千米，面积 10942 平方千米。市区位于东阳江、武义江和金华江交汇处，面积 2049.38 平方千米。

【地形地貌】 地处金衢盆地东段，为浙中丘陵盆地区，地势南北高、中部低。“三面坏山夹一川，盆地错落涵三江”是金华地貌的基本特征。市境的东、东北有大盘山、会稽山，南属仙霞岭，北、西北接龙门山及千里岗山脉。仙霞岭山脉从闽、赣交界的武夷山延伸入境，至武义县、婺城区南部和永康市境，向东北延续为大盘山和天台山脉，一般海拔 500~1000 米，山体多由火山岩和花岗岩构成。大盘山是钱塘江、曹娥江、椒江和瓯江部分支流的发源地和分水岭，西南段位于磐安、东阳、永康和义乌南缘，主峰在磐安县安文镇东南，海拔 1245 米。会稽山为天台山支脉，主体朝东北方向伸展，西南段延伸至东阳北部和义乌，山体主要由火山熔岩、碎屑岩构成，平均海拔 500 米左右，主峰东白山位于东阳、诸暨、嵊州交界处，海拔 1194.6 米。龙门山界于富春江与浦阳江之间，高度多在 500~800 米，分布在浦江、婺城区和金东区北部、兰溪及义乌西缘，山体主要由中生代火山熔岩和碎屑岩构成，局部为花岗岩和石灰岩，其余脉金华山呈块状山地，北隔墩头盆地与龙门山脉相连，主峰海拔 1312 米。千里岗山脉由赣东北怀玉山脉延伸入境，余脉至兰溪与建德市交界处，山体由沉积碎屑岩组成，中心部分为千里岗砂岩。延伸入境的山系受华夏构造控制，山脉大多呈东北—西南走向，同时受东北—西南和东西向断裂带的切割，延伸出来的众多支脉纵横交织，山形破碎、峰岭交错。境内千米以上的山峰有 208 座。位于武义与遂昌交界处的牛头山主峰，海拔 1560.2 米，为全市最高峰。境内山地以 500~1000 米低山为主，分布在南北两侧。山地内侧散布起伏相对和缓的丘陵，以江山—绍兴断裂带为界又分为北部丘陵和中部丘陵。市境的中部，以金衢盆地东段为主体，四周镶嵌着由断裂凹陷形成的武义盆地、永康盆地、南马盆地、浦江盆地、墩头盆地等山间小盆地。盆地之间丘陵、低山阻隔，盆地群外围又为低山、中山所环抱，形成一个大致呈东北—西南走向，西面开口的大盆地。大盆地东自东阳市巍山镇，西至兰溪市游埠镇，长 100 多千米，宽数十千米不等。由盆周向盆地中心，呈现出中山、低山、丘陵岗地、河谷平原阶梯式层状分布，海拔高度逐级降落。大小盆地内浅丘起伏，海拔在 50~250 米之间，相对高度不到 100 米。盆地底部是宽阔不一的冲积平原，地势低平。上游东阳江自东而西流经义乌，在金华市区汇合武义江而入金华江。金华江向西北流往兰溪，在兰溪城区汇入兰江。兰江北流至将军岩入建德市境。将军岩海拔 23 米，为全市最低点。

（金　鉴）

气 候

【概述】属中亚热带季风气候，四季分明，年温适中，热量丰富，雨量较多，有明显干、湿两季。春早秋短，夏季长而炎热，冬季光温互补。盆地小气候多样，有一定垂直差异。灾害性天气频繁。

【气候特点】2016 年，金华全市气温偏高、降水偏多、日照偏少。年内主要天气事件有：①连续 20年偏暖，年平均气温居历史第一；②1 月下旬遭遇严寒天气，极端最低气温破近 30 年记录；③3 月强寒潮突袭，春茶受冻严重；④4 月—5 月多雨寡照，4月日照之少破历史记录；⑤6 月 28 日夜遭遇大暴雨，市气象台首发暴雨红色预警；⑥夏季遭遇两波高温热浪，7月 38℃以上高温日数破记录；⑦秋季台风多，“莫兰蒂”“鲇鱼”台风影响明显；⑧10 月—11月日照史上最少，阴阴雨雨犹如“黄梅天”；⑨霾日数继续减少，为近 6 年来最少；⑩5 月—8 月雷电连续高发，防雷安全不容忽视。年内极端天气多发，1 月严寒、6 月大暴雨灾情严重，对生产、生活等造成较大的影响。

（严红梅）

水 情

【概述】2016 年，全市平均降雨量 1655.9 毫米，比常年 1512.9 毫米偏多一成，梅雨期出现三轮大范围强降雨过程，特别是市区遭受 50 年一遇的“6·29”暴雨袭击，受灾较重；出梅后出现长达 38 天的持续高温少雨天气，部分山区旱情露头；9 月中下旬受“莫兰蒂”“鲇鱼”台风影响，旱涝急转，造成灾情。

【汛情主要特点】①总降雨量偏多，时间分布不均。1月—3 月累计面雨量 243.2 毫米比常年同期305.6 毫米偏少两成；4 月—6 月全市累计面雨量810.3 毫米，比常年同期 602.2 毫米偏多 34.6%；7 月—8 月全市累计面雨量 147.8 毫米，比常年同期304.8 毫米偏少 51.5%；9 月受台风影响，全市累计面雨量 251.7 米，比常年同期 117.9 毫米偏多一倍多。②梅雨量接近常年，“6.29”暴雨受灾较重。6 月 11 日入梅，7 月 1 日出梅，梅雨期 20 天，全市累计面雨量249.3 毫米，接近常年梅雨量 253.5 毫米，先后经历三场强降雨过程。其中，6 月 29 日 2 时—8 时金华站6 小时降雨量 109 毫米，暴雨频率达 50 年一遇，导致东阳江、金华江和兰江均发生超警戒水位的洪水，造成除兰

2016 年度金华市各台站气候资料一览表

表 1

台站	积温(℃)	积温距平(℃)	平均气温(℃)	气温距平(℃)	雨量(毫米)	雨量距平(毫米)	雨日(天)	雨日距平(天)	日照时数(小时)	日照距平(小时)	最高温度(℃)	日期	最低温度(℃)	日期
浦江	6581.3	413.2	18.0	1.1	1767.1	296.7	178	22.6	1518.6	−244.4	40.1	7 月 24 日	−10.6	1 月 25 日
兰溪	6987.0	429.5	19.1	1.2	1707.4	249.1	169	17.1	1476.9	−164.5	40.2	7 月 24,25 日	−7.9	1 月 25 日
义乌	6800.7	331.1	18.6	0.9	1601.2	214.6	172	24.3	1593.7	−195	39.7	7 月 29 日	−8.5	1 月 25 日
东阳	6966.1	512.1	19.0	1.4	1748.7	346.6	166	13.3	1571.2	−200.2	40.1	7 月 29 日	−8.3	1 月 25 日
武义	6858.7	524.2	18.7	1.4	1826.8	307.2	188	17.9	1526.3	−242.7	39.7	7 月 24 日	−8.5	1 月 25 日
永康	7107.9	548.0	19.4	1.5	1597.2	146.3	180	19.2	1497.3	−231.1	39.7	7 月 27 日	−7.4	1 月 25 日
金华	7016.6	511.0	19.1	1.4	1740.6	294.9	172	16.8	1516.1	−307.6	39.9	7 月 24 日	−7.3	1 月 25 日

溪、武义外的7个县(市、区)及金华经济技术开发区共107个乡镇12.95万人受灾,直接经济损失2.6亿元。③出梅后持续高温少雨,部分山区旱情露头。出梅后持续晴热高温少雨,35℃以上高温天气达38天,接近2003年(大旱年)同期高温天数39天。7月—8月全市累计平均降雨量152.6毫米,比常年同期316.6毫米偏少五成,导致磐安山区7个乡镇2239人饮水受影响,农作物受旱面积495公顷,主要为高山蔬菜和经济作物。④台风次数多,且集中在秋季。全市先后防御6个台风(尼伯特、莫兰蒂、马勒卡、鲇鱼、艾利、海马),有5个台风集中在9月中下旬至10月,2个台风(莫兰蒂、鲇鱼)影响较大,造成灾情。14号台风“莫兰蒂”于9月15日凌晨3时在福建省厦门市翔安区沿海登陆。受其影响,9月14日—17日全市过程累计降雨量114.3毫米,面雨量较大的磐安164.0毫米,单站最大的磐安大路226.0毫米。造成武义、磐安共27个乡镇(街道)4.2万人受灾,直接经济损失2679万元。17号台风“鲇鱼”于9月28日4时在福建省泉州市惠安县沿海登陆。受其影响,全市累计过程雨量56.7毫米,降雨主要集中在武义、婺城,面雨量分别达122.8毫米和105.4毫米,单站降雨量最大的婺城瀛头265.0毫米。造成婺城区和武义县9个乡镇(街道)2.89万人受灾,直接经济损失919万元。⑤洪涝台灾害次数多,总损失少于常年。受梅雨、台风影响,全市除兰溪市外8个县(市、区)123个乡(镇、街道)21.5万人受灾,倒塌房屋603间,农作物受灾16720公顷,公路中断179条次,供电中断36条次,损坏堤防328处34.07千米、护岸131处、灌溉设施62处,直接经济总损失3.27亿元。

(倪　霄)

建置沿革

【概述】 金华市域春秋时属越国。秦、汉为乌伤县,属会稽郡。三国吴宝鼎元年(266)置郡,名东阳,以郡在瀔水(即衢江)之东、长山之阳得名。金华设立郡府建置自此始。东阳郡属扬州,领长山(今婺城区、金东区、兰溪市)、乌伤(今义乌)、永康、吴宁(今东阳)、丰安(今浦江)、太末(今龙游)、新安(今柯城、衢县)、定阳(今常山)、平昌(今遂昌)9县,治设长山。南朝梁绍泰二年(556)置缙州,陈天嘉三年(562)撤州,东阳郡改名金华郡,郡名金华自此始。隋开皇十三年(593)改置婺州。大业三年(607)复置东阳郡。唐武德四年(621)改东阳郡置婺州,并于信安(新安)县分置衢州。唐天宝元年(742)改婺州为东阳郡,乾元元年(758)复为婺州,一直延续到宋元。元至元十三年(1276)改为婺州路,至正十八年(1358)朱元璋攻取婺州路,改名宁越府,至正二十年(1360)改为金华府。明成化七年(1471)金华府领金华、兰溪、东阳、义乌、永康、武义、浦江、汤溪8县,故有“八婺”之称。1912年废府实行省、县两级制。1914年置金华道,辖区扩及原衢州、严州府。1927年废道,各县仍直属于省。1932年6月设浙江省县政督察专员办事处第八区,驻金华。9月,改设浙江省特区行政督察专员办事处第六特区。民国期间,行政督察区序号、辖县、专署驻地时有变换。1949年5月7日,金华解放,设立浙江省第八行政区。10月,改名金华专区。11月金华专区辖2市9县。1955年3月,衢州专区撤销并入。嗣后,金华专区辖县(市)续有撤并、复置,并与杭州、丽水等毗邻市地互有调整。1968年4月,改金华专区为金华地区。1985年5月,撤销金华地区,原金华、衢州两县级市分别升为地级市,实行市管县体制,并于金华城区设立婺城区,郊区设立金华县,同时撤销兰溪县,设立兰溪市(县级)。金华市辖婺城区、兰溪市和金华、永康、武义、东阳、磐安、义乌、浦江7县。原金华地区的龙游、开化、常山、江山县划归衢州市管辖。1988年5月,撤销义乌县设立东阳市(县级)。1992年10月,撤销永康县设立永康市(县级)。2000年12月,撤销金华县,设立金华市金东区。

(金　鉴)

行政区划

【概述】 金华市设婺城、金东2个市辖区,辖浦江、武义、磐安3个县,代管兰溪、东阳、义乌、永康4个县级市。截至2016年底,全市共有镇76个、乡36个(含民族乡1个)、街道40个,村民委员会4460个、社区居委会(居民委员会)386个。

2016年,全市行政区划基本没有变动,仅部分县(市、区)对村民委员会、社区居委会(居民委员会)

2016年末金华市行政区划表

表2

地　区	镇(个)	乡(个)	街道(个)	村委会(个)	社区(居委会)(个)	土地面积(平方千米)
全　市	76	36	40	4460	386	10918
婺城区	9	9	9	568	99	1388
金东区	8	1	2	484	28	656
兰溪市	7	3	6	330	29	1310
东阳市	11	1	6	347	43	1739
义乌市	6	–	8	714	91	1103
永康市	11	–	3	710	50	1049
浦江县	7	5	3	409	19	900
武义县	8	7	3	535	19	1577
磐安县	9	10	–	363	8	1196

进行微调,村民委员会减少316个,社区居委会(居民委员会)增加3个。

（邵顺能）

人　口

【概述】 截至2016年11月30日24时,全市总户数为1861621户,比上年同期减少7902户,总人口(不含服现役人员,下同)4811522人,平均每户2.58人。其中男性2446229人,女性2365293人,分别占总人口的50.8%和49.2%,性别比(女=100,下同)103.42。总人口比上年同期增加24586人,年增长0.51%,增幅较上年下降0.13个百分点。2016年1–11月全市出生登记57687人,比2015年同期多2165人,出生率为12.87‰,比上年上升0.36个千分点。死亡注销30701人,比上年同期多8277人,死亡率为8.43‰,比上年上升1.68个千分点,其中男性死亡注销17646人,占死亡人口的57.48%,女性死亡注销13055人,占42.52%。全市人口自然增长26986人,比上年减少457人,自然增长率为4.44‰,比上年下降1.32个千分点。出生人口中,男性出生30574人,女性出生27113人,出生人口性别比为112.8,比上年下降1.2。2016年11月底,全市人口迁入20242人(其中省内迁入7853人,省外迁入12389人),迁入率4.56‰;全市迁出16334人(其中迁往省内10393人,迁往省外5941人),迁出率3.81‰;全市总迁移率8.37‰,人口机械增加3908人,机械增长率为0.75‰,同比上年大幅下降1.93‰。全市兰溪市、武义县、浦江县、磐安县机械增长均为负增长,东阳市机械增长接近零增长。年末,各县、市(区)总人口分别为:市辖区总人口968477人(其中婺城区384920人,江南经济开发区255160人,金东区328397人),兰溪市665110人,义乌市782220人,东阳市839515人,永康市601982人,武义县342700人,浦江县399202人,磐安县212316人。按公安部统计口径,2016年11月底,全市共有城镇人口1960698人,户籍人口城镇化率为40.75%,城镇人口数比上年年底增加107802人。

【年龄分布】 11月底,全市总人口按年龄段分布构成为:0–17岁837185人、18–34岁1020167人、35–59岁1965131人、60岁以上989039人,分别占总人口的17.40%、21.20%、40.84%和20.56%。与2015年末相比,全市0–17岁年龄段人口占总人口比例上升0.29个百分点,自2004年起首次上升;18–34

岁年龄段人口占总人口比例下降 0.61 个百分点，自 2004 年起连续第 12 年下降；35-59 岁年龄段人口占比下降 0.31 个百分点，自 2011 年起连续第 5 年下降；60 岁以上年龄段人口增加 36144 人，占总人口比例上升 0.62 个百分点，为 2004 年起连续第 12 年上升，持续保持 60 岁以下人口占总人口比例不断下降，60 岁以上人口占比不断上升的人口发展格局，表明全市人口继续呈老龄化趋势。

【流动(暂住)人口】 截至 2016 年 6 月 30 日，全市流动人口总量达 3085404 人，与上年同期增加 140285 人，增幅为 4.76%。其中男性 1780059 人，占 57.69%，女性 1305345 人，占 42.31%；全市流动人口的总量从高到低的排序为：义乌 1243548 人、永康 508760 人、东阳 417080 人、金东 214263 人、市经济开发区 202943 人、浦江 167248 人、婺城 129711 人、武义 117646 人、兰溪 55197 人、磐安 17566 人、金华山 11442 人。统计数据分析显示，省内流动人口 394158 人，占总量的 12.77%；省外的暂住人口 2691246 万人，占总量的 87.23%。流动人口流出地仍以贵州、江西、河南、安徽、云南、湖南、湖北、四川等省份为主，占总量的 76.14%。流动人口从事的行业以务工、经商为主；其中，务工人员 2652002 人，占 85.68%；经商人员 75326 人，占 2.44%；共占全市暂住人口总数的 88.12%。年龄结构以青壮年劳力为主；其中 16 周岁以下 270246 人，占总量 8.75%；16-39 周岁 1975047 人，占总量 63.94%；40-59 周岁 795289 人，占总量 25.74%；60 周岁以上 48570 人，占总量 1.57%。文化程度主要由初中及以下学历构成；其中，初中及以下学历 2697712 人、占总数的 87.33%；高中学历 253676 人、占总数的 8.21%；大专及以上学历的 137764 人、占总数的 4.46%。

（张旭华）

资　源

【水资源】 市域内江河分属钱塘江、瓯江、曹娥江、椒江 4 大水系，流域面积分别为 9332.73 平方千米、949.71 平方千米、341.6 平方千米和 293.96 平方千米，分别占总面积的 85.49%、8.69%、3.13%和2.69%。集雨面积在 100 平方千米以上的江溪有 40多条。

【矿产资源】 境内发现的矿产 50 余种，可供开发利用的有 32 种。矿产以非金属居多，其中以萤石储量最为丰富，是国内主要产地之一，总储量在3000 万吨以上。石灰岩储量约为 2 亿吨。金华九龙——山口岩矿储量 0.8 亿吨。全市优势矿产有萤石、水泥用灰岩、饰面用花岗石、建筑石料、钾长石、矿泉水、地热水等。

【生物资源】 属亚热带常绿阔叶林地带。全市植物资源有 1500 余种，其中森林树种 440 种，草本植物约 300 余种，农作物品种资源 800 余种。属国家重点保护的珍稀树种有银杏、金钱松、鹅掌楸、凹叶厚朴、香果树、青檀、浙江楠、半枫荷、花榈木、南方红豆杉、天竺桂和短穗竹 12 种。全市森林活立木蓄积量 2851 万立方米。

全市野生动物约有鸟纲 12 目 23 科 100 余种，哺乳纲 8 目 13 科 30 余种，爬行纲 2 目 6 科 20 余种。属国家一类保护动物有穿山甲、大灵猫、金钱豹、云豹、鬣羚，属二类保护动物有天鹅、猕猴、鸳鸯、大鲵(娃娃鱼)等。畜牧业历史悠久，地方优质品种有金华两头乌和兰溪花猪、永康灰鹅等。

（金　鉴）

主要组织机构及其负责人名录

中国共产党金华市委员会

书　记 徐加爱（　—2016 年 1 月）
赵光君(2016 年 1 月—　)

副书记 暨军民　　陶诚华（　—2016 年 4 月）
何杏仁(女，2016 年 4 月—2016 年 11 月)

常　委 何杏仁(女，—2016 年 4 月)
钟关华　　金中梁　　余　杰
夏建成　　陈　伟(　—2016 年 3 月)
程友敏　　聂展云　　陈　晓
盛秋平

委　员 (按姓氏笔画排列)
马　越　　王　健　　王丁路
毛建岳　　方雨辉　　卢秀芝(女)

朱建军　　朱瑞俊　　刘少非
江国富　　李郁华　　吴小明
吴立钢　　吴志松　　吴国成
何杏仁(女，—2016年11月)
余　杰　　余秋荣　　张伟亚
张新宇　　陈　伟(—2016年3月)
陈　晓　　陈志身　　陈雷红(女)
陈蕾妍(女)　林丹军(女)　金中梁
金洪生　　周剑敏　　郑余良
郑金平　　钟关华
赵光君(2016年1月—)
施美红(女)　施振强　　祝伦根
祝维伟　　姚孔屏
徐加爱(—2016年1月)
徐华水　　徐志坚　　陶国兴
陶诚华　　黄锦朝　　程友敏
傅利常　　蔡　健　　暨军民

秘书长　陈　晓

副秘书长　章旭升(—2016年11月)
徐华水(2016年11月—)
祝维伟　　王瑞海(—2016年11月)
孙建成(—2016年11月)
李雄伟　　朱志德　　申瑞龙
范　军(女)　邵旭东

市委工作部门及直属单位

办公室

主　任　章旭升(—2016年11月)

组织部

部　长　余　杰

宣传部

部　长　何杏仁(女，—2016年11月)

统战部

部　长　陈　晓

政法委

书　记　陶诚华(—2016年5月)
何杏仁(女,2016年5月—2016年11月)

政策研究室

主　任　孙建成(—2016年11月)

市委台湾工作办公室、市政府台湾事务办公室

主　任　蓝群英

机构编制委员会办公室

主　任　兰景贵

直属机关工作委员会

书　记　朱志德

市委、市政府农业和农村工作办公室

主　任　祝维伟

市委、市政府信访局

局　长　申瑞龙

新经济与新社会组织工作委员会(社会工作委员会)

书　记　李雄伟

老干部局

局　长　洪雅群(女)

讲师团

团　长　潘江涛

防范和处理邪教问题领导小组办公室

主　任　王瑞海(—2016年11月)

党校

校　长　余　杰

金华日报社

社长、党委书记　陈　东
总　　编　陈　东

党史研究室
主 任 吴晓华

档案局
局长、党组书记 陈艳艳(女)

中国共产党金华市纪律检查委员会

书 记 夏建成
副书记 张自力 吕文革 张慧娟(女)
常 委 常爱平 郭 飞 刘景刚
周维尧 张一健

金华市人民代表大会常务委员会

主 任 黄锦朝
副主任 林一心 钱世茂 丁国玉(女)
蔡 健 王国强 张荣贵
江跃进
党组书记 黄锦朝
党组副书记 林一心
秘书长 陈志身
副秘书长 李克勤 胡冬娥(女) 郑樟根
陈后呈
施美红(女,2016 年 11 月—)
张志明 伊福泉 吴文飞
邹志伟 陈增加 任建生
朱 红
委 员 (按姓氏笔画排列)
丁国玉(女) 马 越 王华新
王淑丹(女) 王国强 王华新
江跃进 伊福泉 刘艾春(女)
杨 艳(女) 李克勤 李晓叶(女)
吴文飞 吴瑞银 邹中玺
邹志伟 张志明 陆基灯
陈志身 陈后呈 陈美兰(女)
陈雄武 陈增加 林一心
郑樟根 胡文君 胡冬娥(女)
姜洪森 姜 宪 袁坚列
钱毓峰 钱世茂 徐 敏(女)
陶国兴 黄锦朝 斯克良
蒋晓萌 蔡 健 雷永金

市人大常委会工作机构

办公室
主 任 邹志伟

研究室
主 任 卢洋春

法制工作委员会
主 任 钱 静(女)

财政经济工作委员会
主 任 胡文君

教育科技文化卫生工作委员会
主 任 吴文飞

农业与农村工作委员会
主 任 姜洪森

城乡建设环境保护工作委员会
主 任 张志明

代表与选举任免工作委员会
主 任 伊福泉

民族宗教外事侨务工作委员会
主 任 王景荣

内务司法工作委员会
主 任 张世元

金华市人民政府

市 长 暨军民
副市长 金中梁 林丹军(女) 傅利常
张伟亚 邵国强

胡国强(—2016年4月)
祝伦根　孙荣燕(女)
盛秋平(—2016年1月)
林　毅(2016年1月—)
党组书记　暨军民
党组副书记　金中梁
秘 书 长　周剑敏
副秘书长　傅关福　余秋荣(2016年5月—)
潜高星　朱志杰
申屠福华(2016年11月—)
陈蕾妍(女,2016年11月—)
王建国(2016年12月—)
曹文蔚　胡　杰　金　艳(女)
方宪文　马海清　韦　炜
姜　能　王跃平

市政府工作部门及派出机构、直属单位

办公室
党组书记　周建敏
主　　任　傅关福

发展和改革委员会
主任、党组书记　张旭辉

物价局
局　长　杨晓红(—2016年7月)
张旭辉(2016年7月—)

经济和信息化委员会
主任、党委书记　王志强(—2016年11月)

教育局
局长、党委书记　徐志坚

科学技术局
局长、党组书记　方洪海

民族宗教事务局
局　长　樊国斌

公安局
局长、党委书记　聂展云

监察局
局　长　张自力

民政局
局长、党组书记　陶叶萍(女)

司法局
局长、党委书记　钟庆华

财政局
局长、党组书记　方卫民

人力资源和社会保障局
局长、党组书记　王丁路

国土资源局
局长、党委书记　楼东江

住房和城乡建设局
局长、党委书记　郭慧强(—2016年11月)

规划局
局长、党组书记　陆　峰

交通运输局
局长、党委书记　邱建中

水利渔业局
局长、党委书记　潘炉生

农业局
局长、党委书记　吴国平

林业局
局长、党组书记　朱　飞

商务局(粮食局)
局长、党组书记　叶新良

文化广电新闻出版局
局长、党委书记　钟世杰

体育局
局长、党组书记　方雨辉

卫生和计划生育委员会
主任、党组书记　韦国潭

审计局
局　　长　董巧娟(女)
党组书记　卢文浩

统计局
局长、党组书记　郑迪元

环境保护局
局长、党组书记　石骁敏

市场监督管理局(工商局、食品药品监督管理局)
局长、党委书记　施欣辉

质量技术监督局
局　　长　张少华
党委书记　张福平

城市管理行政执法局(　—2016年8月)
综合行政执法局(综合行政执法支队)(2016年8月—　)
局长、党委书记　潘之江

安全生产监督管理局
局长、党组书记　金文胜

旅游局
局长、党组书记　姜玉芳

机关事务管理局
局长、党组书记　张维源

外事与侨务办公室
主任、党组书记　章　宏

人民防空办公室(民防局)
主任、党组书记　宋旭宝

国有资产监督管理委员会
主任、党委书记　李　俊(　—2016年11月)

行政服务中心
主任、党组书记　邱银泉(　—2016年11月)

金华经济技术开发区党工委、管委会
书　记　傅利常
主　任　余秋荣

金华新兴产业集聚区管委会
主　任　郑余良

金义都市新区(金义都市经济开发区)党工委、管委会
书　记　郑余良
主　任　赵国荣

金华山旅游经济区(金华双龙风景旅游区)党工委、管委会
书　记　林一心
主　任　蒋金红

义乌商贸服务业集聚区党委、管委会
主　任　季金甫

经济合作交流办公室(招商局)
主任(局长)、党组书记　韦肖鸿

供销合作社
主任、党委书记　陈福雨

文物局
党组书记　聂新华
局　　长　汪希燕(女)

市政府金融工作办公室
主任、党组书记 姚孔屏(女)

市政府驻北京联络处
主　任 应丽青(女)

市政府驻上海联络处
主　任 叶　青

市政府驻杭州办事处
主　任 蒋震雷(—2016年11月)

市政府驻深圳办事处
主　任 张红丽(女)

市政府驻厦门办事处
主　任 (暂缺)

中国人民政治协商会议金华市委员会

主席候选人 陶诚华(—2016年2月)
主　　席 陶诚华(2016年2月—)
副 主 席 朱恒钱　傅路红　张跃进
刘净非(女)　许章才　吴国成
胡锦全　陶国兴
党组书记 陶诚华
党组副书记 朱恒钱
秘 书 长 徐月明
副秘书长 万晨曦　汪永革　黄　伟
张少华　丛　华(女)　李志妙
柳建民
常务委员 (按姓氏笔画排列)
丁　宁(女)　万晨曦　马巧良
叶赏和　卢　广　卢淑芳(女)
丛　华(女)　巩美英(女)　朱文勇
朱孝平　朱茂丹(女)　刘　尧
刘桂英(女)　李志妙
肖志光(2016年2月—)　杜剑平
杨坚明　杨德山　吴月华(女)
吴彩霞(女)　吴康良　吴瑞成
辛永良　汪永革　张　毅(女)
张少华　张志华　张建敏(女)
陈　琳(女)　金罕岗　金洪生
郑一平(女)　郑守乾　郑爱军
柳建民　胡济荣　胡总旗
胡泰群　胡爱珠(女)　赵允成
赵东升　俞建辉　施清纯
姚波峰　夏　刚　倪　捷
徐　斌　徐志辉　郭金林
诸晓东　黄　伟　董巧娟(女)
蒋荣伟　程　颖(女)　童国友
楼余产　蓝跃军
蓝群英(2016年2月—)　雷启余
窦金庸　樊国斌

市政协工作机构

办公室
主　任 汪永革

研究室
主　任 马巧良

提案委员会
主　任 万晨曦

经济科技委员会
主　任 朱文勇

人口资源环境委员会
主　任 金洪生

教育文化卫生体育委员会
主　任 胡爱珠(女)

社会法制委员会
主　任 夏　刚

文史资料委员会
主　任 杨坚明

港澳台侨委员会
主　任　胡泰群

委员工作委员会
主　任　丁　宁(女)

民族宗教委员会
主　任　吴康良

金华市中级人民法院

院　　长　汤海庆
副 院 长　宋耿金　　邵永龙　　黄美园(女)
　　　　　范锡祥
党组书记　汤海庆

金华市人民检察院

检 察 长　毛建岳
副检察长　郭土华　　方旭东　　陈生平
　　　　　傅新民
党组书记　毛建岳

中国人民解放军浙江省金华军分区

司 令 员　程友敏
政治委员　杨德山

群众团体

金华市总工会
主　　席　吴国成
党组书记　蒋永根

中国共产主义青年团金华市委员会
书记、党组书记　俞建辉

金华市妇女联合会
主席、党组书记　陈雷红(女)

金华市科学技术协会
主　　席　楼余产
党组书记　吴卫平

金华市文学艺术界联合会
主席、党组书记　金云平

金华市归国华侨联合会
主　席　蓝跃军

金华市工商业联合会
主　　席　丁国玉(女)
党组书记　肖志光

金华市社会科学界联合会
主　　席　吴远龙

金华市残疾人联合会
主　　　　　席　张伟亚(兼)
理事长、党组书记　骆　芳(女)

金华市老龄工作委员会
主　任　余　杰

金华市红十字会
会　　长　林丹军(兼,女)
党组书记　宋　玫(女)

民主党派

中国国民党革命委员会金华市委员会
主　委　刘净非(女)

中国民主同盟金华市委员会
主　委　胡锦全

中国民主建国会金华市委员会
主　委　丁国玉(女)

中国民主促进会金华市委员会
主　委　张少华

中国农工民主党金华市委员会
主　委　傅路红

九三学社金华市委员会
主　委　张跃进

企事业单位、院校

金华银行
董事长、党委书记　徐雅清(女)

金华市城建发展控股有限公司
董事长　徐雨光(　—2016年11月)

金华市交通建设投资有限公司
董事长　吴光辉

金华市现代服务业发展有限公司
董 事 长　朱明宏

浙江金华安邦护卫有限公司
董事长、总经理、党委书记　方顺富

金华市国有资产经营有限公司
董事长、总经理、党委书记　朱林明

金华市教育发展投资有限公司
董事长、总经理　朱耀仁

金华市多湖中央商务区党委、管委会
主任、党委书记　曹文蔚

金华市便民服务中心
主　任　丁宏田

金华广播电视总台
台长、党委书记　楼伟民

金华职业技术学院
党委书记　胡正明
院　　长　钟依均

义乌工商职业技术学院
党委书记　王振洪
院　　长　王　珉

上海财经大学浙江学院
党委书记　黄宏伟
院　　长　马　洪

金华教育学院(市体校)
党委书记　何宝钢
院　　长　胡吉省

金华广播电视大学(浙江商贸学校)
党委书记　单　勇
校　　长　郭航鸣

垂直管理部门(单位)、部省属驻金单位、金融机构

国家税务局
局长、党组书记　吴伟民

气象局
局长、党组书记　谷风鸣

金华出入境检验检疫局
局长、党组书记　周健青

金华海关
关长、党组书记　何士电

金华海关缉私分局
局　长　姚亚良

国家统计局金华调查队
队 长　金　辉

无线电管理局
局　长　李志根

地方税务局
局　长　方卫民

国网金华供电公司
总 经 理　潘巍巍
党委书记　杜晓平

烟草专卖局(浙江省烟草金华市公司)
局长(经理)、党组书记　方录生

浙江省邮政公司金华市分公司
局长、党委书记　张俊晓

邮政管理局
局长、党委书记　李云山

中国电信金华分公司
总经理、党委书记　樊振华(—2016 年 12 月)
祝海云(2016 年 12 月—)

中国移动金华分公司
总经理、党委书记　赵东升

中国联通金华市分公司
总经理、党委书记　吴红伟

中国人民银行金华市中心支行
行长、党委书记　翁国华

银监会金华监管分局
局长、党委书记　陈兆法(2016 年 7 月—)

中国农业发展银行金华市分行
行长、党委书记　胡良华

中国工商银行金华分行
行长、党委书记　金小山

中国农业银行金华分行
副行长、党委副书记　吕晓东(主持工作，—2016年 4 月)
行长、党委书记　吕晓东(2016 年 4 月—)

中国银行金华市分行
行长、党委书记　王　权

中国建设银行金华分行
行长、党委书记　王井平

中国人民财产保险金华市分公司
总经理、党委书记　毛新龙

中国人寿保险金华分公司
总经理、党委书记　祝　勇

中国平安财产保险金华中心支公司
总经理　楚军锋(—2016 年 3 月)
蔡　勤(2016 年 3 月—)

中国平安人寿保险金华中心支公司
总经理　陈驰波

中国太平洋财产保险金华中心支公司
总经理、党委书记　程　伟(—2016 年 8 月)
蔡延龄(2016 年 8 月—)

中国太平洋人寿保险金华中心支公司
党委书记　施学红
副总经理　吴文俊(主持工作)

县(市、区)主要机构及负责人名单

中国共产党金华市婺城区委员会
书　记　王　健

金华市婺城区人民代表大会常务委员会
主　任　张菲菲(女)

金华市婺城区人民政府
区　长　申屠福华(　—2016年11月)
代区长　郭慧强(2016年11月—　)

中国人民政治协商会议金华市婺城区委员会
主　席　施素珍(女)

中国共产党金华市婺城区纪律检查委员会
书　记　何海彬(　—2016年11月)
　　　　潘国东(2016年11月—　)

中国共产党金华市金东区委员会
书　记　郑余良(　—2016年11月)
　　　　程天云(2016年11月—　)

金华市金东区人民代表大会常务委员会
主　任　赵　庆

金华市金东区人民政府
区　长　施美红(女，—2016年11月)
代区长　陈峰齐(2016年11月—　)

中国人民政治协商会议金东区委员会
主　席　楼科进

中国共产党金华市金东区纪律检查委员会
书　记　钟术清

中国共产党兰溪市委员会
书　记　朱瑞俊

兰溪市人民代表大会常务委员会
主任候选人　刘成芝(　—2016年2月)
主　　　任　刘成芝(2016年2月—　)

兰溪市人民政府
代市长　蔡　艳(女，—2016年2月)
市　长　蔡　艳(女,2016年2月—　)

中国人民政治协商会议兰溪市委员会
主席候选人　徐建祥(　—2016年2月)
主　　　席　徐建祥(2016年2月—　)

中国共产党兰溪市纪律检查委员会
书　记　林纪平

中国共产党东阳市委员会
书　记　黄　敏

东阳市人民代表大会常务委员会
主　任　施侍伟

东阳市人民政府
市　长　朱建军(　—2016年5月)
代市长　姚激扬(2016年11月—　)

中国人民政治协商会议东阳市委员会
主　席　王正明

中国共产党东阳市纪律检查委员会
书　记　胡勇春

中国共产党义乌市委员会
书　记　盛秋平

义乌市人民代表大会常务委员会
主　任　陈秀仙(女)

义乌市人民政府
代市长　林　毅(　—2016年3月)
市　长　林　毅(2016年3月—　)

中国人民政治协商会议义乌市委员会
主　席　宋英豪

中国共产党义乌市纪律检查委员会
书　记　楼国康

中国共产党永康市委员会
书 记 徐华水(—2016 年 11 月)
金　政(2016 年 11 月—)

永康市人民代表大会常务委员会
主 任 徐华水(—2016 年 11 月)

永康市人民政府
市　长 金　政(—2016 年 11 月)
代市长 朱志杰(2016 年 11 月—)

中国人民政治协商会议永康市委员会
主 席 陈毅成

中国共产党永康市纪律检查委员会
书 记 陈　嵘

中国共产党浦江县委员会
书 记 施振强

浦江县人民代表大会常务委员会
主 任 黄林生

浦江县人民政府
县　长 程天云(—2016 年 11 月)
代县长 丁　政(2016 年 11 月—)

中国人民政治协商会议浦江县委员会
主 席 朱受明

中国共产党浦江县纪律检查委员会
书 记 丁进跃(—2016 年 11 月)
宁维茂(2016 年 11 月—)

中国共产党武义县委员会
书 记 钟关华(—2016 年 11 月)
张新宇(2016 年 11 月—)

武义县人民代表大会常务委员会
主 任 徐华良

武义县人民政府
县　长 张新宇(—2016 年 11 月)
代县长 章旭升(2016 年 11 月—)

中国人民政治协商会议武义县委员会
主 席 骆瑞生

中国共产党武义县纪律检查委员会
书 记 王宽民

中国共产党磐安县委员会
书 记 陈蕾妍(女, —2016 年 11 月)
傅显明(2016 年 11 月—)

磐安县人民代表大会常务委员会
主 任 黄福良

磐安县人民政府
县　长 傅显明(—2016 年 11 月)
代县长 王志强(2016 年 11 月—)

中国人民政治协商会议磐安县委员会
主 席 陈剑波

中国共产党磐安县纪律检查委员会
书 记 傅　治(—2016 年 11 月)
鲍伟娟 (女,2016 年 11 月—)

2016年金华市全国五一劳动奖章、省五一劳动奖章获得者一览表

表3

序号	推荐单位	姓名	性别	工作单位	职务	荣誉称号
1	义乌市	程芝见	男	浙江华川实业集团有限公司	电工	全国五一劳动奖章
2	永康市	沈迎春	女	永康市广播电台	记者	全国五一劳动奖章
3	东阳市	吴海尧	男	浙江省东阳中学	校长、党委书记	全国五一劳动奖章
4	金信委	顾明华	男	浙江金华康恩贝生物有限公司	工会主席	省五一劳动奖章
5	开发区	项连坤	男	金华经济开发区总工会	工会主席	省五一劳动奖章
6	兰溪市	樊雪君	女	浙江天一堂药业有限公司	总工程师	省五一劳动奖章
7	开发区	叶依依	女	基业建设集团有限公司	团支部书记	省五一劳动奖章
8	武义县	杜建跃	男	武义县人民法院	审判员	省五一劳动奖章
9	开发区	楼群英	女	金华市东苑小学	中级专业技术职务	省五一劳动奖章
10	金东区	尹根有	男	金华市古婺窑火陶瓷文化有限公司	设计总监	省五一劳动奖章
11	浦江县	刘劲松	男	浙江亚星纤维有限公司	总经理	省五一劳动奖章

经济建设

农　业

【概述】 2016年，实现农林牧渔业增加值151.95亿元，同比增2%；全年农村常住居民人均可支配收入21896元，同比增7.9%。

【供给侧改革】 全市粮食生产功能区新建面积10.9万亩，新增标准农田提升面积5.89万亩，占全省提升面积的48.3%，推广新型农作制度面积28.3万亩，新增旱粮种植面积3.51万亩。全市保障型蔬菜基地稳定在2.69万亩，食用菌单产增幅达10%~20%。

全市培育3~5个生产集中布局、资源集约利用、产业相互融合的农业产业集聚区；培育10个左右省级现代特色农业强镇和20个市级特色农业强镇。2016年，武义县茶叶和珍稀中药材产业聚集区、浦江县盆地葡萄产业集聚区和金东区源东白桃特色农业强镇、磐安县新渥中药材特色农业强镇、兰溪市女埠枇杷特色农业强镇等成为首批省级农业产业集聚区和特色农业强镇创建点。

2016年申报磐安中药材、金东区蔬菜、武义珍稀中药材等3条省级示范性全产业链。推进农旅融合，培育新型乡村休闲旅游业态，组织申报省级休闲农业与乡村旅游示范县1家、示范乡镇2家、示范点12个，推荐浦江、兰溪的2个村申报中国美丽休闲乡村。全市新增农业电商主体1000家、新建示范农村电商服务站320个、建成示范电商专业村100个，18家农业企业的优质产品进入“浙江省名优农产品馆”。

【生态循环创建】 推动全市开展美丽生态牧场创建，全市共创建美丽生态牧场建设22家。编制《金华市现代生态循环农业发展“十三五”规划》，整建制推进金东、兰溪、武义和磐安4个生态循环示范县，新建1个省级区域现代生态循环农业示范项目，新建成54个省级现代生态循环农业示范主体。

抓好农药化肥减量和农业废弃物资源化利用。全市推广农药减量控害增效技术面积150.46万亩，农作物病虫害统防统治面积67.69万亩，农药用量比上年减少118.88吨。建成绿色防控示范点68个，面积7.41万亩，推广面积40.7万亩，建成3个省级统防统治和绿色防控融合试点。全市推广测土配方施肥面积311万亩，总增产4.2万吨，减少不合理用肥2100吨，推广配方肥等新型高效肥料2.9万吨，应用面积60万亩，亩均节本增收55.7元。全市农作物秸秆综合利用率92.37%，新建农村能源综合利用示范工程4个、农业面源污染监测站点2个，新建秸秆综合利用示范县1个、全量化利用示范点10个。

【农产品质量安全】 全域推进农产品质量安全示范创建和农产品质量可追溯体系建设。全市9个县(市、区)已全部建立起农产品生产主体信息库和质量安全追溯体系，新增二维码追溯的农产品生产主体360家，累计656家，县级以上示范性合作社、农业龙头企业、示范性家庭农场的农产品质量安全追溯率达100%。

开展农产品质量安全隐患大抽检大排查大整治严打击专项行动。全市累计出动检查人员11551人次，检查重点食用农产品种养殖基地数4842个，重点品种生产经营企业2029家，查处违法行为81起，查处关停非法违法企业5家，抽检品种161种类，抽检农产品样品达17537批次。开展禁限用农药、兽药饲料、“瘦肉精”、生猪屠宰、生鲜乳、病死动物以及农资打假七大专项整治行动。全市累计出动执法人员 21084 人次，检查生产经营企业15462 家次，查处问题 244 起，立案 196 起，涉案金额 175.40824 万元，移送司法机关案件 1 件。

推进农业标准化生产，完成农业标准化示范项目 7个。全市建成农业标准化生产基地 210.3 万亩，农业标准化生产技术实施率达 65%。全市认证基地面积达 130.6 万亩，累计通过认定的无公害农产品 497个、绿色(有机)食品 217 个，获得农产品地理标志登记的农产品 9 个。2016 年，全市 9 个县(市、区)和144 个涉农乡镇（街道）免费检测农产品样品 73500多批次。

【科技创新】 推进农业领域"机器换人"和"设施增地"。截至 11 月底，全市实施农机购置补贴资金 2874.18 万元，补贴机具 6871 台，受益农户4705 户。全市完成水稻机械化栽植面积 26.13 万亩，批次烘干能力达 7541 吨，新建农机服务中心12 个，新增农机综合服务中心 4 个，完成油菜机械化收获面积 1.928 万亩。新增农业设施面积 1.2901 万亩，新建设施大棚项目 82 个，实施补贴资金 1354 万元。启动全省首批"机器换人"省级示范县 2 个，示范乡镇18 个、示范基地 30 个。

市农科院全年组织申报各类科技项目(标准)23 项，其中国家和省自然科学基金项目各 2 项，组织市级以上成果报奖项目 16 项，其中省科技进步奖 3 项。省农机院自主与合作申报各级各类科研项目 20 余项，获批立项 7 项，完成科研项目验收 8 项；在研项目 20 余项，申请实用新型专利27 件，授权实用新型专利 5 件，发表科技论文 10 余篇。

【农村改革】 全市 96.1%的行政村已启动农村土地承包经营权确权登记颁证工作，全市农村土地确权外业测量已完成 127.53 万亩，占全市外业测量总面积的 67.1%，兰溪市已基本完成外业测绘工作。推进农村"三资"管理，全市完成财务审计 126 个村，财务清理 1187 个村。

全市共有农民专业合作社5153 家，国家级示范社38 家，联合社 29 家，家庭农场 3825 家。完成金华市示范性家庭农场评定 58 家。新创建国家级示范社 2家，新增联合社 11 家。推进新型职业农民培育工作，新招收农民中等职业教育学员 300 名、开展职业技能鉴定 411 人。

推进国有农场改革。按照"农旅并举、创业创新"理念，石门农垦场开发建设平台不断完善，石门蓝镇发展控股有限公司成立，现代企业化管理运营，石门蓝镇已列入市级特色小镇创建名单，省"坡地村镇"试点项目(Ⅰ期)已完成 5.652 亩建设用地供地工作，石门蓝镇现代农业开发项目和国际设计走廊项目已完成初步规划方案设计。石门农垦场棚户区改造项目完成年度投资额 1.89 亿元，已有 13 栋房屋结顶。

（陶　醉）

农　村

【概述】 2016 年，全市农村常住居民人均可支配收入 21896 元，增幅 7.9%，高于同期全市 GDP0.4 个百分点。美丽产业成为增收的重要来源，全市新增乡旅综合体、民宿项目 40 多个，农家乐产业营业收入同比增长 30.38%，其中国庆黄金周全市农家乐就接待游客 226.2 万人次，同比增长 46%，实现营业收入 1.3 亿元，同比增长 52%。全年开展各类农民培训 15149 人，新成立金华市农村实用人才创业协会及金华市农民大学生创业协会，提升创业扶持能力。

【美丽乡村建设】 "三治"行动(治污水、治垃圾、治乱美化)全面推进，农村人居环境整体改善。截至12 月底，800 个村农村生活污水治理年度任务全面完成。农村生活垃圾分类减量处理覆盖 100%的乡镇和 98.1%建制村，"金华模式" 得到央视焦点访谈栏目、《人民日报》的关注和报道，2016 年 11 月 7 日，全国农村生活垃圾分类和资源化利用现场培训会在金华召开。已有 3332 个建制村开展治乱美化行动，累计清理垃圾 103.19 万吨，拆改危房 130.89 万平方米，粉刷赤膊墙 823.48 万平方米，清洁池塘7206口。"12510"精品培育计划深化实施，新启动 10 条美丽乡村风景线、54 个精品村、87 个秀美村建设，82个历史文化村落保护利用项目达到既定进度，浦江县获评全省首批美丽乡村示范县。

【扶贫开发】 2016 年，金华市在全省率先出台《关于切实做好4600 元以下贫困现象消除后巩固提升工作的通知》，重点就做好全市返贫边缘户 3686 人的监测和帮扶做出部署，全部落实"一对一"帮扶。加强兜底扶贫力度，在册城乡低保对象扩面到7.12万人，共发放低保资救助金1.01亿元；累计筹集各类救助资金1.1亿元，救助8.1万人次；农村困难家庭危旧房改造全年任务数1000户，开工率127.4%，竣工率100%。建立特殊困难学生动态档案7342份，占在校学生总人数的0.39%，学生资助精准扶贫资金数达331.372万元。全市共确定无子女或子女无劳动能力、生活无法自理的农村困难家庭327户，通过政府出资专人帮扶，建立长效保障机制。实施"低收入农户收入倍增七大行动计划"，推进电商、旅游、金融、光伏等造血式扶贫，全年累计投入产业扶贫资金2.1亿元，筹集帮扶资金1.6亿元，开展扶贫救助9万人次，实施异地搬迁2599人，1.51万人经培训实现转移就业，发放扶贫小额信贷8595.5万元。

【农村改革】 农村"三权改革"进展顺利，宅基地确权登记发证率93.51%，农村经济合作社股改完成率98.41%，农村土地确权登记完成67.1%的外业测绘任务，7个县(市、区)成立农村产权流转交易管理机构并累计完成交易112宗、1.362亿元。"三位一体"改革全面推开，市县两级农合联全部完成组建，其中义乌市、磐安县已正式开展运营。2016年11月1日，全面建立统一户口登记制度。金融改革继续深化，推出普惠金融自助服务模式、"旅游+金融"模式和"美丽田园"农业产业链贷款，2016年金华农信各项贷款余额964.66亿元，较上年初增加37.78亿元。义乌市承担的宅基地制度改革、浦江县承担的林权改革等试点任务顺利推进。

【乡村治理】 28名市四套班子党员领导、236名县领导班子成员带头联系软弱落后村，470名优秀机关干部到村担任"第一书记"，市县财政每年安排近7亿元资金保障基层党建。百名讲师、千名干部到基层送党课近5000场。开展村规民约、家规家训大讨论和最美村规民约、家规家训征集评选活动，推进家风传播应用。

（陈宏伟）

种植业

【粮食生产】 2016年，粮食播种总面积9.94万公顷，比上年减少0.9%；每公顷产量6082千克，比上年减少1.04%；粮食总产量60.43万吨，比上年减少1.9%。

全市水稻播种面积5.87万公顷，比上年减少0.17万公顷，减2.81%；每公顷产量7364千克，增加0.70%；总产量43.20万吨。其中，早稻播种面积1.24万公顷，比上年增加0.04万公顷，增3.33%；每公顷产量6247千克，增2.98%；总产量7.77万吨，增7.02%；连作晚稻1.24万公顷，比上年增加0.02万公顷，增1.64%；每公顷产量6589千克，增1.24%；总产量8.15万吨，增2.52%。

全市旱粮面积4.07万公顷，比上年增长7.96%；总产量17.23万吨，增6.82%。其中，大小麦播种面积0.25万公顷，比上年减少3.85%；总产量0.85万吨，减

2016年金华市粮油生产基本情况一览表

表4

作　物	面积(公顷)	产量(吨)	作物	面积(公顷)	产量(吨)
一、粮食作物	99359	604303	③大麦	77	242
1.春粮	9782	37056	④玉米	11403	55792
2.秋粮	59790	412399	⑤其他谷物	1687	7571
①稻谷	58664	431996	二、油料作物	22603	43351
早稻	12438	77700	1.油菜籽	19321	35568
晚稻及单季稻	46226	354296	2.花生	2232	5936
②小麦	2445	8298	3.芝麻	975	1706

9.57%。玉米播种面积1.14万公顷,比上年增加7.55%;总产量5.58万吨,增6.49%。大豆播种面积1.10万公顷,比上年增加8.91%;每公顷产量3073千克,增1.15%;总产量3.38万吨,增10.46%。马铃薯播种面积0.51万公顷,比上年增加10.87%;每公顷产量5027千克,减2.16%;总产量2.54万吨,增8.55%。番薯播种面积0.59万公顷,比上年增加18.00%;每公顷产量5897千克,增1.10%;总产量3.49万吨,增20.34%。

(薛占奎 施佳炜)

【油料生产】 2016年全市油料作物播种面积2.26万公顷,每公顷产量1918千克,总产量43351吨。与上年相比,油菜籽种植面积1.93万公顷,增7.5%;每公顷产量1841千克,减1.87%;总产量35568吨,增5.5%。花生种植面积0.22万公顷,增5.7%;每公顷产量2660千克,增1.8%;总产量5936吨,增7.7%。芝麻种植面积0.098万公顷,增0.7%;每公顷产量1750千克,增13.6%,总产量1706吨,增14.3%;其他75公顷;每公顷产量1880千克,总产量141吨。

(施凤雪)

【蔬菜生产】 2016年,蔬菜播种面积为4.99万公顷,增长2.7%,产量为114.49万吨,增长3.3%;果用瓜种植面积1.07万公顷,下降1.6%,产量为24.23万吨,下降3.9%。2016年山地蔬菜播种面积0.97万公顷,总产量24.92万吨,总产值5.95亿元,分别比2015年增2.80%、增1.11%和增7.44%。

(陈菊芳)

【茶叶生产】 全市茶园面积36.3万亩,茶叶产量26081吨,总产值15.6亿元,产量和产值同比分别减少16.7%和8.6%。其中名优茶产量7812吨,产值11.5亿元,同比分别减少17.4%和16.4%。有机茶面积2.2万亩,产量1773吨。新增无性系良种茶4981亩,良种茶面积达19.8万亩,良种化率为54.5%。

(罗文文)

【蚕桑生产】 受劳动力成本上升和产业结构调整及茧丝形势不佳的影响,金华蚕茧产量继续大幅度下滑,特别是兰溪、磐安继上年大幅下滑后出现第二年集体下滑。2016年发种量10504张,比上年减少4235张,下降28.7%;蚕茧产量490吨,比上年减少210吨,下降30%;蚕茧收购价下半年大幅反弹,全年平均收购价3677元/100千克左右,比上年增加355元/100千克,上升10.7%。桑果生产受冻害影响减产近7成,但价格提高一倍。

(陈乐阳)

【棉花生产】 2016年,全市棉花种植面积3530公顷,比上年减少21.3%;公顷皮棉产量1615千克,比上年增1.4%;总产量5700吨,比上年减少19.8%。金华棉区籽棉收购价在3.5~3.8元/市斤。本年度金华市棉花产值1850元/亩,比上年增加20.9%,而生产总成本2725元/亩,比上年增2.3%,棉农净收入为负875元/亩,连续五年亏损。

(包立生)

林　业

【概述】 2016年末,全市共有林业用地1049万亩,占土地总面积的63.85%。全市森林面积983万亩,森林覆盖率61.01%,林木蓄积量3035万立方米;省级以上公益林面积487.8万亩,比上年新增面积0.8万亩;完成造林更新29676亩、森林抚育73767亩、平原绿化2.11万亩,完成森林通道345.7千米,折合面积2372.7亩,完成通道沿线林相改造面积19550亩,平原林木覆盖率达20%以上,提前3年完成省林业厅目标任务;共投入1.8亿元,新植珍贵树239.3万株,建设珍贵彩色森林14.8万亩,完成率分别为117%、101.3%;全市现有湿地面积48.2万亩,其中人工湿地面积30.8万亩;2016年全市林业总产值588.46亿元,比上年的511.6亿元增长15%。成功创建国家生态文化示范村1个,2个城市、10个城镇、21个村庄申报省级森林城市(城镇、村庄)并通过省级预检。2016年9月,金华市被国家林业局授予"国家森林城市"称号。

【林业改革】 推广林业经营体制改革"浦江模式",全市新增林地流转面积4.3万亩,其中股份制流转0.3万亩;成立家庭林场180余家。出台林地经营权流转证市、县(区)管理办法,发放林地经营权证17本。推广林业金融改革"磐安模式",全市林权抵押贷款当年发生额13.2亿元,林木综合保险覆盖面积6.4万亩,森林火灾险投保面积458万亩、投保金额14.36亿元、保费256万元,生态公益林100%参保。深化国有林场改革,全面启动现代国有林场创建工作。

【守护生态红线】 严守林地保护红线。全市共发采伐证1581份,发证蓄积8.8万立方米,占全市采伐限额36.30万的24%。探索建立古树名木管护制度,开展古树名木送诊下乡和古树名木保护工程,实现常态化、动态化管理。强化检疫性有害生物防控,全市林业有害生物无公害防治面积193149万亩,无公害防治率99.78%;共投入防控资金3000万元,清理死松树13万株。落实森林火灾管控责任。2016年,全市共发生森林火灾8起,受害森林面积23.08公顷;森林面积受害率为0.04‰,森林火灾次数发生率为1.27次/10万公顷。

【国土绿化】 全市完成造林更新29676亩、森林抚育73767亩、平原绿化2.11万亩,完成率分别为105%、122%、151%;完成森林通道345.7千米,折合面积2372.7亩,完成通道沿线林相改造面积19550亩。开展义务植树。全市共有126万人参加义务植树活动,累计种植各类绿化苗木334万株。开展"两路两侧"绿化缺失问题专项整治,完成省督办的8个绿化缺损点整治并通过省级审核。

【工程建设】 总结推广林药、林粮等"一亩山万元钱"林下经济生产模式,新建示范基地9330亩,辐射推广面积13820亩,完成率分别为108.5%、126.8%。组织林业实用技术培训班25期,培训基层林技人员1960人次。推行食用林产品安全生产监管工作,完成省级监测任务198批次,完成市级60批次,省级监测合格率为100%。全面启动"新植千万株珍贵树"五年行动计划和"两路两侧"沿线林相改造工作,全市共投入1.8亿元,新植珍贵树240.7万株,完成率117%。组建"金华市花卉协会会员交流群"和"中国花卉协会茶花分会微信群",吸纳168余人,引导花卉苗木经营主体与市场对接。5月,组织花卉苗木企业负责人和苗木经纪人赴杭州对接苗木产销工作,12家苗木企业获得G20峰会绿化工程20%左右的市场份额。10月,金华永根杜鹃花培育有限公司自主选育的4个杜鹃花品种的2万粒种子随神舟十一号顺利奔向天宫。指导磐安县成功举办浙江省第二届森林休闲养生节暨第四届杜鹃花节。成功创建省级森林特色小镇5个、省级森林人家特色村10个,入选"浙江最美山峰(峡谷)"12座。

(董爱斌)

水 利

【概述】 2016年,全市完成水利投资36.1亿元,完成"五水共治"水利投资37.9亿元,分别占年度投资计划的109.3%、126.3%。全市共争取省以上资金5.45亿元,其中市区0.8177亿元。2016年,全市平均降雨量1655.9毫米,比常年1512.9毫米偏多一成。据统计,全市防汛、气象部门共发布各类灾害预警短信300多万条;全市29座大中型水库全年共拦蓄洪水4.93亿立方米,预泄水量1.2亿立方米,减少农田受灾面积2639.2公顷,减少受灾人口4.3万人,直接经济效益5.12亿元。浦江县水生态文明城市试点建设内容已如期完成,等待省级验收。九个县(市、区)水土保持监督管理能力建设全部通过省级验收,其中兰溪、义乌、永康、东阳、浦江、磐安等6县(市)通过水利部的复核验收。

【水利建设】 2016年,全市完成病险水库除险加固19座,干堤加固和中小河流治理38.2千米,整治山塘95座,农村河道综合整治310千米,实施河道保洁长度1万千米以上,基本实现河道保洁全覆盖,治理水土流失面积47.09公顷。农业节水方面新增改善灌溉面积8057公顷、高效节水面积2169公顷,完成农田渠道改造579千米,全市提升农村饮水条件人口11.95万人。

2016年,全市共完成202处水利工程标准化管理创建工作任务,任务完成率108%。实施金华市本级金华江治理工程、婺城区金华江治理一期工程、金东区金华江治理工程、兰溪市芝堰水库除险加固工程、永康市北部水库联网工程、浦江县通济桥水库综合一期工程;开工建设兰溪钱塘江堤防治理工程;完成东阳市横锦水库灌区改造项目、浦江县浦阳江治理工程、浦江县通济桥水库中型灌区改造工程建设。完成省重点水利项目东阳市横锦水库、浦江县通济桥水库、婺城区莘畈水库灌区节水改造配套项目。兰溪钱塘垅供水工程通水,武义石峡水库、磐安花溪水库通过蓄水验收。兰溪芝堰水库除险加固工程完成年度建设投资任务,通济桥水库综合整治一期工程(生态清淤工程)全面启动,市本级金华江右岸婺江大桥至铁路桥堤防加固改造工程完工。市本级金华江治理 (武义江左岸洪坞桥至330国道桥段)工程、梅溪流域综合治理(干流部分)、兰溪市钱塘江堤防加固工程开工建设。

【防汛防旱】 全市共投入人力7715人次,全面检查水库山塘、堤防备汛情况。2016年,梅雨期出现三轮大范围强降雨过程,市区遭受50年一遇的“6·29”暴雨袭击,造成除兰溪、武义外的7个县(市、区)及金华经济技术开发区共107个乡镇12.95万人受灾,直接经济损失2.6亿元。出梅后出现35℃以上高温天气长达38天,接近2003年(大旱年)同期高温天数39天。导致磐安山区7个乡镇2239人饮水受影响, 农作物受旱面积495公顷;9月中下旬14号台风“莫兰蒂”造成武义、磐安共27个乡镇(街道)4.2万人受灾,直接经济损失2679万元。17号台风“鲇鱼”造成婺城区和武义县9个乡镇(街道)2.89万人受灾,直接经济损失919万元。受梅雨、台风影响,全市除兰溪市外8个县(市、区)123个乡(镇、街道)21.5万人受灾,倒塌房屋603间,农作物受灾16720公顷,公路中断179条次,供电中断36条次,损坏堤防328处34.07千米、护岸131处、灌溉设施62处,直接经济总损失3.27亿元。

据统计,全市29座大中型水库共拦蓄洪水4.93亿立方米,泄洪1.2亿立方米,水库拦洪削峰作用明显,减少农田受灾面积39588亩,减免受灾人口4.3万人,直接经济效益5.12亿元。

【水政执法】 全市共组织巡查达3563次,巡查人员11421人次,受理群众举报312次,现场处理水事违法行为386起, 下达责令停止违法行为通知书170份, 立案查处案件43件, 收缴罚没款人民币56.55万余元。

开展饮用水源保护专项执法,出动执法人员64名,对金兰水库库区非法停泊船只进行强制清理。5月和9月,市水政监察支队联合乡镇,出动执法人员60余名,对市本级河道管理范围内违规种植物进行强制清理。10月份,市水政支队安排执法人员在九峰水库夜间蹲点,成功查处九峰水库库尾偷采砂石违法行为。

【水资源管理】 全市总用水量17.1923亿立方米。截至2016年底,全市共有1080家取水单位,其中取水量5万立方米以上的用水单位共安装实时监控点177个;2016年全市共完成开发建设项目水资源论证报告评审12个。落实水资源有偿使用制度,全年共征收水资源费7862万元。加快农村饮水安全工程建设, 提升改善农村饮水条件人口11.95万人,东阳、义乌、浦江、武义4个农村饮用水检测中心投入使用。开展全市农村饮用水水源地保护范围的划定工作, 完成日供水规模200吨以上的农村饮用水水源地保护范围划定并上报政府审批。对全市61个水功能区共80个监测段面开展水质监测。建立源口水库、金兰水库藻类监测点。加强饮用水水质监测监控和预警体系建设,完成县级以上8个饮用水源一级保护区物理或生物隔离工作以及短信提醒;金兰、横锦等18个重要供水水源地水功能区水质监测频次不少于每月1次;金兰、九峰水库水源地水质在线监测站建成并投入使用。完善饮用水源涵养生态功能区补偿机制,金华市区2016年市财政共安排补偿资金8000万元,用于水资源保护的公益性补偿、企业搬迁、污染源的生态环境治理、低效林改造、移民搬迁及保护设施等工作。实施饮用水源生物链治水, 开展饮用水源水库的渔业增殖放流工作。加强地下水资源管理,市本级共封堵地下水井29口,义乌市通过开展地下水专项整治行动封停水井2071口,浦江县城区封停地下水井5口,拆除违法取水设施8处。

【工程管理】 全市完成水库大坝安全鉴定 (技术认定)23座, 完成市本级钱塘江干堤金华市城南桥至河盘桥段加固改造工程竣工验收;东阳市、金东区、永康市小型农田水利重点县建设项目通过省级三年总体验收;武义、磐安、婺城、兰溪、浦江均完成3个年度的市级验收。9个县(市、区)均出台《小型农田水利工程管护办法》, 明确小型农田水利工程维修养护资金。推行水利工程集约化管理。永康、义乌等地实行推广“区域化集中管理”“以大带小”“以点带片”等工程管理模式,合理整合现有水利工程管理资源。

【水利改革】 推进水利发展改革, 编制完成权力清单和责任清单并上网公布。现有274行政权力事项,全部纳入省政务服务网;全年通过政务服务网办理办结行政许可事项64件。开展水利“微政务”建设，通过“微信公众号+工作群”提高水利工作行政效能。加快推进小型水利工程建设与管理体制改革，出台市级指导意见，明确试点县(市、区)并完成年度考核工作。全市9个县(市、区)均完成小型水利工程建设与管理体制改革实施方案，县级政府批复并确定试点乡镇，其中东阳市为市级确定的省级改革试点。

【水利科技】 金华市水利渔业局牵头实施“九峰粮蔬基地‘基于云技术的浩水灌溉控制系统’示范应用项目”，项目位于浙江省金华市蒋堂九峰果蔬基地，种植面积200亩；项目计划实现田块远程和现地管道出水控制，实时查看基地现场视频、大棚温度等数据，实现基地语音预警，实现手机端远程视频监控、报警、灌溉控制。项目于2016年8月完成基础施工。

（倪 霄）

畜牧业

【概述】 2016年，全市肉类总产量17万吨，同比减4.04%；禽蛋产量4.78万吨，同比减26.36%；牛奶产量6.28万吨，同比减15.05%。生猪存栏52.99万头，同比减少57.17%，出栏179.40万头，同比减少10.01%，其中能繁母猪存栏7.25万头，同比减少36.38%；生猪价格全年相对较好，猪粮比连续15个月超过6:1，每头猪出栏收益500~1000元。奶牛存栏1.7万头，同比减少14.55%，全年平均价格4.0元/公斤，奶牛养殖效益持续下降。家禽存栏656.25万只，同比减少24.28%，出栏1459.21万只，同比增加9.79%。羊存栏6.54万头，同比减少25.19%，羊出栏7.27万只，同比减少17.46%；随着价格的持续下降，养殖效益持续缩水，单只商品羊获利平均50元。

【畜牧产业转型升级】 按照“一场一册、一猪一卡、一户一档”要求，以乡镇(街道)为单位对分散养殖和集中养殖的情况开展地毯式调查排摸。对不同规模、不同品种进行分门别类治理，对生猪存栏50头以下、5头以上的养殖场户按照“一县一策”方案治理。全市生猪存栏量由5月底的109.72万头，调减至52.99万头。保留年存栏50头以上养殖场(户)2799家。覆盖县、乡、村三级的畜禽养殖线下网格化管理体系初步建立；年存栏5~50头的生猪散养户整治完成；规模化水禽场整治完成230家，完成率100%。

【美丽牧场建设】 全市共创建美丽生态牧场建设22家。推动智慧畜牧业试点工作，大堰河、金帆、金丰园、旭源等6家企业安装智慧畜牧系统，一大批养殖场进行设施化改造。促进新型主体培育和全产业链融合，重点打造“中央厨房”和“清山种畜”两个项目。正大康地中央厨房项目计划总投资约26亿元，涵盖中央厨房和肉制品深加工、饲料加工、有机肥料加工3个工业项目，10个生态型家禽养殖场和1个生态型生猪养殖示范场建设项目。浙江清山种畜有限公司与大北农、温氏等企业合作，联合成立养猪培训营，每年组织培训20~24期，每期12人，在育种、疾病控制等方面与南京农大、华中农大、浙江农大、大北农集团、广东温氏等建立技术合作关系。做好美丽牧场和畜牧业转型升级现场会及宣传推广工作。4月15日，全省畜禽养殖场主体责任万场承诺暨美丽牧场建设启动大会在金华市召开，市3家养殖场被评为全省首批美丽牧场示范场，占全省的三分之一。11月30日，全市畜牧业转型升级现场会在金华市召开。上半年美丽牧场现场会和下半年畜牧业转型升级现场会后，全国各地纷纷到金华市学习考察，全年共接待各地考察800余批次，涉及人员0.7万人。

【省农业重大专项实施】 完成项目投资0.6051亿元，占项目总投资1.2676亿元的47.73%。加大畜禽种质资源保护与开发力度，全面实施与落实协议保种制度和资源保护责任，加强加华、家农、东阳良种场、兰溪花猪种猪场等畜禽遗传资源保种场建设，建立畜禽遗传资源动态监测体系。强化标准化体系建设及科技创新研究，积极推动15个金华两头乌猪规模养殖场进行标准化改造提升。强化品牌及文化建设，加强农产品地理标志管理，全市新增两头乌地理标志使用企业2家。“金华两头乌猪”被认定为“地理标志证明商标”“金华两头乌猪”和“金华火腿”双双被认定为“农产品地理标志保护产品”和“地理标志证明商标”。充分利用省农博会、上海农博会等博览会平台，积极推广金华两头乌猪及金华火腿。8月,在市畜牧兽医局推荐下,金华市珍其源两头乌食品有限公司生产的"金华两头乌"猪经历"史上最严苛"的考验,成为G20杭州峰会晚宴上的特供食材。

【重大动物疫病综合防控】 组织开展四次重大动物疫病防控专项行动,完成畜禽普查、登记、集中免疫、补免等工作。全市共使用高致病性禽流感疫苗1240万毫升,免疫家禽1556万羽次;使用猪O型口蹄疫疫苗653万毫升,免疫生猪326万头;使用牛羊O–亚I型口蹄疫疫苗57万毫升,免疫牛羊18.2万头次;使用高致病性蓝耳病疫苗120万头份,免疫生猪123万头次。畜禽应免率达100%。全市共监测猪、牛O型口蹄疫12988份,H5亚型禽流感监测12137份,猪瘟监测7129份,新城疫监测6357份,蓝耳病抗体5783份,奶牛两病监测19215份,血吸虫流行病学检测239份。全市共检测小反刍兽疫病原学样品1785份,未监测到阳性样品,血清学样品1785份,免疫抗体阳性率87.52%。

【动物检疫工作新模式】 开发"动检通"App软件,实现畜牧生产管理、动物检疫管理的移动化、无纸化、信息化、网络化、智能化。全市共有动物检疫申报点99个,其中屠宰场50家。2016年1月—11月,全市完成屠宰检疫生猪219.0418万头,牛羊9.0658万头,家禽796.313万羽;产地检疫生猪121.2504万头,家禽676.26万羽,牛6.9651万头,羊0.1075万头。检出并销毁病害家畜1.1844万头,病害家禽0.5826万羽(只),病害动物产品87.06吨。检疫率、病害动物及产品无害化处理率达100%。

【动物卫生重点领域监管】 2016年,省外调入生猪80.27万只,牛6.31万头,羊6.21万只,活禽161.82万羽,分别较上年增长101.67%、17.85%、12.29%和435.08%。积极开展春防、秋防免疫效果飞检,共抽检畜禽养殖场户40家,样品800份,对抗体合格率不达标的场户进行通报、整改。强化动物诊疗活动管理,全市共组织开展86次专项执法,出动执法人员302人次,对辖区内动物诊疗机构进行深入调查,查处违法案件6起,没收违法所得金额0.166万元,罚款金额1.08万元。加强动物卫生违法案件的查处,全市共查处违法违规案件120起,较上年同期增长172.73%,共计罚没款18.1025万元,同比增加128.33%。

【死亡生猪无害化处理体系建设】 兰溪市、义乌市、婺城区、金东区和浦江县完成死亡动物无害化集中处理中心建设,配备运输车辆15台;集中处理厂所覆盖区域建立收集点1453个(其中公共收集点3个,规模场自行暂存点1450个),配备运输车辆数8台,收集人员数36名。除集中处理厂覆盖地区外,其他县规模场自行处理数574个,并建立运行公共化尸窖26个。全市基本实现生猪政策性保险与无害化处理机制全覆盖。

【畜产品质量安全】 开展肉品安全专项整治行动,全市累计出动执法人员1200人次,排查单位2250家次;举办专题培训38场次,发放宣传资料3.2万份,参加培训2430人次,接受群众咨询达2100余人次。加强生鲜乳质量安全监管,全市抽检全部奶样907批次,涉及所有奶站及部分奶车,经检测全部合格。全市共监测"瘦肉精"等违禁药物样品73.45万批次,其中屠宰环节69.3万批次,养殖环节4.15万批次,经检测全部合格。为确保G20峰会期间畜产品质量安全,配合省、市主管部门抽检畜产品共8次,共抽检587批次,抽样品经检测全部合格。

(高士寅)

渔　业

【概述】 2016年,全市渔业部门围绕省、市工作部署,继续深入开展"渔业转型促治水"行动,切实履行渔业安全生产监管职责,积极发展生态渔业,加快推进渔业科技创新,推动产业转型升级,促进渔业增产、渔民增收,保持渔业经济健康可持续发展。2016年,全市水产品总量79543吨,同比增长2.26%,渔业总产出166637万元,同比增长4.08%。其中鱼类产量64121吨,同比增长2.44%;甲壳类803吨,同比增长4.28%;贝类394吨,同比降低3.43%;其他(包括珍珠、甲鱼)产量8440吨,较上年同比增长2.30%。生产鱼苗22.4亿尾,增长19.15%,生产鱼种4593吨,减少16.48%。

【渔业转型促治水行动三大工程】 根据省委、省政府"五水共治"工作部署,为加快建设生态、高效、优质、安全和可持续的水产养殖业,加强水产养殖污染防治，切实保护和改善城乡生态、生活环境，全面推动“美丽金华”建设，继续全面实施渔业转型促治水行动三大工程。2016年，全市开展水产养殖塘生态化改造共计4238亩，完成投资1125.2万元；稻鱼共生轮作完成31165亩，完成投资1501.4万元；禁限养区划定与整治共计18156.4亩，完成投资7210.78万元。

【水产品质量安全监管】 2016年，金华市开展初级水产品质量安全整治工作。在加强水产品质量安全法律法规宣传的基础上，全年完成初级水产品抽检任务301批次，检测合格率99.67%，包括“春安行动”监督抽检46批次、“三大一严”监督抽检118批次、国家产地水产品质量安全监督抽查24批次、省海洋与渔业局药残监督抽检105批次和中秋国庆期间市局自行安排8批次，抽检过程中执法人员重点对养殖单位“三项记录”登记情况、投入品仓库存放情况、渔药饲料使用情况、是否有销售病死甲鱼及甲鱼骨等内容做了检查。开展全市初级水产品安全大检查“春安行动”和“三大一严”专项整治，两大行动期间全市共出动执法人员5930人次，检查水产养殖场932家，责令整改38起，培训生产主体10期529人次，张贴通告2000份，报纸宣传16篇，广播电视9次，互联网90篇，其他媒体55条(次)，制作宣传标语60条，发放宣传资料2126份。

【渔政管理】 2016年，金华市开展“春安行动”渔业执法、跨区域渔业联合执法等活动，继续与公安机关建立110联动机制，对电鱼、偷鱼等破坏渔业资源的违法行为给予坚决打击。全市共出动渔业执法检查2929次，参检人员9325人次，查处案件346件，罚款27.64万元，立案查处电鱼等案件136件，罚款14.4万元，移交公安机关追究刑事责任9人。在全市范围内开展江溪和水库增殖放流工作，提高渔业资源量，改善鱼类生态环境，提高渔民收入。2016年，全市共投放各类鱼苗种13165.13万尾。

（程霄玲）

经营主体

【概述】 2016年，金华市认真贯彻中央、省、市农业农村工作精神，聚焦农村确权赋权改革，着力农村土地承包经营权确权登记颁证、农村集体产权制度改革、农民专业合作社规范提质和农民负担监管四项重点，健全政策制度，规范管理服务，强化指导监督，促进农业供给侧结构性改革、农村农业全面发展、维护农村和谐稳定。

【农民专业合作社规范提升】 根据浙江省农业厅等11部门《关于引导和促进农民专业合作社规范发展的意见》(浙农经发〔2016〕12号) 的要求和部署，深化示范性合作社创建活动，组织指导各地开展调查摸底，分类处置，为下一步清理整顿“空壳社”“休眠社”“家族社”，规范改造不规范社，提升壮大示范社，精准施策做好基础。进一步推进财政支持农业“三项补贴”政策综合改革的指导意见，着力推进粮食生产专业合作社联合社组建与规范运行。进一步开展以“五化”建设为主要内涵的示范性合作社创建。至2016年底，全市农民专业合作社4975家，新成立农民专业合作社联合社10家，总数达29家，其中粮食合作社联合社17家。全市国家级示范性合作社30家，省级示范性合作社89家。

【家庭农场培育发展】 培育发展家庭农场是构建新型农业经营体系的基础环节，金华市加大财政扶持力度，加强管理服务，组织示范创建活动，对家庭农场主组织开展互联网营销、法律知识、合同业务、农产品安全、规范化建设等知识的业务培训等等，促进家庭农场提高生产经营水平，使之成为农业现代化建设的重要力量。至2016年底，全市经工商注册登记的家庭农场3747家，比上年增长24.1%；家庭农场行业分布：种植业2835家，畜牧业231家，渔业184家，种养结合370家，其他127家。经营土地面积24.3万亩，平均每家经营土地面积64.9亩。各级财政扶持家庭农场资金3173.8万元，比上年增长31.3%，享受财政补助的家庭农场216家，比上年受益面增长34.2%。新认定市级示范性家庭农场46家，总数达171家；新认定省级示范性的家庭农场18家，总数达80家。

（朱丽虹）

农业机械化

【概述】 2016年，全市拥有农机总动力257.7万千瓦,完成水稻机械化育插秧面积26.13万亩,水稻耕种收综合机械化率接近全省平均水平73.5%。新增农机综合服务中心4个,粮食烘干机批次机烘能力达到7541吨,油菜机收面积1.928万亩,新建农机服务中心12个,新增示范性农机专业服务组织4个,新增设施农业面积1.2901万亩。共发生同等责任以上拖拉机道路交通事故22起,死亡人数13人,农机道路外事故死亡人数0人。拖拉机报废补偿更新资金136.71万元。

【农机购置补贴】 全市共实施农机购置补贴资金2874.18万元,补贴机具6871台,受益农户4705户,其中中央补贴2447.10万元,省补贴234.96万元,县补贴192.12万元。

【"设施增地"工作】 根据省农业局对金华市设施大棚项目的批复,设施大棚建设82个项目,建设面积66万平方米,其中连栋大棚36万平方米,设施大棚建设安排省资金1354万元,资金安排位列全省第二。完成设施新增面积1.2901万亩。

【"机器换人"示范工程建设】 完成省厅部署的第一批2个省级示范县,18个示范镇(园区)、30个示范基地建设的启动和创建准备工作。

【"春耕备耕"现场会】 3月15日,在蒋堂镇十五号工地组织召开金华市春耕"农机五送助增收"暨早稻生产机械化作业现场会,现场会邀请7家农机企业和种粮大户、农机大户和粮食合作社理事长等150余人参加。现场会展示早稻平整施肥一体机、早稻精量直播机、北斗定位装置、无人植保飞机、高性能植保机械、插秧机、旋耕机等适用农机具30余台(套),安排7个新机具及装备演示专场。

【全省粮食产业"机器换人"现场会】 7月19日—20日,全省粮食产业"机器换人"现场会在东阳召开。东阳市站被推荐为全国农业先进集体。

(洪一前)

农业综合开发

【概述】 2016年,农业综合开发项目总投资规模9467万元,其中中央财政资金3003万元,省财政资金2975万元,市财政配套资金655万元,自筹资金2834万元。财政资金总投入比上年度增长7%。

【农业综合开发现代园】 实施国家农业综合开发现代园1个(国家试点项目),包含7个子项目,分别为"2016年高标准农田建设模式创新试点项目""400亩九峰水果乐园现代农业示范基地提升项目""150亩峙垅现代农业示范基地新建项目""230亩嘉园现代农业示范基地提升建设项目""240亩休闲采摘现代农业示范园提升项目""860亩银滩生活休闲农业观光园新建项目"和"100亩三龙水产生态养殖基地改建项目",计划建成高标准农田1.5万亩,总投资8171万元,其中中央财政资金2500万元,省财政资金2500万元,市财政配套资金500万元,企业自筹资金2671万元。

【土地治理项目】 实施土地治理项目1个,即"白沙畈高标准农田建设项目",计划建成高标准农田0.52万亩,总投资840万元,其中中央财政资金350万元,省财政资金350万元,市财政配套资金140万元。

【产业化经营项目】 实施产业化经营项目1个,即"金华市千亩粮食基地烘干中心设施建设项目",总投资313万元,其中中央财政资金75万元,省财政资金60万元,市财政配套15万元,企业自筹资金163万元。

【贷款贴息项目】 贷款贴息项目4个,分别为"农产品原材料收购流动资金贷款项目""金华市粮食收购流动资金贷款贴息项目""农产品原材料收购流动资金贷款项目"和"猪腿原料收购流动资金贷款项目",企业银行贷款7582万元,补助贴息额143万元,其中中央财政资金78万元,省财政资金65万元。

(孔英瑛)

工　业

【概述】 2016年,完成规模以上工业总产值5054亿元,同比增长3.4%;累计完成规模以上工业增加值915.6亿元,比上半年下降2.8个百分点,增速回落明显。全市累计完成出口交货值1061.3亿元,同比下降0.5%。全市规模以上工业企业实现利税378.29亿元,同比增长7.03%,其中利润225.67亿元,同比增长7.15%。主导行业保持较快增长,全市18个年规模以上产值超百亿的行业，1月—12月增速在全市平均水平以上的有9个，其中汽车制造业实现产值378.59亿元，同比增长18.2%，继续保持高速增长的态势；规模最大的纺织业，累计实现产值620.5亿元，同比增长5.4%；医药制造业增长9.5%，增势平稳。

纺织服装工业

【概述】 2016年，金华市纺织工业拥有规模以上企业942家，其中纺织业505家，纺织服装、服饰业437家，化学纤维制造业55家。全市纺织工业实现工业总产值968.07亿元，同比增长4.9%。其中，纺织业620.51亿元，同比增长5.4%；服装、服饰业293.25亿元，同比增长2.2%；化学纤维制造业54.31亿元，同比增长15%。全行业实现销售产值900.22亿元，同比增长4.33%；产销率93.65%；新产品产值359.57亿元，同比增长13.12%；新产品产值率36.41%；实现利税58.41亿元，同比增长0.86%；其中实现利润36.59亿元，同比增长2.72%；实现出口交货值247.6亿元，同比下降0.96%。

全市形成兰溪棉纺织、义乌针织及袜业、浦江绗缝等产业聚集区。兰溪市顺利通过全国纺织产业集群复评，被授予"中国纺织产业基地市"称号；兰溪纺织行业协会被中国纺织工业联合会评为2016年度"纺织产业集群地区优秀协(商)会"。义乌组织成立义乌市创新设计产业协会，开展中欧时尚月2016春季时尚秀活动，成功创建省级重点企业设计院。袜业、无缝针织服装、线带和手套行业均通过中国纺织工业联合会三年一次的复评，继续保持纺织产业特色名城称号。

全市纺织服装行业主要代表企业有：浙江立马云山纺织股份有限公司、浙江金梭纺织有限公司、浙江佳而美纺织有限公司、浙江双灯家纺有限公司、义乌华鼎锦纶股份有限公司、浪莎集团、芬莉袜业、梦娜袜业等。

轻工业

【概述】 2016年，金华市规模以上轻工业企业2430家，完成工业总产值2333.59亿元，同比增长2.1%，占全市规模以上工业总产值的47.36%；销售产值2191.76亿元，同比增长1.2%，实现利税175.2亿元，同比增长4%，其中利润108.21亿元，同比下降5.2%。

在全市轻工业中，主要有纺织、家具、造纸、家用电器、食品、文教体育用品等行业。纺织以兰溪纺织、义乌的针织及袜业、浦江的绗缝为代表，家具行业主要是东阳木雕为代表的红木家具制造产业最具优势；文教体育用品主要包括有沙滩车、滑板车、全地形车、越野车、健身器材及休闲旅游用品等五金制造产品。纺织以兰溪、义乌、浦江居前；文教体育用品总量是永康、武义居前；塑料制品、造纸和印刷业以义乌、市区居前；磐安的塑料制品业颇具特色；轻工业总量义乌、市区和永康居前三位。

食品工业

【概述】 2016年，金华市规模以上食品工业企业94家，完成工业总产值143.39亿元，同比增长14.54%，销售产值139.42亿元，同比增长16.94%。

金华的食品行业主要有农副食品加工业、食品制造业、饮料制造业三个子行业。规模以上子行业中，农副食品加企业29家，实现工业总产值63.58亿元，同比增长18.7%；销售产值60.36亿元，同比增长20.7%。全市食品制造业企业50家，实现工业总产值60.65亿元，同比增长9.5%；销售产值60.29亿元，同比增长13.2%。全市饮料制造企业15家，实现工业总产值19.16亿元，同比增长18%；销售产值18.77亿元，同比增长17.7%。饮料制造业企业主要集中在金华市区，主要产品是乳制品和饮料、酒。

化学工业

【概述】 2016年，全市规模以上化工原料及化学制品制造业企业158家；完成工业总产值196.07亿元，同比增长4%，完成工业销售产值186.2亿元，同比增长6.2%，完成新产品产值59.17亿元，同比增长-5%，实现出口交货值45亿元，同比增长14.3%；产销率为94.96%。全行业实现主营业务收入176.13亿元,同比增长6.5%,实现利税20.65亿元,同比增长17.8%,其中利润14.56亿元,同比增长25.1%。行业利税率是全市平均值的2倍,高于其他行业。

全市化工企业有销售收入超亿元企业6家,主要分布在金华市区、东阳、兰溪、永康市和武义县。氟化工产品已成为金华化工行业主导产品。产品主要包括无水氟化氢、公园玩氢氟酸、氟化盐、含氟医药中间体、农药、化学品及其他含氟材料。

冶金建材工业

【概述】2016年,全市建材冶金行业规模以上企业完成工业总产值393.46亿元,同比增长2.03%,低于全市工业增幅。

全市建材行业共有规模以上企业146家,同比增长317.1%;全市建材行业完成工业总产值159.8亿元,同比增长1.5%;工业销售产值153.72亿元,同比增长3.9%;产销率为96.19%,同比增长2.2个百分点。累计实现利税9.05亿元,同比下降13.7%,其中利润为4.87亿元,下降18.4%。

2016年,全市冶金工业拥有规模以上企业164家,其中黑色金属冶炼及压延行业65家,有色金属冶炼及压延行业96家。全市冶金工业实现工业总产值全市冶金行业完成工业总产值393.46亿元,同比增长2.24%,略高于全市工业增幅;实现销售产值358.8亿元,同比增长0.2%;累计实现利税为16.02亿元,同比增长9.8%,其中利润10.65亿元,同比增长26.15%。

全市建材行业主要产品水泥总产量为1369.89万吨,同比下降7.2%。由于市场原因,全市一些回转窑企业纷纷停产保价,给行业效益造成较大影响。全市共有玻璃生产企业40余家,年产值约12亿元。全市建冶煤行业中有15家企业产值超过5亿元,其中较好的有:自立铜业水泥53亿,增长6.49%;花园铜业32.49亿,增长32.3%;红狮水泥19亿,增长17.5%;甬金金属13.66亿,增长69.43%;欧维斯13.22亿,增长30.31%;兴达钢带10.96亿,增长-1.67%;博远金属10.52亿元,增长1.6%;华东铝业7.64亿,同比增长55.8%。

机械制造业

【概述】装备制造业涵盖金属制品业、通用设备制造业、专用设备制造业、汽车制造业、铁路、船舶、航空航天和其他运输设备制造业、电气设备及器材制造业、计算机、通信和其他电子设备制造业、仪器仪表制造业等八大行业。2016年,全市规模以上装备制造业共有1383家。完成总产值1884.4亿元,同比增长4.1%,销售产值1777.1亿元,同比增长2.21%;其中新产品产值842.5亿元,同比增长7.07%。

金华科技城建设全面启动。首期1080亩科技城科技创新功能区块一期126.7亩大族智能制造园开工建设,捷孚传动项目一期完成工程量的30%。义乌LED产业链招商方面取得突破性进展,相继引进总投资60亿元的华灿光电、20亿元的瑞丰光电、55亿元的木林森照明3个上市公司项目。义乌市国有资产运营中心与IDG创投基金、木林森公司合作,成功收购LED照明巨头欧司朗旗下照明业务公司朗德万斯。以优质的软硬件环境吸引吉利集团继续在义乌投资75亿元的动力总成项目和72亿元的新能源整车项目,积极打造绿色动力小镇。

全市有5只产品入选2017年省高端装备制造业首台(套)产品;6只产品入选2017年全省优秀工业新产品。创建省级企业技术中心5家,新认定市级企业技术中心29家;全市目前已创建装备类省重点产业技术联盟8个,省高端装备制造业特色基地2个。

电子信息产品制造业

【概述】2016年全市规模以上电子信息制造企业254家,实现工业总产值448亿元,利润总额24.3亿元,同比增长4.5%。东磁集团跻身中国电子信息百强企业和中国电子元件百强专利水平排名前十强;得邦照明入围浙江省电子信息制造业30强。

《2016年浙江省信息化发展水平评价报告》显示,金华市信息化指数达到94.83,较2015年上升4.71,居全省第三。其中三大评分指标中,“信息通信技术应用指数”金华市列全省第2。细分指标中“网络零售额占社会消费品零售总额比例”金华居全省首位。

《2016 年浙江省区域两化融合发展水平评估报告》显示，金华市“两化”融合发展指数较2015 年提升8.19，达到 77.91，增长 11.75%，增幅居全省第一。连续两年保持增幅全省第一，高于全省平均 3.47 个百分点。2016 年，全市持续深入推进“两化融合”工作，全年共实施两化融合重点示范项目达 152 项。

医药工业

【概述】 2016 年，全市在医疗卫生健康服务业、生物医药制造业、特色中药业、健康产品制造与批零业四大健康产业领域共实现全行业总产值（收入）888 亿元，同比增长 9.4%。其中规模以上产值(营业收入)559 亿元，同比增长 8.6%。从细分行业看，医药制造业实现产值 128.6 亿元，同比增长 9.5%，高于规模以上工业增速 6.1 个百分点；医疗卫生健康服务业继续保持较快增长，实现产值 147.3 亿，同比增长 12.7%，健康产品制造及批零业实现产值 155 亿，同比增长 6.3%。总体上看，健康生物医药产业领域中的制造业和服务业增速水平要好于面上工业和第三产业，其中医药工业规模位在省内居杭州、台州、绍兴之后第 4 位。

经过多年发展，全市健康产业已形成以市区为中心，以兰溪、东阳、义乌为轴线，集药品研发、生产、营销为一体，初具较大规模的产业集群，市本级的制剂及化学原料药、兰溪的中成药制剂、东阳的医药中间体和化学原料药三条产业带各具特色。目前拥有金华开发区的健康生物医药产业园、兰溪市的天然药物产业基地、东阳市的生物医药产业基地、武义县的有机国药生产基地和磐安县的江南药镇 5个主要产业基地，并拥有康恩贝、尖峰、普洛、天一堂、寿仙谷等一批国内知名医药企业，部分产品具有较好市场口碑。2016 年，全市医药工业的主营业务收入、利税规模占全省的比重分别为10.6%、10.1%，均居省第四位。2016 年 8 月，浦江仙华山获批省级旅游度假区，全市省级旅游度假区达到 6家。

（刘　潇）

电力与供电

【概述】 全年完成固定资产投资 22.96 亿元，其中电网建设与改造投资 22.47 亿元；110 千伏及以上输电线路开工 24.2 千米、投产 165.9 千米，变电开工107 万千伏安、投产 132 万千伏安。完成售电量292.92 亿千瓦时，同比增长 9.01%；最高网供负荷591.26 万千瓦；线损率 3.59%。全口径劳动生产率88.65 万元/人·年。城网供电可靠率 99.986%、综合电压合格率 99.999%，农网供电可靠率 99.937%、综合电压合格率 99.891%。

【安全生产】 加大作业现场违章查处，查处违章 5817 人次、记 7426 分。开展安全生产大检查和隐患排查，整治设备隐患 2236 条。完成 220 千伏母差保护双重化改造，26 项政府挂牌督办电力设施隐患全部完成整治。发布电网风险预警单 344 张。完成技改大修项目 185 个，推广应用机器人智能巡检变电站20 座，建成全省首家智能配网监测中心。推动科技创新力度，完成专利授权130 项，挂牌成立带电作业实验室，2 项成果入选省部级科技进步二等奖。PMS2.0 实行单轨运行。加强信息安全防护，清理冗余用户 2350 个，整改弱口令362 个。

【电网建设】 获批 220 千伏金华变改造等 13 个项目，核准特高压金华调相机工程等 11 个项目。220千伏官塘变扩建等8 项工程按期开工，500 千伏永康及配套送出、220 千伏孟湖、兰溪电厂 220 千伏送出和 110 千伏燕尾等 19 项工程投运。提升市县两级“配改办”项目管控能力，完成配网建设改造工程693 项。完成婺城南部山区“两乡一镇”供电线路改造。开工建设220 千伏官塘变扩建等 8 项输变电工程，建成 500 千伏永康及配套送出、220 千伏孟湖变、兰溪电厂220 千伏送出和 110 千伏燕尾变等 19项输变电工程，浙福特高压工程获国家优质工程金奖，220 千伏孟湖变首获省公司创优示范工程。

【供电服务】 完成重要活动、重要时段保供电任务 130 起。年初抗寒防冻，第一时间恢复 23.5 万用户供电。组织486 人赴杭保障 G20 峰会供电，1533 人参与外围保电。开展地县一体化协同作业，完成不停电作业 1.89 万次，增供电量 7504 万千瓦时。推进“互联网+”营销服务，新增微信、App 等用户130 万户。加快“多表合一”建设,建成采集用户10239户。服务分布式光伏项目,累计并网运行9700户。创新节能项目商业运作模式,完成节能项目11个。编制金华市“十三五”电动汽车充电基础设施发展规划,建成快充站33座、充电桩200个。

【“美丽乡村”建设】 投入配网建设资金9.44亿元、城网资金3.6亿元,开展配电网标准化创建、配网不停电作业及配网精益化管理提升等一系列重点工作。2016年两批共693项新增城农网改造升级项目全部完成;建设改造中压线路334条642千米,开闭所、环网站421座,中压线路联络率91.23%,同比提高6个百分点,农网智能总保投运率达到98%以上。

(汪剑峰)

服务业

交 通

【概述】 2016年,全市新增公路里程143.2千米,总里程突破12500千米,新增二级以上公路里程50.24千米,新增高等级公路拓宽里程63千米。普通国省道公路路况提高3.18%,达到90.6%。打通“断头路”9条,新改建综合客运枢纽7个、货运枢纽(物流园区)6个。磐安县公交实现“村村通”。浦江县纯电动新能源车实现全覆盖。市区新增新能源纯电动车55辆、总数达到131辆,市区12个入城平交口中2个已进行平改立改造。

全市综合交通建设投资完成220亿元,完成年度计划总投资的110%,同比增长39.2%。公路完成投资137.28亿元,同比增长14.4%。水路完成投资11.62亿元,基本与上年持平。物流站场基础设施投资完成60.77亿元,同比增长54%。全市公路客、货运输量达到1.2亿人次、8700万吨,同比分别减少5.2%、增长6.0%。全市水路客运量达到1.2万人次;全年水路货运输量达到9.36万吨,同比下降39%。现代物流业增加值达到406亿元,占服务业比重21.6%,占GDP增加值11.12%。全市邮政企业、快递服务企业业务收入(不包括邮政储蓄银行直接营业收入)累计完成120亿元,同比增长55.8%;业务总量累计完成16.9亿件,同比增长74%。

【综合交通基础设施】 全年推进综合交通项目共139个(项)。新开工项目26个(项),完工项目42个(项),续建项目34个(项),前期项目37个(项)。金台铁路、杭绍金台高速公路金华段、浙中公铁水联运港等重点项目开工建设。金武快速路、金兰中线、金义东轨道交通、临金高速公路节点开工。BRT3号线、4号线9月30日正式投入运营,杭金衢高速拓宽工程一期、330国道金东段、44省道武义城区段改建工程等项目建成通车。义乌疏港高速、330国道婺城段、永康市区段外迁工程,衢江金华段航运开发等项目加快推进。金建城际铁路、金甬城际铁路,杭温高铁,杭金衢高速二期拓宽改造、义东永高速公路(义乌至东阳段)等项目前期取得进展。

【城市治堵】 紧抓大公交、大路网、大科技、大整治、大宣传“五大”工程,省定任务8大项32个子项中,12项可量化考核项目指标全部提前完成。其中,新增停车位12523个、新增港湾式停靠站146个、新增城市公交运营线路164.2千米、新增城市公交停靠站153个、新建改造城市道路15.53千米、新增公交车108辆。创新“快充+快换+慢充”的充换电组合模式,全国首创公交卡网上办理业务和“云公交卡”充值服务。

【现代物流业】 出台《金华市区促进现代物流产业发展扶持意见的具体实施办法》,全年发放中央财政补助资金2798.61万元,市财政补助资金202.7万元。金华浙中公铁水多式联运示范项目入选全国多式联运示范工程第一批次培育项目。牵头组建“浙中公铁物流联盟”,探索建立“一票到底”的一站式联运服务模式。开通金华到宁波海铁联运,发送集装箱货物8589标箱。义乌开通铁路集装箱国际班线4条。

【交通整治】 开展“道乱占”集中整治、高速广告牌“清零”、“靓化金华”、道路运输市场整治等一系列专项行动,全年累计出动行政执法人员8.4万人次,查处行政违法案件2万余件。创建美丽公路5条140千米,创建美丽公路示范县2个,建设完成船舶油污水接收点1处,船舶垃圾接收设施25处。“金华综合交通应急指挥中心平台”正式上线。高速公路电子不停车收费系统(ETC)用户突破 20 万。全行业获省部级科学技术奖 3 项,编制(含在编)标准 3 部,8 项科技成果达国际先进水平,5 项成果实现推广应用。全市新能源公交车辆占比达到87%。交通运输行业全年节约标准煤 1.73 万吨,二氧化碳(CO_2)减排量 4.25 万吨。

【水路运输】 2016 年,累计完成投资8.59 亿元,完成年度投资计划的 106%;衢江(金华段)项目总投资概算为 29.61 亿元,累计完成投资约21.1 亿元,完成总投资概算的 71.3%,剔除预备费1.4 亿元,完成总投资概算的 74.8%。兰江(金华段)航道整治项目总投资概算 1.64 亿元。9 月份,兰溪市人民政府与省海港集团签订合作投资协议,合作开发建设兰溪港区2016 年底启动建设。东阳横锦水库码头完成建设并投入使用。

【渡口安全管理】 2016 年全市实施渡埠改造 3 个、总投资 140 万元。全系统共出动检查车(船)56 车(航)次,参加检查人员 176 人次,检查各类船舶106 艘次,整改(纠正)安全隐患(缺陷)9 起。11 月初,市交通局分两批在兰溪组织 80 余名客渡船船员开展安全教育培训。

【节能减排】 2016 年,完成市 3 家内河水运企业及其运输船舶和 37 户个体经营户运输船舶的年度检查,船舶检验 69 艘,8194 总吨(其中年度检验32艘,3291 总吨;临时检验 15 艘,2401 总吨;坞内检验2 艘,45 总吨;中间检验 10 艘,1536 总吨;定期检验8 艘,822 总吨;建造检验 2 艘,99 总吨),完成船舶吨位复核和长期吨位证书换发 31 艘。企业年审率为 100%。2016 年全市水运行业船舶燃料(柴油)消耗约 251 吨,折合 366 吨标准煤。内河单位运输周转量 12.1 千克/每千吨千米,比上年下降1.9%。

【公路建设】 截至 2016 年底,高速公路运营总里程为354.483 千米,其中 G60 沪昆高速(杭金衢)金华段99.242 千米、G25 长深高速(金丽温)金华段 61.205 千米、G1512 甬金高速金华段 69.747 千米、S26 诸永高速金华段 67.566 千米、S27 东永高速 44.899 千米,S28 台金高速金华段 12.024 千米,S27 东永高速公路 44.699 千米。全市公路总里程达到 12574.443千米,其中国道 706.255 千米(含规划国道约 400 千米)、省道 511.071 千米,县道 3515.439千米、乡道 3744.604 千米、专用道路 45.013 千米、村道 4052.61千米。全市公路密度 114.93 千米 / 百平方千米,比上年同期增长 3.12 个百分点。高级次高级路面 12533.604 千米,占公路总里程 99.67%,比上年同期基本持平。全市总里程比上年同期增加 143.2 千米,增长 1.15%。

【公路养护】 2016 年,金华市高速公路业主累计投资 6667.2 万元,完成非罩面路段病害处理 16.8 万平方米,完成罩面 40.1 千米。全市高速公路日常养护投入共计 2974.1 万元。实施普通国省道公路养护大中修工程项目 16 个(含预防性养护工程),实施总里程 86.3 千米,完成总投资 2.44 亿元,其中,计划项目 10 个,完成实施里程 49.6 千米,完成投资 2.17 亿元;预防性养护追加计划项目 6 个,完成实施里程 36.7 千米,完成投资 0.27 亿元。实施安全生命防护工程 1 个,实施总里程 40.8 千米,完成投资 1843 万元。

【乡村康庄工程】 2016 年,以"四好农村公路"创建为契机,大力推进美丽乡村公路建设,创建多条连通度高、畅达性好的生态富民路。美丽农村公路示范项目侯蒲线;自然美丽示范项目溪芝线、浦横线、武丽线;建设示范项目虹戴公路、金义东公路、浦义公路;服务美丽经济示范项目金安公路、古孝线、白门线、浦仙线等。共投入 7.53 亿元资金,实施农村公路等级提升工程 261 千米,农村公路路面大中修工程 350 千米,农村公路安保工程 604 千米,农村公路安防工程 130 千米,农村联网公路工程40.5 千米,乡道改造工程 18.2 千米;完成农村公路桥梁维修加固 33 座,农村公路桥梁定期检查 458 座;创建美丽乡村公路 100 条 681 千米和乡级农村公路管理站12 个。

【城乡交通】 截至 12 月底,全市完成固定资产投资 34.84 亿元,居全省首位。全市共有 43 个重点物流项目列入现代服务业综合试点项目库。完成物流基础设施投资 23.59 亿元。客运(含公交)项目总投资 11.25 亿元。其中,客运站完成投资 5.62 亿元,公交总投资 5.63 亿元。全市(不含义乌)共有 68 家驾校实施国标改造,共投入改造资金5380 万元。

全市共完成旅客运输量 1.2 亿人、周转量 45.2 亿千米,同比分别减少 5.2%、10.2%。货物运输量0.87

亿吨、货运周转量67.2亿吨公里，同比分别增长6.0%、7.6%。

【公交优先】全市新增城市公交运营线路264.2千米,新增公交车108辆,其中新能源车94辆,新增城区公交首末站10个，新增或改造城市公交停靠站153个，其中：市本级新增城市公交运营线路117.2千米;新增公交车32辆,均为新能源公交车;新增城区公交首末站2个;新增城市公交停靠站34个。加速建设农村客运“最后一公里”,全市新建农村港湾式停靠站420个,新开通客运建制村43个。

（石　月）

铁路·上海铁路局金华车务段

【概述】金华车务段系隶属上海铁路局的基层运营单位,车务段管辖42个车站,分布于杭长高铁、沪昆线、金温铁路、金千线,里程跨度795.75公里。杭长高铁为诸暨、义乌、金华、衢州、龙游、江山6个车站,均为高普合一车站;沪昆线为湄池、金华东、新塘边等24个车站;金温铁路为金华南、武义北、永康南等7个车站;金千线为兰溪、新安江、千岛湖等11个车站。2016年底,车务段职工总数2179人。

金华站、义乌站均为一等站,主要办理客运业务。其中金华站设有10个站台、6个站台作业面,售票窗口17个、代售点16个,天桥1座,地道2处,自动扶梯10台、自动升降电梯6台,候车室面积7615平方米(普通候车室3个、软席候车室1个),设计最高聚集人数6500人;义乌站设有11个站台、6个站台作业面,售票窗口16个、代售点31个,天桥1座,地道2处,自动扶梯14台、自动升降电梯6台,候车室面积8114平方米(普通候车室3个、软席候车室1个),设计最高聚集人数6000人。

【安全生产】2016年，车务段坚持现实安全和安全基础“两手抓”,全面加强安全工作。常态化开展安全宣传教育,加强安全“红线”解读和事故案例教育,职工安全责任意识进一步增强。加强安全管理体系建设,动态完善安全管理职责、标准,切实抓好安全管理履职考核。深化安全风险管理,强化安全关键控制,全年整治解决各类安全隐患问题288个。持续加强标准化建设，编制完善岗位作业指导书，不断促进职工遵章守纪、按标作业。采取超常规措施，层层抓好G20峰会安保实战阶段反恐防范、安全保卫各项措施的落实,圆满完成G20峰会安保维稳任务,金华站、义乌站分别荣获金华市、义乌市G20杭州峰会维稳安保工作先进集体。全年运输安全保持稳定,确保金温线开通后的多方向接发列车安全,经受金华、义乌等主要客站长时间站改施工考验,年内实现三个阶段百日和安全年目标,到年底实现连续安全2979天,再创安全天历史纪录。车务段荣获2016年度总公司“安全生产标准化车务段”、上海铁路局“先进单位”称号。

【旅客运输】2016年,抓住金温铁路“增量”,以“秀山丽水、快旅漫游”和“金华站与金华南站携手助您轻松出行”为主题开展客运营销宣传活动,打造“高铁+旅游”业态,放大周末游、节日游效应。加强与地方政府对接合作，创新始发高铁列车开行思路,结合“9.10”图实施,成功组织开行金华南至西安北、义乌至西安北等4趟管内始发高铁列车。全年车务段完成客发3250.9万人,同比增长41.7%。其中金华站完成客发732.88万人,同比增长1.81%;义乌站完成客发1048.77万人,同比增长16.62%;金华南站完成客发51.6万人;武义北完成客发48.43万人;永康南站完成客发124.55万人。

【客运服务】开展客运服务质量年、厕所整治达标年等活动。共投入近99万元,对管内客站厕所设备进行更新改造,根据需要铺设刮沙垫、防滑垫、吸水垫近1700平方米,加装男厕所小便器隔板。健全落实卫生设备设施管用修、日常保洁检查监督制度,加强日常巡视检查和保洁公司的联控,动态保持厕所备品齐全、干净整洁、有关问题及时得到整改落实。在义乌等站增加站内站外自动售票设备投放,安装自助售票机10台,在普铁兰溪站售票厅安装自助售票机2台。在金华站高铁进站口增设“0距离雷锋服务站”，将义乌站服务台外移至实名制验证口外,使优质服务阵地前出至第一线。

【运输组织】2016年，金华东站日均办理辆数8852辆,其中11月18日至年底日均办理辆数10347辆,12月30日创11999辆的历史新高。面对金华南新货场开通后对运输组织带来的新情况,创新运输组织方式。以疏通金华南为主,合理安排货物列车开行和编组,优化机车担当方案,统筹协调地区运输组织资源,打通金华南通道瓶颈,确保金华枢纽的安全畅通。对接义乌西站的“中欧”“中亚”等班列开行方案,抓好车源配送、车辆取送和调车作业等环节,为各类货运产品上线提供运力保障。

【售票网点】 铁路车票预售期一般情况下互联网、电话订票预售期为60天,各客票代售点、客站自助售票机、人工售票窗口预售期为58天。旅客通过关注“12306”铁路微信公众服务号,可自助查询铁路车票预售期、列车停站时刻、余票、正晚点及代售点等信息。至2016年底,车务段管内共设有76家客票代售点,其中金华市区设有金发广场、一百、西关、汽车南站、回溪街、孝顺、白龙桥、丹溪路8家客票代售点。

(马晓岚)

铁路·金华货运中心

【概述】 金华货运中心隶属上海铁路局,管辖范围浙江省杭州、绍兴、金华、衢州四市,管辖营业里程398千米,主要办理货运运输业务。2016年,全年完成运输总收入9.45亿元、同比增长6.5%,完成货运收入8.05亿元、同比增长4.9%。金华南货场开通运营。年运量近期货运量568万吨,其中发送235万吨(国际集装箱70万吨),到达333万吨;远期货运量779万吨,其中发送346万吨(国际集装箱117万吨),到达433万吨。工程新征用地2819.76亩,其中货场扩建用地350亩,海关监管区用地257.33亩,其他物流及相关配套设施用地2212.43亩。投资总额为287642万元。

义乌国际陆港口岸及物流中心筹建义乌西铁路货场二期工程,工程位于义乌市境内,新增用地650亩,总投资8.96亿元,年运量可达541万吨,远期规划736万吨,其中到达435万吨、发送301万吨;新建竹马馆货场,年均达到210万吨,发送10万吨。设施更新改造投入319万元,设备大修投入159万元。全年解决各类安全问题隐患122个。

【货运转型】 抓好卸车组织、运输联动和增量创效。实现日均卸车1041车。全面拓展农夫山泉“总对总”物流总包合作,全年农夫山泉共装车3.1万辆,同比增长38%。组织“点到点”快速货物列车,全年完成混装货物发送34万吨。海铁联运运量实现翻番,中欧、中亚班列发送同比增长345%。红狮熟料、元立钢铁等物流总包项目成功运作,共发送41万吨。全员营销成果丰硕,新增货源6416辆、18万吨。2016年,完成装车15.1万辆,同比增加45%。货物发送576.8万吨,同比增加14.7%。

【项目建设】 完成更新改造投资计划459万元,其中货运装卸机械购置8项、224万元,零小工程8项、135万元,汽车更新3项、62万元,信息系统4项、16万元,其他1项、23万元。大修项目12项、134万元。

(楼林军)

民航·义乌机场

【概述】 2016年,义乌机场全年共安全起降航班11302架次,运送旅客1226697人次,吞吐货邮13783.2吨,同比分别增长0.3%、2.5%、5.2%;其中保障国际(地区)航班426架次,运送旅客44996人次,比上年同期分别增长21.4%、25.1%;各项指标均呈现出良好的上升势头。全国219个机场中排名第67位。

【开通新航线】 2016年3月31日,义乌机场正式开通义乌至台北航班,由中国南方航空公司执飞,机型为波音737-800,每周四往返一班,17:20台北(桃园机场)起飞,18:40到达义乌;19:25义乌起飞,20:45到达台北(桃园机场)。11月1日,义乌机场开通义乌-武汉-襄阳航班。该航班由幸福航空公司执飞,机型为新舟60,计划每周二、四、六往返各三班。12月22日,义乌机场国际(地区)航空货运业务正式开办。首批发往台北的货物,不算上海、杭州途中的运输费用,运价便宜每公斤1.0元左右。为企业提供更便利、更快捷的通道,不但降低货运成本,而且减少运输风险。

【义乌机场飞行区改造工程】 工程主要建设内容为:跑道向南延长500米达到3000米,升降带向东侧拓宽60米,新建民航平行滑行道约850米,对跑道、站坪及联络道盖被加厚,新建I类精密进近助航灯光系统,更新通讯导航设施及给排水、围界等工程,并带动部队的部分基础设施建设。整个项目总投资约5.5亿元,建设用地近815亩。工程实施后,义乌机场飞行区等级达4D级,可以起降空客300型、波音757、波音767等大中型客机及波音757货机。主体工程计划于2017年下半年竣工并投入使用。

(余顺民)

轨道交通

【概述】 2016年6月17日,金华市金义东城际轨道交通建设指挥部成立。金华市金义东城际轨道交通建设指挥部为市政府直属公益一类事业单位,经费实行财政全额拨款,设办公室、前期规划处、工程建设处、融资招商处4个内设机构。核定金华市金义东城际轨道交通指挥部编制10名,其中总指挥1名,常务副总指挥1名,专职副总指挥3名,内设机构领导4名。

【项目概况】 金华－义乌段起于高铁金华站,终于义乌市主城区,义乌－东阳(横店)段起于高铁义乌站,终于横店客运中心,两线在秦塘站呈双岛四线同站台换乘,同时具备金华－义乌－东阳方向的贯通运营条件,共串联3个主城区、4个高铁站、5个重要经济体。项目线路总长107.17千米,其中地下线长约26.22千米,过渡段长约4.37千米,高架线长约74.12千米,山岭隧道2.46千米。共设站31座(秦塘站计为2座),其中地下站13座,高架站18座,平均站间距3.57千米。全线采用B型车6辆编组、直流1500V接触轨受电,设计时速为120千米/小时,运营采用大站快车和站站停相结合的方式,金华到横店最快1小时可达。项目总投资346.83亿元,计划到2020年建成投入运营,由金华、义乌、东阳三地政府出资共同成立金华市轨道交通投资建设有限公司作为建设、运营、管理主体。

【前期工作顺利推进】 9月27日—29日,省发改委委托中国国际工程咨询公司对金义东市域轨道交通项目全线的工程可行性研究报告进行评审;完成用地预审、规划选址、社会稳定风险评估、投融资等19个专项或专题批复;完成金义东市域轨道交通工程可行性研究报告的编制、审查及报批工作。11月4日,工可报告获省发改委批复。11月15日,完成项目勘察、设计、咨询招标工作。试验段工程顺利开工,试验段在金义都市新区综合保税区站与新区站之间的高架区间。10月24日,试验段工程可行性研究报告获省发改委批复。11月2日,试验段初步设计获批。11月24日—25日,完成试验段施工、监理招标,确定施工单位和监理单位。

【资金保障】 根据市委财经工作领导小组第26次会议精神,确定金义东市域轨道交通项目注册资本金为10亿元,项目资本金为120亿元。开展投融资工作,及时与银团沟通专项建设基金、项目审批等问题,完成2016年筹资任务。积极争取上级专项补助资金。通过与国家开发银行沟通汇报并向国家发改委申请,获得2亿元的国家建设专项基金支持。

(杨晨微)

网络经济

【概述】 2016年,全市电商网络零售额超1833.94亿元,同比增长36.45%,占全省比重的17.79%。全市快递业务量16.9亿件,同比增长74.0%,快递业务收入突破百亿大关,完成119.7亿元,同比增长55.7%。全市实现跨境网络零售出口额187.16亿元,占全省比重的58.6%。全市软件与信息服务业营业收入500.5亿元,其中规模以上软件业务收入43.48亿元,增长128.6%。全市规模以上电子信息制造业产值超500亿元。

金华市连续三年跻身“中国电商发展百佳城市”,2016“电商百佳城市”。全市7个县(市)全部入围2016中国电商百佳县榜单。4个县(市)入围2016年中国跨境电商创业25佳排行榜,其中义乌排第1位、永康排第2位、武义排第5位,东阳排第24位。

【产业规模】 截至2016年底,全市有电商企业7.4万家,软件与信息服务业企业5674家,规模以上电子信息制造企业近240多家。据省商务厅监测,金华市共有活跃零售网店15.35万家,活跃网店总数全省排名第二,电子商务为金华市直接解决就业岗位39.14万至40.88万个,间接带动就业岗位106.69万至111.44万个。2016年,金华市区企业2097家,其中营业收入在1000万元以上企业53家,1亿元以上企业11家,上市企业3家(9158、中呼科技、媒迪亚),国家规划布局内重点软件企业1家(5173)。东磁集团跻身中国电子信息百强企业和中国电子元件百强专利水平排名前十强;得邦照明入围浙江省电子信息制造业30强;浙江东晶博蓝特光电公司在LED图形化蓝宝石衬底领域产能居全球前三,2016年产品直接创造经济效益3亿多元,产值增幅达200%以上。

【项目建设】 全年共引进信息经济企业398家,落实投资额6.95亿元。通过引入全国首家泛娱乐——腾讯众创空间,吸引16家企业入驻。敦煌网、网易考拉海购、唯果科技、聚焦电商、漂牛文化等一批知名企业项目纷纷落地,天心天思、奇虎360等一批企业与金华市签订战略合作协议,百度、华为等一批项目正在洽谈中,累计完成投资额超50亿元。金义综合保税区一期通过国家验收,菜鸟金义电商产业园一期、义乌国际电商新城、永康电商创业孵化园、浙师大信息经济创业园等重大项目竣工并投入运营。与中国联通浙江分公司签订战略合作协议,推动新型智慧城市建设。先后引进九次方、航天科工、安恒科技等一批大数据企业,引进阿里云、天翼云、沃云等云计算平台,与天心天思签订中小企业云服务协议,与华为、百度、亚信对接洽谈云计算大数据项目,推动浙师大云谷规划建设。

【拓展业务范围】 提升电商园区规范化建设,菜鸟·金义电子商务新城、神洲创业金华电商园、幸福里跨境电商园3家入选省级电商创业创新基地;武义农村电商创业园、磐安县工业园区电商园入选省级电商创业创新园区。推进农村电商四大工程建设。全市新建(提升)320个农村电商服务点,完成4个淘宝镇、56个淘宝村建设,完成农村电商知识普及性培训10.8万人次。推进跨境电商发展。金义邮政电商示范园等11家跨境电商园区和金华市小象德国汉堡仓等14家公共海外仓,被列入浙江省28个省级跨境园区和32家海外仓建设试点名单。义乌市、永康市和浦江县被确定为省产业集群跨境电商发展试点县(市)。

【配套服务】 修订并下发《金华市区促进网络经济发展实施细则》《金华市区网络经济企业房租补助办法》等文件,为421家企业兑现市财政扶持资金5000多万元;兑现国家现代服务业综合试点电商类扶持资金近5000万元。积极帮助金华开发区、婺城区、金东区、金义都市新区、永康市成功申报省级产业基地专项资金项目5个,已争取到省级资金1600万元。

(邵建峰)

邮政物流

【概述】 截至2016年底,金华市快递行业协会有会员单位79家,其中会长单位1家、副会长单位10家、理(监)事9家、成员59家。涉及邮政速递、顺丰速运、四通一达(申通、中通、圆通、汇通、韵达)及天天、国通、速尔、优速、快捷、宅急送、全峰等共15个品牌快递企业,会员企业从业人员约5500人。2016年,全市共有村邮站4849个,较上年度未有新增,正常运行率为98%以上。其中信息化村邮站累计建成1473个,占村邮站总数30.38%。

2016年,全市邮政企业和快递服务企业业务收入(不包括邮政储蓄银行直接营业收入)完成134.5亿元,同比增长50.0%;业务总量完成372.02亿元,同比增长71.94%。全市快递服务企业累计完成业务量16.9亿件,完成业务收入119.65亿元,同比分别增长71.02%和55.73%。全市邮政快递行业继续保持高速增长态势,业务收入首次突破百亿大关,支撑的网络零售额超过1800亿元。全市农村地区快递业务量达2.5亿件,业务收入10.42亿元,推进快递下乡,实现农产品进城和工业品下乡的双向流通。全市国际及港澳台快递业务量完成2885.74万件,业务收入9.87亿元,同比增长55.5%和22.42%。全市国际小包完成业务量5636.99万件,业务收入5.6亿元,同比增长63.06%和45.1%,全市跨境网络零售出口额达187亿元。

【安全管理】 2016年,G20杭州峰会、第三届世界互联网大会陆续在浙江召开,金华局于4月召开全市寄递企业护航G20峰期间安保工作,与各企业逐一签订安全责任书。“双十一”旺季前制定《金华市快递旺季业务旺季服务保障互联网大会安保工作实施方案》。全年出动检查3886人次,检查企业及网点1100家次,检查邮政营业场所104处,下达整改通知书85份,发布检查通报2份,约谈企业111家次,其中品牌省公司4家,行政处罚30家,共处罚款25.9万元,取缔超市、烟酒店合作代理点121家,无证经营企业6家。

【制度改革】 推进实名登记系统建设。金华局联合金东公安分局研发“寄E通”实名收寄信息系统,在全国率先推行利用手机App实现实名登记功能,通过手机App完成快件验视、登记工作。推进安检机配置工作,全市(除义乌外)共新配90台安检机。

【行业管理】 推进许可备案管理方式创新。实施“一照多址”管理,拥有多家分支机构的快递企业可以在一个营业执照上登记,简化寄递企业办证流程。按照新流程已完成备案企业33家。为加快推进快递进校园,全市新设立9家校园网点。推进网点标准化建设,2016年4月,印发《金华市寄递企业规范化网点建设实施方案》。全市(除义乌外)规范网点达256个,网点达标率为45%。开设“金华邮政管理”微信公众号,每周更新发布行业政策、消费提醒、热点动态等内容,累计发布近400条信息。

【服务保障】 开展普遍服务系列专项检查。通过空白乡镇补建邮政营业场所专项检查提升农村地区普遍服务水平;通过机要通信专项执法检查实现机要通信场所、人员、车辆、网点和检查的机要运输邮路、投递道段达到两个百分百的目标;开展重点题材纪特邮票监督检查,8月27日《2016年二十国集团杭州峰会》纪念邮票发行当日,金华局邀请特邀监督员对邮票发行进行现场监督检查;开展“扫黄打非”专项检查,出动542人次,查看邮政网点70个,报刊亭30余个;开展包裹、信件时限和定报刊寄递服务质量监测工作,按要求完成名址信息报送、测试包接收核对、测试件交寄、测试件接收。推进信报箱验收、智能投递终端、村邮站建设。全年累计验收信报箱项目12个,共5599个格口,共出动工作人员24人次。截至11月底,全市累计建成“E邮柜”831个,其中市本级500个,共有格口42909个,注册使用的快递公司达134个(市本级23个),在册快递员人数达到4000余人。开展社会监督活动,金华市邮政特邀监督员共开展普遍服务社会监督96人次,查看邮政网点96个,反馈报告96份,走访消费者288人。完成2016年邮政特邀监督员的调整,解聘监督员1名,新聘1名,续聘8名,调整后辖区内聘请邮政特邀监督员9名,市县总覆盖率达100%。

【信报箱及智能包裹箱建设】 截至2016年底,共验收16个信报箱项目,信报箱验收总户数达到8610户。2016年度E邮站建设未有新增,整体运行平稳,月使用量达到36万件,增长20%,其中邮政快递包裹占比由原先的3%提高到6%,截至12月底,全市E邮站累计存取件数突破790余万件。

（赵 晨）

通信业

【中国电信金华分公司】 2016年,固话、移动和宽带业务均超百万,iTV用户超40万。4G移动网络乡镇以上有效面积覆盖率提升到97%,光网覆盖率达到99.96%,IP城域网出口能力720G提升到1200G,总宽带用户承载能力由110万提升到120万。全省第二核心金华节点出口带宽3000G提升到48000G。

2月17日,中国电信浙江公司与中国众泰控股集团公司签署移动车联网应用示范项目战略合作框架协议。双方将围绕基于宽带移动互联网的智能汽车的智能化、个性化的车载信息服务、云资源、无线通道、信源数据等开展战略联盟合作。

4月12日,中国电信浙江公司与金华市人民政府签署“十三五”信息化建设战略合作协议。双方将在智慧金华各项应用的规划设计、建设实施、运维管理等环节展开合作,在市民卡、智慧交通、智慧医疗、智慧政务、智慧电商和智慧教育等方面展开深入合作,共同促进互联网与社会经济各领域的深度融合。

（王 珏）

【中国移动金华分公司】 2016年,全年运营收入超48亿元,收入规模全省排名第四,通话用户规模超600万,有线宽带用户超80万;实现行政村覆盖率99%以上,人口覆盖率99.6%以上;累计向地方固定资产投资超9.5亿元,上缴税收超7.5亿元。

7月20日下午,中国移动浙江公司与金华市人民政府签署加快“十三五”信息化建设战略合作协议,将推进双方在通信基础设施建设及“互联网+

优政、兴业、惠民”三大数字服务体系方面，即“1+3”领域上的深度合作。10月11日上午，金华移动与永康市人民政府签署加快“十三五”信息化建设战略合作协议。12月22日，金华移动与浦江县人民政府举行加快“十三五”信息化建设战略合作协议签约仪式。

（郭亚林）

【中国联通金华分公司】 截至2016年12月底实现主营业务收入5.08亿元，移网出账用户64.6万户，定比上年12月份提升3%，宽带出账用户11.7万。2016年，重点推进渠道扩面、4G攻坚、宽带规模发展，通过实施渠道房租补贴、房源置换、本地连锁渠道建设等新利益体系政策释放加快推进渠道建设工作；聚焦4G专项攻坚突破，通过与GOV厂家战略合作，终端平台整合；推广日租卡(1元500M)户外广告投放、体验活动、渠道渗透等营销工作；加快推进宽带融合发展，重点推进家庭互联网产品融合，稳步提升产能。举办4期“互联网+”智慧城市高峰论坛，累计邀请30多家政府部门、事业单位、近百家高新企业参与论坛，架起企业与政府之间沟通的桥梁。先后与金华市人民政府、金华市公安局、金华市网络经济局等政府单位签署战略合作协议，与赛伯乐、多家特色小镇等企业签署战略合作协议，充分发挥联通互联网产业优势，助推金华信息化建设进程。成功获取公安350集群通信项目，成功获取相关县市智慧校园建设项目、江南公安应急联动和督察等建设项目。

推进LTE网络建设，规划建设4G基站2074个，优先保障重点场景、重点领域深度覆盖。完善城域网布局，2016年累计完成商业楼宇资源覆盖1048个。完成主要城区固网连片覆盖建设，涉及共计18个街道，共投资1819.8万，覆盖住宅10937幢，覆盖用户18.27万户，宽带接入覆盖率由76.5%提升至98.7%。2016年3月初与电信签署网络建设深度合作协议，确定2016年共规划深度合作基站数量并在12月底全部完成开通工作。2016年累计完成50千米共建，有效降低双方管网建设投资成本。

2016年成立网络信息安全专项小组开展专项整治。组织协同业务部门对语音中继线、400、宽带电话实名制等重点业务进行自查自纠，并加大网内和网间虚假主叫发现与拦截力度。专项行动期间共关停32个语音中继群，拆除2个中继群，目前存量400、语音中继100%符合实名管控和主叫鉴权要求。配合反诈中心对2200余个诈骗号码进行拦截限呼。

（刘莹）

【中国铁塔金华分公司】 2016年，中国铁塔金华分公司实现经营收入33556万元，利润1189万元，资产规模近18亿元。全年采用新技术、新机房、新塔型建站48座；批量获取开发区、公共绿地站址48个。全面承接存量铁塔的维护工作，平均断电退服时长、基站退服率等指标列全省第一。全面开展服务费出账、核对、收款工作，累计收款达到3.67亿元，业务规模居全省第三名。

全年总计承接有效需求4473个，签订订单4473个，验收交付4297个，起租4297个，客户需求满足率96.07%，新建站址共享率87.03%。商务营收3.7亿元，业务规模全省第三。累计回款3.67亿元，收款率98.90%。

（裘华媚）

金融业

【市金融办】 2016年，全市金融业增加值为250.98亿元，占GDP比重为6.90%(全省7.3%)；占服务业的比重为13.20%，12月末全市贷款余额6183.89亿元，居全省第五，比年初增长51.63亿元，全市银行业预计全年累计缴纳利税40亿元以上。全市保险、证券等总收入192.96亿元，位居全省第四位。全市证券代理交易额3.01万亿元，占全省8.83%的份额。全市36家小贷公司共发放贷款116.44亿元，实现利润0.90亿元，上缴税金1.99亿元。

截至12月底，全市不良贷款率3%，低于省政府控制在3.2%以内的要求。2016年，全市共处置风险企业428家，相关受益企业592家，化解处置不良贷款约450亿元，占全省处置额的三分之一；全市应急周转金规模为22.4亿元，共为3320家企业使用应急周转金6578笔，金额达449.54亿元。全市受理金融案件12621件，审结11229件，执结4609

件；督办恶意逃废债案件 51 起，公安机关立案侦查 36 起，采取刑事强制措施 31 人，挽回直接经济损失 2.1 亿元。

兑现完成股改及上市挂牌企业奖励资金 1450 万元。截至 12 月底，全市新增直接融资 262.98 亿元，比上年增长 34.5%，其中公司债 92 亿元，短期融资券 120 亿元，非公开定向债务融资工具 3 亿元，中期票据 44 亿元，增发股份融资 3.98 亿元。全市新增股份制公司 91 家。新增“新三板”及区域股交中心挂牌企业 65 家，超额完成市政府下达的新增 50 家的工作目标。

义乌丝路金融小镇初具规模，完成有效投资 26.3 亿元，实现税收收入 3.9 亿元，接待旅游 36 万人次；东阳市设立浙江横店影视产权交易中心，成为我省首家影视产权交易中心；义乌市成立浙江稠州金融租赁有限公司，支持社会资本投资金融业；成立科技银行、文创银行等专业银行，开展“中小企业风险资金池”业务，扶持科技型、网络经济型、文化类企业。

（夏 宇）

【中国人民银行金华市中心支行】 2016 年，人民银行金华市中心支行贯彻落实稳健货币政策。针对信贷投放顺周期收缩的实际情况，加大政策指引和窗口指导力度，努力为供给侧结构性改革营造适宜的金融环境。1 月—12 月，全市金融机构新增本外币各项贷款 56 亿元，支持企业发行债务融资工具291 亿元。对接“三去一降一补”任务，突出信贷支持重点，小微企业贷款覆盖面扩大到 40%，全市贷款加权平均利率为 6.37%，同比降低 0.54 个百分点。

深入推进金融改革创新。深化义乌金融专项改革，配合政府打造丝路金融小镇。在全国率先开展跨境电商国内外汇贷款结汇试点，探索个人贸易互联网自助结汇新模式，取消中资企业短期外债审批事项。发展应收账款质押融资，促成银企达成融资交易 114 亿元。开展农民住房财产权抵押贷款试点，贷款余额占全国试点地区总量的 1/3 多。鼓励金融机构与第三方支付平台开展业务合作，推进 3 家企业开展跨境人民币资金池业务。新增大额及同业存单发行机构 2 家和 4 家。

积极维护金融稳定。加大反洗钱和反恐怖融资力度，通过移送线索协助公安机关破获案件 5 起。做好互联网金融风险专项整治工作，稳妥处置永康“易币”集资诈骗事件。继续做好“9·16”外汇违法案件查处，累计立案 193 起，拟处罚金 1.1 亿元。开展各类金融执法检查 95 次，共处罚金 42.5 万元。

加强跨境资金管理。实施本外币一体化全口径跨境融资宏观审慎管理，支持中资企业境外融资 562 万美元。加强对外汇形势的监测分析和预警，升级国际收支申报非现场核查软件，确保国际收支统计间接申报数据零差错。

不断完善金融基础设施。继续开展信用企业评定以及担保机构和小贷公司评级，指导义乌商城征信公司完成信用信息基础数据库建设，实施农村食品安全金融征信体系建设试点。推动开展“智慧支付工程”试点，建成智慧菜场、智慧学校及智慧医院项目30 个。成功创建电子支付示范村镇 34 个，布设和巩固银行卡助农服务点4813 个，其中 2604 个建成电商服务点，全市基本消除助农取款服务空白村。

稳步提升金融服务水平。加强金融普法宣传，加大金融消费风险教育力度，妥善处理消费投诉 17 起。有效配合打击通信网络新型违法犯罪活动，向公安机关移送线索 386 条，联合开展整治非法买卖银行卡信息专项行动。国库统计分析大数据创新项目被国库局采纳，国库综合管理与服务系统在全省人民银行系统逐步推广。人民币反假和净化工程成效显著，货币发行和钞票处理工作平稳有序，实现旺季净投放 201 亿元。认真做好舆情监测和引导，稳妥处置 2 起负面舆情。

内控安全管理有序运行。坚持问题和风险导向，完成各类审计项目 8 个，促进基层央行治理机制建设。出台财权与事权相分离的财务管理制度，重视对会计、国库和钞票处理业务的检查辅导，抓紧抓好保密工作和信息系统安全。100 元纸币发行工作，超额完成钞票处理任务。

（张 伟）

【金华银监分局】 2016 年，累计处置化解不良贷款 458 亿元，比上年增加 186 亿元。年末，全市不良贷款率 3.01%，比年内最高时下降 0.92 个百分点。出台金华银行业支持供给侧结构性改革的指导意见，加大支持重点项目、技改项目。2016 年末，各项贷款比年初增加 56.71 亿元，结合政府融资平台贷款转债券、不良处置和表外融资因素，实际融资比年初增加 1263 亿元。完善困难企业帮扶“五位一体”的工作机制，组建债权人委员会 63 家，帮扶重点企业88家，涉及贷款 133 亿元。稳步推进普惠金融，实现全市农村基层金融服务“村村通”和微贷技术率先在农村地区应用的两个“全覆盖”。

设立全省首家银行系金融租赁公司——浙江稠州金融租赁公司，完成“义乌市国际贸易综合改革试点”配套金融改革任务。农村合作金融机构股份制改革实现“全覆盖”。华夏银行、浙商银行和温州银行在金华设立分行。推进银行机构差异化、特色化经营模式，投行业务、同业业务、资产管理等各类新型业务发展迅猛，科技和文创金融取得进展。成立全省首家银行业消费者权益保护区，创新打造“第三方调解、后端延伸、专家智库和宣传教育”新模式。

（林卫仙）

【中国农业发展银行金华市分行】 2016 年，全行各项收入 6.13 亿元，各项支出 4.16 亿元，实现账面利润 1.97 亿元，同比增加 0.48 亿元，增幅32.22%。截至 2016 年末，各项贷款余额 142.3 亿元，比年初增加 27.82 亿元，增幅达 24.3%，日均贷款余额 123.86 亿元，较年初增加 36.63 亿元，增幅41.99%，贷款余额和日均贷款增量分别位居全省系统第四位和第三位。各项存款余额 46.50 亿元，比年初增加 21.03 亿元，增幅 82.57%，日均存款余额40.76 亿元，较年初增加 16.58 亿元，增幅 68.57%。全年累计发放中长期贷款 55.7 亿元，惠及区域整体城镇化、农村集中住房改造、农村路网工程、五水共治等项目。全行共退出自营性贷款企业 9 家，金额 1.48亿元，压缩自营性贷款 16 家，金额 0.76 亿元，信贷结构进一步优化。现存自营性客户 14 户，金额 4.99亿元，基本完成压缩 2.6 亿元自营性贷款和退出 8家客户自定目标。

全年发放粮油贷款 6.26 亿元，支持仓储项目 1 个，金额 0.59 亿元。支持城乡一体化发展。营销农发重点建设基金项目，实现信贷支农领域及方式的全覆盖。全年共储备新项目 15 个，金额118.09 亿元，其中获批新项目共 7 个金额 67.59 亿元。推动项目建设落地，全年共对 17 个项目发放贷款 55.7 亿元。其中对金华市金东区泉源社区农民集中等 4 个住房项目投放贷款 18.4 亿元，对兰溪市兰湖区块整体开发建设项目等 2 个低丘缓坡综合开发项目投放贷款 8.01 亿元，对金华市湖海塘区块水系综合治理工程项目等 3 个水利项目投放贷款 2.63亿元，对330国道永康段改建工程项目等 4 个农村公路项目投放贷款 7 亿元，对兰溪市农村生活污水治理工程项目投放人居环境建设贷款 4.07 亿元，对义乌市整体城镇建设项目投放贷款 15 亿元，对兰溪仓储项目投放贷款 0.59 亿元。创新体现惠农支农优势。开展人民银行抵押补充贷款（PSL）业务，全年发放PSL 贷款 2 亿元，执行利率 4.145%。开展农发重点建设基金业务，全年获批并投放基金项目 9 个，金额 9.72 亿元。5 月，与中国银行金华分行签订全面合作协议，实现政策性金融与商业金融的融合。2016 年，全行共开展银团贷款项目 1 个，金额 8 亿元。

强化风险防控，对有余额的贷款、重点建设基金、贸易融资、承兑汇票及其客户开展逐户排查。全年累计清收不良贷款 4624 万元，收回当年新增不良贷款 2706 万元，不良贷款率 1.33%，比年初增加 0.08 个百分点。

（程圣韬）

【中国工商银行金华分行】 2016 年，全年本外币各项存款时点增量 68.55 亿元，同比多增 46.26 亿元，日均增量 49.1 亿元，同比多增 61.94 亿元。储蓄存款年末时点新增 60.74 亿元，日均新增 64.12 亿元。扭转对公存款持续下降态势，通过优势业务产品加强银政业务合作。全年招标虽流失存款 29.32 亿元，但机构存款任增加 6.02 亿元，同比多增 45.95 亿元。年末对公存款余额 297.66 亿元，较年初增加 7.44 亿元。

全行累计投放项目贷款 30.56 亿元，同比多投放 17.74 亿元。加大市区政府性项目的营销、审批和投放力度，全年累计投放项目 27.45 亿元。分期贷款交易额 50 亿元，同比增加 30 亿元；户均分期贷款

6.3 万元,普惠扩面 8.1 万户。全年个人住房贷款发放额 30.2 亿元、增长 11.7 亿元。扶持小微客户,年末小微贷款客户 6603 户,小微贷款余额 312.87 亿元,占各项贷款余额的 61.64%;小微企业申贷获得率较上年提升 4.2 个百分点。

推广网贷通和转贷通,实现转贷"无缝对接"。主动为企业减负,贷款收益率 4.56%,同比下降 1.5 个百分点。为本地企业做好"走出去"金融服务,全年为客户办理走出去业务近 6500 万元人民币。为 7 家企业办理大宗商品交易 26 笔, 金额 830 万元,为 20 家企业办理人民币利率互换业务, 金额 1.06 亿元,为企业节约 30 多万成本。

推广网贷通、个人金融资产自助质押贷款、个人信用消费贷款等一系列网络融资产品。全年网贷通客户 561 户,贷款余额 7.9 亿元;个人金融资产自助质押贷款 669 笔,贷款余额 2.5 亿元;个人信用消费贷款发放额 1.2 亿元。全年发展融 e 行客户超 22 万户;打造工行"融 e 购"电商平台,70%以上的入驻商户为厂家直营,全年新增 12 万注册客户,实现交易额近 6000 万元。在银行业内率先推出"融 e 联"社交平台,全年累计拓展融 e 联客户超 23 万户。对网点实施智能化改造,全市 64 家网点都已升级为智能网点,智能化网点占比 100%,个人非现金业务迁移率已达 90%以上。

2016 年,个人金融资产增长 71.96 亿元,中高端客户增长 9388 户,贵宾客户增长 5122 户,财富客户增长 1259 户。全年项目贷款新增 16.95 亿元,年末项目贷款比重为 11.71%, 较年初提升 4.22 个百分点。年末个人贷款占比 29.23%,较年初提升 1.10 个百分点,其中个人住房贷款新增 10.76 亿元,占比上升 4.13 个百分点达到 21.27%。全年清收处置不良贷款 64.82 亿元。其中诉讼执行清收 3.46 亿元,年末全行逾期贷款余额 46.46 亿元, 较年初下降 16.95 亿元; 不良贷款余额 21.59 亿元, 比年初减少 3.01 亿元;不良贷款率 4.25%,比年初下降 0.09 个百分点。全年实现中间业务收入 8.68 亿元,还原增值税后同口径增长 0.02%; 中间业务净收入占全部营业净收入比重为 36.47%,较年初提升 6.39 个百分点。

强化债券承销能力,全年累计承销 6 亿元。先后为横店影视产业、横店-杭温高铁投资、永康企业重组基金、金义东城际轨道建设等基金项目提交金融服务方案。推进金融交易业务发展,全年共组建银团 7 个,融资总额 23.9 亿元,实现银团收入 2338 万元,同比增加 1604 万元;同业理财日均余额达 25 亿元,同比增长 188%,总计创收 1330 万元,同比增长 400%。全年票据贴现金额达 18.05 亿元,同比增长 40.44%。推广新型外汇资金产品,办理商品交易 24 笔,人民币利率互换业务 20 笔。加快互联网金融发展,全年新发展二维码商户 4284 户;融 e 联有效客户数净增 21.7 万户;融 e 行客户新增 22.94 万户,完成年计划的 104%; 融 e 购非金融交易额达 11.4 亿元;通过"期薪"业务,成功争取到电力系统 20 余家企业的员工奖金发放业务。

(盛 炜)

【中国农业银行金华分行】 2016 年末, 农行金华分行各项存款余额 814.55 亿元, 比年初增加97.88 亿元,存款余额和增量继续保持四行第一。县域、城区份额同步提升,其中县域份额 36.69%,提升0.53 个百分点,城区份额 27.08%,提升 0.5 个百分点。各项存款日均增量 69.16 亿元。2016 年 12 月末,加权个人贵宾客户净增 2.67 万户,私人银行签约客户新增 169 户;掌上银行客户总量达 117.2 万户;信用卡新增有效客户 7.3 亿;对公结算账户净增 5655户,第三方存管客户净增 2.12 万户; 新增金融自治村 668 个,惠农金融服务点 65 个,安装惠农通 1757台,村民信贷建档 14.3 万户。承销花园集团、红狮集团超短期融资券 11 亿元,分销地方债 16.1 亿元,成功营销成泰银行委外业务托管 10 亿元;实现非税收入代理收缴业务 73.7 万笔,金额 4.8 亿元。

2016 年以来,农行金华分行围绕市委市政府关于推进重大项目建设、实施"三百"竞赛等战略部署, 加大项目贷款有效投放, 年末各项贷款余额 612.46 亿元。2016 年 12 月,为金义东市域轨道交通银团发放贷款 8 亿元。为金华市开发区截污纳管(生活污水治理)工程项目贷款投放 6 亿元,东阳吴宁区块城镇化提升改造工程 8 亿元,金华石门农垦场棚户区改造项目 4 亿元,兰溪黄湓村、下金村等城中村改造项目 6 亿元。

(陈土法)

【中国银行金华市分行】 2016年，中国银行金华市分行本外币存款余额（数据不含义乌，下同）达368.31亿元，本外币贷款余额达432.05亿元，不良余额、不良率实现“双降”，资产质量持续保持四大行最优。

围绕金华市“411”重点项目、“四换三名”、“五水共治”、“五大千亿产业”、特色小镇等经济转型升级重点领域，优先安排信贷规模，加大信贷支持力度。先后与金华市人民政府、永康市人民政府、金华市农发行以及全市十余家重点企业签订全面合作战略协议，全力支持市委、市政府提出的“三条廊道”建设，组建逾200亿元的银团贷款及近50亿元的产业基金，支持金义东轨道交通工程，助力“综合交通廊道”建设。累计介入全市重点、重大项目近50个，拟提供融资或撮合资金近300亿元，其中获得批复78.97亿元，实现投放31.65亿元，批复额和投放额均较2015年翻番。发挥中银信贷工厂和“通宝”系列产品优势，通过供应链、产业链金融等方式，扶持中小微企业成长，小微企业贷款家数3799户(含个人经营性贷款)，贷款余额155.41亿元。

创新设计PPP、“表内+表外”、“商行+投行”、“股权+债权”、“海内+海外”、“我行+他行”等一系列融资服务方案，对接金华区域优质龙头企业、上市公司的综合金融服务需求。落地首笔与政府合作设立的产业基金4.5亿元，成功支持铁牛集团在金义都市新区新设混合动力双离合变速箱项目；通过投行理财渠道，为横店集团某上市公司提供全省首笔员工持股计划支持融资；联合中银国际证券为万里扬公司叙做1亿元全国首笔平层模式下的股票质押式融资等。

运用中银集团机构覆盖“一带一路”沿线18个国家的独家优势，联合市政府、商务局，举办金华市“一带一路”暨“走出去”项目推进会，与金华10家“走出去”企业签署总金额超70亿元的银企合作协议。牵头提供1480万欧元融资支持浙江哈尔斯真空器皿股份有限公司收购瑞士百年品牌SIGG项目。联动海外中银机构，组建国际银团，为红狮水泥在尼泊尔、老挝项目建设提供29.25亿元的国际银团授信支持。

2016年，清收化解不良贷款26.63亿元。创新摸索以“输血扶持”开展求助、以重组平移化解担保圈、以同业抱团共进退等16类帮扶模式，合计化解帮扶困难企业287户，化解金额共计138.2亿元。

携手金华市8890便民服务中心，发行省内首张为8890虚拟养老院老年用户量身定做的IC卡。针对“三农”金融服务领域，创新推广“林权通宝”“益农贷”“中银福农卡”“福农分期”“林农贷”等一系列支农担保方式和授信产品。

（陈跃良）

【中国建设银行金华分行】 2016年，中国建设银行金华分行客户金融资产比上年日均新增42亿元，核心存款比上年日均新增19亿元。个人客户金融资产日均新增50亿元。个人外汇存款时点增速达61%。各项贷款比年初新增18.7亿元。新营销政府类及重点建设项目15个、特色小镇项目2个，贷款项目储备172.5亿元，达到历史最好水平。个人住房贷款新增20.7亿元。全年实现中间业务净收入4.02亿元。为东阳第二污水厂PPP项目、金华市赤松镇和罗店镇截污纳管改造工程政府购买服务贷款项目发售和募集资金13.5亿元。兰溪城建和永康城建共110亿元的发展基金框架合作协议、金义东城际轨道交通产业基金设立48亿元及12.8亿元基金投资业务获得总行批复。

全年共提交产品创意781条、需求快递152条，收集金点子53条、同业产品信息6项。自主创新开发“农供贷－大北农”小微企业贷款产品和“助农贷—大北农”个人贷款业务，成功移植推出资金结算套餐等3项创新产品。大数据信用类系列产品客户数达到71户。全年转成轻型网点2个，充实营销人员154名，营销人员占比提升27个百分点。全年共处置不良贷款36.2亿元，重大信用风险项目信贷余额比年初下降16亿元。到年底，不良贷款额为20.6亿元，不良贷款率为4.55%。全年开展风险排查8次，报送重大信用风险事项报告103份，涉及金额906亿元。

（王竹江）

【金华银行】 2016年，金华银行年末总资产631.95亿元，比年初增加79.04亿元，增幅14.30%。各项存款余额437.19亿元,比年初增加36.74亿元,增幅为9.17%。各项贷款余额311.13亿元,比年初增加10.68亿元,增幅3.55%。不良贷款率为1.50%。全年实现经营利润7.42亿元,增幅为10.77%。上缴各类税收3.21亿元。

金华市民卡工程是金华市政府2016年十大民生实事之一,金华银行全面参与市民卡系统的开发建设,并于11月28日正式发行,截至2016年末,发卡30多万张。推进服务下沉、渠道下沉。根据客户需求及金融资源布局,全年新设乡镇营业网点7家。推进社区银行建设。全年设立社区支行16家,各社区支行实行错时、延长营业时间,让居民在家门口就能办理开卡、贷款、代扣代缴、购买理财产品等金融业务。

为区域性重大战略和重大项目的落地实施信贷支持,支持省七大万亿产业、全市五大千亿产业发展,支持"五水共治""四破整治"等重大项目。先后参与开发区金西峙垅湖区块"四破"整治、金华多湖商务区、浙中互联网总部经济中心等地方基础设施重点项目36个,发放表内外项目贷款36亿多元。

2016年在互联网与手机银行的研发与应用上加大力度。先后开发云闪付、苹果Apple pay和安卓HCE pay便捷支付方式;推出超级网银、手机银行二代音频KEY等,实现银行账户与手机的捆绑。全年企业网银客户增长21.08%,个人网银客户增长45.44%,网银交易金额增长39.48%,手机银行客户增长95.15%,交易金额增长738.42%。全年共发行理财产品300期、募集资金120多亿元,实现理财中间业务收入同比增长166.7%;发行同业存单金额同比增长167%;同业投资余额突破百亿,同比增长63%。

制订《金华银行特色支行建设指导意见》,全行拥有小微专营支行9家和特色支行3家。文创支行成为全市首家专业提供文化金融服务的支行。与市区科技局等部门建立科技型中小微企业贷款风险池基金,推出"小微通科技贷""科技循环贷""科技分期融"等多款特色产品,全年为科技型及文创类中小企业发放贷款近17亿元。破解融资瓶颈。对财务制度不健全的小微企业推行"小微通"金易贷等贷款方式;全年新增小微企业贷款8.34亿元。

(黄杰伟)

【交通银行金华分行】 截至2016年末,交通银行金华分行人民币各项存款余额55.02亿元,人民币各项贷款余额93.89亿元,实现经营利润1.27亿元。分行下辖婺州支行、永康支行、东阳支行、浦江支行、武义支行、分行营业部六个支行,共有在册员工183名。

在信贷结构上倾向于政府项目、民生工程、"三农"及小微企业。2016年,入库企业共73户,覆盖交通运输、卫生医疗、能源、教育等支持类行业。浦江农产品批发市场经营性物业贷款1亿元,金华城建的货场搬迁项目3亿元,金华轻轨项目的银团贷款项目在上报中。东阳英洛华公司也将定向增发募集账户放至交通银行,金额1.84亿元,

逐步绘制"对私人群路线图",持续开展"进企业、进社区、进网点、进校园"等活动。把个金业务当作转型发展的重中之重,逐步形成营销常态化,其中贷记卡活卡新增2198户。2016年重点项目东城主题联名卡实现落地。

截至2016年12月末,化解风险贷款15.05亿元(包含2016年新增风险贷款及转让后现金收回部分)。统一调配资源,对资产保全条线进行单独考核,对进入司法诉讼流程的不良贷款,全部集中分行保全条线统一管理,集中人员专门处理风险企业。推进网点建设,目前已拥有省级示范行2家(营业部、永康),市级示范行2家(东阳、浦江)。

(童 慧)

【招商银行金华分行】 截至2016年12月末,招商银行金华分行全折人民币自营存款余额43.83亿元,全折人民币自营贷款余额92.08亿元。分行下辖营业部、江北支行、义乌支行、永康支行、义乌商城小微企业专营支行以及永康西城小微企业专营支行六个营业网点和14家自助银行,共有在册员工200余人。

创新小微产品,打造特色小微服务品牌。为小微企业"量体裁衣",不断优化小微贷产品体系,形成招商银行"生意贷"品牌,包括"抵押贷""配套贷""小额信用贷""AUM信用贷款"等系列产品。根据金华市场多的特点,推出面向市场客户的"市场贷""周转易""循环授信""随借随还"等特色功能产品,

最长20年授信。

（王 颖）

【上海浦东发展银行金华分行】 2016年，辖内共计有营业网点10个，其中分行本级1家、支行3家、社区支行6家，员工人数总计152人。

截至2016年末，各项存款余额30.26亿元，本外币贷款余额72.68亿元。实现全口径营业净收入7295万元，中间业务净收入4323万元。单位银行结算账户1803户，个人有效客户数4.2万户，个人网银签约客户数5.73万户，手机银行签约客户数4.53万户。

截至2016年末，累计参与对接金华市水上运动中心、健康生物产业园等全市重点、重大项目20余个深化金融创新，通过境内外业务联动，打造“股、债、贷”“境内外”和“大承销”的“3+2+1”全链条投资银行业务体系，实现从信贷资源组合经营向“股、债、贷”三位一体的融资组合经营转变；创新设计“云账单”“E企付”“智慧社区”“多银行集团资金管理”等工具，通过网上银行、手机银行、微信银行等电子服务渠道，为大型企业提供全流程在线的信息查询、资金收付、投资理财等的银行服务。

公司业务方面，巩固规模、优化结构，进一步提升创收能力。积极拓展“五大客群”新客户，以市委市政府的重点工作作为发力点，以各类重大项目为切入点，寻找合意资产。同时以信贷资源为杠杆，充分配置各类产品，构建综合金融服务体系，提升客户黏性和综合收益。2016年，推出“云账单”“自营直投”等多项金融产品。零售业务方面，产品上大力推广“消贷易”个人贷款，截至2016年末，已成功获取“消贷易”客户4021户，授信总额超过7.53亿元，贷款支用余额3.52亿元；在全国120家二级分行中，贷款余额排名第五，当年贷款新增排名第二。服务上，借“鸿雁计划”的东风，做好各项产能提升工作；同时大力发挥社区支行的优势，开展丰富多彩的客户互动，努力将六家社区支行做出各自特色，将社区银行打造成“邻家银行”“居民身边的银行”，打造出浦发银行的特色服务品牌。

（胡青苗）

【中国光大银行金华分行】 截至2016年12月末，光大银行金华分行一般性存款日均余额13.86亿元，比年初增加0.15亿元；贷款余额37.70亿元，比年初增加9.06亿元，不良贷款余额2.71亿元，比年初减少0.89亿元，不良率2.46%。

2016年，获批复大资产业务15个，敞口60.9亿元，投放金额23.524亿元。开展托管业务与杭州和盟和你投资管理有限公司合作的创投移动互联网基金托管1.8亿元。信用卡业务保持高速增长，新增折算考核客户21699户，其中新增中端考核客户19019户，新增高端考核客户536户；本年新增交易金额422071万元，同比增长16%；时点透支余额85376万元，同比增长19%。

（彭 蕾）

【中国民生银行金华分行】 2016年末，资产总额达41.95亿元，贷款余额42.11亿元，存款余额21.3亿元。

围绕供给侧改革，服务“五大千亿、三大廊道”等重点，坚持“有保有压”信贷策略，将有限信贷资源优先配置给政府性重点项目、战略新兴产业等，推动金华地区经济转型发展，牢固“底盘”。在具体产品运用上，围绕金华市委推进供给侧结构性改革的部署，推进银团贷款业务发展。在配套服务上，推进产品和服务创新，为客户量身定制金融服务方案，提高客户满意度。

持续开展票据业务风险排查、非法集资专项检查、担保链风险排查、征信业务排查、重点客户管理及授信后条件落实排查等风险排查活动。实行授信客户分级分类管理，对存在风险隐患的客户加强增信，积极化解担保链风险，理清传导关系，制定化解方案。对产能过剩行业、风险高发区域、资金链、担保链企业进行持续排查，主动退出风险明显企业，对主业经营平稳，主要涉及资金链、担保链风险的企业逐户制定担保优化等“一户一策”加固方案，严控新增不良信用业务风险。

2016年4月，民生银行杭州分行辖内首家客户化运营的综合型支行及社区支行——婺城小微企业专营支行和金华保集半岛社区支行——开业。婺城小微支行客户化运营新模式得到市民肯定，其通过客户化运营方式服务当地民工子弟学校的案例成功申报总行优秀服务评比;保集半岛社区支行凭借舒适的环境、周到的服务和惠民的活动,在周边社区打响知名度。12月中旬,辖内第二家县域支行兰溪支行正式对外营业;义乌万达社区支行各项筹建工作已经展开,已上报监管部门。

(吕玉峰)

【中国邮政储蓄银行金华市分行】 2016年,中国邮政储蓄银行金华市分行自营收入6.82亿元,同比增长2.04%;实现净利润2.72亿元。各项存款全年新增93.68亿元,个人储蓄存款余额突破80亿大关,达81.96亿元,年日均余额77.84亿元,全年新增8.36亿元;各项贷款全年新增44.70亿元,公司存款规模为39.86亿元,比增10.28%,公司信贷、小企业贷款全年净增分别为5.7亿元、2.62亿元;零售贷款余额为129.67亿元,全年净增18.99亿元,比增17.16%。不良结余1.13亿元,不良率0.62%。

人民币理财日均保有量规模达10.69亿元,2016年新增日均存量6.83亿元,同比多增2.97亿元;推动保险转型,占比同比提升17.56个百分点;完善分层服务体系,新增第三方存管客户数1.37万户。信用卡突破10万张大关,2016年末结存卡量规模达10.13万张,其中新增卡量3.5万张,激活2.9万张。全年累计消费金额20.07亿元。

商易通结算业务发展迅速,全年累计新增3821台,拉动活期余额增长1.2亿元。手机银行年新增突破10万户,业务存量规模列全省二级分行一位。

2016年,落地全国首笔"跨境e贷"业务,全国首笔"股票质押+理财质押+贸易融资"模式的贸易融资业务及全省首笔买方付息国内信用证业务;成功办理全国首笔收汇联动结汇的俄罗斯卢布业务。

落地全辖首笔理财自平衡对接股票质押项目,落地全辖首笔资产证券化业务。成功办理首笔行外自主转贴现业务、首笔系统内转贴现买入业务、首笔电子承兑汇票业务、首笔存单质押承兑汇票业务及首笔理财质押承兑业务。

推广各类新产品。义乌市支行联合义乌市经信委开办小微企业助保贷-"微融贷"项目,为义乌市重点中小微企业提供担保贷款,2016年末结余4笔共2014万元。快捷贷、转期贷、税贷通等业务持续扩大规模。2016年末,全辖共有一手房合作项目65个。发放首笔网贷通、首笔零售转期贷、首笔信用户小额快捷贷、首笔小水电贷款以及光伏贷。

全年全辖合计清收移交后不良贷款0.71亿元,其中核销后呆账0.13亿元,完成率286.2%。推进呆账核销工作,共计申报呆账0.36亿元,完成系统核销0.24亿元。

(方雨薇)

【浙江泰隆商业银行金华分行】 2016年,泰隆银行在金华的服务范围遍及义乌、永康、武义、磐安、兰溪、浦江等区域,共开设支行23家。截至12月末,资产总额为523665.17万元,较年初增加6315.47万元,增长1.22%。各项存款余额464728.17万元,各项贷款余额为516315.57万元,实现账面利润20202.11万元,较上年同期增加2889.6万元。

2016年,分别在金华白龙桥镇、永康古山镇、武义桐琴镇设立小微企业专营支行,在永康市西城街道设立永康西城街道社区支行,进一步开辟小客户市场,为全市企业、居民提供更加优质、高效的金融服务。与"金华行"微信号合作,在其App上增设产品信息板块和业务申请通道。此外还在BRT流动商业街机具上添加产品及形象推广广告,发布业务推送产品信息及办理链接。

(盛 莹)

【省农村信用社联合社金华办事处】 2016年,金华农信各项存款余额1461.30亿元,比年初增加151.77亿元;市场份额达到18.93%,比年初上升0.18个百分点。各项贷款余额992.45亿元,占全市银行业贷款市场份额的15.93%,比年初上升0.92个百分点,市场份额连续3年保持上升,比第二名多出144亿元。全系统缴纳税费12.9亿元,占全市财政总收入的2.32%。投入1.5亿元,在全市发放287万张社保卡和市民卡。承担全市近二分之一的农户贷款和四分之一的小微企业贷款,到年末农户贷款和小微企业贷款余额分别达到457亿元、743亿元。

截至2016年末,共建成丰收驿站1288家,金融助农服务点3884个,实现基础金融服务行政村全覆盖。全年办理各类金融业务222万笔,金额20亿元;

帮助农民代购商品9.33万笔，代销农产品2.16万笔，代办物流收发6万多笔。推进整村授信，提高信贷服务覆盖面。年末个人贷款户数达到19.83万户，比年初增加3.5万户，农户贷款覆盖面达到11.35%，比年初上升1.93个百分点。推广电话、网站、微信等线上申贷渠道，全年通过自助渠道放款4.8万笔，占全部个人贷款的20%。

小微企业贷款比年初增加52.63亿元，各行社针对客户需求开发个性化产品26个，如永康针对有创业意愿的有志青年推出"创易贷"；东阳对接法院司法拍卖，推出"拍易贷"；义乌围绕城中村改造，推出权益质押贷款。2016年，新产品贷款发放2.28万笔，金额达到23.92亿元。持续深化信用工程建设，发放小额信用贷款，年末信用贷款余额达到160.99亿元，比年初增加73.40亿元，占全市银行业信用贷款的49.20%。

与金报集团达成战略合作协议，深化与金华电信的合作。开展法院、电力、财税、交通等部门合作，年内实现电费在系统内归集；有5家行社成功开通法院案款系统；多家行社通过手机、批量代扣、柜面及自助渠道，开通财政非税电子缴款业务；累计安装ETC 11万辆，占全市安装量的55%。围绕特色小镇发展，磐安对接江南药镇，开发"药业贷"产业链贷款，受到政府和银监肯定；浦江对接水晶时尚小镇，实施"智慧一卡通"项目。

（游　佩）

【金华成泰农村合作银行】 2016年，金华成泰农村合作银行共有营业网点51个，3个社区金融服务点，991家村级(社区)丰收驿站，实现金融服务村村通。各项存款144.17亿元，年内增加18.17亿元；各项贷款87.23亿元，年内增加2.43亿元；不良率2.87%；利润总额16991万元。

组织开展"双抢双增"专项活动，推出小额贷款预授卡，力推"村村贷"，重点推广光伏贷、安心贷、美丽家园、一二手房按揭等批发式贷款。普惠建档达到33.94万户，占市区人口89%，个人贷款户数29221户，年内新增6530户。推广"丰收购""丰收家"网络电商平台，与"金华购""三分田电商园区""丰收家"平台对接，与婺城区、金东区网络经济局合作电子商务进万村，推广丰收驿站农村电商功能为客户代订餐、民宿、电影等O2O体验服务。"丰收购""丰收家"入驻商户总计174家。推动"银行+"跨界发展，重点拓展财政局资金存放、金报集团全面合作、电力和烟款归集等业务合作，与市、两区财政完成非税系统业务对接，成为全省农信首家开通非税业务线下缴费功能行社。

2016年完成规定5项转型的基础上，推出"五个四"联动转型体系，创新12项产品服务，15项跨界合作。推进信贷产品创新，推出光伏贷、科技贷、小额保证保险贷款、普惠小贷等新产品，办理17356笔、金额21.17亿元。推进资金业务创新，与证券、大型银行等开展合作，推出投顾、委托资产管理、定向资产管理计划等委外业务。通过发行大额存单、同业存单、债券回购等融资工具，加强主动负债管理能力。修订《普惠快车管理办法》，多种资料合并为一，应用电子档案循环使用，有效缩短办贷时间。新推出网银、手机银行、大堂自助终端、村级助农终端等机具小额贷款的放贷还款新渠道，提高客户便捷度。

推行大额贷款专营管理，压缩31户、金额5755万元。开展不良专项清收活动，建立多级对接模式，实施贷款剖析机制。开展"两加强两遏制"回头看自查活动，逐项按要求整改到位。完善审计监督，建立"蒲公英"课堂微信群，对屡查屡犯、潜在风险点开展探讨。开展针对机房基础设施、网络、系统、设备的排查，组织计算机信息系统应急演练。

（邵一霞）

【浙江稠州商业银行金华分行】 截至2016年末，浙江稠州商业银行金华分行资产总额113.78亿元，较年初107.98亿元增长5.8亿元，增幅为5.37%。其中人民币各项贷款余额82.93亿元，贷款规模呈增长态势。其中小微零售贷款余额43.96亿元，较年初上升3.59亿元。单户授信(敞口)50万元(含)以下微贷余额为9.57亿元，较年初增长5.08亿元。个人消费性贷款余额9.17亿元，较年初增长6.80亿元，增幅显著。存款余额112.23亿元，存款规模有所增长。

500万(含)以下小微零售贷款余额42.58亿元，其中50万(含)元以下微贷余额15.81亿元，增幅较大。小微零售贷款客户数 9838 户,较年初新增 5957 户。其中 50 万以下微贷客户数 8583户,较年初基数新增 6224 户。

(徐敏雅)

【台州银行金华分行】 截至 2016 年末,台州银行金华分行资产总计 234114.48 万元, 负债总计 220442.31 万元。分行存款余额 214193.10 万元,其中活期存款54163.78 万,定期存款 160029.32 万;贷款余额203864.47 万, 较年初增加 49625.70 万, 增幅 32.17%。其中个人经营性贷款余额 120526.51 万,占贷款总余额的 59.12%;贷款户均余额 32 万左右,基本符合"中小企业伙伴银行"的市场定位;不良贷款余额 1271.92 万元,不良率为 0.62%。全年实现净利润 3672.17 万元,共上缴各类税费 1802.58 万元。

加大对村民创业者、农村常住居民的金融服务,通过召集户主大会,每月开发新的村居,发放额小面广的信用类自助产品, 更好地满足农村创业者临时性周转的需求。加大实体经济、小微企业扶持力度,发放贷款余额达 20.39 亿, 其中支持小微企业贷款额度达 12.02 亿,占比达 58.95%。

(张 倩)

【宁波银行金华分行】 截至 2016 年末,宁波银行金华分行各项存款余额 63.65 亿元, 比年初增加13.1 亿元;贷款余额 66.17 亿元,比年初增加 20.61亿元。

2016 年,先后为市区二七新村项目、金义都市新区拆迁安置房项目、婺城区安置房项目、浙江师范大学行知学院迁建工程、义乌机场改扩建、东阳总部中心、永康农机产业园等一批重大项目提供资金 31 亿元。

截至 2016 年末,累计支持政府项目 38 个,投放资金103.73 亿元,项目范围覆盖金华市本级及义乌、东阳、永康、兰溪、浦江、磐安等县市。

截至 2016 年末,制造业贷款余额 4.79 亿元。灵活运用供应链融资、贸易融资产品和拓展担保方式等方式,为 18 家企业提供保理融资及贸易融资1.67 亿元。2016 年,成功注册系统内首笔债券独立主承 PPN 业务, 全年合计办理PPN 额度 15 亿元, 发行 10.75 亿元。办理全市首笔中资企业借外债业务,引入外债资金 562 万美元。2016 年,共引入资本市场资金 63.02 亿元,其中结构化融资业务(非银资管) 39.87 亿元,股票质押式回购2.15 亿元,债券融资业务 11.5 亿元,永赢租赁业务9.5 亿元。

截至 2016 年末, 小微企业贷款余额 24.38 亿元,服务小微企业 1027 户。开展各类融资对接、产品宣讲等活动 32 场,向 1899 户小微企业、个体工商户提供金融咨询服务。2016 年,推出小微企业专属业务"快审快贷",以普通住宅为抵押物,配套信用贷款,抵押率最高可达 100%。同时,缩短业务办理流程,通过各环节限时服务,最快可实现"一日审批,三天放款"。全年已发放"快审快贷"363 笔,贷款余额 2.41 亿元。

(吴晓丹)

【杭州银行金华分行】 截至 2016 年末,杭州银行金华分行资产总额 30.16 亿元,各项存款余额25.13 亿元,表内外信贷投放余额 35.66 亿元,在册员工合计 76 人。

全年为本地龙头企业承销超短融业务 5 亿元;累计办理国际结算 7093 万美元,代理他行开立跨境人民币国际证 4598 万元,代理他行国内证福费廷业务 3.81 亿元。开通票据池、"理财宝1.0"等新型融资性和对公财富管理类产品。支持五水共治、城市基础设施建设项目, 新增政府平台授信总额达 23.8 亿元。落实小微金融"六项机制"建设。先后推出"税金贷""云抵贷"等新型产品,其中税金贷结合"银税互动""互联网+", 将企业纳税和信用记录相结合,为依法纳税、信用记录良好的小微企业提供"无抵押、免担保"的纯信用贷款,服务小微企业(含个人经营性)贷款客户 323 户。

合理调整信贷政策,以"控增量、消存量"为主要工作目标。加强信贷准入管理,灵活掌握总行信贷准入政策,在审查审批中贴近市场做审查,注意对企业对外投资、对外担保、外围因素等实质风险的把握。抓好存量风险贷款的转化清收,通过"以诉促谈""查封促谈""抓大放小"等方式多元化处置风险贷款。至 2016 年末, 表内不良率为 0.61%, 低于同业平均水平。贯彻落实有关帮扶政策和监管要求,坚持不盲目抽贷、压贷的原则,成功为 5 家困难企业办理转化贷款，总金额1.32亿元。

（范旭东）

【广东发展银行金华分行】 2016年，广东发展银行金华分行全口径存款时点达201246万元（含10亿资管存款），较年初减少32939万元，其中对公存款余额达187919万元(含10亿资管存款)，较年初减少25728万元；储蓄存款时点余额13327万元，较年初减少7211万元。全年全口径日均存款余额为90619万元，较年初增长10859万元，其中对公存款日均余额为70876万元，较年初增长7027万元；储蓄存款日均余额为19743万元，较年初新增3832万元。各项贷款余额85188.55万元，比年初增长10804.49万元，年度增幅15%，其中公司贷款余额72936万元，比年初增加10694.00万元，增幅17%；个人贷款余额12253万元，比年初增长110.49万元，增幅1%。12月末，表外业务中银行承兑汇票余额12553.60万元。

共有对公授信客户53户，其中行标大型客户11户、中型客户4户、小型客户38户。强化银政合作和上市公司营销，精准拓展城建集团、红狮水泥、尖峰股份、泰龙置业等优质核心客户，并拓展交易银行有效户234户，代发工资户2116万元；小企业金融业务积极顺应市场和政策变化，新增小企业有效户32.5户、捷算通卡46张。个人银行业务贵宾户达353户、个贷客户538户、信用卡客户79800户、手机银行客户10816户。加大财政存款揽存力度，成功争揽5.15亿元财政存款。推行精准营销，成功办理浙江万里扬股份有限公司新增贷款1.5亿元、浙江红狮水泥股份有限公司1.2亿元；小企业金融中心提交的《浙江大北农农牧科技有限公司下游批量开发授信方案》成功获批。截至12月末，小企业有效户完成61.83户，完成全年任务的163%。

（卢　静）

【渤海银行金华分行】 2016年，渤海银行金华分行表内外各项贷款余额25.90亿元，比年初增加13.73亿元。其中表内外批发贷款余额20.47亿元，比年初增加9.3亿元；个人贷款余额5.43亿元，比年初增加4.43亿元，增幅达443%。各项存款余额8.44亿元，比年初增加3.43亿元，其中单位存款余额为7.37亿元，比年初增加2.93亿元；个人储蓄存款余额为1.07亿元，比年初增加0.5亿元。

加大对地方政府重点项目的融资支持，发放旧村改造项目贷款3.5亿元，启用货场搬迁项目授信额度0.1亿元；成功办理首笔银证理财业务，金额5.5亿元，支持当地房地产市场开发；通过股权质押融资新型业务模式，获批授信3亿元，支持金华市“五大千亿”产业发展，发放流动资金贷款1亿元；支持金华市重点实体企业发展，发放流动资金贷款0.25亿元。累计发放小微经营性贷款28笔，金额达4348万元。为小微企业发放贷款的平均利率为4.89%，平均上浮比例为4%。

努力营销并购基金、房开基金、IPO的优先级基金、上市公司股权质押回购，尝试投贷联动项目合作。2016年，金华分行成功营销并叙做某H股IPO直投项目，投资金额达0.94亿元。开展投贷联动等创新类业务的营销，主动对接房地产开发项目基金业务。

截至12月末，金华分行零售条线经营指标考核得分列杭州分行系统第一位。个人贷款余额新增4.43亿元，列杭州分行系统第三位；发放笔数793笔，列杭州分行系统第一。个人财富资产日均新增2.57亿元，年度计划完成率147.56%；个人存款日均余额1.08亿元，计划完成率154.3%通过联动营销房开项目按揭贷款、外拓按揭楼盘，提升分行个贷业务量。截至12月末，分行个人贷款余额5.43亿元，比年初增加4.43亿元，增幅达443%。

（吴　绮）

保险业

【概述】 全年实现保费收入192.96亿元，同比增长21.13%。其中，财产险保费收入73.91亿元，同比增长5.73%；人身险保费收入119.05亿元，同比增长33.18%。至2016年末，共有财、寿险主体60家。其中财产险主体29家、人身险主体31家；中资主体59家，外资主体1家。共有县级(及以下)机构145家。共有营销员在岗人数34149人。车险业务平稳发展，同比增长5.31%，非车险业务同比增长8.71%。人身险新单期交保费同比增长 45.07%,团险业务同比增长 0.19%,银行代理新单保险业务同比增长55.15%。关系国计民生和社会和谐稳定的政策性"三农"保险支付赔款 4555.87 万元,同比增长 41.95%。全年累计支付赔款和给付 60.02 亿元, 同比增长16.34%。其中,财产险公司赔付 39.63 亿元,人身险公司赔(给)付 20.39 亿元。

【创新服务模式】 2016 年,加强与法院、司法局、卫生局等部门沟通,优化行业司法、鉴定、理赔环境。各财险公司面对 50 年一遇的 "6·29" 特大暴雨灾害,做到快速反应、高效理赔。为更好适应"营业税改增值税"的改革发展环境,协会组织召开"营改增"答疑座谈会,邀请市国税局相关领导就反馈的问题进行详细解答;寿险公司积极配合完成服务窗口建设指导标准现场查验工作及制度执行评估工作,进一步维护保险营销市场的规范性及营销队伍的稳定性。

(孙 静)

【中国人民财产保险股份有限公司金华市分公司】 2016 年,公司实现保费收入 18.986 亿元,同比增长 6.49%,市场份额为 36.97%(以下数据均不含义乌),居全市财产险市场行业第一位。

公司作为政策性农业保险共保体首席承保人,截至 2016 年 12 月底, 全市实现政策性农险共保体保费 7677 万元,承担风险 42 亿元,支付赔款 5072 万元,分别承保种植险 1927 万(亩、株、颗),养殖险 5304 万(头、条、只),林木险 445 万(颗、亩)。公司相继开办能繁母猪、生猪、奶牛、水稻、小麦、棚内蔬菜、林木火灾、林木综合、鸡、鸭、鹅、蔬菜大棚、露地蔬菜、露地西瓜、大棚西瓜、淡水养鱼、油菜、葡萄等 20 多个中央和省级品种,以及武义茶叶低温气象指数保险和兰溪杨梅采摘期降雨指数保险两个地方特色品种。作为政策性农村住房保险独家承保人,公司共承保农房 103.41 万户, 实收保费1011.64 万元,承担风险 227.55 亿元。截至 2016 年12 月底,全市累计支付赔款 6798 万元。完善农村保险服务网络,全市现有农村营销服务部 29 个,协保员人数达到 932 人。创新涉农新险种,兰溪支公司获批独家开办杨梅采摘期降雨气象指数保险, 开展 1万亩的试点承保;东阳、浦江、兰溪等多家支公司获得省协同推进农险品种的独家经营权,磐安支公司联合县政府申报开展特色农业保险品种中药材种植保险试点,农险保障范围进一步扩大。

截至 2016 年 12 月底, 共为 340 家小微出口企业提供 3.2 亿美元的风险保障。与婺城区科技局、金东区科技局及金华银行签订三方合作协议,科技型中小企业贷款保证保险顺利落地。推广首台(套)重大技术装备保险,先后签下国家首台(套)综合保险、首台(套)产品质量保证保险和首台(套)产品责任保险全省首单,共承保 7 家装备企业的首台(套)重大技术装备保险,涉及 100多个型号,为客户提供约 5.5 亿元的风险保障,并赔付国家首台(套)综合保险全省第一单,向被保险人浙江某机电实业有限公司支付 40 万元的国家首台(套)综合保险赔款。

相继推出校方责任险、医疗责任险、出口产品责任险、自然灾害公众责任险等产品。推动医疗责任保险共保项目扩面,共承保市本级医疗机构 311 家,同比增加 145 家,增幅 87.35%,其中金东区参保数量从 2015 年的 66 家增至 206 家, 同比增长 212%,医责险基本实现全覆盖。为 9130 人次的住院病人提供住院期间的人身安全保障。参与社会管理和维护社会稳定,东阳、永康和浦江三家支公司为三地的居民提供盗抢险、第三者责任险在内的电动车综合保险套餐。2016 年 6 月的暴雨灾害中,共接到车险报案 490 余起,非车险报案 534 余起,查勘人次达到 390 次调度人次,最多的查勘员一个人一天查勘 30 起案件,部分车险万元以下赔案当天结案。

辖内浦江、磐安和永康支公司先后承办当地大病保险与城镇职工补充医疗保险等项目。公司单设社会保险服务中心,实现大病保险"一站式"服务。截至 2016 年 12 月底, 公司社会保险覆盖浦江、磐安、永康三地 56 万人,累计为 361 余名群众支付赔款 580 万。

(章周松)

【中国人寿保险股份有限公司金华分公司】 2016 年,中国人寿保险股份有限公司金华分公司实现保费收入 29.1 亿元(不含义乌),同比增长 28.7%,市场规模 32.9%，保费总量居全市人身保险市场行业首位。发挥保险保障民生的职能，全年各类给付支出超5 亿元，处理各类赔案 42446 件，短期险赔款1.09 亿元。

响应“信义金华”的建设，公司主动开展“寻找保单主人”行动，通过多渠道主动联系老保单客户，做好千万元满期保险金的给付工作。加强信息技术创新，推出“国寿 e 家”电子投保系统，让客户通过互联网平台实现电子渠道投保，在销售人员的辅助下短时间内完成保险的设计、试算、交费以及出单等流程，直接在家就能享受到保险公司便捷高效的保险服务。推广国寿 E 店、国寿 E 宝等信息化服务平台，加强自助化服务功能，为客户提供更大方便。开展“积分换保险”“安心保系列短险”“户外运动保险”“E 门店乘客保险”“旅游保险”等新型业务平台。

积极承办大病保险业务，承办市区、东阳、兰溪三个地区的大病保险业务，共覆盖 233 万人，上一年度给付理赔款 7050 万元。其中市区大病保险参保人数 105 万人，上一医保年度共理赔 6596人，受益人数同比增长 20%。做好学生保险服务工作；开展计生系列保险服务工作，覆盖 6.34 万人；全面拓展农村小额保险，为农村人群提供惠民服务，承保人数达到27.6 万人，支出赔款 750 万元；承办公安民警意外保险项目，由总公司与公安部签署总对总合作协议，各省级分公司与当地公安厅签署分对分服务协议，各省、市、县三级公司分别与当地公安机关对接日常服务工作；开展残疾人意外伤害保险，共为 2.6 万名残疾人员提供全方位的意外保障。

（张之彬）

【中国太平洋财产保险股份有限公司金华市中心支公司】 2016 年，中国太平洋财产保险股份有限公司金华中心支公司全年保费收入 5.4 亿元，同比增长4.25%，市场份额 10.13%。共支付赔款 2.99 亿元，同比增长 10.74%。从业人员 266 人，共上缴税款5558 万元。

开拓农险、责任险、保证保险，实现新型险种的突破。市政府物管中心的电梯责任险、诉讼财产保全责任险、自营农险（茶叶、林木火灾）等创新业务均成功开单。继续优化业务品质。在非车业务发展上，强化保前查勘，提高承保条件，全年共计调整高风险业务 200 余万元。在车险业务发展上，运用费用杠杆管控 E 类业务，并采取优质优价的销售政策，将有限资源投入到优质业务。推进保全保足策略，加强理赔打假减损，开展防灾防损工作，从源头上管控承保风险。

（沈　易）

【中国太平洋人寿保险股份有限公司金华市中心支公司】 2016 年，公司全年实现保费收入 10.5亿元，市场份额占比 11%。其中新保期缴保费收入超过3.3亿元，同比增长达到 36%；标保同比增幅59%，保费收入增幅 24.5%，营销人力取得历史性突破，达到3108 人。客户理赔获赔率 98.79%，完成赔案4402件，全年累计支付赔款 4908 万元，其中大额赔案有永康徐某因被人杀害事件，在调查认定后及时按条款规定赔付 300 万保险金。在售险种200 余个，覆盖人寿保险、年金保险、健康保险、意外伤害保险等多个领域。营业网点已经全面覆盖金华所有县（市、区），共设立 8 家支公司，1 家营销服务部。

（郭振斌）

【中国平安财产保险股份有限公司金华市中心支公司】 2016 年，金华平安产险累计实现保费收入税后为 69296 万，增速 9.4%，市场份额 13.5%，份额比上年提升 0.4%，全年赔款 33603 万元。

在客户服务上，升级服务再树标杆。自 5 月起，理赔部推出“510 城市极速现场查勘”实施步骤，通过线上分流–网络构建–人力布局–工具优化，在风险可控的前提下，扩大现场案件线上分流，达到快赢举措。推举车险理赔“一键包办”服务，针对客户在理赔办理与事故处理中，不愿意做、没时间做、不会做的烦心事，推出“一键包办”服务，方便客户。

开展“抵制非法集资”行动，规范管理，防范风险。将防范非法集资工作视作公司内合规经营的重点工作之一，继续深入开展抵制非法集资活动知识培训，严格落实保险从业人员行为，不假借保险机构的名义参与非法集资活动，不违规宣传推介和销售非保险金融产品，提升公司规范经营的能力和水平。

（方　滢）

【中国平安人寿保险股份有限公司金华市中心支公司】 2016年,中国平安人寿保险股份有限公司金华市中心支公司全年实现保费收入221965.29万元,同比增长29.33%。其中个人营销业务保费收入177737.15万元,同比增长28.67%;银行代理业务保费收入18784.55万元,同比增长26%。支付各项赔款、满期给付金和年金给付23960.73万元,公司缴纳地税4422.59万元,连续八年被金华市人民政府授予“市区缴纳税费超千万元大户”。保险代理人队伍达到7212余人,保持平安人寿系统全国超大型三级机构。

2016年,新单业务共承保105080件,提供各类人身险保障额度达到545.42亿元;续期业务共承保385120件,保额达1031.89亿元。理赔总件数12329件,理赔总额为8584.96余万元,其中医疗险赔付11527件,重疾与残疾赔付574件,死亡责任赔付199件。生存金给付件数达到28544件,满期给付12740.71万元;年金给付2635.05万元。为死亡、残疾、重疾客户豁免保费,合计豁免保费1719万元。

1月,开始全面推动续期宝,全年累计开通续期宝保单5609件,应交保费8163万元,共为客户节省410万元保费。3月,开启“互联网+理赔”新模式,正式推出“安e赔”项目,为客户提供安逸、安心、安全的足不出户在线理赔服务体验。“安e赔”项目是金华中心支公司继“标准案件2日结案”和“重疾先赔,特案预赔”之后推出的又一持续升级理赔服务举措,该项目依托平安人寿App线上平台,通过业务员端或客户端,实现在线申请理赔,拍照上传理赔资料,并经客户电子签名确认后的互联网+理赔新模式,为客户提供安逸、安心、安全的在线理赔服务。9月,推出“掌上保”投保系统,通过人脸识别、空中电子签名等新技术,简化投保流程,全程无纸化,客户用手机线上投保+线上远程实时签名完成投保。

参与社会公益事业。10月25日,金华中心支公司应金华市中心血站近日用血紧张请求支持的要求,组织内外勤员工开展无偿献血活动,公司内外勤员工无偿献血量近8000毫升。12月2日,金华寿险向磐安县平安希望小学开展爱心捐赠活动,捐赠一批价值2.5万元铜管乐器支持教育公益事业。组织党员、干部开展结对助学活动,结对51名贫困生,助学捐款2.55万元,帮助贫困生实现微心愿。

(吴淑颖)

商贸业

【概述】 2016年,全市实现社会消费品零售总额1977.9亿元,同比增长11.2%,增速高于全省水平0.2个百分点。全市批发零售业实现商品销售额10509.92亿元,同比增长16.9%,总量及增速均位列全省第三位。住宿餐饮业实现营业额314.43亿元,同比增长15.9%,比上年加快1.4个百分点。乡村社会消费品零售总额占全市消费品零售总额的13.27%,比重比上年同期提高0.64个百分点。全力开展各类消费促进活动,推出“消费促进月”和浙中购物节等,其中浙中购物节共拉动消费35亿元。

【试点工作】 国家现代服务业综合试点分四批共征集试点项目217个,累计完成投资216.05亿元。在此带动下,2016年全市服务业完成投资1319亿元,增长23.8%,高于全省平均水平9.2个百分点,增速居全省首位。金华市被确定为“浙江名品进名店”试点城市和“省级实体商业转型升级”试点城市。完成集中连片推进农产品流通体系建设试点工作,“一县一市场”公益性市场网络初步形成。市区再生资源回收体系试点188个回收网点和5个分拣中心完成建设。

【电商换市】 全市网络零售总额1833.94亿元,占全省总额比重达17.79%,稳居全省第二,同比增长36.45%。居民网络消费527.61亿元,同比增长33.6%,位列全省第三。义乌市、永康市网络零售额位居全省各县(市、区)第一位和第六位。开展“万企进电商”活动,与京东集团签署战略合作协议。新建(提升)320个农村电商服务点,建设电商专业村110家,电商示范镇10个,培育省级农村电子商务示范村2个。累计完成市区快递智能配送点(E邮柜)531个。被评为2016年中国“电商百佳城市”第四位。

【各类消费情况】 分商品看,重点限上权重最大的五类商品(吃类、穿类、药品类、石油类、汽车类)分别实现零售额39.48亿元、56.99亿元、44.96亿元、132.19亿元和331.44亿元,占全部限上商品零售额的83.98%,分别增长3.9%、27%、−1.5%、−3.0%和

12.8%。生活必需类消费稳中有长,全市限上企业实现粮油、食品类商品零售额31.08亿元,同比增长6.2%;文化信息类消费持续升温,计算机类、通信器材类、体育娱乐用品类增幅分别为218.7%、122.6%、60.5%;品质生活类消费需求不足,金银珠宝类、化妆品类、家电类商品消费同比分别下降19.3%、8.7%、6.7%。

【重点企业销售】 据金华市商贸流通业统计分析系统监测,2016年全市56家重点流通样本企业完成销售(营业)收入307.28亿元,同比增长3.4%。从行业看,批发、零售、服务三大行业销售额呈现"1升2降",其中批发业实现销售额113.49亿元,同比增长11.38%;零售业实现销售额191.59亿元,同比下降0.6%;服务业实现营业收入2.2亿元,同比下降11.29%。

【粮食流通】 全市早稻订单计划5.4万吨(代省收购2.3万吨),其中市本级共落实订单早籼面积4.3万亩,签订订单数量1.7万吨;东阳市落实早稻订单面积4.5万亩,同比增加26.3%,签订早稻订单1.76万吨,同比增加28%,种植面积和订单量均创下近年新高;兰溪、永康、义乌、武义等县(市、区)也顺利完成早籼订单签订工作。全市收购入库省内订单早籼谷5.1万吨,较上年增加0.8万吨,其中市本级收购入库订单粮早籼谷1.45万吨;东阳市收购1.5万吨,完成计划数130.8%,入库粮食质量良好,为省市县储备粮补库打下基础。全市累计收购入库晚籼谷4.45万吨,同比增长28.13%,为金华历史最高。大力拓展省外粮食订单基地和粮食生产基地建设,全市省外粮源基地面积为36万亩。

做好轮换引进保障安全供应。及时做好储备粮轮换工作。全市储备粮轮换9.6万吨,及时落实新增储备规模6.3万吨。市本级提早准备新增储备粮源,与市财政、市农发行共同研究下达三批共2.05万吨外购补库粮食采购计划。截至2016年底,全市储备粮油库存情况为总数39.4万吨,其中早籼谷17万吨,晚籼谷8.2万吨,晚粳谷0.33万吨,小麦13.5万吨,玉米3400吨,食用油850吨。积极培育粮食批发市场,投资3.5亿元的浙中粮油交易中心基本建成,全年全市粮食批发市场累计成交量110万吨,其中市区成交量65万吨。

加大粮食仓储设施改善力度。国家重点建设库项目的兰溪市诸葛储备粮库新建、浦江县中心粮库扩库项目进展顺利。申报义乌市中心库扩库5万吨、东阳扩库2万吨、武义老库原址拆建2万吨等现代化粮库建设项目。积极争创"星级粮库",有"四星级粮库"1个、"三星级粮库"6个、"二星级粮库"3个。

(司 南)

供销合作

【概述】 2016年,全市供销系统实现总营业收入278.82亿元,同比增长15.7%,其中市本级132.64亿元,同比增长19.8%;商品销售总额为176亿元,同比增长16.7%,其中市本级31.7亿元,同比增长41.4%;商品批发市场交易额103.2亿元,同比增长17.5%,其中市本级100.35亿元、同比增长14.5%;实现利润总额12918万元,同比增长55.04%。其中市本级5308万元,同比增长32.57%。全市社会贡献总额3.45亿,同比增长8.34%;其中市本级1.01亿,同比增长23.19%;全市资产总额达47.39亿,其中市本级资产总额13.48亿。专业合作社累计经营收入61.7亿元同比增长18.5%。

【项目建设】 占地652亩,总建筑面积58万平方米,总投资20亿元华东金华农产品物流中心项目于2015年6月27日正式开工,2016年完成投资8000余万元。完善网络布局和服务功能,农资市场占有率确保70%以上。金华农产品批发市场1-12月份交易额达到100.34亿元,同比增长14.5%;交易量196.48万吨,同比增长16.4%。9月,第二届中国果业品牌大会上,金华农批市场荣获2016中国果品市场十大品牌。新发展农民专业合作社112家,全市系统累计成立专业合作社611家,入社农户3.9万户,种养植面积66.06万亩,经营收入累计58.05亿元。

农村垃圾分类可利用物兜底回收。市本级30个乡镇(街道)967个行政村的回收业务实现全覆盖,累计回收可利用垃圾740余吨。开展农药废弃包装物回收和集中处置工作,有7家县市供销社参与。建设淘宝特色中国·金华馆农产品电商公益服务平台,入驻企业1600余家,上线商品500余种,累计交易额达2.6亿。金华市农产品电子产业园自2014开园以来,入驻农产品电商企业 42 家,对接本地农产品生产企业、合作社 262 家,累计销售额达 8.2 亿,荣获"中国十佳农产品电商服务平台""全国 50 强农产品电商服务品牌"等称号。开展茶文化公益普及活动,开设培训班 37 期,培训学员 209 人,其中中高级资格茶艺师 179 人。做好农产品质量安全检测工作,市农批市场先后投入 30 万元对检测中心进行升级改造,加大检测人员队伍力量,每日检测不少于 240 批次,全年市场检测中心共抽检果菜 75120 批次,其中农药检测 73013 批次,二氧化硫检测 1797 批次,甲醛检测 310 批次,检测合格率为 100%。

(王　慧)

烟草盐业

【烟草专卖】 金华市烟草专卖局(公司)组建于1986年 4月,下辖义乌、东阳、永康、兰溪、浦江、武义、磐安 7个县(市)局(分公司)。截至 2016 年底,全地区共有从业人员 1093 人,辖区内共有持证零售户 32009户。2016 年,全市实现批发销量 24.06 万箱,同比下降 4.29%,居全省第 2;批发销售额 95.2 亿元,同比下降 0.77%,居全省第 5;实现税利 26.6 亿元,同比上升 4.34%,居全省第 4。实现营业收入1.003 亿元、利润 114.8 万元,重点品牌培育同比增长 240%。

2016 年,全市共查获涉烟违法案件1320 起,同比增加 10.28%,查获违法卷烟 19.32 万条,占全省 14.44%,居全省第 2。查获真烟大要案354 起,同比增加 1.43%,占全省 16.43%,居全省第一。全力以赴打好"利剑 2 号""百日会战"两大战役。全市共破获国标案 12 起,居全省第 1,省标案 4起;查获假冒烟数量占全省 24.5%,居全省第 2;查获走私烟数量占全省 16.07%,居全省第三。

出台金烟"十三五"规划,围绕 7 大目标细化 40 项举措。深化预算管理,强化费用管控,全市实现资金收入 1.13 亿元,国有资产保值增值率130.9%。可控费用同比下降 12.68%。推进对标管理与目标管理、绩效管理相衔接,实现整体移位、单项进位。推进非法人实体化运作,逐步实现全市一体化管控。注重新物流建设。完成新物流中心整合搬迁、投入使用,单箱管理费、单箱物流可控费降幅分别居全省第一、第二。

(邵少根)

【盐业】 2016 年,全市盐业实现主营业务收入 18501 万元,同比下降 9.6%;全市实现利润总额 142 万元,同比下降 91.7%。全市购进盐产品 61802 吨,完成年度计划的 93.26%,其中口食盐 22680 吨,完成计划的 89.53%。全市销售各类盐产品 70791 吨,基本与上年同期持平;其中小包装口食盐 26331 吨,与上年同期略有增长;小工业盐 17888 吨,比上年同期减少 9.7%。全市非盐产品销售收入 2758 万元,同比下降 51.58%;实现毛利 39 万元,同比下降 61.46%。年末全市盐业资产总额 18901 万元,总资产报酬率为 0.01%,净资产收益率为 0.03%;全年应上缴税金 130 万元。

2016 年,重点抓好精品海盐、低钠健康系列盐、速溶海晶盐、绿色营养日晒盐等新的高端盐产品的推广工作。5 月份全市推广澳洲海盐系列产品,在全市各大型商超设立"海盐专柜"。在全市组织开展澳盐进商超、澳盐进社区、澳盐进学校、澳盐进菜场等系列宣传推广活动。全市累计销售澳盐达 3034 吨,占口食盐销量 11.52%。

2016 年,全市共出动盐政检查 2215 人次,检查企业、零售店等共 12999 家。重点加强食用盐的市场监管,对全市副食店、菜市场、饮食店、食堂等进行分片巡查。对全市食盐使用单位、流通经营、餐饮服务等各环节进行全面检查。完善客户档案,规范进货渠道,签订《专盐专用承诺书》,防止私盐和食品加工用盐流入口食盐市场和工业盐和工业废盐冲销市场。

(傅兵强)

旅游业

【概述】 2016 年,金华市共接待游客 8745.11 万人次,同比增长 23.39%,实现旅游收入 957.52 亿元,同比增长 26.55%。全市新创建 1 家国家 AAAA 级旅游景区、8 家 AAA 级旅游景区。

【国内旅游】 2016 全年,金华市接待国内旅游者

8632.37 万人次，同比增长 23.5%，实现国内旅游收入 914.48 亿元，同比增长 26.87%。根据浙江旅游统计系统数据显示，全年旅行社共接待国内游客 93.7 万人次，同比增长 10.96%。其中旅行社共接待本省游客 67.55 万人次，同比增长 29.07%，增速比上年同期提高近 20 个百分点，占旅行社接待国内游客总量的 72.09%，比上年同期提高 10.1 个百分点。旅行社接待国内游客数排名前 5 位的外省市分别是上海（10.98%）、江苏（9.65%）、福建（3.08%）、安徽（1.62%）、江西（0.98%），共接待 24.66 万人次，占旅行社接待总量的 26.32%。

【出入境旅游】 2016 年，金华市接待入境旅游者 112.74 万人次，同比增长 15.15%，实现旅游外汇收入 64802.07 万美元，同比增长 11.74%。其中接待外国人 92.74 万人次，同比增长 10.42%；香港同胞 7.06 万人次，同比增长 42%；澳门同胞 3.21 万人次，同比增长 249.02%；台湾同胞 9.73 万人次，同比增长 21.2%。

亚洲地区仍然是金华入境市场的主要客源地区，达 43.12 万人次，占入境外国人总数的 46.5%。美洲地区增速最高为 199.66%，为入境市场提供新的增长点。客源国列前五位的是：韩国（占比 8.42%）、印度（占比 5.89%）、美国（占比 3.41%）、日本（占比 2.72%）、埃及（占比 2.39%）。

【假日旅游】 “春节黄金周”，全市接待游客 309.1 万人次，同比增长 30.49%，实现旅游总收入 29.79 亿元，同比增长 33.82%。“十一”黄金周，全市接待游客 598.6 万人次，同比增长 32.3%，实现旅游总收入 40.93 亿元，同比增长 27.9%。

【旅游规划】 2016 年，在全面总结“十二五”金华旅游发展的前提下，认真研究“十三五”期间金华旅游工作的方向和重点，完成《金华市旅游业发展“十三五”规划》编制工作。会同金华市建设局完成《金华市传统村落保护与利用规划》编制工作，对金华传统村落资源进行全面的梳理整合，并筛选出十二个传统村落作为典型编制保护与利用规划，为其他传统村落发展旅游提供模板。

【项目建设】 全市在建旅游项目 135 个，总投资 1349.29 亿元，计划投资 143.58 亿元，全年累计完成投资 193.91 亿元，年度计划完成率达到 135.05%。加强旅游招商项目的策划和招商促进工作，梳理全市招商项目 78 个，编制完成《金华市旅游招商手册》，优选 32 个重点招商项目参加中东欧国家旅游合作交流会（浙洽会），引进项目投资 13 亿元。

【景区品质提升】 积极贯彻实施《浙江省旅游景区提升行动计划（2015-2017）》，开展 A 级景区创建指导工作，全市启动创建 AAAAA 级景区 3 家，AAAA 级景区 6 家，AAA 级景区 10 家，2016 年完成创建 AAAA 级景区 1 家，AAA 级景区 8 家。

【旅游产业融合】 参与起草《金华市旅游发展领导小组办公室关于印发全市“十三五”期间 100 个重大旅游项目表 A 级景区培育名单和产业融合基地培育名单的通知》等政策文件，强化各地创建指导，积极发动各类企业、园区、乡村旅游点开展产业融合示范基地创建工作。2016 年完成创建工业旅游示范基地 4 家，省级生态旅游区 1 家，中医药文化养生旅游示范基地 1 家，文化旅游示范基地 1 家，老年养生旅游示范基地 1 家，运动休闲旅游示范基地 1 家、果蔬采摘基地 4 家，休闲农业与乡村旅游示范点 8 家，省级休闲渔业精品基地 1 家，中国乡村旅游创客基地 1 家。联合金华市农业局开展市级农旅融合示范点的评选工作，评选出第一批农旅融合示范点 24 家。

【旅游商品研发】 组织旅游商品生产企业参加第八届中国国际旅游商品博览会，单独搭建面积为85 平方米的独立展区，古婺窑火生产的佛手盖碗套装获得浙江省“优秀旅游商品奖”；组织旅游商品生产企业参加“浙江符号”精选旅游商品展销会，全市共 20 件旅游商品参展，取得良好的展示、宣传效果。

【旅游厕所建设】 根据国家、省旅游局总体部署，金华市旅游局通过政策引导、部门联动、资金补助、标准规范、监督考核等方式，指导景区、各乡村旅游点按照《旅游厕所建设管理指南》开展旅游厕所建设，2016 年全市计划新建和改扩建旅游厕所332 个，实际完成 342 个，投资总额达 7817.54 万元。

【旅游惠民】 11 月 1 日—30 日，金华市开展“旅游惠民月”活动，全市横店影视城部分景点、双龙风景旅游区、诸葛八卦村、琐园国际研学村、寺平古村、金华农耕文化园、永康方岩景区、浦江白石湾景区、武义大红岩景区、磐安花溪景区等 27 个主要景区

(点),面向金华全市居民(凭身份证或暂居证)实行门票五折优惠。活动旨在加快推进金华市全域旅游发展,营造“人人共享旅游发展成果、人人共树金华旅游形象”氛围,提升市民关注旅游、支持旅游、参与旅游工作的意识。

5月19日中国旅游日期间,动员全市旅游企业积极开展旅游大型惠民活动,活动当天全市各旅游景区共推出各类优惠活动50多项,将相关资讯在合作媒体平台进行广泛宣传推广。

【区域合作】 市旅游局与上海、广东惠州、宁波、温州、舟山、台州、湖州、舟山、嘉兴、丽水等地旅游部门共同开展城际旅游互动推介活动,两地主要旅行社、旅游景区负责人就增进两地旅游合作进行磋商;组织各旅游推介团实地体验“古婺风情”等主题游线路产品。

【旅游行业管理】 截至2016年底,全市共有旅行社171家,其中2016年新设立17家,注销3家。依据浙江省《旅行社品质等级划分与评定》标准,2016年新评定省三星级品质旅行社5家、省四星级品质旅行社1家。结合国家旅游局确定的四个活动主题(文明礼让、绿色旅行、清洁环境、文明用餐),组织开展“文明旅游进校园”活动,组建文明旅游志愿者队伍。

全市共有旅游星级饭店51家,取消星级饭店6家,新评定四星级饭店1家。新增银鼎级特色文化主题饭店1家,金树叶级绿色饭店1家,旅游推荐宾馆6家。组织“金华市第二届‘家+’民宿私房菜大奖赛”“首届金华市十大饭店招牌菜”,全市30家旅游饭店的90道菜品参加现场烹饪角逐。

【质量监督】 2016年,联合市交通局、市市场监管局对全市旅游市场秩序进行专项整治,共出动检查组54批次,检查人员240余人次,检查覆盖全市95%以上旅游企业,旅游团队导游100多人次,对1名非法经营旅行社业务的个人实施罚款15000元的行政处罚,没收违法所得2600元。对检查中发现问题苗头的9家企业进行约谈。及时受理并妥善处理游客投诉咨询案件,全年共接到各类旅游投诉102件,受理101件,不予受理1件,结案101件,办结率100%,游客反馈满意率100%。为旅游者理赔460834元,均为企业赔偿,未动用旅行社服务质量保证金,有力地维护旅游消费者的合法权益。全年未发生申诉和复议案件。

【旅游安全】 2016年,成立由局长任组长,各副局长任副组长,相关处(室)负责人为成员的旅游安全工作领导小组,对旅游安全工作实施强有力的领导,并建立健全全市旅游安全监督管理体系。与各县(市、区)旅游局(委)、市直旅游企业全面签订旅游安全目标管理责任书、消防安全监管工作责任书,落实旅游主管部门的监管责任和企业主体责任。全方位开展饭店安全检查,旅游安全大排查、大整治活动,排除安全隐患。认真开展G20峰会维稳安保工作、平安旅游创建活动,组织旅游从业人员应急救护培训。相继开展金华市旅游饭店消防应急演练及培训、夏季消防检查活动和冬春火灾防控工作等一系列安全防范工作,确保不发生较大以上安全责任事故。2016年,市旅游局在市政府考核中,旅游安全责任制考核等次被评为优秀。

(陈 静)

房地产业

【概述】 2016年,金华市认真贯彻落实中央经济工作会议精神,按照“三去一降一补”的经济工作部署,全面实施房地产去库存工作,采取包括加大住房公积金支持职工购房的力度、加大金融支持房地产去库存的力度、全面引导推进房屋征收货币化安置、深化户籍制度改革鼓励引导购房等在内的九条新政,确保房地产平稳健康稳定发展。

【住房保障】 全年新开工保障性安居工程住房13365套,基本建成13381套,竣工12950套,交付使用10077套,新增低收入家庭租赁补贴356户。

【房地产开发】 全市共有房地产开发企业361家,其中一级开发资质6家;二级开发资质29家;三级开发资质82家;四级开发资质83家;暂定开发资质161家。市区共有房地产开发企业114家,其中一级开发资质1家;二级开发资质6家;三级开发资质31家;四级开发资质32家;暂定开发资质44家。

随着房地产去库存政策的实施,房地产市场迅速回暖,企业开发投资资金来源快速增加,房地产开发投资大幅反弹。全市房地产开发投资额完成

408.85 亿元，增长 16.7%。全市房地产税收完成 66.97 亿元，下降 1.5%，其中市区房地产税收完成 19.72 亿元，下降 11.6%。

全市完成商品房销售 425.71 万平方米，完成全年目标任务的 133%；年末商品住房去化周期 10.7 个月，比省建设厅下达的目标减少 9.3 月。市区完成商品房销售 163.08 万平方米，完成目标任务的 140%；年末商品住房去化周期 9.9 月，比年度目标减少 6.1 个月。

全年新建商品房累计成交 16218 套间，同比上升 3.51%，累计成交面积 176.63 万平方米，同比上升 2.15%。其中商品住宅累计销售面积 164.07 万平方米，同比上升 2.63%。办公楼累计销售面积 7.14 万平方米，同比下降 21.63%；商业营业用房累计销售面积为 5.42 万平方米，同比下降 24.4%。随着房地产去库存的有效开展，市场成交趋于活跃，开发投资结构更趋合理，但房地产开发用地市场供应不足的矛盾也随之产生，继而影响商品住房供应，造成房价快速上涨。2016 年末，市区商品住房价格指数同比 106.5，2015 年定比 108.2，房价温和上涨。

【危旧房整治】 2016 年，全市治理改造城镇危旧住宅房屋 836 幢，完成年度任务数的 138.63%，完成全部任务数的 83.18%。磐安县、浦江县、东阳市已全部完成 2015—2017 三年城镇危旧房治理改造任务。

【物业管理】 2016 年末，全市共有物业服务企业 169 家，其中一级资质 14 家；二级资质 19 家；三级资质 136 家；暂定资质 25 家。从业人员 8873 人，承担全市 509 个物业管理项目，管理房屋面积2697.93 万平方米。市区物业管理年均新增住宅规模 140 万平方米，二环内年均新增住宅项目 13 个(不包括乡、镇)。

2016 年 1 月，金华市人民政府将《金华市物业管理办法》列入 2016 年立法计划，并确定《金华市物业管理办法》起草小组名单。市建设局在前期充分调研，多次征求意见的基础上，先后制订《金华市物业管理办法》(征求意见稿)和《金华市物业管理办法(草案)》。该《金华市物业管理办法》于 2016 年 12 月 29 日经市政府第 144 次常务会议审议通过。

（唐有新）

开放型经济

【概述】 2016 年，金华市外贸出口(含一达通)居全省第二。紧抓义乌国际贸易综合改革试点机遇，市场采购贸易拉动全市、全省出口增长 2.95 和 0.51个百分点。全市跨境网络零售出口 187.16 亿元，占全省 58.6%。金义“跨境通”平台、义乌跨境电商商务监管中心最高日通关量均突破 10 万票。国际邮件互换局通关量累计突破 4000 万件。义乌市获批建设浙江(义乌)跨境电子商务创新发展示范区，义乌市、永康市和浦江县被确定为省产业集群跨境电子商务发展试点县(市、区)。5 个省级跨境电子商务园区和 14个海外仓通过验收。培育引导本地外贸综合服务企业与“浙江一达通”错位发展、特色发展、延伸发展，为小微企业提供通关、外汇、退税、物流等一条龙专业化外贸服务，带动小微企业进一步发挥出口潜力。金华市省级外贸综合服务平台企业占全省近 1/4。

成立市“一带一路”贸易投资促进中心，出台《金华市对接“一带一路”战略三年行动计划》(2016-2018)。2016 年，全市对“一带一路”沿线国家出口 1406 亿元，占全省对沿线国家出口的 24.37%；累计在“一带一路”沿线国家设立 134 家企业（机构)，累计投资 10.8 亿美元，其中当年投资 3.55 亿美元。编制《金华市参与“义甬舟”开放大通道建设开放平台建设和投资贸易便利化行动方案》。“义新欧”班列实现常态化运行，开通至中欧、中亚五国等 8 条国际化班列线路，并在波兰马拉舍维其、华沙，德国杜伊斯堡和汉堡等沿线重要城市停靠卸货，设立杜伊斯堡回程货物集货中心、西班牙物流分拨中心，是国内满载率较高的中欧班列之一。2016 年“义新欧”国际集装箱专列累计发送标箱 1 万余个。

金义综合保税区顺利通过国家验收。2015 年 10 月 21 日国务院批准设立金义综合保税区；2016 年 1 月 4 日作为全省扩大有效投资重点项目“金义宝”一期项目开工，2 月 15 日正式进场施工；10 月 28 日“金义宝”一期通过省级预验收；12 月 23 日金义综合保税区通过海关总署等国家部委联合验收，实现当年开工、当年建成、当年验收。金义综保区已签订正式协议及注册企业40家,总投资10亿美元,主要开展保税加工、保税物流、保税服务等业务,涉及化妆品、日用品、进口肉类等商品门类。

【对外贸易】2016年,全市实现货物贸易进出口总额(含一达通)3246.7亿元,其中货物贸易出口总额(含一达通)3171.3亿元,出口总额居全省第二,同比增长6.1%,增幅高于全国、全省8.1和3.1个百分点,占全国出口份额2.29%,考核居全省首位,占全省比重为17.95%,对全省的外贸出口增长贡献率为35.66%,拉动全省出口增速提高1.07个百分点,进口75.4亿元,同比下降12.3%。进出口、出口增速居全省第五。

市场采购出口保持稳定增长,一般贸易出口增速较快。全市市场采购出口1851.24亿元,同比增长4.95%,占全市出口的比重为59.51%。一般贸易出口1196.72亿元,同比增长5.52%,占全市出口额的38.47%,比上年同期提高0.14个百分点,拉动全市、全省出口增长2.12和0.36个百分点。5家省级外贸综合服务平台全年出口163.29亿元,同比增长79.94%,占全市出口比重5.25%,拉动全市出口增长2.24个百分点。跨境电商出口8.43亿元,同比增长17.42%。

企业主体不断扩大,民营企业是出口主力军。全市有实绩进出口企业6873家,比2015年增加292家,全年新增备案企业2660家。其中民营企业出口3015.3亿元,同比增长5.71%,占全市出口96.93%,比上年同期提高0.51个百分点。外商投资企业出口78.96亿元,同比下降9.96%,占全市外贸出口的2.54%。金华市国有企业规模较小,共有10家企业,合计出口16.38亿元,同比下降10.24%,占全市外贸出口的0.53%。

出口商品结构有所优化,机电产品占比提高。机电、轻工、纺织三大传统优势产品合计出口2455.98亿元,占全市出口78.95%。其中,机电产品出口1220.94亿元,同比增长7.69%,占全市出口39.25%,比上年同期提高0.93个百分点;轻工产品出口660.9亿元,同比下降2.13%,占全市出口21.25%;纺织服装出口574.14亿元,同比增长1.78%,占全市出口18.46%。从主要出口商品看,服装及衣着附件、塑料制品、纺织纱线及制品出口额位居前三,合计出口800.87亿元,占全市出口比重25.75%。

传统市场保持稳定增长,新兴市场冷热不一。金华市与221个国家和地区保持贸易往来关系。从传统市场看,对美国出口回暖,全年对美国出口307.84亿元,同比增长9.21%,占全市出口9.9%,比上年同期提高0.37个百分点;对欧盟出口414.54亿元,同比增长5.15%,占全市出口13.33%,与上年同期持平。从新兴市场看,对东盟出口280.15亿元,同比增长16.34%,占全市出口9.01%,比上年同期提高0.87个百分点,其中印度尼西亚、泰国出口增幅均超过20%。对非洲和拉丁美洲出口555.32和337.26亿元,占全市出口17.85%和10.84%,占比分别回落0.61和0.37个百分点。对"一带一路"沿线国家出口1406.2亿元,同比增长4.85%,占全市出口45.21%。

进口降幅不断收窄,日用消费品进口增长较快。前三季度进口降幅分别为30.99%、19.99%、12.36%,第四季度实现增长18.29%。从主要进口产品看,初级形状塑料进口9.89亿元,同比增长7.4%。日用消费品进口增长较快,其中葡萄酒、葵花油、纸尿片、啤酒同比分别增长173.81%、185.7%、494.4%和129.94%。从进口市场看,中国台湾、美国、越南、日本、韩国是金华市进口前五大市场,合计占全市进口总额的53.28%。

【利用外资】全市新批外商投资企业400家,合同利用外资(含减资)6.3亿美元,实际利用外资3.51亿美元,同比分别增长110.53%、80.44%、28.23%。

三产成为利用外资重要领域。从各产业利用外资的情况看,2016年一产合同和实际利用外资金额均为零;二产合同外资金额12480万美元,实际利用外资金额6777万美元;三产合同外资金额50486万美元,实际利用外资金额28397万美元。全市合同和实际利用外资以第三产业为主,分别占总量的80.18%和80.73%。随着服务领域的对外开放,以信息传输、计算机服务和软件业、租赁和商务服务业、批发零售贸易、仓储物流为代表的第三产业成为外商投资的热点。

来自"一带一路"沿线国家外商投资继续增长。2016年来自也门、印度、伊朗等30个沿线国家和地区对金华市投资企业达280家,占全市新批企业总数的70%，投资区域主要集中在义乌等地。近三年"一带一路"沿线国家累计对金华市投资项目417个，其中外商独资项目占比超过95%。但"一带一路"沿线国家对金华市投资规模普遍偏小，如2016年其实际利用外资仅占全市的7.27%，企业平均实际利用外资仅9.14万美元。

金华市吸引外商直接投资中，大项目金额占七成以上。其中规模较大的包括和谐芯光(义乌)投资总额2.5亿美元，合同外资5959万美元；浙江博泉健康项目投资总额1.9亿美元，合同外资4830万美元；传祥物联网项目投资总额1亿美元，合同外资3388万美元，实到外资2209万美元。

开发区仍是利用外资主战场。全市外商直接投资主要集中在义乌市、金华市经济技术开发区、金义都市经济开发区等地。三地合同利用外资总计34209万美元，实际外资22562万美元，同比分别增长251.22%和38.54%，分别占全市总数的54.33%和64.14%。全市省级及以上开发区实际利用外资20954万美元，占全市总数的59.57%，同比增长19.6%，继续保持稳定增长，仍为金华市实际利用外资的主战场。

【外经合作】全市经备案核准的境外企业和机构共42家，境外投资总额8.59亿美元，其中对外投资中方投资额8.33亿美元，总量居全省第五位。完成对外承包工程营业额4亿美元，完成全年目标任务的114.19%。期末在外各类劳务人员2483人。

制造业对外投资表现亮眼。全年制造业对外投资中方投资额6.29亿美元，占全市对外投资中方投资总额的75.51%，直接拉动全市对外投资大幅增长。其中，大项目有红狮控股集团有限公司投资3亿美元在老挝设立的万象红狮萨迪他水泥生产线项目和和谐芯光(义乌)光电科技有限公司出资2.47亿美元并购美国美新有限公司，从事计算机、通信和其他电子设备制造项目。

"一带一路"和美国是境外投资热土。企业布局"一带一路"沿线国家态势良好。红狮控股集团在老挝万象建设水泥生产线项目，天迈投资公司在吉尔吉斯斯坦设立唐顿企业有限公司。截至2016年底，全市累计在"一带一路"沿线30多个国家设立134家企业(机构)，累计投资金额10.82亿美元，其中当年投资3.55亿美元。全市累计对外投资前五位的国家和地区分别为美国、中国香港、老挝、印度尼西亚和尼泊尔。

境外营销网络布局和跨国并购增长较快。全年共有19家企业在境外设立营销网络、贸易中心(机构)22家，涉及汽摩配件、五金产品、车业、纺织、五金机械、箱包等行业企业。境外营销网络项目占总项目数的52.38%，美国成为金华市境外营销布点的首选国家，共设立12家境外营销机构。全年以并购形式实现的境外投资项目共有6个，并购交易额2.74亿美元，比上年同期增长8.2倍。

对外承包工程面临下行压力。全市对外承包工程营业额较上年同期下降11.24%，除浙江中天建设集团和浙江金轮机电同比有所增长外，其余几家企业均有不同程度下降。金华市对外承包工程以东三建、中天等企业在阿尔及利亚的房屋建筑项目为主，合计占全市的97%。而随着国际原油价格的下跌，高度依赖石油出口的阿尔及利亚经济大受影响，新建项目大幅减少。另外，受外汇管制、货币贬值、大宗材料价格上涨、利润虚高、业主拖欠工程款等一系列不利因素影响，现有在建项目也面临诸多困难和挑战，因而在没有开拓新市场的情况下，全市工程承包营业额势必面临下行压力。

【服务贸易】全市实现服务贸易进出口总额218.9亿元，同比增长13.5%，总量居全省第四位，其中出口169.4亿元(含服务外包离岸合同执行额2.5亿美元)，出口额居全省第三，同比增长13.1%，进口49.5亿元，同比增长15.2%。成立金华市服务贸易协会。

重点领域优势突出。运输服务、旅游服务、建筑及相关工程服务为金华市服务贸易的三大重点领域，出口分别达62.21亿、42.86亿、26.43亿元，合计占金华市服务贸易出口总额77.64%。美国、中国香港、阿尔及利亚为金华市服务贸易出口前三大市场。

服务外包发展平稳。合同签约总额3.25亿美元，其中离岸合同签约金额3.02亿美元；合同执行总额2.57亿美元，其中离岸合同执行额2.47亿美元，同比增长47.35%，超额完成全年离岸合同执行金额目标。美国、中国香港、英国等国家(地区)为金华市服务外包主要市场。

文化出口比重增加。全市文化服务出口总额

2.6 亿元,占全市服务贸易出口总额的 1.52%,较上年同期提高 1.02 个百分点。金华市文化出口主要为房屋建筑工程设计服务、电视制作服务和有线广播电视传输服务,合计占比为 57.58%。出口市场主要为阿尔及利亚及中国香港。

(司　南)

招商协作

【概述】 2016 年,全市浙(婺)商产业项目共到位资金 331.59 亿元,完成 245 亿元考核目标的135.34%,增长 27.1%;资本项目到位资金 124.8 亿元,完成 40 亿元考核目标的 312%,增长 71.4%。实际利用外资 3.5174 亿美元,完成 3.3 亿美元考核目标的 106.59%;实际引进内资 415.52 亿,完成 400 亿元考核目标的 103.88%;央企合作到位资金 15.57 亿元,完成 13.76 亿元考核目标的 113.15%。新引进总投资 15 亿元以上重大项目 12 个。

【项目引进】 制定下发《2016 年金华市浙(婺)商回归工作实施方案》,联系上海金华商会,联系浙(婺)商回归重点企业华科汽车,服务推进腾讯众创空间等 3 个重大项目,共联系省外商会 12 家、浙(婺)商回归重点企业11 家、重大项目 40 个。新签约腾讯、零跑科技新能源、大族激光、吉孚动力、科兴医疗、君华双语学校等一批重大项目,中科院成都信息技术股份有限公司、清华大学国家服务外包人力资源研究院等科研院所项目,对接洽谈中科院苏州医工所、西安光机所、中科院沈阳自动化研究所等大院大所。新引进总投资 15 亿元以上的吉利新能源汽车、华灿光电、瑞丰光电、木林森照明、德昱汽车零部件、自立环保科技等一批重大产业项目,森山健康小镇、花田小镇、温泉小镇等一批特色小镇项目。

【集中签约开工】 2016 年,全市开展一系列集中签约活动和重大项目开工仪式。在浙洽会上集中签约项目 49 个,总投资 316 亿元;在金华市区"百日招商"重大项目签约活动上签约项目 23 个,总投资154 亿;金华开发区举办 2016 年项目集中签约活动,签约 27 个项目,总投资 70 亿元;义乌举办世界义商大会签约 5 个重大项目,总投资达 123 亿元;兰溪举行 2016 年招商引资项目集中签约仪式,签约30 个项目,总投资 127 亿元;浦江在水晶博览会上集中签约 20 个项目,总投资 69 亿元。全市开展三次扩大有效投资重大项目集中开工仪式,共有 150 多个重大项目集中开工;金义都市新区举行传化物流、捷孚传动、网仓科技等 5 个项目集中开工仪式,总投资 38.2 亿元,投资强度达到每亩 623 万元。

【精准招商】 全市收集筛选 146 个重大招商项目,推出开展精准推介、精准招商。参加浙洽会、省京浙产业合作对接会、北京智慧城市博览会等重大活动,开展金华市投资环境推介会。开展天下浙商家乡行系列活动,先后邀请上海浙江商会女企业家联谊会 40 余位会长和 40 余位来自海内外的浙(婺)商代表来金华投资考察、洽谈对接,达成合作意向15 个。深化与复星集团郭广昌、量子通讯潘建伟、加拿大首席科学家陈忠伟等重点婺商企业的战略合作。截至 12 月底,推进 75 个重点盯引项目成功签约,94 个重点签约项目落地开工。

【经贸合作交流】 组织全市有关企业随省经贸代表团参加第二十届"西洽会"、第十九届"渝洽会"、第二十二届"兰洽会"和第十六届"西博会"。共有兰溪、东阳、浦江、磐安等县(市、区)和市外金华商会的 14 家企业参展,产品涉及红木家具、特色农产品、清真调味品、水晶工艺品、机电产品、五金模具、节能灯具、门锁等多个领域。参展企业共接待各类客商 3000 余人,达成产品购销合作意向和贸易合同共20 多个,金额 300 多万元,展会直接销售 70 多万元。

【山海协作工程】 充分发挥东阳、义乌、永康三个相对发达市的优势,加大对武义、磐安两个山区县新农村建设的扶持力度。2016 年度,有 26 个新签项目落户武义、磐安,到位资金 13.26 亿元,续建项目到位资金 13.35 亿元;东阳、义乌、永康三市政府年初就落实专项援建帮扶资金 450 万元,并与武义、磐安县签订 2016 年度帮扶协议。武义县、磐安县也充分发挥和利用援建资金,完成群众增收和新农村建设社会事业项目 25 个,到位资金 576 万;组织劳务输出1050 人次。做好省财政山海协作和参与西部大开发企业的贴息工作,全市争取省财政贴息资金230 万元。

10 月义博会期间,组织来自武义县、磐安县、金东区、兰溪市等共 12 家企业及来料加工经纪人参加"义博会",共设展位 21 个,参展企业共发放宣传资料、名片4000多份，达成意向订单70余项，总价值1200多万，当场签订成交订单20多单，成交额300多万元。

【区域合作交流】 3月成功举办长三角城市经济协调会第十六次市长联席会议、首届长三角新能源汽车发展推进高端研讨会、2016长三角(金华)新能源汽车展等活动，市长联席会议以“‘互联网+’长三角城市合作与发展” 为主题，30个成员城市市长出席会议 2016年以来，全市在九方经济区各成员市间共开展合作项目56个，实际到位资金19.74亿元，涉及科技含量高、带动效应强、符合发展导向的通用先进装备制造业、农林产品精深加工及电子信息、新材料、生物医药等新兴产业。

（胡小刚）

对口支援

【对口工作】 对口支援四川藏区工作，5月组织汶川县有关企业参加在义乌举办的第八届中国国际旅游商品博览会；9月12日，协助汶川县政府在金华召开汶川县专题推介会，特别邀请包括金字火腿、小城故事电商产业园在内的20余家企业负责人参与对接，康恩贝集团等2家有合作意向的企业赴汶川、理县两县实地考察；2016年，市本级和兰溪、东阳、义乌、永康四市共落实援助资金1655万元。理县高半山水利项目惠及全县13个乡镇重点贫困村；汶川县旅游配套设施项目覆盖雁门乡萝卜寨等5个村(含2个贫困村)，鼓励发展星级农家乐14个，扶持贫困村农家乐18个，受益群众8000余人。

对口支援三峡库区工作，2016年全市落实援助重庆市涪陵区资金184万元，用于百胜镇河岸移民生态家园建设等5个项目的实施及涪陵区移民干部和移民培训。自1997年结对以来，全市累计启动对口支援项目93个，其中经济合作项目6个，到位资金2.72亿元；公益事业项目87个，无偿捐赠资金1933万元，援助李渡、江北、义和、百胜等乡(镇、街道)的10所希望小学、3所卫生院和福利院；接受涪陵区干部挂职锻炼69名和移民劳务输出2120人。

【援疆工作】 2016年，金华市援疆指挥部以“培育产业、提升教育、帮带人才、夯实基础、促进团结、助力维稳”六个方面为重点，投入援疆资金7661万元，完成援疆项目16个，其中就业类项目5个、智力类项目1个、维稳和基础类项目4个、民生类项目6个。

推进“震撼温宿”“天山之巅、峡谷之王、姑墨古国、塞外江南”旅游宣传，投入3000多万元打造的托木尔大峡谷于2016年7月成功创建为国家AAAA级旅游景区；举办华东百家知名旅行社考察“‘一带一路’精品游线——天山世界遗产之旅”“第四届托木尔文化旅游节”活动。发挥浙金温宿设施农业集中育苗中心作用，2016年新增蔬菜种植面积1300多亩，农民增收800多万；加强食用菌种植技术的推广，共栽培食用菌30万棒，落实农民领种大棚50个，带动周边维吾尔族群众就业700人次，累计增加收入230万元。协助组团参加西洽会、浙洽会等各类展会，组织赴江苏、浙江、河南等地进行专题招商，累计协议资金29.5亿元；开展“温宿贡米香了”金秋系列活动，在兰溪、浦江、永康新设三个销售点，成立温宿金华保险仓储中心；金华农科院温宿工作站挂牌运行。

投入援疆资金200万元，完善金华温宿实验学校附属配套，购置相关教学设备。牵线与金华五中、东苑小学两所教育实力雄厚的学校结对，组团开展支教活动。在5月份举办的自治区青少年机器人竞赛中，学校成为南疆唯一获得二等奖的单位。拨付资金120万元，完善温宿县职业技术学校附属配套设施建设。牵线永康职校专家团与温宿职校签订五年对口支援协议，捐赠20万元实训设备，将汽修专业打造成为温宿职校当家品牌。

举办“党政干部大讲堂”专题活动，内容涉及农产品品牌建设与市场拓展等符合当地需求的知识业务；选派6名公共资源交易、环保等方面急需的行政管理人才赴金挂职培训。通过“课题结亲共建、人才结对带培”等形式的带培机制，结对人才25人，带培项目11个。援疆医生打造重点科室、特色科室4个，承担医院的科研项目6个；援疆教师指导的教学骨干，4余人次在地区、自治区各类比赛中获奖。利用“金华温宿临床实训基地”举办各类培训班15期，参训人员2100人次，培训本地师资130人次。建成温宿五中、温宿二中两个直录播教室，开展“双语优质教育资源进课堂”远程直播等活动。金华市中心医院等金华4家大医院与温宿县人民医院签订学科援建协议。普外、妇科、眼科、康复4个学科已在阿克苏地区有较高的知名度和影响力。

继续实施“光明行”活动，完成白内障手术145例，完成6000名中小学生的检查建档。出资292万元，为乡镇基层卫生院配备全自动生化分析仪、彩超等常用医疗设备。安排200万元，建成南疆第一家县级120急救指挥调度中心，配套购置GPS定位、呼叫系统、急救设备等车载设施，完善温宿县应急体系。投资505万元，新改建9个农村(社区)文化礼堂；实施安居富民工程，年度投入4600万元，4600户农牧民搬进抗震安居房；为120名贫困大学生发放补助；完善温宿县–乡(镇)视频会议系统应急体系；采购市政环卫设施，提升公共服务水平。向脱贫攻坚联系村——吐木秀克镇尤喀克塔尕克村贫困户发放生产羊78只、赠送平菇菌9200棒、搭设种植大棚14个。收获平菇2万余公斤，销售1.6万公斤，为贫困户创收8万多元。

利用已建成的农村文化礼堂，开展以“抵制宗教极端，弘扬现代文化”为主题的第二季“温宿好声音”系列文化交流活动，吸引全县10万群众参与。开展走访慰问、互学语言、关爱帮扶等活动。开展金温两地社会界考察交流活动；组织两地文化艺人开展“金华行·两地情”文化走亲活动。通过送戏下乡、摄影交流、古尔邦节专场演出等推进文化援疆和民族团结。

投入援疆资金300万元，完善温宿县反恐实战训练中心配套设施建设。出资265万元，为温宿县公安局购置虎式装甲车两辆、网侦手机取证设备一套。2016年，反恐实训中心已开展培训1800余人次，提高公安干警在射击、格斗、技侦等方面的实战水平。

(胡小刚 聂贵明)

科 技

【概述】 2016年，全市实现地区生产总值3635.01亿元，增长7.5%；一般公共预算收入338.1亿元，增长9.0%，一般公共预算支出542.4亿元，增16.7%。工业经济提质增效，规模以上工业总产值5054.57亿元，增3.4%。居民人均可支配收入37159元，增长8.1%。共获省科学技术奖15项，评选市科学技术奖30项。2016年，全市高新技术产业投资额达122.9亿元，高新技术产业增加值355.99亿元，技术交易合同额19.9亿元，新增国家高新技术企业144家，组织认定科技型中小微企业518家，均超额完成省里下达的年度目标任务。其中新培育国家高新技术企业101家，首次突破100家。发明专利申请量达到3919件，同比增长54%，居全省第3位，获授权发明专利1101件，同比增长8.5%。全市共发放创新券3126.39万元，实际使用2455.49万元，发放使用率78.5%。R&D经费支出达到75.2亿元，增幅为9.67%，占GDP比重2.07%。

【重大科技专项】 全市列入市级以上科技项目305项，其中省级238项，全市新立市级科技计划项目117项，其中工业类35项，农业类17项，社会发展类15项，公益类50项，农业科技成果转化项目3项。

【创新主体培育】 组织认定市级高新技术企业290家，科技型中小微企业518家，创新型企业8家；省级农业科技企业4家，市级农业科技企业15家。新组建省级高新技术研发中心32家，市级高新技术研发中心112家，市级农业科技研发中心6家。新增省级企业研究院11家，累计55家。截至2016年底，全市累计拥有国家高新技术企业425家，市级高新技术企业917家，省级科技型中小企业1534家。市级以上各类企业研发机构847家。有4家企业入围浙江省技术创新能力百强企业，有2家企业入围浙江省高新技术企业百强。

【科技合作活动】 成功举办第15届中国·金华工业科技合作洽谈会、“创启未来”国际青年科技创业大赛总决赛暨金华创业嘉年华活动、2016年浙江省秋季“张榜招贤”暨企业技术难题需求竞价会、产学研合作成果对接会、智本与资本对接会、“百博入企”对接会、科技合作项目集中签约暨金华政策推介会等多项活动，共有国内外79家院校的275位专家、全市企业584家(次)参加，共签订各类合作协议202项，协议总金额2.235亿元，新达成科技合作意向50项。

【创新平台建设】 推进金华科技大市场建设，全年新增县市级科技大市场3家。1月，金华科技大市场实体市场开业运行，集聚科技中介服务机构12家、大院名校技术转移中心13家及中科院金华科技园入驻机构等科技资源，11月顺利通过省科技厅试点工作验收。推进各类众创空间建设，新申报备案国家级众创空间1家，省级众创空间9家，认定市级孵化器7家。中科金华科技园共引进各类科技研发与服务机构49家，拥有各类研发人员270人，园区总营收达2.06亿元，比上年增长29.0%。北京大学金华信息科技园共引进“互联网+”企业53家，园区总营收达2.4亿元，开展相关活动50余场，发展态势良好，并于9月被认定为全市首家国家级众创空间。

【科技特派员工作】 全市共有科技特派员127人，法人科技特派员10个，团队科技特派员16个。全市112个乡镇实现省、市、县科技特派员全覆盖。组织实施省级科技特派员项目35个，市级科技特派员项目52个。

知识产权工作

【概述】 2016年，全市共申请专利26488件，其中发明专利3919件，同比增长54%，居全省第3位；授权专利16873件，其中获授权发明专利1101件，同比增长8.5%，居全省第8位，超额完成730件的市年度任务，为培育科技型企业奠定坚实基础。

【专利行政执法】 专利执法工作成效明显，组织开展打击假冒专利行为专项行动，全市查处假冒专利111件，调处专利侵权纠纷案770件，结案率99.6%，参与调处涉诉专利案件229件。被评为省级2016年度专利行政执法与维权援助绩效优秀单位，金华知识产权援助中心被评定为优秀中心。

【知识产权示范】 知识产权示范试点工作稳定推进，全市有4个市（县）、1个县、2个区、1个国家级经济开发区和1个产业园区开展国家、省级知识产权示范创建工作。新认定国家知识产权优势企业9家，省专利示范企业9家，认定市专利示范企业57家。

地震监测

【概述】 完善震情报告制度，定期编印《地震信息》，严格执行震情值班制度。做好监测网络与地震信息节点运行维——提高地震监测能力和震情响应速度。加强防震减灾科普宣传教育。在“5.12防灾减灾日”和“科技活动周”期间，开展防震减灾科普宣传咨询活动，提高市民防震减灾意识和地震应急救援能力。

（邵禹仁）

2016年金华市专利申请量、授权量统计表

表5

序号	县(市、区)	专利申请量(件)	发明专利申请量(件)	专利授权量(件)	发明专利授权量(件)
1	市本级	4876	1312	2722	408
2	金东区	1717	535	904	79
3	婺城区	3159	777	1818	329
4	兰溪市	1524	159	1099	70
5	东阳市	2644	669	1802	152
6	义乌市	5298	901	3108	274
7	永康市	7715	305	5523	90
8	浦江县	1847	327	1085	65
9	武义县	1859	145	1072	27
10	磐安县	725	101	459	15
11	全　市	26488	3919	16873	1101

2016 年度浙江省自然科学奖成果一览表

表 6

奖次	编号	项目名称	完成单位	完成人员
三等奖	Z-3-002	基于膜分离和光催化的新型污水资源化技术的关键机制	浙江师范大学	林红军 何益明 赵雷洪 洪华嫦 王方园

2016 年度浙江省技术发明奖成果一览表

表 7

奖次	编号	项目名称	完成单位	完成人员
三等奖	F-3-006	第三代工程车变速器	浙江万里扬股份有限公司	申文权 程森 陆晓平 刘永其 马卓 曹立为

2016 年度浙江省科学技术进步奖成果一览表

表 8

奖次	编号	项目名称	完成单位	完成人员
一等奖	J-1-001	水稻白叶枯病抗病种质创新及绿色防控技术	浙江省农业科学院 宁波市农业科学研究院 浙江师范大学 浙江省农药检定管理所 中国水稻研究所	陈剑平 严成其 王华弟 杨玲 杨勇 王栩鸣 余初浪 周洁 沈颖 颜秋生 马伯军 鲍根良 陆永法
	J-1-013	铁皮石斛品种选育与高效栽培	浙江农林大学 浙江森宇实业有限公司 浙江森宇药业有限公司 杭州震亨生物科技有限公司 浙江佳诚生物工程有限公司	斯金平 俞巧仙 朱玉球 刘京晶 叶智根 高燕会 吴令上 张新凤 诸燕 杨根元 史小娟 张爱莲 王林华
二等奖	J-2-005	基于神经网络设计和膜控微丸制备新技术的集成研究及产业化	浙江大学 杭州康恩贝制药有限公司 浙江康恩贝制药股份有限公司 浙江金华康恩贝生物制药有限公司	徐春玲 高建青 王如伟 徐秀卉 梁文权 余斌 韩旻 陆振宇 黄海波
	J-2-006	LED 照明若干关键技术及产业化	浙江大学 中国计量大学 杭州士兰明芯科技有限公司 横店集团得邦照明股份有限公司 杭州远方光电信息股份有限公司 宁波升谱光电股份有限公司	叶志镇 金尚忠 江忠永 杜国红 潘建根 林胜 陈凌翔 潘新花 王乐
	J-2-049	演化博弈视角的浙江省专业市场科学发展、转型升级思路与对策研究	浙江师范大学	陆立军 郑小碧 杨志文 于斌斌 徐利新 赵永刚
	J-2-068	特高压交直流输电线路带电作业关键技术及装置	国网浙江省电力公司金华供电公司 中国电力科学研究院	刘凯 缪寿成 孔晓峰 徐嘉龙 方玉群 肖宾 赵深 刘庭 苏梓铭
三等奖	J-3-071	面向汽车铝合金轮毂制造的高效柔性机械加工自动化生产线的研发	浙江今跃机械科技开发有限公司 浙江今泰汽车零部件制造有限公司	葛础 叶文安 姚海涛 戴云峰 吴超平 葛捷 诸葛镐
	J-3-072	浙江省高校专利定量分析与转化对策研究	金华职业技术学院	王瑞敏 高洁 滕青 卢斐斐 方美君 张国耕

续表 8

奖次	编号	项目名称	完成单位	完成人员
三等奖	J-3-073	新型功能性保温隔热搪瓷板	浙江开尔新材料股份有限公司 浙江大学	邢翰学 顾金芳 丁新更 曹益亭 张建飞
	J-3-074	肾糖组方对糖尿病肾病气虚血瘀型整体干预机制的研究	金华市中医医院	傅晓骏 熊荣兵 周华虹 张婷 郑红卫 何扬彪 成栋
	J-3-075	高性能永磁铁氧体 DM4636 材料	横店集团东磁股份有限公司	丁伯明 胡良权 韦晓阳 樊良军 杨武国 叶华 姚淦
	J-3-076	黑木耳新品种选育及稳产高效栽培关键技术研究	武义县食用菌技术推广站 浙江省农业科学院 武义创新食用菌有限公司	蔡为明 潘祖华 施礼 邹玉亮 金群力 宋婷婷 冯伟林
	J-3-117	基于多普勒自动探测器的公路隧道交通智能仿真无线预警系统	浙江省交通运输科学研究院 杭州道联电子技术有限公司 浙江金丽温高速公路有限公司 浙江省交通投资集团有限公司杭金衢分公司 浙江正泰汽车零部件有限公司	杨松 马振南 金小平 张乃斌 娄刃 韩霄 宋白桦

获 2016 年度金华市科学技术奖成果

表 9

奖次	项目名称	完成单位	完成人员
一等奖	对氯三氟甲苯研发及产业化	浙江巍华化工有限公司	陈静华 程伟民 吴江伟 马伟文 王国荣 卜万红 常绚超
	新型功能性保温隔热搪瓷板研发及产业化	浙江开尔新材料股份有限公司	邢翰学 顾金芳
	贝壳珍珠层颜色性状选育及珍珠色彩定向培育技术研究	金华职业技术学院 金华市威旺养殖新技术有限公司 金华市农业科学研究院 金华市九色珍珠研究所 金华市水产技术推广站	张根芳 方爱萍 寨生 张文府 李明 叶容晖 孔向军 应德强 林贤锐 杜晓娟 唐建勋
二等奖	6 行割幅大功率自动卸粮型半喂入联合收割机研发	莱恩农业装备有限公司	李明强 李彦良 何泰何 谢念德 阳迪辉 聂朝阳 冯基平
	用于高速数控切削的高耐磨硬质合金刀片研发及产业化	浙江恒成硬质合金有限公司	黄椿 王德全 严迪科 李爱林
	DMS121-G 高流动性注塑铁氧体颗粒料研发及产业化	横店集团东磁股份有限公司	胡江平 金志洪 李玉平 陈坚城 王环帅
	盐酸左氧氟沙星原料药生产新工艺及应用	浙江普洛康裕制药有限公司	舒理建 张柯华 郭卫锋 沈晓峰 杨平爱 朱晓燕 孙云雷
	金华猪瘦肉系配合力研究与中试	金华市农业科学研究院 浙江大学	项云 杜喜忠 牛冬 胡旭进 楼芳芳 章啸君 屠平光 吴兵兵 何俊

续表 9

奖次	项目名称	完成单位	完成人员
二等奖	气道侵袭性曲霉病诊断评分模型临床应用研究	金华市中心医院 复旦大学附属中山医院	陈慧 邵长周 赵建平 涂军伟 盛琳 朱丹 朱景倩
	外源性 bFGF 对化疗药物渗漏局部皮肤组织损伤保护作用的实验研究	金华职业技术学院 金华市食品药品检验所	黄利全 陈桂园 张焱 朱楼英 梁淑霞 张辉 胡野
三等奖	钢带热处理综合节能技术及设备的研发与应用	浙江佰耐钢带有限公司 浙江大学	李益明 凌国平 沈红娟 张升才 胡正阳
	WLY5TS32 汽车变速器研发及产业化	浙江万里扬变速器股份有限公司	程森 陆晓平 葛晓明 徐卫权 李小建
	M300EV 快换型电动轻型客车研发	众泰控股集团有限公司 众泰新能源汽车有限公司 纽贝耳汽车(杭州)有限公司	董炜江 张华 毛黎明 张晓 潘世林
	A01DP 底盘总成研发及产业化	浙江铁牛汽车车身有限公司 杭州益维汽车工业有限公司 众泰控股集团有限公司	林志明 支利归 徐浩峰 杨乔宝 应振有
	精密斜切割机 J1X-KZ18-255 研发	永康市正大实业有限公司	王云峰 胡万里 何勇 申屠亮
	大中心距钢铝复合整体压铸散热器研发及产业化	浙江荣荣实业有限公司	田森林 潘礼革 谢林广 卢国伟 张亮
	环保设备专用精密不锈钢板研发及产业化	浙江甬金金属科技股份有限公司	周德勇 葛向阳 李庆华 李飙 毛忠亮
	LED 图形化蓝宝石衬底制备技术研发及应用	浙江东晶光电科技有限公司 浙江东晶博蓝特光电有限公司	池旭明 李京波 刘建哲 王臻 罗建国
	基于系统失灵理论的区域公共科技服务平台运行机制研究	金华职业技术学院 金华市高新技术产业园区高新技术产业局 金华市金东区创新科技服务中心	章文君 王萍 高洁 赵青 卢菲菲
	分步酯化技术与低取代度蔗糖苯甲酸酯生产工艺研究	浙江迪耳化工有限公司	姜国平 朱霄鹏 何斌 郑彤 朱锡忠
	金衢地区双季稻规模化生产技术研究与示范	金华市农业科学研究院 金华市农业技术推广站 衢州市农作物技术推广站	陈晓阳 胡谷琅 钱秋平 房玉伟 陈建明 俞建华 汤志飞
	基于高蛋白木本及废水处理用微藻的饲料高效利用技术研究	金华职业技术学院 浙江大学奶业科学研究所 金华市鑫泉农牧业有限公司	李君荣 马美蓉 申婷 徐苏凌 王燕丽 刘建新 梅淑芳
	肝大部切除术后 PGE1 对肝功能保护机制和效果研究	金华市人民医院 金华职业技术学院	严秋亮 朱友根 刘栋 张凯 倪德生
	《黄帝内经》刺血疗法理论及应用研究	金华市中医医院 浙江省中山医院	蔡卫根 王伟 陈荷光 曹树琦 俞虹
	肝十二指肠韧带减张术在医源性胆管损伤中的临床应用研究	金华市中心医院 金华市第五医院	毛根军 程文元 吴晓康 张家敏 许龙堂

续表 9

奖次	项目名称	完成单位	完成人员
三等奖	莱菔子素抑制前列腺癌细胞 HIF-1α 的作用研究	金华市人民医院 浙江大学医学院附属第一医院	吴慧玲 王竣瑾 冯晓文 戴国平 姚华
	基于骨免疫理论探讨 T 细胞及促破骨细胞生成因子在绝经后骨质疏松症中的作用及机制研究	浙江师范大学	赵仁清 赵美华 张勇
	半胱氨酰白三烯受体 1 与肠缺血再灌注损伤关系的研究	义乌市中心医院	吴深宝 朱旭星 金忠海 洪小飞 童秀萍
	职业暴露人群高致病性禽流感 H5N1 风险评估模型建立与应用研究	浙江省金华市疾病预防控制中心	王凤英 朱军礼 张子根 吴晓虹 金祝平
	HPV 感染、宫颈炎、CIN 及宫颈癌患者宫颈粘膜脱落细胞端粒酶定量研究	义乌市中心医院	傅祝能 吴荣辉 孙海芳 王贤芳 孙兰青

财政税收

财　政

【概述】 2016 年，全市财政总收入 555.20 亿元，增长 7.3%，其中一般公共预算收入 338.1 亿元，增长 9.0%；市区财政总收入 136.60 亿元，增长 14.0%，其中一般公共预算收入 82.10 亿元，增长 13.2%。全市一般公共预算支出 544.90 亿元，增长 17.3%；市区一般公共预算支出 139.40 亿元，增长 4.6%。全市组织非税收入完成 47.80 亿元，增长 22.5%。推进统一公共支付平台深化应用，全市通过该平台缴纳非税收入 201 万笔 7.13 亿元。强化城市基础设施配套收入管理，市本级共征收 4963 万元，同比增长 794.0%。加强公房出租管理，市区共组织 8 期公房拍租，年租金收入共计 1373 万元；财政资金公开招投标，市区共组织 5 期合计 63 亿元财政资金招投标，增加额外收益 8017 万元。

【助推经济发展】 支持企业自主创新，全市科学技术支出 18.22 亿元，增长 13.2%。市区设立 1 亿元人才专项资金，围绕“五大千亿”产业引进高层次人才。推进政府产业引导基金运作，累计撬动社会资本有效投资 220 亿元。全市共为企业减轻负担 84.10 亿元，其中市本级 20.31 亿元。全市共为 3320 家企业办理转贷业务 6578 笔，涉及资金 449.54 亿元。构建线上线下服务平台。线下，组织三个系列春风行动，实地走访企业 11000 户，为市区 1 万家小微企业邮寄“降成本”政策解读本；成立全省财税系统首家以在职党员个人名义创建的 “金华蓉英地税工作室”党建品牌，打造“个人领衔 + 团组服务 + 全线运作”的新型财税服务模式。线上，聚焦“互联网 +”，建立微信服务矩阵，打造金华财税微政务服务体系。

【民生事业】 全市民生支出 399.4 亿元，增长 13.3%，占全部支出比重的 73.5%。在全省率先建立市域内水质生态考核补偿机制，全年投入 6000 万元。创新全省棚户区改造项目资金筹集和区块建设资金的监管，推进国家现代服务业综合试点，累计争取中央财政资金 9 亿元。支持教育、农林水和卫生事业发展，全市投入教育支出 98.87 亿元，农林水事业支出 57.42 亿元，医疗卫生与计划生育支出 48.06 亿元，分别增长 8.2%、9.5%、11.7%。扩大市区老年人意外伤害保险范围，提高市区孤儿年基本生活费待遇，实施困难残疾人补助按低保标准 30%发放。推进机关事业单位养老保险制度改革，行政事业单位退休人员已基本进入社保发放。推进农业三项补贴政策综合改革，市区安排 6461 万元重点保障粮食安全生产和农业产业扶持，组织实施 16 个国家农业综合开发项目建设。

【预算管理】 加强部门预算编制管理，试编政府投资预算。建立部门(单位)绩效目标管理机制，将预算编制质量与预算执行相挂钩。推进存量政府债务置换,全年全市通过发行地方政府债券形式置换债务230.68亿元,减轻财务负担8.07亿元。下达预算指标,各部门在收到财政预算批复后的15日内需将专项资金批复到实施单位。建立部门(单位)绩效目标管理机制,建立市本级部门专项支出情况和全市八项民生支出进度情况每月通报制度,对预算执行率偏低的单位启动约谈。推进预算规范化管理,建立内部风险防控制度。严控"三公"经费支出,全年全市三公经费支出2.91亿元,同比下降18.4%。开展会计监督、转移政府资金等财政专项监督检查。强化预算绩效管理,探索由人大开展的第三方绩效评价新模式。

(孔英瑛)

国　税

【概述】 2016年,全市国税机关组织税收收入入库296.34亿元,完成年度收入计划273.61亿元的108.30%,同比增收33.50亿元,同比增长12.74%。其中,增值税累计入库205.51亿元,同比增长19.49%;消费税累计入库13.72亿元,同比增长29.21%;企业所得税累计入库55.28亿元,同比增长0.61%;车辆购置税累计入库21.83亿元,同比减少13.69%。市本级共组织税收收入77.13亿元,完成年度收入计划63.89亿元的120.73%,同比增收16.31亿元,同比增长26.82%。

【落实税收政策】 全面推开营改增试点扩围,完成9.82万户"四大行业"纳税人试点扩围工作。截至2016年底,全市共有营改增纳税人11.2万户,其中一般纳税人1.13万户。全市入库营改增收入69亿元,新纳入试点的四大行业累计减税8.5亿元,减税幅度达25%,下游非营改增行业增加抵扣2.34亿元。落实结构性减税政策,全市国税系统共办理各类减免税52.52亿元,其中鼓励高新技术企业减免3.46亿元,支持金融资本市场减免7.81亿元,促进小微企业减免11.37亿元,支持三农减免5.52亿元,支持改善民生减免5.56亿元,节能环保减免2.52亿元,支持文化教育体育事业减免2.03亿元。加强出口退税管理,全年共办理出口退(免)税166.42亿元;其中免抵调库41.76亿元,出口退税124.66亿元。

【税收征管】 推进税源专业化管理,明确"科管户、事定岗,岗定人、人管事"的整体改革框架,实现从"管户制"向"管事制"转变。统筹深化风险应对,落实省局重点税源风险评估任务,抓好风险应对的跟踪管理,完善风险应对模板建设。结合市域、县域税源分布特征,有重点的组织开展行业专项评估。深化应用增值税发票电子底账管理系统。推进消费税政策落实。强化企业所得税预缴汇缴管理,逐步提高申报准确率。完善大企业税收风险管理,提升大企业税收

2016年金华市国税收入一览表

表10　　单位:万元

县(市)	税收收入		
	累计入库(万元)	与年度计划相比(%)	与上年同期相比(%)
总　计	2963351	108.30	12.74
市本级	771256	120.73	26.82
兰溪市	220000	93.03	−4.18
义乌市	644346	99.16	2.63
东阳市	455825	107.85	12.27
永康市	466236	111.61	16.19
浦江县	113920	100.54	3.56
武义县	218152	113.38	19.09
磐安县	73616	113.48	18.14

管理层级。加大反避税案源筛查力度,加强跨境税源日常监控管理。做好“走出去”企业服务和管理工作。完成金税三期系统上线工作,上线以来,新老系统衔接顺畅,各办税服务点运行平稳有序。

【税收执法】 推进依法治税,开展法治税务示范基地建设,落实税务法律顾问制度,建立公职律师体系。开展执法督察和专项督审。统筹规范进户执法行为,联合地税统一行政处罚裁量权执行标准。完成全市出口退(免)税审批权限全部下放。严厉打击涉税违法犯罪活动。2016 年,全市共立案检查涉税案件 401 件,累计查补入库总额 2.95 亿元。建立“税警联络室”,与市公安局联合打击输入性流通企业虚开增值税发票犯罪,全市先后侦破发票犯罪团伙 8 个,抓获犯罪分子 40 人。

【纳税服务】 开展“便民办税春风行动”。推行全城通办,全面落实导税服务、延时服务、预约服务等制度。继续推广增值税发票“网申邮送”等特色服务项目,设立 24 小时ARM 机自助办税服务厅,严格执行首问责任制和“一次性告知”,提升办税服务水平。贯彻落实《纳税服务规范 3.0 版》,明确差异事项执行口径。推进便利化改革,取消 67 项审批事项,占原审批事项的90.5%。清理全部非行政许可审批事项,即办事项由原来的66 项增加到 114 项,统一表证单书 201 张,纳税人办税环节再压缩 54%。优化设置风险预警指标,着重对税种鉴定、发票领购和代开发票等三类涉税事项进行风险防范,提高纳税遵从度和执法服务效果。开展“网络问税”活动,全年共组织“网络问税”10 期,上线嘉宾 240 人,参与人数 2.4 万人次,交流解答涉税问题 204 个。

(夏 安)

地 税

【概述】 2016 年,金华市地税部门共组织各项收入 477.83 亿元,增长 14.6%。其中,税收收入241.73 亿元,增长 0.7%;社保基金收入 215.75 亿元,增长 40.2%。市区地税部门共组织各项收入104.55 亿元,增长 5.1%。其中,税收收入 58.31 亿元,下降3.0%;社保基金收入 41.47 亿元,增长 21.1%。

【征收管理】 强化税收风险管理,统一推送税收风险管理项目,全市共推送风险 23680 户次,查补税款 6831.83 万元;强化欠税管理,全市共清缴欠税5.26 亿元;开展耕占税清理,全市共征收耕占税 9.8 亿元,同比增长163.21%,其中市区征收耕占税 4.1 亿元,同比增长116.92%;建立收入完成情况每月通报制度,加强对县(市)区块产业税种和征管指导。

【服务企业】 积极落实税收优惠政策,全市共7087 户小型微利企业享受企业所得税优惠 6980 万元,减免营业税 9607 万元;创新守信激励措施,与市建设银行、市成泰商业银行签订《“银税互动-税易贷”业务合作框架协议》;推进涉税审批改革,制定完善系统内部审批流程,规范操作,共办理“一照一码”100439 本,其中个体工商户 11012 本;简化税收优惠审批程序,办理政策性税收优惠和批量退税时,取消企业申请环节,依托“金税三期”新系统,直接生成减免文书或将税款退到企业账户。

【税务稽查】 全市入库稽查查补收入 1.93 亿元,其中市区稽查查补入库 7054 万元。打击发票违法犯罪活动,查处发票违法企业户数 90 户,查处非法发票份数1451 份,涉及金额 5601 万元,查补入库1101万元;规范举报案件管理工作,积极做好群众涉税举报的受理和办理工作,全市共受理涉税举报 81 件,查补收入2157 万元;开展 2016 年度全市税务稽查案件集中复查评比工作;推进随机抽查工作,全市对22 户总局重点税源企业、51 户省局重点税源企业和43 户市级重点税源企业开展检查,共查补收入 7566万元;规范进户执法减轻纳税人负担,制定《避免重复进户执法操作办法》,全市各级进户执法协调小组共受理审批与备案进户执法项目 10312 户(次),在全省率先出台《金华市地方税务局“团队化”检查办法(试行)》,全年开展多批次共 98 户的联合选案和联合检查工作;严格落实税收“黑名单”制度新标准,扩大“黑名单”对象范围,全市共有 2 件重大税收违法信息上报上级部门。

【部门协作】 2016 年,全市从 9 个部门获取 13 个项目的涉税信息共计53239 条,分析应用相关信息后体现收入 41.89 亿元。与市中院、义乌市、婺城区、金东区等法院的个案征缴司法协作进入实际运行阶段。强化与房管部门合作,推进存量房交易税收专业化管理,实施股权转让税收前置和办理房产产权证“先税后证”制度;与法院建立司法协助追缴制度,在司法强制执行过程中依法保障欠缴地方税费优先偿付,市本级累计要求参与分配1.52亿元,已获分配1227万元;强化与国税部门合作,设立国地税联合办税服务厅,联合举办“网上局长接待日”活动共92期;与公安局出入境管理局开展协作,做好离境清税工作,市本级已对95家欠税企业的法定代表人实施法定不准出境备案,并对其中32人实施边控,清缴欠税1144.66万元;主动协调人力社保部门,合作创建社保费专业化征收大厅,新设12个社保地税征收窗口。

(孔英瑛)

经济体制改革

【概述】 2016年,市发改委全面完成《金华市国民经济和社会发展第十三个五年规划纲要》编制、发布工作,牵头编制完成全市66个“十三五”专项规划。完成《都市区高速环线闭合圈发展研究》《都市区“多规合一”体制机制研究》《金华市明年经济社会发展主要目标和重点》等30项课题。大力推进重大项目建设,开展“三百”竞赛、“克难攻坚”等系列活动。全市完成固定资产投资2084亿元,同比增长13.5%,居全省第三;其中服务业投资增长25%,列全省第一。全年争列省级重大产业项目17个,总投资334.5亿元,共获得奖励土地指标2572亩,争列省重点项目176个。积极推进投融资改革,发行企业债券融资筹集建设资金12亿元。创新开展经济运行分析预判、“政企联动”经济监测预警,建立经济运行监测分析新体系。大力推进以五大千亿产业为核心的5+X主导产业,出台“1+8”促进实体经济发展的总分政策。设立10个转型升级产业基金。牵头开展“四破攻坚”活动,全市累计处置“僵尸企业”197家,处置围墙圈地企业106家,处置低效企业722家,取缔低小散企业1219家;收回土地3179.33亩,盘活工业土地20707亩,消化批而未供土地16586亩。全市新增新能源汽车小镇、东阳木雕小镇、永康赫灵方岩小镇3个省级特色小镇创建对象,金东金义宝电商小镇、永康众泰汽车小镇、浦江仙华小镇、磐安古茶场文化小镇、金华互联网乐乐小镇5个省级培育对象。全省5个供给侧改革试点中金华市占2个,分别是永康市和金华开发区;汤溪镇被列为第三批国家新型城镇化综合试点;孝顺镇、桐琴镇、磐安县城成功争列省级小城市培育试点。继续落实药品价格管理新政,推行阶梯水价,制定市区金竹苑小区经济适用住房(二期)销售价格;顺利完成市区污水处理收费标准调整工作;建立市区行政事业收费单位情况和收支状况报告制度、收费政策及执行情况后评估制度、行政事业单位收费网上公示制度。积极开展价格维权惠民,全年共受理价格政策咨询和价格投诉举报3662件。切实做好价格认证工作,全年共完成涉案、涉纪和涉税案件285件,准确率100%。加快项目审批服务,共完成行政审批事项401项,实现审批提速69%。依托OA办公系统,建立全员绩效信息化管理机制,打造“互联网+政务”型机关。全程导入法制服务,打造法治型机关。

【行政审批制度改革】 建立“一口受理、全程绿道”的高效审批运行模式,全年按照全程绿道模式共代办项目48个。政务服务网基本架构已经形成,本级纳入政务服务网权力事项库的权力事项数共4080项,公共服务事项共42项。

【财政管理体制改革】 完善区域统筹发展资金管理机制,印发《金华市2016年深化政府购买服务改革试点工作实施方案》。完善政府向社会购买服务目录,制定政府购买服务“负面清单”,编制政府购买服务预算计划。规范政府债务管理,出台《关于进一步加强市区政府性债务管理的通知》,全年全市完成存量政府债务置换230.7亿元,节省利息支出近13亿元。

【信用“大数据”平台建设】 金华市企业信用信息平台正式上线运行,归集全市80万市场主体基础数据及34个部门近1000万条企业信用信息,社会各界可通过“信用浙江”窗口查询。统一社会信用代码制度全力推进。在“信用金华”网站开辟专栏,对行政处罚、行政许可信息进行全面公示。

【“四破攻坚”改革】 在金华开发区金西岭垅湖区块召开全市“四破攻坚”工作现场推进会。印发《金华市2016年度“四破攻坚”工作要点》,修订2016年考核细则,建立月度报表报告制度,编印《金华市“四破”专项行动政策汇编》和《金华市“四破”典型案例汇编》。1月—12月,全市累计处置“僵尸企业”197家,盘活工业土地20706.95亩,消化批而未供土地16586亩,工业亩均税收6.85万元。

【科技金融制度创新】 出台《金华市科技信贷风险补偿引导资金管理试行办法》,市、区两级联动安排2000万元风险补偿资金,与银行、保险、担保机构合作建立5000万元科技信贷风险池,发放贷款4840万元。建立科技金融风险补偿制度,推广专利权质押融资工作,融资总额1.5亿元。成立规模4.5亿元的金华金义绿色汽车传动产业发展基金。推广应用科技创新券,全市累计发放3609.27万元,确认使用2211.67万元。

【商事制度改革】 深入实施“五证合一、一照一码”登记制度改革,全市“五证合一、一照一码”累计完成13.5万户。加快完善与“先照后证”市场主体准入方式相配套的监管制度,建立信息归集推送、规范运行、高效服务、协同监管机制。进一步完善履行“双告知”职责的路径,平台向相关部门推送后置审批信息近13万条。探索开展简易注销等工商登记便利化试点,全市办理简易注销1217户。加快市场主体数据库建设,将数据归集考核纳入《2016年法制政府建设考评》,企业信用公共服务平台共归集848万条信用信息。

【贸易投资便利化改革】 完成国家个人贸易外汇管理试点,6月起在全国范围内推广实施。个人贸易线上结汇试行有序推进,累计有323户个体工商户办理个人贸易线上结汇业务2000余笔,金额约6400万美元,参与主体范围及结汇金额明显提升。引导跨境电商“单一窗口”建设。探索跨境电商客户线上结汇业务试点。引导银行对跨境电商提供定制融资服务,推出针对中小出口跨境电商的特色产品,如融e贷、跨境电商贷等,有效解决跨境电商的融资需求,降低电商客户的融资成本。

【各项试点】 义乌国际贸易综合改革和国内贸易流通体制改革发展试点。贯彻落实国家发改委等八部委《关于进一步深化浙江省义乌市国际贸易综合改革试点工作的通知》(发改体经〔2016〕2351号)。拓展完善中欧班列(义乌–马德里)配套政策,开通“义乌–阿富汗”班列,去程班列发运68次,6154个标箱。出台《义乌市国内贸易流通体制改革发展综合试点方案》。永康市、金华开发区供给侧结构性改革试点。永康市健全去杠杆机制、防范化解金融风险等方面政策体系。年底规模以上企业资产负债率63.5%,比年初下降2.5个百分点。金华开发区以打好降成本“组合拳”为主要载体,建立健全要素市场化配置和降税减费政策落地机制。现代服务业综合改革试点。确定试点第三批入选项目,加快组建总规模50个亿、首期10个亿的“绩优金华产业基金”。交通运输综合改革试点。10月建成应急指挥中心平台建立“同一项目多个施工标段检测工作统一委托第三方检测试验室”的管理模式。

(雷白鸽)

综合监管

统　计

【概述】 完成乡镇统计规范化建设验收工作,全市152个乡镇(街道)已初步达到“六有六化”标准,形成乡镇(街道)统计规范化运行平台。全市152个乡镇(街道)共有统计人员546人,其中:专职289人、兼职257人,行政编制70人、事业编制295人、聘用人员181人,乡镇统计人员数量是“十二五”初期的2.49倍。

【统计改革】 完善《金华市电子商务(网上交易)统计实施方案》,构建电子商务统计监测体系。义乌市制定出台《电子商务交易平台大数据采集制度》,经国家统计局批复同意,在世界电子商务大会上正式对外发布义乌电子商务发展指数。实施“一项目一档案”制度。2016年将实施范围从计划总投资5000万扩大到500万以上的所有项目。创新重点领域统计监测制度。对“信息经济、健康生物医药、休闲旅游服务、文化时尚产业和先进装备制造”等五大千亿产业,建立月度统计监测制度,公布相关统计监测数据。对信息、环保、健康、旅游、时尚、金融、高端装备制造、历史经典等八大产业开展经济总量监测。建立和修订全市特色小镇规划建设统计监测制度,实现全市特色小镇统计监测报表联网直报。探索新经济、新产业经济总量测算方案,开展文化产业、信息产业、健康产业、旅游产业等产业增加值核算工作。根据乡镇 GDP 核算方案,指导县级统计机构开展乡镇经济总量季度核算工作,对乡镇经济总量进行交叉审核。

【统计服务】 2016 年,全市统计系统共采编各类政务信息 423 篇,省统计局采用 219 篇,居全省第 5 位;共采编统计分析 249 篇,国家统计局采用 10 篇,居全省第 4 位。市统计局全年共编印《金华统计视窗·分析预测》95 期,数量比上年增长 10.5%,共有 8 个重点课题通过市社科联立项,其中《"走在前列"视野下金华经济发展路径探索》《金华和温州科技创新发展比较分析》《金丽衢地区农业发展比较分析》《金华产业集群建设与发展研究》4 个课题被列为重点研究课题。"金华统计"微信公众号全年累计发布各类统计信息分析 140 篇。建成总投资 292 万元的金华市经济运行分析系统,系统涵盖 12 大类 6428 个指标、73 个分组类别、609 个报表模板。截至目前,已经导入各类统计报表 4029 份(共计 91.6 万个数据),文献资料 3800 多份。

【统计法治】 2016 年,全市共稽查单位 537 家,其中立案 60 件,已结案 43 件,市本级共稽查单位 40 家,发现统计违法行为 33 起,立案处理 29 起。在金华市领导干部学习网加载《统计法制动漫宣传片》,总点击量已达 5778 人次。市委党校将统计知识与统计法制纳入中青班培训内容。在"金华普法"微信公众号"互动学法"栏目上加载统计法知识及试题,2000 多人参与考试,其中市管领导干部 600 余人。

(林 萍)

审 计

【概述】 2016 年,完成审计项目 40 个,其中组织实施审计项目 35 个,参与实施审计项目 5 个。查出主要问题金额 133315 万元,其中违规金额 21378 万元、损失浪费金额 3 万元、管理不规范金额 111933 万元;损益(收支)不实金额 203 万元;审计处理处罚金额 96237 万元;审计发现非金额计量问题 181 个;审计促进整改落实有关问题金额 63028 万元;审计促进拨付资金到位 4 万元;审计后挽回(避免)损失 5298 万元。对 11 个市直单位和 11 家市管事业单位经济责任审计,移送司法机关、纪检监察机关和有关部门处理事项 8 件,涉及 3 人,金额 991 万元。出具审计报告和专项审计调查报告 56 篇,被批示、采用 35 篇;提交审计信息 26 篇,被批示、采用 26 篇。提出审计建议 101 条,被采纳 78 条;推动完善规章制度 8 项。向社会公告审计结果 2 篇。

【国家重大政策措施贯彻落实跟踪审计】 参与省审计厅组织的对支持浙商创业创新政策执行和浙商回归项目落地情况,组织对学前教育政策落实情况、义乌市县域经济体制综合改革推进情况等进行审计调查,推动各项政策措施落实到位。

【财政审计】 关注新预算法落实情况,推动财政部门对部门预决算公开情况进行监督检查和通报;关注政府投资预算执行情况,推动财政部门出台《关于进一步加强预算支出管理加快预算执行进度的通知》,建立单位项目执行进度通报制度,加快项目实施和资金拨付;关注存量资金情况,促进统筹盘活财政资金 4 亿多元;关注创新性工作,报送的审计专报《金华市本级应急周转金安全高效便捷运行》,被省府办采用后获副省长朱从玖批示。

【经济责任审计】 有序组织开展 11 个市直单位和 11 家市管事业单位经济责任审计;落实好任前告知、年度报告、离任交接等各项制度,促进领导干部履职尽责。

【金融审计】 开展金华银行审计,推动完善内控制度。

【农业与资源环保审计】 开展医疗废物处置管理和饮用水水源保护区污染防治情况专项调查,推动市卫计委出台《关于进一步加强医疗废物管理工作的意见》,规范废物管理工作。开展农村生活垃圾分类减量项目第三轮抽查,促进规范管理,提高绩效。

【固定资产投资审计】 完成 18 个重大项目 48 个合同工程价款结算审计,送审 50854 万元,审定 44752 万元,净核减 6102 万元。开展 2015 年度保障性安居工程跟踪审计,盘活闲置资金和住房,推动制度完善;开展市区高山头古城旅游开发项目跟踪审计,推进项目进度。

【民生资金(项目)审计】 开展医保基金、失业保险基金、移民资金、再就业资金审计,从完善体制机制层面提出建议,堵塞制度漏洞。

【专项资金审计】 公务支出公款消费三年轮审实现全覆盖,提出的四条建议被暨军民市长批示印发各县(市、区)政府和市政府各部门采纳。

(黄　登)

价格管理

【价格检查】 开展住房、教育、药品、旅游、涉农涉企、环保电价、停车场、节假日市场8个方面价格收费专项检查,全市共实施经济制裁总额112.53万元。有效调处价格矛盾纠纷,12358投诉热线运行良好,市本级共受理价格政策咨询和价格投诉举报3662件,其中价格政策咨询3379件,价格投诉158件,价格举报125件,办结3594件,办结率98.14%。共办理8890便民服务平台交办件462件,按时办结率100%,满意率100%。

【降低用电价格】 2016年1月1日起,全市一般工商业及其他用电价格每千瓦时下调4.47分。2016年6月1日起,大工业用电和一般工商业及其他用电价格每千瓦时降低1分。积极推进差别电价工作,鼓励有条件的电力用户与发电企业直接交易,自主协调确定电价。

【降低非居民用气销售价格】 印发《金华市物价局关于完善天然气价格上下游联动机制调整金华市区非居民管道天然气销售价格的通知》(金价价管〔2016〕6号),自2016年4月20日起,金华市区非居民管道天然气销售价格从3.68元/立方米调整为3.30元/立方米,下调0.38元/立方米。扩大煤改气用户气价优惠范围,所有煤改气用户气价控制在省级门站价格加价每立方米0.6元以内。

【降低用水价格】 对列入市区亩产效益综合评价A1、A2类企业执行0.30元/立方米的优惠水价政策。

【资源环境价格改革】 加快资源要素市场化配置改革,推进企业差别化水价、环保电价政策落地实施。截至12月底,全市污水处理收费标准达到国家规定的最低标准,管输天然气按居民生活用气阶梯价格

2016年金华市本级及所辖区、县(市)审计工作统计表

表11

审计机关	完成审计项目(个)	审计查出主要问题金额(万元)	审计处理情况					出具审计报告和审计调查报告(篇)	提出审计建议(条)	提交审计信息(篇)
			审计处理处罚				移送处理事项(件)			
			应上缴财政(万元)	应减少财政拨款或补贴(万元)	应归还原渠道资金(万元)	应调账处理金额(万元)				
金华市本级	40	133315	420	5286	2755	67390	8	56	101	26
婺城区审计局	35	116291	59	0	80	25	3	43	79	11
金东区审计局	21	17241	0	0	0	0	0	32	40	3
兰溪市审计局	22	57062	125	0	109	224	0	30	95	23
东阳市审计局	86	31139	742	5488	138	0	4	94	68	8
义乌市审计局	35	128849	1025	2674	37	133	0	42	65	7
永康市审计局	29	10034	1	0	2982	7043	0	45	99	8
浦江县审计局	22	10034	42	0	0	0	2	41	37	2
武义县审计局	45	55248	134	597	53	25	0	78	108	15
磐安县审计局	27	18016	482	0	161	597	0	47	56	0

实施。

【政府定价项目】 制定市区金竹苑小区经济适用住房二期销售价格,经济适用住房面积控制标准内的销售基准价2374元/平方米,上浮不超过10%,下浮不限。

【清费减负】 及时贯彻国家和省有关取消、降低、减免行政事业性收费政策,对政府定价管理收费目录清单实行动态管理。对小微企业免征的国内植物检疫费、拖拉机驾驶证费、拖拉机行驶证费、拖拉机安全检验费等18项行政事业性收费政策扩大到所有企业和个人。涉企行业协会、商会的会费标准较原先降低50%;对市本级范围内列入金华市公共资源交易目录入场交易的项目,交易服务费按规定收费标准的70%收取,对涉企的培训收费按规定收费标准的85%收取。建立市区统一的中介服务实体平台和市、县一体的网上中介服务平台。共有220家机构入驻,服务内容涉及工程咨询等48类,每个服务事项的中介机构均在3家以上。

(雷白鸽)

国土资源管理

【概述】 2016年,启动实施"611"土地整治工程,垦造耕地立项197个,面积1.74万亩(其中水田0.62万亩),实施项目165个,面积1.46万亩(其中水田0.18万亩);垦造耕地完成验收1.21万亩;"旱改水"提升项目立项135个,面积1.3万亩。完成高标准基本农田立项23.2万亩;完成金华市级永久基本农田划定方案编制工作。全市共申报"坡地村镇"13个,申报项目涉及总面积2.25万亩,新增建设用地931亩,总投资42.69亿元。

【严格执法】 2016年,全市共消化批而未供土地1.6万亩,盘活存量建设用地11500亩;完成城镇低效用地再开发10260亩。全年共排查出历年审批的临时用地中涉及违法行为的157宗。全市共梳理出自1999年1月1日以来违法用地未依法处置问题11596件,截至12月底,全市通过立案查处、移送追刑、拆除复耕、移交乡镇或三改一拆、申请法院、规范完善等措施,累计完成整改10599件,占任务数的91.40%。

【危害治理】 2016年全市共出动地质灾害巡查组4643组次、检查隐患点12301点次,撤离转移2820人次,共发生地质灾害灾险情61起,无人员伤亡。"两路两侧"需治理矿山完成5家,治理率83%;矿山生态环境治理行动(2016-2020年)顺利开展,完成3家重点废弃矿山治理工作,完成24家废弃矿山治理,完成11家绿色矿山建设;12家矿山粉尘达标运行。全市完成无房户、危房户建房用地保障11070户。

(何兰萍)

市场监督管理

【概述】 2016年,全市共有各类市场372家,其中实体市场365家(包括消费品市场323家,生产资料市场33家,服务市场9家),网上交易市场7家。

全市372家市场成交额为2897.18亿元。其中实体市场年成交额2657.78亿元;网上市场成交额239.4亿元。

全市共有亿元市场90家,成交额2825.64亿元,成交额同比增长10.2%。其中,超百亿元市场5家,分别是义乌中国小商品城、永康中国科技五金城、浙江永康中国五金商城、东阳市花园红木家具城、金华农产品批发市场。

截至12月底,全市市场主体总量69.2万户,注册资本(金)7569.5亿元,同比增长16%、33%。其中:企业总量17.3万户,注册资本总额7075.2亿元,同比增长25%、35%;个体工商户总量51.4万户,出资总额443.3亿元,同比增长13%、20%。2016年,全市新设市场主体14.4万户,注册资本(金)1529.4亿元,同比增幅达23%、88%。其中:新设企业4.2万户,新增注册资本1413.7亿元,同比增幅达64%、97%;新设个体工商户10.1万户,新增出资总额111.8亿元,同比增幅达11%、16%。2016年,全市共办理注销市场主体50107户,注册资本(金)157.9亿元,同比增幅19%、39%。其中:注销企业数7597户,涉及注册资本115.6亿元,同比增幅16%、57%;注销个体工商户42355户,涉及出资总额41.4亿元,同比增幅20%、4%。

【"信用"共管】 设立金华市信用信息中心,负责企业信用信息公共平台建设。2016年1月19日正式上线,累计归集81.7万户(含注销吊销14.5万户)市场主体以及全市40个部门合计1962万条信用信息。市场监管部门根据法院提供的失信"黑名单",对640家企业股权给予冻结,涉及股权金额118亿元;各部门在各类评先评优中登陆平台查询信用记录5874人次,查出企业失信记录101家次,其中46家参评企业被取消评先资格。

【品牌金华】 建立驰名商标、省著名商标、金华市著名商标三级培育机制,全市新增注册商标2万余件,累计达19万件;持有驰名商标64件,省著名商标458件;持有市著名商标977件;成功注册"金华两头乌"证明商标,地理标志证明商标达18件。开展"品牌路 金融桥 创客通"商标质押行动,为22家企业贷款授信额16.2亿元。设立创客服务载体,全市已设立实体站点63个,其中县、市联动站点11个,完成创客企业注册登记1099家,培育商标45件。

【市场强市】 推动商品交易市场的网上网下、省内省外融合发展。全市投入农贸市场改造提升资金1.74亿元,配套改造市场面积达9万平方米。创建放心农贸市场24家、"美丽乡村农贸市场"27家,整治规范市区36家无证市场,完成整治30家,取缔4家,列入取缔2家。

【规范市场秩序】 全市共查处食品药品、经检违法案件4151件,大要案1432件,罚没款7282万元。查处"优步"虚假宣传案。全市共受理举报投诉咨询案件60841个,同比增长4.4%,其中举报6336件,投诉25119件,消费投诉处理率达到98.4%,为消费者挽回经济损失3010万元。

构建"互联网+监管"模式,接入全市1900余家食品药品企业数据,企业上报追溯数据1600多万条,完成700多家企业视频接入,基本实现食品药品可追溯、可分析、可研判、可预警、可管控的智慧监管体系。全市9800家网络供餐单位亮标订餐和加工经营行为得到有力规范。

推进乡镇(街道)食品安全规范化建设,89个乡镇(街道)列入2016年的建设名单。全市4447个村(居)配备协管员5693名、信息员4881名。推广五种模式食品安全责任保险,全市参保企业达2532家,保费528万元,保险金额27.65亿。开展"你点我检"十城千批食品安全进家庭活动,形成食品安全社会广泛参与、良性互动局面。

【瓜子产业规模化】 围绕"533"地产食品整治行动,重点对我市炒货等特色产业进行规范提升。全市共有118家坚果炒货类企业,其中瓜子产业全国领先。为确保瓜子等炒货质量安全,11月组织炒货食品专项检查,联合新闻媒体共抽检147批次产品,经检测全部符合标准。通过"育、活、扶、强"精准服务举措,瓜子行业产值从三年前的不足1.5个亿元跃升到现在的7亿元以上。

【农贸市场双体系建设】 推进农贸市场快检和质量追溯双体系建设,现已建成50家,建成率达82%(超过全年75%的民生实事目标)。已建成双体系的农贸市场,基本实现全品种或全摊位检测,每家市场每天至少检测15批次,多则100余批次,累计完成快检57.9万批次,检出不合格产品1428个,销毁5294千克。

【餐饮行业管理】 阳光厨房监管模式获得全省推广,目前全市已建成阳光厨房677家,并在310家特大型、大型餐馆和608家学校食堂全面创建阳光厨房。试点推行餐饮4D(整理到位、责任到位、培训到位、执行到位)先进管理模式,全市已有20多家餐饮单位实行4D管理,涵盖大型餐饮、医院食堂、学校食堂等多种业态。

(朱健辉)

质量技术监督

【概述】 2016年出台《关于进一步加强质量工作的若干意见》,每年安排1500万元成立质量发展专项基金。制订下发《2016年质量强市行动计划》,将质量工作纳入政府年度考核,39个部门列入考核对象。与浙江师范大学等3所高校签订合作协议,成立浙江中西部首个质量研究院。永康成为全国首个县级"质量强市示范城市",兰溪获批创建"全国质量强市示范城市"。全年共排查特种设备安全隐患2188项。全市共完成特种设备定期检验和监督检验62081台,定期检验48372台,总定检率为98.68%,超期未检率由年初的10%下降到1.32%。推行"电梯+立法""电梯+保险""电梯+智慧监管""电梯+应急救援"等系列试点,截至2016年底,全市投保电梯数量超 5000 台,完成智慧电梯安装近 200台,共实施救援 575 次,救出被困人员 1203 人次。全年每万台特种设备事故率为 0.326,每万台特种设备死亡率为 0.217。

【品牌创建】 2016 年,全市主导和参与制订国际、国家和行业标准 36 项,义乌双童《聚丙烯饮用吸管规范》ISO 国际标准成为金华市第一个主导制定的国际标准。新增浙江省名牌产品 38 个,占全省新认定名牌 14.7%,名牌创建水平比全省平均水平高0.22个百分点。全市共获批制定"浙江制造"标准13 个,正式发布 10 个。兰溪、义乌被列为全省第二批"浙江制造"试点县。

【产品质量监管】 实施产品质量抽查"三随机、五公开"制度,创新"市场反溯""你点我检""你送我查"等监管方式。成立"8890 百姓买样团",对学生用品开展风险监测。开展行业整治,浦江成功获批创建国家级挂锁产品质量提升示范区。全市纤维制品标识符合率从不到 50%提升到90%以上。全市共抽查 77 种 1772 批次产品,批次合格率为95.7%,同比提高 0.1 个百分点。探索完善省市县三级联动执法机制,认真开展"质检利剑""蓝剑系列"等专项行动,出动执法人员 14531 人次,检查企业8215 家,查处案件 499 起,立案案件到期结案率100%。实施12365 与 8890 资源整合,全年共受理申诉举报 1541起,办结 1504 起。

【职能转变】 推进电梯立法工作,已完成草案(草拟稿),并提交审查。实施市县行政层级一体化改革工作、检验检测机构资质联合审批、省级工业产品生产许可网上审批试点等工作,共办理行政许可事项 2129 件,平均办件时速提升30%。开展服务"双创"工作,为企业解决各类技术难题 173 个。深化电子政务服务网建设,推进检验检测平台等"八网联建"工程。开展计量惠民行动,免费开展计量服务、血压计检定、人体秤校准、眼镜检修、电子计价秤检定各超过 5000 人(台、件)次。

(于胜敏)

安全监督管理

【概述】 2016 年,全市安全生产事故总量继续保持下降态势,共发生各类生产安全事故(包括工矿商贸企业、生产经营性道路运输、水上运输、渔业船舶、铁路路外)536 起、死亡 369 人,事故死亡数占省政府年度考核管控指标的 78.7%。其中,工矿商贸企业(含生产经营性火灾)事故 70 起、死亡 72 人;生产经营性道路交通事故 466 起、死亡 297 人;发生较大事故 2 起,死亡 8 人。

【健全安全责任体系】 在年初与各县(市、区)和市有关部门签订责任书的基础上,进一步完善金义都市新区、金华山旅游经济区等开发区(园区)的安全监管体制,设立专门机构,配齐配足专职监管人员。建立市安委会 1+X 工作机制,在安委会框架内设置 6 个专业安委会,进一步落实各自分管行业领域的安全生产责任。针对农村农民自建房、电商安全监管标准不清、规范不明、监管主体缺位的问题,充分发挥安办综合协调作用,会同建设、消防等部门制定出台《农村建筑行业安全管理规范》和《电商安全管理规范》,消除监管盲区。

【重点时段安全监管】 2016 年 4 月—9 月期间,对全市 1655 家危化品从业单位、60 余家矿山企业、382 家烟花爆竹零售企业(自 6 月 1 日起全部停止经营,产品全部登记入库)进行多轮"地毯式"检查。对 2000 余家重点监管企业,采取定人、定责、定措施,实施"一人一企"监管。全市共出动安全检查人员 20214 人次,检查企业 12902 家次,行政处罚 1509 家,其中关闭企业 405 家、停产整改 715 家;共出动消防监督检查 8.4 万余人次,检查单位 4.2 万余家,下发行政处罚决定书 2492 份、临时查封决定书 921 份、行政决定书 194 份,责令"三停"单位 537 家。

【社会化服务】 出台《金华市深入推进安全生产社会化服务工作实施方案》,市财政给予每家企业 5000 元的托管补助资金,全市 6350 家企业接受安全中介机构的各类安全生产服务。全年新增各类标准化企业 1078 家,复审企业 978 家。东阳市成为全国六个"工贸行业企业安全生产标准化样板地区"之一。全市标准化企业达到 7066 家,其中一级 5 家、二级 83 家,三级 6978 家,全市高危企业全部实现标准化达标;全市综合监管平台上线运行。5000 余家企业(包括危化、矿山、烟花爆竹和一般工贸行业标准化达标企业)信息进入系统管理,企业隐患排查自查自纠和各级安监部门监督检查有关信息实现网上流转。全市共有58家10个工位以上涉爆粉尘企业全部纳入第三方在线监控;“智慧用电”系统加快推广,全市累计安装“智慧用电”系统5000余台套,智慧用电综合监控中心正在建设。

【重点行业领域专项整治】 以消防、道路交通、建筑施工、危险化学品、矿山、烟花爆竹及工贸“三场所二企业”等重点行业领域为重点,开展安全生产专项整治。

消防安全。共排查检查单位5.3万家,督改火灾隐患8.7万处,临时查封1225处,罚款776.4万元,拘留756人。出台居住出租房消防安全综合整治奖励办法,市级财政投入800万元用于市区出租房整治奖励补贴,各县(市、区)也制定相应的奖励方案,全市整治经费达4000余万元。全市共排查居住出租房21.9万户,于2016年8月底提前完成居住10人以上出租房的整治任务。严格落实重大隐患单位和火灾隐患重点区域(行业)政府挂牌督办制度,全市21处区域性火灾隐患全部通过考评验收,83家重大火灾隐患单位全部完成整改。特别是兰溪城东小商品市场、永康市世贸滨江花园2家久拖未改的历史遗留重大火灾隐患单位实现整改销案。

道路交通领域。落实客运站场等人员密集场所安全管理,全市15家二级以上客运站全部完善安防设施。开展4次以道路客运、城市客运、危险品运输、包车(旅游)客运等为重点的安全生产大排查大整治,进行3次明查暗访。全市60处省市挂牌的道路隐患点段全部整治完成。

建筑施工领域。累计检查项目288家,共排查隐患1620项,整治完成1610项。

工矿商贸领域。加大危化、矿山、烟花爆竹等行业领域的安全专项整治力度。对烟花爆竹经营实行统一规划布点、统一专店直营、统一进货渠道、统一数字监控、统一日常管理“五统一”监管,批发企业全部建成达标仓库,零售点压缩到382家。推进“三场所二企业”(有限空间作业场所、涉及可燃爆粉尘作业场所、喷涂作业场所、金属冶金企业、涉氨制冷企业)专项整治,排查整治涉氨企业152家、涉尘企业573家、涉喷涂作业企业812家、金属冶炼企业116家,全市10个工位以上的58家涉爆粉尘作业场所全部安装远程监控系统。

【大排查大整治】 制定安全生产大检查大整治工作方案,以工贸、非煤矿山、危化品、道路交通、消防、建设施工、特种设备等七大行业领域为重点的安全生产大检查大整治。12月5日起,由市安委办组成10个督查组,配备安全技术专家,对各地、重点行业领域的大检查工作情况开展督查。全年共出动执法检查人员5.51万人次,排查隐患8.73万项,完成整改8.55万项,罚款519.07万元,责令停产停业整顿467家次,采取强制措施165家次,行政拘留214人次。

【监管执法】 2016年,全市安监系统共立案541件,罚款2264.92万元,其中,非事故类处罚426件,罚款837.28万元,同比增长131.58%,占全部立案数接近80%,移送治安处罚人数6人,移送追究刑事责任人员28人,办案处罚金额位居全省安监系统前列。另外,职业卫生违法案件实现新突破,全年共立案25件,处罚19件,罚款28.69万元。

【应急救援】 截至2016年底,全市建有省级应急队1个,市级应急队1个,县级应急队5个。

5月5日晚上7时许,一辆装载27吨盐酸的危化槽罐车从武义开往杭州富阳,行驶到330国道金东区岭下镇包村附近路段发生倒翻事故。接报后应急救援队、消防部门等迅速按照方案展开救援。经过近14个小时的紧张救援,事故得到妥善处置,未发生人员伤亡,未发生危化品泄露,未对周边居民和环境造成影响。

(王锦松)

国有资产监管

【概述】 截至2016年底,全市国有企业资产总额2542.46亿元,同比增长21.8%;所有者权益725.19亿元,同比增长12.25%;营业收入197.88亿元,同比增长12.57%;利润总额22.79亿元,同比增长26.54%;上缴税收24.08亿元。其中,金华市国资委监管企业资产总额942.66亿元,同比增长20.08%;所有者权益169.14亿元,同比增长12.56%;累计实现营业收入34.96亿元,实现利润总额4.23亿元,上缴税收3.44亿元,金华市国有企业运行总体平稳。

【监管企业名录】 截至2016年底,实行监管的企业共有23家，分别是金华市城建发展控股有限公司、金华市交通建设投资有限公司、金华市现代服务业投资发展有限公司、金华市浙中教育集团有限公司、金华银行股份有限公司、金华市轨道交通投资建设有限公司、金华市国有资产经营有限公司、浙江金华安邦护卫有限公司、金华市教育投资发展有限公司、浙江尖峰集团股份有限公司、金华市石门蓝镇发展控股有限公司、金华市金义综合保税区建设发展有限公司、金华市公交集团有限公司、金华市市场发展集团有限公司、金华市通济国有资产投资有限公司、金华市资产管理有限公司、金华市绿能物资再生发展有限公司、金华市国通二手车交易市场有限公司、金华市绿环机动车检测有限公司、金华市国信粮油交易市场经营管理有限公司、浙江通济交通运输股份有限公司、浙江中联股份有限公司、金华市中宇物流有限公司。

【国有企业改革】 2016年，推进国有企业资源整合与转型升级。市国资委先后完成市轨道交通建设投资有限公司、市石门蓝镇发展控股有限公司组建。推进国有企业整合。金华三才种业公司、市教育发展服务公司、市机动车排气污染防治管理中心持有的绿环检测公司股权的整合、划转等工作。推进存量资产盘活。对监管企业所有土地、房产、逾期应收账款等进行梳理，督促企业根据自身情况制定闲置资产处置计划。做好转型升级。以“婺商回归”为契机，成功战略引进上海优质民企参与市物资再生公司改制，稳妥推进国有企业发展混合所有制经济，推进老国企转型升级。探索国有资本投资新模式。发挥市服投公司资本运作平台作用，通过股权投资、成立发展基金等方式，与省企、各县(市、区)的国有企业、民企等各类资本开展合作。

【国资监管机制】 2016年，完善监管制度建设。修订和新出台市属国有企业重大事项决策管理、企业定岗定编管理、劳动用工管理、投资管理、项目建设管理、重要物资采购及大额资金管理、资产损失责任追究等制度20个。完善企业内控制度。指导企业建立党委会、董事会、监事会、经理办公会议事规则等制度，完善企业的内部管理。落实简政放权。对审批事项进行清理，将原有27项审批事项，精简为8项，减少19项，精简率达70.4%，探索国有企业专职监事队伍。2016年，市国资委在原有3名专职监事的基础上，又向社会公开招聘3名专职监事。目前，市国资委共有6名专职监事、3名市管专职监事会主席，外派进驻21家市属监管企业，实现外派专职监事全覆盖。启动国资监管信息系统的开发工作，2016年12月正式上线运行。完善监督考核机制。贯彻落实国家、省、市深化国有企业负责人薪酬制度改革的有关精神，积极推进全市国有企业负责人薪酬制度改革工作，出台《关于深化市管企业负责人薪酬制度改革的实施意见》。根据不同类型企业进行分类考核，实行“一企一策”分类考核办法，将企业的经营绩效考核与企业负责人薪酬挂钩，进一步改进企业负责人激励和约束的考核机制。

【基础设施建设】 参与金义东轨道交通、金义综合保税区建设，完成市区BRT3、BRT4号线建设与开通，启动澧浦综合市场改造、绿环检测公司婺城分站等项目建设；推进浙中粮油交易市场、再生资源回收市场、石门农场棚户区改造等省市重点项目建设；参与市人民医院、妇幼保健院迁建、城际客运班线改造等工作。推进融资创新。探索适合金华市市属企业的融资模式，指导企业依托多层次资本市场体系，拓宽融资渠道，推进融资创新，优化城市基础设施建设、交通等领域投资项目的融资模式。加快供给侧结构改革。引导市属国有企业主动聚焦制约金华经济社会发展“短板”，加大公共交通、市场服务、教育服务等领域投资。2016年新增新能源公交车34辆；完成澧浦农贸市场改造、婺城新区汽车安检和尾气检测分站建设等。

(曾传奇)

出入境检验检疫

【概述】 2016年，完成货物检验检疫共计33942批、货值10.3亿美元，分别同比下降10.4%和8.6%，检出不合格货物826批、货值5724.9万美元，分别同比增长39.3%和2.4%。其中，出境货物检验检疫32830批、货值9.3亿美元，分别同比下降11.5%和8.6%，检出不合格327批、货值1511.0万美元，分别同比增长-12.8%和60.9%；入境货物检验检疫1112批、货值1.1亿美元，分别同比增长42.9%和-8.3%，检出不合格499批、货值4213.9万美元,分别同比增长128.9%和-9.4%。全年减免企业检验检疫费920万元。开展出境货物国外通报调查48批,同比增加54.8%;出境货物退运调查298批,同比增加4.6%。签发各类原产地证书79287份、货值272797万美元,分别同比增长24.58%和10.75%,其中签发普惠制证书26150份、货值108245万美元,分别同比下降3.07%和3.57%;签发一般原产地证书20714份、货值77954万美元,分别同比增长1.83%和-6.91%;签发各类区域性优惠原产地证书32423份、货值86598万美元,分别同比增长98.61%和72.08%,按优惠税率5%折算,可为辖区出口产品享受进口国关税减免约6.5亿元。

【国境卫生安全】 密切关注寨卡病毒、黄热病等疫情,走访浙江师范大学、金华职业技术学院,联系市商务局、公安局出入境管理局、旅游局,开展出入境人员传染病监测,完成出入境人员和社会体检共5556人次(其中社会体检2638人次),检出出入境人员传染病83例,同比增长48.2%,开展出入境人员预防接种4336人次。

【执法稽查】 全年共出动执法人员1953人次,截获有害生物135种类、663种次,分别同比增长36.4%和153.1%。在进境木材中全国首次截获非洲帝王蝎,全省首次截获非洲树蛙、蜥虎等外来物种。截获检疫性有害生物3种41次,其中截获有害生物乳白蚁属(非中国种)38次,首次截获检疫性有害生物中长对小蠹。检查企业806家。

【金义综合保税区通过国家验收】 金华市金义综合保税区建有检疫处理区9600平方米,检验检疫行政办公用房2400平方米,检验检疫实验室1000平方米,金义综合保税区累计为检验检疫工作投入资金1100多万元。2016年12月23日,金义综合保税区通过国务院联合验收组验收。

【获批筹建浙江省首个内陆肉类指定查验场】 金华检验检疫局积极服务金华市进一步扩大对外开放,申请建设进口肉类指定查验场。2016年1月8日,国家质检总局复函浙江省政府,同意在金义综合保税区筹建进口肉类指定查验场,金华成为浙江省首个获准筹建的内陆进口肉类指定查验场。

【推广原产地证"信用签证"】 2016年5月19日,举行原产地"信用签证"集体签约仪式并召开新闻发布会,与辖区24家出口企业负责人签订行政合同,全面推广原产地"信用签证"工作。全年为出口企业签发"信用签证"6910份,为企业节省办事时间约5500小时,节约办事费用约14万元。

【电动平衡车恢复对美国出口】 美国消费品安全委员会(CPSC)于2016年2月18日发布电动平衡车新安全要求,导致辖区电动平衡车企业暂停对美国出口。2016年3月16日,质检总局代表和CPSC驻华办公室代表深入武义县、永康市等地电动平衡车生产企业了解企业质量把控情况,并组织召开座谈会让双方面对面深入解读CPSC对电动平衡车的新安全要求。2016年6月中旬,武义创鑫金属工具有限公司生产的1万台、货值约130万美元的电动平衡车顺利恢复对美国出口,标志着金华产出口电动平衡车顺利突破美国技术性贸易壁垒。

(盛国勇)

海　关

【概述】 2016年,累计受理进出口报关单19.1万份,同比增长11.7%,监管进出口集装箱39万标箱,同比增长10.8%,办理加工贸易备案4.5亿美元,审批减免税设备价值4016.8万美元,减免税款4956.5万元;查办涉嫌侵权案件48起,办理行政案件427起,侦办刑事案件3起。

【提升窗口办事效能】 2016年,促进外贸稳定增长的18项重点工作,通过开展"阳光大厅""文明窗口"建设,提升"流动窗口"效能。全年共举办各类政策宣讲会、培训会21场,面向企业300余家,组织培训600多人次。同时,对65家重点扶持的企业进行走访帮扶。"单一窗口"服务得到加强,全年共办理行政审批事项43起。完成新企业注册1033家。

【通关一体化】 2016年,对接浙江"四大国家战略"和金华"五大千亿产业"发展战略,落实"三互"推进大通关建设,优化通关环境。全年金华参与通关一体化的属地企业达5900多家,金华海关接受通关一体化模式申报报关单19万票。

【反走私综合治理】 2016年,开展"国门利剑2016"专项行动,加强对重点领域、重点商品监管,推动建立“打、防、管、控”反走私立体防控打击体系。全年共查处各类走私案件430起，其中立案侦办刑事案件3起，案值7694万元，涉税3153万元；立案办理行政案件427起，案值1.6亿元，涉税660.07万元，其中办理打击骗退税和虚假贸易案件10起，有效打击和遏制本地区内的走私违法活动。

（陈立平）

无线电管理

【概述】 2016年，金华市无线电管理局完成固定站开机监测时间34280小时，移动监测414小时，监测车行车里程4409千米。发现不明信号37个，查明37个。检测各类固定、移动电台(站)305台，其中涉及年检、现场核查263台。检测“伪基站”设备37台，“黑广播”设备1台，出具检测报告38份。全年共受理和查处干扰7起，查结率为100%。其中电信运营商基站干扰3起。

【无线电保障】 参与G20峰会保障，先后派出管理、监测人员(按时段计算)19人次，动用车辆7台次、相关设备3套，完成频率台站清理、干扰排查、行政许可、现场办公和监测保障等、无线电保障团队在金华区域开展驻点监测保障工作。派出6人保障团队，赴嘉兴乌镇参与互联网大会无线电保障工作，完成频率台站清理、电磁环境监测、专项执法检查等保障任务。完成公务员招录、高考招生、司法资格等14类考试的无线电保障任务，出动人员437人次，保障考点55个(含义乌)，发现疑似作弊信号5个，阻断4个，查明1个。

【行政执法】 对24家单位的56个广播电视台、16个中继台、1个卫星地球站和192个手持移动台进行现场检查。配合公安部门严厉打击辖区内设置“伪基站”“黑广播”等非法设台行为。累计开展执法活动52次，出动人员189人次，行政处罚4起，其中没收无线电发射设备4套，罚款11000元。

【专用频率监测保护】 配合义乌民航部门开展频谱监测比对工作2次；为义乌机场扩建跑道延长、横店通用机场建设提供电磁环境测试服务3次。完成高铁在轨测试数据分析4次，保证高铁GSM-R系统的正常工作。开展专项监测任务1次，配合军方执行重要业务专项监测任务1次。

（范凌峰）

经济开发区

金华经济技术开发区

【概述】 金华经济技术开发区2010年晋升为国家级经济技术开发区，下辖一乡三镇四街道，区域面积253.86平方千米，共有195个行政村、46个社区。2016年实现地区生产总值260.8亿元，增长7.6%；完成全社会固定资产投资187.59亿元，增长13.6%；工业投资完成93.78亿元，增长7.1%。一般预算总收入47.82亿元，增长13.1%；城镇常住居民人均可支配收入47621元，增长7.3%；农村常住居民人均可支配收入25971元，增长8.9%。

2016年实现规模以上工业产值476.75亿元，同比增长3.3%；实现外贸进出口总额82.2亿元，同比增长19.77%。实施市重点技改项目42个，列入省重点技改项目5个；完成工业技改投资77.91亿元，同比增长15.3%；推进国家知识产权试点园区工作，新增授权专利1075件，其中发明专利155件，新增国家、省、市级专利示范企业共8家。创建省市级“三名”企业6家。推进“品牌强区”战略，新增浙江名牌4个，金华名牌12个，3家企业参与浙江制造标准制定，2个产品通过浙江制造认证，“尖峰”商标获批驰名商标，秋滨街道被评定为浙江省商标品牌示范乡镇(街道)，金字火腿股份有限公司和浙江今飞凯达轮毂股份有限公司被评为浙江省商标品牌示范企业。8个人才创业项目入选“双龙计划”。

2016年粮食种植面积超过12万亩，粮食总产量突破5.21万吨。投入扶农资金3.1亿元，出台《2016年度粮食生产扶持政策》，全年粮食总产突破5.21万吨，创建万亩粮食示范方1个，千亩示范方1个，百亩示范方2个，创建棉花千亩示范片1个；新创建省级示范性家庭农场2家，市示范性家庭农场6家。

【现代服务业】 入选“2016年浙江省软件和信息服

务业产业基地”，金华科技园认定为全市首个“省级广告产业园”。全年完成服务业投资93.62亿元，同比增长23.2%。旅游业快速增长，全年接待游客总计590.81万人次，同比增长39.75%，旅游总收入56.87亿元，同比增长45.14%。

【项目建设】 新能源汽车小镇成为全省首批6个智能制造示范区（平台）之一，华科汽车产能进一步释放，全年实现产值21.5亿元，吉利动力电池项目一期工程全面动工并被省发改委列入省级重大产业项目龙头项目，零跑科技项目完成土地摘牌即将破土建设。乐乐小镇新引进去哪儿、网龙VR、杭州维拉网游公司、亮点科技等重点项目；总投资50亿元的金华信息经济产业园开工建设。投资15.6亿元的科兴生物、投资1.8亿的益康源污水厂、投资1.2亿元的浩博新材料和年产1500吨特种涂料的大荣涂料项目正式开工。

【招商引资】 2016年实到内资61.39亿元、浙商回归产业项目资金31.3亿元、资本回归资金6亿元、外资7304万美元。签约引进亿元以上项目35个，计划总投资158亿元、用地3500亩，其中5亿元以上重大项目12个。重大项目已签约18个，签约金额84.86亿元，实现10个项目集中开工，期间竣工5个、投产7个。

【供给侧结构性改革试点】 处置“僵尸企业”9家，淘汰落后产能企业10家，淘汰整治“低小散”企业90家，收回工业土地面积1109亩，盘活存量用地915亩，完成低效用地二次开发1307亩。成立开发区帮扶办，对24家“两链”风险企业开展帮扶，其中9家企业取得较好的帮扶效果；完成企业股改8家，新增新三板、上海股交中心等挂牌上市企业5家；设立开发区重点特色产业基金，首期规模为10亿元。新增国际标准、国家标准和行业标准12项。建立以窗口集中审批为平台的行政审批服务体系。全年换发、新发“一照一码”营业执照7420份，办理网上登记352件，培育“小升规”企业27家，完成个转企206家，企业数量同比增长20%。完善扶持工业转型升级政策，兑现扶优扶强奖补资金1.4亿元。

【生态环境治理】 全年共完成“五水共治”重大项目投资6.92亿元，实施农村生活污水治理建设47个村；江南区块实现养殖场“清零”；完成河湖库塘清淤117万立方米，完成污水管网铺设61.91千米，新建雨水管网13千米，清淤管网450千米。19个主要河流交接断面水质达到Ⅲ类及以上，水电渎入江口水质达到Ⅳ类。全年共拆除违法建筑4158宗、74.08万平方米。拆后土地利用58.78万平方米。完成“三改”275.91万平方米。共排查危房户数1703户，完成农村困难家庭危房改造200户。启动5个村的城中村改造工作，开工建设公寓式安置房项目3个；武义江以西区块全面完成1552亩土地征收和474户农房签约工作。

【美丽乡村建设】 开展美丽乡村建设40个村，涌现出汤溪镇寺平古村、苏孟乡山下村、楼司村等创建典范，受到社会各界的好评。完成164个村的治乱美化，拆除整治危旧房2.7万平方米，整治赤膊房11.3万平方米，种植绿化苗木5万余株。投入资金2428.2万元，用于农村生活垃圾分类工作，建成太阳能堆肥房178座，配备垃圾清运车300余辆，垃圾桶5万余只。启动厚大溪综合治理黄稍段、蒋村段等重点节点工程建设和梅溪流域综合整治，推进苏孟水乡建设工程。

【城市建设】 打通金磐路、17号路等断头路，启动建设25条道路，其中新330国道改造、金星街南延等11条道路已竣工交付，国际友城公园等4个项目获得“双龙杯”优质工程，新增、改造绿化面积30万平方米，城市客厅——湖海塘公园东一区已建成并向市民开放。推进金西三镇环境综合整治工作，开展岭垅湖区块“四破”行动，27家企业中20家实现腾空拆除，坟墓搬迁签约完成95%。投资1.05亿元连接金西客运站的BRT4号线开通，总投资1.2亿的钱塘江治理衢江婺城段堤防加固工程顺利开工。汤溪镇入选第三批国家新型城镇化综合试点地区。加大气尘合治力度，PM2.5平均浓度为46微克/立方米，同比下降14.8%，优良天数达到282天，AQI优良率为80.1%，同比提高8.2%。

【社会事业】 启动汤溪东祝小学扩建、洋埠中小学迁建等工程，新增“浙江省春蚕奖、金华市名校长”8名，55名校长教师实现城乡交流。9家基层卫生单位均与市级大医院建立纵向合作机制，全面两孩政策稳步推进；新增农村文化礼堂6家、乡镇（街道）村（社区）电子阅览室24家；完成体育创强工作。完成居家养老服务机构综合保险省级试点130个，新建成居家养老服务照料中心38家、避灾安置场所30家,创建市级精品社区5家。

(吴 超)

金义都市新区

【概述】 2016年12月23日，金义综合保税区一期通过国家正式验收。目前已签订正式协议及注册企业35家,总投资10亿元,主要开展保税加工、保税贸易、冷链物流等业务,涉及化妆品、日用品、进口肉类等商品门类。其中,包括国内仓配行业规模第一、跨境电商仓配发货行业第一、双"十一"发货数量全国第一的网仓科技项目,国内化妆品行业知名企业、亚洲最大的香水生产商之一的美之源项目,全国第一家专业纺织服装行业供应链O2O服务商惠盈集团,跨境贸易O2O北京佰福等知名企业。

【金华科技城建设】 首期1080亩科技城科技创新功能区块一期126.7亩大族智能制造园开工建设，其中1#楼已于12月13日进场施工，基坑已完成50%。鞋塘高新区已入驻企业62家，其中投产43家。成功引进首个科研项目——中科信息金义联合研究中心,"中科院金华信息技术有限公司" 已注册。中科院西安光机所、北京航空航天大学北斗应用研究院已达成合作意向。中科院生物物理研究所、深圳地理信息研究所正在跟踪对接。中美科技园、中英科技园、铝合金精深加工、加拿大燃料电池等一批项目也在洽谈对接中。

【重大产业项目】 省重大产业项目、省"411"项目已全部完成年度投资任务。总投资10亿元以上的菜鸟电商新城一期全部投入运营。"双十一"期间,天猫超市、俪人购成交110万单,交易额破亿,同比增长100%。12月26日,经过严格挑选的首批65家具有良好发展前景的电商企业入驻菜鸟金义电商产业园。中国移动金义信息通信产业园一期完成工程量90%,捷孚传动项目一期完成工程量的30%,传化物流公路港一期12月底主体工程结顶(已引进注册物流企业35家,营业收入2193万元)、蓝也薄膜项目正在安装机器设备。

【基础设施完善】 全年新区新增道路硬化面积16.8万平方米,道路新开工面积45万平方米。内部公共交通和公共自行车站点、金华-新区-义乌快速公交BRT已投入运行,金义东轨道交通12月28日开工建设。加快孝顺溪流域综合治理工程,完成景观绿化50多万平方米,拆除违法建筑40.8万平方米,全面完成开展"垃圾河、黑臭河"整治任务,新建污水管网30千米，东线截污干管工程已完成工程量的98%,金东污水处理厂二期扩建工程投入运行。集镇都市化改造有序推进,鞋塘初中迁建工程建成投入使用,引进浙江君华国际双语学校、大润发、国贸景澜酒店等配套项目。

(陶建伟)

兰溪经济开发区

【招商选资】 2016年度招商地点遍及北京、上海、杭州、江苏、广州、深圳等地,在主动出击对接客商的基础上把"零地招商"作为主攻方向,积极盘活资源。签约注册的20只内资项目中有18只项目为零地招商项目。狠抓项目落地,积极对接甬金、锦江集团、华尔、蓝鹏智汇产业园等大项目,做好项目协调服务工作，积极推进已签约项目的落地开工投产，并以市"两季"活动以及"三百"竞赛活动为契机积极外出招商。

【经济运行】 1月—12月，全区实现规模以上产值291亿元，同比增长2.7%；规模以上工业增加值62.83亿元;实现税收11.94亿元;工业投入完成39亿元;服务业投入完成12亿元。启动省级高新技术示范园区与长江经济带国家级转型升级示范开发区的创建工作,进展顺利。以特色小镇创建为契机,大力推进创新创业和转型升级。兰溪市光膜新材料小镇与时尚纺织小镇均完成概念性规划编制，光膜新材料小镇申报资料已上报金华发改委和省发改委。提高为企服务能力,以市"两季"及"三百"活动为出发点,积极走访企业帮助企业解决难题。不断深化上海交大与企业合作成果，切实为解决企业科技创新与产业转型的问题搭好桥梁。督促企业做好安全生产工作,着重进行出租房整改工作,建立区内企业消防安全一厂一档资料,切实消除安全隐患,提高企业的安全生产意识。积极推进"五水共治",以浒溪水质提升为重点,完成多家企业污水管网整改等工作,进一步增强企业环保意识和自律行为。

【科技创新】 围绕"两园一中心"建设,继续发挥科技孵化园和上海交大科技园作用, 加快科技成果转化的进度和水平,不断提高产学研水平。科技企业孵化园服务功能逐步增强, 孵化园院士专家工作站积极开展各项工作,初具成效;上海交大兰溪先进新材料联合中心全面走访企业积极对接,了解企业需求,形成40余份调研报告。鼓励指导企业科技创新,完成授权专利20件,超额完成15件的专利授权任务;已认定国家高新企业4家; 已认定金华市高新技术企业10家;已认定省级新产品试制计划26只;已认定技术创新项目36只;申报金华市"两化融合"重点项目6只,兰溪市"两化融合"重点项目3只;申报双龙计划3只,已批1只,省千1只;新认定省级名牌产品4只,金华市名牌产品2只;建立国家高新技术企业培育库(2016-2018年),入库企业53家。

【空间拓展】 对项目遗留政策处理问题进行逐个清理,集中开展所有地块范围内的坟墓迁移工作及遗留问题政策处理工作,着力破除项目推进梗阻。与有关街道、村进行对接,就南樵南路延伸等重点工程涉及的征地问题进行沟通, 解决政策遗留问题,助推项目进程。完成"四破"(两退两进)企业24家,面积504.83亩, 完成全年任务的101%(全年任务500亩)。完成旧厂区改造39.3万平方米,完成全年任务的102%(全年任务38.6万平方米), 拆除违法建筑4.16万平方米,完成全年任务的104%(全年任务4万平方米),园区要素制约得到较好的破解。

【产城融合】 "两中心两市场"建设进一步完善。企业服务中心项目已完成建设,开发区以及10多家涉工部门已正式入驻办公;园区生活配套中心(彩虹城)室外景观、道路基层施工中,已与大润发、横店影视城等大型品牌达成合作协议;纺织品市场配套工程施工中;农批市场施工进展顺利。基础设施配套逐步完善。开发区工业水厂、安置房二期、开发区派出所、消防中心及开发区小学项目进展顺利。区政管理有序开展。以"创国卫"、治"六乱"美"三化"等专项活动为契机, 区政各项配套工程顺利推进,区政管理执法力度进一步加大并取得明显成效。

(汪明军)

东阳经济开发区

【概述】 2016年,开发区规划控制范围明确为白云、江北、六石、城东街道行政管辖区域,托管六石、城东街道,撤销原上卢管理处,江北街道迎宾大道以东区域规划、基础设施建设和产业项目落地由开发区统一实施, 总面积270平方千米, 规划开发面积92平方千米。开发区内拥有工业企业2183家,其中规模企业214家,产值超亿元企业36家。2016年全区完成规模以上工业增加值36.9亿元,比上年增长12.3%;完成规模以上工业总产值163.5亿元,比上年增长11.5%;新增省级以上高新技术企业7家,累计18家;省级以上专利示范试点企业1家;省级以上工业技术研发中心4家。

【东阳经济开发区】 开发区核心区块位于东阳市区中北部,是东阳市重点建设工业区块,处于杭州至永康、金华至宁波大通道的十字交叉口位置,北接金甬高速,东连诸永高速,距浙赣铁路和义乌机场20千米,区位优势明显。2016年,开发区核心区块(六石、上卢)63家规模企业完成工业总产值44.28亿元,比上年增长13.3%,完成规模以上工业增加值9.44亿元,增速11.8%。完成固定资产投资38.65亿元,比上年增长26.8%,其中完成工业性投入27.51亿元,比上年增长13.1%。完成国地税29012万元,比上年增长35%,其中国税16533万元,比上年增长21.6%;地税完成12479万元,比上年增长77.5%。规模以上工业出口交货值8.03亿元, 比上年增长17.65%;规模以上新产品产值11.81亿元,比上年增长30.8%; 规模以上工业企业用电量9808万度,比上年增长7.6%。新增规模以上企业6家。

【白云商贸园区】 园区地处东阳市西部, 东邻吴宁街道,西接义乌市江东街道,南与南市街道相连,北濒东阳江,与江北街道隔江相望。是东阳市重要工业基地,基本形成以生产经营电子机械类产品为主的西城工业园,以生产经营服装针织类产品为主的服装工业园,以生产经营工艺品类产品为主的小商品工业园。全年共完成工业总产值180亿元,比上年增长8%;其中规模以上工业总产值完成62.2亿,比上年增长5%; 完成国地税9.72亿元, 比上年增长41.2%;全年引进内资9.86亿元,外资703万美元,浙商回归12亿元,固定资产投资47.85亿元,其中工业性投入9.9亿元,培育小升规企业6家,培育商贸服务业下升上5家。“三改一拆”完成旧厂区改造15.4万平方米。

【江北高新产业园区】 该区地处东阳市西北部,东阳市政府所在地,东邻六石街道,南濒东阳江,与城东、吴宁、白云三街道隔江相望,西接义乌市廿三里镇、华溪镇,北壤诸暨市岭北乡。初步形成以生物制药、纺织服装、塑料制品、工艺品等为主的工业体系。2016年,完成规模以上工业总产值27.15亿元,比上年增长8%,工业增加值5.4亿元;完成工业性投入14.5亿元,比上年增长11.6%;浙商回归2.78亿元,完成全年目标任务的102%,引进内资3.521亿元。

(徐振亮)

东阳横店电子产业园区

【概述】 园区完成工业总产值180.03亿元,比上年增长2.56%;规模以上工业企业实现产值155.19亿元,比上年增长2.53%;规模以上企业实现新产品产值94.44亿元,比上年增长8.26%;规模以上企业完成出口交货值45亿元,比上年增长10.59%;规模以上企业上缴税收7.8亿元,比上年增长2.4%;高新技术产业增加值33.11亿元,比上年增长3.7%。

【企业规模】 新增企业4家,新增“小上规”企业1家,新增亿元以上的企业1家,新增五亿元以上的企业1家,拥有企业222家,规模以上企业52家,产值亿元以上企业19家,5亿元以上的企业4家,10亿元以上的企业2家。完成股改1家(石金玄武),区域资本市场挂牌14家,新三板挂牌上市2家企业(正蓝节能、中元磁业),使园区直接上市或注资上市企业达到6家(外加横店东磁、普洛股份、英洛华磁业、联宜电机),得邦照明进入上市排队阶段等待上市,中科磁业、亚德工贸、明堂红木、四达氟塑已培育进入上市辅导期。

【产业结构】 依托东磁有限公司、英洛华磁业、得邦电子照明等骨干企业,发展电子信息、绿色照明等特色产业;依托明堂红木、新民红木、中信红木等家具制造龙头企业,推进园区红木家具中心、红木家具产业园建设;围绕产业结构调整,聚集一批中小企业,提供专业化产品、加工原材料和零配件供应等配套协作,形成产业链、企业群。2016年,区内磁性电子产业工业总产值158.01亿元,占园区工业总产值的87.76%,较上年的84.73%提高3.03个百分点。

【创新能力】 全年引进专利技术20项,横店东磁于11月1日与国家ITS中心、德国INTIS公司、德国SOIMOVE公司四方签署《合作备忘录》;组织企业开展科技项目申报,新增金华市科学技术研究项目5项,新增省级新产品24只。重新评审获国家级高新技术企业1家(得邦工程塑料),新增金华市高新技术企业5家(沃特塑胶、微度医疗、伟铭电子、全方音响、绿宇制冷),新增金华市创新型企业1家(石金玄武),园区的绿宇制冷、全方音响、顶峰磁材成为省科技型中小企业,沃特塑胶成为省高成长科技型中小企业。拥有国家级高新技术企业11家,金华市高新技术企业21家。新增省级企业研究院1家(浙江普洛得邦制药研究院)。全区拥有企业博士后科研工作站3个,企业技术研发中心:国家级1家,省级10家(含省级企业研究院1家),金华市级6家。

【科技创新】 在2016年度国家科学技术奖励大会上,横店东磁董事长何时金与浙江大学团队共同发明的“低功耗高性能软磁复合材料及关键制备技术”获国家技术发明奖二等奖。2016年园区企业申请专利699件,获授权专利366件,其中发明专利达77件,新增金华市级专利示范企业5家(联宜电机、中科磁业、中元磁业、全方音响、沃特塑胶)。拥有国家级知识产权示范单位3家,国家级知识产权优势单位2家,省专利示范企业7家,金华市专利示范企业22家。

【品牌建设】 新增省著名商标1个(双洋红木),省名牌产品1家(得邦工程塑料),金华市著名商标3个(石金玄武岩、旭东工艺品、横店集团控股),金华市省名牌产品3家(石金玄武岩、苏阳红红木、联宜电机),东阳市知名商标4个(样样红红木、盛泰御品红木、千百年红木、中科磁业)。园区共有中国驰名商标9个,省著名商标20个,省名牌产品27个,金华市著名商标22个,金华市名牌产品23个。

【重点项目建设】 列入市重点技改项目19项,计划总投资22.18亿元。其中,2016年计划投资15.25亿元，实际完成投资16.15亿元，完成年度计划的105.9%。横店集团下属企业申报7个项目(全市9个)被列入浙江省技术改造重点项目计划。2015年11月在工业功能区落实的5个招商项目的部分土地全部开工建设；全年旧厂区改造项目5个，完成旧厂房改造71475平方米，其中拆除旧厂房9933平方米，原地新建或闲地新建厂房61542平方米；从亩产税收3万元提高到5万元来确定低效用地企业，倒逼企业转型升级，促进土地的二次开发利用，增加工业性投入。上报市"两化"融合项目24项(其中新建18项，续建6项)，计划总投资11374.06万元，全年完成投资7773.1万元，占总投资额68.34%。其中浙江联宜电子有限公司申报的企业智能制造系统研发及建设项目拟列入省级"两化"融合项目，园区完成工业性投入达18.96亿元。

【园区基础设施建设】 投资400万元完成红木园区人行道建设和纬九、十一路、西环路人道树种植，安装25个监控探头；投资900余万元完成红木园区、东磁光伏基地蒸汽管道建设工程建设；投资1500万元完成纬九路西延东段1.2千米道路硬化工程和路边人行道工程；投资500万元完成纬九路西延西段860米长道路管网工程；投资300多万元完成纬一路东、纬二路东和纬三路的路面硬化工程；投资近700万元兴建园区一期的蒸汽管道工程，已完成总工程的70%；投资近500万元，兴建园区一期的济慈路、园五路的人行道工程。

【园区节能环保】 开展园区企业"三废"排放情况大检查，加重红木家具制造企业的烟气治理，整治淘汰高污染燃料锅炉59只，治理经八路排水口，投资100余万元完成提升泵建设和管道改进工作，通过金华市考核；邀请省经济信息化中心编制完成《横店电子产业园区循环化改造实施方案》，通过金华市发改局组织的专家评审，邀请东阳市环保局和金华市环科环境技术有限公司编制完成《横店电子产业园区工业污染专项治理方案》，初步通过东阳市环保局组织的专家评审；园区可能产生环境污染的企业，实施污染物排放按规定申领排污许可证制度，实行全程监控，做到达标排放。

【引才招商工作】 上报洽谈项目44个，上报市评审工业项目2个，通过市评审工业项目2个，参加省政府在宁波举办接洽会签约项目1项，完成镇签约39项，成功落地37项(含影视项目)，引进大量高校人才，新增"省千人才"1人，金华市"双龙"项目6个，园区拥有"国千人才"1人，"省千人才"7人；全年园区实际引进内资6.665亿元，引进外资300万美元，完成浙商回归暨东阳人回归资金3.594亿元。

(徐永其)

义乌商贸服务业集聚区

【概述】 2016年，义乌集聚区重点规划区涉及项目450余项，完成固定资产投资248.7亿元、产业增加值81.76亿元，同比增速分别为20%和12%。实现服务业营业收入181.93亿元，实现利税总额48.39亿元。核心区涉及项目260项，完成固定资产投资152.26亿元，实现产业增加值45亿元，实现利税总额33.3亿元。

【特色小镇】 高标准建设省级特色小镇。丝路金融小镇2015—2016年累计完成有效投资36.44亿元。金融服务功能核心区完成30幢大楼招商落地，其中21幢大楼主体结顶，4幢大楼投入使用。AAAA级旅游景区开展申报创建工作。金融小镇城市会客厅项目进场施工，一大批金融贸易企业注册落户小镇，其中世界500强企业、中国民营企业500强企业各3家。

【搭建平台】 截至12月31日，"义新欧"中欧班列已往返运行134次，运载10110个标箱。相继开通中亚五国、马德里、德黑兰、俄罗斯、阿富汗、白俄罗斯、里加、伦敦8条国际联运线路，境外到达国家34个，运行速度提升24%，运输成本下降22%。11月，义乌港与省海港集团正式签约，完成义乌港资产整合并入省海港集团。甬金铁路、杭温高铁获批接入义乌站，甬金铁路奉化段已开工建设。义乌铁路口岸正式纳入国家口岸十三五规划，进口肉类指定口岸获批，义乌铁路西站海关监管场正式启用。B型保税物流中心引进格鲁吉亚红酒"中国仓"、深圳怡亚通等优质主体。全年进出口货值累计5.07亿美元，同比增长93.8%。国际邮件互换局运行一年来，完成邮件处理量4682万件，日均达13万件。2016年"双十一"当天快递业务量突破1000万件，全年快递业务量突破10亿件，同比增长68%，位居全国城市排名第七位。航空口岸进一步开放，义乌至香港航班实现常态化运行，开通义乌至台湾、义乌至韩国航班。义乌机场国际(地区)航空货运正式起航。

【招商引资】 2016年，集聚区全年协议引进投资额246.4亿元，其中50亿元以上项目3个，20亿元至50亿元项目1个，10亿元至20亿元项目3个。圆通速递浙江总部项目在航空物流、妈妈商贸、全球集运网等项目投资总额从15亿元提升至50亿元。以丝路金融小镇为载体，引进60家基金公司，基金资产管理总规模超200亿元；组建3个基金，总规模达124亿元(和谐芯光24亿、和谐明芯40亿、IDG与国资组成基金60亿)。

【招才引智】 截至2016年底，集聚区累计引进国家"千人计划"、省"千人计划"人才数达31人，其中2016年申报国家"千人计划"人才14人，省"千人计划"人才12人。与国内外高校、科研机构、企业等开展对接洽谈，成功签约科研院所类项目13个，落地7个项目，在谈协议2个项目，储备8个项目。新引进各类科技项目30个，引进和培育省部级以上人才11人，其中国家"千人计划"专家7人、省"千人计划"专家2人、省部级人才2人。工业园区联系人才项目9个，其中国千项目2个、省千项目3个、金华双龙计划项目1个、义乌英才计划项目4个、浙江省151第二层次人才培养对象推荐1个。

【项目建设】 普洛斯物流园一期A1-A4库完成建设并投用；快递物流集聚中心申通、中通、万通、顺丰、韵达、中国邮政义乌跨境电子商务基地已建成投用；铁路口岸一期完成建设并封关运行；机场飞行区改造工程土石方工程、跑道中间2000米沥青混凝土盖被完成过半。国内公路港物流中心、红狮智慧物流园、浙江东宇物流有限公司总部基地等项目土石方工程全面完成。全年新区建成道路3165.64米，完成绿化面积174亩。

推进丝路新区(金融商务区)建设。2016年，丝路新区11个项目，概算总投资200亿元。世贸中心等16个市重点工程项目进展顺利，其中，稠州商业银行、中福广场等21幢大楼主体结顶，三鼎商业广场、农商行、国信证券等项目建成投用，累计完成投资约117亿元。欧洲风情街项目、宇业总部大楼、金融商务区二期市政设施、未来城水上乐园、文化会展功能区启动建设，博物馆、美术馆等项目已开工建设。

(龚双鹏)

义乌经济技术开发区

【概述】 2016年，义乌经济技术开发区(整合提升区)实现规模以上工业总产值650.7亿元，财政总收入53.88亿元，税收收入42.54亿元。开发区本级实现有效投资37.66亿元，完成年度任务的121.43%，其中工业投资23.48亿元，完成年度任务102.08%；实际到位内资21.40亿元，到位浙商回归资金14.29亿元。

【招商引资】 2016年，开发区(本级)引进英伦新能源整车、森山健康小镇、正大中央厨房、太固互联网总部等项目14个，总投资约200亿元，其中投资额50亿元以上项目2个，10亿元以上项目4个。英伦新能源整车项目总投资72亿元，是义乌市首个整车制造项目，将达到10万台新能源整车的年产量；森山健康小镇项目总投资50亿元，将建成生活、生产与生态融合发展的新型现代化特色小镇；正大中央厨房项目总投资24.4亿元，将打造"饲料加工-畜禽养殖-特色盒饭生产、肉制品深加工-冷链物流-连锁销售"为一体的现代特色经营业态。2016年，开发区协助完成161家企业工商注册；完成红线审批25项；规划平面图审批与变更22项。

【项目建设】 2016年，义乌经济技术开发区在建的省重点工程9个、重大产业项目4个，省特别重大产业项目1个，总投资约190亿元。英伦新能源整车、正大中央厨房、森宇、年年红、海之纳赵龙特种车等企业启动建设。森山健康小镇项目完成农业种植600亩用地土地流转。锋锐发动机项目两条生产线均已投产；义利正在进行能源动力设备安装。总部经济A组团于2016年6月18日提前交付，引进主体企业92家；总部经济B组团招商和基坑工程完工；文化广场工程建设基本完工；义乌万达广场于9月16日开业。

【科技平台建设】 2016年，义乌高创园引进科技孵化及人才项目6个，培育市级研发中心2家，市级高新技术企业5家、省科技型中小企业3家、市级科技型小微企业3家。“浙江森宇铁皮石斛研究院”成为铁皮石斛行业首家省级企业研究院；义乌市锋锐发动机研究开发中心引进“国家千人计划”专家沈源博士；园区内张希建、李浪入选第三批“义乌英才”计划，黄彦博士入选金华“双龙计划”，潘登、周朝成、李浪项目已获得“义乌英才”首批创业启动资金。建立新引进项目注册引导机制，组织开展企业上市、管理运营等培训交流。

（倪　伟）

义乌工业园区

【概述】 浙江义乌工业园区于1999年挂牌成立并实施首期开发。义乌工业园区分为综合统计范围、开发范围2个空间范围，综合统计范围包括苏溪镇、大陈镇、廿三里街道、后宅街道、福田街道相应规划区，面积192平方千米；开发范围包括苏溪镇、大陈镇、廿三里街道可开发区域，面积91平方千米；其中创建省级高新区面积14.3平方千米，光源科技小镇面积为3平方千米。

园区培育和引进华鼎、棒杰等5家上市公司，引进央企大唐高鸿信息产业园、华灿光电、瑞丰光电、木林森照明、英特来光电、欧意电器、博尼、超凡等20多个省、市重特大产业项目，项目总投资额已超250亿元，形成以信息光电、先进装备制造、时尚服饰为特色的优势产业集群，成为义乌乃至浙中地区重要的高新技术产业基地。

园区现有规模以上企业286家。2016年，工业园区整合提升区内(苏溪、大陈、后宅、廿三里、福田)累计完成工业总产值580.63亿元，其中规模以上企业完成工业总产值229.23亿元；完成销售产值549.56亿元，其中规模以上企业完成销售产值204.65亿元；园区全部企业实现利税40.79亿元，其中规模以上企业实现利税18.23亿元；完成出口交货值88.32亿元。

园区有在建项目13个，其中省重大产业项目5个，核心区内全年实现有效投资20.62亿。

【招商引资】 全年相继引进总投资60亿元的华灿光电项目，项目建成后可年产2400万片LED外延芯片和5200万片蓝宝石材料，实现年产值60亿元，年纳税10亿。总投资20亿元的瑞丰光电项目建成后实现年销售收入40亿元，年纳税3亿元。总投资55亿元的木林森照明项目以及总投资7亿元的铂瑞热电联产项目，总投资142亿，其中省特大项目2个，省重大项目1个。全年实际到位内资5.22亿，浙商回归实际到位资金8.18亿，实际利用外资6654万美元。

【跨国并购】 工业园区创新基金招商新模式，成功实施跨国并购项目两个，实现义乌制造业跨国并购零突破。7月26日，园区携手国资平台与木林森、IDG组建40亿元的基金以5亿欧元成功竞购全球第二大照明企业德国欧司朗照明项目。

6月，工业园区开发有限公司与IDG共同组建基金以2.5亿美元成功竞购美国美新半导体项目。6月27日，园区管委会帮助IDG在义乌完成SPV公司的注册工作。8月30日，该跨国并购项目获浙江省发改委同意；9月，项目获得浙江省商务厅同意。收购完成后，华灿光电主营业务将横跨LED和半导体领域。美新半导体将在义乌设立研发以及销售中心，相关研发人员将到义乌工作。

【光源科技小镇】 光源科技小镇位于义乌工业园区核心区块，规划总面积2.99平方千米。小镇以发展第三代半导体光电全产业链集群为主，智能家居、物联网设备研发与制造等产业为辅。入驻华灿光电、瑞丰光电、英特来光电等10多个省市重大产业项目。与国资平台、IDG共同组建3个基金，成功竞购德国欧司朗照明项目和美国美新半导体，实现义乌制造业跨国并购零突破。这些项目的入驻，标志着工业园区一个以LED产业为主导的光源科技小镇正在形成。2016年，完成金华特色小镇评审考核，省级特色小镇概念规划已经过部门评审，正在进一步完善。

【信息光电高新区】 5月15日，编制完成《创建省级高新区技术产业园区总体方案》。5月27日，义乌市人民政府向省人民政府上报《关于申请创建省级高新技术产业园区的请示》。12月21日，经省人民政府同意，省科技厅、省发改委联合发文，同意创建义乌信息光电高新技术产业园区。

（蒋驰啸）

永康经济开发区

【概述】 2016年，永康经济开发区实现规模以上工业产值943.4亿元，同比增长1.3%，规模以上工业新产品产值372.6亿元，同比增长0.9%；完成固定资产投资200.6亿元，同比增长15%，其中基础设施投资62.4亿元，同比增长142.1%，技术改造投资70.4亿元，同比增长25.1%。完成进出口总额34.2亿美元，同比下降10.3%；完成税收收入63.8亿元，同比增长3.9%。全区现有规模以上企业177家，新增26家。亿元企业59家、百亿企业1家、上市公司3家。

【转型升级】 6月，完成质量强市开发区示范点，为永康实现全国第一个县级质量强市做出较大的贡献。实施循环经济发展战略，列入省循环经济重点支撑类项目16个、自主实施项目11个，计划总投资44亿元，目前已完成24亿元。创建“浙江省商标品牌示范乡镇”，拥有各类知名品牌(商标)168个，培育各级“三名”企业13家。2016年，开发区有4个项目列入全省集中开工重大项目，1个项目列入省级特色小镇培育名单，涉及总投资95亿元，年度投资24亿元，开工率100%。全年新增国家级高新企业6个、金华市级高新企业8个，新增科技型中小微企业25个。

【服务保障】 全区开展“六员六送”企业服务。设立96871中小微企业公共服务平台开发区工作站，共受理企业各类咨询275件次；组织企业参加浙江杭州国际人才交流合作大会、义乌装备博览会、军民融合技术交流会等交流活动10多次。在“匠人匠企”评比中，涌现王跃斌、应健仁、程育全等具有时代精神的“永康匠人”，培育王力、哈尔斯、众泰、中坚、三锋等八家“匠型企业”，占全市80%。新获得发明专利27大项、实施信息化投资项目11个，完成“机器换人”项目备案32个，完成工业技改投资14亿元、攻关工业技术难题84个。全年共接受、处置各类劳资投诉458件385万元，成功处置讨薪跳楼事件4起、意外死亡3起，市政府挂牌2家重点隐患单位(丰强工贸、红玖玖家具)均已完成整改。

【规划保障】 依法颁发《建设工程规划许可证》35本，《建筑工程施工许可证》21本、《建设用地规划许可证》7本、《规划核实确认书》18本。完成工业用地调查700余宗；完成工业规划项目编制及审查方案审批18个，规划建筑项目验收16个；出具用地红线图、规划设计案件等图纸报批40多项。处置天行铜业、荆山夏装饰五金厂等围墙圈墙企业4家；处置协邦铸业、豪族科技等低效企业5家；收回土地2宗，约16.87亩；盘活土地8宗，约664亩；消化三锋实业、众恒实业等批而未供土地12宗，约194亩；出让土地工业用地10宗99009平方米、转商住用地8宗420294平方米、划拨土地2宗8561平方米。

【污水治理】 2016年，投资1500万建设学院路延伸工程；投资900万进行雅庄溪改造工程驳坎707米；投资800万进行炉头区块污水管道改造工程，建设管道长度3500米；完成华溪沿溪污水管网延伸工程；酥溪沿溪的污水管网延伸工程已经完成建设约1千米；选种11种水生植物，建设生态浮岛，改善雅庄溪河道水质。完成雨污分流企业排查128家，整改金华市控排水口1个、永康市控排水口5个、新增排水口13个；对雅庄溪24个排水口逐一制订措施落实整改计划。处置问题企业50多家，关停天龙花岗岩经营部、三博公司等违法排污企业3家，共清淤16万立方米。

【新农村建设】 2016年，开发区19个村开展返还地建设，其中曹园、夏溪等6个村102万平方米返还地已开发。邵宅村采取“二合一”模式，共建成联排排屋170幢、高层套房198套，占地7万平方米、建筑面积12.8万平方米，为新农村开发提供新思路、新示范。14个老村改造项目取得较大幅度进展，大坟山沿村共拆建改造1.8万平方米，股权已全部分配到户；栋陇村拆除38户，曹园村拆除1.6万平方米，其他各村的老房拆除、改造工作也有序推进。“三改一拆”累计拆除违章建筑257宗6.63万平方米，完成年度任务110.49%；对新增违建零容忍，共处置7处1310平方米；农村宅基地登记确权1296户。

【环境综合整治】 开展“创国卫”“二路二侧”“三治四化”“靓化永康”等各类环境综合整治工作，全年共组织专题研究、动员、例会等各类环境整治会议200多次。共发放《创国卫倡议书》《承诺书》《整改通知书》等各类资料19000多份，发出各类《督办单》352份。共清理乱搭乱建、乱贴乱画、乱推乱放、出店经营、早摊夜市等7000多场次，清运各类垃圾

47000多吨，人行道改造、路面修复30多处7300平方米，新增零星绿化15000平方米。完成街角小品建设260个，建成苏溪沿江、四期西区北地块、九鼎森林公园等地段绿化景观工程近10万平方米，整改“蓝屋顶”19处48100平方米，整治“赤膊墙”10处5460平方米。

【社会综合治理】2016年，园区成立综合治理领导小组，下发文件规定11个，共签订七类综治工作目标责任书800余份，发放各类平安创建宣传资料1万多份。开展对重点部位、居民住宅、九小场所、居住出租房的消防隐患等各类安全检查7100多人次，发现并整改安全隐患56处；对杜山头木材市场开展市级区域性火灾隐患综合整治，发放整改通知书14家。全年共排查可疑人员35600人次，调处矛盾纠纷453起，未发生影响恶劣、危害严重的刑事案件和群体性事件。畅通诉求渠道，开通综治平安网上平台和平安浙江App，全年共受理8890投诉326件，行风热线、市长热线等其他诉求200余件，办理信访件65件，开展市领导接访5次。

（胡龙江）

浦江经济开发区

【概述】2016年，全区共完成工业总产值283.5亿元，同比增长3.9%，其中规模以上工业总产值259.8亿元，同比增长7.1%。完成工业投入41.3亿元，同比增长5.9%。

【招商引资】2016年，全区共引进内资13.2亿元，同比增长9.3%；引进浙商回归投资8.7亿元，同比增长11.5%；实际利用外资330万美元。创新性地制定“挂图作战”招商引资工作制度，9个挂图作战项目共计投资约8亿，其中热电厂、百川导体定向增发、万鸿工贸、近东科技、加百列生物、多乐卫浴、鼎业家纺7个项目成功落户开发区。成功签约BMS检测中心项目、亿通新材料、恒维工贸、多乐卫浴、瑞发科技、万世环保等科技含量高、发展潜力大的项目，成功引进首支私募基金以及上海阜兴产业基金。

【转型升级】推进企业“两化融合”，引导亚华水钻等企业全面开展“两化融合”项目。推进循环化改造。组织江合新材料、恒力达材料、天飞水晶等企业开展循环化改造项目申报工作，恒捷服饰、亚星纤维等10个项目拨付首期专项资金255万元。发展电商经济。2016年，全区共有电商企业500余家，新建电商服务中心1个，积极开展电子商务巡回对接活动，实现“电商换市”。助推传统产业转型升级。2016年，水晶产业产值达到17.5亿元，绗缝产业产值达到83亿元，挂锁产业产值达到6亿元。培育新兴产业。成功引进亿通新材料、恒维工贸、万世环保等项目，2016年，战略性新兴产业产值达到81亿元。

【专项整治】2016年，共破解僵尸企业19家247.2亩，盘活土地3宗154亩，消化批而未供土地4宗50.4亩。开展“四边三化”行动。共投入资金200余万元，签订“门前三包”责任书1328份，评选出30家“美丽厂区”示范企业，新增绿化面积9500平方米，拆除广告牌9000多平方米，清理乱堆放建筑垃圾550余吨，规范夜市、整治马路市场、取缔非法经营摊点350个。拆除违章建筑15490平方米。检查企业4000余家，整改安全隐患1036处，责令停产整改企业189家。推进305家落地企业、695家租赁企业消防安全演练工作。妥善处置欠薪企业12家，涉及金额2370万元，人数1056人。

（郑飒爽）

武义经济开发区

【概述】2016年，武义经济开发区(白洋街道)下辖4个社区、49个建制村、3个经济合作社。区域面积89.2平方千米，常住人口67268人，流动人口36996人。入区企业593家，其中规模以上企业158家，已成为五金机械、文旅休闲、汽摩配件三大行业集群区。2016年，开发区实现工业总产值201.86亿元，其中规模以上工业总产值149.19亿元，同比增长0.6%；总产值超亿元企业47家；规模以上工业增加值27.99亿元，同比增长1.1%；新上规企业20家；固定资产投资20.36亿元，其中工业投资16.54亿元，高新技术产业投资2.47亿元，同比增长69.7%；新产品产值22.53亿元；工业税收收入6.96亿元，同比增长0.9%，纳税超千万元企业8家，纳税百万元以上企业108家；实际利用外资200万美元，实际引进内资8.34亿元，完成浙商回归4.26亿元。全区工业项目开工率 98.62%，投产率 96.9%，投资率为212.2 万元/亩，产出率 196.0 万元/亩，贡献率7.27 万元/亩。农民年人均纯收入 10180 元，同比增长9%。

【优化发展】 全年高新技术产业投资24657 万元，同比增长 69.7%，规模以上工业企业科技活动经费支出总额 7591 万元，同比增长 4.2%，购置技术成果费用同比增长 352.8%。新增国家高新技术企业4家，省科技型企业 3 家，市高新技术企业 2 家，市专利示范企业 2 家；新增市著名商标 2 只。规模以上工业企业实现税金总额 42505 万元，同比增长0.1%。企业直接融资渠道进一步拓展。海新防火材料有限公司全县首家在上海股票交易所 Q 板挂牌，田歌股份、锐亿股份在新三板挂牌，5 家企业完成股份制改造。

【项目建设】 2016 年，开发区(白洋街道)有31 项县级以上重点项目征迁政策处理任务，开发区政府性投资项目 6 项，重点在建工业项目 9 项。全年完成重点项目征迁政策处理 17 项，8 个项目正在加紧政策处理中。

全年共流转闲置(低效)工业用地 8 宗，22.89 万平方米；收回工业用地 14.2 万平方米；置换工业用地6.19 万平方米；旧厂区改造 10.08 万平方米。共有 30 家企业实施机器换人项目，其中有 4 家企业评为县级“机器换人”示范企业，累计 90 家企业实施“机器换人”技改项目，占规模以上企业数的57%，总投资约 1.82 亿元。截至 2016 年底，有科技园集聚区、物流中心集聚区、华工材料城集聚区等5 个集聚区，有 50 余家电商企业进入，90 余家传统企业开展“电商换市”，销售超千万元的企业 6 家。武义浩伟机械公司的胡永光入选市“双龙计划”人才；浙江尚厨炊具、福多纳汽配、升谷电子和金跃动力科技4 家公司成为国家高新技术企业；柯蓝工贸、诚驰金属、凯达工贸成为省级科技型企业。

【环境整治】 拆除违法建筑 195 宗，25.8 万平方米，旧住宅区改造88406 平方米，旧厂区改造10.08万平方米。完成 29 个村的无违建创建工作。

全年累计清理乱堆乱放 1.13 万户 92.3 万平方米，拆除乱搭乱建 4.5 万平方米，拆除无保护价值危旧房屋 5.2 万平方米，绿化、覆土面积 13.9 万平方米，拆除工业园区乱搭乱建 2.9 万平方米。全面完成两路两侧整治任务，其中市交办 37 宗、县交办 161宗，自查自改 41 宗。建立农村党员干部集中义务劳动、全民清洁日、环境卫生日常巡检等工作机制。4个社区(经济合作社)新增小区物业管理委员会 3个；修补破损道路 1.9 万平方米，修补雨污管 2800米，清除乱搭乱建乱堆乱放 8 万余平方米，处理闲置地块 5 处，新建围墙 3000 余米，新增绿化 3500平方米。10 个城郊村共拆除乱搭乱建和没有保护价值的危旧房 8 万余平方米，新增绿化 1.5 万平方米。

【五水共治】 2016 年，辖区内武义江水质达到Ⅲ类，小白溪水质明显提升。以河长制每月例会、河长巡查记录为基础，深入开展“查问题、找不足”的自查活动，落实街道、村两级河长的监管责任。全面完成园区截污纳管工程，企业内部雨污分流改造同步推进，完成 209 家。开展农村生活污水治理，建成农村垃圾降房 40 座。完成 65 口池塘的清淤。基本完成畜禽养殖场的关停拆除任务。

(李　霞)

金磐扶贫经济开发区

【概述】 2016 年，完成规模以上工业总产值 20.18 亿元；固定资产投资 4.03 亿元，同比增长 33.5%；国地税收入 3.23 亿元，同比增长 20.35%。首次突破 3 亿大关。区内有工商企业 1000 多家，其中税收超 1000 万元以上企业 9 家，国家级高新技术企业 8 家，主要有五金工具、通信电子、塑料软管、服装加工、休闲用品、建筑安装等行业。6 月 18 日，金磐网络科技园正式开园。目前签约入园项目达到 45 家，其中正式入园办公企业有 30 家。

【招商引资】 至 2016 年底，前来洽谈的客商 115 批次。引进车马炮物联网公司、锦润能源贸易公司、擎海信息科技股份公司、合润金融服务等企业。全年共引进各类工商企业 105 家，注册资本 9.8 亿元，其中注册资本超过 5000 万元以上企业 6 家，固定资产投资 1 亿元以上企业 1 家，固定资产投资超过 3000 万元以上企业 2 家，引进浙商回归项目 3 个。引进内资 3.48 亿元，同比增长 174%，浙商回归资金 1.8 亿元。

【基础设施建设】 三期区块建设完成村民青苗处理 68 户，完成挖方 13.4 万方、填方 7.6 万方。投资 350

万,完成新区仁川路、九和路、深泽路、万苍路、尖山路、方前路的路灯安装工程;投资300万,新区人行道彩砖铺设工程于9月通过竣工验收;投资100万,金磐网络科技园电力安装工程于4月完工并投入使用;投资100万,老区玉山路、董宅路路灯安装改造工程10月底完工并投入使用。

【获评“2016中国最具创新力开发区”】 2016年7月23日,第八届中国区域经济改革创新高峰论坛在国家会议中心举行,评选出30余个具有特色魅力、创新力与投资价值的品牌城市、特色区县、魅力园区,金磐开发区获评“2016中国最具创新力开发区”。

(陈 璐)

磐安工业园区

【概述】 2016年,浙江磐安工业园区规模以上工业总产值13.74亿元,规模以上工业新产品产值4.2亿元;全年上缴税收1.24亿元,比上年1278万元实现翻三番;完成有效投资6.87亿元,“浙商回归”到位资金2.75亿元,引进内资3.14亿元,新创办投资3000万元以上工业企业2家,培育“小上规”企业4家,基础设施投入3940万元;制造业进“京东”行动中共10家企业入驻。

入区工业企业165家,其中规模以上企业29家,投资过亿元企业7家。引进影视文化企业86家,电子商务53家。园内有国家级高新技术企业8家,省科技型中小企业9家,市高新技术企业7家。一期面积3.6平方千米已基本开发完成,累计投入基础设施建设资金1.87亿元。

全年盘活存量建设用地92.8亩,城镇低效用地再开发76.4亩。投入2834万元,完成企业技改项目20个,劲牛、凯越、巨久等企业“机器换人”,生产提效30%以上。名仕、巨福通过国家高新技术企业认定,新增浙江省科技型中小企业2家,实施县级科技项目2个,引进高层次企业人才3名。

2016年,浙江省商务厅对全省24家电子商务创业创新园区进行公示,磐安工业园区电商集聚区入选。举办影视企业台地采风活动暨影视企业座谈会、“风情台地·精美园区”摄影比赛、环皇城湖徒步纵走挑战赛、企业职工安全趣味运动会等十周年系列活动。

成立全县首个塑料行业党支部,完成园区总工会换届选举,在5家规模以上企业创建工会并进行工会主席直选,实现规模以上企业工会组织全覆盖。解决企业外来职工子女就学80余名,为700多名企业职工进行免费体检,帮扶企业困难职工40余人。

2016年12月8日,全县“垃圾分类、美丽工厂”现场推进会在名仕科技公司召开,规上企业“垃圾分类、美丽工厂”覆盖率达60%以上。

【中小企业孵化区】 2016年,拆除原里光洋工业区块旧厂房,建造园区中小企业孵化区。规划面积100亩,完成第一期1万平方米建设用地使用权出让,3家企业入园中小企业孵化园。

(陈华羚)

金华山旅游经济区

【概述】 2016年,金华山旅游经济区工业总产值22.2亿元,其中规模以上工业企业产值13.2亿元;引进内资4.57亿元,亿元以上浙商回归项目3个,世界500强企业1家;实现财政总收入2.3亿元,同比增长15%,其中区级财政收入1.3亿元,同比增长11.4%。

【旅游产业】 成功举办“首届中国金华山文化高峰论坛”、第十二届“双龙之春”、“双龙之夏”、“2016·金华山国际黄大仙文化旅游节”、第六个“中国旅游日”等主题文化活动。全区全年接待各地游客328万人次,同比增长32%,旅游总收入29.6亿元,同比增长35.5%。

【农业转型】 按照“农业+旅游”发展思路,充分发挥锦林佛手文化园示范带动效应,加快农旅融合进程,促进农业转型升级,建成4家农旅融合基地。实现全区农业总产值3亿元,年销售收入1.35亿元,同比增长12%。

【工业经济】 围绕年初各项既定目标任务,出台工业经济发展政策、制定企业扶持方案,完善健全企业帮扶机制,有效防范化解企业两链风险。实施科技创新战略,完成工业投资3.6亿元,技改投入2.4亿元,区内新增省科技型企业6家,市高新技术企业

10家。

【完善规划】 统筹国民经济和社会发展规划、土地利用总体规划、城市总体规划,编制金华山旅游经济区总体规划。完成国家森林公园规划修编、林相改造规划设计,基本完成婺文化园、黄大仙文化园、智者文化园、师大云谷小镇、双龙溪规划设计。启动双龙风景名胜区总规评估及修编,仙桥分区控制性规划、赤松山景区、家园里景区详细规划,罗店镇、赤松镇小城镇综合整治规划,尖峰山亮化工程规划设计。

【人居环境】 持续开展环境整治大行动,提升全区各村环境面貌。投入资金3800万元,建设美丽乡村,创建省级历史文化保护与利用村落1个,培育市级精品村2个及秀美村8个。以"三改一拆""五水共治"为抓手,拆除违法建筑22万平方米,清除违规户外广告1200平方米,完成农村污水治理、池塘清淤、市控排污口整治,推进两镇截污纳管工程。

【景区建设】 以创建国家级AAAAA景区为目标,完善景区特色服务,挖掘旅游特色产品,扩大双龙胜景品牌效应,提升"江东名山"文化影响力,加快景区提档扩容,打造金华城美丽后花园。全面推进景区综合整治,维护经营秩序,规范"香火"经营,取缔黑车,组建客运公司,构建景区交通网;全面拆除洞前村违章建筑,打造"一村一品,一步一景"的优质景中村。实施美丽公路建设计划,完善景区路网建设,坚持高起点规划、高要求建设南线绿道、赤黄公路,充分利用罗电线、新朝线等沿山沿线资源优势,有机整合串联各个景点。

【社会事业】 创新社会事业管理模式,与市人民医院签订战略合作协议,补齐农村卫生院人才、医疗设备短板,赤松卫生院被评为全国先进基层卫生院。成立教育委员会,整合区内学校优秀人才,加强互相业务交流、指导,提升教育质量,改造提升辖区内中小学基础设施,建设美丽校园。构筑民生保障工程,整合城乡居民基本养老、医疗保险制度,全程关注失地农民保险工作,全区城乡居民医疗保险参保率达96%以上;完善城乡低保制度,健全社会救灾救助体系,及时发放各类救助款,五保供养率100%。重视景区、企业、交通、森林防火安全管理工作,率先实行全域禁燃禁放;以G20维稳安保工作为抓手,有效化解各类矛盾纠纷,消除不稳定因素,解决历史遗留问题,将维稳安保工作常态化,形成长效治理机制。

(朱盈盈)

政治建设

中国共产党金华市委员会

【概述】 中共金华市委六届十次全会以来，市委常委会深入学习贯彻党的十八大，十八届三中、四中、五中、六中全会和习近平总书记系列重要讲话精神，全面贯彻落实中央和省委、省政府决策部署，按照“走在前列、共建金华”要求，团结带领全市人民紧抓改革发展稳定大事，凝心聚力、苦干实干，推动经济转型升级、环境综合治理、供给侧结构性改革、保障和改善民生、全面从严治党等工作取得新成效。

【“两学一做”学习教育】 2016年，以开展“百千万党课”行动为载体，组织全市党员干部学习党章和习近平总书记系列重要讲话，开展党章党规党纪教育，实现领导干部讲党课和党员听党课“两个全覆盖”，各级党员领导干部、基层党组织书记和党员讲党课3万多场。落实集中党日活动、“三会一课”等制度，组建“党课宣讲团”，开设“书记微党课”“点赞党员小故事”。严格落实整改问题动态管理和销号制度，深入开展专项整治行动。省委巡视组反馈的4个方面30个问题基本整改到位，交办信件办结率99.3%。开展“学传统家风、立时代新风”、创“最美家庭”等活动，开设“八婺家风好故事”专栏、家风家训陈列馆和展览馆。《郑氏规范》等8个家规家训专题被中纪委网站宣传推介，中央电视台、人民网等媒体报道金华市相关做法。

【经济提质增效】 组织开展“百日攻坚、百日招商、百日服务”竞赛活动。1月—11月，全市完成固定资产投资1796.84亿元，同比增长12.5%，其中服务业投资增长24.6%。省“411”、省重点项目提前两个月完成年度投资计划。全市共引进浙商回归项目313个，其中总投资15亿元以上的项目12个，吉利英伦新能源整车、零跑科技等一批大项目落户金华。出台“减负31条”，1月—11月全市为企业减负75亿元。大力发展五大千亿产业，深入实施小微企业三年成长计划和“小升规”三年行动计划，新增新三板挂牌企业31家、股改企业79家，100家重点培育大企业大集团产值连续9个月保持两位数增长。加大恶意逃废债打击力度，努力防范和化解企业“两链”风险问题。

【创新驱动】 贯彻落实《中国制造2025》及浙江行动纲要，扎实推进“四换三名”，积极对接“互联网+”“机器人+”“标准化+”，加快建设金华科技城等创新平台，成功举办第15届中国·金华工业科技合作洽谈会，成立浙江中西部首家质量研究院，市区五金行业、永康金属制品、浦江水晶入选浙江省“机器换人”分行业试点。推进特色小镇建设，新增入选省创建名单3个、培育名单5个。制定“金华人才新政”，组织实施赴美欧人才项目对接、“百家名企进名校”等活动，探索建立“百博入企”等柔性引才机制。自主申报入选“千人计划”87人次，新评选“双龙计划”人才项目48个。成功引进中科院成都计算机研究所等一批科研院所和加拿大首席科学家陈忠伟教授团队，全市院士专家工作站突破50家。

【推进金义都市区建设】 制定《金华–义乌都市区体制机制框架和实施意见》和《金义都市区（浙中城市群）基础设施空间一体化规划》。制定出台《关于进一步加强城市规划建设管理工作加快建设现代化都市区的实施意见》，实施新一轮市区重点区块开发建设三年行动计划，金华山旅游经济区编制完成总体规划，金义都市新区和多湖中央商务区、二七区块、婺州古城、市区三江六岸、湖海塘、石门农场等重点区块建设加快推进。义乌全面实施城市有机更新改造,加快建设丝路新区、陆港新区、科创新区。

推动基础设施互联互通。金义都市区建设三年行动计划圆满收官,42项重点工程、6项重点工作全部完成。金(华)义(乌)东(阳·横店)轨道交通项目试验段工可获批并具备节点开工条件。金(华)台(州)城际铁路、杭(州)绍(兴)金(华)台(州)高速、临(安)金(华)高速、金(华)建(德)铁路等项目开工建设,义乌疏港高速、杭(州)金(华)衢(州)高速拓宽改造、衢江(金华段)航运开发、铁路客站交通枢纽区、铁路金华货场搬迁等项目加快推进,金(华)甬(宁波)铁路、杭(州)温(州)高铁、义(乌)东(阳)永(康)高速等项目加快前期。BRT3号、4号线建成运营。

【维护社会和谐稳定】 加强地方立法能力建设,《金华市制定地方性法规条例》《金华市水环境保护条例》获批通过。积极推动协商民主广泛多层制度化发展,支持政协围绕中心开展重点课题调研,“两路两侧”“四边三化”和“护航G20”等民主监督。贯彻《中国共产党统一战线工作条例(试行)》。制定出台《关于落实党委(党组)意识形态工作责任制的实施意见》。组织开展纪念建党95周年、长征胜利80周年和“走在前列、共建金华”主题宣传,深化“全国网络媒体金华行”活动,继续办好“正风问效”“八婺问水”等舆论监督栏目。开展互联网“清朗”专项整治行动,妥善处置“城区基督教会包国华案开庭”等热点敏感舆情。完善农村文化礼堂星级动态管理实施办法,全省农村文化礼堂现场会在金华市召开。

【创新发展】 深化行政审批制度改革,深入推进商事制度改革和“放、管、服”工作,推进政务服务事项“淘宝式”全流程网上办理,基本建成“四张清单一张网”,权力事项进一步精简。深化法治金华、信义金华建设,成立市信用信息中心,加快推进综合行政执法体制改革,义乌行政复议体制改革试点取得明显成效。联动推进国际贸易综合改革、国内贸易流通体制改革发展、现代物流创新发展等试点,启动实施进一步深化义乌国际贸易综合改革试点5项工作。浦江“四个全面”战略布局试点县加快推进,中捷(浦江)水晶产业合作园正式授牌。浙江横店影视产权交易中心获批成立。全面取消户口性质划分,圆满完成户籍制度改革阶段性目标。农村“三权”改革稳步推进,撤村建居深入实施。

制定出台《金华市对接“一带一路”战略三年行动计划》,义乌、宁波、舟山开放大通道启动规划建设,浙中公铁水联运港一期建成并投入运营,义乌港与省海港集团实现战略融合。义乌、新疆、欧洲班列新增至伊朗、阿富汗、俄罗斯和拉脱维亚班列,金华、义乌、兰溪至宁波海铁联运实现常态化运营。金华、义乌综合保税区一期项目通过省级联合预验收,菜鸟金华、义乌电商新城项目一期建成,获批筹建进口肉类指定口岸。金华、义乌“跨境通”平台日通关量突破10万票,国际邮件互换局累计通关量突破4000万件。成功召开第二届全球跨境电子商务大会,义乌、永康成为省产业集群跨境电子商务发展试点。

【保障和改善民生】 制定实施更加积极的就业政策,开展就业援助、援企稳岗等工作,基本实现扶持对象和项目全覆盖,城镇新增就业7.2万人,城镇登记失业率控制在4%以下。推进“青年创业谷”计划。推动电商创业发展,建成市县乡三级农村电商创业基地1600多家,金华在全国大众电商创业最活跃城市排行榜中居第2位。

开展教育现代化县(市、区)创建,推行“阳光招生”,建成义务教育标准化学校40所。推进“双下沉、两提升”分级诊疗制度,建立区域诊断中心和双向转诊平台,金华市被列入第四批公立医院改革国家联系试点城市。

实施全民参保登记,连续12年上调企业退休人员养老金,有序推进机关事业养老保险制度改革,城乡居民基本养老保险参保率、医保参保率分别达95%、98%。新增城乡居家养老照料中心及医养融合服务机构127家,金华职业技术学院成为全国首批养老服务类示范专业点。新开工保障性安居工程13365套、竣工12950套。

【党风廉政建设】 认真落实党风廉政建设主体责任,出台落实“两个责任”全程记实管理制度,加大“一案双查”和责任追究力度。加强对重要节点和隐形“四风”问题的明查暗访,全市共查处违反中央八项规定精神问题45起,处理党员干部52人。加强和改进纪律审查工作,一年来,全市纪检监察机关共提醒约谈2917人,纪律处分1345人,移送司法机关

66人,为2045位党员干部澄清问题。开展市、县党风廉政建设巡察工作,推动全面从严治党向基层延伸。开展派驻机构履责"全面落实年"活动,推进乡镇纪委回归主业,全面发挥"五务"监督委员会作用。

重要会议

【市委六届十一次全会】 5月17日,中共金华市委六届十一次全体(扩大)会议在市文化中心召开。全会听取赵光君受市委常委会委托作的报告,审议通过《中共金华市委关于走在前列共建金华的决定》。

全会指出,着眼金华长远发展和现实需要,在全市上下联动找短板的基础上,提出"走在前列、共建金华"的新要求,把它作为提升标杆、补齐短板的要求,作为引领金华改革发展的行动指南。

全会指出,要准确把握"走在前列、共建金华"的内涵要求,紧扣确保与全省同步高水平全面建成小康社会这个总目标,切实把全局观和大局观有机结合起来,真正以问题导向、效果导向和满意导向为基本遵循,着力推动共建共融共享共赢,科学运用系统思维和辩证方法查补短板,全面贯彻落实市委决策部署。

全会强调,要紧扣"走在前列、共建金华"新要求,重点补齐实体经济、科技创新、交通建设、城市工作、旅游发展、公共服务、改革落地七块短板,集中力量打好歼灭战。

全会强调,要切实把市委全会精神理解透,以"走在前列、共建金华"新要求为"纲",以"七大短板"为目,抓纲带目补短板,高质均衡促发展;切实把"走在前列"意识树起来,比学赶超、提升标杆,扬长补短、厚植优势,改革创新、抢抓机遇,攻坚克难、重点突破,努力做到从"跟跑"到"并跑",并争取在某些方面和领域"领跑"。全会强调,事业成败,根本靠人,关键在党。全市各级党组织要认真开展"两学一做"学习教育,把全面从严治党要求落实到每一个支部、每名党员,进一步提振干事创业精气神,切实凝聚攻坚克难正能量,着力激发改革发展新动力,全面营造风清气正好环境,为"走在前列、共建金华"提供坚强保障。

参加这次全会的人员有:市委委员、候补委员,市纪委委员;不是市委委员的市四套班子领导,市法检两长;市四套班子正、副秘书长,市人大常委会,市政协各委(室)主要负责人;各县(市、区)委书记、县(市、区)长、纪委书记;市直属各单位、在金省部属各单位主要负责人;市纪委派驻纪检组组长;各民主党派主委;市机关退出现职领导干部工作组组长;部分市第六次党代会代表、省千名好支书代表、部分列入市级双重管理的"两新"组织党组织书记。市级老领导,市委督导组正副组长,市决咨委委员代表及市直属各单位副处以上领导干部参加全会第一次会议。

【市委六届十次全会】 12月19日—20日,中共金华市委六届十三次全体(扩大)会议在金华举行。出席这次全会的有,市委委员38名,候补委员4名。

全会听取和讨论赵光君受市委常委会委托作的工作报告,审议通过《中共金华市委关于全力打造绝对忠诚勇立潮头敢打硬仗能打胜仗金华铁军的决定》。

会议指出,省委十三届十次全会清醒审视我省当前所处的历史方位,专题研究全面从严治党,对从严加强干部队伍建设、打造勇立潮头的浙江铁军作了全面部署。要从政治和全局的高度,深刻认识省委研究浙江当前所处历史方位的重大意义,找准金华发展坐标,肩负起中央和省委赋予我们的光荣使命和重大责任。

会议认为,今后五年金华发展的总体目标是"全面小康、浙中崛起",工作要求是"走在前列、共建金华",发展路径是推进县域经济向都市区经济转型,战略举措是共建共融共享共赢。

会议强调,当前重中之重是加快打造综合交通廊道、金义科创廊道、浙中生态廊道"三条廊道",使之成为共建金华的标志性、示范性工程,实现都市区建设由"散"到"聚"的转变。

会议强调,全市广大党员干部要以"赶考"的精神状态、强烈的使命担当,保持政治上的清醒,树立走前列的意识,怀有"拓疆土"的雄心,扛好旗、作表率,走对路、扎实干,用忠诚诠释担当,以奋斗赢得未来。要落实新时期好干部"五条标准",坚决消除"不作为"的作风顽疾,坚决克服"不敢为"的畏难情绪,以更加过硬的本领、更加顽强的作风,过险滩、夺关隘,攻坚克难、攻城拔寨,把忠诚干净担当书写在金华事业上,印刻在八婺大地上。

市委常委会议

3月28日,市委召开第152次常委会议,传达学习习近平总书记在全国政协民建工商联界别委员联组会上的重要讲话和在党的新闻舆论工作座谈会上的重要讲话精神,李强省长在金华调研时的讲话精神,省委统战部、省工商联专题报告会精神,省委加强党的新闻舆论工作座谈会和全省新闻单位社长台长总编研讨班精神。

4月1日,市委召开第153次常委会议,研究平安建设及G20杭州峰会维稳安保、《关于进一步降低企业成本减轻企业负担推进实体经济健康发展的若干意见(送审稿)》、传达中央有关文件精神。

4月18日,市委召开第154次常委会议,研究审议《关于开展农村生活环境治乱村庄美化工作的实施意见(送审稿)》、研究审议《建立民主党派和无党派人士向市委提出建议的"直通车"制度》、研究审议2015年度全市招商引资和支持浙(婺)商创业创新目标责任制考核结果。

4月25日,市委召开第155次常委会议,传达学习省委书记夏宝龙在金调研时的重要讲话精神、研究分析一季度经济形势分析,部署下一阶段经济工作、传达全省"两学一做"专题党课暨学习教育部署会主要精神、研究审议《民主党派和无党派人士向市委提出建议的"直通车"制度(送审稿)》、研究省管干部考核等次建议意见、研究有关人事事项。

4月28日,市委召开第156次常委会议,传达学习省委十三届九次全会精神、研究审议《关于加强县乡人大工作和建设的若干意见》、研究审议《关于进一步加强企业风险化解处置工作的意见(送审稿)》、传达学习全国、全省党史研究室主任会议精神、研究审议全市社区矫正工作表扬集体和个人建议名单。

5月3日,市委召开第157次常委会议,研究有关人事事项、研究有关案件、研究审议"两路两侧""四边三化"问题整治整改工作。

5月12日,市委召开第158次常委会议,研究审议市委六届十一次全会方案、研究审议市委六届十一次全会《报告》、研究审议市委六届十一次全会《决定》、研究审议《2016年度县(市、区)综合考评办法和市直单位绩效考评办法(送审稿)》、传达全省党中央治国理政新理念新思路战略重大主题宣传第二阶段工作专题会议主要精神、研究审议《关于落实意识形态工作责任制的实施意见(送审稿)》、研究推荐法治浙江建设十周年先进集体和先进个人及市委通报表扬法治金华建设十周年先进集体和先进个人名单。

5月20日,市委召开第159次常委会议,传达学习习近平总书记在全国宗教工作会议上重要讲话精神、研究审议全省优秀共产党员、优秀党务工作者和先进基层党组织推荐建议名单、研究审议省、市"六五"普法先进集体、先进个人候选人建议名单。

5月31日,市委召开第160次常委会议,研究有关人事事项、研究实体经济课题调研工作。

6月12日,市委召开第161次常委会议,传达学习习近平总书记在哲学社会科学座谈会上的讲话精神、研究全省宗教工作会议贯彻落实建议意见、传达省委网络安全和信息化工作座谈会主要精神,研究我市贯彻落实建议意见、传达全省浙商回归工作现场推进会主要精神、研究我市开展纪念中国共产党成立95周年系列活动建议方案和我市"两优一先"推荐评选建议名单、研究市管干部年度考核等次建议意见、研究有关人事事项、研究有关案件。

6月21日,市委召开第162次常委会议,听取省委督查G20峰会维稳安保工作情况、城市工作课题调研情况汇报、研究浦江县水晶产业转型升级工作、省委统战工作督查情况汇报、研究新一届市人大常委会组成人员名额情况。

7月1日,市委召开第163次常委会议,学习《中国共产党章程》、习近平总书记署名文章《认真学习党章 严格遵守党章》、学习《中国共产党地方委员会工作条例》《党委会的工作方法》《中国共产党党组工作条例(试行)》、观看严肃换届纪律专题警示教育片、传达全省市县领导班子换届工作部署会主要精神、传达全省农村基层党建工作会议主要精神、研究审议《2016年"五水共治"考核办法》、研究审议《政协金华市委员会委员履职考评办法（试行）》和《政协金华市委员会委员述职办法(试行)》、研究有关人事事项。

7月8日,市委召开第164次常委会议,学习贯彻习近平总书记在庆祝中国共产党成立95周年大会上的重要讲话精神、传达贯彻全省G20杭州峰会维稳安保临战阶段工作部署会议精神、研究我市民主党派和工商联换届工作、研究审议《金华市委普法依法治理领导小组关于在全市公民中开展法治宣传教育的第七个五年规划(送审稿)》、研究追授周峰同志为"金华市优秀共产党员"荣誉称号、研究有关人事事项。

7月13日,市委召开第165次常委会议,研究义乌市经济发展和社会稳定工作。

7月19日,市委召开第166次常委会议,研究综合交通工作专题调研成果、传达贯彻全省哲学社会科学工作党校工作会议精神。

7月22日,市委召开第167次常委会议,研究上半年经济形势和社会形势。

7月29日,市委召开第168次常委会议,传达学习省委常委会第172次会议主要精神、传达学习省委书记夏宝龙来金调研时的重要讲话精神、传达学习全省县乡两级人大换届选举工作学习会精神,研究我市贯彻落实建议意见、研究县(市、区)领导班子换届工作。

8月9日,市委召开第169次常委会议,传达省委常委、纪委书记任泽民同志来金调研时讲话精神、学习《中国共产党问责条例》、研究旅游工作课题调研成果、研究省美丽乡村示范县市级评审推荐单位。

8月22日,市委召开第170次常委会议,传达学习省委专题学习会精神、传达学习代省长车俊来金调研时讲话精神、研究市级领导班子换届考察有关工作、研究出席团省委第十四次代表大会代表候选人预备人选。

8月29日,市委召开第171次常委会议,传达学习省政协主席乔传秀来金调研时讲话精神、传达学习省委常委、统战部部长王永康来金调研时讲话精神、研究审议《六届市委常委会五年工作总结(送审稿)》、研究审议《中共金华市人大常委会党组关于做好全市县乡两级人民代表大会换届选举工作的意见(送审稿)》、研究省美丽乡村建设突出贡献奖评选市级推荐工作。

9月6日,市委召开第172次常委会议,传达学习中央《关于辽宁拉票贿选案查处情况及其教训警示的通报》、传达学习中办〔2016〕20号、浙委办发〔2016〕59号文件精神、研究金义东城际轨道交通建设有关工作、研究市第七次党代会《市委工作报告》起草工作建议方案、传达市级领导班子换届考察部署会主要精神,研究省委对市领导班子换届考察有关配合工作。

9月8日,市委召开第173次常委会议,考察组组长、省委组织部副部长姚志文同志讲话;市委书记赵光君同志表态发言;传达中央办公厅《关于防止干部"带病提拔"的意见》精神。

9月12日,市委召开第174次常委会议,传达学习省委常委会第178次会议精神,总结G20维稳安保工作,研究部署下步工作。

9月17日,市委召开第175次常委会议,研究有关人事事项。

9月22日,市委召开第176次常委会议,研究有关人事事项。

9月28日,市委召开第177次常委会议,通报有关情况,研究部署安全生产工作、研讨《浙江省十一市党政领导班子实绩分析评价报告》,研究下步工作、研究省对市经济工作责任督查考核有关工作、研究特色小镇规划建设有关工作、传达学习全省党委系统办公室工作会议精神、研究县(市、区)党代会有关工作安排、研究市台联第七次会员代表大会有关工作安排。

10月14日,市委召开第178次常委会议,省委赴市换届考察组通报反馈换届考察情况。

10月14日,市委召开第179次常委会议,传达学习中办发电〔2016〕25号文件精神、传达学习省委书记夏宝龙来金调研时重要讲话精神和《全市小城镇环境综合整治行动有关方案》、研究科技工作课题调研成果、研究《金华市水环境保护条例》制定工作、传达学习全省统一战线读书会主要精神。

10月24日,市委召开第180次常委会议,研究三季度全市经济形势。

10 月 24 日,市委召开第 180 次常委会议,传达学习中央维稳办、公安部紧急视频会议精神、研究《金华市人大常委会关于加快推进“走在前列、共建金华”的决议》制定工作、研究特色小镇规划建设有关工作、研究审议《关于建立容错免责机制 激励干部干事创业的意见(送审稿)》、研究市第七次党代会筹备工作建议方案、研究县(市、区)党代会请示事项、研究追授卢光明同志金华市优秀共产党员荣誉称号。

10 月 31 日,市委召开第 181 次常委会议,研究有关人事事项。

11 月 10 日,市委召开第 182 次常委会议,学习《关于新形势下党内政治生活的若干准则》和《中国共产党党内监督条例》、听取金义东轨道交通项目工可情况汇报、传达学习中办通报〔2016〕第 26 期文件主要精神、传达学习全省深化基层党建“整乡推进、整县提升”工作暨党员干部党风家规建设现场推进会主要精神、研究审议《进一步支持义乌改革发展的若干意见(送审稿)》、传达学习中央纪委机关、中组部换届风气巡回督查组来金督查调研主要精神、研究市委六届十二次全会有关安排、研究有关人事事项。

11 月 14 日,市委召开第 183 次常委会议,研究有关人事事项。

11 月 20 日,市委召开第 184 次常委会议,研究有关人事事项、研究《关于做好市人大换届选举工作的若干意见(送审稿)》、研究《关于做好第七届市政协人事安排工作的意见(送审稿)》。

12 月 2 日,市委召开第 185 次常委会议,传达学习省委十三届十次全会精神、传达全省水利工作会议、全省畜牧业转型升级现场会及车俊代省长来金调研时指示精神、研究我市安全生产工作、传达学习全省美丽乡村和农村精神文明建设现场会主要精神,研究现场会建议方案、听取《金华市 2016—2020 年党史工作规划(送审稿)》起草情况的汇报、研究有关义乌商贸服务业集聚区管委会领导职数核定事项、研究有关案件。

12 月 15 日,市委召开第 186 次常委会议,研究审议市委六届十三次全会建议方案、《报告》及《中共金华市委关于全力打造绝对忠诚勇立潮头敢打硬仗能打胜仗金华铁军的决定(送审稿)》、研究《金华市深化供销合作社和农业生产经营管理体制改革构建“三位一体”农民合作经济组织体系实施方案(送审稿)》、研究《关于健全金华市政协委员退出机制的若干规定(试行)(送审稿)》、传达全省出席党的十九大代表和省第十四次党代会代表选举工作部署会议主要精神、研究金华市第七次党代会市委提名代表候选人建议方案及听取县(市、区)出席市党代会代表候选人预备人选审核情况的汇报、研究第九批援疆干部选派工作、听取严肃查处七起违反换届纪律情况的汇报。

12 月 20 日,市委召开第 187 次常委会议,传达学习中央经济工作会议和省委领导干部会议精神、研究《关于支持人才创业创新服务浙中崛起的若干意见(送审稿)》。

12 月 28 日,市委召开第 188 次常委会议,传达学习《习近平总书记和刘云山同志在全国高校思想政治工作会议上的重要讲话》(中办通报〔2016〕第 31 期)主要精神、研究《关于落实全面从严治党要求进一步加强机关党建工作的实施意见(送审稿)》、听取关于全国农村青年致富带头人标兵评选和 2016 年度全国青年安全生产示范岗评选的汇报、研究市工商联六届主席、副主席、秘书长候选人建议名单、研究有关人事事项、研究有关案件。

市委办公室工作

【概述】 围绕“全面小康、浙中崛起”总体目标和“走在前列、共建金华”要求,抓好市委各项重大决策部署贯彻落实,发挥统筹协调、参谋助手、督促检查、服务保障等职能作用,确保市委各项工作高效有序运转。信息考核排名全省第四;党委规范性文件备案审查通过率达 100%,保密平安考核实现零扣分,并列全省第一;机要平安考核全省并列第一。

【辅政能力建设】 开展“全办大调研”系列专题活动,形成一批有一定参考价值和影响力的调研报告。如信息处报送的《康恩贝集团生动践行精准扶贫思想走出一条富民强企的“产业链扶贫”之路》、政研室围绕区域特色产业形成的调研报告等。提高以文辅政,全年负责起草完成市委和市委领导各类文稿780余篇。抓长信息报送,全年共有17篇信息被中办采用。

【督查问责】 全过程跟踪督办十八届六中全会精神、上级各类会议文件精神的贯彻落实情况,重点督查落实省委、省政府主要领导来金调研重要指示事项以及市委、市政府重大决策部署和民生实事。创新督考方式。探索试行“微信+督查”“媒体+督查”“调研+督查”等新模式,更好发挥“三问一线”媒体监督作用,主动对接省委、省政府经济工作责任考核和省对市党政领导班子实绩评价,建立奖优罚劣、问责从严的督考生态,不断提高督查实效。加大问责力度。对党风廉政建设考核不合格的2个县市和4家部门予以综合考评一票否决,对2015年度民生实事未完成的4家责任单位进行通报批评。

【服务保障】 坚持以办文零差错、办会零失误、办事零纰漏、落实零延误、参谋零距离“五个零”为目标,从严从快从精完成各项服务保障任务。全年完成全国水环境综合整治、全国农村生活垃圾分类、全省水利和畜牧业现场会以及3次市委全会、市委经济工作会议等重要会议的会务工作。严格把好公文审核关,下发文件基本实现“无滞留、零差错”。认真细致审核党委规范性文件,全年完成对4个县(市、区)和40余家市直单位的保密督查。将市直单位保密工作情况纳入绩效考评,主体责任得到进一步落实,保密意识进一步增强。

市委常委任免情况

1月24日,浙委干〔2016〕20号通知,省委决定:赵光君同志任中共金华市委委员、常委、书记,免去其浙江省司法厅党委书记、委员、中共浙江省委政法委员会委员职务。

3月28日,浙委干〔2016〕61号通知,省委决定:免去陈伟同志的中共金华市委常委、委员职务。

4月5日,浙委干〔2016〕79号通知,省委决定:免去陶诚华同志的中共金华市委副书记、常委职务。

4月5日,浙委干〔2016〕79号通知,省委决定:何杏仁同志任中共金华市委副书记。

10月20日,浙委干〔2016〕208号通知,省委决定免去何杏仁同志的中共金华市委副书记、常委、委员职务。

（金德高）

金华市人民代表大会常务委员会

【概述】 2016年,召开常委会会议7次、主任会议16次,听取审议专项工作报告13个,作出决议决定7项,备案审查规范性文件33件,依法任免国家机关工作人员21人次,开展执法检查2次,交办审议意见、视察意见12个。2016年共交办代表建议286件,代表满意和基本满意率超过97%。

【视察监督】 推进《关于加强金华江流域水环境综合整治的决定》的贯彻落实,助推“一年灭黑臭,两年提水质,三年可游泳”,实现水环境历史性改善。加强大气污染防治的跟踪监督。听取审议城市综合交通、金义东城际轨道交通等专项规划,依法推进土地利用总体规划的修编。持续监督“三改一拆”;跟踪督查“两路两侧”环境整治;开展道路交通安全法执法检查;专题调研旅游法贯彻执行情况;关注市区公共文化服务标准化建设;持续关注农产品质量安全;推进残疾人权益保障;打好精准扶贫攻坚战,注重维护归侨侨眷合法权益;重视少数民族地区经济社会发展。

【依法治市】 在全省首批获准行使地方立法权后,及时编制立法规划,做好第一部程序法《金华市制定地方性法规条例》、第一部实体法《金华市水环境保护条例》的制定工作。开展校地合作,组建金华地方立法研究院,建立立法咨询委员会,为立法工作提供强有力地智力支持。在全省率先制定出台《关于全面推进法治金华建设的决议》,推进依法治市工作。深化司法监督,听取公检法关于涉案财务处置工作的报告,关注行政审判、立案登记制改革、消防等工作。加大对监督司法机关工作办法实施情况的监督,促进司法公信力建设。

重要会议

【金华市第六届人民代表大会第八次会议】 2016年

2月 24 日—28 日，市六届人大八次会议在金华召开。出席会议的市人大代表 422 名、列席人员201名，参加市政协六届六次会议的全体委员列席会议。会议听取和审查市人民政府市长暨军民所作的关于金华市人民政府工作报告,审查市发展和改革委员会关于金华市 2015 年国民经济和社会发展计划执行情况及 2016 年国民经济和社会发展计划草案的报告、市财政局关于金华市 2015 年全市和市本级财政预算执行情况及 2016 年全市和市本级财政预算草案的报告,听取和审查市人大常委会主任黄锦朝所作的关于金华市人民代表大会常务委员会工作报告、市中级人民法院院长汤海庆所作的关于金华市中级人民法院工作报告、市人民检察院检察长毛建岳所作的关于金华市人民检察院工作报告，会议通过关于批准上述六个报告的相应决议。会议听取市人大常委会副主任蔡健所作的关于《金华市制定地方性法规条例(草案)》的说明,审议通过《金华市制定地方性法规条例》。

【金华市六届人大常委会第三十七次至第四十三次会议】 2016 年1 月 29 日，市六届人大常委会举行第三十七次会议。会议听取市政府常务副市长金中梁所作的关于政府工作报告起草情况的说明、关于金华市国民经济和社会发展第十三个五年规划纲要起草情况的说明,初审政府工作报告稿和纲要草案。会议审议通过市人大常委会 2016 年工作要点。会议审议市人大常委会工作报告稿,同意将该报告稿提请市六届人大八次会议审查。会议听取市人大常委会副秘书长、法制委副主任委员李克勤代表市人大法制委所作的关于《金华市制定地方性法规条例(草案修改稿)》修改情况的报告、关于提请审议《金华市制定地方性法规条例 (草案)》 的议案(草案)；会议审议条例修改稿并同意将其提请市六届人大八次会议审议。会议初审法院工作报告稿、检察院工作报告稿;书面审议市政府关于我市社会养老服务体系建设情况审议意见的研究处理报告、关于我市农产品质量安全情况审议意见的研究处理报告。会议以无记名投票的方式表决通过相关人事议案。

2016 年 2 月 18 日，市六届人大常委会举行第三十八次会议。会议听取并审议市政府常务副市长金中梁所作的关于市本级 2016 年政府重大投资项目计划的报告,并逐项表决通过市本级 2016 年政府重大投资项目及投资规模调整的重大项目。会议听取并审议通过市人大常委会代表资格审查委员会副主任委员伊福泉所作的关于补选的市六届人大代表的代表资格审查报告。会议听取市人大常委会副秘书长、办公室主任邹志伟代表主任会议所作的关于市六届人大八次会议主席团和秘书长名单草案的说明，审议并同意将该名单草案提请市六届人大八次会议预备会议选举。会议听取市人大常委会副秘书长、办公室主任邹志伟代表主任会议所作的关于市六届人大八次会议列席人员名单草案的说明，审议并通过市六届人大八次会议列席人员名单。会议以无记名投票的方式表决通过相关人事议案。

2016 年 4 月 25 日，市六届人大常委会举行第三十九次会议。会议听取并审议市政府常务副市长金中梁所作的《关于提请授予邵林波同志金华市荣誉市民称号的议案》,表决通过《关于同意授予邵林波“金华市荣誉市民”称号的决定》。会议听取并审议市政府常务副市长金中梁所作的关于市区智者街南延(金罗公路张家段)拓宽改造工程项目的报告,表决通过市区智者街南延(金罗公路张家段)拓宽改造工程项目。会议听取市人大常委会法工委主任钱静代表主任会议所作的关于《金华市地方性法规立项工作规则 (草案)》《金华市地方性法规草案起草工作规则(草案)》的起草说明,审议并表决通过《金华市地方性法规立项工作规则》《金华市地方性法规草案起草工作规则》。会议听取并审议市人大常委会副秘书长、代表与选任工委主任伊福泉代表主任会议所作的《关于终止杜志正金华市六届人大代表资格的报告(草案)》,表决通过《关于终止杜志正金华市六届人大代表资格的报告》。会议以无记名投票的方式表决通过相关人事议案。

2016 年 6 月 27 日，市六届人大常委会举行第四十次会议。会议听取并审议市政府常务副市长金中梁所作的关于市政府执行道路交通安全法律法规情况的报告,听取并审议市人大常委会内司工委主任张世元代表市人大常委会执法检查组所作的关于我市道路交通安全法律法规执法检查情况的报告。会议听取并审议市政府常务副市长金中梁所作的关于市政府执行残疾人权益保障法情况的报告，听取并审议市人大常委会委员、农工委主任姜洪森代表市人大常委会执法检查组所作的关于我市残疾人权益保障法执法检查情况的报告。会议听取并审议市政府常务副市长金中梁所作的关于金华市土地利用总体规划(2006—2020年)调整完善情况的报告。会议听取并审议市人大常委会副秘书长、代表与选任工委主任伊福泉代表代表资格审查委员会所作的《关于补选的市六届人大代表的代表资格审查报告(草案)》，表决通过《关于补选的市六届人大代表的代表资格审查报告》。

2016年8月25日，市六届人大常委会举行第四十一次会议。会议听取并审议市政府市长暨军民所作的关于市政府2016年上半年工作情况和下半年主要工作的报告，听取并审议市中级人民法院副院长宋耿金所作的关于市中级人民法院2016年上半年工作情况和下半年主要工作的报告，听取并审议市检察院检察长毛建岳所作的关于市检察院2016年上半年工作情况和下半年主要工作的报告。会议听取并审议市政府常务副市长金中梁所作的关于市本级2015年财政决算和2016年1—6月财政预算执行情况的报告、关于市本级2015年度财政预算执行和其他财政收支的审计情况报告，审议并表决通过《金华市人大常委会关于批准市本级2015年财政决算的决议》。会议听取市法制办主任王旭照代表市政府所作的关于提请审议《金华市水环境保护条例(草案)》的议案及起草说明，审议《金华市水环境保护条例(草案)》，并书面审议市人大城乡建设与环境资源保护委员会关于《金华市水环境保护条例(草案)》的审议报告。会议听取并审议市农办主任祝维伟代表市政府所作的关于我市精准扶贫工作情况的报告，听取市人大常委会委员、农工委主任姜洪森代表市人大常委会专题调查组所作的关于我市精准扶贫工作情况的调查报告。会议听取市人大常委会内司工委主任张世元代表主任会议所作的《关于开展第七个五年法治宣传教育的决议(草案)》的起草说明，审议并表决通过《关于开展第七个五年法治宣传教育的决议》。会议听取并审议市政府常务副市长金中梁所作的关于金华市妇幼保健院迁建项目投资计划调整情况的报告。

2016年10月25日，市六届人大常委会举行第四十二次会议。会议听取市人大常委会副主任、市人大法制委员会主任委员蔡健所作的关于《金华市水环境保护条例(草案)》审议结果的报告，审议并表决通过《金华市水环境保护条例(草案)》。会议听取并审议市政府常务副市长金中梁所作的关于建设金义东城际轨道交通项目有关情况的报告，表决通过《关于金义东城际轨道交通项目的决定》。会议听取并审议市政府常务副市长金中梁所作的关于调整市本级2016年财政收支预算的报告，表决通过《关于调整市本级2016年财政收支预算的决议》。会议听取并审议市政府副市长林丹军所作的关于我市宗教工作情况的报告，听取市人大常委会民宗外侨工委主任王景荣代表市人大常委会专题调查组所作的关于我市宗教工作工作情况的调查报告。会议听取并审议市政府副市长林丹军所作的关于我市执行职业教育法情况的报告，听取市人大常委会副秘书长、教科文卫工委主任吴文飞代表市人大常委会专题调查组所作的关于我市职业教育法贯彻执行情况的调查报告。会议听取市人大常委会副秘书长、办公室主任邹志伟代表主任会议所作的《关于加快推进走进前列共建金华的决议(草案)》的起草说明，审议并表决通过《关于加快推进走进前列共建金华的决议》。会议书面审议市政府关于我市残疾人保障法律法规执法检查审议意见的研究处理报告、关于我市道路交通安全法执法检查审议意见的研究处理报告。会议以无记名投票的方式表决通过相关人事议案。

2016年12月30日，市六届人大常委会举行第四十三次会议。会议听取和审议市政府常务副市长金中梁所作的关于2015年市本级财政预算执行情况和其他财政收支审计发现问题整改情况的报告、关于市六届人大八次会议代表建议办理和开展本届人大代表建议办理工作“回头看”活动情况的报告。会议听取和审议市政府常务副市长金中梁所作的关于《金华市人大常委会关于加强金华江流域水环境综合整治的决定》执行情况的报告，听取和审议市人大常委会副秘书长、城建环保工委主任张志明代表常委会专题调研组所作的关于《金华市人大常委会关于加强金华江流域水环境综合整治的决定》执行情况的调查报告。会议听取和审议市人大常委会副秘书长、办公室主任邹志伟代表主任会议所作的关于市六届人大八次会议议案办理情况的报告。会议表决通过金华市换届选举工作委员会组成人员名单。会议以无记名投票的方式表决通过相关人事议案。

（陈子华）

金华市人民政府

【概述】 2016年，全市实现生产总值3635亿元，比上年增长7.5%；财政总收入555.2亿元，增长7.3%，其中一般公共预算收入338.1亿元，增长9%；固定资产投资2084亿元，增长13.5%；外贸出口3171.3亿元，增长6.1%；社会消费品零售总额1977.9亿元，增长11.2%。

【实体经济】 启动实施“十百千万”工程。设立10个转型升级产业基金，三产增加值占生产总值比重达52.3%。全市五大千亿产业增加值1720.1亿元，增长7.9%，占GDP比重47.3%。规模以上工业产值突破5000亿元，工业增加值突破1000亿元，新能源汽车产业规模居全省第三。新增股改企业91家，上市和挂牌企业66家。“金华制造上京东”企业累计6277家。金华科技城高端产业发展区入驻企业62家、引进科研院所2家。7个县市全部入围中国电子商务百强县。规划建设22个特色小镇，其中列入省级创建名单11个。菜鸟电商园建成运营，腾讯众创空间落户。

累计建成省级粮食生产功能区81万亩、省级现代农业综合园区11个、设施农业21万亩，培育规范性农民专业合作社812家、示范性家庭农场251家。

固定资产投资增长13.5%，服务业投资增幅居全省首位，重大产业项目、重大基础设施项目、高新技术产业、生态环保投资分别增长29%、37%、18.2%、18%。新引进吉利英伦、零跑科技等总投资超15亿元重大产业项目12个，浙(婺)商回归资金332亿元。

【都市区建设】 完成《金华—义乌都市区规划纲要》修编并上报省政府批复，《长江三角洲城市群发展规划》把金华列为长三角城市群26个中心城市之一、“沪杭金发展带”节点城市。重大基础设施投资增长37%，完成交通基础设施投资220亿元。金义东市域轨道交通项目试验段、金甬铁路开工建设，金华铁路南站和新货场投入运营，铁路客站交通枢纽区改造加快推进。杭金衢高速改扩建一期建成通车，义乌疏港高速、杭绍金台高速、临金高速加快建设。衢江金华段航运开发和义乌机场改扩建、横店通用机场建设加快推进。新开通BRT线路2条，金华市区公交分担率提高到20.2%。金华市成为特高压交流直流混联城市，全社会用电量突破300亿千瓦时。

【重大改革举措】 加快推进“放管服”改革，基本建成市、县两级“四张清单一张网”，权力清单事项平均削减36.8%，取消行政事业性收费97项。全面实行“五证合一、一照一码”商事登记制度。探索“互联网+政务服务”建设，全面实施“网上政府”建设三年行动计划，深化“淘宝式”政务办理模式，政务服务网金华分厅访问量居全省第四，统一公共支付量占全省1/4，在全国301个地市“互联网+政务服务”平台评估中，获评全国最高等级。

供给侧结构性改革推进，金华开发区、永康省级试点取得积极进展，“三去一降一补”完成既定目标。其中处置僵尸企业197家，淘汰落后产能涉及企业103家，整治提升“低小散”企业3206家；收回土地3179亩，盘活工业土地2万亩，消化批而未供土地1.6万亩；商品房销售面积增长24.7%，金华市区商品住宅去化周期13.6个月，商品住宅去化周期降至10.7个月；处置不良贷款380亿元，不良贷款率3.01%。为企业减负84亿元。47项国家和省部级改革取得重大进展，出台《关于进一步支持义乌改革发展的若干意见》《关于全面支持浦江水晶产业转型发展的若干意见》，义乌成为国内开通国际铁运线最多的城市，中捷(浦江)水晶国际产业合作园授牌。

【环境治理】 全年累计完成拆违面积1877万平方米，完成率234.7%，居全省第三位；“三改”面积4949万平方米，完成率549.9%，居全省第二位；拆后土地利用率88.9%，居全省第二位；“三改一拆”综合排名居全省第二位。

制定出台《金华市水环境保护条例》,实施金华市流域水质考核奖惩办法,开展"水质提升"十大工程,污水处理厂尾水排放实施"金华标准","千河万塘"大清淤量居全省第一,劣Ⅴ类支流全部摘帽,国控断面、省控断面、出境断面、县市交接断面、饮用水源地"5个100%"达标,兑现"一年灭黑臭、两年提水质、三年可游泳"承诺,地表水Ⅲ类以上水质断面占比达到97.6%,第3次荣获大禹鼎。统筹推进治气治堵治超工作,实施气尘合治三年行动,2016年金华市区PM2.5平均浓度比2013年下降34.3%,空气质量优良率提高到80.6%。强化城乡环境综合治理。消除市域内高速公路、铁路两侧可视范围内4方面13类问题。农村生活垃圾分类处理和污水治理村庄覆盖率分别达98.1%和95%。

【民生事业】 财政民生支出401亿元,增长13.2%,占全部支出的73.6%,十方面民生实事全面完成。全体居民可支配收入增长8.1%,低收入群众收入增长18.9%。义务教育标准化学校覆盖率达95%,金东区、义乌市通过省教育基本现代化县验收。实现优质医疗资源下沉乡镇全覆盖,分级诊疗和家庭责任医生签约服务加快推进,浙医四院建成运营,市妇幼保健院、中心血站迁建项目开工建设。郑义门、延福寺等一批文保单位得到修缮,浦江上山文化遗址公园落成,市科技文化广场加快建设。累计建成农村文化礼堂784个,完成文化惠民"五进五送"4.5万场。群众性体育活动广泛开展,重点公共体育场所向社会开放。依法稳妥实施全面两孩政策,出生人口性别比实现六连降。全面实施全民参保登记,城乡居民养老保险和医疗保险参保率分别达到95%和98%,基本建成城乡社区二十分钟服务圈。累计建成城乡居家养老服务照料中心3020家,惠及20余万老年人。

【创业就业】 深入推进"青年创业谷"计划,建成市县乡三级农村电商创业基地1600多家,在全国大众电商创业最活跃城市排行榜中居第二位。全市新增城镇就业7.8万人,城镇登记失业率控制在2.8%以内。

【对接"一带一路"】 召开第二届全球跨境电商大会,完成外贸进出口2346.7亿元,其中出口总额3171.3亿元。"义新欧"中欧班列实现双向常态化运行,新增6条线路,累计运送量突破1万标箱。义乌国际邮件互换局业务量居全国第四。参与义甬舟开放大通道规划建设,梳理重大支撑性项目119个。与宁波舟山港签署全面战略合作协议,义乌港整合到省海港集团。金义综合保税区通过验收,签约入驻企业40家。实际利用外资3.5亿美元,对外直接投资8.3亿美元、承包工程营业额4亿美元;11家跨境电商园区、14家公共海外仓列入省级试点。

（李声旺）

市政府常务会议

1月8日,召开市政府第118次常务会议。会议听取政府工作报告(讨论稿)起草情况、关于市"十三五"规划纲要编制工作情况、关于金华市2015年国民经济和社会发展计划执行情况与2016年国民经济和社会发展计划草案的报告(讨论稿)起草情况、关于调整完善新一轮市区财政体制、关于2015年财政收支预算执行情况及2016年收支预算(草案)安排情况、关于市转型升级产业基金参股投资新隆基金有关情况等议题的汇报。

2月1日,召开市政府第119次常务会议。会议听取关于金华市智慧城市建设三年行动计划(2015—2017年)制订情况、关于2015年我市地方政府债务限额情况、关于深入实施创新驱动发展战略大力推进大众创业万众创新的若干意见制订情况、关于解除金春波同志行政处分、给予王天仁同志行政处分有关情况等议题的汇报。

2月15日,召开市政府第120次常务会议。会议听取关于金华市2016年十方面民生实事征集筛选情况、关于金华市文化影视时尚产业十强企业、十佳成长型企业评审情况、关于2015年度市政府质量奖评审情况、关于金华市与京东商城战略合作情况、关于2016年度市区政府投资计划和预计划(储备库)编制情况、关于市本级2016年政府投资预算编制情况等议题的汇报。

2月29日,召开市政府第121次常务会议。会议听取关于2016年政府工作报告重点工作责任分解起草情况、关于金华市市级行政事业单位账户管理和公款竞争性存放暂行办法制订情况、关于金华市区国有资源有偿使用收入征收管理办法制订情况、关于市科技文化中心项目方案设计情况、关于2016年度市区城乡规划编制计划制订情况、关于金华市流域水质考核奖惩办法(试行)和金华市流域水质考核奖惩实施细则(试行)制订情况等议题的汇报。

3月7日,召开市政府第122次常务会议。会议听取关于金华至武义快速路工程前期工作进展情况、关于《金华市双拥工作四年规划(2016-2019年)》制订情况、关于《进一步加强质量工作的若干意见》和《创建全国质量强市示范城市实施方案》制订情况、关于金华市政府部门权力清单管理办法制订情况、关于金华市加快发展现代化职业教育实施办法制订情况等议题的汇报。

3月14日,召开市政府第123次常务会议。会议听取关于市政府第十一次全体会议暨推进供给侧结构性改革工作会议报告(审议稿)起草情况、关于进一步加强内部审计工作的意见制订情况、关于市转型升级产业基金参与投资组建金义新区绿色汽车传动产业发展基金有关情况、关于金华市市属国有企业经营投资资产损失责任追究暂行办法制订情况、关于金华市食品生产加工小作坊严禁生产加工食品目录编制情况等议题的汇报。

3月29日,召开市政府第124次常务会议。会议传达学习李强省长在金华调研时的重要讲话精神,研究部署贯彻落实意见;听取常务会议学法、关于金华市2016年度扩大有效投资、重点建设和重大前期推进计划编制情况、关于《金华市人民政府关于进一步降低企业成本减轻企业负担推进实体经济健康发展的若干意见》制订情况等议题的汇报。

4月5日,召开市政府第125次常务会议。会议听取关于金华市区旅游发展专项资金使用管理办法制订情况、金华市2015年度十佳旅游龙头企业评选情况、金华市区饮用水源涵养生态功能区生态补偿专项资金使用管理办法制订情况、金华市区传统村落保护专项资金管理办法制订情况、2015年度全市招商引资和支持浙(婺)商创业创新目标责任制考核结果的通报、授予邵林波同志金华市荣誉市民称号情况等议题的汇报。

4月19日,召开市政府第126次常务会议。会议听取关于2016年金华市劳动模范和模范集体预选对象有关情况、进一步加强企业风险化解处置工作意见制订情况、进一步促进金华市区房地产平稳健康发展有关政策制订情况、金华市区城中村改造货币化安置实施办法制订情况、金东新区市殡仪馆地块(ZX-11-01)控制性详细规划编制情况、金东新区再生资源交易市场(ZX-35-01-01)控制性详细规划编制情况、金华市现代服务业投资发展有限公司投资金华扬航基石投资基金情况议题的汇报。

5月5日,召开市政府第127次常务会议。会议听取关于金华市流域水环境保护条例(草案)制订情况、"两路两侧""四边三化"工作情况、金华市整合建立统一的公共资源交易平台实施方案制订情况、金华市区临时救助办法制订情况、我市与杭州绩优投资管理有限公司产业基金合作框架协议起草情况、授予海尔穆特·戈尔戴茨先生金华市荣誉市民称号等议题的汇报。

5月23日,召开市政府第128次常务会议。会议听取关于二七区块控制性详细规划修改情况、金华石门创客小镇坡地村镇首期地块控制性详细规划编制情况、婺城新区白龙桥单元(ZX-14)控制性详细规划编制情况、金义都市新区金满湖、鞋塘西、东石塘等单元控制性详细规划编制情况、关于调整充实市政府法律顾问有关情况等议题的汇报。

6月12日,召开市政府第129次常务会议。会议听取金华市水环境保护条例(草案)制订情况的汇报、加快推进残疾人全面小康进程工作若干意见制订情况、金华转型升级产业基金参与投资组建金华市文化影视时尚产业基金情况、金华转型升级产业基金参与投资组建金华市"专精特新"成长基金情况、金华转型升级产业基金参与投资设立中国电子信息新材料产业投资基金—华锦基金情况等议题的汇报。

6月15日,召开市政府第130次常务会议。会议听取关于金华市人民政府制定地方性法规草案和规章办法制订情况、金华市危险废物处置监管三年行动计划(2016—2018)制订情况、2015年度"无违建"创建考核验收及先进评选有关情况、加快推进残疾人全面小康进程工作若干意见制订情况、质量技术监督检验机构改革方案制订情况等议题的汇报。

6 月 27 日，召开市政府第 131 次常务会议。会议听取关于全面支持浦江水晶产业转型发展若干意见制订情况、金华市轨道交通建设投资有限公司组建情况、金华市“网上政府”建设三年行动计划制订情况、金华市人民广场单元 ZX-21-11-X 地块控制性详细规划修改情况、给予傅强、吕林勇行政开除处分有关情况等议题的汇报。

7 月 14 日，召开市政府第 132 次常务会议。会议听取金华市区机动车停车场建设和管理办法制订情况、综合交通课题调研情况、浙中总部经济中心一期建设招商情况、表彰爱国拥军、拥政爱民模范单位和模范个人有关情况等议题的汇报。

7 月26 日，召开市政府第 133 次常务会议。会议听取关于市服投公司投资绩优金华重点产业和现代服务业投资发展基金、金华国翰金融服务平台、东阳市国际物流园、武义科技城有关情况、市城市展示馆有关工作情况、警务智能语音平台建设情况、下放部分国资监管审批权限等议题的汇报。

8 月2 日，召开市政府第 134 次常务会议。会议召开市政府常务会议学法；听取关于金华市深化“先照后证” 改革加强事中事后监管实施意见制订情况、旅游工作课题调研情况、推进适度普惠型儿童福利制度建设的意见制订情况等议题的汇报。

8 月 24 日，召开市政府第 135 次常务会议。会议听取关于市政府第十二次全体会议报告(征求意见稿)起草情况、金华市科技文化中心(暂名)项目情况、金华新能源汽车产业园(蟠龙单元 ZX-37)控制性详细规划修改编制情况、金华转型升级产业基金参与投资组建金华开发区重点特色产业基金情况、市区生活垃圾焚烧和污泥处置补助资金兑付考核办法起草情况议题的汇报。

9 月 9 日，召开市政府第 136 次常务会议。会议听取关于与浙江财通资本投资有限公司进行合作有关事宜、2016 年金华市科学技术奖评审情况、市政府与横店集团战略合作协议制订情况、金华市8890便民服务平台增席扩容建设方案、进一步加强市区政府性债务管理的通知制订情况、金华市深化医药卫生体制综合改革实施方案（2016—2020 年）制订情况等议题的汇报。

10 月 8 日，召开市政府第 137 次常务会议。会议听取关于中共金华市委、金华市人民政府关于进一步支持义乌改革发展的若干意见起草情况、全市小城镇综合整治行动有关方案制订情况、投资建设金义东城际轨道交通项目有关情况、金义东城际轨道交通项目勘察设计招标有关情况、金华市区十里铺单元局部地块控制性详细规划修改情况等议题的汇报。

10 月 14 日，召开市政府第 138 次常务会议。会议听取关于零跑科技新能源汽车生产基地项目情况、科兴生物全系列维生素产业化项目情况、中科院成都计算机研究所金义联合研究中心项目情况等议题的汇报。

10 月 31 日，召开市政府第 139 次常务会议。会议听取关于《金华市网络预约出租汽车经营服务管理实施细则(试行)》制订情况、《深化改革推进金华市区出租汽车行业健康发展的实施意见》制订情况、金义都市新区家禽、生猪定点屠宰场设置专项规划编制情况、金义都市新区鞋塘西单元控制性详细规划编制情况、金义都市新区东石塘单元控制性详细规划编制情况等议题的汇报。

11 月 10 日，召开市政府第 140 次常务会议。会议听取关于金义东城际轨道交通项目融资建议方案、金华市对接“一带一路”战略三年行动计划制订情况、《金华市社会保障·市民卡管理办法(试行)》制订情况、金华市区移动通信基站布局专项规划编制情况、金华市居住房屋出租管理办法制订情况、金华市户口迁移登记暂行规定制订情况等议题的汇报。

12 月 7 日，召开市政府第 141 次常务会议。会议听取关于全省水利工作会议、全省畜牧业转型升级现场会、省领导来金调研指示、市委常委会第185次扩大会议精神及贯彻落实意见、贯彻落实全国全省安全生产电视电话会议精神及全市安全生产工作情况、万里扬年产 200 万台自动变速器生产项目情况等议题的汇报。

12 月 9 日，召开市政府第142 次常务会议。会议听取关于“西子–金职”智能化精密制造实训中心项目有关情况、《金华市销售燃放烟花爆竹管理办法(草案)》制订情况、提请给市消防支队和军政主官

G20峰会安保专项记功、金华市居住房屋出租管理办法制订情况、金华市区污水处理收费标准调整方案、开展各类事业单位统一登记管理试点促进民办公益事业发展的实施意见制订情况等议题的汇报。

12月13日,召开市政府第143次常务会议。会议听取《金华市乡村教师支持计划2015—2020年实施办法》制订情况、《金华市区环境卫生专项规划修改—中心城区(2016—2020)》编制情况、市区静脉产业园项目建设有关情况、金竹苑小区经济适用房(二期)销售价格定价方案、深化市管企业负责人薪酬制度改革的实施意见制订情况、金华市政府职能向社会组织转移暂行办法制订情况、金华市第六批名师名校长评选情况等议题的汇报。

12月29日,召开市政府第144次常务会议。会议听取关于《中共金华市委金华市人民政府关于加快城际轨道交通建设发展的若干意见》制订、金华市区轨道交通建设资金筹措相关事项、《金华市物业管理办法(草案)》制订、加强农村留守儿童关爱保护工作的实施意见制订等情况的汇报。

市政府办公室工作

【概述】 2016年,全年共承办省级以上会议8个;承办市政府全体会议2次、市政府常务会议27次、市政府党组(含扩大)会议17次;组织金义东轨道交通项目开工建设誓师大会、省扩大有效投资项目集中开工仪式、第15届中国金华工业科技合作洽谈会等全市性会议232个。全年6395件市政府领导批示办件,办结6345件,办结率达99.2%;分解交办市政府专题协调会议等共42次214项具体工作,总体落实进度达到78%。完善市长信件交办制度,累计梳理交办群众来信1000余件,督办重要信件103件。推进"一事最多上门一次",完成省政府确定的"互联网+政务服务"10项便民服务应用,在全省率先实现教育行政事业性收费、城乡居民医保、道路交通违法的网上支付,总量达到全省1/4,排全省第一位。完成《金华市公共突发事件总体预案》和39个市级专项应急预案修订工作。成功举办2016浙江省高速公路(金华区域)突发事件应急处置演练。全市主动公开政府信息超过16万条,同比增长13.6%,信息公开行政诉讼案件66件,同比减少48.8%。全年政府系统共承办市人大代表建议265件、市政协提案394件。协调市政府及办公室领导参加市人大常委会及主任会议16次,市政协常委会1次,相关调研、座谈会10余次。

【两学一做】 编印"两学一做" 学习教育手册、《准则》《条例》"百题十问"等学习资料,组织开展"两学一做"应知应会内容和十八届六中全会精神重点内容专题测试。全年累计召开市政府办公室党组会议8次,办公室专题学习会15次。组建办公室读书交流微信群"书韵",全年分享读书学习心得135篇。举办"人人上讲台"活动9期,先后有27位干部交流心得体会。开展"一月一调研"活动,全年开展调研活动10次,参加人员140余人次。开展基层集中党日活动,组织到金华雷锋文化馆、永康刘英烈士墓、婺城区塔石乡文岩村、岭边村等地开展活动。抓好警示教育,组织观看辽宁等地贿选拉票案警示片,开展杜绝酒驾等专题教育,开展"树清廉家风行动"和"立岗位规范、立家风家规"活动,进行"最美寄语、最美家训"评选。

【以文辅政】 组织开展都市区建设机制、支持义乌改革发展、市域轨道交通建设发展、义甬舟开放大通道建设、加快补齐科技创新短板、供给侧结构性改革省级试点等事关全市改革发展的重大课题,全年组织专项调研活动30余次。做好重要会议、重大活动的讲话稿和文件起草工作,市政府工作报告、市政府第十一次全体会议暨推进供给侧结构性改革工作会议、全市五水共治大会、全市"整治环境,靓化金华"行动动员部署会、全市实体经济发展大会等重要会议的文稿起草工作。全年共撰写各类综合文字材料1500余篇,拟制公文1446件。开展信息工作"季度攻坚"活动,全年共编辑《每日要讯》(含紧急情况快报)260期、《金华政务信息》397期;上报国务院办公厅和省政府办公厅信息1200余条,被省府办采用289条,被国办采用37条,获国务院领导批示8条。落实办公室《档案工作制度》《档案的保管与保密制度》等一系列制度,确保重要文件有档可查,全年共整理档案211盒共计5549件。

【攻坚克难】 全力保障金义综合保税区建设、金义东市域轨道交通项目、人民医院迁建等重点项目建设,金义综合保税区12月23日顺利通过国家验收,实现如期封关;金义东城际轨道交通项目12月28日实现试验段开工的既定目标;人民医院PPP合作项目已经签约,进入实质性操作。强化“两链”风险防范,及时牵头成立全市各级帮扶机构13个,抽调专职人员65名,完成帮扶企业427家,其中市企业帮扶办直接参与协调90件,挽回直接经济损失2.1亿元。协调推进“三百”竞赛活动,协调解决市区建设与发展难题27个,完成难题4个,取得进展20个,18项征迁任务进展顺利。加大黑臭河整治力度,市区劣V类支流水质明显提升。组织实施县际客运班线公交一体化发展集中攻坚,市本级至各县(市、区)的88辆班车中,有84辆班车完成签约,签约率为95%。

（陈　轩）

人事工作

【人才引进与开发】 全市开展“百企万岗进校园”“百家名企进名校”等人才招聘会146场,为企业引进人才2.9万人,新增高层次人才2442人。完成11批共654人市区人才住房保障新政的购房补助兑现工作,累计补助金额达3000万元,办理的房价总额达到6.5亿元。

开展全市人力资源服务企业绩效考核,10家优秀企业被授予“金华市人力资源服务企业绩效考核优秀企业”。

【专业技术和留学人员管理】 市人力资源和社会保障局、市教育局印发《金华市中小学教师职称制度改革工作实施办法》(金人社发〔2016〕74号),完成全市5.5万名中小学教师职称过渡,建立统一的中小学教师职称制度。

全市国家“千人计划”入围人选2人,省级“千人计划”入围人选9人,累计“千人计划”87名;纳入“双龙计划”资助项目48个。全市获评享受政府特殊津贴专家4人,省有突出贡献中青年专家2人,省151一、二层次培养人员4人。

全市共建博士后科研工作站33家、国家级留学人员创业园1家,引进留学人员创业项目5项,创业项目总量达50项,年度技工贸总收入3.4亿元。

新增高级专业技术资格1299人,中级专业技术资格7138人,组织一级建造师、执业药师、计算机等各项职(执)业资格考试3.6万人次。

【职业能力建设】 市新增技师1800人,1家国家级技能大师工作室,4家省级技能大师工作室。全市共有20家省级技能大师工作室,51家市级技能大师工作室,33家职业技能教育名师工作室,35个高技能人才培训基地。组织16场28个项目职工职业技能竞赛,参与职工数超过3万人。

全市开展创业培训11662人,开展各类职业技能考核鉴定8.55万人,培养高技能人才2.35万人。全市新增技工学校2家,其中浦江工匠学院为全省首家以“工匠”命名的技工学院。开展企业技能人才自主评价工作,累计开展企业1696家。

【国外智力引进】 全市入选国家和省级引智项目12个,获国家和省项目资金69.5万元。2人获省政府“西湖友谊奖”。赴美国、英国、德国等地现场洽谈海外留学人才与项目,现场签订人才引进、合作项目27项,达成意向80项。

全市引进外国专家55人,入选国家级“外专千人计划”1人,省级“外专千人计划”入围3人。

【公务员管理】 全市公开招录公务员895名,招录人民警察学员29名。举办初任公务员培训4期,参加培训人员553人。公务员网络在线学习1.7万人,完成军队转业干部岗前培训和2016年市直新录用公务员体验式实践锻炼活动。

【事业单位人事管理】 市委组织部、市人力资源和社会保障局印发《关于成立金华市事业单位工作人员申诉公正委员会的通知》(金人社发〔2016〕12号)。全市公开招聘事业单位职工4182人,其中市直事业单位招聘604人。办理市直属事业单位工作人员调动手续109人,录用手续545人。

【工资福利】 市委组织部、市委编办、市财政局、市人力资源和社会保障局、市监察局印发《关于规范机关事业单位人员管理的通知》(金人社发〔2016〕57号),制订《机关事业单位不在岗人员申报备案管理制度》《机关事业单位人员借用管理暂行办法》和《关于严格规范机关事业单位工资管理的若干意见》,完成409名在编不在岗人员清理。调整公务员津补贴基数,开展其他事业单位绩效工资上浮、加强绩效考核等工作。

推进县以下机关公务员职务与职级并行工作，全市共完成晋升正处级168人，晋升副处级1050人。制订机关事业单位人员长期派驻乡镇工作补贴制度，明确派驻乡镇工作6个月以上的机关事业单位工作人员，可以发放200元/月乡镇工作补贴制度。

【军队转业干部安置】 全市安置军队转业干部182名，其中团职干部66人，营以下干部116人。安置到公务员岗位(含参照公务员法管理事业单位)的140人，安置到事业单位的14人，自主择业的28人。对7名随军家属落实接收单位或进行货币化安置。组织军转干部上岗前培训84名。

(钱建迅)

机关后勤接待

【概述】 推进办公用房管理，实行申报、招标、标准、考核和拨付"五统一"管理体制。截至2016年底，有753宗、57.2万平方米建筑面积，近90%的房产实现集中管理。严格执行办公用房调配政策，保障党政机关办公需求，将2家在外租房办公的单位安排到老粮食局大楼办公，为7家新成立的单位(临时机构)调配解决办公用房面积4838平方米。规范物业服务管理，共支付物业经费1717万元。分类制定房产经营管理方案，先后组织6次公房拍租，成功拍租房产163处，成交金额近535万元。2016年，实现房产经营收入1845万元，比上年增长20%。

成立金华市公务用车服务中心，制定市级公务用车和综合行政执法用车管理办法，建成集"网络约车、GPS定位、数据采集，调度监控"为一体的智能化管理平台。车改后，由市机关事务局统一管理的公车增加至173辆，所有车辆严格实行统一产权登记、统一纳入平台监管、统一张贴标识和安装定位系统、统一购置更新、统一定点加油、维修和停放。全年市公务用车服务中心累计出车12424车次，安全行驶178万千米。

【公务接待】 以市"两办"名义下发《关于进一步规范公务接待工作的通知》，进一步明确接待标准，规范接待活动。实行"一人一案"工作模式，同一个方案的衔接、送签、定稿、送达、接待由一人负责，专人专项。承办重要会议和活动，实行"一对一"接待安排，落实接待领导和联络员，制定个性化方案。2016年，完成陈昌智、何厚铧、张梅颖等警卫接待任务，以及全国水环境综合整治现场会、全省水利工作会议、全省畜牧业转型升级现场会、金义综合保税区项目验收等重大活动的后勤保障工作。全年累计接待来宾899批、9490人(其中省部级来宾156批、警卫任务11批)。

【基础设施建设】 实施大院美化提升工程，投入670多万元完成市机关大院雨污分流及路面改造工程。实施办公用房维修工程，投资488万元对市财政局、市委党校、市交警一大队等10家单位办公用房进行维修改造。实施会议设施提档工程，投入108万元开展视联网会议室建设，建成市级视联网会议室43个，实现全市503个会议室纵向横向的互联互通；完成市文化中心剧场、302会议室和主楼1413会议室等音视频设备的改造提升，以及市人大宣誓室改造装修等项目。实施空调设施改造工程，完成市机关大院西辅楼421、东辅楼419会议室空调更换，以及中央空调冷却塔、地下管道支架等维修改造，中央空调主机电控部分升级，主楼大厅中央空调风管更换等。

【安全保障】 开展"文明执勤正风提效月"主题活动，专门邀请礼仪教师讲授礼仪知识，规范礼仪姿态，提升保安队伍整体形象。积极组织"护航G20峰会"防恐防暴技能培训以及"火警火灾、防恐反暴"等系列应急处置方案演练，提高安保人员应急处置能力。以市治安保卫重点单位安全防范评估为契机，按标准增配防暴头盔、警棍盾牌等安保设备，在关键部位安装紧急报警装置和防入侵报警装置，有效实现"人防""物防""技防"三统一。加强与信访、公安等部门的密切协作，建立健全上访信息互通机制，形成整体合力，协同推进安保工作。一年来，配合处置群体性上访163批4322人次，核实登记外来办事人员147708人次。

【公共机构节能】 认真履行监管职能，继续将公共机构节能、节水列入市直单位绩效考核和"五市共治"节水考核，实行季度督查和半年模拟考核。加大节能宣传培训力度，累计印发宣传画400套1600张、节电、节水等标贴各3000份。开展节水型单位创建活动,推广应用节水技术,全面普及节水器具。市公安局等137家单位被评为市级首批公共机构节水型单位。实施绿色节能改造,以市县行政中心为重点,推广LED照明产品应用,9个县(市、区)的行政中心均已完成60%以上的改造任务。市本级完成市行政中心办公大楼主楼、市工人大厦4~7楼LED灯改造,节能率达到50%。据统计,2016年公共机构人均综合能耗、单位建筑面积能耗、人均用水量分别比上年下降2.16%、1.90%、2.39%, 顺利完成省考核任务。

【后勤保障】 市机关物管中心在认真做好现有11个精品物业服务项目的同时, 利用市场口碑和服务优势不断拓展新业务,新增金华市自来水公司、金华山管委会、金义都市区管委会物业、金华市水处理有限公司4个物业项目。市文化中心以争创"金华市物业管理示范大厦"为契机,提升硬件设施改造和软服务水平。参照省人民大会堂会务服务标准, 结合实际,研究制定重点客户专人服务细则等系列标准,严格执行重要会议三级巡查制度。一年来共承办会议2624场次,比上年增长14%。市机关加油站积极拓展经营渠道,开展"滴滴打车"网约车、教练车等系列促销活动,努力培育和扩大客户群。

【机关医疗保障】 市机关医务室主动引进市人民医院驻点服务,增设推拿、牙科作为常驻科室,每周两天派驻内分泌、心内科等专家提供咨询、就诊服务,并直接连通市人民医院就诊系统, 统一收费标准,医保外部分还可使用"一卡通"结算,为机关干部提供更加优质便捷的医疗服务。

(陈 畅)

行政服务

【概述】 按照"走在前列、共建金华"的要求,认真开展"两学一做"学习教育,践行五大发展理念,落实全面深化改革举措,坚持改革创新,深化行政审批制度改革,推进公共资源市场化配置,推进行政服务和公共资源交易两个平台建设。2016年,市级公共资源交易平台共完成交易项目646宗, 总金额85.39亿元,节约资金5.73亿元,节约率6.71%;实现国有资产增值450.7万元,增值率10.90%。

【行政审批改革】 实施第二轮市县两级行政审批扁平化放权,下放涉及市级7个部门(单位)的24项审批事项。除确需市级保留的统筹协调、综合平衡审批事项或权限外,一律下放给县(市、区)实施,并做好与政务服务网、权力清单、责任清单改革的深度融合。

【投资项目跨部门审批协同管理平台】 采用市、区两级统一开发建设的方式分级构建市区投资项目协同审批监管平台,对市本级保留实施的91项投资项目审批事项纳入平台管理运行,对投资项目审批链条中审批前置材料、证明、盖章环节开展新一轮的清理工作。

【"互联网+" 政务服务模式】 探索并推广电子签名应用机制,启动涉及住建局、文广新局的3项行政审批事项的试点工作。建设金华市电子证照基础数据库,初步拟订《金华市电子证照和材料应用管理办法》,梳理《第一批电子证照信息采集标准》,建立审批系统与电子证照库的证照应用协议控制标准,测试完成市区统建审批系统与市电子证照库的应用接口,进入试点事项的定制阶段。推广快递受理和送达业务模式, 有214项行政审批服务类事项与快递接口业务绑定。出台《关于优化行政审批服务流程加快自建行政审批服务系统入网改造的通知》,按照政务服务网标准和群众办事便利化需求,对政务服务事项的条件、材料和流程进行优化,提高网上申报的服务便利性。制定涉及26家部门73个审批系统整合入网方案。

【审批中介机构规范化管理】 搭建市、县一体网上中介服务平台, 全市226家中介机构统一纳入平台运作并接受管理, 每个服务事项的中介机构均在3家以上。对签约进驻平台的226家中介机构公布考评结果。226家中介机构在金华市区范围内共完成14750个项目,项目总收费1.95亿元,成交价比收费标准平均减低三分之一。

【行政服务平台建设】 制度配套,拟定《金华市行政审批服务管理办法》,提请市政府常务会议决策。整合平台,以"行政审批、资源配置、公共服务、效能监察"四位一体为平台功能定位,以"顾客导向""主题布局""一条龙服务"为平台进驻及设置原则,完善新行政服务中心设置和进驻方案。乡镇平台延伸,全面推进市、县、镇、村四级联动政务服务平台建设。

【公共资源交易平台建设】 以市府办名义出台《金华市整合建立统一的公共资源交易平台实施方案》。明确县级平台为市级平台分支机构并独立运行和承担责任,将国土使用权(矿业权)交易和国有产权交易等独立设置的平台纳入统一的公共资源交易平台体系,作为专业平台从事特定种类公共资源交易。及时配套印发《落实〈金华市整合建立统一的公共资源交易平台实施方案〉工作计划》,对推进工作予以指导。各县(市、区)、开发区和原独立设置的公共资源交易平台以及国有产权、国土和矿业权出让平台已分别完成名称变更和挂牌工作。义乌市公共资源交易平台报省政府批准后已单独设立。平台体系的完善为提升公共资源交易电子化水平,实现公共资源交易信息共享以及推进全市公共资源交易管理和服务规则一体化打好基础。制订《金华市县(市、区)公共资源交易平台建设基本规范》,从服务功能齐备、硬件设施完善、软件建设到位等三个方面对市县两级公共资源交易平台建设提出要求;制订《金华市工程建设项目招标投标基本工作流程及其责任主体和工作职责》《金华市政府采购基本方式流程及其责任主体和工作职责 (试行)》,进一步理清工程建设项目招投标、政府采购的基本工作流程,明确各相关责任主体及其工作职责;对建设工程项目招标评标办法进行优化;对市、县两级工程建设项目招投标领域的规范性文件进行清理整合。

【评标专家队伍建设】 做好专家征集工作,建立400多名专家组成的市区评标专家信息库。对190名专家进行培训,对无故缺席培训未参加考试注册的49名评标专家给予暂停其评标资格处理。加强评标专家日常管理,对4名违反评标纪律的评标专家进行扣分处理。

【规范特殊号牌有偿使用】 通过招标方式选定服务单位,及时做好拍卖公司窗口工作人员的培训,进一步落实服务窗口日常管理制度,对服务质量进行考评。加强对交易资金的管理,确保每一笔交易资金及时进入财政专户,保障资金安全。2016年小型汽车特殊号牌有偿使用成交号牌12896个,成交金额4944.25万元。

【政府服务窗口建设】 加强对市政府办事大厅的管理。坚持以制度抓管理、以管理促规范,认真落实办事大厅"日巡查、月点评、季评比、年考核"等日常管理制度,严格按照《"创先争优提能增效"星级评比实施细则》,严格落实《市政府办事大厅效能建设工作责任制》等六项制度,加强对窗口的巡查和督促。抓好分中心建设工作。强化指导,认真落实市行政服务中心分中心管理办法和考核办法。强化学习,结合"两学一做"学习教育,组织各分中心开展学习交流。强化管理,对分中心开展明察暗访,针对问题进行跟踪督查,努力打造"领导放心、群众满意"的政府服务平台。2016年,市区行政审批服务平台共受理各类行政审批事项2260276件,办结2258618件,办结率99.93%。做好新办事大厅建设有关工作。会同市财政地税局、市国税局、江南公安分局等部门,对平面布置方案进行调整。对装修项目、弱电智能化系统项目工程量清单及预算提出修改意见,组织好2017年新办事大厅建设相关预算。组织好新办事大厅家具、智能化终端采购。

(汤友龙)

地方志工作

【概述】 2016年,全市二轮修志与年鉴编纂全覆盖工作顺利开展。全市累计完成二轮地方志7部,完成率达70%。市本级与8个县(市、区)综合年鉴编纂实现"一年一鉴",综合年鉴覆盖率达90%。金华地方志数字化工作启动,地方志网站与微信公众平台正常更新运行,继续制作《金华总览》软件集成,金华地情资料数据库建设逐步展开。深化地情资料挖掘整理,《金华概览》一书出版发行,《金华方志丛刊》第十一辑《金华火腿》、第十二辑《浙江全省舆图水陆道里记·金华》发行。积极开展地方志服务农村文化礼堂建设工作,全年向农村文化礼堂捐赠各类地情书籍6500余册。

【《金华年鉴(2016)》出版】 2016年11月,《金华年鉴(2016)》由方志出版社出版发行。《金华年鉴(2016)》由中国共产党金华市委员会、金华市人民政府主办,金华市地方志编纂委员会编纂,反映金华市2015年度经济和社会各项事业发展状况。全书合计 74.2 万字，设有特载、概况、经济建设、政治建设、文化建设、社会建设、生态文明建设、党的建设等 12 个类目。

【地方志数字化】 2016 年，金华市地方志数字化工程正式启动。“金华地方志”网站(www.jhszb.cn)PC 端与手机端按照政府官方网站要求正常更新运行；“金华方志”微信公众平台(jh9581)工作日持续更新地情信息，全年共发布文章 219 期 437 篇。完成《金华总览(2015)》制作与 2016 年金华视频电子资料的收集整理。逐步展开金华地情资料库建设。自 5 月起，开始对地情书籍进行数字化处理。全年共完成 800 余册书籍的扫描数字化，近 80 部年鉴、旧志的书签目录制作以及 3.7 万字文言家谱资料的句读。购置 ibeacon 蓝牙发射器，布置在市区 BRT 车站、公园、广场等公众场所，利用微信“摇一摇”功能，推广“金华方志”微信公众平台。加强规划指引，在 12 月召开的全市地方志办公室主任会议上，讨论通过《金华市地方志信息化工作方案（2016—2020 年）(草案)》。

【《金华概览》出版】 2016 年，金华市地方志办公室编纂《金华概览》一书，以专题形式介绍金华市情与历史概况，记述下限为 2015 年底。全书27.1 万字，全彩印刷，随文插图。卷首展示金华城市荣誉，正文分人杰地灵、崛起之路、执政为民、文脉相传、和谐生活、生态整治 6 章 107 个专题，包含自然、经济、政治、文化、社会与生态建设等方面。10 月，该书由方志出版社出版。

（金　鉴）

中国人民政治协商会议金华市委员会

【政治协商】 市政协紧紧围绕市委、市政府中心工作，发挥人民政协协商民主重要渠道作用，开展广泛多层的协商议政。2016 年，组织召开政协全体会议协商 1 次，常委会议协商 4 次，主席会议协商8 次，其他会议协商 30 多次。六届六次会议期间，通过提案、大会发言、分组讨论等形式，与有关方面开展协商对话。共组织委员分组讨论 4 次，编辑简报 20 期，提交委员分组讨论建议 728 条；提交大会发言稿 17 篇，11 位委员现场发言；审查立案提案 417 件。闭会期间，先后就金华山旅游经济区、金义都市新区、市区“二七”区块、多湖中央商务区、湖海塘区块、金华开发区金西区块、兰溪市兰湖度假区等七个板块进行调研，并与有关方面开展协商讨论。

【民主监督】 2016 年，市委会开展四次专项民主监督。开展“护航 G20，委员在行动”专项民主监督活动，7 月组成 6 个监督小组，针对 G20 安保工作重点人员、重点物资、重点场所开展系列明查暗访活动。共组织明查暗访 192 人次，督查点位118 个，发现问题隐患 117 处，提出建议 232 条。组织开展“三级政协联动、万名委员同行、助推完善和落实‘五水共治’长效机制”专项集体民主监督。市、县两级政协由主席会议成员带队，共组成 128 个监督组，发动委员 1588 人，查看江河 300 条计 1228.2 千米，走访村镇 450 个，督查污水处理厂 71 座，反馈问题277个，提出建议 278 条。开展“两路两侧”“四边三化”整治专项民主监督，对市域内的 G60、G25、S28 等三条重点高速公路进行 2 次地毯式的排查和督查。开展市县政协联动、助推“农村垃圾分类工作‘百千行’”专项民主监督活动。全市政协累计组织126 个监督组，发动政协委员 1514 人次，实地走访镇、村1121个，发现问题 336 个，提出对策建议 295 条。

【参政议政】 组织实施“提升我市科技创新能力”重点课题调研，提出“十三五”期间全市的科技创新工作的建议。开展“加强我市综合交通能力建设”重点课题调研，形成调研成果。以“招商引资、浙(婺)商回归”为切入点，努力为壮大实体经济建言献策。开展“我市外资利用工作”和“促进实体经济发展”两个课题调研。开展“加快我市全域旅游发展”课题调研，所提建议有 20 项被吸纳到市政府《关于加快推进金华市全域旅游发展的实施意见》中。开展“建立完善农村低收入农户社会保障体系” 重点课题调研，市政协组成 3 个视察核查小组，走村入户，对 6 个县(市、区)农村年收入 4600 元以下贫困人口情况进行核实督查。“加强‘农村惠民’”“教育如何应对全面二孩政策”、市场监管、食品安全、城乡养老、农村宅基地管理、分级诊疗、“三优”促进工作等系列民生工作调研视察活动，积极服务民生改善。

【维护团结】 发挥政协组织团结联谊功能，努力推动政党关系、民族关系、宗教关系、阶层关系、海内外同胞关系的和谐。融洽民族宗教关系。发挥政协大团结、大联合的优势，处理好民族与宗教关系，推动少数民族地区发展，促进宗教为社会和谐出力。加强与婺商联系，为其回乡创业牵线搭桥。加强与港澳台同胞联系，引导他们推动经贸文化交流。弘扬八婺文化。注重以文化为纽带团结人心，凝聚力量。开展《金华食谱》特色菜品征编工作。鼓励支持有关专委会开展文史资料征编、推动徐霞客游线申遗和标志地认证工作、浙江“百名新乡贤”事迹案例征集和评选、传统古村落申报等工作。

重要会议

【市政协六届六次会议】 市政协六届六次会议，于2016年2月23日—27日举行。中共金华市委书记赵光君出席会议并作重要讲话。会议期间，委员们就市委书记讲话、“一府两院”报告、《市政协常委会工作报告》、《提案工作报告》及其他报告开展协商讨论。提交大会发言稿17篇，11位委员围绕发展金华旅游、优化政府服务、推动青年创业、促进农业转型、发展民办教育和职业教育、加强湿地保护、缓解交通拥堵、城区垃圾分类、城市居家养老等金华经济社会发展重要问题，举行大会发言，积极协商建言。审查立案提案417件，内容涉及金华市经济建设、城建环保、科教文卫体、政法人事统战等各个方面。会议选举陶诚华为政协第六届金华市委员会主席，增选肖志光、蓝群英为政协第六届金华市委员会常务委员。

【市政协六届二十二次至二十五次常委会议】 1月29日，市政协召开六届二十二次常委会议，协商讨论《政府工作报告(征求意见稿)》、“十三五”规划纲要草案等，审议通过召开政协第六届金华市委员会第六次会议有关事项。

2月26日，市政协召开六届二十三次常委会议，审议通过政协第六届金华市委员会第六次会议有关事项。

6月22日—23日，市政协召开六届二十四次常委会议，深入学习贯彻市委六届十一次全会精神，审议通过《关于提升我市科技创新能力若干问题的建议案》《关于加强我市综合交通能力建设的建议案》《关于建立健全我市农村贫困人口社会保障体系的建议案》。

9月7日，市政协召开六届二十五次常委会议，传达学习省委、省政府、省政协主要领导来金华调研时重要讲话精神，审议通过《关于促进浙(婺)商回归的建议案》，审议通过其他有关事项。

(吕建伟)

法　治

政法委及综治

【概述】 2016年，全市政法战线以“平安护航G20大会战”为总牵引，推进法治金华、平安金华，构建“互联网+”社会治理新模式，圆满完成G20杭州峰会维稳和第三次世界互联网大会等重大安保任务。实现第十一年平安金华目标，婺城、武义、磐安等县(区)连续12年实现平安目标，捧回平安金鼎。

【保障中心工作】 围绕市委、市政府的重点工作、重点工程项目，充分发挥职能作用，努力为经济社会发展保驾护航。主动介入经济领域的风险排查、预测预警，出台关于依法保障和促进金华市民营经济发展18条措施，打击恶意逃废债六项举措，组织对216件重大决策事项开展社会稳定风险评估，将社会风险稳定在可控范围内。依法妥善处理系列非法集资案件，扎实推进部分市场集体纠纷的化解整治工作，及时化解历时长达40年的涉及金华和丽水两市的一起山林纠纷。按照“拆治归”转型升级系列组合拳部署，深入组织开展“打霸拔钉”“打黑除恶”等专项行动，有力保障“五水共治”“三改一拆”等中心工作的顺利推进。

【“互联网+社会治理”新模式】 推进六大重点行业和领域实名制，加强重点人群服务管理。加大平安建设信息系统、综治视联网、公共安全食品监控建设联网应用力度。开展治安重点地区挂牌整治，推进打黑除恶、治爆缉枪等专项斗争，打击电信网络新型违法犯罪。2016年,全市刑事案件警情、治安案件警情同比下降21.7%、14.5%,侵财、"两抢"、入室盗窃、盗窃"两车"案件警情同比下降19.6%、41.9%、30.6%、26.8%,自1985年撤地建市以来首次全市实现命案全破。

【司法改革】 全市法院438名法官、全市检察院285名检察官经过遴选已进入员额。法院系统严格落实立案登记制,保护当事人诉权,当场立案率99%;检察系统出台相关制度11项,探索构建金华检察司法标准体系;公安机关积极承担起大部门大警种制改革全省试点和人民警察职务序列改革全国试点任务;司法行政系统推出PC版和手机版"公证云"在线公证平台。

【基层社会治理信息化】 按照"四有"要求,县、乡两级社会治理平台全部建成,市、县两级均建成大屏幕综治视联网。积极推广"平安App"应用,下载用户达43万余个,通过"平安通"和"平安App"上报信息达35万余条。

【社会组织参与社会治理】 组织开展矛盾纠纷多元化解机制创新项目试点工作,确定15个项目开展试点。鼓励推动行业协会、商会等社会力量参与纠纷化解,全市完成100个社会组织和100位公民个人参与社会治理工作示范点培育工作。

【罐装煤气实名登记制度】 从6月1日开始在全省较早推行实名登记工作,160余万只煤气瓶的充装、检验、配送、使用等环节进行全程监控。

【"跑腿公司"清理整顿】 针对"跑腿公司"管理中暴露出的漏洞,开展"跑腿公司"专项清理整顿活动,对43家实际开展跑腿业务的家政公司进行逐一检查,取缔20余家。在全市推广"寄E通",全市共有913家寄递企业(网点)、5768名业务员使用"寄E通"。

(程峻能)

法治政府建设

【概述】 2016年,金华首部地方性法规《金华市水环境保护条例》已经市人大常委会审议通过。推进《金华市电梯安全监督管理条例》《金华市违法建筑处置条例》《金华市金华山旅游经济区管理保护条例》《金华市农村生活垃圾分类处置条例》《金华市古村落保护条例》5个立法调研项目的起草工作。首部地方政府规章《金华市人民政府制定地方性法规草案和规章办法》已经市政府第130次常务会议审议通过;《金华市销售燃放烟花爆竹管理办法》《金华市物业管理办法》均已完成立法审查;《金华市扬尘污染防治管理办法》正在立法审查;《金华市犬类管理办法》正在起草。对52个规范性、政策性文件,进行合法性审查,提出合法性审查意见200余条,审核率和准确率达到100%。向省政府报送备案的规范性文件42件,向市人大常委会报送备案的规范性文件44件。对各县(市、区)及市直部门报送备案的460个文件进行审核。根据《浙江省行政规范性文件管理办法》的规定,市法制办对市政府及办公室1985年1月1日至2016年8月31日期间制定的现行有效的行政规范性文件进行清理。

【依法行政】 召开各县(市、区)政府和市政府各部门主要负责人参加的深化法治政府建设工作会议暨第五次府院联席会议。推进乡镇政府依法行政工作。出台《关于加强乡镇政府(街道办事处)依法行政工作指导意见》。印发《2016年金华市常务会议学法计划》和《2016年市政府部门负责人夜读学法计划》。制定下发《金华市人民政府办公室关于2015年度法治政府建设(依法行政)工作考评情况的通报》,将市政府法律顾问人数由原来的7名增加至10名,任期3年。共审核市府办业务处室报送合法性审查的合同草案12件。共收到各市直部门报送备案的重大合同236件。

【法治平台】 组织市直部门网上系统的"裁量配置、文书配置、阶段环节配置"三大模快的录入工作。制定下发《全面推进全市的行政执法网上公开系统建设的通知》。市直执法部门(单位)已全面推开网上办案工作,各县(市、区)执法部门(单位)也将同步推开网上办案工作。利用微政务平台,组建由全市100多位学者、律师、记者等社会各行业专家参加的社会监督员队伍。通过"微监督"平台,共发现行政执法各类监督事项80余件。组织为期3个月的行政执法案卷大检查,共评查许可案卷2500多卷、处罚案卷2000多卷。

【行政复议】 全年共受理行政复议案件839件,案件数比上年同期增加30%以上。办结行政复议案件770件,其中维持308件,责令履行11件,撤销39

件,确认违法 26 件,驳回 190 件,调解 2 件,和解、调解后撤回行政复议申请而终止的 192 件。行政诉讼一审结案 791 件,行政机关败诉 67 件,败诉率8.5%,比上年下降 1 个百分点。行政机关负责人出庭应诉 598 件,应诉率 79.1%,比上年高 2 个百分点。

(施建洪)

公　安

【概述】 2016 年,将 G20 峰会、第三届世界互联网大会安保“两大”安保战役作为贯穿全年,全面抓好反恐防暴、重点人管控、社会面防控、安全隐患排查整治、增援杭州、乌镇等各项工作。摧毁“艾力屠夫”暴恐团伙。深化“河道警长”“项目警长”等制度,护航“五水共治”“三改一拆”等党委政府中心工作。共查破阻扰重点工程建设案事件 50 起,刑事、行政处理 105 人。启动打击恶意逃废债专项行动,立案侦办恶意逃废债案件 295 起,抓获犯罪嫌疑人332 人,约谈企业 568 家,经约谈达成还款协议或部分归还的企业 149 家,为金融机构挽回经济损失9.76 亿元。持续开展对故意杀人、涉黑涉恶、涉枪涉爆、“两抢”等刑事犯罪以及黄赌毒等社会丑恶现象的打击活动。全市共接有效报警 2874511 起,同比下降 8.26%;处警 1042514 起,同比增加 7.71%。共立各类刑事案件72233 起,同比下降 14.24%,破 36162起,同比上升6.03%;共发命案 66 起,破 66 起,自1985 年金华“撤地建市”31 年来,首次实现命案全破;共立经济犯罪案件 633 起,同比下降 9.23%,破253 起,同比下降19.85%;摧毁恶势力团伙 115 个。破获“7·16”销售假药诈骗案,刑拘犯罪嫌疑人 168名,涉案金额达 2 亿余元,受害人涉及全国各地 7 万余人。共受理行政案件 2151131 起,同比上升3.75%,查处2135120,上升 3.91%;其中受理治安案件 88252 起,同比下降6.91%,查处 72265 起,同比下降 5.19%。共发交通事故 1259 起,同比下降 3.26%,死亡 418 人,同比下降2.56%,直接经济损失 355.29万元。共发火灾事故1259 起,同比下降 33.29%,死亡7 人,同比上升 40%,直接经济损失 1966.34 万元。推进浦江县局“四个全面”试点建设,出台《服务浦江试点建设二十项措施》和《对接帮扶举措清单》,举全市之力服务浦江改革,全省公安机关大部门、大警种制改革工作现场会在浦江召开;完成人民警察职务序列改革试点任务。推进公安机关负责人出庭应诉工作,出台局党委会学法制度,全面推动执法工作转型升级。市公安局被评为法治金华建设十周年工作先进集体,婺城公安分局、浦江县公安局黄宅派出所被公安部命名为“全国公安机关执法示范单位”。金华援杭团队被评为 G20 峰会安保突出贡献集体。市公安局民警张辉获评首届全国“公安楷模”和“全国公安系统二级英模”;磐安县公安局交警大队民警卢光明为公安事业献出宝贵生命,其事迹获省委常委、公安厅厅长徐加爱批示肯定。全市 138 人入围浙江公安千名好民警光荣榜,43 人、46 人、48 人分别获评 “信义金华·最美警察”“信义金华·最敬业民警”“信义金华·好民(协)警”;累计 260 人被上级机关通报表扬。

【G20 峰会安保工作】 2015 年 11 月开始,市公安局启动峰会安保工作,成立安保工作领导小组,全市 6000 余名民警参加安保。先后制定下发峰会安保指导性文件 30 余份,召开动员会、协调会、推进会80 余次,梳理解决“三张清单”事项 307 项。科学制定峰会安保工作流程计划,确定重点工作 85 项,提请市政府下发《关于切实加强维稳安保工作的通知》,督促市教育局、建设局、交通运输局、文化局、卫计委、安全监管局、市场监管局、邮政管理局等 16 个相关重点行业部门制定本部门的安全监管方案。成立由各部门“一把手”任组长的安全监管责任包干工作领导小组,对全市2177 家中小学校、156 座110KV以上变电所、33 座重要通信基站、12 家长途客运站、8 家火车站、380 家加油站、44 家二级以上医院、1100 家寄递公司等安保重点场所、重点部位实行责任包干。联合市委组织部、市直属机关工委、市综治办下发《在全市基层党组织和党员干部中开展 “护航 G20”党员志愿行动的通知》,组织全市 30 万名党员全员到农村、社区开展志愿行动,组织 82 家市直机关党员干部在市区39 条公交线路、236 辆公交车上开展巡查服务,累计跟车达 1000 人次以上,跟车时间达 6000 小时以上,服务乘客 10 余万人次。2016 年 8 月初,市公安局在反恐重点地区义乌成立全市反恐前线指挥部,构建集“基础排查、情况排摸、案线查证、线索经营、挤压劝返、应急处置”“六位一体”的反恐前线指挥体系。落实特警、武警反恐力量“联训、联勤、联战”“三联”工作机制，开展“动中备勤”武装巡逻工作，组建415人的反恐特勤队伍，建立摩托化快速反应机动队，全市日均400余辆摩托车动态巡防，形成55个灵敏高效的“1、3、5分钟”应急处置控制圈。联合市场监管、安监等部门下发《从严管控民用爆炸物品、危险化学品八条规定》，全面开展危化行业排查整治活动，侦破“5·12”非法买卖爆炸物案，查获地下交易硝酸铵2000余瓶近1.2吨，挖出违规企业26家。推进缉枪治爆专项行动。共收缴枪支278把、子弹4.9万发、管制刀具4329件，危化物品702千克，查破涉爆涉枪案件218起，对72人采取刑事强制措施，159人予以行政处罚。在重要入杭关隘及车站入口、高速路口等关键部位架设118处检查关口，全面落实“逐车验证、重点抽查、逢疑必查”安检规定，有序开展车辆检查、人员安检、分流疏导、巡逻警戒等工作。围绕人员密集场所和反恐重点单位，实行军警联勤、警民联防，全员上路，编队上阵，全时巡查、重点挤压，全面提高见警率和威慑力；强化治安乱点整治，聚焦盗窃电动自行车等发生在群众身边的多发性侵财案件，通讯(网络)诈骗等新型犯罪，以及“两抢一盗”、五类恶性案件等严重影响人民群众安全感的案件，打防结合，强力压降热点违法犯罪。全市有效警情同比下降10.1%，其中侵财类警情下降18.2%。8月—10月，侵财类警情同比下降32.9%，环比下降15.5%；刑事和治安案件发案同比分别下降36.6%、6.5%；8月10日至9月10日，刑事案件发案同比下降36.4%，超额完成上级公安机关要求刑事发案下降30%的目标；命案发案同比下降14.6%，决战期间零发案。充分发挥反诈中心作用，成功止损1800余万元，破案数和抓获人数同比分别上升130%、294%，市反诈中心跻身全国打击电信诈骗犯罪七大研判中心之一。组织开展交通“百日控大”“再战100天，护航G20”等专项行动，坚持保安全与保畅通并举，确保全市未发生长时间大面积拥堵。推进消防安全隐患大排查、大整治，对重大火灾隐患单位和隐患集中区域进行全面排查摸底，全市消防部门共检查单位2.4万余家、督促整改隐患4.8万余处、下发行政处罚决定书1713份、临时查封694家、强制执行148家、责令三停311家、罚款328万余元、拘留439人，同比分别上升492%、1011%、878%、2138%、3600%、475%、306%、3558%；火灾事故起数、亡人数、伤人数、直接财产损失同比分别下降54%、75%、50%、38.9%。全市未发生较大以上亡人火灾事故以及有影响的火灾事故。截至G20杭州峰会结束，全市社会面平稳有序，兑现“金华不出事、不给杭州惹事”的庄严承诺，得到省委、市委主要领导高度肯定，向党和人民交出满意的答卷。

【反恐前线指挥部荣立集体一等功】 8月8日，为确保G20杭州峰会召开，金华市公安局在义乌成立全省第一个反恐前线指挥部，抽调省、市、县三级公安反恐精英，并从新疆维吾尔自治区公安厅特侦队、和田地区公安处抽调反恐专业力量17名，联动国安部门，立足义乌，辐射全市，强势推进严打严查严管严控举措。截至9月8日，指挥部共运作30天，成功侦破“4·29艾力屠夫”等一批涉恐案件；对977个目标对象开展异常活动分析，挤压重点关注人员及家属68名，遣返不放心人员52名，全市关注人员减少28.5%；挤压出境高危外国人33名，其中朝鲜人13名，6个重点敏感国人员减少20.57%。10月12日，被公安部记集体一等功1次。

【“猎狐行动”】 5月—12月，根据上级公安机关的统一部署，全市公安机关继续开展“猎狐行动”。其间，先后从俄罗斯、韩国、纳米尼亚、马来西亚、老挝及中国香港、澳门等15个国家和地区抓获在逃境外经济犯罪嫌疑人25名，缉捕率达50%；协助外省、市抓获境外逃犯4名。

【防范处置金融领域违法犯罪专项行动】 2016，金华市公安局组织全市公安机关开展防范处置金融领域违法犯罪专项行动。截至2016年底，全市共立金融领域犯罪案件297起，破案213起，抓获犯罪嫌疑人343人，涉案金额33.76余亿元，挽回经济损失6.12余亿元。共向工商银行、农业银行、中国银行、建设银行、交通银行等10余家金融机构收集逃废债线索260余条，梳理下发督办案件51起，立案查处38起，线索立案转化率为74.51%，移送起诉11起，移送起诉率为51.57%，挽回金融机构损失3.19亿余元。共立非吸和集资诈骗案件62起，破案56起，抓获犯罪嫌疑人163名,挽回经济损失5.4亿余元。共立挪用资金、职务侵占、合同诈骗等侵害企业经济犯罪案件61起,破案42起,抓获犯罪嫌疑人73名,挽回企业经济损失1.58余亿元。

【金融投资领域风险隐患排查整治专项行动】 2016年,金华市公安局结合互联网金融风险排查工作,自"线上"到"线下"组织全市公安机关开展金融投资领域风险隐患排查整治专项行动。截至2016年底,共走访排查金融投资企业1713家(市场监管未登记5家),其中P2P或股权众筹企业34家,基金理财企业62家;共规范经营9家,清理挤压查处取缔246家;共立案查处该领域案件23起,破案18起,抓获犯罪嫌疑人51人,涉案金额4.8亿余元,挽回经济损失1.82亿元。

【打击骗取出口退税和虚开增值税专用发票专项工作】 4月—11月,根据公安部、国家税务总局、人民银行、海关总署的统一部署,金华市公安局开展打击骗取出口退税和虚开增值税专用发票专项工作。共破获骗取出口退税和虚开增值税专用发票案件65起,破获公安部督办案件6起,省厅督办案件8起,发起全国性集群战役3次,追赃挽损达3.1亿余元,综合绩效排名全省第一。其中利用公安、税务大数据资源,积极探索、总结预警研判虚开增值税发票犯罪技战法,得到公安部副部长孟庆丰的批示表扬,并在全国推广。

【打击利用离岸公司和地下钱庄转移赃款专项行动】 2016年,金华公安机关开展打击利用离岸公司和地下钱庄转移赃款专项行动。共破获地下钱庄和洗钱案件18起,抓获犯罪嫌疑人33人(采取刑事强制措施24人),发起集群战役1起,综合绩效居全省第二。成功侦破"7·16"特大地下钱庄案。

【成立反虚假信息欺诈中心】 6月23日,按照系统治理、综合治理的原则,金华市公安局整合市委宣传部、市人民法院、市经信委、市财政局等20个市级打击防范通信网络诈骗犯罪工作部门联席会议成员单位,建设银行、农业银行、工商银行、邮储银行、中国银行5大银行,移动、联通、电信3大运营商负责人20余个部门信息资源,建立集数据汇总、分析预警、研判指挥等功能于一体的金华市反虚假信息欺诈中心,为精准追踪、精确打击、智慧止损提供保障,成效明显。7月,该中心被公安部打击治理电信网络新型违法犯罪研判中心。截至2016年底,全市共破获电诈案件1676起,刑拘犯罪嫌疑人1463名,同比分别增长255.8%、263.0%,有效止损8197万元。

【打击防范侵财犯罪活动】 2016年,金华各级公安刑侦部门以打击通信网络诈骗及系列性、团伙性、跨区域侵财犯罪为重点,继续开展打击防范侵财犯罪活动。全市共起诉侵财犯罪嫌疑人5961人,其中判处5年以上有期徒刑人数311人,打侵财战果居全省前列。

【"打黑除恶"专项行动】 2016年,金华各级公安刑侦部门以打击涉及"三改一拆"、影响重点工程建设的黑恶势力犯罪为重点,继续开展"打黑除恶"专项行动。全市共打处恶势力团伙115个,同比上升13.9%;打击处理涉恶人员664人。7月28日、29日,全国打击农村黑恶势力违法犯罪专项行动现场推进会在江苏徐州召开,金华市公安局应邀作题为"依托机制打早打小 深入推进打击农村黑恶势力违法犯罪"的经验介绍。

【"毒战"系列整治行动】 2016年,金华公安禁毒部门开展开展"毒战"系列整治行动。全市破获毒品案件572起同比上升3.8%;破获3~5人团伙58个、6人以上团伙25个,破获省级毒品目标案件21起、部级毒品目标案件5起;抓获毒品犯罪嫌疑人651人;查处吸毒人员3188人次,强制隔离戒毒725人、社区戒毒917人;查处各类涉毒场所22家次,查处易制毒化学品企业31家次,缴获各类毒品合计80余千克。

【缉枪治爆专项行动】 2016年,金华公安机关治安部门继续推进"缉枪治爆"专项行动。全市共查破涉爆涉枪案件314起,抓获各类违法犯罪嫌疑人318人,其中采取刑事强制措施91人,治安处罚227人。检查涉枪单位328家,涉爆单位253家,收缴各类枪支533支,子弹11.9万余发,炸药1万余千克,雷管2.4万枚,清查收缴管制刀具1.1万把,仿真枪4万余支,媒体宣传报道11次,发放宣传资料43728份。

【世界互联网大会乌镇峰会安保工作】 10月28日至11月19日,金华市公安局特警支队集结警力69名,分批前往嘉兴乌镇、桐乡、杭州等地开展治安防控、反恐突击、排爆安检、应急处突等安保工作。共出动警力780余人次，车内备勤超过200小时，巡逻总里程达150余千米，解决群众求助10余起，查获管制刀具1把，排除安全隐患2起，处置群体上访事件1起，带离上访人员30余人。

【市区春节武装巡逻工作】 1月22日上午，金华市公安局举行启动仪式，在市区开展为期一个月春节武装巡逻工作。累计出动警力9066人次、巡逻车辆4264辆次，盘查可疑人员29700人、可疑车辆49230辆，抓获违法犯罪嫌疑人41人，其中刑事拘留19人、行政拘留22人，查获被盗车辆36辆。市区共发生主要侵财类警情818起，同比下降27.61%，其中市区未发生“两抢”案件；盗窃警情747起，同比下降28.45%，其中入户盗窃125起，同比下降50.79%，盗窃“两车”121起，同比下降51.01%。

【常态化“动中备勤”武装巡逻工作】 2016年，金华市公安局特警支队共投入警力6900余人次，车辆1860辆次，接处警90余次，其中持械打架6起，1起携带汽油威胁讨要工程款事件，抓获违法犯罪嫌疑人3人。

【网格化巡逻格长制】 7月6日，金华市公安局下发《金华市公安局关于加强市区公安机关街面巡逻防控工作的实施意见》，在市区推行街面巡逻防控格长负责制。市区共划分网格42个，设置格长19名，副格长35名，配备巡防队员401名，摩托车86辆。市区“两抢”警情同比下降23.07%，盗窃警情同比下降37.91%，盗窃“两车”警情同比下降32.94%。

【全市重点部位大巡防行动】 7月，金华市公安局下发《金华市公安机关G20峰会安保重点部位大巡防行动实施方案》，在全市开展重点部位大巡防行动。共出动警力8501人次，发动群防群治力量7778人次，设置清查区域213处、盘查卡点244个，盘查可疑人员16633人、车辆21878辆，破获案件272起，抓获嫌疑人350人，其中逃犯9人、刑事拘留159人、治安处罚182人，查获被盗车辆124辆，清查出租房屋24362间，登记流动人口12312人。

【事故多发点段及危险路段治理】 2016年，金华市公安局交警部门会同交通、建设、安监等部门对事故多发点段和临水临崖高落差路段进行排查，确定挂牌治理隐患点段，落实治理经费2061.5万元，截至8月15日，60处省市级挂牌交通安全隐患点段治理任务全部完成，分别比上级要求省级9月底、市级8月底前完成治理的时限提前一个半月及15天，比上年提前4个多月，总体事故起数下降30.63%，死亡人数下降65.71%。

【常态化查禁“酒驾”整治行动】 2016年，金华各级公安交警部门继续开展常态化查禁“酒驾”工作，并将其列入每季重点违法行为查处内容和交警重点工作排名内容。全市共查处酒后驾驶14706起(其中醉酒驾驶3060起)，同比上升30.97%。

【“僵尸车”清理整治专项行动】 7月，金华市公安局会同市住房和城乡建设局、市城市管理行政执法局发布《关于联合开展市区废旧弃用车辆清理整治的通告》，并以市国卫办名义下发《金华市区废旧弃用车辆清理整治工作方案》，在市区开展废旧弃用车辆(俗称“僵尸车”)清理整治工作。截至9月，共清理“僵尸车”422辆，其中自行处理229辆，强制拖移193辆。

【小城镇“车乱开”交通秩序整治专项行动】 10月，根据省公安厅的统一部署，金华公安交警部门在全市131个小城镇“车乱开”专项整治行动，并在全市范围开展“车乱开”整治百日攻坚行动。截至12月31日，全市共查处小城镇十类重点交通违法行为31686起。11月25日，金华市公安局交警支队在东阳横店召开全市小城镇交通秩序整治现场会，推出东阳横店、画水、义乌佛堂等小城镇“车乱开”治理先进典型。

【“黄雨衣”事件】 6月1日下午，金华市区大雨滂沱，金华市公安局交警支队直属一大队协警章均斌执勤时，发现有位小朋友在路边哭泣，询问得知小朋友与家人走失后，章均斌为孩子披上自己的警用雨衣并将其送回家中。此事经朋友圈转发后迅速引起媒体的关注。当晚，浙江新闻App即予以报道，93交通之声随后发布微博；6月2日，中央电视台、人民日报微博、新华网、中国日报微博、公安部交通安全微发布、新浪网、华西都市报、浙江卫视、都市快报、浙江交通之声等数十家媒体的相继报道，“最萌身高差”“最美六一节礼物”传遍全国。

【“金华交警”微信公众服务平台】 8月27日上午，金华市公安局交警支队召开新闻通报会，宣布“金华交警”微信公众服务平台启用。按照一个平台、三个板块、二十项功能的框架,该平台推出信息查询、便民服务、警民互动3大功能模块。截至12月31日,平台粉丝关注量累计246891人,推送信息37期。

【机动车驾驶人安全教育培训工作】 2016年,按照省公安厅要求,金华市公安局交警支队完善安全教育学校设置,继续开展"记满分学习教育""事故同等责任学习教育" 及满分考试工作。截至12月20日,完成学习教育培训4492人次。其中,记满分4416人,事故同等责任教育76人。

【外省籍车辆及驾驶人的管理工作】 2016年,金华各级公安交警部门继续开展外省籍车辆及驾驶人的管理工作。截至12月31日,全市共登记采集外省籍驾驶人信息6709名,市本级3187名;外省籍车辆信息7634辆,市本级4355辆;其中全市农用运输车1207辆、市本级农用运输车498辆。

【黄标车淘汰工作】 2016年,根据省厅交管局的要求,金华公安交警部门继续开展黄标车淘汰工作。全市共淘汰黄标车、老旧车22528辆,工作绩效位列全省第三。12月12日,金华市委副书记、市长暨军民批示肯定表扬金华黄标车、老旧车淘汰工作。

【公安部互联网综合服务平台】 2016年6月30日,根据省公安厅要求,经前期准备,金华市公安局交警支队开通互联网综合服务平台,实行驾驶人考试网上自主预约,且18万待考考生信息从省版平台顺利过渡到部版平台。

【交通事故社会救助工作】 2016年,金华各级公安机关继续加强交通事故社会救助工作。全年全市共对74名事故受害人发放救助基金290.93万元。其中市本级垫付伤者抢救费用3起15.93万,困难补助7起16万。

【交通事故人民调解工作】 2016年,金华市公安局继续推进交通事故人民调解工作。全市共收到交通事故调解申请18220件,成功调解14892件,成功率为81.73%。

【涉案车辆专项清理整顿工作】 10月24日,金华市公安局交警支队下发《金华支队本级涉案车辆专项清理整顿工作方案》,成立专项清理整顿工作领导小组,开展涉案车辆专项清理整顿工作。2016年10月至2017年3月1日,金华交警支队各直属大队共清理涉案车辆6284辆。

【"护校安园"专项调查活动】 2016年,金华市公安局开展该活动。对校园内部安全、学校周边治安、交通安全状况及文化环境,法制副校长、专职保安员配备及履职、校园内部安全情况进行专项整治工作。全市共排查化解涉校纠纷565起;派遣法制副校长571名;破获涉校刑事案件46起,治安案件75起,抓获违法犯罪嫌疑人65名。

【涉医安保专项行动】 2016年,金华各级公安机关继续开展涉医安保专项行动。全市46家二级以上医疗机构全部设立警务室。共计处警488次,查处治安案件15起,处罚23人,协助排查化解医患纠纷361起;在医院周边出动巡逻警力21501人次,增设警务室或治安岗亭130个,及时制止现行违法犯罪25起。

【"三电"保卫专项工作】 2016年,金华各级公安机关继续开展"三电"设施安全防护工作。6月,金华市政府召开全市保护通信线路工作会议,对10起安全隐患,逐一落实给各县市政府分管领导进行整改。5月,金华市公安局经文保支队与中国人民解放军73681部队、91867部队、电信、移动、联通等通信单位联合组成护线宣传队,对国家一、二级长途通信光缆和本地网线路沿线、重点地段、重点(区)乡镇政府、施工单位进行护线宣传活动。全年共立盗窃破坏"三电"设施违法犯罪案件71起,抓获犯罪嫌疑人12名,其中刑事拘留12名。

【维权工作】 2016年,金华各级公安机关督察部门进一步完善民警维权110机制,严厉查处打击报复、诬告陷害、暴力侵害公安民警等案件。全年共为236名民警依法维权,发放慰问金共计228200元。

【执法检查监督考评】 2016年,金华市公安局健全日常考评与阶段性考评相结合的执法质量动态考评制度,完善督察、经侦、刑侦、交警、审计、消防6个警种的执法考评联动机制,继续开展执法监督考评工作。共评查各类案件、警情超1760件,抽查监管场所内未成年人、重大犯罪案件嫌疑人等150名执法对象的权益保障情况,核查相关执法数据信息600余条,排查整改执法安全隐患63处。全市共追究执法过错责任301人次。5月,金华市公安局出台《金华市县级公安机关中层领导执法履职暂行规定》,进一步规范全市县级公安机关中层领导执法履职工作,通过实地走访、抽卷评阅、网上巡查等方式对各县、市局(分局)中层履职情况进行核查。共检查执法办案平台案件400起,抽查刑事行政个案40件,巡查派出所办案区100个,倒查警务督察平台视频200条。

【行政复议案件办理工作】 2016年,金华市公安局受理行政复议案件75起,不予受理7起,办结66起,未结9起。已结案件中,维持43起,当事人自撤终止审理21起,驳回1起,撤销重做1起。

【行政诉讼案件办理工作】 2016年,金华各级公安机关发生行政诉讼案件173件(次),其中一审109件,二审64件,一审判决中确认公安机关违法案件有2起,二审无败诉案件。

【110社会应急联动工作】 2016年,金华公安指挥中心系统继续推进应急联动工作规范化建设及应急指挥平台建设工作。全市共有联动成员单位87家,共调动联动单位处置警情7.97万余起,同比上升12.2%。全市指挥中心接报警量呈逐年下降趋势,2015年接警总量为293.56万起,同比下降1.57%;2016年289万余起,同比下降8.34%。

【信访积案集中清理工作】 4月,金华市公安局开展信访积案集中清理工作。其间,公安部、省厅交办的486件信访积案进行梳理,对207件重大疑难积案开展挂牌督办和交办。共化解188件,化解率为90.8%。

【"一点通"警务管理系统全市推广应用】 2016年,金华市公安局信息通信处继续推进"一点通"警务管理系统应用工作。根据相关业务警种工作性质及基层派出所工作侧重点,重新规划门户版块设置,并对原有功能进行合理分域,相继完成系统门户升级改造及17个子系统建设工作。新系统涵盖警情、案件、打处人员七日均线、9+X重点人员管控情况、4+X重点场所(组织)管控情况、基础采集成效推送、嫌疑人员未登记推送等众多项目。系统共关联公安业务系统46个、外单位数据3大类,累计入库数据360多亿条,数据查询常量为12.9亿条;累计采集标准地址163.24万条,虚拟建房162.78万栋、房间1036.55万户,核实出租房屋298.24万间;采集常住人口信息466.49万条,已落户366.88万条,落户率达到84.2%;流动人口信息295万条(其中移动终端采集269万条),落户258万条,落户率达到87.62%;采集单位信息41万条,列入管控单位有8大类13605个;定位2013年以来案件73.16万起,定位率为99.9%;采集其他基础信息420.87万条。实现全市公安内部系统和数据"基本打通、全警共享"。2016年12月、2017年1月,"一点通"警务管理系统分别荣获全省公安机关改革创新大赛一等奖、全国公安机关改革创新大赛铜奖。

【队伍精细化管理系统建设】 2013年,金华市公安局在婺城分局先行试点的基础上,向全市公安机关推广涵盖队伍建设各方面的"队伍精细化管理系统"。2015年,从"全国公安政治工作信息系统"本地化改造入手,金华市公安局进行全面升级改造,实现上至公安部、省厅,下转基层所队,横联地方党委政府的360°兼容对接。升级后该系统共建功能模块70余个,内容涵盖日常管理、思想政治工作、党建、纪检等队伍管理等各个方面。截至年底,该系统访问量累计685万次。10月,该系统在全省公安机关改革创新大赛中荣获一等奖。

【张辉被授予全国公安荣誉称号】 张辉,男,汉族,1971年1月出生,1994年8月参加公安工作,中共党员,金华市公安局经文保支队支队长。先后负责2012年"8·31"非法经营黄金期货案件,2013年"5·18"万家购物网络传销案,2014年"9·16"特大地下钱庄案,2015年"11·3"特人虚开增值税专案发票案等在全省乃至全国有影响力的重特大经济犯罪案件30余起,尤其是"9·16"特大地下钱庄案,是迄今为止全国范围内涉案人数最多、涉及区域最广、涉案金额最大的地下钱庄案,也是首例通过NRA账户实施资金非法跨境转移案件,涉案金额高达4100余亿元。2015年,张辉同志作为全国公安系统唯一代表入选着中央电视台年度"法治人物"、并被提名为"感动中国人物"候选人。2016年11月18日,公安部在人民网直播室举办全国公安机关首届《公安楷模》颁奖仪式,张辉被授予全国"公安楷模",全国公安系统"二级英模"荣誉称号。首届"公安楷模"全国只有5名民警当选,浙江仅张辉1人获此荣誉。

【"防范通讯(网络)诈骗宣传月"活动】 2016年12月10日至2017年2月11日,金华市局开展"防范通讯(网络)诈骗宣传月"活动,策划组织"发放一封致学生家长的信、开展一次反诈知识竞答、编织一张宣传网络”系列主题宣传活动。其间,将高发多发的12类电诈案件编成12道题目，联合移动公司预设近50万元的手机流量，开展有奖竞答送流量活动，吸引50多万人参与。2016年诈骗案件受理数同比下降5.1%,3个月累计同比下降26%,诈骗案件发案率首次呈下降态势。

（张旭华）

检　察

【概述】 2016年，金华市人民检察院开展专项打击恶意“逃废债”,起诉76件116人,占全省起诉人数1/6。全年共立案查办贪污贿赂犯罪106件120人，涉案金额1000万元以上4人，其中义乌市政协原副主席黄分田受贿金额达7800余万元，为历年来最高;依法查办宁波市委原常委、常务副市长寿永年受贿案。立案查办渎职侵权犯罪55件62人。全年共批捕9860人,起诉17550人。开展打击电信诈骗等专项工作,办理浦江“9·23”特大电信诈骗案，先期批捕95人。与食药、环保等部门联动协作,共监督行政机关移送45件69人,监督公安机关立案47件63人。

【服务经济发展】 两级法院院走访非公企业176家，完成服务非公调研18项，汇编制度16项。以实施“六五四行动方案”为载体,实现服务领域、服务平台和服务举措的本地化。出台意见深化长效机制建设,对外与工商联建立协作机制10项,对内建立“一岗一网三表一考评”制度。

【司法规范】 开展保障律师会见权和文明办案两个专项整改,整体推进审查逮捕公开听审等规范化机制,专题研究问题查找与整改清单。建立完善办案指引、制度汇编、检务督察、律师会见反向审批等规范和倒逼机制，原则上做到看守所晚上不提审,未出现限制律师会见情形。推进“一站式”平台服务，落实工作协同、相互征询评价等15项措施,坚持用“请进来、走出去”的方式,与律师界展开不同层次的良性互动。推进线上线下“一站式”平台服务,建立“一案一台账”,坚持“每案每一诉讼环节信息逐一推送”,为律师依法履职创造便利条件。

（夏祺嫱）

法　院

【概述】 2016年,全市法院收案198858件(含减刑假释案件5583件),结案190252件(含减刑假释案件5601件),同比分别上升6.67%、9.99%;其中中院收案17348件,结案17262件,同比分别上升3.21%、8.33%;全市法院法官人均结案数265.84件。

全市法院审结刑事案件12815件，其中判处五年以上有期徒刑、无期徒刑直至死刑的968人。严厉打击杀人、抢劫等严重暴力犯罪和盗窃、抢劫等多发性侵财犯罪,审结案件5603件。坚决打击金融诈骗、非法集资等重大经济犯罪,审结案件145件,依法审理海纳汽车租赁公司集资诈骗犯罪案件。保持反腐高压态势，依法适用贪污贿赂罪司法解释,审结贪污贿赂、渎职犯罪144件184人,妥善审理原嘉兴市委常委、政法委副书记、公安局局长李浩,原宁波市委常委、常务副市长寿永年受贿案。坚持宽严相济，对6553名具有从轻情节的被告人判处缓刑、管制、拘役或免予刑事处罚。会商公安、检察机关出台纪要，规范刑事和解和卖淫类犯罪案件办理,加强追赃及敦促退赃退赔相关工作。

受理民事案件110695件,审结108736件,同比分别上升7.28%、14.03%。审结离婚、扶养、人身损害、劳动争议、民间借贷等案件46494件;召开全市劳动争议裁审衔接研讨会,与劳动人事争议仲裁院共同研讨劳动争议疑难问题,促进裁审衔接。服务创新型城市建设,授权永康法院适用简易程序审理知识产权民事纠纷，深化知识产权诉调衔接工作,审结知识产权案件2905件;审慎处理涉外、涉港澳台民商事纠纷,审结涉外、涉港澳台案件605件。

受理行政诉讼案件1672件，同比下降3.69%,审结1669件,同比上升16.79%;审查非诉行政执行案件2153件,同比下降18.63%。维护行政相对人合法权益,监督行政机关依法行政,判决撤销、变更具体行政行为或确认具体行政行为违法116件，维持具体行政行为或驳回诉讼请求391件，以协调撤诉方式结案284件。建立“2+X”的工作平台,由法院行政审判部门、市政府法制部门与重点行政执法部门共同参与,从源头预防和化解行政争议。行政机关负责人出庭率83.7%,同比上升6.3%,行政机关败诉率9.35%,行政协调率 22.88%。

【服务中心】 成立G20 峰会维稳安保工作领导小组,开展案件化解、明察暗访、工作座谈等督导活动,在全市法院排查梳理出重点敏感案件 397 件,落实一案一策、定人包案,切实做好稳控吸附工作,对五类常见突发事件提出具体处置方案,设置处置行动组、信访劝导组、舆情管控组、医疗救护组全面应对突发事件。加强信访积案化解,建立律师代理申诉工作机制,引导申诉人合理表达诉求,将 425 件申诉信访案件导入司法程序组织复查;申请发放司法救助金 265.57 万元,帮扶生活确实困难的信访人并化解信访积案24 件;对确实无法化解的信访案件,依法启动终结申报程序并终结 99 件。

出台关于依法保障和促进金华市民营经济发展 18条措施。分析全市法院 2015 年以来审结的污染环境犯罪案件,出台指导意见规范该类案件量刑,依法保障“五水共治”工作。

与市帮扶办沟通协调,建立帮扶企业抵押物解封转贷机制,切实帮助企业化解“两链风险”、维护正常生产经营。出台意见推进银行不良贷款处置工作,加大恶意逃废债行为打击力度,开通绿色通道,快速审结金融借款案件 12937 件。成立破产审判合议庭,在全省率先面向全国引进破产管理专业团队,推动建立破产管理专项资金 200 万元,积极参与重大企业破产重整工作沟通协调,推进全市破产重整处置工作,共受理破产案件 55 件,审结 29 件,平稳推进江南中学、三联集团、广天建设案等重大复杂破产案件的审理与处置。

【便民服务】 建立“大立案”机制,严格落实立案登记制,坚持依法受理,当场立案率 99%;推行网上立案、邮寄立案等便民立案方式。加强诉讼服务中心建设,打造集导诉、立案、收费、信访接待、调处衔接等功能为一体的综合服务体系。发挥 12368 司法服务热线功能,处理来电10432 件。积极推广应用新案款系统,保障诉讼费及执行款案款管理规范。坚持“网拍优先”,实现全市法院淘宝网店全覆盖,共网拍 2477 件,成交金额64.1 亿元。

【推进案件执行】 加快“总对总”“点对点”网络查控系统建设,与不动产登记部门对接,开展房屋土地点对点查控系统建设,提升财产查控效果;加强执行征信系统建设,通过媒体、电子屏幕、工商及银行征信平台等多种途径扩大失信被执行人曝光范围,共曝光失信被执行人信息 44848 余条;完善执行指挥中心建设,累计协控到被执行人 3161 名,受托控制 130 名,协控到车辆 11 辆,全市共执结实施案件 57594 件,为当事人实现债权 65.4 亿元。开展涉执行暂存款集中清理工作,全市法院共确定涉执行暂存款 8829 笔,金额总计 9.39 亿余元,已清理发放3.52 亿余元;开展集中打击规避、抗拒执行活动,全市法院对 3625 人采取司法拘留强制措施,向公安机关移送涉嫌构成拒不执行判决、裁定罪,妨害公务罪等犯罪的被执行人32 件 47 人,审结拒不执行判决、裁定、拒不支付劳动报酬、非法处置查封、扣押、冻结财产等刑事案件36 件,58 人被追究刑事责任。加强执行监督统管力度,开展集中交叉和提级执行活动,决定指令交叉执行 17 件。

【智慧法院建设】 完善“审务云”平台和大数据中心建设,实现共享全省法院各项数据,为开展司法大数据服务奠定数据基础。试点应用智能语音识别系统,实现庭审语音同步转化为文字,加快推进庭审记录改革工作。完成监狱数字化法庭建设,运用远程视频开庭审理减刑假释案件 149 件。全面推进档案数字化扫描加工,中院完成 1949 年起的往年档案扫描工作并随归随扫当年新增档案,及时导入档案数据库,累计扫描案件 84851 卷,实现库存档案的网上调取、异地阅卷、同步利用。深化司法公开三大平台建设,实现平台间案件裁判文书、执行等信息自动关联,方便当事人进行“一站式”信息查询。

【监督管理】 出台关于贯彻落实监督执纪 “四种形态”的意见,使监督执纪“四种形态”具体化、常态化,获省高院陈国猛院长批示肯定。贯彻落实中央防止干预司法的“两个规定”,对各类涉案反映材料实行书面登记、逐级转递、全程留痕,防范人情案、关系案。始终保持严惩腐败高压态势,坚持有案必查,并做到对违纪违法案件“一案一分析”,严格落实重大案件及时报告制度。认真对接《中国共产党问责条例》,落实“一案双查”,加大问责力度,使失责必问、问责必严成为常态。对 10 名干部进行函询,对 12 名干部进行提醒谈话,对 1 名干部进行诫勉谈话。

（樊一鸣）

司法行政

【概述】 2016年，全市人民调解组织共调处各类矛盾纠纷52021件，调解成功49732件，成功率为95.6%；防止民转刑92件224人，防止群体性上访125件1633人。新增各类执业律师202名，与上年相比增长13.9%。新设立律师事务所12家，共计律师事务所170家，全市律师共办理各类案件47206件，业务收费5.13亿元，相比上年同期增长8.7%。全市已建行业性专业性人民调解委员会280个，涉及19个行业或领域。新创建以知名人民调解员名字或姓氏命名的调解工作室26个，总数达到77个。

【社区服刑人员管控】 加强对社区服刑人员的监督管理，将排查出的重点社区服刑人员，实施“定人包案”制度，并落实手机加电子手环“双管控”。全市共警告879人次，撤销缓刑、假释收监执行37人。开展入矫教育、中期教育、解矫教育和社会力量参与社区矫正工作。2016年，全市共组织社区服刑人员集中学习55815人次，“平安护航G20”主题教育实践活动5129人次，社区服务51888人次，个别谈话27843人次，走访教育31896人次，心理咨询1244人次，风险评估6774人次，社会帮教1296人次。与公安机关建立社区服刑人员信息和数据共享机制，对核查出的不假外出给予警告的有60多人次。

【服务中心】 加强法律服务供给侧结构性改革、特色小镇建设和金义都市新区建设等工作。制定《供给侧结构性改革法律服务名录》，主动走访困难企业，组织召开全市破产管理人工作座谈会，成立市律协破产管理人专委会，为防风险、破“僵尸”、促转型、保稳定提供法律服务保障。截至2016年底，全市18家具有破产管理人资格的律师事务所，先后承接破产案件63件，参与办案律师231人，组织召开债权人会议、各类协调会577场，接待咨询3.2万人次，涉及案件标的额324.2亿元、债权人数1.15万人、职工2851人。出台《关于做好法律服务特色小镇建设的实施意见》，加大对特色小镇入驻企业知识产权、创意创业等合法权益和历史文化传承保护的法律服务力度。进驻金义都市新区，服务综合保税区、菜鸟网络等重大项目建设，为新区提供精准法律服务，配合主管部门做好重大项目征迁政策解读和群众接待咨询等基础性工作。围绕市委、市政府开展的“百日攻坚、百日招商、百日服务”竞赛活动，积极部署开展“三百竞赛·律师同行”法律服务活动及法律服务新三板挂牌上市、公证服务金融改革等活动。活动期间，办理民间借贷公证304件，帮助小微企业解决流动资金24450万元，办理抵押合同公证286件，盘活资金14013万元。

【健全律师执业管理制度和行为规范】 修订完善《金华市律师事务所规范化建设考核标准》，建立观庭评议和案卷评查制度，突出对办案质量的监督管理。率先举行案卷集中评查活动，对随机抽取的500件案卷逐一评定，观庭67场，对75名律师的庭审表现进行综合评议。成立金华市律师执业权利保障协调小组，与市中级人民法院协调出台《关于依法保障律师诉讼权利的实施细则》，与市检察院联合出台《关于依法保障律师在职务犯罪侦查阶段执业权利的若干规定》等文件。金华市、县两级法院统一安装律师绿色通道系统，律师刷卡即可进出全市各个法院。律师执业环境进一步优化，执业权利保障力度进一步加大。

【司法服务】 全市9家公证机构共办证53260件，办证总量较上年同期增长2.2%，完成业务收入3748万元，全市司法鉴定机构共接受委托鉴定11284件，比上年同期增长10.4%。推进基层法律服务所合伙制改制，完成改制51家，改制率达到96.2%。完成县、乡、村三级公共法律服务平台建设，共建成10个公共法律服务中心，131个乡镇(街道)公共法律服务站，4091个村(社区)公共法律服务点。推进全市公共法律服务网建设，做到市、县两级全覆盖，“12348”法律援助专线和“8890法律服务热线”深度整合。并以“温情手牵手、法援面对面”为主题，市县联动，开展“法律援助在身边”系列活动共248场次。2016年，全市各级法律援助中心共接待咨询70061人次，办理法律援助案件总数8498件，比上年同期增长12.3%，为当事人挽回经济损失和争取经济补偿13662.57万元。

【“七五”普法】 制定下发《关于建立重点单位法治宣传教育责任清单制度的意见》，并将微信考法、法治阵地建设、新媒体普法等列入普法考核内容。推进新媒体的运用，率先采用“学时制+积分制”的方式在全市8000多名公务员中推行法治必修课和月学法、月考法等新模式。国家宪法日期间，开展“宪法走近你我”为主题的“百团千人万众普法”活动，发布“宪法走近你我”H5，《宪法与你》动漫短片。探索推进地方、基层和行业依法治理的实践形式，继续深化民主法治村、民主法治社区、诚信守法企业、依法治校示范单位创建活动。对民主法治村的管理实行申报前严格筛选，申报后精心培育，考核后动态管理。提高市级民主法治村的创建补助标准，由每个村3000元提高到6000元。共有“全国民主法治示范村”10家，省级“民主法治村(社区)”93家，市级民主法治村(社区)729家。省级“诚信守法企业”创建先进单位2家。

【基层司法所建设】 规范化司法所建设，提出各地星级规范化司法所必须达到40%的目标要求，并列入年度工作的重点考核内容。新创建的36家司法所已经通过省厅审核，星级规范化司法所比例从26%提高到50%。加强档案台账的规范化管理、信息化建设和应用水平，提高基础业务数据信息的采集率和准确性，星级规范化司法所建账、建档率达到100%。充实司法所工作力量。全市156家司法所有专职在编314人，聘用181人，兼职60人，其中政法专项编制210人，所均达到1.35人。

（叶俊俊）

仲 裁

【概述】 2016年，市仲裁委共受理各类案件1223件，涉案标的额41189万元，仲裁案件的调解和解率、快速结案率、自动履行率分别达到88%、91%、94%，达到化解争议、定纷止争的效果。

【加强仲裁培训】 2016年年初，为进一步提高仲裁办案效率，解决办案人员不足等问题，结合金华市仲裁工作的需要，按照个人自荐、单位推荐和仲裁机构选荐等方式，根据所荐人员的年龄、学历、专长等方面进行筛选和审查，增聘42名新的仲裁员，目前共有仲裁员232名，是一支由来自法律、经济、建筑工程、金融保险等多个领域，专业权威、工作严谨，道德高尚的专家组成的高质量队伍。为了提升仲裁员业务素质，6月，联合市人社局、金职院和市继续教育协会举办为期两天的互联网金融纠纷的仲裁处理高级研修班。邀请中央财经大学教授、博士生导师，中央财经大学预防金融证券犯罪研究所所长、财经大学互联网金融与民间融资法治研究中心执行主任郭华老师讲授《互联网金融法律风险控制》；浙江大学教授、博士生导师，浙江大学互联网金融研究院副院长、省金融法学研究会会长李有星老师讲授《互联网金融纠纷的仲裁处理》。共有来自仲裁员、金融行业、律协等行业120余名学员参加。

【加强办公软硬件设施】 根据《浙江省人民政府办公厅关于进一步发挥民商事仲裁制度维护市场经济秩序作用的若干意见》(浙政办发〔2015〕33号)文件精神，为了最大限度地提升改善办公场所条件，在原有的基础上，经过合理调整，仲裁公共区域进一步扩大，形成1个接待大厅、2个调解室和3个仲裁庭的配置，仲裁接待办案能力进一步提高，实现内部办公区域和仲裁公共区域分离。为保证庭审公正性和实用性，在仲裁庭安装有电子视听和投影、电脑等设备，有利于证据的保存和审理。同时，信息化办公水平也大大提升，拥有自己的办案软件系统，根据工作人员相应权限实现办案流程网上管理，直接完成整个办案流程、审批、查询等功能，形成具有较强应用性的办案管理平台。

（吴韩君）

消 防

【概述】 2016年，全年共发生火灾2206起，下降33%。死亡7人，上升40%。受伤2人，下降80%。直接经济损失2314.2万元，下降26%。全市共接警9343起，出动消防车2.1万辆次，营救疏散2307人，抢救财产价值15.8亿元。

【“创人民满意消防队伍”活动】 出台新一轮《创满意“九项承诺”》，项目法定审批时限压缩30%以上，走访各级政府、重点单位、服务对象等2000余次，收集各类意见建议90余条，并逐一研究对策逐条落实回应。借助“8890”市民问政服务热线，先后受理100余件群众诉求举报件并全部在最短时间内办结，满意好评率100%。

【G20杭州峰会消防安保】 开展“护航春雷、护航风暴、护航利剑、护航平安”等系列专项整治，开展好夏季消防检查和全市居住出租房消防安全整治工作。全市消防部门共检查单位5.77万家，督促整改火灾隐患数9.26万余处，下发行政处罚决定书3806份，下发临时查封决定书1270份，下发行政强制决定书305份，责令“三停”单位656家，罚款833万余元，拘留769人。

【出租房消防安全专项整治】 全市集中开展居住出租房消防安全综合整治工作。共排查登记10人以上居住出租房48324户（其中10~29人43241户，30−99人4645户，100人以上438户），发现并整改隐患29401处。

【夏季消防安全检查专项行动】 5月10日至9月20日，全市78家重大火灾隐患单位、19处区域性火灾隐患、2家历史遗留重大火灾隐患得到有效整治。夏防期间，全市火灾四项指数分别下降74%、100%、100%、64.1%。

【“6·13”永康危化品仓库火灾】 2016年6月13日6时48分，永康市经济开发区荆山夏铜陵东路21号油漆仓库发生火灾，永康大队立即调派10辆消防车54人赶赴现场扑救。市消防支队7个消防中队11辆消防车42人前往增援，经过3多小时的努力，成功将大火扑灭，未造成人员伤亡和社会影响。

【“6·28”金华特大暴雨救援任务】 2016年6月28日金华市中北部地区普降暴雨，市消防支队第一时间启动强降雨应急救援预案。截至29日14时，市消防支队共参与防汛抢险救援57起，出动官兵426人次，出动车辆107辆，营救人员38人，疏散群众85人，抢救财产197万元，保护财产1320万元。

【“8·26”金华开发区绿城电动车仓库火灾】 2016年8月26日6时17分，金华市江南经济开发区秋滨街道绿源电动车有限公司仓库发生火灾。市消防支队指挥中心立即调派2个中队7辆消防车29人赶赴现场处置，随后又增派6中队共14辆消防车50人增援现场。金华市治安、交警、供水、供电、医疗等应急联动单位和有关专家也立即赶赴现场支援。经过1多小时的努力，成功将大火扑灭，未造成人员伤亡和社会影响。

【“9·25”东阳脚手架坍塌事故救援任务】 2016年9月25日10时53分，东阳市南上湖一建筑工地脚手架发生坍塌，有人员被困。东阳大队立即调派4个中队共7辆消防车28人赶赴现场处置。支队调派3个中队共3辆消防车15人，携带4部生命探测仪赶赴现场增援，共营救16名被困人员。

【“9·28”丽水里东山体滑坡事故的驰援任务】 2016年9月28日17时28分许，受台风“鲇鱼”影响，丽水市遂昌县苏村发生山体滑坡灾害。市消防支队接到总队增援命令后，紧急调派8辆消防车34人赶赴现场增援。经过11天救援，与兄弟支队协同作战，共搜救出遇难群众5名。

【支队训练基地模拟训练设施开工建设】 支队训练基地模拟训练设施建设项目位于金华经济技术开发区金西区块经发街，2016年8月完成立项，2016年12月正式开工建设，项目预计2017年11月竣工。该项目占地面积6096平方米，总建筑面积13524.07平方米，为一幢5层的框架结构建筑，总投资3997万元。

【荣誉】 2016年，市消防支队被公安部荣记集体三等功，被部局评为“重大活动消防安保先进单位”“安全工作先进单位”，被省委、省政府记集体三等功，被市委、市政府评为“金华市G20杭州峰会维稳安保工作先进集体”并记二等功。支队荣获市垂直管理部门考核第3名，1个单位被总队荣记集体三等功，官兵荣记二等功4人次、三等功38人次，共有76名官兵获得省级以上表彰奖励，1个单位和1名个人被金华市委、市政府分别评为“拥政爱民模范单位”和“拥政爱民先进个人”。

（傅仕杰）

民主党派

中国国民党革命委员会金华市委员会

【概述】 2016年，全市共有民革党员491人。2016年，市委会提交团体提案10件，个人提案32件，人大代表提交建议案9件。其中《关于加强财政专项补助资金管理的几点建议》被列为重点提案。委员张根芳代表市委会在市政协大会上作《保护双龙自然资源，拓展北山旅游内涵》的发言被评为优秀大会发言。市委会提交的《加强法治政府建设 依法提高行政执法水平》和陈杰、曹荣庆两位委员的个人提案被评为市政协六届五次会议以来优秀提案。提交建议意见3件，征集调研论文32篇。举办纪念孙中山先生诞辰150周年“先行杯”民革金华市委会“同心同行，共筑中国梦”毅行活动，种植民革“中山林”，与民革省委会、浙江省孙中山研究会共同举办“孙中山的思想遗产及其当代价值学术研讨会”；市委会和市科协联合向由宋庆龄先生亲笔题写校名的“浦江县中山中学”捐赠图书。

【本职建功】 副主委方青荣获“浙江省杰出教师”称号，受聘浙江省戒毒公益大使。党员张根芳荣获2016年“浙江省优秀科技工作者”称号。党员吕文广的先行集团量身定制的保温杯产品成为首批登录中国航母的保温杯产品。党员朱俭军的浙江华统肉制品股份有限公司在深交所主板市场上市。党员冯秀勤荣获第四届“浙江民革骄傲人物”称号，当选第九届全国律协理事，获任市人大首批地方立法咨询委员。党员陈晓阳参与的《十字花科油籽脂肪酸及营养品质形成的分子机制》项目荣获国家教育部颁发的2015年度高等学校科学研究优秀成果奖自然科学奖二等奖。

【公益活动】 丽水市遂昌县北界镇苏村山体滑坡事件后，市委会共筹集捐款20万元和价值16.68万元物资。12月，市委会组织离退休民革党员书画家开展“传承中华文化，弘扬文明精神”送春联、赠字画下乡活动。市委会与省委会一同携手爱心企业将价值30多万元的奶粉赠送金华市社会福利中心、婺城区的敬老院和莘畈乡中心小学、浦江大畈乡的儿童；金华广福医院副院长陈杰率领5位医卫专家为金华市福利中心老人们开展义诊，文卫支部主委余品军带领市场监管局的食品安全专家为老人开展食品安全宣传和咨询；东阳市基层委员会“六一”儿童节走访复夏小学，为该校捐赠价值近万元的图书和文体用品。

【法律援助】 各站点办理法援诉讼案件300多件，开展普法宣传活动12次，并与参政议政工作紧密结合，提交相关参政议政素材5个。向省委会上报2014—2016年度金华市民革法律援助典型案例6个。

（周金华）

中国民主同盟金华市委员会

【概述】 2016年末，民盟金华市委下属县(市)级委员会1个，基层委员会3个，县(市、区)级总支部3个，直属总支部1个，直属支部11个，直属小组2个。共有盟员877人，具有中高级职称736人，占83.9%。年内，发展盟员47人。今年两会期间，市委会向政协大会提交大会发言材料1篇，团体提案6件，盟员人大代表和政协委员提交40件议案、提案。团体提案《居家养老服务可持续发展的对策建议》获重点提案，《关于破解市区养老机构床位“一床难求”的几点建议》获优秀提案。盟员个人提案《关于试点推进医改分级诊疗，促进医疗资源合理利用》《加快我市新能源汽车产业发展》等被评为重点和优秀提案。

【参政议政】 围绕“发挥师大资源优势，服务金华创新发展”等重点课题，组织盟内专家进行调研，形成调研报告通过“党派直通车”直送中共市委。组织民盟界别组市政协委员积极参加市政协组织的“三级政协委员联动、万名委员同行、助推‘五水共治’活动，“市县政协联动、助推‘农村垃圾分类’工作‘百千行’”专项民主监督活动，开展考察“小城镇环境综合整治”等课题调研等活动。市委会围绕教育发展、金融改革、民生保障、社会管理以及近年来着力关注的重点问题积极建言献策，形成《进一步提高我市城市规划、建设与管理工作的若干意见》《破解中小企业融资难》等13个重点立项调研课题和实施方案。探索开展“二孩时代教师资源配置”教育论坛活动。截至12月底，市委会报送社情民意信息101条，民盟省委、市政协、市委统战部采用73条，民盟中央采用3条，省政协采用1条，零讯采用1条，全国政协转送1条。

【社会服务】 组织开展北山“民盟林”植树活动。发挥浙江师范大学人才优势，促成浙江师范大学与“烛光行动”在浙示范点——新安江中学结对合作事宜。推动“明眸工程”走进永康，并获金华永康眼科医院百万元捐助，对该地区贫困眼病患者实施免费手术以及为永康的中小学生进行免费视觉关爱健康检查。持续开展系列公益讲座。民盟盟员吴玉花给蒋堂初中的同学作了题为“学习压力的调适和学习动力的激发”专题讲座。浙师大老盟员韦苇前往金东区傅村镇中心小学做关于儿童诗歌鉴赏和写作指导。兰溪市委会组织专家到兰溪市外国语中学举行“爱”与“美”生命教育讲座,东阳市基层委员会开展“春蕾同心实践基地”助学、安全知识讲座等活动。继续以“一村、一校、一社区、一福利院”为联系点,组织盟内教育、科技、文化以及经济界的专家相继开展诸如“逐梦科技,创新成长”为主题的科技展、“识婺宝,爱金华——流动博物馆下乡科普展”以及相关帮扶调研等社会服务活动。

【岗位建功】 2016年,兰溪盟员倪华歆国画《春到山寨》入选“庆祝中国共产党成立95周年暨纪念红军长征胜利80周年浙江省美术写生创作作品展览”;兰溪盟员方芳编排的少儿舞蹈《花生子》入围“全国展演季”,并被评为38件优秀作品之一,少儿舞蹈《蓝色大树》获浙江省第十届排舞大赛少儿组的金奖第一名。东阳盟员马春兰获2016年全国创新作文优秀指导教师;东阳盟员周晓玫作品《为谁夜行》在司法部、全国普法办主办的主题征集活动中获一等奖;东阳盟员何飞龙获2016年全国优秀施工企业家。武义盟员陈巧莉的散文《皖山四季牧歌》,荣获“2015年冰心儿童文学新作奖”。义乌盟员朱友龙负责的义乌装博会在第13届中国会展行业年会(2016)上荣获“中国十佳品牌展览会”称号。浙师大盟员卜月华主持的项目《“素养能力并重 校企协同三赢”独立学院人才培养探索与实践》获2016年浙江省高等教育教学成果一等奖。开发区盟员严亮奇获全国律协行政法专委会2016年会论文一等奖。电大盟员单小青老师荣获浙江省中职学校“最美教师”称号;电大盟员应森林老师荣获首届浙江省黄炎培职业教育杰出教师奖。文化支部盟员顾童“婺窑书韵”陶瓷作品在第九届“中陶奖”中国陶瓷产品设计大赛中荣获淇河杯银奖;“心经瓷板”荣获2016中国(九华山)国际禅艺设计大赛金奖,并被选为金华市万佛塔地宫永久藏品。

(徐 颖)

中国民主建国会金华市委员会

【概述】 截至2016年底,全市共有会员728人,平均年龄50岁,大专以上学历的600人,中级以上职称351人。会员分布主要在经济界,有513人,占70.5%,会员中有新社会阶层人士310人,占42.6%,民营企业主202人,占27.7%。

【建言献策】 在省“两会”上,金华民建的代表、委员共提交建议、提案12件。在金华市“两会”上,民建会员中9位市人大代表、29位市政协委员共提交建议、提案36件;市委会提交团体提案7件、大会发言1篇。市委会《关于打造行政服务金华模式的建议》被评为市政协六届六次优秀提案。全年共向省民建、市政协报送社情民意信息25篇,被省政协采用3篇、省委统战部采用1篇、省委会采用15篇,其中方肖川《关于完善涂料消费税政策的建议》获被民建中央采用。组织会员积极申报课题,叶永玲《基于“五种能力”的浙江民建社会服务价值最大化研究》、张啸尘《新常态下参政党在政治协商中的功能探究——兼论参政党在政治协商中的五种能力建设》两项课题被确定为省民建理论研究立项课题。开展民营企业发展短板调研,形成调研报告《发挥科技创新中企业家的主导作用》,并被列入省民建参政议政立项课题。围绕“直通车”,向市委提交《放宽工业用地政策,破除企业融资束缚》的报告。

【组织建设】 以基层换届为契机,优化班子配备。2016年是基层组织的换届之年。1月份后,浙师大、义乌、永康、兰溪、婺城、东阳等民建相继举行换届大会,选举产生新一届领导班子,浙师大、兰溪、婺城民建相继更名为基层委员会。为提高组织发展的程序化、规范化水平,市委会推出组织发展“三个一”及组织建设“四个一”制度,严把入会关,全年共发展新会员34名。会员徐圣文、陈海彬被授予“民建全国社会服务先进个人”荣誉称号。义乌市基层委员会、东阳基层委员会被评为民建全省社会服务先进集体;龚辉弟、王惠雄、丰群飞、卢振中、林燕、卢森军、张志成、徐松平、张鑫林、翁荣金、程思被评为民建全省社会服务先进个人。

【社会服务】 引导各基层组织一品牌一亮点,如婺城基层委“民建·金宇”奖学金、金东总支东叶村“民建路”、东阳基层委“同心实践基地”、永康总支“民建图书馆”。东阳基层委在东阳清潭村创立第二个“同心实践基地”。为增进会员企业之间的交流和合作,市委会成立民建企业家联盟并开展首届服务企业联谊交流活动。永康总支部启动“民建乡土文化建设”基金项目,赞助出版《七十年代——小城杂忆》,先后向永康市高中捐赠书籍6000多册。婺城四支部与驻金某部结为军民共建单位,已持续五年,累计捐款物10万元。会员陈海彬积极参与民建中央帮扶项目,在贵州“黔西县”,打造“同心”商贸城,总投资67亿元,可望安排就业5万人。会员何维良为东河小学新校搬迁捐助6万元,为望道中学捐赠一批价值10万元的课桌椅。

【岗位建功】 会员杜剑平连续参加4届残奥会,斩获9金4银6铜,被省政府记省一等功。周卫中获金华市科学技术三等奖,其企业商标“捷特”被认定为金华市著名商标,“捷特”木质包装箱被认定为浙江名牌产品。王莹带领的施光南合唱团代表浙江省参加文化部组织的第七届中国少年儿童合唱节展演,成功入选闭幕式展演,并在第七届魅力校园合唱节上获一等奖。义乌二支部被评为金华市“春蕾计划”二十周年先进集体、陈志强被评为先进个人。童健英被评为金华市教育考试先进工作者。邹华忠被评为义乌市“春蕾计划”二十周年先进个人。

(陈满荣)

中国民主促进会金华市委员会

【概述】 至2016年底,民进金华市委员会设基层委员会2个,总支3个、市直属支部15个、县(市、区)支部5个,会员612人,平均年龄49岁,其中具有中级以上职称会员482人,占会员总数的78.7%,省、市、县人大代表11人,省政协委员2人,市政协委员16人(其中常委5人),县(区)政协委员54人(其中副主席3人,常委14人)。全年新发展会员30人(其中中级以上职称16人,平均年龄39岁)。

【学习实践】 组织会员参加市委统战部组织的每月一期的同心大讲堂活动;参加《坚持和完善中国特色政党制度》的专题培训;组织全市各基层组织学习《中共金华市委关于走在前列共建金华的决定》。以民进之家建设为契机,收集、整理金华民进自筹建到成立以来30多年的会史资料,配合省委会开展《地方组织创立会史资料》的收集整理工作,完成《金华民进初创简史》的撰写。组织开展“我身边的先进”宣讲活动,在“三八”节、新会员培训班、参政议政培训班、重阳节等活动中开展“做一个高品味的民进会员”“我当支部主任30年”“勿忘国耻,振兴中华,为实现中国梦而奋斗”等内容的宣讲。围绕学习实践活动主线,发挥《金华民进》报和民进网站的宣传教育主窗口作用,开设“金华民进”公众微信号、“金华民进一家亲”微信群。

【参政议政】 在市六届人大八次会议上,提交《创建南国江城景区,打造浙中旅游大本营》的大会口头发言,并被评为优秀大会发言。提交《创新驱动提升文化创意产业核心竞争力》《关于〈北山四先生全集〉整理的建议》等7件系列提案。同时,在经济和社会建设新领域,不断加大调查研究力度,提出《关于深入推进标准化战略的建议》《在社会信用体系建设过程中须重视档案的作用》等4个提案。《以构建股权投资体系为切入点 打造现代服务业发展新模式》《关于我市大气污染防治的建议》等2件提案被评为优秀提案。积极参与党派直通车制度、党派联合调研课题、省委会课题申报等工作。初步确定“金华山旅游开发”等课题选题方向。针对“金华山旅游开发”课题,市委会组织相关会员赴常山、青田等地开展“民宿”旅游产业调研。《我省农村宗教活动兴盛的社会机制及其治理对策研究》的课题中标省委会招标课题。做好反映社情民意工作。截至2016年10月底,会员提供反映社情民意信息32篇,分别上报民进中央9篇、民进省委21篇、市政协31篇、市委统战部31篇,其中被民进省委会采用8篇。

【社会服务】 建立8890民进志愿者服务总队,先后赴白龙桥镇叶店社区、金东区澧浦镇、孝顺镇低田村、金华市技师学院等地开展送医、送药、法律服务,举行公益讲座等活动。发挥民进开明画院的作用,组织会内书法家们赴永康、金东及在金华市区为社区居民、村民开展写春联、送春联活动,市委会共计派出书法家60多人次,写春联3000余幅。开展“传递书香,共绘彩虹”活动,金职院支部着力开展“党派连基层、图书进校园”活动,以学校图书馆为依托,先后在乡村、社区及小学建立3个图书流通站,把建站工作拓展到职业中学,进一步扩大不同层次的读者群。积极响应省委统战部为遂昌苏村山体滑坡灾区捐款的号召，全会共计捐款52030元。婺城总支组织医卫专家赴塔石乡卫生院开展送医活动;儿童节前夕,市委会和开发区支部一起赴金华市儿童福利院送爱心活动,看望在该院生活的孤残儿童,并送去价值近6000元的图书、文具和玩具。

(金剑光)

中国农工民主党金华市委员会

【概述】 2016年末，农工民主党金华市委员会辖县级市委会2个,县(市、区)级基层委员会3个,县(市、区)级总支1个,市直属支部14个。全市党员898人,医卫界占45.0%,文教界占30.6%,科技界占5.2%,其他占19.2%,新发展党员28名。

【思想建设】 开展坚持和发展中国特色社会主义学习实践活动,举行“走进基层,贴近党员、培育和践行社会主义核心价值观”主题宣讲。专题学习中国共产党第十八届中央委员会第六次全体会议精神,与党中央始终保持高度一致。邀请市决策咨询委领导围绕中共金华市委中心工作为骨干党员作“走在前列,共建金华”专题辅导报告。举办新党员培训班,共有39名新党员接受系统培训。在全市党员中,开展讲政治、讲作为、学党章、学党史,做一名合格农工党员的“二讲二学”活动。组织党员参与“同心”大讲堂活动9次,90余名党员参加学习。

【组织建设】 重视党员培训,选送30余名骨干党员参加市委统战部举办的赴重庆社会主义学院、湖北社院、省社院、市社院等各类培训班学习。以基层组织换届为契机,加强领导班子建设。2016年圆满完成兰溪市委会、东阳市委会、永康市总支的换届,顺利实现政治交接。永康市总支更名为永康市基层委员会。加强与省委会、中共金华市委统战部的沟通和联系,相继完成省党代会代表选举、省委委员推荐工作。继续开展基层组织量化考评。市委会通过对基层组织在组织建设、思想宣传工作、参政议政、社会服务、本职工作5大项18个小项进行量化考核,明确基层组织工作内容。加强机关制度化建设。启动市委会内部控制规范工作制度,建立决策机制管理、资产管理、合同管理、支出管理、收入管理、政府采购管理、预算管理、项目管理8项制度。

【参政议政】 在2016年金华市“两会”上,市委会共提交团体提案10件。其中唐文卫代表市委会所作的《明天,我们去哪里养老》大会发言获优秀大会发言。《关于推进分级诊疗工作的建议》为重点提案。由郑池爱撰写的《关于新常态下保护传承与振兴发展我市“老字号”的建议》为本次会议的重要提案。全市各级人大代表、政协委员提交个人建议案49件,集体提交28件。认真实施市委直通车制度,形成《关于加强安地水库饮用水源保护的建议》调研报告,提交中共金华市委办公室。市委会全年上报各类社情民意信息22篇。全国政协采用2篇,农工党中央1篇,省政协1篇,省委会6篇,省委统战部1篇,市政协2篇,市委统战部3篇。傅路红、黄杰伟被省委会评为2015年反映社情民意信息工作先进个人。由黄杰伟撰写的《加强政银联动,合力化解“担保链”风险》荣获省委会参政议政优秀成果二等奖,该提案被选为省“两会”口头大会发言。由吴章秋老师撰写的《建议对中小学教材查漏补缺,完善领土主权教育》和邢守卫撰写的《建议调整大中专院校寒暑假设置实现错峰出行》信息被全国政协采用。市委会获省委会“2014—2015年度参政议政工作先进集体三等奖”。

【社会服务】 市委会与义乌市基层委在佛堂镇葛仙村联合开展第九届中国环境与健康宣传周活动。免费送药4000元,开展高血压防治知识讲座,发放健康环保资料300余份。与兰溪市委会在诸葛镇后伦方村联合开展第二十八届中国 “国际科学与和平周”活动。永康、义乌市基层委开展“同心”服务月活动。丽水遂昌县苏村发生山体滑坡灾害,市委会发出倡议后,共筹集捐赠款42100元。东阳市委会在中青年党员中,开展助推美丽乡村建设,设立10万元专项资金。宗晓宁为贵州贫困山区捐赠价值5万元衣物，全市各级组织参加各类慈善捐款30余万元。金职院支部坚持开展橄榄山老年公寓送医送温暖活动。市人民医院支部联合金东区总支在塘雅镇含香村卫生院开展义诊和慰问活动。市中医院支部社会服务基地在婺城区祥安康乐园挂牌。市开发区综合支部与兄弟党派、开发区管委会联合送戏进社区。市中心医院支部在老年大学开展义诊活动。市五院支部慰问婺城区消防中队,为官兵讲授科普知识。兰溪市人民医院总支成立医疗救助队,为乡村马拉松赛跑提供医疗帮助。全市共开展各类送医下乡义诊活动30余次。

(吴国富)

九三学社金华市委员会

【概述】 截至2016年底,全市共有各级社组织17个,其中县市级地方组织2个(兰溪市委会与义乌市委会),县(市、区)级基层委员会3个(永康市与婺城区、金东区三个基层委员会),浙师大委员会、东阳市支社以及市直属10个支社。全年发展新社员32名,全市共有社员732名,主要分布在工业经济、农林科技、医药卫生、高等教育等科技界别,高中级职称占96%以上。

【岗位建功】 文化专委会与市政协文史委联合到横店开展严济慈纪念场馆专题调研,形成调研报告和图片资料上报社省委宣传部,并送社中央参考。由浙师大鲍嵘教授任课题组长,代表社省委参加投标九三学社中央思想建设课题招标《九三学社高校社员思想调研课题》。孙祥和、杨毓根的《珊瑚礁生态对统一战线工作一致性与多样性的启发》一文入选社中央理论征文。由庄凌飞等社员撰写并提交共5篇文章参加社中央青年论坛征文。由汪明军撰写的《探讨九三学社核心价值体系建设中的一致性与多样性》上报社省委参加理论研究征文活动。徐建丽的《用互联网思维提升政协委员履职能力的思考》获浙江省政协理论研讨会第七次年会优秀奖。金华市委会获得全省新闻宣传工作一等奖,刘尧获得新闻宣传先进个人一等奖及新闻宣传先进作品一等奖。

【参政议政】 市"两会"期间,社市委提交团体提案7件,个人提案40件,其中《加强湿地保护 促进生态文明》被选为市政协大会交流发言文章。省政协常委、市委会主委张跃进的《加强我省古村落保护和利用的几点建议》《全省一盘棋推进旅游全域化发展》等发言内容分别刊登在《浙江日报》《联谊报》等省级媒体上。张跃进反映的《浙江省"十三五"规划纲要》中有关环保数据问题,在《纲要》正式稿上做了修改。毛程远参与撰写的《关于加强我市综合交通能力建设的建议案》由市政协提交市政府并得到肯定。各专委会和基层组织申报的20个课题作为市委会专题调研选题参考,有两个课题在社省委中标。由市社委会提交的《关于促进浙江对非渔业合作的建议》《关于有序推进我省城乡垃圾分类工作的建议》被列入九三学社省"两会"候选材料。深入实际,促进调研成果转化。市委会组织文化专委会及相关人员联合赴兰溪调研规划建设兰花特色小镇;生态专委会组织工程渣土运输专题调研,形成《关于加强市区建筑渣土运输处置管理的建议》,刊登在《金华政协》上;参政议政部组织禁止农业废弃物露天焚烧的专题调研,黄飞来撰写《关于禁止露天焚烧垃圾的建议》信息专报;蒋益民的《关于进一步去房地产库存的建议》被市建设局采纳并刊登;金东区基层委组织相关社员到金义都市新区"金华跨境电子商务通关中心"开展《跨境通》专题调研等。同心共建,贯彻推进"直通车"制度。社市委递交的《全面落实治水长效机制 切实提升湖海塘水环境》调研报告作为金华市首件"直通车"建议报中共金华市委,市委、市政府主要领导分别作出重要批示。九三学社联合环保志愿者共同监督湖海塘治水成效的新闻在人民网、光明日报网、浙江新闻、《金华日报》等各大媒体上引起强烈反响。市委统战部和各民主党派联合调研选题"婺派民居"落实到九三学社先行调研,形成《传承"婺派民居"精华 打响"宜居宜游"品牌》的调研报告。

【组织建设】 抓好换届,注重社员发展质量。按照"注重质量、保持特色、组织发展与后备干部队伍建设相结合"的原则积极稳妥地做好组织发展工作,全年共发展新社员32人。在县市组织换届中,2015年12月30日新成立九三学社东阳市支社,由徐巧英任主委。2016年8月30日,九三学社兰溪市委会顺利换届,由严赛虹任主委。浙师大张艳茹博士于2015年8月到新疆大学科技学院阿克苏校区开始为期一年半的援疆支教工作。浙师大委员会委员邹益民博士,于2015年12月挂职甘肃省陇南市商务局副局长。浙师大委员会委员祝亚雄副教授，于2014—2016年挂职于义乌市商务局副局长。9月，曹锦任金东区塘雅镇副镇长；兰溪市统计局局长严赛虹和金东区统计局局长庄凌飞分别任兰溪市和金东区政协副主席候选人。创新形式，开展内容丰富的组织活动。在全市基层组织工作推进会上，重点落实“星级组织”评比工作，组织全市40多名基层干部和组织委员到江山市参观全省先进基层组织建设教育基地参观考察和学习交流。在东阳召开的全市组织工作会议上，通过对基层“星级组织”评比工作进行考核总结交流，进一步推进我市基层组织“三化”建设，提升组织动员能力。另外，由老龄委组织的新八咏楼登高望远和参观智者寺等重阳节活动，为93岁的老社员麻庆南过了一个温馨而难忘的生日，让社员们感受到组织的温暖。各基层组织以联欢会、座谈会、学习调研、演讲比赛、绿化活动等形式开展一系列丰富多彩的活动共30余次。

【科技咨询服务】 社市委、各级社组织以“九三科技服务月”活动为契机，积极开展活动，服务基层群众，提升党派影响力：社市委与罗埠镇联合举办综合性科技咨询服务活动，在医疗服务、科普讲座等方面提供科技咨询服务；浙江师范大学基层委员会联合浙江师范大学医院组织开展“辅导员基本急救知识及技能培训活动”；浙江师范大学理工支社组织社员到金华市环城小学开展机器人初级体验课活动，为“环小科技节”助力；义乌市委会组织40多名社员专家开展“九三科技服务月”活动；由金职院支社牵头与各民主党派联合参与的大型送医下乡服务活动收到良好的社会成效。爱心帮扶，充分发挥党派力量。为做好塔石山区帮扶工作，九三学社省市区三级联动多次组织人员到当地调研考察，为山区发展贡献力量。6月底，社省委马永信副主委到浦江调研，并冒雨考察自2014年以来与婺城区塔石乡下塔石村、东岭村、金牛山村帮扶结对情况。10月初，丽水遂昌发生山体滑坡重大灾难，中心医院支社、义乌市委会、永康市基层委、兰溪市委会等组织及时动员广大社员开展支援灾区抢险救灾捐助活动，共筹集近3万元汇往灾区。挖掘潜力，拓宽社会服务活动领域。社市委与各基层委先后以送春联、科技创新、环境保护、垃圾分类、治堵宣传、下乡义诊、科技夏令营、爱心送米油等10余次活动助推党派社会服务活动发展。2016年“国际科学与和平周”活动在婺城区塔石乡隆重举行，省人大常委会副主任、社省委主委姒健敏，中共金华市委常委、统战部部长陈晓等省市领导参加活动，市委会组织医卫界、农林界、法律界、水利城建界、教育界等30多名专家参与这次科技咨询服务活动。11月下旬在全省社会服务工作会议上，金华市委会获得全省社会服务先进集体荣誉称号，义乌市委会、金东区基层委、金职院支社、中心医院支社获社会服务先进单位，应堂亮、韦强、毛跃进、章淑红等社员获评社会服务先进个人。

（张晓嫔）

群众团体

金华市总工会

【学习贯彻群团工作会议精神】 2016年，全市各级工会深入贯彻落实党的十八大、十八届三中、四中、五中、六中全会精神以及习总书记系列重要讲话，深入贯彻中央群团工作会议精神、省总工会十四届七次全会精神以及市委六届十三次会议精神，不断强化“四个意识”，特别是核心意识，确保全市各级工会政治坚定、方向正确。全市各级工会干部，能够把中央及省市委精神落实到实践中去，落实到基层中去，落实到职工中去，确保各项任务目标顺利实现。全年共走访120多个乡镇(街道)、2000多家企业，共召开座谈会100余次，通过听取汇报、集体座谈、个别走访、征求意见等方式走访工会干部、企业职工、企业管理人员6300余人，采纳意见建议826条，帮助企业解决实际问题633个，得到党委政府和职工群众的充分认可。

【推进重点工程建设】 围绕重大基础设施、节能环保、“五水共治”、生态文明、民生项目等重要领域，选取15个具有重要功能和重大影响力的省市重点工程开展建设“两美”金华重点工程立功竞赛，有效推进重点工程建设。“垃圾分类、美丽工厂”活动进一步深化。永康市在花街镇召开“垃圾分类、美丽工厂”现场推进会，交流学习春天集团“垃圾分类”好经验好做法。婺城区对企业生产线进行技术改造，促进企业垃圾减量化、资源化再利用。磐安县借鉴“企集、镇运、村处理”模式在企业厂区进行垃圾两分。全市共投入专项活动资金195万元，60%的单建工会规模以上企业开展“垃圾分类、美丽工厂”活动，参与职工超过20万人。群众性立功竞赛活动广泛开展。全市176个省级重点工程（项目），2769家单建工会的规模以上企业开展班组竞赛、技能比武、合理化建议等劳动竞赛活动，参与职工近70万人。

【劳动模范评选】 2016年为金华市劳动模范评选年，全市共评选市劳动模范143名、市模范集体22个；获得全国“五一劳动奖状”1个、全国“五一劳动奖章”3人，获得省“五一劳动奖状”2个、省“五一劳动奖章”10人。一大批劳模先进在“走在前列、共建金华”过程中发挥示范带动作用。同时推出“八婺工匠”培育平台，培育表彰150名长期奋战在生产一线的优秀劳动者，让更多更优秀人才向制造业集聚，为“走在前列、共建金华”提供人才支撑。

【技术比武创新】 2016年，市总工会联合相关部门组织16场28个项目（工种）的职工职业技能竞赛，参与职工人数超3万人，127名一线职工通过职业技能竞赛的平台获得职称晋升。全市开展职业技能带头人技能传授、技术攻关等活动125人次，进企业64家，培训职工2万余人，技术难题攻关41项。新增省级高技能人才创新工作室3个，省级工会职工教育培训基地2家，培训职工1.2万人次，2名老师入围省“最美教师”评选，1名老师获省十佳最美教师。

【职工服务中心建设】 市县两级工会投入200多万元用于职工服务中心的硬件提档升级，扩展面积1600多平方米，市本级和兰溪被评为省级示范职工服务中心、磐安被评为省级优秀职工服务中心。加强软件建设，不断拓展服务内容、健全工作网络、优化办事流程、提高办事效能，全力打造救助、维权、信访、就业、医疗互助五位一体的综合性工会服务平台，为广大职工提供全方位、“一站式”服务。市县两级服务中心全年共帮扶困难职工5000人次，发放款物共计748万元，让职工切实感受到工会的温暖。

【职工医疗互助保障】 2016年，有38万职工参与医疗互助保障，超额完成省里下达任务数的117%，同比增长17.1%。其中开发区、金东区、武义县位列前三，参保率分别达到126.1%、122.9%、118.5%。全市职工医疗互助报销15633人次，报销金额1321.2万元，切实减轻职工看病就医的经济负担。

【工资集体协商】 2016年4月，全省经济开发区工资集体协商现场会在金华开发区召开，推广金华市工资集体协商工作的做法和经验。兰溪在水泥行业推进工资集体协商取得成效；义乌尝试在旅行社开展工资集体协商，导游的基本工资从1200元提高到1800元，无论是淡季还是旺季都有基本生活保障。全市有1180家单建工会完成规范化创建，超额完成省总下达任务数的110%。

【工会证服务】 加强与工商银行等工会服务点的联系，持续深化“情系职工、服务会员”活动，发行电子工会证10万余张，会员可持证在200余家特惠商户享受购物、医疗、教育、金融、旅游等各方面优惠，受到职工好评。

【职工特色文化】 省基层群众性职工文体活动经验推广现场会在东阳市横店镇成功召开，金华市职工文化工作成为浙西片区的示范标杆。在浦江成功举办全省首届职工书画大赛，得到省总领导的高度肯定。通过开展“工人好声音”电视歌手大赛等活动，选拔一批文艺骨干充实到职工艺术团，真正做到从职工中来、到职工中去。开展“唱响中国梦、歌颂劳动美”“走在前列、共建金华”“纪念红军长征胜利80周年暨全市企业职工文化建设成果汇报演出”等一系列活动。通过“培育好家风、传承好家训、职工在行动”活动，组织全市职工群众传承好家风、弘扬正能量。

【爱心服务】 在全省率先推出“心灵港湾工作室”创建，全市55家“心灵港湾”举办讲座68场，面对面咨询66人次，心理测评317人次，服务职工1.2万人次，挽救2位年轻人的宝贵生命。积极引导职工以理性合法有序的方式表达利益诉求，把矛盾解决在萌芽状态，确保G20期间金华市职工队伍的和谐稳定。这项工作还被全总网站、省总刊物以及网易新闻宣传报道。“职工三满意”创建活动持续推进，参与创建企业8648家，惠及职工80万人。职工免费体检活动持续深化，全年免费体检职工超10万人次。义乌、永康等地积极组织职工开展免费体检,深受广大企业好评。注重维护女职工合法权益和特殊利益,完成89家“妈咪暖心小屋”建设,为特殊期女职工提供更加人性化的服务。

【职工疗休养工作】 双龙工疗改造工程仅8个月就完成前期准备工作并提前开工。通过改造提升,将双龙工疗建成集休养体检、会议培训、休闲度假为一体，在全省乃至全国都有影响力的工人疗养院。在改造期间，积极与省内职工疗休养中心合作,开拓客源。2016年双龙工疗共接待8590人次,同比增长2.1%,完成经营收入967.93万元,做到改造不关停、施工不歇业。

【基层工会改革】 为贯彻中央及省市群团工作会议精神，市总工会对乡镇和企业基层工会开展改革，通过一手抓规范化建设、一手抓主席直选“双轮驱动”,真正让广大基层工会动起来、转起来、活起来。乡镇总工会规范化建设以点带面。2016年3月,在义乌苏溪召开全市乡镇(街道)总工会规范化建设现场会。联合市委组织部下发《关于进一步加强乡镇(街道)总工会建设的意见》,全面铺开这项工作。通过乡镇(街道)配备兼职副主席,建立企业片区工委、组建行业工会等举措,带动企业工会建设由“盆景”向“风景”发展。金华市乡镇(街道)总工会已基本完成规范化建设。企业工会主席直选激发活力。2016年6月,在金东区召开基层工会主席直选现场会,推出三种直选模式,将公示制度、差额选举的办法、会员自荐的方法和竞职演说等做法引入工会主席的直选中,充分保障职工的知情权、参与权、监督权和选举权。通过一年的努力,全市有151家企业通过直选产生工会主席,建立职代会的基层工会数增至1.2万个,位居全省第四。

【工会队伍建设】 抓好各级工会班子建设，配齐女性班子成员,市县新增女性领导7人,总数增至13人，占市县两级工会班子成员总数的24.5%,8个县市区总工会班子都配齐女性领导。市总机关大力培养年轻干部,新提拔干部5人,选调录用2人,全市共招聘职业化工会工作者31人。

全市单建工会达到12182家,联合工会706家,覆盖单位34797家,150.9万职工，组建率和职工入会率都达到90%以上。全市有8040家基层工会达到“六有”标准,达标率66%。评选出市级模范职工之家36个、模范职工小家21个、优秀工会工作者23个和优秀工会积极分子36个,通过示范引领有效加强工会自身建设。武义县开展基层工会情况排摸,建立一套比较完整的基层工会资料台账,规范基层工会管理。

以“两学一做”为载体,深入贯彻落实《准则》和《条例》,通过一系列实际举措,推动机关自身建设迈上新台阶。2016年,市总工会收紧下属单位财务管理权限,将下属单位财务统一纳入市总财务集中管理,从资金源头上切断发生腐败的可能。完善“内控制度”，将市总及下属事业单位权力运行嵌入内部控制全方位、全过程中。建立党风廉政建设系列制度和机关内部管理制度,所有日常工作均严格按照各类制度严格执行,有效杜绝违反八项规定行为的发生。工会经费审计工作成效明显,全省工会优秀审计项目现场交流会在金华召开。

2016年,市本级实现工会经费税务代收,市总工会进一步将人财物向基层倾斜,回拨各系统工委活动经费44.7万,组织职工文体活动28场,共2100余人次参加。投入114万元用于乡镇工会和基层工会“职工之家”建设,33个乡镇总工会直接受益;投入244万元用于一线职工和基层工会干部的免费培训、免费劳模和职工疗休养、免费赠阅报刊和心理咨询服务等。武义、永康、浦江等地千方百计解决不动产登记的历史遗留问题,成功补办房产证面积为5000余平方米,全市工会不动产办证率达到100%,走在全省前列。

（阙　建）

共青团金华市委员会

【概述】 2016年,以“双网互动”吸引凝聚青年社会组织361个、青年社会组织骨干1025名,建成青少年综合服务平台956个,“网络+网格”“网上+网下”的工作网络逐步形成。探索实施“专挂兼”团干部队伍改革,联合金融、教育系统选派21名优秀青年干部赴县市、乡镇挂职锻炼。整合社会力量,挖掘社会志愿者加入共青团工作,“团干部+社工+青年志愿者”的工作队伍初步形成。推行“4+1”“8+4”“1+100”联系青年制度，大力推进网上共青团、“青年之声”等互联网平台建设。

【思想引领】 以各类节点为契机，开展“国旗下的青春誓言”“寻找身边的美德少年” 等主题活动150余场，通过互联网等形式覆盖青少年50万多人次。成立金华市少年军校总校，传承红色文明。组建网络“青骑兵”，开展“网界青年共筑中国梦”“文明有礼金华人代言”等网络宣传引导活动百余次，传递网络正能量，净化网络空间。强化网络文化网络活动引领，《奋斗的青春最美丽》等一批青春励志微电影在网络热传，“爱回西藏”项目荣获中央网信办2016年网络公益故事二等奖。

【青春建功】 动员全市青少年开展“青春护航G20”行动，8000余名志愿者持续常态化开展峰会志愿服务。推进志愿者注册工作，全市共有注册志愿者60.5万人，志愿者服务站点1500多个，累计提供志愿服务517万小时。深化“哨兵护水”志愿服务行动，开展“百团万人跟着河长去巡河”“千名志愿者助力河道保洁”等生态环保活动千余场。动员全市2万余名青少年积极参与垃圾分类、美丽乡村、交通治堵、国卫复审等一系列中心工作。

【青春关爱行动】 组织开展各类创业大赛、青工比武等活动30余场，举办各类青年创业专题培训班202场，培训1.1万余人次，发放创业贷款5.8亿元，扶持3000余名青年创业。开展 “爱心助跑·圆梦大学”“心灵花园”等关爱活动，募集捐赠物资200余万元。深化“面对面”活动，全市形成提案、建议32件，获2016年全市优秀政协提案办理一等奖。开展未成年人预防犯罪工作，举办市首届“普法杯”校园法治演讲比赛、“三禁三自”主题宣传教育等活动，强化公检法司等部门的协同作战，未成年人犯罪率同比下降42.76%。

【基层建设】 加强对非公有制企业、行业园区、特色小镇、专业市场等新兴领域的有效覆盖，全年新增两新组织团建单位260家，凝聚各类青年社会组织超过500家，联系青少年近37.7万人。强化与浙师大、金融机构等垂直系统团组织的融合，推动区域团建融合共赢。严把团员入口关，全年发展团员人数控制在2.1万名。引导团员参与社会管理创新，着力推进全市80%以上的团员成为注册志愿者。

（何碧婵）

金华市妇女联合会

【概述】 2016年，金华市妇女联合会实施妇女儿童“两纲”，借助会展平台助推妇女创业就业，开展“创业创新”“垃圾分类”“春蕾助学”“党风廉政”等工作。

【组织改革】 建设系统妇联，推进妇联组织向市机关、在外商会和创业女性群体延伸。在金东区岭下镇、浦江虞宅乡两个乡镇同时开展村妇代会改建妇联试点工作，选举村妇联主席53名，副主席61名，村妇联执委357个，村妇女代表805人。开展“百名执委联百村 万名代表联万户”活动。全市100名市妇联执委、县(市、区)妇联常委与100个村结对，1万名各行各业的女代表与万户家庭结对。建立网上“妇女之家”。“金华妇联”微信公众号一年累计发布图文推送392次，在金华微信政务群报送微信339条。建立以妇联干部为主导的QQ群、微信群420余个，直接服务妇女1万余人。12月与浙江日报网络媒体联合在浙报微信客户端开设 “金华半边天”栏目，并发起“寻找百名金华女匠，合力打造质量强市”活动。

【文明城市创建】 举办“巾帼心向党 护航G20”宗教工作培训会；举办“文明平安行 巾帼要先行”文明礼仪知识讲座。G20峰会召开期间，配合联系社区开展瓶装燃气安全排查工作。组织300余名巾帼志愿者为6万余名旅客提供文明劝导活动。开展为期一周的“礼让斑马线、文明过马路”活动；开展为期2个月的“文明平安行 巾帼要先行”活动，组织市区50余名巾帼志愿者，在公交东站、公交南站、高铁站等5个站点引导旅客文明出行，累计为6万余名旅客提供安全出行服务。组织女企业家赴青海海西州考察，与海西妇联签定为期三年的帮扶协议。举办“融入一带一路，加快浙中崛起”妇女论坛，19个国家55名发展中国家女官员来金进行为期一周的现场教学。

【服务实体经济】 在金义都市新区创办金华市巾帼创业园，先后组织60余名女企业家开展“发挥她力量，建设金义宝”考察调研。召开“上海女浙商走进金华”对接会,向上海浙江商会成员、上海女企业家介绍金华发展优势,动员浙商回乡发展。抓住浙商女杰2016秋季论坛在义乌召开契机,向20余名浙商女杰推介金义都市新区、金义保税区建设项目。10月,举办“巾帼创业创新、推进浙中崛起”上海女浙商金华论坛,组织40多名上海女浙商考察新能源汽车产业园、金义都市新区等建设项目。举办“春风送岗位,巾帼创新业”女性专场招聘会,助推女性就业。组织6位女经纪人参加2016中国国际电子商务博览会,成交139笔,成交额28.3万,占全省的83%。举办金华市电商女创客初级和中级培训班,培训女电商80余人。在第22届义博会开辟金华妇女就业展示展洽专区,设立21个展位,组织70余名女经纪人参加,达成合作意向3000余万元,成交965万元。

【保障妇女合法权益】 开展《反家庭暴力法》宣传,在《金华日报》、金华电视台、“百姓零距离”等多个栏目进行宣传。“三八”期间,举办“建设法治中国,巾帼在行动”维权周法律咨询服务活动,发放反家暴等资料5000余份;3月,举办三级心理咨询师培训班;5月,举办妇联系统维权干部培训班暨“平安家庭”工作推进会。全年接待信访475件,办复率100%。联合市法制办召开金华市性别平等妇女权益评估工作会议,就妇女儿童高度关注的“宅基地”“土地确权”等相关问题,与律师事务所等单位签署项目委托书。10月,对全市部分规范性文件实施情况进行实地调研,了解政府规范性文件制订及执行过程中是否考虑两性的现实差异和妇女的特殊利益。

【扶贫助困】 编制妇女儿童十三五发展规划。开展亲情家书传真情活动,关爱留守儿童。新成立清大新洋春蕾班和“益盟”春蕾班,累计创办春蕾班37个。在磐安启动全国“手工进家、妈妈回家”巾帼扶贫公益项目,整合阿里巴巴、手工龙头企业资源,帮助贫困妇女年增收3000元。开展“两进两送两建”活动,即进农村、社区,送项目、实事,建QQ群、微信群活动。市、县、乡镇(街道)268名妇联干部与280个村(社区)妇女组织结对,面向农村妇女、来料加工经纪人开展电商培训,780余人参加。

【“最美家庭”系列活动】 评出金华市级最美家庭20户,最美母亲20名。义乌周晓光、东阳吴兆震、开发区胡辅成3户家庭获评全国“最美家庭”。周晓光获评第一届全国文明家庭。钱瑞华、辛玉琴、王根红3户家庭被授予“第十届全国五好文明家庭”称号。全市15户家庭获评省最美家庭,100户获评市级文明交通示范家庭,50户获评市级绿色家庭。召开军嫂座谈会,表彰2016年度武警金华市支队傅婉婷等“十佳军嫂”。召开“传承长征精神·建设廉洁家园”主题教育会,组织100余名机关女干部,市直属机关部门主要负责人家属走进军营,体验部队生活。联合武警金华市支队举办“警民携手促文明 凝心聚力建金华”为主题的军地青年联谊活动。举办以“汇聚巾帼力量,共建美丽金华”为主题的第七届妇女文化节,组织机关事业单位200余人组成13支队伍表演《今夜我家有聚会》《加油歌》等弘扬好家风的歌舞。组织巾帼志愿者欢送新兵入伍,倡扬参军光荣、保家卫国。组织“好家风”宣讲团,开展乡音巡回宣讲活动。参加在浦江县举办的“千人同书家规,万人同唱家训”活动。

(朱 玲)

金华市工商业联合会

【概述】 2016年,全市工商联共有商会(协会)组织355个,会员总数达45547名。新组建金华市厦门商会、金华市北京企业商会、金华市庆元商会、金华市江山商会、金华市印花行业协会5家市本级商会。义乌市工商联和武义县工商联被评为省级“五优”县级工商联。市人才建设学会、金华市台州商会和厦门市金华商会被推荐为全省规范化建设示范单位。

【构建新型政商关系】 2016年,联合市委统战部、金华日报社、金华广电总台启动“2016信义好婺商”大型宣传活动,并分别在金华日报、金华广电总台开辟“走在前列 共建金华”之“2016信义好婺商”专栏,集中宣传一批非公企业家,大力倡导守法诚信、义利兼顾、文明经营的企业家精神,提升创业创新热情。倪捷、盛希虎等20名“2016信义好婺商”受到市委、市政府的表彰。搭建政商沟通新平台,建立市领导“三联系”制度,明确市四套班子33位市领导结对联系 33 家重点非公有制企业、33 个重点工业项目和 32 家重点异地商会。邀请中国社会科学院“一带一路”研究中心主任朱晓中教授在义乌作“一带一路”专题讲座，解读国家战略目标和最新发展动态，开阔企业家的眼界。借鉴部队丰富的党建工作经验，会机关党支部及 9 个直属商(协)会党支部与金华市陆军预备役工兵团 10 个基层党支部结对互学，浙江新闻、金华日报等多家媒体对“共建共学”经验做法进行专题报道。

【参政议政】 全市工商界的人大代表、政协委员共提交建议提案 455 件，团体提案 12 件，政协大会发言 28 个，列为重点建议提案33 件，评为优秀大会发言 5 个。副主席郭金林代表市工商联所作的《优化政府服务 促进企业发展》被评为市政协六届六次优秀大会发言。市工商联团体提案《关于加大对中小微企业支持帮扶力度的建议》被评为市政协六届六次会议列为一号提案。在市工商联和有关部门的呼吁下，金华市政府围绕“五个着力”于 4 月 1 日正式出台《关于进一步降低企业成本减轻企业负担推进实体经济健康发展的若干意见》。参与市领导重点调研课题，完成《构建新型“亲”“清”政商关系对策研究》调研报告的主体内容。组织 25 家企业参与民营企业 500 强的调研，有 11 家企业达到入围标准，连续两年实现递增。扎实开展“三走三送”活动，深入挂钩帮扶村，走访群众，听取意见，采取措施，帮助挂钩帮扶村办实事、办好事，被省工商联评为2016 年度全省工商联系统“十大亮点工作”。

【创新企业服务模式】 探索互联网+企业服务模式，搭建平台网络服务，精准服务企业，2 月，组织40 多位非公经济人士参加省联微信公共平台技术对接培训。6 月，成立金华市工商联法律专家委员会，11 家市直属商(协) 会、非公企业与 15 位律师现场签约。参与建设平安金华行动，护航 G20 做好矛盾化解和维稳工作。参与“五水共治”，促成浙江华丰等多家企业和商(协)会与当地政府签订河道和水库保洁管理认养协议，共参与实施 44 个治水重点项目，完成污水、雨水管网建设 65.45 千米。积极探索建立“商会+农村”的扶贫新模式，启动“千企联千村”精准扶贫行动，解决帮扶资金 9 万元。着力构建和谐劳动关系，“三方四家”合作机制有序推进。全市各级工商联为企业解决融资 35 亿元。参加民营企业招聘周 521 家企业，提供岗位信息数 17321 个，签订就业意向协议2591 人、职业技能培训意向 460 人，维权及法律援助 350 人次，发放就业政策等宣传材料23010 份。

（李玲添）

金华市科学技术协会

【概述】 2016 年，全市科协按照市委提出的“走在前列、共建金华”的新要求和科协“四服务一加强”的工作定位，深入实施创新驱动“助力工程”和“院士专家智力集聚工程”，合力推进公民科学素质提升。

【生态文明建设院士金华行活动】 4 月，在金华举办为期三天的中国工程院环境与轻纺工程学部常委会暨金华生态文明建设院士行活动。中国工程院 16名院士和 12 名专家考察浙江大维高新技术股份有限公司、浙江银宇纺织股份有限公司、浙江玉帛纺织有限公司、义乌铁皮枫斗龙头企业森宇控股集团等企业，为企业提高核心竞争力提出意见建议。考察金东区传统村落生态环境保护、垃圾处理等情况，郝吉明等院士专家到武义上黄村考察生态环境。

【创新驱动 “助力工程”】 推进永康协同创新基地、磐安县中药材产业学会服务站、兰溪市人民医院创新驿站等创新驱动“助力工程”建设。永康协同创新基地对接院士专家 1 人，外籍专家 1 人，取得科技奖励 2 项。现代休闲体验农业产业园规划、拖拉机鉴定服务等达成合作项目 15 项。2016 年新增服务团队专家 4 人，聘请中科院昆明植物研究所孙汉董院士等 3 名专家为磐安县“江南药镇”规划建设特邀顾问。成立磐安县药膳协会，聘请 6 个专家顾问。举办第三届药膳大赛，评出 16 道药膳作为重点研究推广，编写《首批道地磐安药膳操作规范》，创建 4 个中药材科普示范基地。5 月份，浙江一方制药有限公司在磐安中医药产业园举行开工奠基仪式和项目推进恳谈会，年产 12 亿袋中药配方颗粒剂生产线项目，首轮投资 1.5 亿元。新引进杭州俞同春落户“江南药镇”。

【院士专家工作站建设】 修订《金华市院士专家工作站建设管理办法》，全市新建市级院士专家工作站4家,被评为省级工作站4家。全市已建院士专家工作站50家,其中省级院士专家工作站15家,引进创新团队55个,院士50位,专家319位。

【社会化服务】 市电工协会与“8890便民服务平台”对接,开通24小时免费抢修服务热线。全年接到用电抢修、咨询服务热线电话近万次,上门抢修服务8064次。在金义都市新区建立便民服务中心。在全省首创发布《装饰装修工程电气装置安装标准检验规范》。市公路学会组织从业资格培训55人,46人获得国家资格证书。开展交通系统职称评审167人。5月份,市公路学会选送的“农村公路蓄能自发光交通标识”,参加2016中国创新创业成果交易会参展获得项目A类奖。开展金华市第13届青年科技奖评选活动,评出青年科技奖20人。全年共开展市级学术研究项目立项27项,通过验收27项。

【科普宣传工作】 全年举办科普报告会100场、科普讲座100场、播放科普电影125场。针对农村农民需求,组织开展“科普四季行”下乡活动。2月,到汤溪镇寺平村开展“迎新春送科普下乡”活动。3月,到金东区源东乡东叶村,开展“科普之春”下乡活动。5月,在箬阳乡举办“科普之夏”下乡活动。举办农业技术现场咨询、专家义诊、健康咨询、急救现场演示,科普书籍和科普环保袋发放活动。在孝顺老年大学举行百场科普讲座活动,700余名学员参加活动。10月,赴金东区贾村开展“科普之秋”下乡活动,召开科普文化第一村创建工作座谈会。共立市级“金桥工程”项目12项,认定市级农村科普示范基地9个。全年向25个农村文化礼堂及学校,赠送科普图书15000册。在市科技馆创建青少年创客空间,并举办青少年创客空间培训和全市科技辅导员培训。全年新建科普画廊7个,扩大普通社区和边远山区农村科普画廊的覆盖面。

【信息化科普平台建设】 在电视台开设“身边的科学”科普专栏,在《金华晚报》开设“科学苹果会”科普专栏。在移动公司开设科普短信发送平台,每周定期为市机关领导干部发送科普短信。认真抓好“身边的科学”科普微信平台建设,创建金华市农村科普网络书屋,向公众普及科学知识。开展“最美科普人”网络推选活动,38000余人参加投票活动。

【宣传信息工作】 举办信息员培训班和全市科协系统科普运动会,召开《科普之窗》编委会会议。全年共编辑《金华科协》信息12期、《科普之窗》6期,《金华日报》宣传24期,《都市快报》宣传12期,科协网站信息109条。编印《金华儿女》科普之窗精华本,出版《浙中精华》和《春天的脚步》两本科普作品集。

(陈航波)

金华市归国华侨联合会

【招商引资】 2016年,市侨联推荐和支持服务全市侨资企业合丰(金华)信息技术有限公司参与海外中餐馆合作战略联盟,推进对接国家中餐馆加盟任务完成,已在全球近万家中餐馆安装高清显示大屏。促成金华市区首个国际进口商品城落户金华新农贸城;婺城区协助印尼重点侨领徐祖茂成立对接一带一路的贸易公司。全市共引进侨资企业10多家。

【服务基层】 2016年,开展三级联动“三走三送”(“走基层、走侨企、走群众;送医药、送温暖、送文化”)活动。据统计,金华市各级侨联筹措13万资金共走访慰问困难侨属和重点海外人士300余人。组织“三送”下乡活动11场,走访侨企138家,建立有效联络微信群12个。兰溪市侨联还邀请省医疗专家开展“侨爱义诊”活动,为400余名贫困群众和侨眷侨属送去家门口的专家服务。认真办理来信来访,全年共受理来信37件,接待来电来访98人次。

【人才引进】 建立与市人才部门联络沟通机制,协助新建立海外人才联络站2家。11月,邀请15名海外博士,参加“海外博士金华行”活动。宣传招才引智政策,发放3000多份金华人才政策,协助引进市“双龙”计划以上人才8名。发挥北大金华信息园留学生联谊基地的作用。组织50多名海外留学生开展第二届“金华海燕看金华”活动,激发和鼓励留学人员回金创新创业,共举办联谊沙龙活动5场。7月,东阳市侨联组织回乡留学生开展为期两天的“了解家乡 宣传东阳”活动,共吸引在英、美等国留学的18位东阳学子前来参加。目前全市建立各类留学人员微信群40多个,拥有活跃会员2000多名。做好海外高层次留学英才的接待联络工作。市县两级侨联相继接待金华市在外知名人士如美国科学家胡智博士、胡兴中先生、美国硅谷博士王党福先生和美国海外工作站站长谢胡杨先生、孔凤鸣、徐登科、单志平、郭宏亮等高层人士50多名。

【侨企调研】 组织侨联骨干和侨界市政协委员赴市直及各县(市、区)10多家重点侨企开展调研活动。5月,东阳市侨联走访对接17家规模以上企业,并根据企业的需求,为企业提供技术支撑,人才对接,解决多家企业发展过程中的技术难题和瓶颈问题。

【参政议政】 全市侨界各级人大代表、政协委员共提交提议案90件,内容涉及社会治安、交通管理、老龄人问题、社区服务、学校教育、农村水利、绿色照明等多个方面。

(盛灶生)

金华市社会科学联合会

【概述】 2016年,金华市社科联组织十八届六中全会的学习宣传。召开社科界学习十八届六中全会精神座谈会,组织相关专家参加市委讲师团的党课宣讲,在《金华日报》刊发两版的重点文章,从理论与实际、历史与现实结合的角度,回应"走在前列的必然逻辑与实现路径"引起"两会"代表、委员和社会各界的强烈反响。

在《金华日报》、金华电视台、金华广播电台、浙江新闻客户端等主要媒体开设专版专栏,共进行专题访谈二十余次,刊发相关文章60余篇,发表时评文章十余篇。开展"走在前列,共建金华"主题征文活动,共收到征文190余篇,评出优秀征文49篇,入选论文64篇,优秀征文分别在《社会科学论坛》《金华通讯》《金华日报》等上进行刊发。

【课题研究】 2016年,浙江师范大学共获国家社科基金立项35项,其中重大项目5项,重大马克思主义基础理论研究工程项目2项。围绕"走在前列,共建金华"专题研究,形成"走在前列的必然逻辑与实现路径""共建金华的难点与破局""金义都市区'四共'机制建设研究""金义主轴牵引力发挥路径研究""城市公共交通分担率研究"等一批重大课题研究。

承担或参与"金华市国民经济和社会发展十三五规划""金华市十三五产业发展规划""金华市十三五工业规划""金华市十三五商贸服务业规划""金华市十三五旅游全局化规划"及"金东区十三五科技创新规划""婺城区十三五产业发展规划"等重大课题的研究。首次启动社科事业发展五年规划,完成"金华市哲学社会科学发展十三五规划"。组织"社科专家下基层"活动。5月13日—14日,组织开展社科专家走进兰溪活动,为兰溪乡村旅游出谋划策。8月16日—18日,组织10余名专家赴磐安县开展"乡风革命引领摘帽快跑"蹲点调研活动。10月27日—28日,组织社科专家赴武义县南部山区开展"武义南部山区农耕文化与古村旅游"专题调研活动。联手浙江师范大学蹲点东阳市横店镇开展"横店发展规划与特色小城镇建设"集中攻关研究活动。12月中旬,赴磐安县九和乡开展专家下基层活动,为和文化的深度挖掘和开发利用出谋划策。承接金东区"双尖山文化圈文化资源的挖掘与利用"重大研究课题。参与市政协"旅游全域化格局打造路径研究""农村低收入群体社会保障机制建设""宗祠文化专题研究""实体经济发展对策研究""金华名菜开发与利用研究"等重点课题研究。与市委统战部完成"新媒体从业人员和代表性人士统战工作""中介机构和社会组织人员统战工作""企业管理人员和技术人员统战工作"等4个统战课题的研究。

开展婺文化专题研究,实施婺文化专项研究8项。开展家规家训家风研究。与市委组织部、市委党校联合实施"郑氏规范与干部教育管理"重大课题,成果被作为党员干部的教育读本。组织专家参与"吕祖谦三规""诸葛家规""胡氏家规"等市内著名家规家训的整理和电视专题片拍摄创意及剧本论证修改。开展金华山历史文化深度研究。8月,与金华山旅游经济区管委会、金华电视台联合开展"智者对话:金华山历史文化名人访谈",选取贯休、骆宾王、吕祖谦、陈亮、北山四先生、宋濂、李渔、徐霞客等20个(组)与金华山有深刻渊源的历史名人,通过电视访谈的形式进行深度解读,制作电视专题片20集。开展"金华山之恋歌曲与词赋"公开征集活动,共收到词赋作品159余件,其中共有24个其他省份词赋名家提供的词赋作品110件。

【社科普及】依托各学会、各高校、各科普基地、各类人文讲堂和科普志愿者队伍,开展经常性的社科普及活动。市家庭教育研究会开展各类讲座、报告、亲子活动200余场。婺文化研究会的“少儿国学讲堂”作国学讲座50余场,并开展“国学进监狱”活动,送讲座数十场。市心理卫生协会启动企业、社区、学校“心灵港湾”“心灵驿站”“心灵辅导室”建设工程,把心理干预做到社区、农村和厂校。市档案学会开展“档案与我们的生活”和“历史光辉:金华革命斗争史”主题普及活动。市诗词楹联学会开展诗词县、诗词乡、诗词校创建活动。市金融学会、市财税学会、市劳保学会、市法学会、市职工民管会、市工商学会和市图书馆学会也都开展各具特色的普及活动,从不同层面回应人们的需求。各县(市、区)的社科普及也精彩纷呈,上下联动的社科普及氛围日益浓厚。婺城区精心打造12个特色品牌讲堂,依托这些讲堂把社科知识特别是国学、红色文化普及到各社区、各农村。浦江县组建40余名的“乡音宣讲团”,打造“农村文化礼堂是我家”品牌,成为农村公共服务的“110”。集中开展以“弘扬优秀文化,建设美丽金华”为主题的社科普及周活动,共组织各类活动260多场次,发放社科普及资料50多万份,组织科普演出40多场,组织主题报告会、系列讲座470多场,各类媒体报道达90多次。

【学术交流】2016年,共单独或联合、指导举办各类学术研讨、学术报告、学术论坛、学术沙龙100余场。举办金华市委党校共同举办的“‘四个全面’在金华的实践与‘走在前列、共建华’研讨会”;浙江师范大学举办的“环东海国家安全环境与发展战略论坛”“一带一路战略框架下的中非合作论坛”“小学教育高峰论坛”“儿童文学创新发展论坛”和“浙江省中小企业创新发展论坛”;金华职业技术学院举办的“浙江现代高职教育研究论坛”“学前教育论坛”“农村电商发展论坛”;上海财经大学浙江学院的“海峡两岸作文交流论坛”;金华教育学院、金华市家庭教育研究会举办的“全国情感教育与班集体建设高峰论坛”;义乌工商职业技术学院举办的“创意、创新、创客论坛”;联合市文广新局、市文物局、金华山管委会、市市场监督局等,先后召开“婺文化研讨会”“宗祠申遗论坛”“金华山文化论坛”“质量强市论坛”和持续4个月的“质量强市杯主题辩论赛”。

(方增吉)

金华市文学艺术联合会

【概述】金华市文学艺术联合会(简称金华市文联)成立于1981年,团体会员有作家协会、美术家协会、书法家协会、摄影家协会、戏剧家协会、音乐家协会、舞蹈家协会、曲艺家协会、民间文艺家协会、艾青研究会、小邹鲁文化促进会、葫芦丝巴乌协会12家艺术家协会,9个县(市、区)文联和6家行业协会,下属全额拨款事业单位金华书画院1所。截至2016年底,有国家级会员460人、省级会员1998人、市级会员4261人。

【文艺主题活动】2016年,组织纪念红军长征胜利80周年、建党95周年等重大节日和庆典的系列主题文艺活动;组织“中国著名作家走读美丽金华”活动;举办“最美金华古村落”摄影大赛和《金华山之恋》原创歌曲征集评选活动;开展“文学艺术家印象金华治堵”采风活动;组织曲艺家进行“两学一做走前列,共建金华勇担当”专题创作宣传活动;组织文艺家参与省“流淌的故事——来自‘五水共治’的报告主题采风创作团”来金华采风创作活动。

【文艺精品创作】举办第一届“婺州杯”全国儿童文学大奖赛、首届中国义乌国际摄影大展、“写意金华”——2016年金华书画院书画作品展、一社第三回社员作品展、0579油画部落第四回作品展、第五届武义县美术作品双年展等大展赛。举办全国首个地市级,浙江省最大规模的儿童文学创作培训班;邀请多位全国著名作家到金华召开作品点评会,为金华重点作者进行“把脉会诊”,提升金华作家的创作水平;邀请省书协领导和专家举行“迎省展”金华重点作者作品加工会;举办浙江声乐大赛金华选拔赛,发现和培养一批颇具实力的歌唱选手;举办姚贻庆先生诞辰100周年百幅书画作品展、墨彩流香——凌宇冰书画邀请展,意在工写之间——王维明、张仁海中国画双人展和青年汇首届油画作品展、“墨笔生花”东阳市青年书画作品展等。

【文艺惠民】开展文艺志愿服务,组织文艺家先后走进磐安朱山、浦江清溪、东阳湖溪、义乌上宅、武义章岸5个村和金华武警特勤消防大队，参与文艺家达600多人次，为民献演综合文艺节目5场，创作书画作品赠送农村文化礼堂及农民群众550余幅，创作文学、摄影作品300余篇(幅)。启动“文艺志愿服务赴莘畈小学爱心支教活动”活动；组织省文联文艺志愿服务活动走进兰溪厚伦方村；浙江知名画家走进武义等艺术惠民活动。组织千余名文艺家到社区乡村，开展送福、写春联、政策宣讲、文艺展演、送戏下乡、拍全家福等文艺志愿服务活动。助推农村文化礼堂建设，辅导培训农民文艺骨干300多人次；组织金华书画院特聘画师作品慈善义拍活动，所得款项用于重症尿毒症患者等特困群体的救助；艾青研究会坚持送文艺到会员单位，走进多所学校举办诗歌、童话讲座和剪纸讲座六场，受众2000余人。

（周　玥）

金华市残疾人联合会

【概述】 截至2016年底，全市有县(市、区)残联9个，乡镇(街道)残联157个，村(社区)残疾人协会3683个。共有持证残疾人11.4万人，男性残疾人6.7万人，女性残疾人4.7万人，其中视力残疾1.1万人，听力残疾1.8万人，言语残疾2000余人，肢体残疾5.4万人，智力残疾1万人，精神残疾1.4万人，多重残疾4000余人。

【康复服务】 全市为3505名有适应指征和康复需求的贫困残疾人免费实施助听、助明、助行康复服务。为327名残疾儿童提供免费康复服务。组织开展听障儿童进行听觉语言康复评估工作，让经康复训练的听障儿童可以直接进入普通小学、幼儿园接受教育。落实责任医生签约服务中的重点人群(精神残疾、残疾儿童、三瘫一截)服务费用补贴政策。全市建设残疾人庇护中心95家，庇护照料人数达到1380人。

【就业扶贫】 市残联、市财政局、市人力资源和社会保障局联合修订《金华市区残疾人就业创业补助办法》，进一步对残疾人按比例就业、辅助性就业、电子商务就业等方面政策进行提标扩面，鼓励更多的残疾人就业创业。全市就业人数32820人，按比例就业6443人，新增就业933人，其中按比例就业369人，集中就业189人，其他类型就业375人。全市职业技能培训2437人，培训残疾人参与电商活动1028人。

【残疾保障】 全市累计为18401名残疾人发放困难生活补贴3542万元，为36011名残疾人发放护理补贴9724万元。在全市全面推开残疾人意外伤害险保险工作，上年度全市投保残疾人51293名，544名残疾人得到理赔，理赔额达477.82万元。下一年度全市为76377名残疾人投保意外伤害保险，投保额为376.92万元。残疾学生及残疾人家庭子女助学3761人。基层党组织结对帮扶残疾人97户。

【文体活动】 广泛开展适合残疾人特点的群众性体育活动，同时加强竞技体育工作。选送5名运动员参加巴西里约残奥会，获得1银1铜。组队参加省聋人篮球赛、全省残疾人飞镖比赛、全省残疾人健美操比赛，引导残疾人积极参与文体活动，增强体育健身意识。开展“文化助残”活动，举办第七届残疾人文化艺术周、市区特殊奥林匹克运动会等活动。

（吴聪玲）

金华市关心下一代工作委员会

【“学党史、知国情、圆梦想”主题教育活动】 把党史国史教育作为社会主义核心价值观教育重点，在兰溪举行清明祭扫英烈活动并召开“聚魂工程”推进会，全面推进两史教育工作。武义县关工委因地制宜创建浙武红军挺进师革命纪念馆，为青少年提供鲜活生动的革命传统教育阵地。永康市关工委开展纪念建党95周年和红军长征胜利80周年征文比赛、青少年书法大赛，大力弘扬和传承“红色基因”。全市各地关工委通过“五老”宣讲、文艺演出等丰富多彩的活动，组织青少年参与主题教育7万余人(次)。

【“关爱明天 普法先行”活动】 精心组织开展第三届“关爱明天、普法先行”青少年法治教育活动，185所学校参与创建全国“零犯罪学校”，参与学生达21.5万人，参与率全省第一。深入开展“千场法治讲座进校园”活动，覆盖511所学校、57.43万学生。在市机关、社区设立普法书籍赠阅点，共向机关干部、市民免费赠送法治教育书籍1万余册,倡导干部带头引导子女学法,引导广大市民和子女共同学法。金华市、婺城区、义乌市在全省率先列入“全国青少年普法教育示范区”申请创建市(区)。

【“寻访金华记忆 传承家乡美德”活动】 市关工委和金华电视台联合推出“八婺游学”青少年实践活动电视栏目,先后在婺城区古子城、金东区坡阳古街、兰溪诸葛八卦村等地开展每月一期的寻访最美古村落、寻访文化古迹活动,引导青少年感知传统村落里隐藏的深厚文化,在传承传统文化中增强热爱家乡热爱祖国的情感。婺城、东阳、义乌等地关工委结合假日学校、四点学校、暑期夏令营等,开展形式多样的主题活动。

【弘扬郑义门家规家训文化活动】 把家规家训作为青少年德育的重要载体和突破口,以弘扬浦江郑义门“郑氏规范”文化为重点,在浦江试点开展“三个一”活动,即评选一批“孝义之星”少年、编撰一本郑义门家训少儿校本读物、开展一轮郑义门家训文化宣讲等活动。市关工委组织编写《郑义门家训少儿漫画故事》,在市机关幼儿园建立家训家规文化建设示范基地,举行“为了明天”——金华市《郑义门家训少儿漫画故事》首发仪式暨家训家风文艺演出,推动家规家训建设迈出新的步伐。

【系列关爱助学活动】 以“迎六一·与你爱在一起”为主题,举行福利院儿童联欢义演,牵线家庭结对30余对。联系企业为市残障康复中心儿童捐赠价值2万余元的急需用品。促成“爱心公艺社”为莘畈小学赠送价值6.5万元民族乐器,组织20余名专业教师每周到校授课指导。开展“福彩牵手、助学圆梦”“关心桥爱心助学”等系列资助活动,共向800余名家境贫困的大中小学生提供助学金240万元。开展“爱心圆梦 视力健康”——毛源昌“百校万人”公益大行动,无偿资助15所学校、4500名学生眼镜价值达225万元。义乌市关工委开展“多彩开放教育”活动,深受外来建设者子女欢迎。

【“老少E家”公益网络学吧建设】 在认真总结前两年试点经验的基础上,全面推进“老少E家”公益网络学吧建设。各地通过“直建”方式,新增“老少E家”公益网络学吧31家;通过“共建”“扩建”等方式,会同文化部门建成各类公益上网场所320余处,为青少年绿色上网提供有益的补充。以“老少E家”为突破口,在全省率先探索“互联网+”青少年网络教育新模式。

【助力中心工作】 会同市“五水共治”工作领导小组办公室等13家单位在宾虹公园举行“护航母亲河助力五水共治”大型公益活动,募集鱼苗200万尾,投放婺江提高流域水质生态自净功能。与市委宣传部等单位联合开展“迎接G20我来画文明”全市少儿绘画大赛,大力倡导礼让斑马线、文明过马路、排队守秩序、礼仪待宾客等文明礼貌行为。与市社科联开展首届知名小学“校园之星”风采展,共选出各类校园之星52人,产生广泛影响。金东区关工委联合相关部门共同成立金东家长学堂,为促进家庭教育水平提升发挥积极作用。

【“两学一做”教育活动】 继续深化“四力三型”机关建设,建立健全“快乐成长”教育实践基地,不断推动关工委工作科学化、规范化、常态化发展。

青少年“快乐成长”教育实践基地得到进一步夯实。市关工委联合市文明办、市教育局、团市委等部门,深入挖掘“五水共治”示范点、现代农业园、传统古村落、展览馆等社会资源,新命名青少年“快乐成长”教育实践基地31家,编印《基地简介》一书,为青少年提供菜单式、一站式服务。全市各地依托“快乐成长”教育实践基地建立“假日学校”“四点钟学校”293所,开展各类课业辅导、国学讲堂、才艺培训等活动,受益青少年达9万余人。东阳市利用“快乐成长”教育实践基地三单乡中心学校,连续四年开展城乡少年手拉手夏令营活动,每期200名学生同吃、同住、同活动,受到广大家长和学生广泛好评。

【组织建设】 认真开展“两学一做”主题教育,扎实推进“四力三型”关工委建设。在东阳召开全市关工委基层组织建设推进会,推广东阳市关工委组织建设经验。针对县级以下基层关工委组织建设中存在的主要困难和短板,列出问题清单,一对一督促指导,关工委基层组织建设取得显著成效。磐安县关工委以乡镇换届为契机,与县委组织部联合下发文件,对镇级关工委班子成员进行重新明确,确保基层关工委组织全覆盖、工作不断档。深入探索“五老”志愿服务社团化发展模式,促进“五老”关爱服务常态化。进一步探索第三方服务,与金华电视台等单位机构合作创办八婺游学栏目、“爱心童行”等系列活动,有效提高关工委工作的“单位产能”。

（王杏蓓）

金华市红十字会

【组织建设】 全面理顺管理体制,狠抓《意见》落实和问题整改。召开四届三次理事会,制定印发《金华市红十字事业“十三五”发展规划(2016—2020年)》。新设“人道传播和组织管理处、应急救护培训中心、备灾救灾管理中心”等三个内设机构,增加人员编制。聘请浙江金哲律师事务所为法律顾问。举办全市红会系统“依法治会”主题培训班。新建金华开发区红十字会,成立南苑社区等一批红十字驿站,建立一批红十字博爱超市。召开全市学校红十字工作现场会,推进红十字达标校建设。

【救灾救助】 全市建有6支红十字应急救援队伍,在浦江儿童失联、遂昌苏村山体滑坡等大型救灾救援行动中发挥重要作用。义乌红十字应急救援队在遂昌苏村连续奋战28天,受到省、市主要领导的表扬。服务保障G20峰会,组织开展水上大型应急救援演练活动。与市政府8890便民服务中心、市广电总台联合,建成“8890红十字爱心桥”网络公益平台,为求助者和爱心人士搭建起桥梁。

【救护培训】 全市新建红十字应急救护培训基地6个,培训红十字救护员16781人次、完成普及培训126784人次,分别占户籍人口的0.36%和2.69%。婺城区、金东区、东阳市、义乌市、永康市分别将救护培训纳入公务员学习学分和教师继续教育培训内容。在双龙景区、体育中心、文化中心、高铁站、寺平古村、琐园古村公共场所建立6个配备AED的应急救护示范站点。与市卫计委联合制定印发《市区红十字示范应急救护站运行规范》。

【生命关爱】 大力开展人体器官捐献知识宣传,完善捐献工作流程,建立人体器官捐献工作长效机制。全年完成人体器官捐献32例,累计实现捐献108例。完成造血干细胞捐献3人次,累计实现捐献21人次,完成造血干细胞捐献采样入库600例。

【宣传传播】 积极参与《金华好人榜》评选活动,郑方、屠栋、蒋献阳、傅云菊等一批“红十字感动人物”入选浙江好人榜。联合金华广播电台“行风热线”“专家讲坛”等栏目,开展《讲红十字好故事》和《走近红十字人》专题节目。联合市应急办、市民政局、金华日报社,成功举办防灾减灾有奖知识竞赛。全年市本级在省级以上媒体刊登稿件89条(次),自媒体发布276条。

（张文沁）

民族 宗教

民族事务

【概述】 截至2015年10月,全市有少数民族户籍人口2.85万,少数民族流动人口41.6万,少数民族成份52个。其中畲族为金华市世居少数民族,人口约1.47万,主要分布在武义县、兰溪市和婺城区的南部山区。民族乡(镇)2个:武义县柳城畲族镇和兰溪市水亭畲族乡。民族行政村46个:其中武义县26个,兰溪市15个,婺城区4个,开发区1个。

【商务培训】 4月22日—26日,金华市民宗局举办两期少数民族电子商务培训班。来自武义县、兰溪市、婺城区等地的180多名少数民族群众参加培训。培训安排电子商务基础知识讲座,淘宝店铺运营思路和开店实操演示、微信运营推广等课程,并组织赴中国网店第一村义乌青岩刘村实地考察。

【民族特色村寨建设】 武义县柳城畲族镇江下村被国家民委命名为第二批“中国少数民族特色村寨”,入选省级非遗旅游民俗文化村。指导武义县、兰溪市等地举办丰富多彩的“三月三”畲族歌会,配合拍摄浙江公共新闻频道《美丽乡村浙江行》民族村专题篇,完成4个民族村的拍摄。以特色村寨建设为载体,发展民族特色旅游业。全市唯一的全国少数民族特需用品定点生产企业——武义骆驼九龙砖茶有限公司被命名为浙江省工业旅游示范基地。

【民族团结】 出台《关于推动民族团结进步创建活动进机关、企业、社区、乡镇、学校、宗教场所的实施办法》,确定少数民族流动人口2万人以上为市级城市民族工作重点县,在全市推动开展民族团结进步创建活动。9月,开展全市民族团结进步宣传月活动,集中开展民族团结进步宣传展、命名市级少数民族特色村寨5个和市级少数民族传统体育运动项目训练基地3个、主题宣传进校园、民族政策进机关等系列活动。推荐上报省级创建活动示范单位培育名录6个,筛选确立35个市级示范单位培育名录。金华市汤溪高级中学、义乌市江东街道鸡鸣山社区先后被国家民委命名为第三批、第四批"全国民族团结进步创建活动示范单位"。

【民族群众民生问题】 每年对少数民族代表人士进行走访慰问,春节期间走访慰问少数民族困难群众200多户,发放慰问金、慰问物品10多万元。加强与有关部门协调沟通,帮助外来少数民族群众解决子女入学、宗教生活等方面困难。完成少数民族高考考生审核236人。

(祁晓红)

宗教事务

【概述】 2016年,市民宗局做好"三改一拆"涉宗违法建筑处置成果巩固工作,巩固率100%。完成996名教职人员认定备案工作。完成800处民间信仰场所登记编号工作。挖掘整理武义柳城城隍庙——擎台阁"德"文化、永康方岩胡公庙"廉"文化、兰溪云山街道猪羊会"忠"文化等多个民间信仰文化品牌。对全市伊斯兰教活动场所(点)进行摸排,对排查出的19处伊斯兰教活动点进行依法纳管。

【宣传教育】 全市共举办 "宗教中国化""社会主义核心价值观""国法与教规" 等主题培训班35次,培训宗教界人士、骨干4000余人。举办首届宗教界人士"红色之旅"活动,组织全市宗教团体负责人40余人赴山东沂蒙老区学习革命史。在全市宗教场所开展"五有"(有国旗、有宣传栏、有标语、有宣讲、有行动)活动,全市200余处宗教活动场所竖起旗杆,升起国旗,唱响国歌。设立三个宗教知识宣传教育示范社区。9月13日,成功举办以"弘扬黄大仙文化,构建道教名山"为主旨的纪念黄大仙诞辰1688周年暨黄大仙祖宫重建20周年庆典活动,香港、澳门、广东、泰国等2000多名中外黄大仙社团、信众代表赴金参加。10月16日,在武义举办以"弘扬叶法善道教文化,建设和谐美好家园"为主题的叶法善诞辰1400周年纪念活动。

【维稳工作】 完善《金华市民族宗教突发事件应急预案》,制定《金华市民宗局重大国际峰会安保工作方案》,建立"每日一碰头、每周一研判、每月一小节"工作制度,全面排查宗教领域矛盾,成功化解9起矛盾纠纷,接待来电来访群众80余人次,接收8890便民服务平台交办事项20余件,开展"清网行动" 依法对婺城区铜山寺以"中国万佛圣城"名义在"轻松筹"网络平台上筹集资金一事及包国华问题进行炒作等事项进行处理,维护宗教领域和谐稳定。城区教会宗教生活正常有序,教会管理秩序良好。

(吴卫新)

外事 侨务 台湾事务

外事 侨务

【概述】 2016年,市本级共接待外宾、华侨等考察团76批813人次,接待驻沪总领馆官员19批89人次,新增5个友好交往城市。全市共审核审批因公出国(境)团组188批520人次(不含义乌),审核审批外国人来华194批227人次(不含义乌)。办理APEC商务旅行卡128张,共办理因公互签397人次,因私签证941人次,领事认证612人次。共办理"三侨生"高考加分材料16份,华侨回国定居8份;开具华侨身份证明4份。支持海外华文教育工作;开展归侨侨眷走访慰问、侨商会会长免费体检等侨务活动5次。赴基层调研侨资企业8次。参与协调处理涉侨信访件32件。

【区域交流合作】 市委书记赵光君赴德国、捷克访问考察,分别与华信公司、柯尔柏集团等签署战略合作框架协议,推动中捷水晶产业合作园、金义都市新区大族激光产业园、捷孚传动eDCT350合作项目建设。市委副书记、市长暨军民赴英国、克罗地亚访问考察,促成浙江(金华)保康轮毂制造有限公司与英国Auto part Wheel&Tyre LTD公司签署合作协议;赴英国A&M公司、捷豹和路虎工厂、克罗地亚Rimac Automobili公司等考察交流,与英国浙江联谊会就中英科技园建设达成合作意向。副市长邵国强率团赴日本、韩国出访考察,分别在日本、韩国举办两场金华金义综保区专场招商推介会,与日本浙江总商会、世界韩人贸易协会签订战略合作协议。由市侨商会副会长以上人员组成的"一带一路"考察团赴捷克、匈牙利参观考察。金华驻吉尔吉斯斯坦工作站成功促成金华天迈投资控股有限公司和吉尔吉斯经济部签署在吉投资4000万美元建设铝散热器生产基地的协议,在推动金华市同"一带一路"沿线交流合作、实施金华市企业"走出去"战略等方面发挥重要作用。

【与使领馆联系交往】 接待美国、韩国、巴基斯坦等驻沪总领馆官员19批89人次;拜访日本驻沪总领馆,推介金义综保区项目;接待韩国驻沪总领事、保加利亚驻沪副总领事来金对接金义综保区项目合作;接待美国驻沪领事孙昭朗来金,赴浙师大非洲研究院、市慈善总会考察交流。先后参加美国、阿根廷、阿联酋等驻沪总领馆活动12场;多次邀请驻沪总领事馆官员参加"海外名校学子走进金华古村落"活动开幕式。举办"驻沪总领馆外交官走进金华—武义行"活动,来自意大利、德国、乌克兰、荷兰等10个国家30余名驻沪总领馆外交官走进金华,体验金华特色文化。

【友城交流合作】 以全市招商引资、重点项目推介、深化区域合作为重点,多方位、广角度开展友城交流合作,推动友城工作纵深发展。接待芬兰友城考沃拉市、德国友城迪恩市、南非友城布法罗市代表团等国际友城代表团友好访金。迪恩教育访学团、迪恩市民考察团先后访金;金华职业技术学院4名医学教师赴迪恩市医院开展学术交流活动。市委书记赵光君出访德国期间,与迪恩市政府联合举办友城主题摄影展。在迪恩市新建一家引才工作站。全市共新增5个友好交往城市,分别是英国桑德威尔市、印度普那市、罗马尼亚穆列什盐矿市、韩国龟尾市、西班牙富恩拉夫拉达市;新增1个友好交往意向城市,为克罗地亚奥帕蒂亚市。全市共有75个友好城市,友城数量与质量并举,布局进一步优化。

【民间务实合作交流】 接待法国最美村镇协会、白俄罗斯专家代表团、2016年发展中国家性别发展主题研修班等外宾团组。开展"千校结好"活动,金华环城小学、武义壶山小学、浦江第四中学、东阳第二中学等分赴美国、加拿大访学交流;接待德国迪恩市维尔特罗中学和斯蒂夫蒂申中学教育交流团来金与金华外国语学校进行访学交流。武义外办依托2016"花田小镇杯"半程马拉松赛,招引来自埃塞俄比亚、肯尼亚、乌克兰等国家的10余名外籍选手参赛。义乌外办积极服务中非智库论坛第五届会议、2016年丝绸之路经济带城市国际论坛、上合组织成员国丝绸之路法律服务国际论坛等国际性会议,服务推动"义乌–德黑兰"班列、"中欧班列"常态化运营。

【因公出国(境)审核审批工作】 全市共审核审批因公出国(境)团组188批520人次(不含义乌)。制定因公出国(境)分级审批管理办法。做好因公出国(境)管理软件信息化工作,加强因公出国(境)审核审批系统建设;做好每季度因公出国(境)情况分析和绩效考核工作。跟进"浙江省因公出国(境)管理系统暨推广实施项目"接口对接工作。加强APEC商务旅行卡推介,全年办理APEC商务旅行卡128张,共办理因公互签397人次,因私签证941人次,领事认证612人次。

【涉外事务管理处置工作】 全年共审核审批外国人来华194批227人次(不含义乌)。根据特殊时期及上级精神,及时调整邀请外国人来华审批管理办法,汇总上报邀请外国人来华人员信息情况;启用外交部《外国人来华邀请函管理系统》签发邀请函,做好新旧系统的接口测试、数据导入工作。协调解决省商务厅和市商务局团组赴阿尔及利亚处置磐安金厦建设集团民工围堵驻阿领事馆突发事件;协调处理浦江县公民张方庭在乌干达发生车祸相关事宜;妥善解决韩国人在金病故、荷兰人在金死亡等涉外事件。在G20峰会前夕,牵头召开全市关于进一步加强外国记者来金管理工作联席会议,做好峰会期间维稳安保工作。接待安排日本NHK电视台、日本TBS电视台等外国记者来金采访10批71人次,婉拒比利时德曼森媒体等了解或采访宗教等敏感问题,加强涉外舆论宣传与舆情引导。

【在金外国人关爱工作】 举办"中德玫瑰之夜"——

在金外国友人、华人华侨及专家学者迎新年音乐会。邀请欧洲著名女子弦乐四重奏——玫瑰弦乐四重奏乐团,相继演奏《小夜曲》《蓝色多瑙河》《小步舞曲》等西方经典曲目。音乐会结合婺剧等中国传统艺术元素,奉献一堂精彩的听觉与视觉、中西元素并举的文化盛宴。

【侨务服务】 主动贴近侨商侨胞群体,大力服务侨界、凝聚侨心,共接待英国中华商会常务副主席李雪琳、省侨商会会长廖春荣等华人华侨 37 批 312 人次。举办 2016 年海外华裔青少年"中国寻根之旅"夏令营金华分营,来自西班牙、美国、意大利等国家和地区的 30 位华裔青少年参加为期 12 天的夏令营活动。活动精心组织中文读写、婺剧体验、书画篆刻、戏曲武术等中国传统艺术文化体验活动,安排参观东阳横店影视城、黄大仙宫等知名景点,进一步增进海外华裔新生代对祖国和家乡的了解和认同。邀请纽约联合国教科文组织协会顾问团主席李国栋、省侨联副主席陈乃科等华人华侨参加"海外名校学子走进金华古村落"活动开幕式;发动侨商参加 2016 "相聚长三角"、中国浙江投资贸易洽谈会、全省旅外乡贤聚会、第十六届华创会等活动。

加强日常联络联谊,举办海外华人华侨新春联谊会;举办 2016 中秋座谈会;组织侨商免费体检;开展"同心送温暖"活动、中秋"寄精美画册、联侨胞情谊"活动。利用春节、重阳节等节假日走访慰问因病致贫、年老体弱、孤寡残疾等困难侨户。接待国务院侨务办公室主任裘援平赴义乌调研,探讨研究新形势下助力海外侨商经济转型升级及可持续发展。陪同市人大民宗外侨工委调研组实地走访侨企。支持海外华文教育工作,选派 3 名支教教师赴厄瓜多尔、墨西哥等地支教。加强海外侨团建设,金华市推荐的坦桑尼亚中华总商会获省首批海外示范性侨团称号。武义县侨办被命名为全省首批"为侨法律服务工作站"。先后与坦桑尼亚中华商会、法国金华商会等 17 家海外侨团联系联络,为越南浙江商会、巴西中华妇女联合会等 9 家侨团发去贺电,祝贺其换届或成立。积极落实好侨务政策,审核华侨回国定居 8 份,"三侨生"高考身份认定 16 份,开局华侨身份认证 4 份。开展归侨侨眷走访慰问、侨商会会长免费体检等侨务活动 5 次,赴基层调研侨资企业 8 次,参与协调处理涉侨信访件 32 件。

【招商引才工作】 调动侨务资源,服务金华市经济发展。先后接待省侨商会、丽水市侨商会等侨商代表团来金投资考察累计 19 批 145 人次。接待省侨商会会长廖春荣及近 100 余名侨商侨胞来金投资考察,了解金华市投资创业环境,积极促成多项合作意向。组织侨商专程赴浦江对接浦江水晶产业,助力浦江水晶产业转型发展。开展百名博士家乡行活动,发动海外高端人才积极为家乡建设献计献策。依托侨务资源,推进区域合作。成立意大利武义同乡会。成立海外侨务(人才)工作联络站,搭建海外工作新平台。全市在美国、巴西、德国等国家和香港地区新建 4 家侨务(人才)工作站,并聘请当地知名华侨工作站负责人;联络英国浙江联谊会,就共同推进中英科技园建设达成共识;促成市侨商会副会长、金华金灿水晶有限公司董事长陈洪莲与捷克水晶对接合作。

【港澳工作】 加强香港地区联络联谊,与香港特别行政区政府驻上海经济贸易办事处共同举办"同根同心 共创双赢"2016 香港巡回展;赴香港旅游推介,加强与香港地区的联络联谊,在港举办金华旅游推介会,进一步增进对金华的认识,吸引更多香港同胞来金华旅游。专程赴港与香港同乡会对接,动员侨胞参与香港金华同乡会春茗活动和香港浙江周活动;密切与香港侨胞的联系,多次邀请港商来金进行中药材产业、休闲养生旅游等项目投资考察;热情接待苏浙沪香港学生团来金开展夏令营活动。接待香港武义同乡会开展"回乡祭祖"活动;接待香港经贸考察团来武义考察。邀请香港硕士徐晶,对接农业技术合作。协助香港同乡会名誉会长、澳门大学教授汤子康做好省"千人计划"申报工作。妥善解决香港同胞朱灵娟违章建筑信访案。

【海外名校学子走进金华古村落】 "海外名校学子走进金华古村落"项目自 2015 年成功举办两季活动以来,影响进一步扩大。6 月 22 日至 7 月 12 日,第三季"海外名校学子走进金华古村落"活动在武义县俞源村举办,来自英国、法国、德国、俄罗斯、美国、澳大利亚、印度、日本、南非等 19 个国家 39 名海外参与者走进俞源古村,深入体验古村文化,感受源远流长的中华文明。活动新增海外新人中式婚礼体验活动等亮点环节,更多呈现给海外参与者包括中国传统婚庆习俗在内的各类传统文化。8月10日—23日,第四季“海外名校学子走进金华古村落”活动在兰溪市芝堰村举行,来自德国、印度、保加利亚、法国、以色列、老挝、波兰、南非、瑞士9个国家的45名海外参与者走进芝堰古村,体验中国古村文化,感受灿烂的中华文明。通过与芝堰村民同吃同住,亲身参与、切身体验,让海外参与者认识、了解真正的中国。四季活动累计共有27个国家163名学子参加,在讲好中国故事、传播中国好声音,提升金华国际影响力,深化扩大国际朋友圈等方面进一步发挥着良好效果,获得社会各界的诸多好评和广泛认同。

(徐丽娟 王红英)

台湾事务

【概述】 2016年,市台办按照中央对台工作方针政策和省委、市委有关决策部署,以反“独”遏“独”、促进两岸和平发展和人民心灵契合为总目标,自觉服从服务全省对台工作大局,整合资源主动作为,组织各项对台交流项目,交流层次、交流范围都有明显的提升和扩大。

【金台文化交流】 推进金台校际交流。成立金华籍在台就读学生联谊会。金华职业技术学院、上海财经大学浙江学院、金华电大医技金华第一中等职业学院等本科大中专院校先后组织25批次共117名师生赴台湾辅仁大学、树德科技大学等台湾院校进行交流参访、科研培训及课业学习。加强两岸青年创业就业的交流与互动。11月下旬,牵手同心——第七届“青春飞扬·书香两岸”浙台大学生文化交流活动在金华市举行,来自台湾8所高校的50余名学生参加此次活动。义乌市科创新区品牌学院先后组织三批共150人(其中有65名为在义乌台湾青年)参加品牌创业、经营课堂学习活动。浦江县成立全市首个台联青年联谊会,通过组团赴台加强与台湾青年的联系,维系亲情。推进金台医卫交流。金华市中心医院、东阳市人民医院、永康市眼科医院共组织16批160余人分别赴台湾台中荣民总医院、台湾眼科医学院及台湾医学会进行考察交流及医技类的业务培训。

【金台经贸交流合作】 5月份,紫金湾项目重组盘活,台湾乡林集团正式进驻金华,项目预计总投入资金40亿元人民币以上。婺城区环保小镇建设进展顺利,项目投资方鹰鹏化工集团公司与婺城区政府正式签约,计划三年内投资20亿人民币。由在杭部分台商组成的汽车产业参访团于11月份先后到义乌、永康、开发区、婺城新区、金东区等地进行考察参访,对金华市汽车相关产业和婺城特色环保小镇两岸环保科技产业园进行深入交流。主动会同金义综保区与责任对接项目韩流百货进行联系,做好项目落地的各项服务工作。抓好金台展会的服务工作。在第11届中国(义乌)文化产品交易会暨2016台湾文创展上,展会设置230多个近2000多种台湾文化产品参展。在11月份举行的义乌森博会和东阳木雕博览会期间,共设台商展位600多个。开通直航服务当地经济发展。经过多方协调争取,南航于3月31日首开“义乌-台北”往返航班,义乌成为浙江省继杭州、宁波、温州之后第四个直飞台湾的城市。

【服务台胞台属台商】 9月份在全市范围内开展“台商服务月活动”。开展《浙江省台湾同胞投资保障条例》修订调研工作。7月,同市中级人民法院在义乌召开全市涉台民商事协商机制工作会议,就涉台案件受理调解、联系沟通、庭审观摩、增设陪审员等内容进行讨论交流。深入排查涉台纠纷,维护涉台平安稳定。年初组织60多名台商开展尾牙联谊活动,进一步加强与台商沟通交流。走访各县(市、区)台联分会和合资企业,宣传对台方针,了解生产经营状况,排查矛盾纠纷,帮助解决实际困难,同时加强法制宣传,引导台胞台属台商们利用法律维护自己的权益。全年共受理涉台投诉、求助、咨询等共24起,办结23起,结案率为96%。

【涉台宣传工作】 做好各层面台海形势教育。会同市民革邀请国内知名的台湾问题专家、上海国际问题研究院副院长严安林到金华作报告,深入分析当前和今后一个时期两岸关系发展的新特点、两岸关系和平发展面临的机遇和挑战。多渠道、多形式开展宣传工作。金华市台办先后编发《台湾工作情况》11期2000多份,积极主动宣传对台方针政策,介绍台海形势和对台工作动态。8月,由国台办海峡两岸出版交流中心组织拍摄的“魅力东方·走进金华”栏目组分赴金华、东阳拍摄,金华宣传片主要以金华山旅游、金华新农村建设及特色产业等为主题,于10月中旬在台湾旺报、中天电视台等台湾媒体进行多角度、全方位的立体宣传报道,让台湾民众深刻了解金华,读懂金华。5月,金华市非物质文化遗产项目东阳木雕、婺州窑、永康锡雕等在台湾《真晨报》大版面宣传。开展“淘宝浙江”2016年两岸新媒体人浙江体验营活动,两岸媒体人共45人来到义乌淘宝村和东阳横店镇,就两岸传媒与创新经验进行密切交流,用不同的角度和观点向台湾青年挖掘和传播不一样的浙江新经济、新业态、新文化、新机遇。以台湾义勇队纪念馆为平台加强涉台宣传教育。纪念馆全年接待参观者6000多人次,其中接待台湾同胞500余人次,未成年人参观者2000余人次。3月,市台办副主任邵芙春受邀参加台盟中央在北京召开的“纪念台籍抗日将领李友邦诞辰110周年座谈会”,回顾李友邦将军及他带领的台湾义勇队、少年团对维护祖国统一,抗击日本侵略做出的贡献。

(冯晨婕)

军　事

人民武装

【概述】 2016年,金华军分区牢牢把握思想建军、政治建军的总方略,扎实开展改革强军和“两学一做”两项重大教育,弘扬尚武文化,153名青年学生考取军事院校和国防生,占全省28.2%。全年征集新兵1972人,大学生比例达到70%,连续5年超额完成任务。发动官兵和民兵分队参与“三改一拆”“四破三边”“两美金华”“法治金华”“信义金华” 等行动,争创建全国双拥模范。

【基层建设】 着眼军事斗争准备,推进首长机关训练、民兵和专武干部集训,严格落实民兵预备役整组训练,完成基干民兵3760人训练任务,组织开展89名新任基层武装部部长岗前集训;着眼规范化、标准化和智能化需要,探索构建智慧仓库体系架构。完成指挥方舱研发并投入使用,在6月承办召开的全省现场会上,展示“军分区建野战指挥方舱、人武部有便携指挥箱组、应急分队配指挥终端”通信体系、“基本+”编组模式和“通专结合、功能互补”力量体系创建成果。采取“建、撤、管”方法对现有企业武装部做了进一步规范,申报撤销16家有组织没队伍、有牌子无实体、有队伍不作为的企业武装部。

【军民融合发展】 开展国防动员潜力数据核查,统计完善30余万条信息。推动市县两级争创国家和省级军民融合示范区,协调指导永康市成立军民融合发展促进会,对接建立产品信息目录,两次组团外出洽谈交流,协调邀请北京理工大学专家到金华开展部队、政府、企业一体产学研互动,向市委报送“推进深度军民融合发展”提案,从健全机构、完善机制等方面推动军民融合发展。

【全省“四队”兼备应急力量建设】 5月7日,全省“四队”兼备应急力量建设现场会在义乌召开。围绕护航G20峰会,开展实兵演练的紧急出动与备勤训练、联合制暴等4个课目,集中反映金华市军地各级按照“指挥信息化、驰援摩托化、救援专业化、保障自给化”的目标要求,创新“基本+”编组模式,加强“野战化、车载化、模块化”建设,推进“实战化、智慧化、多能化”转型升级,打造功能复合、精干管用、跨区驰援的民兵应急机动力量。近年来,金华市民兵应急分队先后在遂行丽水山体滑坡、浦江失联儿童搜救等任务中发挥重大作用。

【丽水遂昌苏村跨区救援】 “9·28”遂昌苏村特大山体滑坡灾害发生后,金华军分区迅速组织官兵和民兵预备役跨区驰援苏村抢险救援,先后投入兵力2875人次,动用各类工程机械286台次,连续奋战28天,及时打通两条抢险救援通道,排查16处险情,拆除10间破旧危房,挖掘运输土石5万余立方米,完成人员搜救、道路抢修、机动突击、交通管制、舆情管控和灾后重建等任务。

(柳亚东)

武装警察

【G20杭州峰会安保任务】 8月26日至9月7日,G20杭州峰会在杭州召开。支队出动兵力担负城中香格里拉大酒店、西子湖四季酒店、JW万豪酒店、雷迪森酒店、望湖宾馆5个核心区执勤点8名要人驻地安全警卫、G60高速义乌检查站武装警戒和属地两警联合武装巡逻任务。累计动用兵力1932人次,车辆136台次,查验人员24746人,车辆2726台,劝阻问路、拍照、逗留等一般性事件969起,处置地方人员误入警戒区域1起,排查目标安全隐患8起,处理外宾未带证件进入任务区域、劝离未经同意擅自要求接见要人住地代表团各1起。参战官兵坚持依法文明、理性平和执勤,确保峰会顺利圆满。支队被浙江省委省政府表彰为"G20杭州峰会安保工作先进单位",一中队被武警部队表彰为"G20杭州峰会安保工作先进集体",支队长杨建义被武警部队表彰为"G20杭州峰会安保工作先进个人"。

【跨区驰援平阳抗洪】 9月29日,支队历时5个多小时,行程270余千米,连夜赶赴温州平阳担负抗洪抢险任务。全体参战官兵保持顽强战斗作风和高昂战斗意志奋战两昼夜,累计转移被洪水围困的群众226名,抢救遇险群众17名,搬运分发抢险物资6000余件,清理淤泥垃圾20余吨,为驻地群众义务巡诊50余人次、发放各类药品140余份、慰问敬老院孤寡老人37人、困难群众3户,清扫街道8000米。

【"八个规范"试点现场会】 4月9日上午,总队安全工作"八个规范"试点现场会在支队九中队召开,总队军事主官《纲要》集训队参加观摩。对安全训练科目进行现场演示讲解,重点对手机存放柜功能、手机使用规范、手机存取要求以及警营网吧的安全防范与运行管理进行了逐详细介绍,并对营区安全环境、安全展板、安全资料等项目进行实地观摩。受领任务以来,总队长、政委多次亲临九中队指导现场会,支队先后8次组织召开任务推进协调会,对试点内容逐项研究、逐项审核、逐项把关。按照"高起点、高标准、高质量"要求,拍摄《安全工作"八个规范"组织与实施录像片》、制作"八个规范"图版,研究推广"可看、可学、可鉴"八个方面具体措施,得到总队党委首长高度肯定。

【"魔鬼周"浙中片区集训】 6月12日—19日,总队在金华组织浙中片区"魔鬼周"极限训练。支队坚持从难、从严、从实战需要出发,研究设置10千米全副武装奔袭、水网稻田地搜捕、抢占坡顶、掏窝点战斗和潜伏侦察等课目。集训全程组织严密,保障力量精准高效。支队特勤排荣获团体第二名。

【"7·5"敏感期巡逻备勤】 7月2日—7日,根据总队命令和金华市委、市政府、公安机关统一部署,支队担负义乌市主要城区、街道、人员密集区域备勤和武装巡逻任务。任务部队按照"划区分片、机动巡逻、驻守备勤、点面结合"战法严密组织勤务,出警34次,协助公安特警处置治安事件15起,缴获各类管制刀具5把,抓获犯罪嫌疑人2人,确保驻地社会大局稳定和人民生命财产安全。

【金华监狱调犯押解及地面警戒任务】 10月18日,根据浙江省监狱管理局统一部署,金华监狱3780名女犯调至省第二女子监狱看押。支队多次与金华监狱对接协调,两次组织任务分队现地勘察,出动兵力协助监狱部门完成犯押解及地面警戒任务。

【"婺州卫士风采"系列文化活动】 6月—11月,支队举办"婺州卫士风采"系列文化活动。通过开展"学党史、颂党恩、听党话"演讲比赛、"青春之巅"辩论赛、"庆八一迎峰会"文艺晚会和"婺州卫士杯"篮球赛等主题文化活动,丰富基层文化生活。微电影"帅哥成长记"获得武警部队微电影比赛三等奖,士官余宁磊摄影作品《泥潭跃进》获得解放军生活杂志"连队摄影大赛"银奖,支队篮球队获得总队"卫士杯"篮球赛季军。

(张佳东)

人民防空

【概述】 2016年,金华市人防办推进县(市)、镇级地面指挥所建设,完成镇级指挥平台标准化建设,重点镇指挥平台体系建设向基层延伸。4月18日—21日,组织全市6个单位民防应急指挥车赴江西、安徽跨区演练,并接受省办应急点验。6月13日—17日,参加全省民防应急指挥车赴上海、江苏等地跨区域演练。组织"5·12"防灾减灾和"9·18"防空警报试鸣,警报鸣响率和完好率均达到100%。协调市教育部门组织市本级各中小学应急避灾疏散演练,全市共有37万余名学生参加演练活动。完成县(市)新一轮人民防空方案修订。抓住"3·1"国际民防日、

“5·12”防灾减灾日、“9·18”防空警报试鸣等契机,积极开展宣传活动。全市开展各类活动16场次,发放各种宣传资料3.2万余份，展出反映防空防灾知识和人防建设成果的图板300余块。全市每年受教育领导干部1000多人次,开展人防宣传教育中学169所,受教育15万余人。

【防工程开发利用】 2016年，全市累计建成地下停车位7500个(占任务数5000个的125%),其中市本级4141个。完成房产土地整合工作,按要求完成固定资产的交接和划转工作。完成避暑纳凉示范点的提升改造。市本级7月6日至8月25日开放期间，共接纳纳凉人员1万余名，高峰时期每天接待600多人。

（夏喜才 宋旭宝）

文化建设

文　化

公共文化

【概述】 2016年，全市有县(市)以上公共图书馆11个，实际使用面积7.83万平方米，总馆藏3713360册；电子图书3239800册；县(市)以上文化馆10个，实际使用面积9.28万平方米；乡镇综合文化站152个。积极实施文化惠民工程，完成送戏下乡2084场，送电影下乡43100场，"非遗文化礼堂百村行" 活动110场，送书448497册，送展览讲座1278场，文化走亲(县级以上)105场。

【文化设施建设】 金华市图书馆新馆建设项目开展前期工作，金华市非遗馆建设项目列为PPP预立项项目顺利推进。婺城区文化馆、图书馆实现免费开放。义乌文化中心即将投入使用，义乌市博物馆新馆、美术馆开工建设，义乌大剧院明确选址。东阳市非遗馆一期布展工程顺利实施。磐安县文化馆硬件设施进一步提高，3个特色农耕文化展示体验馆建成使用。全市80%的乡镇(街道)文化站实现整改提升，24个市级文化示范村(社区)成功创建。

【文化精品创作】 响应市委、市政府提出 "走在前列、共建金华"的号召，组织文艺人才配合"两学一做"活动编排节目，为活动开展增加文化内涵。举办金华市特色小镇题材音乐作品大赛，组织"金华山之恋"原创歌曲征集活动。推动婺剧登上2016央视新年戏曲晚会和央视春晚舞台，婺剧新剧目《宫锦袍》和《乌孝辞》入选国家艺术基金资助项目，19件作品获扶持，2个作品在省级赛事夺冠。围绕中心工作打造时代艺术精品。大型现代婺剧《血路芳华》《郑义门》《徐文清公》《欲血惊魂》4个剧目入选 "浙江省第十三届戏剧节"，其中《血路芳华》获"新剧目大奖"第一名。

【文化惠民活动】 全年组织文化"五送五进"惠民活动近5万场，各类文化培训5万人次，承办省级赛事活动14次。各县(市、区)"一县一品"的特色基本形成。"两美婺城 百姓舞台大PK"，兰溪星舞台，"三月三"畲乡风情节，东阳"周末剧场"，浦江"月泉艺苑"，武义"县、乡、村"三级文艺百花会等惠民活动的开展更加丰富群众生活。开展"老年人10元看电影"活动，共接待老年人2754人次，售出优惠电影票2754张，受到广泛好评。

【公共图书事业】 全年市本级共接待读者749153人次，借还图书1145524册，新办借书证9307本。全市11家公共图书馆联合开展"金华市第二届全民阅读节"系列活动，整个活动自3月开始到5月历时3个月，共在金华地区开展"用戏曲阅读经典——金华传统戏曲婺剧"、"金华市公共图书馆优秀阅读推广人"、"金华阅读之星"、"图书馆就在我身边"征文、"你选书，我买单"活动、"图书馆之夜"等，评选出10名金华市公共图书馆优秀阅读推广人。为了加强共享工程资源建设和整合，进一步完善金华地区人文数字建设，通过各个公共图书馆的努力，全市完成新建和在建的包括金华市农耕文化数据库、金华市抗日战争数据库、金华历代书画家数据库、金华古戏台数据库等地方性数字资源。

【非物质文化遗产保护】 新增13个省级非遗项目；评审公布第三批市级教学传承基地9家、生产性保护基地12家。强化传统工艺的传承利用，开展"传承人微电影"拍摄工作和2016"服务传承人月"活动。

举办15场非遗馆展演和110场非遗百村行活动,30余万群众享受具有浓郁地方特色的传统文化盛宴。组织非遗进景区、非遗进古村落,推进文旅融合。与舟山签订“山海合作”协议,推进非遗交流发展。推动市政府出台《金华市木雕、根雕、石刻产业传承发展实施意见》,促进传统工艺的振兴。推进婺剧事业繁荣发展,起草《推进婺剧传承发展的实施意见》。支持文艺院团开展对外交流活动,完成赴哥斯达黎加、秘鲁、韩国和台湾的文化交流活动。组织金华特色文化艺术项目赴内蒙古、新疆、宁波等地开展文化走亲活动。支持义乌举办“义新欧·丝路行”全国美术名家主题创作展览,塑造“新丝绸之路新起点城市”文化品牌。

(朱致远)

文化市场监管

【概述】 2016年,全市共有网吧1102家,歌舞娱乐场所238家,游艺娱乐场所168家,演出团体146家,演出场所42家,印刷企业2088家(其中,出版物印刷企业57家,包装装潢印刷企业1176家,其他印刷品印刷企业823家,专项制排版32家)。

【规范行政审批】 市本级共受理行政许可事项98件,办结98项,无不予许可事项;受理咨询1160余起。梳理行政权力清单,取消5项行政许可事项和1行政处罚事项。新增25项行政处罚事项及27项行政处罚事项名称变更工作,形成省、市、县三级行政权力事项(名称、程序、条件)等统一。进一步简化审批程序、压缩审批时限,提高审批效率。主动发挥政府服务功能,建立“文化市场行业投资温馨提示制度”。把65项行政权力事项纳入“五星级”业务办理模式,占市文化局全部行政权力事项比例达75.58%,其余21项纳入“三星级”业务办理模式,其中两个行政权力事项纳入金华市政务服务“淘宝式”业务办理模式试点项目。开展行政审批规范化大检查和行政许可案卷的评查工作。制订《金华市文化市场黑名单和红名单管理办法(试行)》,推进金华市文化市场信用建设。完成全国性剧团普查工作,积极参加文化部民营文艺表演团体“优秀剧团”和“优秀剧目”报送、全省优秀民营文艺表演团体展演活动。开展“七五”普法工作,推进文化市场法治建设。

【市场监管】 依据2016年重点任务和年初制定的工作计划,坚持市场监管与依法行政相结合,不断完善文化市场监管机制,扎实开展各项专项整治活动,严厉打击各类违法经营行为,强化市场监管,规范市场经营秩序。共出动检查435次,出动执法人员1256人次,检查文化经营场所2204家次;办理行政处罚案件一般程序36起,简易程序10起,未发生行政复议案件。

【网吧市场】 开展错时检查,针对晚间、周末时段接纳未成年人增多现象,启动以“错时检查”为载体的网吧集中专项行动。重点查处网吧接纳未成年人问题,联合公安开展“阳光11号”暑期专项行动,切实加强网吧暑期管理,保护未成年人健康成长。以“护航G20”“国卫复审”为契机,开展文化市场专项整治。

【歌舞娱乐市场】 集中整治KTV歌舞娱乐、游戏游艺等经营场所违规、超时、接纳未成年进入等行为;严厉查处KTV歌舞厅、演出场所、游艺游戏机场所传播危害青少年身心健康的有害信息和内容;整治KTV歌舞厅非法曲库、演出场所非法表演、游戏机房非法经营等行为。

【出版市场】 开展“秋风”“清源”“护苗”“绿书签”等工作,组织举行2016年侵权盗版及非法出版物集中销毁活动。共销毁侵权盗版音像制品194947张,盗版书报刊17513册,电子出版物1768张,非法印刷品21087件,销毁游戏机316台,电路板20个,有效地净化文化市场。

(姜艳 吕财良)

文化产业

【概述】 2016年,全市文化影视时尚产业实现营业收入3801.0亿元,同比增长9.5%。

【发展政策】 制订并发布《金华市关于扶持木雕根雕石刻金属雕刻等产业传承发展的意见》。会同市督考办、市发改委等部门研究制定《文化影视时尚产业县(市、区)考核细则》。联合市文广新局、浙江师范大学等单位完成金华市文化产业“十三五”规划。各县(市、区)如婺城、浦江、武义等地纷纷制订推进产业发展相关政策意见，至年底兑现产业发展资金2100多万元。

【产业项目】 开展金华市文化影视时尚产业重点企业、重点项目的评审工作。审定重点文化企业21家，市区10家企业的11个项目申报成长型项目，23家企业的24个项目申报初创型项目。经过初审、路演、专家评审、公示等环节，共有陶艺梦工场等5个成长型项目和婺窑小镇等10个初创型项目入选，获得总计400万元的资金扶持。为了推动浦江"四个全面"建设，加快浦江水晶产业的转型升级，组织人员专门赴浦江调研，指导浦江水晶产业发展，给予专项扶持资金。

（吴一峰）

电影行业

【概述】 2016年，全市共有数字电影院48家。其中，市本级有11家电影院，分属8家院线，共76个厅，12059个座位。全市农村电影放映工程共放映电影43655场次，超额完成655场，其中市本级放映影片9392场，超额完成192场。全市城市影院放映电影场次529988场，观众人数881.72万人次，票房收入3.16亿。其中，市本级城市影院放映133096场，观众人数为311.28万人次，票房收入9300万元。

2016年，金华市深化农村电影放映体制改革，积极培育农村电影市场，建设中心镇多厅影院。2月，孝顺时代影城作为金华市首家中心镇多厅影院正式开业，影院总面积1144平方米，设5个厅，508个座位。12月，白龙桥镇天艺影城开业，影院设7个厅，1386个座位。中心镇多厅影院的建立丰富乡镇居民的文化娱乐生活，共享城乡文化发展成果。

（冯 鸣）

戏 剧

【中国婺剧院】 中国婺剧院是浙江中西部地区最大的多功能演出场所，位于金华市区中心地段，义乌江、武义江流入婺江的交汇处。占地面积43320平方米，建筑面积31000平方米。总投资约3.3亿元，于2013年8月建成并投入使用，隶属浙江婺剧艺术研究院(浙江婺剧团)。

2016年中国婺剧院大剧场共演出128场，小剧场演出190场。演出剧目种类繁多，精彩纷呈。国家京剧院、中央民族歌舞团、天津评剧院、宁夏秦腔剧院、山东省吕剧院、美国南芝加哥交响乐团、白俄罗斯国家芭蕾舞团等国内外著名院团都为金华观众奉献舞台艺术盛宴，受到市领导和金华观众的一致赞誉。

【浙江婺剧艺术研究院(浙江婺剧团)】 2016年浙江婺剧艺术研究院(浙江婺剧团)全年各类演出累计600百余场。圆满完成文化部、省文化厅委派的文化交流任务，先后赴哥斯达黎加、秘鲁、韩国和台湾进行文化交流演出活动；赴常州、呼和浩特、南京、银川、新疆、无锡和泉州进行文化走亲和商业演出活动。婺剧《姐妹易嫁》选段亮相央视春晚，向全国观众及全球华人展现婺剧的魅力。浙婺婺剧学员参加由中宣部、教育部、团中央主办，中央电视台承办的《"筑梦青春"2016年"五月的鲜花"——全国大中学生校园文艺会演》。全年央视戏曲频道在《快乐戏园》《过把瘾》等栏目播出婺剧节目总时长达50个小时，详细地介绍婺剧演员的台前幕后，集中展示金华婺剧的风采。全年获得奖项荣誉7项，其中国家级奖项2个，省级奖项4个。精品创作方面，《郑义门》入选第十一批省文化精品扶持工程项目，《血路芳华》荣获浙江省第十三届戏剧节十个新剧目大奖第一名，婺剧《宫锦袍》完成艺术基金结项验收。人才建设方面，杨霞云入选文化部青年拔尖人才、金华市劳动模范，李烜宇获第26届上海白玉兰戏剧表演奖新人主角奖。巫文玲、陈丽俐荣获省第十三届戏剧节优秀表演奖。

（谢玲慧）

横店国家影视产业实验区

【概述】 2016年，实验区入区企业实现营业收入180.90亿元，同比增长20.35%；上缴总税费20.87亿元，同比增长38.51%；新增企业162家，入区企业807家；新增工作室212家，入区工作室458家；接待剧组 271 个;接待游客 1576.52 万人次,同比增长 3.82%。

【政策服务】 10 月,协调出台《关于扶持影视文化产业发展的补充意见》,对入区 10 年以上企业继续给予扶持,分级实施税收奖励。扩大奖励范围,将微电影、网剧、游戏文化产品企业,网络数字技术服务企业,组织策划综艺文化活动及文体赛事企业,影视衍生产品相关企业,泛娱乐文化企业等纳入实验区招商范围,享受影视企业同等政策。

6 月,协调出台《关于做好"横漂"管理服务工作的实施意见(试行)》。根据省委宣传部《关于扶持"横漂"发展的若干意见》(浙宣〔2016〕16 号)文件精神,协调出台《关于做好"横漂"管理服务工作的实施意见》,文件内容包括实施"横漂"吸引集聚、培育提升、推荐展示、激励机制、创业发展、关爱保障等六大行动,共 25 条具体措施,并明确 34 个责任单位按照工作任务进行分解落实,东阳市财政每年落实不少于 120 万元的专项资金支撑和保障六大行动计划。

7 月,修订完善出台《东阳市影视拍摄外景基地管理办法》。对原外景基地管理暂行办法进行修改完善,协调出台《东阳市影视拍摄外景基地管理办法》,提高奖励补助标准,取消立面设计规划补助,新增外景地年度内新建和改造提升的配套道路、停车场、卫生间、景观建设等基础设施建设补助。

【影视企业走访调研】 2016 年,共走访企业 95(家)次,为企业提供个性化服务 143 次,切实解决入区企业存在的困难和问题,通过优质高效的服务,提升实验区的吸引力和美誉度,达到以企引企、以商引商的目的。

【推进影视企业上市】 把引导原有企业上市做大做强作为特殊的招商上市加以重视,完善拟上市企业联络制度,健全拟上市企业服务制度,对拟上市企业进行实地走访。2016 年,星座魔山、三尚传媒、盛天传媒成功挂牌新三板,欢瑞世纪借壳星美联合过会。实验区通过各种形式进入资本市场的企业 30 家,拟上市企业 17 家。

【影视企业国家高新技术企业申报】 2016 年,实验区管委会全力推出留商稳商的重大举措:帮助影视企业申报国家高新技术企业。4 月,会同市科技局,实地走访花儿影视、强视传媒、梦幻星生园、千乘影视、横店影视制作等 15 家企业,具体对接国家高新技术企业申报认定工作。8 月,实验区管委会陪同科技局、财政局、国税局、地税局等相关部门到北京、杭州进行上门服务,开展审查并已通过评审。花儿影视、梦幻星生园、千乘影视、强视传媒、横店影视制作 5 家影视企业被成功认定为高新技术企业。

【设立横店腾讯众创空间】 7 月 1 日,市政府、横店集团、腾讯公司、北京微播公司正式签订战略合作协议,正式落户实验区。整合线上线下资源,加快影视娱乐、移动互联网及文化创意等相关产业的快速集聚,打开实验区发展空间。8 月,召开第一次工作会议,对众创空间设计方案、运营公司组建等工作进行研究部署。运营公司组建完成,正进行装修设计,预计 2017 年 8 月建成开业。

【组建横店影视产权交易中心】 为落实省委〔2012〕76 号文件关于将"实验区打造全国最大的影视产品交流、交易平台"的要求,为实验区提供专业化、市场化的文化产权交易配套服务,实验区管委会分别向省政府、省委宣传部、省金融办提交组建报告。2016 年 9 月,省政府正式批复同意设立浙江横店影视产权交易中心。

【建立影视后产品开发设计平台】 1 月,启动横店影视城后产品开发试点工作,成立横店影视城文化创意发展有限公司。5 月,占地 3600 平方米的文创体验中心正式建成开放,填补实验区后产品开发的空白。

【雅堂横漂创业特色街区建设】 实验区管委会会同雅堂村委会按照黄敏书记在检查横店风貌提升工作提出"对雅堂村清明上河图路在完成路面、人行道和立面的改造后,要引导与横漂、影视相关的产业入驻,打造横漂产业一条街"的工作要求,对清明上河图路两边街面房出租情况进行摸底调查,与 25 户村民(共 69.5 间街面房)初步签订租房协议,用于入驻影视、横漂相关产业。有演员培训、经纪、武行、化妆、选角中心、服装租赁等 30 余家企业和工作室入驻。

【影视剧备案立项】 2016 年,实验区管委会与省广电局进行对接沟通,将电影备案立项和电视剧乙种制作许可证申请办理权限下放到实验区管委会,共完成电视剧备案立项146部，电影备案立项24部，办理电视剧拍摄乙种许可证17部。

【审片服务】 积极组织横店审片专家赴省广电局参加审片业务培训，提高审查水平，对原审片室进行改造升级，2016年共审查电视剧8部268集。

【版权保护】 2016年，共受理登记作品38部，版权登记累计达到154部。

【文化“走出去”】 2016年，实验区成功创建省级文化出口基地。实验区管委会与九州文化传播中心筹建海峡两岸(横店)影视剧交易平台。与中国出口信用保险公司签订合作协议，为影视企业作品出口提供保险，降低影视企业作品出口风险。

【出版《2015横店影视文化产业年度报告》】 与浙师大文传学院开展影视文化产业合作研究，聘请文传学院夏炜博士为实验区特约研究员，并合作编写《2015横店影视文化产业年度报告》。

【加强产业数据统计工作】 认真做好实验区产业月报表统计、省广播影视业季报统计、省服务业集聚示范区季报统计和影视文化企业GDP统计等相关工作，实验区荣获国家新闻出版广电总局“2015年度广播影视基层统计工作先进集体”，并在表彰会议上作交流发言。

【外景基地管理】 根据《东阳市影视拍摄外景基地管理办法》，加强与各镇乡(街道)对接联系，深入挖掘全市外景资源。组织召开全市影视拍摄外景地建设工作会议，发放2015年外景基地奖励补助49万元，新命名外景基地12个。

【推进影视产业园项目申报工作】 项目规划面积900余亩，总投资约30亿，建造摄影棚46个，2016年被正式确定为省重大产业示范类项目。

【横漂管理服务工作】 组织开展2016年第三届“我是横漂”才艺大比拼活动，与东阳电视台、红点影视合作开办的综艺节目“我是横漂”，吸引200多名“横漂”参选，吸引参赛剧本42部，网络电影13部。10月8日，组织“横漂”在万盛映象主题街举办“爱党、爱国、爱横店”文艺会演。10月11日，组织“横漂”在雅堂横漂广场举办“横店城市风貌提升文艺晚会”，活动受到省委夏宝龙书记的充分肯定。组织开展“横漂”职业技能培训，共培训85期6650人。推荐6名优秀“横漂”演员参选十四届团省委委员和候补委员。推荐横漂党支部书记胡高峰成为横店镇第十五次党代会党代表。邀请省电视艺术家协会、省电影家协会的专家对“横漂”开展专业技能培训，共举办培训3次。

【加快人才服务平台建设】 9月26日—30日，联合市委组织部，在北京举办“影视高层次人才研修班”，对纳税前40强企业、新锐企业负责人进行培训。开展金华“双龙计划”人才申报工作，2人入选金华“双龙计划”。加快影视文化人才书苑建设，目前已投入使用。

【中国(东阳横店)影视文化产业发展大会】 大会于10月29日召开，由中共东阳市委、东阳市人民政府主办，实验区管委会具体承办，以“追梦寻梦二十年，共谋共创‘十三五’”为主题，邀请国家新闻出版广电总局、省工商局、省广电局、省财政厅、省国税局、省作协、金华市等上级部门领导出席会议指导，100多家影视企业负责人参加会议，通过市市场监管局、市财政(地税)局、市国税局相关部门表态，深度解读实验区优惠政策和服务平台，旨在促进影视企业交流合作、健康发展，鼓励影视企业生产更多更好的影视精品，进一步推动影视文化产业的繁荣发展。

【2016横店影视节】 围绕影视文化产业热点，以市场化、实体化运作方式，邀请国家新闻出版广电总局、省广电局、省作协等相关上级部门领导，通过举办“2016中国(横店)影视文化产业发展论坛”“2016横店影视产业 协会理事扩大会议”“第三届文荣奖颁奖典礼”“梦幻横店影视剧中人大巡游” 等活动，进一步扩大横店影视节在业内的知名度和影响力，搭建影视文化交流平台，增强影视氛围，展示横店影视文化产业发展取得的巨大成就。

（张 刚）

新闻出版

金华日报报业传媒集团

【概述】 2016年，《金华日报》两件作品荣获第26届中国新闻奖,《义乌最美民工张明伟:"东家"比我更需要这笔钱》获一等奖,《海外名校学子走进金华古村落》获三等奖,业绩列全国地市媒体第一。集团共有7件作品获浙江新闻奖一等奖(其中金鸽奖一等奖1件),位居全省地市报社第一。

在第12届中国传媒大会上,《金华日报》荣膺"金长城传媒奖·2016中国十大地市党报";金华日报社党委书记、社长、总编辑陈东荣获""金长城传媒奖·2016中国传媒融合创新年度贡献人物"称号;金华晚报被评为"金长城传媒奖·2016中国十大地市晚报",浙中新报为"金长城传媒奖·2016中国十大影响力都市报",兰江导报为"金长城传媒奖·2016中国十大地市区域报"。

【重大主题报道】 在金华市委部署的"走在前列、共建金华"这一中心工作主题宣传报道中,《金华日报》几个系列评论和报道引起广泛的共鸣和共振。《认清大逻辑 扛起新使命》《讲大局 谋全局 共建设赢未来》《同心绘就金华发展〈八骏图〉》等,获得各界广泛好评。截至2016年底,"走在前列、共建金华"栏目刊发50多篇评论、500多篇报道,在新媒体平台上推送相关报道500多篇,阅读量达到200多万。

围绕"两学一做"、党风廉政建设、"信义金华""五水共治、润泽八婺""五大千亿""整治环境,靓化金华""三改一拆""治堵治超""小城镇综合治理""坚守实业 工业强市""金义宝""金华山""多湖中央商务区"等中心工作和重点工程,《金华日报》及其子报、新闻网、新媒体,通过开设专栏、专版、专题进行报道。

加强新闻评论这一报道形式,重新开设"金报时评"专栏和专版,提升"见地版"等版面上评论文章的数量和质量,将简要精悍的短评和内容丰富厚重的评论专版相结合,强化媒体自己的声音。

《金华晚报》在要闻一版开辟"高端访谈——致十三五创新进行时""两学一做进行时""做文明有礼金华人""学习宣传贯彻六中全会精神""实业兴市"专栏,受到各地党政机关领导和干部群众的好评。

【讲好金华故事】 2016年2月,浦江三名失联儿童的大搜救,这是一个全省、全国知晓的大事件,金华新闻网实时滚动播发前方记者发回的报道,充分发挥网络新闻快速反应的优势。《金华日报》《金华晚报》《浙中新报》连续多天以大篇幅大容量予以报道,第三天三名失联儿童寻获后,出动多路人马赶赴一线,拿到丰富的第一手材料,全媒体、全方位的报道,推动这一感人的金华故事在全国乃至全球范围的快速传播。

2016年6月28日晚到次日晨金华遭遇的大暴雨突袭,金报集团安排30多名记者奔赴现场、突击采访,以网络和新媒体平台即时迅速播发消息,以报纸专版专题,权威、全面报道抗击大暴雨的资讯和感人故事。

《金华日报》有关"乞讨妈妈"杨再玉的连续报道,关注贫困服刑人员子女的问题,司法部部长吴爱英在看了金华日报的报道集后,给予高度评价。这组报道及后续行动开国内媒体关注贫困服刑人员家属这一特殊社会群体之先河,成立全国首个专门帮扶贫困服刑人员家属和贫困社区服刑人员的公益品牌——"同舟阳光屋",为我国的服刑人员矫正工作探出一条"公益创投+社会帮扶"的新路径。

【新闻策划】 9月22日,金报集团"市民问政"播出第100期,并举行百期特别节目。自2012年10月开播至2016年9月底,金报集团"市民问政"栏目做了100期节目,通过栏目反映的千余个问题得到妥善解决,该栏目已经成为市民参政问政、部门排解民忧的"直通车"。

【思想政治教育】 金报集团党委着眼于自身的工作职责,开展"两学一做"学习教育,为全市党员"两学一做走前列、共建金华勇担当"营造良好的舆论氛围。2016年,集团党委会上安排12次以上的专题学习,全体班子成员认真学习习总书记的"2·19"讲话、网信工作座谈会上的讲话、长征胜利80周年大会上的讲话等,十八届六中全会公报,《准则》《条例》等党章党纪党规,优秀家风家训家规,和其他有关党风廉政建设的讲话、文件等内容,切实加强班子成员履行党风廉政建设主体责任的意识和能力。

【作风建设】 签订党风廉政建设责任书。2016年3月,集团党委书记与各部门(单位)签订党风廉政建设责任书。坚持把廉洁教育与业务工作同部署、同检查、同考核,使廉洁教育工作经常化、制度化。

规范实施内审制度,2016年5月,集团财审中心对浙中新报、兰江导报、永康金报、金报东阳及集团下属各发行站2015年6月至2016年4月的会计资料进行内部审计，规范账务处理，及时发现和纠正不规范的问题，起到良好的预警和防控作用。

严控“三公”经费，2016年集团“三公”经费比上年同期下降13.59%：机动车费用下降3.36%，业务招待费下降54.05%，出国差旅费下降100%。

（李　剑）

出版事业

【概述】 2016年，全市有正式出版的报纸8家，总发行量达11643.8752万份（《义乌商报》除外）；正式出版的期刊5家，总发行量达5.32万册；另外有连续性内部资料刊型45家，企业报74家，高校校报2家。全市核验合格的印刷企业为1239家（义乌市除外），其中包装装潢印刷企业712家，其他印刷企业489家，排版、制版、装订专项印刷企业4家。审核出版物印刷企业32家和专营数字印刷企业2家，上报省局核验。全市印刷总产值718408.49万元，销售收入673293.02万元，资产总额1024347.4万元，利润总额46739.77万元，从业人员3.5123万人。全市核验合格的发行单位491家（义乌市除外），其中网上书店23家，出版物销售总额40298.94万元，营业收入43245.62万元，利润总额18351.74万元，从业人员1497人。审核出版物批发单位12家，上报省局核验。

【软件正版化】 市使用正版软件工作领导小组办公室转发《关于做好2016年推进软件正版化有关工作的通知》（浙正软办〔2016〕2号），印发《2016年金华市推进使用正版软件工作计划》和《关于微软桌面操作系统（winxp）停止服务后相关升级防护产品采购问题的紧急通知》。完成各县（市、区）及市直机关各部门软件使用情况调查，并建立全市机关各部门和市本级国有企业软件正版化责任人数据库。将市本级党群系统WPS续费项目纳入财政预算，由市文化广电新闻出版局统一支付。并牵头组织市财政局、国资委、文化局、国有企业代表和软件厂家进行谈判，协商国有企业正版软件的价格和售后服务。组成联合检查组对婺城区、兰溪市、永康市、武义县、磐安县的软件正版化工作情况进行检查。

（徐　琳）

广播影视

【概述】 2016年底，全台有4套广播节目和3套电视节目，全年公共广播播出时间28854小时，自制广播节目播出时25748.5小时，全年公共电视节目播出时间21285小时，自制电视节目播出时间9305小时。共有8个节目获得浙江新闻奖和省广电政府奖一等奖，广播新闻在全省新闻栏目质量抽评中获得二等奖，2个栏目获得创新创优栏目。2016年被评为“中国十大影响力城市电视台”。

【服务大局】 先后推出“治国理政新实践”“两学一做进行时”“走在前列 共建金华”“一把手谈开局”等主题宣传30多个系列。“工业强镇再出发”“金华制造业的突围之路”“坚守实业 挺起脊梁”“聚焦金义综保区”“三百竞赛进行时”“季度看亮点”等系列报道。开展舆论监督，开设《市民问政》《正风问效》《小马亮剑》及《行风热线》等栏目。注重舆论引导。在迎战超强寒潮、接力营救浦江失联小孩、九江抗洪等突发事件报道中，起到第一时间发声、第一时间辟谣、第一时间传递正能量的积极作用。6月底，金华市持续强降雨造成城市内涝引发国内各大媒体的关注，金华广播电视总台深挖五水共治这一根本原因，对金华城市排涝系统的高效运转跟踪报道，成为2016年国内“城市看海”舆情中少有的亮眼案例。金华广播电视总台采制的电视新闻在央视《新闻联播》中播出16条，央视其他新闻栏目播出38条，在浙江卫视中播出451条。《两学一做重在实效》《金华交警的最萌黄雨披》《金东区垃圾分类》等重大主题报道亮相央视《新闻联播》《焦点访谈》等栏目。

【推进改革】 声屏报网运行体制改革全面实施。将原来4个电视频道管理机构精简为2个频道集群管理机构。启动以频率责任制为核心的电台运行体制改革，4个频率面向全台竞标，直接对总台负责。实施集团公司改革，拓展产业经营领域，与横店集团对接，发展文化影视产业。投资拍摄的《我是红军》

作为国家新闻出版广电总局重点推荐的纪念红军长征胜利80周年红色剧目,成功在浙江卫视黄金时段热播。实行教育咨询公司+少儿栏目捆绑式改革,依托民生频道集群《校园零距离》栏目平台,为服务类节目转型升级探索新路。

【转型融合】 5月中旬,推出第五媒介平台的"无限金华"手机客户端,客户端装机量达4万多。"相约G20·空中看浙江"主题报道活动总阅读量达到570万。"海外名校学子走进金华古村落"活动先后对俞源、芝堰两地进行为期33天的全媒体全程报道,总点击量达100万。《百姓零距离》重点打造的4G连线直播。总长20分钟的午间现场直播《"为爱坚守:关注浦江失联孩子归来"》,首次打破正常节目编排的电视新闻直播活动,完整展现救援全过程。金华之声发起的"走在前列 共建金华"大型新闻行动,联合省、市、县三级媒体,整合声、屏、报、网、端(浙江日报客户端、无限金华客户端)5个平台,聚焦工匠精神、兰溪纺织、生态经济等县域经济社会发展的特色亮点,共推出大型直播访谈节目14场,集中报道300多条次,网络平台点击量达200万。

(梅 展)

体 育

【概述】 2016年,全市推进体育创强和小康体育村提升工程,婺城、金东、兰溪、东阳、磐安顺利通过创强验收,实现省体育创强"满堂红"。尝试政府购买服务,充分发挥4个局属单位、24个市体育协会、10余家体育赛事公司(俱乐部)的作用。全年共举办赛事活动268场。公共体育场馆、公共体育设施和具备条件的学校体育设施100%向社会开放。2016年里约奥运会金华市选送三名运动员参赛,分别是任梦茜(女子撑竿跳)、吕斌(拳击)、张玲(艺术体操)。全市举办30多项青少年赛事,承办游泳、羽毛球等5项省级青少年体育赛事。全市有31所国家级足球特色学校,39所省级足球特色学校,8名运动员入选浙江绿城少年足球队。

【体育产业】 永康体育装备制造规模以上企业68家,工业总产值96.93亿元,占永康GDP4.89%。东阳渔具远销世界,形成产业。义乌体育用品出口增速明显,全年体育用品出口额约38亿元,开展形式多样、特色鲜明的赛事活动,马拉松成为新的体育和旅游消费热点。兰溪结合乡村,金东结合绿道,义乌主打商贸,磐安突出"天然氧吧",武义围绕花田小镇、温泉之城开展,东阳横店马拉松赛以"跑进电影、穿越历史"为主题。各县市结合山水资源开展自行车绿道、登山步道、房车露营基地建设。市区三江六岸和梅溪湖海塘运动休闲旅游精品路线正在统筹规划。

【学校体育】 金华市体育运动学校被国家体育总局命名为"国家高水平后备人才基地",婺城区体校、金东区体校、浦江县体校、义乌冬虹武术俱乐部已成功申报"浙江省高水平后备人才基地",在全市60多个训练点布局22个项目,基本涵盖全市9个县(市、区)。校园足球开展和普及,其中市级春秋季联赛制全省领先,联赛共打比赛540场次,涵盖从小学到高中的所有组别。

【体育设施】 组织开展三江六岸体育进公园项目布局踏勘,形成三江六岸体育进公园项目布局建议方案和浙中生态廊道建设方案。开展基层体育设施建设与维护试点工作。确定由婺城区、金东区率先在全市开展基层体育设施维护更新"一站式"服务试点工作。截至2016年底,金华市主要公共体育场馆(所)有市体育中心、市体育馆、市体育俱乐部、兰溪市体育中心、义乌梅湖体育中心、义乌体育馆(绣湖)、永康市体育中心、武义县体育馆、磐安县田径场、浦江县体育中心(建设中)。

(王国旗)

档 案

【概述】 截至2016年底,全市共有各级国家档案馆12个,其中国家综合档案馆8个,城建档案馆4个;国家综合档案馆馆藏档案共2058个全宗,1741515卷、938920件(盘、册),各类资料125468册。市县两级国家综合档案馆共接待档案利用60595人次,提供档案利用 98644 卷次(件、盘、册)。普通市民为档案利用的主体,民生档案利用呈相对稳定状态。

【档案服务】 创新对接服务,主动向"一线"靠拢。市档案局主动对接金华山旅游经济区、金义都市新区、金义东轨道交通建设指挥部以及"五水共治"办公室、"三改一拆"办公室等部门,主动上门提供档案服务。与"治水办"合作,策划实施"五水共治"口述专题片拍摄及"镜头里的绿水青山——'五水共治'摄影作品征集"活动。市档案局主动参与"信义金华"建设,与市信用办合作,在全省率先公布《金华市首批信用档案目录》。市县两级档案部门积极参与农村文化礼堂建设、"千村档案"、农村土地确权登记等工作,全市共有 281 个村的文化礼堂档案信息刻盘上报省档案局。市档案局与市国资委就企业档案管理、国家档案局 10 号令的贯彻执行、市属国有企业文件材料归档范围和保管期限表的制订与审批工作进行专题部署。创新服务利用方式,推进"异地查档、跨馆服务"、公休日预约查档等服务举措。市档案局窗口年接待查档 13010 人次,调阅案卷 12386 卷,复印档案 16312 页。收到留言感谢16 条,查档服务满意率达 99%以上。认真办理外地查档人员的来信、来电等查档要求、网上咨询答复、8890 诉求回复、浙江政务服务网的咨询回复等。

【依法管理】 市县联动开展以"档案安全和规范"为主题的档案执法检查,向 20 家单位发出《档案执法检查情况反馈函》,限期整改。市档案局对市直 14 个临时机构进行逐个走访调查,形成调研报告。做好市、县档案局权力库信息完善工作,完成权力清单比对规范、省市县三级联审工作,做好政务服务网档案事项网上受理,8 件申请全部办结。制定《金华市档案行政执法随机抽查实施方案》。加强对档案服务机构管理,对 2 家服务机构予以备案,将档案服务机构和从业人员纳入档案行业"黑名单"和"红名单"管理,把评价结果在信用系统上向社会公布。

【档案征集】 市县两级档案部门加大对档案资源的接收力度,市档案馆接收 3 家单位的档案 818 卷、31128 件。开展"党和国家领导人与金华"、古村落史料等征集活动,征集"党和国家领导人与金华"相关资料 1700 多份。做好重点档案的保护和开发利用。市局完成 6 卷汤溪县民国档案等重点档案的修裱修复,"朝鲜鸡林会名簿"档案和鱼鳞册档案研究取得重大突破。市档案馆自 12 月 1 日起向社会开放第八批档案,共 8225 卷。做好档案信息化建设。市档案馆 2016—2018 年的数字化加工项目正式启动。完成市直及两区共 228 家单位 2015 年档案数据备份,指导东阳、浦江成功创建省规范化登记备份中心。完成民生档案远程查档系统建设,并投入试运行。开展数字档案室建设,全市共有 434 家单位完成规范化数字档案室创建,77 家单位通过示范数字档案室验收。

【档案文化】 深入开展最美档案人评选活动。在全市范围内开展"信义金华·最美档案人"评选活动。张燕等 10 名同志被评为首届"信义金华·最美档案人"。开展以"走进档案,了解党史"为主题的国际档案日系列宣传活动。在"金华普法"微信公众号上推送的《档案,如果你不知道这些,小心出大事!》的档案普法文章,一举夺得"全国司法行政微信影响力排行榜第一、全国司法行政十大热文排行第一"双料冠军。"6·9 国际档案日"期间,市县两级档案部门共开展 15 场系列宣传活动,参与活动人数达 6000 多人次。举办"党的光辉历程"图片巡回展。组织以"党章、党旗和党徽的历史""金华革命斗争史"等为主题的纪念中国共产党成立 95 周年系列活动图片巡回展,共有 2 万余人次观看展览。与浙报集团金华分社合作,利用浙报金华新闻客户端,连续推出"光辉历程"系列专题连载共 11 期,点击量超过 18 万次。"党的光辉历程"专题宣传,被浙江省社会科学界联合会评为 2016 年度浙江省社科普及示范项目。大力开发档案编辑成果。市档案局的《金华抗战老兵口述实录》《光辉历程——金华革命斗争史料图片集》,以及兰溪的《兰溪拾遗》《兰溪商会百年》,东阳的《毒菌之殇》,义乌的《侵华日军义乌细菌战民国档案汇编》,永康的《古建筑探幽》,武义的《潘漠华年谱》《武义新诗歌》等档案编研成果先后编辑出版,其中《光辉历程》等编研成果被浙江省档案局评为全省百项档案编研精品。

(胡晓良)

文物考古

【概述】 截至2016年底,全市共有全国重点文物保护单位26处,省级文物保护单位92处,市、县级文物保护单位664处,文物保护点1244处。全市共有各类博物馆31家,其中国有博物馆21家,非国有博物馆10家。

【文物建档与规划】 2016年,开展23处省级以上文保单位“四有档案”的编制工作,完成21处省级以上文保单位保护标志碑的树立工作。启动市本级85处市保单位的保护范围和建设控制地带的划定工作。开展文物普查,共登录可移动文物总数54379件(套),其中一级文物69件(套),二级文物170件(套),三级文物1569件(套),一般文物27607件(套),未定级文物24722件(套)。市博物馆藏品总数为7334件(套)。市本级古籍普查工作完成,共计登录34789册(34060册普本+729册善本)。开展第七批省保单位的申报工作,推荐上报65处文保单位,其中兰溪市30处,义乌市6处,浦江县6处,市本级10处,东阳市4处,永康市4处,武义县3处,磐安县2处。

【重点文保单位与遗址保护】 2016年,武义县完成延福塔以及服务中心等项目,于12月29日举办竣工仪式。市区“老地标”——省保单位八咏楼于2015年8月闭馆维修。2016年9月29日八咏楼正式对外开放,国庆期间参观人数达13311人,其中10月1日参观人数达8328人,创八咏楼建成1500多年来之最。

2016年是浦江“上山遗址”命名十周年。11月22日,“上山文化”命名十周年暨稻作农业起源国际学术研讨会在浦江上山文化遗址举行。完成武义县《明招寺规划总平面设计》,启动《吕祖谦家规家训》展陈和明招文化园景观工程(一期)建设项目。全市共开展68处文保单位及35处历史建筑的修缮工程。侍王府维修工程获文物保护工程最高奖——中国文物保护示范工程。

推进国保成片传统村落保护工作。指导汤溪镇政府完成传统村落寺平村5处文物,兰溪诸葛、长乐村古民居与芝堰村古民居共16处文物建筑修缮工程。启动婺州传统建筑申遗、制定“婺州民居”保护利用导则、挖掘传统村落文物价值。

【文保单位开发利用】 先后在省保单位琐园村、寺平村乡土建筑、俞源村古建筑群举办三届“海外名校学子走进金华古村落活动”。挖掘金华文物保护单位和传统村落的文化内涵,将金华推向全世界。

将文物、廉政文化与旅游有机结合,国保单位浦江郑义门依托郑氏家规家训,打造“江南第一家”廉政文化展示馆,积极宣传郑氏家规以民为本、安民富民、清廉从政、勤勉奉公的思想;国保单位诸葛八卦村深入挖掘诸葛后裔“为官者公而明察、廉而生威、严于自律、不受不污”的家风文化,建立诸葛廉政教育基地;东阳市博物馆依托木雕文物资源优势,在东阳木雕博物馆打造“木雕家训馆”,展出160多块木雕刻板,内容涉及“忠、孝、义、礼、勤、德、政”等;永康积极传承发展以胡则精神为代表的古代传统廉政文化,建立胡公纪念馆、胡则史迹馆等一批廉政文化教育基地。

【文化惠民服务】 全市文物系统直属国有博物馆共送讲座、送展览下乡(进社区)26场次,举办各类临时展览55场次,共接待观众人数近114万人。市博物馆自2015年9月28日开馆以来,在基本陈列的基础上,举办“龙行浙江——浙江出土恐龙化石特展”“周口店北京人遗址文物特展”等12次临时展览,参观总人数超过30万人次。侍王府纪念馆2015年5月18日开放以来,共接待观众150475人,其中2016年共接待81192人次。市博物馆与市区、金职院、东苑小学等开展一系列馆校合作项目,如“古婺窑火杯——我与恐龙有个约会”有奖征文活动、“童画世界——文化遗产与儿童水墨的故事”等;永康举办第三届“文博之星”系列活动,“红领巾讲解员”选拔与“文博夏令营”;东阳组织千名学生走进博物馆;义乌组织科普图片展走进民工子弟学校等活动。

【文物监察】 全年共实施13个省保单位的安防预警系统建设,4个省保单位消防系统建设及博物馆监控中心改造。针对梅雨季持续时间长、雨量大的情况,3次启动紧急预案,对辖区各级文保单位实施安全检查。市本级继续与22家文保单位的业余文保员签订《保护管理责任书》。在重点节庆期间对市属各级文保单位，古建筑修缮工地进行全面排查并督促整改。及时、妥善解决 4 起文物保护类群众举报。全年共出动执法检查 6871 人次，巡查各级文保单位 2516 家次。

【金华山和金华古城获评徐霞客游线标志地】 5 月 18 日，“徐霞客游线标志地寻找与认证行动”现场评审会在浙江宁海召开，金华与新昌、天台、江西宜黄、河南新密、广西宜州五地一同接受“徐霞客游线标志地寻找与认证行动”评审专家的评审。金华山和金华古城同时获评徐霞客游线标志地。

（赵　晨）

社会建设

教　育

综　述

【概述】 2016年,金华市共有各级各类学校2153所(不含技工学校,下同),在校生104.8383万人,教职工8.2012万人。其中小学393所,在校学生41.2371万人;初中173所,在校学生16.2669万人;普通高中68所,在校学生8.4798万人;职业高中20所,在校生4.4418万人;特殊教育学校8所,在校学生922人。全市共有省、市属高校9所,在校学生8.4714万人,其中普通本科高校2所,在校学生3.4566万人;高职院校5所,在校学生4.6071万人;成人高校2所,在校学生4077人。全日制在校研究生4120人。全市幼儿园1478所,在园幼儿25.1754万人,学前三年幼儿入园率99.34%;省等级幼儿园1302所,招生覆盖面93.9%;全市111个乡镇(不含街道)都建有中心幼儿园,乡镇中心幼儿园建园率100%。十五年教育普及率99.61%。小学入学率、巩固率100%;初中入学率、巩固率100%;初中毕业生升入高中段学校比例98.60%,升入优质高中比例84.86%。高考文、理科第一批上线人数创历史新高,占全省13.1%。

【校务监督管理】 推进校监会制度建设,推进权力运行程序化和公开透明,提高公开的及时性、规范性、科学性,保障教职工参与学校民主管理和监督。金华市671所公办中小学(含公办幼儿园)校务监督委员会充分发挥其监督作用,2016年金华市直各校监会共列席校务会议400次,参与重大事项监督244次,审查财务支出38049万元。组织梳理金华市教育局及直属事业单位公共服务事项105项的法规依据、办事流程、示范文本、责任岗位和联系方式等,按规定程序已完成2报送2审核工作。

【法律顾问制度】 出台《金华市教育局关于普遍建立学校法律顾问制度的指导意见》,各地根据实际情况,采用"一校一聘、多校联聘、法律顾问团"等模式聘请法律顾问。全市教育行政部门和学校聘请法律顾问174人,382所学校聘请法律顾问,覆盖率为68%。

【法治宣传教育】 出台《金华市教育系统法治宣传教育第七个五年规划(2016-2020年)》。印发《金华市教育系统2016年法治宣传教育工作要点》,推进全市中小学法治教育"四落实",发挥中小学课堂法治教育主渠道作用,培养尊法学法用法守法的合格公民。组织第六届"法在心中"及"节假日、纪念日"青少年主题法治宣传教育;开展"12·4"国家宪法日暨"学宪法讲宪法"评比表彰活动,宣传宪法知识,弘扬宪法精神,树立宪法权威,推进"法律进学校"。印发《关于开展金华市依法治校示范校创建活动的通知》,完善创建标准和申报认定程序,提出到2020年,金华市120所以上全日制普通中小学建成"金华市依法治校示范校"的工作目标,推进教育系统法治建设,提高学校依法治校的水平。

【教育审计】 依法组织教育内部审计,金华市2016年有专兼职审计人员184人,实施审计项目705个,审计资金总额66亿元,查出有问题资金2452万元,促进增收节支金额3615万元;提出审计建议568条。

【教育经费投入】 落实义务教育学生免学杂费、免农村寄宿生住宿费、免费向义务教育学生提供教科

2016年金华市各级各类教育事业概况一览表

表12

类别	学校数(所)	毕业生(人)	招生数(人)	在校生(人)	教职工数计	其中:专任教师
合计	2153	265329	276668	1048383	82012	63379
一、基础教育	2120	223007	232243	912514	71962	55582
1.普通中学	241	77743	82179	247467	23994	19137
高中	68	27062	29372	84798	–	7238
其中:民办	24	6137	7712	20991	–	–
初中	173	50681	58903	162669	–	11899
其中:民办	31	5062	6253	17559	–	–
2.小学	393	64810	70225	412371	19720	21134
其中:民办	51	7199	15294	70904	2361	1918
3.幼儿园	1478	79824	73041	251754	28022	15095
其中:民办	1321	64009	59419	208497	23272	12232
特殊教育学校	8	136	336	1702	226	216
二、中等职业教育	24	15184	17886	50375	3262	2938
1.职业高中	20	13345	15731	44418	2814	2570
2.普通中等专业学校	3(体校不计)	1596	1966	5365	417	350
3.成人中等专业教育	1	243	189	592	31	18
三、高等教育	9	27632	26905	84714	6878	4859
1.普通高校	2	9365	9311	34566	3263	2233
2.成人高校	2	2316	1807	4077	467	380
3.高职院校	5	15951	15787	46071	3148	2246

书政策。2016年,金华市进一步完善城乡义务教育经费保障机制,并落实对寄宿制学校按照寄宿生年生均200元标准增加公用经费补助,对农村地区不足100人的规模较小学校按100人核定公用经费;义务教育阶段特殊教育学校生均公用经费应按当地普通同级学校生均公用经费的10倍以上拨付,并纳入义务教育保障体系,随班就读学生按同级特殊教育学校生均公用经费执行。自2016年秋季学期起,对城乡家庭经济困难寄宿生给予生活费补助。在义务教育学校寄宿的低保家庭子女、烈士子女、福利机构监护的未成年子女、“五保”供养的未成年子女和残疾学生,按小学生每人每天4元、初中生每人每天5元,年在校250天标准,生均分别给予1000元/年和1250元/年的补助。全面实施中职全免费教育政策。落实扶持中职教育政策,2016年金华市财政投入2112万扶持金华市区中等职业教育发展,落实市区民办教育奖补经费共计446万元。出台农村教师特岗津贴和乡镇工作补贴政策,每年各级财政投入达1500万元,保障全市2万余名农村特岗教师津贴每人每月不低于300元,乡镇工作补贴每人每月200元。继续实施《金华市发展学前教育第二轮三年行动提升计划(2015–2017年)》《金华市区小区配套幼儿园建设管理办法》和《金华市区学前教育专项资金管理办法》。2016年,预拨市区学前专

项奖补资金1488.59万元。实施教育教学成果奖,落实专项经费1000万元,对市直属高中段学校人才培养、教师科研、教育特殊贡献、学校品牌等方面进行奖励。落实普通高中课程改革经费,用于普通高中课程开发,专业教室设置,外聘教师工资、培训等,提升普通高中课程建设水平。

【民生实事项目】 有序推进薄弱学校改造,金华市列入省2016年,义务教育薄弱学校基本办学条件改善工程建设计划共15所,各地采取整校迁建、校舍改扩建、校园环境改造、设备购置等方式,推进薄弱学校改造,全市财政安排专项资金1000万元用于市区薄弱学校改造工作,14所已改造完成,1所为跨年度项目,正按照计划实施中。推进义务教育标准化学校创建,经过一年努力,全市成功创建标准化学校40所,达到95.23%,超额完成90%的创建目标。全市中小学校塑胶跑道运动场地建设目标为18条,建成33条,覆盖率96.64%。各县(市、区)根据《金华市中小学"阳光食堂、透明厨房"建设参考标准》,结合各地实际情况,制定中小学"阳光食堂、透明厨房"建设标准及实施方案,完成94%的创建比例。全市公办596个中小学食堂中达到A、B级有561个,C级35个。大宗食品统一配送率80%以上,品牌超市进校园达到95%,学校饮用水城镇管网接入学校数636所,比率达到98%,加热保温饮水设施建成率达100%。

【学生资助】 2016年,金华市共资助中小学学生19.0502万人,资助金额达19679.143万元。其中,学前教育享受免保育费0.0888万人,资助金额111.57万元;义务教育阶段享受困难学生住宿费减免的学生0.0405万人,资助金额7.022万元;享受营养餐学生5.7321万人,资助金额2866.05万元;困难住宿生生活补助人数0.1302万人,资助金额76.4295万元;普通高中享受免学费学生0.329万人,资助金额347.9945万元;享受助学金1.6056万人,资助金额1605.6万元;中等职业学校享受免学费学生9.3633万人,免费金额12903.776万元;享受助学金学生1.7607万人,资助金额1760.7万元。

【课程改革】 全面推进义务教育课程改革,稳步推进普通高中教学组织形式和课堂教学方式改革。全市建设市级精品选修课程623门,其中110门被列为浙江省网络推荐课程或精品选修课程,入选数量位居浙江省前列。2016年,金华市高考文、理科第一批上线人数达6023人,创历史新高,第一批上线人数占全省13.1%,第一批上线人数与人口数之比名列浙江省各市前茅。军校国防生招录162人,占全省27.73%;空军飞行员招录8人,占全省32%,招录人数和比例连续二十多年稳居全省第一。

【普通高中特色化取得新进展】 2016年,金华市新增浙江省一级普通高中特色示范学校3所、省二级普通高中特色示范学校13所,全市共有省一级普通高中特色示范学校10所,省二级特色示范学校30所。

【教师队伍】 2016年,金华市评选"最美教师"11名、第六批中小学名师25人、名校长12人,1人被评选为浙江省杰出教师,10人被评为省中小学师德楷模,14人获评浙江省农村教师突出贡献奖,30人获评浙江省"春蚕奖",31人入选浙派名师名校长培养人选。继续实施义务教育学校校长、教师交流,全市中小学交流骨干教师285人,占符合交流条件人数的27.5%;交流校长24人,占符合交流条件人数的53.3%。完成组团式援藏教师和第九批援疆教师的选派工作。培训各类教师2659人次。实施中小学教师职称制度改革。完成41720名教师职称过渡,1311人通过中级职称评审,383人通过高级职称评审,10人通过正高级教师评审。开展中小学校有偿补课专项治理工作,查处违规教师25人次。

【阳光体育活动】 全面推进学生阳光体育运动,确保学生每天锻炼一小时,扩大足球、篮球、乒乓球、游泳四大联赛的学生参与面。做好学生体质状况监测。推进校园足球普及,全市建成全国足球特色学校31所、省级足球特色学校89所,义乌市为国家级校园足球试点县,婺城区为省级校园足球试点区。积极推进学校"一校一品"建设。全市创建有省级体育特色学校64所,市级体育特色学校148所。全市各县(市、区)体育设施符合开放条件的414所实现100%开放。

【国际交流】 出台《金华市政府来华留学生奖学金管理办法》,由市财政每年安排50万元奖励在金华市属高校就读一学期及以上的来金留学生。2016年,共组织友好学校对口交流23批357人次;中小学学生赴境外研学旅行组团14批268人次;接待外国来访团4批21人次。“千校结好”活动形式和内容更具特色,2016年全市千校结好学校结对数达到177对(高中73对、初中39对、小学65对)。中外合作办学进一步规范,全市普通高中中外合作办学项目5个,学生数达700余人。

学前教育

【概述】 金华市在园幼儿251754人，幼儿园1478所,其中公办园157所,公办园所数占比11%,公办在园幼儿43257人,在园幼儿占比18%。全市111个乡镇（不含街道），其中公办中心园93所，比例83.7%。等级幼儿园1302所,比例88.1%,等级幼儿园招生覆盖面93.9%,普惠园招生覆盖面84%。全市共有专任教师15095人,持证率为88.6%,大专以上学历为77.7%。各项指标较前一年都取得较大进展。

【幼儿园建设】 全面扩大公办学前教育资源。加大学前教育扶持力度,提升办园质量和保教水平。加快公办园特别是乡镇公办中心园建设进度,将乡镇公办园建设纳入政府年度目标考核、教育事业综合考评及十三五教育事业规划中。111个乡镇建有115所乡镇中心园,金华市乡镇中心园公办比例83.7%,建成以乡镇中心园为依托的农村幼儿园管理指导网络。兰溪、东阳、武义等地的中心园公办比例达100%。10月,《金华市县(市、区)政府领导教育发展目标责任制考核标准》(金政办发〔2016〕89号)又将“公办园50%的比例”“财政对学前教育投入占教育总投入的5%”及专任教师持证率、普惠园和等级园覆盖面4项内容都纳入政府考核,金华市对学前教育的重视达到前所未有的高度，迈出历史性的转折。2016年,预拨市区学前专项奖补资金1488.59万元,其中生均经费补助1005.69万元,占比67.6%。全市公办园的生均公用经费制度和普惠民办园的生均经费制度已落实两年。

义务教育

【概述】 2016年底,金华市共有小学393所,在校生412371人,校均规模1049人,专任教师21134人;初中173所,在校生162669人,校均规模940人,专任教师11899人。九年义务教育入学率100%、巩固率100%。

【义务教育课程改革】 3月,举行浙中教育论坛——“课程改革与教研方式转型”专题研讨活动;5月,举办金华市“义务教育学校课程建设专题研讨活动”;11月,组织对各县(市、区)深化义务教育课改情况进行专项督查;12月，召开金华市深化义务教育课程改革推进会。通过专家引领、示范带动,全面推进义务教育课程改革。

【中小学校有偿补课专项治理】 充分发挥社会监督和教育督导作用,规范中小学校办学行为,大力推进素质教育,减轻学生过重学业负担,坚决纠正群众反映强烈的教育行风问题。按照“自查从宽,被查从严”的原则,对参与有偿补课的中小学校和在职教师加强教育引导,查处和约谈部分违规补课的学校领导和教师。

普通高中教育

【概述】 2016年,金华市普通高中学校68所,在校生84798人,校均规模1247人,专任教师7238人,初中毕业生升高中段比例98.60%,升入优质高中比例84.86%。

【教育教学质量稳步提高】 2016年,金华市高考文、理科第一批上线人数达6023人,创历史新高,第一批上线人数占全省13.1%，第一批上线人数与人口数之比在全省各市中名列前茅。军校国防生招录162人,占全省27.73%;空军飞行员招录8人,占全省32%，招录人数和比例连续二十多年稳居全省第一。普通高中数理化、生物、信息技术等竞赛成绩继续保持领先优势。普通高中学生在浙江省体、音、美等比赛中获得优异成绩。2016年,金华市新增省一级普通高中特色示范学校2所、省二级13所,省一、二级特色示范普通高中分别达到10所和30所。

中等职业教育

【概述】 2016年,金华市各类中职学校24所,教职工数3262人,专任教师数2938人,共招生17886人,中职学校在校生5.0万人。全市现有国家级实训基地11个,省级实训基地42个,省级示范专业(骨干、特色专业)63个,国家级改革示范校4所,省级改革示范校10所,国家级重点职校14所,省一级重点职校10所。

【中职教育发展专项资金】 认真贯彻实施《金华市本级财政扶持中职教育专项资金使用办法》,组织开展市区中职学校重点专业、公共实训基地建设情况的核查工作,下拨经费2112万元,其中重点专业经费447.5万元、公共实训基地经费1300万元、实训耗材经费194.2万元,毕业生就业奖励170.3万元。下发《关于市直中等职业学校实行生均公用经费标准的通知》。从2016年开始,确定市直全日制公办中等职业学校公用经费基本标准为2500元/生/年。

【"省中职教育质量提升行动计划"项目申报】 做好2016年"省中职教育质量提升行动计划"有关建设项目申报和年度绩效考核工作,全市共申报名校4所,大师7个,名师7个,品牌专业7个,优势特色专业7个。最终3个名校项目,5个大师项目,6个名师项目,3个品牌专业项目,7个优势特色专业项目成功立项。

【第十届中职学校师生职业能力大赛】 活动包括全国学生技能大赛市选拔赛、省师生技能比赛市选拔赛、技能比赛、"面向人人"技能比赛、师生创新创业大赛、技能教学论坛、校企合作论坛和中职学生特长展示比赛。全市职校师生在各类比赛中获得省一等奖49个,省二等奖90个,省三等奖196个。全市中职学生代表浙江省参加全国中职学生技能大赛,获得2个一等奖、4个二等奖。

【现代学徒制试点】 以"校企合作,双元育人"为核心,以行业、企业为依托,大力推进招生制度改革,鼓励学校与企业等用人单位共同研究制订人才培养方案,共同策划课程和教材开发,共同协调课堂教学和实践教学。有6所学校被确定为省级现代学徒制试点单位。

成人教育

【落实社区教育经费】 2016年,金华市教育局以"落实社区教育人均一元经费"为突破点,与政府相关部门多次协调沟通,社区教育专项经费终于在原有每年25万的基础上追加到75万元。义乌、永康、浦江、武义等社区学院也争取到当地政府的社区教育专项资金。

【全民学习周活动】 10月26日,在金华市人民广场举行首届金华市全民终身学习活动周启动仪式,多家主流媒体报道全市全民终身学习活动周系列内容。全市共有10个主会场、42个分会场,共组织327项主题活动,参加活动人数达68756人,形成"政府统筹,教育牵头,部门配合,教育机构协作,市民广泛参与"的社会性公益活动。

【成人双证制培训】 指导乡镇成技校开展成人双证制培训工作,要求各成技校认真做好文化考核、学分管理、学历认定和文凭颁发等工作。全市共有6328人通过成人双证制培训,取得毕业证书。

【扫盲工作】 10月底,金华市教育局与11个县级单位重新签订《金华市扫盲工作责任书》,并将扫盲工作任务完成情况列入对辖区县(市、区)的考核。将扫盲教育工作与成人双证制教育培训、中职学校社会培训、法律知识培训、免费农村劳动力转移培训结合。2016年全市扫盲任务计划为14980人,实际完成并脱盲的人数为19892人,脱盲后完成户籍信息更新达11948人。

【开展创建活动】 2016年经各地申报,最终遴选8所成技校申报的项目为省级成人教育品牌项目,婺城区白龙桥镇成技校等8所学校作为省级现代化成校上报到省。12月14日,浙江省教育厅组织专家对金华市的2个品牌项目和2所申报的现代化成校进行现场复查。

高等教育

【概述】 2016年,金华市共有省、市属高校9所,在校学生84704人,其中普通本科高校2所,在校学生34566人;高职院校5所,在校学生46071人;成人高校2所,在校学生4077人。

【浙江师范大学】 学校现有17个学院68个本科专业,3个一级学科博士点、23个一级学科硕士点、11个专业学位硕士点,全日制本专科在校生25300余人,研究生(含专业学位研究生)5380余人,留学生

2850余人，各类成人高等学历教育学生16000余人；在职教职员工2520余人，专任教师1630余人，具有正高职称教师320余人，副高职称教师620余人，具有博士学位教师710余人，其中中国科学院院士1名、共享中国科学院院士5名、中国工程院院士1名，国家“万人计划”领军人才1人，全国“四个一批”人才1人，国家“千人计划”专家6人，长江学者奖励计划专家6人，国家杰出青年基金获得者1人，国家突出贡献专家3人，“国家新世纪百千万人才工程”入选者4人。国家优秀青年基金获得者2人。教育部新世纪优秀人才支持计划8人。

现有2个博士后科研流动站，1个教育部创新团队，1个浙江省重点科技创新团队，3个省重中之重学科，3个省级哲学社会科学重点研究基地，2个省高校人文社会科学重点研究基地，18个省一流学科（含B类）；3个教育部专业综合改革试点项目；5个国家级特色专业建设点，11个省级优势专业，8个省级重点专业，12个省级重点建设专业，2个国家级教学团队，1个国家级大学生校外实践教育基地，3个省级大学生校外实践教育基地，17门国家级各类

2016年金华市高等院校基本概况一览表

表13

学校名称	班数(个)	毕业生数(个)	招生数(人)	在校生数(人)	毕业班学生数(人)	教职工数(人)	
						合计	其中：专任教师
(一)普通高校	1061	9365	9311	34566	9738	3263	2233
1.浙江师范大学	710	6364	6162	22146	6650	2520	1630
博士生	3	–	19	38	9	–	–
研究生	121	1335	1416	4120	1543	–	–
本科	562	4601	4306	16933	4465	–	–
专科	24	428	421	1055	633	–	–
浙江师范大学行知学院	198	1777	1686	6485	1593	310	264
2.上海财经大学浙江学院	153	1224	1463	5935	1495	431	335
本科	153	1224	1463	5935	1495	431	335
(二)成人高校	82	2316	1807	4077	1613	467	380
1.金华教育学院	38	1510	1186	2190	807	159	125
其中：普通班	17	233	217	658	218	–	–
2.金华广播电视大学	44	806	621	1887	806	308	255
其中：普通班	44	806	621	1887	806	308	255
(三)高职院校	1186	15951	15787	46071	16524	3148	2246
1.金华职业技术学院	586	8075	7278	22451	8523	1490	989
2.浙江广厦建设职业技术学院	242	3899	3812	10698	3845	767	530
3.义乌工商职业技术学院	227	2608	2710	7891	2743	485	422
4.浙江横店影视职业学院	107	1188	1656	4236	1226	307	233
5.浙江科贸职业技术学院(筹)	24	181	331	795	187	99	72

精品、示范课程。图书馆、资料室现有纸质图书370余万册、电子图书220万余种;拥有实验室42个,其中教育部重点实验室1个,国家级实验教学示范中心4个,省级重点实验室、省级实验教学示范中心18个。实验室总面积13万余平方米,教学、科研仪器设备总值达4.9亿元。

全力推动重点领域建设,在智慧教育、中非经贸发展、含氟新材料等方面取得实质性进展。发起创建浙江省智慧教育联盟,实施智慧教育区域推进项目3个,获全国高校教育信息化产学研示范奖;启动中非经贸数据库建设,培育中非经贸研究重大项目6项,出版《新时期中非合作关系研究》,发布《浙非产能合作报告》,获批中国科协"一带一路"国际科技合作平台建设项目,设立国内首个"非洲教育与社会发展"交叉学科博士点;与巨化集团共建"含氟新材料联合实验室",获批全国石油和化工行业工程实验室、省工程实验室。出台学科特区建设试点方案,与中科院大连化物所共建杭州高等研究院和国家技术转移中心浙江分中心;"图与网络优化创新引智基地"获批全国首批地方高校"学科创新引智计划"基地;完成第四轮学科评估参评及"十二五"省重点学科验收工作,新增数学学科进入全球ESI前1%,全球ESI前1%学科领域总数4个,并列省属高校第一;浙学研究、环东海与边疆研究、儿童研究等人文社科领域优势继续凸显。

落实人才队伍"四百工程",加大人才引育力度,全职引进长江学者特聘教授2人、高端外国专家4人、中国科学院"百人计划"专家1人,国家优青项目专家1人,省"千人计划"专家3人;柔性引进中国科学院院士、国务院学位委员会学科评议组成员等23人;培育国家"万人计划"领军人才、文化名家暨"四个一批"人才、国务院特殊津贴专家、长江学者青年学者、省有突出贡献中青年专家、省151人才工程入选者16人。师资结构进一步优化,首批聘任"双龙学者"特聘教授33人,首次选拔青年教授、副教授8人,新增博士70人,博士及高级职称教师占专任教师比例达45%和58.3%,具有连续3个月以上境外研修背景的教师占比达32%,较上年明显提升。

国(境)外双向交流人数逐年递增,招收各类留学生2859人,规模居省属高校第一;派出交流交换生467人,成功获批教育部港澳台办免试招生香港学生资格。教育援外工作稳步推进,承办援外培训项目16期,培训489人,涉及亚非拉50余个国家和地区,并首次承担商务部远程教育培训项目。汉语国际推广取得新成绩,获批成立浙江省孔子学院师资选拔培训中心,第三次获评全球孔子学院先进中方合作机构,是全国唯一3次获评的地方高校。入选"浙江省国际化特色高校"建设单位,国际化总体水平居浙江省硕博授权高校第三。4月15日,中非智库论坛第五届会议在义乌市开幕,来自40余个国家和地区的300余位智库领袖、专家学者、政府官员和企业家围绕"中非产能合作与非洲工业化"主题进行研讨。

2016年度浙江师范大学获批国家社科基金重大项目5项(含国家社科基金艺术学重大项目1项、专项工程项目1项),全年共获国家级人文社科项目35项,实现浙师大国家社科基金重大项目数、年度立项数历史性突破。

【上海财经大学浙江学院】 学院规划占地面积1005亩,实际占地面积829.63亩,校园建筑面积21.47万平方米(其中教学行政用房97578平方米,生活用房114433平方米,其他用房2700平方米)。教学仪器设备1793.5万元,纸质图书57.2万册,建有19个专业实验室,25个实习实训基地。学院现有教职工335人,全日制在校学生数6020人,生源覆盖全国24个省、市、自治区。

全年立项课题47项,其中省厅级课题11项,市级课题15项,结项课题33项。教师公开发表各类学术论文共80篇,其中核心论文16篇。学院分别与金华市旅游局、金华市统战部、金华市社科联签订横向课题委托协议书,完成横向科研课题4项。加大科研配套经费的投入,启动学院发展基金资助教学科研立项工作。修订完善科研考核奖励制度,加大科研考核奖励的力度。2016年度学生A类学科竞赛获奖11项,B类学科竞赛获奖36项。

学院加大招生宣传工作的力度,组织有关教师赴全省各地开展招生宣传活动。2016年,录取本科新生1566名,学院在浙江省文科投档分498分,超批次线36分;名次号17753名,较上年提升1373

名。2016级学生实际报到1463人，报到率为93.42%，比上年提升0.9个百分点；工商管理、商务英语专业的"三位一体"招生工作成效显著。开设全员覆盖的《大学职业发展与就业指导》通识必修课，开展"阳光就业，财浙同行"为主题的就业服务月系列活动等。学院组织财经类人才专场招聘会，来自金融、保险、物流等行业的202家企业参会，提供就业岗位1000余个，2016年学院毕业生初次就业率为90.64%。

【金华职业技术学院】 金华职业技术学院是在创办于1994年的民办金华理工学院基础上筹建的，1998年经教育部批准成立，2003年转为公办。学院占地2216亩，建筑面积69万平方米，固定资产12.1亿元；教仪设备总值2.33亿元，各类藏书近180万册。

金华职业技术学院共有教职工1397人，其中教师980余人，有正高职称106人、副高职称330人，双师素质占90.3%；有省突出贡献中青年专家1人、省"151人才工程"培养人选9名、省教学名师5人、省高校优秀教师6人、省高校中青年学科带头人2人、省级专业带头人18人、省首席技师1人，省级教学团队4个；聘请兼职教师1100余人。面向全国20余个省(区)招生，全日制在校生2.4万余人。现有13个二级学院和1家附属医院（即金华市人民医院，现为三级乙等综合性医院，核定床位800张，设有21个病区）；招生专业63个，其中国家重点支持建设的示范专业3个，省优势专业6个，省特色专业11个，省级重点学科1个；四年制高等职业教育人才培养试点专业2个，联合办学本科专业教学点1个；主持教育部职业教育教学资源库2个，国家精品资源共享课17门，国家精品课程15门，省级精品课程30门；国家规划教材70门、省重点教材50余门；央财支持职业教育实训基地5家；教育部现代学徒制首批试点项目1个。

承担国家级科研项目16项，其中国家自然科学基金项目4项，国家教科规项目2项，国家星火计划项目10项；省部级立项课题245项，其中省自然科学基金项目41项，省科技厅资助的重大科技专项项目3项，其他省科技计划项目116项，省哲学社会科学规划项目73项；获国家教学成果二等奖5项，省教学成果一等奖4项、二等奖6项，全国教育科学研究优秀成果二等奖1项，省科学技术二、三等奖各1项，省哲学社会科学优秀成果奖二、三等奖和优秀奖各1项，市级以上科研成果奖300余项；获授权专利659件；获软件著作权120件；年科技服务到款超千万元，年社会培训16万余人天。

遵循"校企合作、工学结合"的理念，开创基地、招生、教学、科研、就业"五位一体"育人模式，并继续深化改革，提出"校内基地生产化，校外基地教学化"，相关成果获国家教学成果奖。校内实训场所总面积15万余平方米；校外基地有807家，其中紧密型基地278家、"教学化"的示范基地73家。积极探索校企深度合作的新途径，实施校企利益共同体建设。建有"众泰汽车学院""皇冠学院""高新IT学院""现代农业技术培训学院""浙中建筑装饰技术联盟""创业学院""尖峰药业金职院药物研发中心""国际商贸园""学前教育学教研共同体""金华旅游研究院""小学教育教师发展学校联盟"11个校企利益共同体，以"资源共享、优势互补、责任共担、互惠双赢"为共建原则，探索实践"合作办学、合作育人、合作就业、合作发展"。

与36个国家和地区百余所高校、教育机构建立长期合作关系；先后招收50多个国家的500多名留学生；现有中美护理专业、中美会计专业、中加酒店管理专业、中美体育运营与管理等4个中外合作办学项目，一个与新西兰怀卡托理工学院合作举办的中外合作办学机构——金华职业技术学院怀卡托国际学院，其下共有计算机应用技术、计算机网络技术、应用电子技术、模具设计与制造、建筑工程技术五个专业；中外合作办学项目内在校生1200余名。还与新疆乌鲁木齐职业大学、四川乐山职业技术学院、贵州铜仁职业技术学院等8所中西部地区院校开展对口交流合作。

【义乌工商职业技术学院】 2016年，学院应届毕业生2818人，初次就业率98.01%，其中332人符合创业认定标准，约占毕业生人数的11.78%。专升本考试中共有108人上线，84人被本科院校录取。2016年在校留学生人数超过700人，共来自57个国家。2016年接待19批国(境)外高校来访，选派34名学生到国(境)外高校交流学习。

2016年1月19号，义乌工商职业技术学院创业团队荣获2015“义乌创业新锐”。此次活动由义乌市委宣传部、共青团义乌市委等联合主办，浙中新报、义乌商报、义乌广播电视台等联合协办。活动以“创业创新”为评选标尺，通过推荐、选树和宣传在义乌转型发展进程中有突出业绩和重大贡献的各族各界青年榜样，激励新一代义乌人传承“拨浪鼓”文化，弘扬“鸡毛换糖”精神，在义乌兴起新一轮创业创新热潮。活动期间，共收到来自各部门与单位推荐的300余名新锐代表，最终经过层层评选，20名代表获得此项荣誉。

【浙江广厦建设职业技术学院】 浙江广厦建设职业技术学院2001年6月经浙江省人民政府批准筹建，在原金华城乡建设学校和浙江广播电视大学东阳学院基础上，由广厦控股集团有限公司投资创办，2003年经省政府批准教育部备案正式建校。学院占地面积968亩，校舍建筑面积32.36万平方米。办学至今已投入9.15亿元，其中房屋、设备等7.89亿，在建工程1.26亿。现有专任教师528人，兼职教师134人，全日制在校学生10673人，生师比为17.93:1。共开设32个专科专业，有十二五省级优势专业1个，特色专业3个；十三五省级优势专业2个，特色专业5个，金华市重点学科3个。近三年立项厅级以上课题79项，学生在省级以上各类技能竞赛中共获356个奖项。获省高等教育教学成果一等奖2项。拥有中央财政支持实训基地1个、省级高职高专示范性实训基地2个，省级精品在线开放课程2门、省级精品课程10门，省重点教材10部、省十二五优秀教材3部。获得省级教育教学改革项目6项，省级课堂教学改革项目30项。

学院建筑工程技术和工程造价专业被列为浙江省高校“十三五”优势专业建设项目，雕刻艺术设计、建筑经济管理、建设工程监理被列为省高校“十三五”特色专业建设项目，《建筑识图与构造》《建筑施工工艺》2门课程为省教育厅立项首批精品在线开放课程，雕刻艺术设计专业入选第二批全国职业院校民族文化传承与创新示范专业点。3部教材获省“十二五”优秀教材。获批“大数据技术与应用”“会计”“机械制造与自动化”3个新专业。推进二级管理，制定《关于部分教学管理事项调整的规定》并组织试行，制定《二级教学管理实施细则》，将部分考核权限下放二级学院，由分院自行对教师和职员进行考评定级，学院负责将年终奖励总额划拨各分院，由分院根据教师和职员的考核等级实施年终奖励。

以“产教融合”为突破点，实施现代学徒制。培养建筑BIM高级技术人才，与东阳市人民政府、上海鲁班软件公司合作，校政企联合成立“鲁班学院”，将企业的核心价值观及理念带入课堂，传承“精益建造、精细管理”现代鲁班工匠精神，培养“精技术、会管理”的BIM高级技术人才，首批25名学员已进企上岗。雕刻艺术设计专业，构建“五引领”木雕非遗传承人才培养模式（即专业建设大师引领、专业教学巧匠引领、作品创意文化引领、技能训练比赛引领、工匠精神榜样引领)，培养木雕非遗传承创新技能人才。开展首届“互联网+”大学生创新创业大赛、第八届职业生涯规划大赛，为学生参与创新创业实践搭建平台。在浙江省第五届高职高专挑战杯大赛上取得历史性突破，夺得社会调研类一等奖1个、三等奖1个，创业计划类三等奖1个，创意竞赛类三等奖1个。获浙江省新苗人才计划立项5个，获资助2.5万元。第二届“创青春”全国大学生创业创效大赛，获三等奖1项。浙江省第二届“互联网+”大学生创新创业大赛获三等奖2项。学生在省级政府部门及国家部委组织的37项竞赛中，获119个奖；在省科技竞赛委员会组织的22个学科技能竞赛中，获奖73项，比上年同期增长43%。

成立教师发展中心，筹划教师雏鹰计划、骨干教师志远计划、精英教师引领计划三大项目。派出35名教师参加暑期下企业实践；8名教师参加访问工程师项目、10名教师参加创业导师培训、2名教师参加国培项目、1名教师参加国(境)外培训、2名中层干部参加教育厅中青干培训。与广厦集团下属企业实现资源共享，引进集团中、高级技术专家20人担任学院的兼职教师，企业专家全程参与人才培养方案制订、课程与教材开发、实训基地建设及实践教学活动。2016年，2项科研课题获教育部规划基金项目和教育部青年基金项目立项，1篇学术论文被国家核心期刊刊发，并被全球SCI数据库全文收录。上述科研课题进入部级立项、论文在国家级核心期刊发表，均为建院以来首次。全年，各类各级课题申报数达322项，立项122项，在浙江省高校科研管理研究会高职分会年会上,科研处获得2016年科研管理先进集体奖。

设立“发展与社会服务处”,主动寻求政府部门、行业协会、企业单位需求,努力搭建技术协作和交流平台。省非遗传承人群传统民居营造技艺项目第一期培训班在学院举办。向社会开展普通话测试考前培训、会计从业资格证培训和AutoCAD技能培训等项目。并与东阳市教育局、千祥镇政府、杭州汇道科技有限公司、东阳海德红木家具企业等多个政府部门和企业达成合作协议。程娟老师参与的“面向海绵城市建设的生态铺装关键技术及其应用”获省科学技术进步一等奖。学院以工作室为载体开展项目服务。建筑工程技术专业与东阳市中建建筑设计有限公司合作的“建筑设计工作室”,工作室团队由专业骨干教师、学生及企业资深设计师组成。有4位教师12位学生参与工作室的10个设计项目,设计总费用达62.6万余元;鲁班BIM工作室,参与实际工程近50个,援助新疆“广电服务中心”项目,项目占地14亩,建筑面积8845平方米,总投资5500万元,1位教师带领5位同学承担该项目决算任务。

首次实施提前招生,并录取200人。确定24个招生专业,新增建筑室内设计专业招生计划,调整部分招生前景不佳的专业招生计划。全年共录取新生4305人,实际报到3987人,报到率92.61%,实际报到人数比上年增加348人,新生报到人数比上年增加10%。校园招聘会共有17个地市人才管理部门应邀组团参会,共613家企业为学生提供11354个工作岗位。2016届3917名毕业生中,就业人数3846人,就业率为98.19%,比上年增长0.3%。根据杭州市人民政府有关部门编写的《2015年度杭州市接收高校毕业生就业情况报告》显示,2015届毕业生3782人中在杭就业712人,位列第三,也是前十名中唯一上榜的民办高职院校。

【浙江横店影视职业学院】 学院占地面积358874.5平方米,建筑面积148776.7平方米。建有63个校内实训室和80个校外实训基地。现有教职工307人,其中专任教师233人,副高及以上职称50人。2016年度引进教师和行政管理人员23人,其中正高2人,副高1人,中级2人,硕士15人。全日制高职在校学生4236人。学院下设表演艺术、影视制作、文化经济、旅游与创意以及继续教育5个分院,共有艺术设计传媒、旅游、财经、文化教育4大类16个专业,其中艺术设计传媒大类9个专业,旅游大类2个专业,财经大类4个专业,文化教育大类1个专业,其中,省级特色专业5个,省级优势专业2个。

制订2016级16个高职专业、中高职联合办学的9个“3+2”专业、2个“五年一贯制”专业、1个“2+3”专业的人才培养方案。积极开展课堂教学改革,教改课题省级立项2项,校级立项8项,课改课题省级立项4项。组织开展校级教学技能竞赛、教学设计竞赛,提升教师教学技能,推送优秀教师进入省级竞赛。积极开展科研活动,地市级以上纵向科研项目共计103项;全院教师公开发表论文共计195篇,其中核心12篇;科研成果与论文获奖共计30项;全院共计开展横向课题共计44项,项目经费合计131.5万元;出版自编教材3本。

组建成立“浙江横店影视职业教育联盟(集团)”。招生规模创历史最高,2016年招生计划1440人,省内录取率达100%;学院报到总人数1689人(含“3+2及五年一贯制”学生),报到率为92.12%。组织“3+2及五年一贯制”班主任工作研讨会,加强与中职校的沟通与交流。“3+2或五年一贯制”招生规模不断扩大,2016年“3+2或五年一贯制”招生计划完成数共1688人,名列全省第二,其中“五年一贯制”完成计划指标共657人,招生计划数名列全省第五。2016届毕业生总就业率达到98.24%,其中签约率为88.66%。组织举办两次大型校园招聘会,参会单位共计222家,涉及包括:餐饮、酒店、服务、旅游、教育、影视传媒、商业、外贸、物流等行业企业。参会学生2379人次,实际招聘岗位为2070个,实际达成就业实习意向学生数为792人。

积极搭建交流平台,实现境外学生首次来校交流。韩国又松大学16名学生来校体验中国文化;台湾大仁科技大学18名师生来校开展主题交流活动;与台湾大仁科技大学来横店开展游学活动达成共识;向台湾大叶大学、台南应用科技大学派出研修生3人,向韩国又松大学派出为期一年的交换生9人。与韩国又松大学、顺天乡大学、台湾大仁科技大学签署友好合作协议。2016年11月,意大利球星阿尔贝蒂尼参加由该校举办的2016国际体育交流论坛。

【浙江科贸职业技术学院(筹)】 浙江科贸职业技术学院处于筹建状态，并经省教育厅和金华市人民政府同意,继续挂靠金华职业技术学院招生。2016年挂靠招生9个专业共350名,全日制在校生共795人。

为适应经济社会发展对人才的需求,以就业为导向，及时调整优化专业结构,2016年新增汽车检测与维修、会计两个新专业,主要培养面向企业的汽车检测与维修、会计专业技能型人才。制订两个专业的人才培养方案,招收汽车检测与维修专业学生29人、会计专业38人。各系在人才需求调查的基础上,认真优化课程结构,修订7个专业人才培养方案,培养目标紧贴社会实际。

为了贯彻浙江省教育厅分层教学的要求,对英语、计算机文化进行分层教学的可行性研究,对2016级新生的英语、计算机文化实施分层教学,根据学生基础、专业特点，有针对性地开展教学。2016—2017学年第一学期《军事理论》首次尝试使用超星尔雅网络通识课程平台进行教学。2015级、2016级学生621人参加学习,学生通过网络平台进行自主学习,考试通过600人,及格率96.62%,平均成绩87.16%。

重点建设物联网实训室、ERP沙盘实训室、会计电算化实训室,汽车工程实训室接受集团赠送的部分设备,并对设备调剂安装,完成空压机移位和大门改造工作,增添理实一体化教室1个。到年底全院实训室共有29个，并对各实训设备进行清点、造册,核实价值。实训大楼一楼进行文化设计,电子信息系对实训室的文化进行布置,管理制度、流程图等都已上墙。全年实训设备设施投入68万元。4月,与大昌集团所属的13家企业举行校企合作签约仪式,签订校企合作协议,并为每家企业授校外实训基地的牌。11月,与浙江和勤通信工程有限公司建立紧密型合作关系，举行校企合作签约仪式,聘请董事长周开文为创业导师,聘请总经理张昀为客座教授。校企科研合作,有效实现资源共享,优势互补,有利于促进专业建设,促进人才培养更加贴近职业岗位需求,意义深远。

文创电商园于2015年10月成立,投入1200万元,总面积15000平方米,2016年7月企业入驻,现有9家企业进园。科贸文创电商园荣获金华市十大信息经济众创空间称号。根据对人才培养目标和模式的定位以及创新创业教育的要求,逐步调整传统专业的课程设置,优化课程体系。2016上半年,举办第一期创业培训班，培训内容侧重于电子商务,创业培训期1个月,48个课时,共有33人参加。为学生创新创业搭建平台。为进一步引导有创业意愿的大学生了解新时期创新创业知识,全年进行8次创业专题讲座,其中聘请校外的4次,校内教师4次。2016届毕业生180人,就业率为97.79%,比2015届97.42%,基本持平。各专业就业率分别是,计算机网络技术100%,软件技术96%,国际商务97.5%,汽车技术服务与营销100%,会展策划与管理96.55%,文秘97.79%,并编制就业质量报告

2016年，申报课题23项，申报教学成果奖4项;立项15项,结题28项,发表论文22篇,获市社会科学优秀成果奖优秀奖1个。立项课题分别是省教育厅高等教育课堂教学改革项目立项2项,省教育厅一般课题项目立项2项,省商业经济学会研究课题1项;市社科联科研项目立项3项;院级课题8项。结题课题分别是2014年省教育厅一般课题项目1项,2015年省教育技术研究规划课题1项,2015年省高职教育研究会课题2项,2015年市社科联项目8项,2015年院级课题结题17项。

【金华教育学院】 2016年，培训种类教师数达到28808人次，比上一年度增加5808人次，增幅达25.2%；全年培训收入达2056万元，比上年度增加356万元,增幅达20.9%。

2016年,拳击运动员吕斌、艺术体操运动员张玲、田径运动员任梦茜、帆板、帆船运动员徐小梅亮相里约奥运会,创金华籍运动员参赛之最。田径运动员任梦茜于2月在卡塔尔多哈举行的2016年室内亚洲田径锦标赛获撑杆跳亚军,田径运动员郑小倩于3月在全国室内田径锦标赛上获女子1500米金牌、800米银牌。田径运动员龚璐颖在全国少年田径锦标赛上获女子少年组跳远冠军、女子少年组4×100米冠军和女子少年组100米亚军。何嬉龙、陈宁宁、黄敏、傅胜美、金敏等田径运动员在2016年都已参加过全国性比赛,并获得名次。

2016年,申报省市等课题共8类型27项;省市级课题结题共7类23项;学院公开发表论文32篇,专著1部,完成4期学报编辑出版工作。本年度,学院优秀成果申报和获奖共5类型17项,其中金华市获奖12项(一等奖4篇,二等奖3篇,三等奖4篇,优秀奖1篇)。此外,先后邀请浙江省教育科院规划办主任沈佳乐、《学术研究》杂志社副主编陶原珂及《教育学术月刊》杂志社常务副主编肖第郁等专家来学院作讲座与现场指导。另外,学院新成立的8家教育研究机构也于2016年度陆续在开展工作。

积极拓展办学新思路。2016年5月11日,与美国麻省国际教育集团签署留学预科合作办学协议。此项目主要是针对高中毕业生,入学后学生在学院学习一年,学费(含住宿费)共7.8万元,根据学生的水平输送到与之匹配的美国麻省国际教育集团高等院校就读。6月22日,与美国哥伦布艺术与设计学院签署合作办学协议。学生在学院学习一年,学院收取学费11.8万元的60%,约7万元。学生通过托福考试(总分在61分以上),经美国校方面试后正式进入美国本科阶段学习。学生在校学习阶段所获专业学分可以转入美国学校。11月14日,与俄罗斯列宁格勒州教师进修学院决定建立国际友好学院关系,并签订合作意向书。双方将围绕共同研究提高教师人文素养问题、提高教师教学水平问题、互联网时代教师发展的新问题等交流双方的教育工作经验,同时组织由双方代表参加的竞赛、研讨、会议等。

【金华广播电视大学】 学校现有清照路校区、芙苑路校区、人民东路校区和北山路四个校区,占地面积227亩,建筑面积107166平方米。全校有全日制学院3个,分别是国际商务学院、财经管理学院、城市服务学院;非全日制教育有开放学院、远程学院、培训学院及社区大学等。现有在编在岗教职工308人,其中正高职称2人,副高职称75人,中级职称147人,“双师型”教师达85%以上。

全校现有全日制在校生5289人,其中中专、技工生3410人,成专生1879人;开放教育等非全日制学生5035人。与40多所重点大学合作,学校共有53个专业,其中全日制大专10个,中职12个,技工5个;开放教育本科9个,专科15个,研究生2个;学校会计电算化、国际商务、食品生物工艺、烹饪等专业为省级示范专业;电子商务、商务英语、物流服务与管理、计算机及应用、商贸外语等专业市级示范专业;国际商贸和食品加工技术为省级实训基地;会计学专业为金华市级重点学科。学校设施齐全,拥有计算机2540台,专业实习场所64所,多媒体教室135个,各类语音、理化、模拟等实验室56个,各类实训设备价值1929万元。拥有宽带网、校园网、学校网站和先进卫星接收系统,现代教育技术水平位居全市中职学校和全省电大系统前列。

特殊教育

【概述】 2016年底,金华市共有特殊教育学校8所,在校生922人,专任教师216人。特殊教育入学率98.5%、巩固率100%。

【特殊教育提升工程的项目】 充分发挥金华市特殊教育指导中心和金华市特殊教育随班就读专家组的作用,对金华市特殊教育随班就读和送教上门工作提供技术保障和服务。3月,对10个县(市、区)特殊教育工作开展督查和指导;5月,浙江省教育厅调研组到金华市开展特殊教育工作调研,充分肯定金华市特殊教育工作;11月,举办金华市融合教育校长培训班;12月,召开2016年金华市特殊教育随班就读课堂教学研讨会。2016年,金华市共争取省级特殊教育补助资金385万元,用于资源教室建设项目和特殊教育卫星班项目建设。

民办教育

【概述】 2016年,金华市共有各类民办教育机构2115家,其中高校4所,在校生21376人,占金华市高校(含省属)在校生的25.98%;中小学校78所,其中普通高中19所、职业高中8所、初中(含九年一贯制)25所、小学26所,在校生119755人,占全市中小学在校生的17.17%;幼儿园1355所,在园幼儿人数为227396人,占全市在园幼儿90%;文化补习学校5所,年内招生1634人;培训机构673家,年内培训140268人。

【下拨专项资金】 根据金华市教育局、金华市财政

2016年金华市分县特殊教育学生情况统计表

表14 单位:人

金华市	毕业生数	招生数	在校生数														
			合计	其中:女	小学阶段						初中阶段			高中阶段		
					一年级	二年级	三年级	四年级	五年级	六年级	一年级	二年级	三年级	一年级	二年级	三年级
婺城区	16	16	97	32	10	7	14	16	14	17	6	5	8	0	0	0
金东区	18	16	83	34	9	10	7	6	8	13	7	11	12	0	0	0
武义县	2	14	123	43	5	11	13	22	26	16	9	12	9	0	0	0
浦江县	4	13	92	25	10	13	23	8	14	13	3	8	0	0	0	0
磐安县	11	12	44	15	4	2	2	5	6	4	8	5	8	0	0	0
兰溪市	8	25	125	43	10	17	19	15	18	6	15	16	9	0	0	0
义乌市	24	81	389	160	43	44	34	52	39	89	38	25	25	0	0	0
东阳市	37	29	175	59	12	21	16	21	35	25	8	16	12	9	0	0
永康市	16	62	308	119	26	33	29	32	28	45	24	42	37	12	0	0
金华市本级代管	0	68	266	102	27	15	34	33	34	32	32	8	24	9	18	0
合计	136	336	1702	632	156	173	191	210	222	260	150	148	144	30	18	0

局《关于印发金华市区扶持民办教育专项资金管理暂行办法的通知》(金市教职成高〔2015〕4号)文件要求,在市区民办学校申报的基础上,市教育、市财政组织相关人员实地进行核查,2016年市区民办教育专项奖补资金应拨付446万元,其中升等创优2所16万元、新建改建3所162.9万元、教育培养7所30万元、校园保安17所101.6万元、教学科研7所135.5万元。市区民办教育专项资金已于11月底前下拨到位。

【开展联合检查】 2016年,金华市教育局先后下发《关于开展民办学校非法集资风险专项排查工作的通知》和《关于开展市直民办学校年度工作检查的通知》(金市教职成高〔2016〕1号)。10月中旬,根据《省教育厅、省工商行政管理局关于做好2016年经营性非学历教育培训机构联合专项检查行动的通知》,全市10月至11月共出动276人次,检查266家文化课程类经营性非学历教育培训机构,其中经教育部门审核的114家,工商部门登记的208家,无证、无照数26家。其中查处违法、违规的培训机构14家,移交其他部门3家。

【民办年检】 根据国务院《民办非企业单位登记管理暂行条例》等相关文件规定,要求各民办培训机构和民办中小学校在规定的时间内做好民办教育培训机构的年检工作。2016年,金华市区共年检24家民办机构,8所民办学校。上半年,配合计财处,组织教育核算中心对民办学校财务进行核查,发现7所达不到相关规定和要求的民办学校全力落实整改。

教育科研

【概述】 2016年,教育科研继续以《金华市"十三五"教育事业发展规划(2016—2020)》为统领,以"群体的科研,教师的科研,课堂的科研"为发展方向,坚持为各级政府、教育行政部门和学校的决策服务,开展多方面工作,为金华教育改革发展做出重要贡献。金华市教育教研综合实力稳步提升,教科规划课题立项总数继续保持全省前列,在浙江省教育科学规划2017年度研究课题立项评审中,金华共有53项课题立项,其中,省重点9项,省规划36项,省体卫艺8项。

【教育科研综合实力稳步提升】 参加第五届全国教育科研优秀成果奖评比,东阳市吴宁五校梁晓明主持的成果《"图式"教学新样式:基于概念构图的小学简约教学研究》获三等奖。浙江省共有两所中小学获此殊荣,全国中小学获得此项奖项仅9项。参加浙江省2015年度教科研优秀成果奖,金华市14项成果获奖,其中一等奖1项,二等奖9项,三等奖4项。参加浙江省第第一届"教改实验先锋校长"评选,金华市推荐的3位校长均载誉而归。参加浙江省第三届"十佳智慧班主任"评选,金华市获省"十佳智慧班主任"1名,省"智慧班主任"1名。以上各项评比,金华获奖数量和占比位均居全省前列。金华市中小学均建有心理辅导室,形成省一级辅导室、金华市优秀辅导室、县(市、区)优秀辅导室三级学校心理辅导机制。在浙江省"资助偏远地区建设100个标准化中学心理健康辅导站"项目检查验收中,全市申报的19个项目获得资助并全部验收通过。

教师队伍

【概述】 2016年底,金华市中小学在职教职工46308人,其中专任教师38018人,具体为小学19451人、初中11458人、普高7109人、职高2538人。专任教师人数与在校生之比(师生比)小学1:21.10,初中1:13.75,普高1:12.03,职高1:17.99。小学、初中专任教师学历高标率分别是95.98%、91.92%;普高、职高专任教师学历合格率分别为99.03%、92.79%。幼儿专任教师学历高标率为59.55%。初中、普高和职高中级职称比例分别为48.25%、35.67%、38.46%,高级职称比例分别为16.80%、25.47%、17.02%。职业高中"双师型"教师比例为74.2%。在职省特级教师92人,市名师名校长174人。

【师德师风建设】 把师德教育放在教师队伍建设的首位,并贯穿于教育教学全过程,深入开展常态化的师德教育和暑期师德专题培训,强化教师职业道德。开展2016年金华市"最美教师"评选活动,共评选出市"最美教师"11名、市"最美教师"提名奖9名;市直最美教师5名,市直最美教师提名奖5名。通过报纸、电视、金华教育网、金华教育微信群等媒体广泛宣传"最美教师"典型事迹,大力弘扬正气,树立教师崇高形象;坚持激励导向与严查惩处相结合,认真开展在职中小学教师有偿补课专项整治,规范教师从教行为。

【教师队伍管理】 重视优秀应届毕业生的招聘,改善教师学历结构。开展金华市第六批名师名校长和第七批名师名校长培养人选评选,共评出市第六批中小学名师25人,名校长12人;第七批名师培养人选189人,名校长培养人选40人。开展省级名优教师评选推荐,1人评选为浙江省杰出教师,10人被评为省中小学师德楷模,14人获评浙江省农村教师突出贡献奖,30人获评浙江省"春蚕奖",31人入选浙派名师名校长培养人选。继续实施义务教育学校校长、教师交流,全市中小学交流骨干教师285人,占符合交流条件人数的27.5%;交流校长24人,占符合交流条件人数的53.3%。完成组团式援藏教师和第九批援疆教师的选派工作。

【教师培训】 加强教师培训质量监控,强化教师培训的组织、管理、评价和激励措施,增强教师培训的针对性和有效性。开展2016年度教师专业发展培训绩效考核,并评选出3家先进单位及6名先进个人。加强市名优教师队伍培养,组织全市50名在职特级教师到山东师范大学培训,95名第七批小学名师培养人选到浙江师范大学培训,75名第七批中学名师培养人选到江西师范大学培训,39名第七批中小学名校长培养人选到浙江大学培训。开展校本培训,市直各单位(学校)安排教师专业发展培训115项,培训金额达560万元,参训人数达2600人次;选派126名教师参加"国培""省培",提高教师专业发展水平。

高校、中专招生

【概述】 根据教育部的统一要求,继续实施普通高校招生"阳光工程",完善招生制度,狠抓薄弱环节,全面公开信息,进一步增加招生录取全程的透明度,使整个高考在“阳光”下透明操作,确保招生工作的公平公正。

【招生考试】 全市共 25275 人报名参加普通高校招生考试(其中文科 6315 人,理科14488 人,艺术类 2298 人,体育类 297 人,单考单招高职 1877 人)。21038 人被录取(其中文科 5168 人,理科 13056 人,艺术类 1577 人,体育类 45 人,单考单招高职 1192 人)。全市共 14079 人报名参加成人高校招生考试(其中专升本 4851 人,高中起点9228 人)。2380 人报名参加研究生招生考试。40321 名初中毕业生参加升学考试报名,39756 人进入高中段学校学习,其中普通高中 34216 人。

【招飞】 金华市为空军输送空军飞行学员 8 人(全省共 25 人,占比 32%),遥遥领先省内兄弟地市。金华教育考试院再次被东部战区空军政治部评为招飞工作先进单位。东阳市招生自考办公室、金华一中、金华二中等被评为 2016 年度招收空军飞行学员工作先进单位,浙江师范大学附属中学被中国人民解放军空军评为空军招飞优质生源中学 (全省共2所),另外还有 6 位同志被评为2016 年度招收空军飞行学员工作先进个人(全省共30 名),受表彰单位和个人数遥遥领先于其他地市。

(陈爱娟 张怡)

就 业

【城乡就业】 市人力资源和社会保障局、市财政局印发《金华市区职业技能培训补贴办法》(金人社发〔2016〕36 号)。市人力资源和社会保障局、市财政局印发《金华市区培训定点机构认定和创业培训补贴办法》(金人社发〔2016〕37 号)。

全市接收应届毕业生 2.96 万人,开展各类高校毕业生创业指导及服务 2.68 万人次,组织大学生创业培训 5995 人次,打造青创工场 33 家,帮扶 7213 名大学生实现创业。全市各级人力资源社会保障部门通过举办招聘会、校企对接会、外省劳务洽谈等措施,为企业解决用工 11.6 万人。完成全市 10466 户 24948 人的低收入农户走访帮扶工作,实现 5940 有劳动能力低收入农户至少 1 人实现就业的目标。

全市城镇新增就业 7.79 万人,失业人员再就业 2.87 万人,其中就业困难人员实现就业 6119 人,失业保险参保净增 2.25 万人,城镇登记失业率 2.77%。

【农民工管理服务】 金华市人民政府办公室印发《关于成立金华市农民工工作领导小组的通知》,成立金华市农民工工作领导小组,撤销原市农民工工作联席会议。

全市农民工稳定就业 5.2 万人,开展农民工职业技能培训 3.1 万人,农村劳动者自主创业 5043 人。

【劳动关系】 开展劳动保障宣传周等活动,完成劳动关系和谐指数测评和发布,研究制订“双爱”综合试验区推广方案,启动实施市级和谐企业复评工作,全市 250 家企业被评为市级劳动关系和谐企业。公布 2015 年金华市区在岗职工年平均工资和市区 2016 年部分职业(工种)人力资源市场工资指导价位。

【劳动保障监察】 全市各级劳动保障监察机构共处置欠薪案件 6738 件,为 3.9 万名劳动者追发工资 4.24 亿元,欠薪案件数、涉及人数和追偿金额同比分别减少 2%、14%和 13%,欠薪案件数自 2013 年以来首次实现下降。全市妥善处理涉及欠薪群体性突发性事件 466 件,向公安机关移送涉嫌拒不支付劳动报酬犯罪案件 116 起。累计筹集企业工资支付保证金 5.67 亿元,各级政府筹集欠薪应急周转金 7717 万元。

【调解仲裁】 全市劳动人事争议仲裁机构共审理办结仲裁案件 4519 件,结案率为 94.2%;全市调解组织当期共受理各类争议案件 9653 件,结案率为 96.3%。

(钱建迅)

社会保障

【社会保险参保情况】 2016 年,全市职工基本养老保险参保人数 202.03 万人,比上年增加 29.83 万人;城乡居民养老保险参保人数137.49 万人,比上年减少10.91 万人;城镇职工基本医疗保险参保人数

143.81万人,比上年增加4.61万人;城乡居民(含城乡统筹)医疗保险参保人数341.28万人,比上年减少3.92万人;失业保险参保人数79.73万人,比上年增加2.43万人;工伤保险参保人数135.79万人,比上年减少13.01万人;生育保险参保人数82.3万人,比上年减少0.02万人;被征地农民基本生活保障参保人数26.51万人,比上年增加0.21万人。

【社会保险政策】 市人力资源和社会保障局、市财政局、市地税局印发《关于降低企业社保支出有关问题的通知》(金人社发〔2016〕42号),临时性下调失业保险费单位缴费比例,从2016年5月1日至2018年12月31日,失业保险费总费率由2%降为1.5%,其中单位缴费费率由1.5%降为1%,个人缴费费率0.5%;临时性减征符合条件的企业基本养老保险费和基本医疗保险费,全市共减征3亿元,惠及企业2万余家。

市人力资源和社会保障局、市财政局、市卫计委印发《金华市区基本医疗保险付费方式改革试点办法》(金人社发〔2016〕96号),开展总额预算管理下按疾病诊断分组医保支付方式改革。

全市企业退休人员人均每月提高146元,养老金每月达到2170元。

【社会保险经办管理】 市人力资源和社会保障局、市8890便民服务中心印发《关于做好全市人力社保12333电话咨询服务热线整合工作的通知》(金人社发〔2016〕85号),市人力资源和社会保障咨询服务中心并入市8890便民服务中心,保留金华市劳动能力鉴定中心(工伤认定中心)。

市人力资源和社会保障局、市市场监管局印发《金华市区基本医疗保险定点医疗机构协议管理实施办法》(金人社发〔2016〕55号)、《金华市区基本医疗保险定点零售药店协议管理实施办法》(金人社发〔2016〕59号),实行"两定机构"协议管理,市区共有34家"两定机构"纳入协议管理。

开通社会保险网上申报规模企业3669家,覆盖率达到93%。建立全民参保登记数据库,全民参保登记率达到100%。

全年市区创建"社保家园"达标单位88个,企退人员社会化管理服务12.37万人次,登记率达98%。

(钱建迅)

民　政

【概述】 2016年,全市民政事业费实际总支出16.26亿元,同比增长15%。民政事业基本建设完成投资总额0.22亿元,同比减少29%。截至2016年底,全市共有社会组织4706个,其中社会团体2061个、民办非企业单位2640个,分别占总数的43.79%和56.1%,基金会5个,共有各类工作人员51593人。在社会组织中,按照社团活动区域划分,地级社团386个,县级社团1675个;按照社团行业分类,工商业服务类500个,社会服务类311个,职业及从业组织类242个,文化类265个,农业及农村发展类233个,卫生、体育、科研、生态、教育、宗教、法律、涉外和其他类510个。按照民办非企业单位行业划分,教育类1930个,社会服务类130个,科技与研究类135个,卫生类118个,文化类127个,体育、农业、工商、生态和其他类200个。

【社会组织监管】 完成98%社会组织年检工作、80%社会组织新证换发工作以及64%的社会组织参评信用体系建设,并完成2016年度市本级社会组织承接政府转移职能和购买服务推荐性目录编制工作。推进党建服务平台下延并予以资金补助。全市建立县(区)级社会组织党群服务中心7个,街道、社区级社会组织服务中心25个,各级财政拨款近300万元,建设面积2800平方米。配合开展企业减负工作,规范行业协会商会收费行为。清理规范市本级158家行业协会商会的收费行为,惠及企业会员10694家,实际减少收费1072万元。实施(含上级下放事项)的行政许可等10大类73项行政审批事项及公共服务类事项纳入行政服务网。完成社会组织管理信息系统建设并进行试运行。

【双拥优抚安置】 出台《金华市双拥四年规划(2016—2019年)》。荣获全国双拥模范城三连冠。全年为10634名重点优抚对象发放抚恤金超1.3亿元,优抚对象医疗补助经费超1200万元;继续开展"关爱功臣,永葆光荣"主题活动,组织重点优抚对象参加体检,为残疾军人更换假肢,组织100人赴省荣军医院疗养,宁波精神病医院巡诊96人等。全市推广引导社会力量参与优抚服务。开展清明节祭扫、烈士公祭等活动。全年全市共接收2015年秋冬季退役士兵2165人,2016年度符合政府安排工作条件的退役士兵90人(市区30人)。建立健全退役士兵职业技能教育培训制度,教育培训政策知晓率达到100%、培训合格率达到100%。

【社会救助】 全市城乡在册低保对象5.3万户7.19万人,低保人数占比达到1.5%,发放低保救助金2.17亿元,城市月均补差413.7元,农村月均补差达到300元。开展低保标准调整工作,全市农村平均低保标准从509元/月提高到617元/月,增幅达18.5%,农村平均低保标准达到城市的94%,其中义乌市、东阳市、武义县、浦江县、磐安县实现城乡低保标准一体化。确定兰溪、义乌、浦江为省级支出型贫困救助试点,累计救助支出型贫困家庭45户,发放资金10.5万元。明确市区两家罕见病定点治疗机构,并对市区罕见病患者的合规医疗费用通过医疗保险和医疗救助全额解决。全年筹集医疗救助资金8983万元,发放医疗救助金7480万元,救助8.5万人次(其中市区1385万6万人次)。出台《市区临时救助办法》。全市按常住人口人均不低于3元的标准共筹集临时救助资金3705万元,发放临时救助金2935万元,救助3.16万人次。市救助站全年共接待各类求助人员3144人次,帮助66名流浪未成年人回到父母身边。全市为1.8万名困难残疾人发放生活补贴3541.7万元。加强对全市防灾减灾救灾工作的组织协调。全年共紧急转移安置受灾群众2.7万人次,启用避灾安置场所542余处,集中安置1754人;下拨救灾资金和物资折价共846万元,下拨冬春救助款310万元,救助困难群众4.2万人次。加强避灾安置场所建设,全市共改扩新建避灾安置场所226家,累计建成避灾安置场所2548家,其中县级11家,乡镇级160家,覆盖率103%;村级避灾点2377家,覆盖率达到50%。培育民间防灾减灾救灾力量,全市共有10支民间救援队伍,专业救援人员超700人。推进综合减灾示范社区创建工作,全市6个社区成功创建全国综合减灾示范社区,11个社区成功创建省级综合减灾示范社区。

【养老服务】 全市新增城乡居家养老照料中心185家(市区51家),累计建成3054家(市区722家)。探索推进养老机构公建民营改革,市区确定江南、江北2个社区试点开展居家养老日间照料社会化运营,江南老年公寓完成招投标工作。编制完成《市区养老设施布局专项规划》。加大养老机构基础设施建设,新增养老机构床位5142张。加强养老机构消防安全改造,全市补助资金1020万元,排摸的44家养老机构已基本完成整改。建立医养融合服务机构20家。开展进家庭、进社区护理人员培训9827名。加强老年人关爱服务体系建设,为5万多名老年人办理优待证,为12万多名老年人购买意外伤害保险。不断加强老年文化教育体育工作,8万多名老年人参加老年电大学习。开展基层老年协会规范化建设工作,全市95%以上创建完成。开展“敬老文明号”争创工作,成功创建全国“敬老文明号”2个、省级“敬老文明号”4个。

【社会福利】 全市共有孤儿419人,其中机构集中养育孤儿192人,社会散居孤儿227人。市区机构养育孤儿生活费标准达到1505元/人,散居孤儿标准为905元/人,全市发放孤儿基本生活费663.86万元。全年共办理收养登记151件,其中女性116人,占77%;社会福利机构抚养的孤儿148人,占98%,非社会福利机构抚养的弃婴3人,占2%。全市销售福利彩票19.1亿元,同比增长3.13%;筹集公益金5.36亿元。福利彩票公益金资助项目3584个,支出公益金2.5亿元。其中资助收养性单位项目2901个,支出15839.14万元;资助社区服务项目209个,支出1336.11万元;资助殡葬事业项目2个,支出203.1万元;其他专项资助项目472个,支出7633.39万元。截至2016年底,全市共有社会福利企业199家,职工19467人,其中残疾职工7769人,占职工总数的39.91%,全年完成销售收入142.7亿元。全市福利企业共安置残疾职工6510人,残疾职工月收入达2309元(同比增加11.85%)。福利企业为残疾职工缴纳五项保险,月人均金额785元(同比增加8.5%)。探索小微慈善方式,依托互联网+技术,打造集慈善微网站、慈善微信公众号和慈善超市“三位一体”的金华微慈善公益平台。自9月14日平台正式启动以来,吸纳会员3048人,开展捐赠项目17个,参与捐款4818人次,接受社会捐款近22万元。

【基层自治和社区建设】 全市建设完成33个精品

社区,给予资金补助400万。对78个已经撤村建居需完善的村和28个要求撤村建居的村进行全面摸底。推进行政村规模调整工作。兰溪市由原646个行政村调整为327个。加强和完善村民自治工作。在城乡社区开展村规民约(社区公约)、家规家训大讨论和最美村规民约(社区公约)、家规家训征集评选活动。组织开展村(居)委会换届选举相关准备工作,做到"五个清"(即各村基本情况清、现任村委会情况清、干部群众思想动态清、制约换届选举问题矛盾清、影响换届选举关键人物清)。

【人才培训】 加大教育培训力度,先后组织开展专题培训3次,培训人数超3000人。积极发动全市社会工作者参加社会工作职业水平考试,全市增长127人。组建成立社工协会,深化校地合作。安排60万元成功创建20个社会工作示范基地。继续开展社区公益创投活动,14家社会组织完成创投评估,组织开展专业督导15次,累计实地监测27次。启动新一轮公益创投工作,16个公益组织项目获得项目资助120万元。

【社会事务】 会同丽水市完成"金丽线"联检工作。完成县级兰溪义乌线、磐安东阳线、磐安永康线联检工作,协议书签订率达100%。做好水库移民工作,全市6103个入库项目按类别进行分类。全市产值100万元以上产业基地数量13个。2016年大中型水库移民后期扶持人口复核后人数为152071人。开展千年古镇(古村落)申报和《大地有名》纪录片的拍摄工作,金东区孝顺镇、浦江县嵩溪村成为全省首批千年古镇(村)。完善城区地名地址管理,优化地名地址库服务能力。开展婚姻登记机关标准化建设。全市共办理结婚登记34537对,离婚登记11702对,涉境外婚姻91对。出台节地生态安葬奖补政策,开展"整治环境、靓化金华"青山白化整治工作,通过搬迁、绿化覆盖等方式,全市共整治3.2万穴坟墓。全市殡葬基本服务免费惠民殡葬政策全覆盖,市区共火化遗体6390具左右,减免基本费用近350余万。截至2016年底,全市共有殡仪服务单位20个,职工309人,火化炉38台,墓穴位68162个,全年火化遗体32582具,本年销售墓穴位1861,安葬2184个。

(邵顺能)

信访工作

【概述】 2016年,全市信访总量48390件(批次),其中,来访7881批次37819人次,同比批次基本持平、人次下降11.4%(集体访1433批27855人次,同比分别下降5.9%和11.7%);来信12191件次,同比上升41%;网上信访28318件,同比上升28.92%,占信访总量的58.52%,成为群众反映诉求的主渠道。

【案件化解】 2016年,全市共梳理出仍在信访的各类积案1359件,化解率达96.6%,其中息诉罢访686件,占50.5%。4件国家级积案100%化解;141件省级信访积案化解135件,化解率为95.8%。在全市开展民工欠薪类信访问题专项整治工作,仅2016年春节前后,全市就接待企业欠薪上访问题551批8027人次,涉及金额2.05亿元。对未化解的相关信访积案进行专案经营,借助"第三方力量"(律师、人大代表、政协委员、社区等)与信访人进行持续有效的沟通,推动重点疑难信访积案的化解。

【信访规范】 坚持法治信访改革导向,实现信访"双向"规范。法定优先,进一步厘清信访与行政、司法的受理边界,联合法制办、编办,在全市开展法定途径分类处理群众信访投诉请求清单的梳理工作,明确可以通过行政途径解决的一律通过行政途径解决。市本级33家行政职能部门对各自职责范围内的各项行政权利进行集中梳理,逐项提出各类事项的救济权利,并在政府门户网站向社会公开,让群众依法通过各类途径解决诉求,做到有据可查、有法可依。规范办理。继续深化《初次信访事项十日办结和依法规范审核工作制度》,进一步健全"简单信访马上办、一般信访精准办、疑难信访合力办"工作机制。6月份发布《信访事项简易办法(试行)》(国信发〔2016〕8号),在全国层面得到推广。落实新修订的《浙江省信访条例》提出信访事项快速办理规定,依法处置违法上访,保持对非正常上访扰序行为的依法打击高压态势。同时,在全市组织开展《浙江省信访条例》宣传活动。

【信访改革】 贯彻省委、省政府"四张清单一张网"改革要求,依托浙江政务服务网,建设全省统一的政务咨询投诉举报平台，形成“平台分流、部门办理、社会评价、信访监督”的互动局面。2016年，市本级完成36条电话热线和32个领导信箱的整合工作，并进一步理顺8890便民服务中心和12345政务服务中心的管理体制，由原来归口市府办管理调整为归口市信访局管理。实行群众咨询投诉举报的统一接收、按责转办、限时办结、统一督办。

（张 帅）

人民生活

城镇居民生活

【可支配收入】 2016年，金华市城镇常住居民人均可支配收入46554元，与上年同期相比，绝对值增加3362元，增长7.8%。从全省情况看，金华市城镇常住居民人均可支配收入水平比全省平均水平47237元低683元，高于湖州(45793元)、衢州(36188元)、丽水(35968元)，与收入水平较高的杭州(52185元)、宁波(51560元)仍存在差距。从收入结构看，工资性收入、经营净收入、财产净收入、转移净收入占可支配收入的比重分别为55.7%、15.3%、16.0%、13.0%。与上年同期相比，工资性收入、财产净收入、转移净收入比重略有增加，经营净收入比重小幅下降。从分项收入增长情况看，四大项收入均延续增长态势。其中，工资性收入、财产净收入、转移净收入增幅较大，经营净收入增幅趋缓。

【工资性收入】 全市城镇常住居民人均工资性收入25934元，同比增长8.8%，拉动可支配收入增长4.9个百分点，对可支配收入增长的贡献率达62.3%，是带动可支配收入稳定增长的主要动力。“五大千亿产业”的重点培育发展创造大量工作岗位；城市基础设施建设、交通拥堵治理、城中村改造等“美丽金华建设”项目吸纳大批劳动力就业；公务员群体因纳入社保缴纳范围增资幅度也较大。

【经营净收入】 全市城镇常住居民人均经营净收入7111元，同比增长1.6%，增幅比上年同期降低4.8个百分点。受经济下行影响，小微企业与个体户经营效益下滑，订单减少，开工不足，一批“低、小、散”的生产企业与养殖户在“三改一拆”“五水共治”等治理行动中被关停或劝停，部分经营户改行务工，致使经营净收入增幅出现较大回落。

【财产净收入】 全市城镇居民人均财产净收入7445元，同比增长8.4%，拉动可支配收入增长1.3个百分点。房屋与商铺出租收入仍然是城镇居民财产净收入的主要来源，利息、红利、转让承包土地经营权租金净收入作为补充。

【转移净收入】 全市城镇常住居民转移净收入6065元，同比增长10.6%，拉动可支配收入增长1.3个百分点。转移净收入的增长动力主要来自离退休金的快速增长，城镇常住居民社保参与度的提高也有较大带动作用，最低生活保障标准的提高与扶贫帮困力度的加大进一步促进转移净收入的增长。

【生活消费支出】 2016年，金华市城镇常住居民人均生活消费支出30311元，与上年同期相比，绝对值增加2610元，增长9.4%，增幅上升1.2个百分点。

从消费支出构成情况看，食品烟酒、居住、交通通信支出位居前三位，比重分别为26.5%、25.0%、16.3%；教育文化娱乐、医疗保健、衣着、生活用品及服务占比居中；其他用品和服务支出占比较小。

从分项数据来看，八大项消费支出均保持增长态势，呈现“四快两稳两慢”特点。其中，医疗保健、交通通信、其他用品和服务、生活用品和服务支出增速较快，居住、教育文化娱乐支出增长平稳，食品烟酒、衣着支出增长较慢。

【保健支出】 全市城镇常住居民人均医疗保健支出2242元，同比增长30.2%，购买高端体检套餐，入住“月子会所”等大额医疗保健支出增长迅猛；人均交通通信支出4952元，同比增长19.7%，高铁车票，网约车费用支付频率提高，汽车保有量增长使车辆使用与维护费用持续增加；人均生活用品和服务支出1764元，同比增长13.4%，“钟点工”“家庭保姆”等家庭服务项目支出增长较快；人均其他用品和服务支出654元，同比增长17.2%，美容美发与购买黄金首饰支出较上年同期增加较多。

【居住支出】 全市城镇常住居民人均居住支出7587元，同比增长8.0%，居住支出的增长主要是由于租赁住房与房屋维修支出的增加；人均教育文化娱乐支出 2900 元，同比增长 5.4%，“假期辅导班”“课外培训”等教育支出保持增长态势，电影观看、旅游等文化娱乐支出也有所增长。

（虞 真）

农村居民生活

【可支配收入】 2016年，金华市城镇常住居民人均可支配收入 46554 元，同比增长 7.8%，农村居民收入增幅高出城镇居民0.1 个百分点。2016 年，金华市城乡收入比为 2.126，比 2015 年度的 2.128 缩小 0.002，连续六年缩小。

从农村常住居民人均可支配收入构成看，工资性收入、经营净收入、财产净收入、转移净收入占比分别为 58.2%、27.0%、3.8%、11.0%，同比增幅分别为 7.7%、6.5%、9.8%、11.6%。其中工资性收入和家庭经营净收入的增长水平对居民收入增长水平起到定位的作用。

【工资性收入】 金华市农村常住居民人均工资性收入 12738 元，同比增长 7.7%，占可支配收入的比重为 58.2%，对可支配收入增长的贡献率达到57.1%，拉动可支配收入增长 4.5 个百分点。工资性增长主要得益于：一是劳动力成本的继续上涨，农村非固定单位就业人员工资增长相对较快，普通小工工资涨幅在 7%~10%之间；二是政府继续采取有力措施促进就业，支持大众创业万众创新，加大培训力度，深入实施“百万农民素质提升工程”；三是“美丽乡村”“精品村建设”“五水共治”等项目的实施，为务工人员创造更多的就业机会，进一步带动工资性收入的增长。

【家庭经营净收入】 金华市农村常住居民人均经营净收入 5917 元，同比增长 6.5%，占可支配收入的比重为 27.0%，对可支配收入增长的贡献率为22.5%，拉动可支配收入增长 1.8 个百分点。2016 年经营净收入增速与上年相比上升 1.3 个百分点，提升幅度明显。金华市现代农业发展进程加快，主要农产品价格回升，蔬菜水果药材等价格同比涨幅较大，很大程度上抵消产量下降带来的影响。各县(市、区）深入挖掘绿色经济，做大做强乡村休闲旅游产业链，推动经营净收入增长。大力推动信息网络产业发展，积极建设农村特色电商产业基地、电商特色村和“淘宝特色馆”，进一步推动农民增收。

【财产净收入】 金华市农村常住居民人均财产净收入 828 元，同比增长 9.8%，占可支配收入的比重为 3.8%，对可支配收入增长的贡献率为 4.6%，拉动可支配收入增长 0.4 个百分点。农村电商产业的发展带动房租收入的稳步增长；民间借贷盛行，许多居民将自己手中的收入用于放贷，收取高于银行存款的利息；转让承包土地经营权租金净收入的增加也是财产性收入的增长的一个重要原因。

【转移净收入】 金华市农村常住居民人均转移净收入 2414 元，同比增长 11.6%，占可支配收入的比重为 11.0%，对可支配收入增长的贡献率为15.7%，拉动可支配收入增长 1.2 个百分点。四大收入中，转移净收入增速最快，且继续保持两位数快速增长。农村居民社会化保障程度的提高是转移净收入增长的主动力，如退休人员基本养老金上调、失地农民“农转保” 政策的继续实施等。低保补助标准的提高、惠农支农政策力度的加大促进农村居民转移性收入提高。

【消费支出】 2016 年，金华市农村常住居民人均生活消费支出 16269 元，同比增长11.2%，增速比上年提高 3 个百分点，八大类消费支出结构呈现“六升二降”态势，消费结构不断优化。

【居住、生活用品及服务支出】 随着经济生活水平的提高，农村居民的消费增长空间进一步拓展，对居住环境有了更高的要求，逐步向享受型和发展型转变，大批智能化家庭设备进入居民家庭。2016 年，金华市农村常住居民人均居住支出 4012 元，同比增长27.3%，人均生活用品及服务支出 1004 元，增长20.0%，增速比上年同期分别提高 18.7 个百分点和18.8 个百分点，增幅在八大类消费支出中分居一、二位。

【食品烟酒支出】 2016 年，金华市农村常住居民人均食品支出 5277 元，同比增长 14.6%，增速比上年同期提高 6.6 个百分点。食品烟酒支出占生活消费支出的比重为 32.4%，比上年同期提高0.9 个百分点，拉动消费支出增长 4.6 个百分点。

【交通通信、教育文化娱乐和医疗保健支出】 2016 年，金华市农村常住居民人均交通通信支出2061元，同比增长2.7%;教育文化娱乐支出1458元,同比增长1.1%;医疗保健支出1304元,同比增长1.9%,三者合计占生活消费支出的比重为29.7%。

(虞　真)

老龄事业

【概述】 截至2016年底,金华市60周岁以上人口达98.38万,占总人口的20.46%;65周岁及以上老年人口63.17万人,占总人口的13.13%;80周岁以上15.11万人,占总人口的3.14%;百岁以上老寿星156人。全市151个乡镇(街道)全部成立老年人协会,并依法登记,5088个行政村(社区)建立老年人协会分会。

【基层老龄工作】 科学规划"十三五"老龄工作。在开展多次调研的基础上,制定《金华市老龄事业发展"十三五"规划》,12月29日以市政府名义印发。加强基层老年协会规范化建设。对全市120多名基层老年协会骨干进行培训,全市151个乡镇(街道)成立老年人协会,并依法登记,5088个行政村(社区)建立老年人协会分会。同时采取以会代培的形式对市区60多名基层老龄工作干部和老年协会会长进行培训。加强老龄统计调查和宣传工作。编制2015年老年人口和老龄事业统计公报,向省老龄办报送7篇调研报告,上报老龄新闻宣传好作品13件。武义县老龄办专职副主任何旭红被评为"全国老龄系统先进工作者"。

【老年文化教育体育工作】 丰富老年精神文化生活。重加强老年电大实体办学工作和老年活动中心标准化、规范化建设,完成老年电大9所分校、576个教学点的2016春季和秋季的招生和教学考评工作,共招生8万多人。加大各类老年活动设施建设,以满足老年群众组织开展各种文体活动的需求。

【老年人关爱服务体系建设】 推进老年人意外伤害保险工作,截至2016年底,全市共有12.159万老年人享受政府购买意外险服务。完成第二届"敬老文明号"创建,按照创建标准要求,完成2个全国、4个省级"敬老文明号"单位推荐,26个市级"敬老文明号"单位创建命名工作。

【"敬老月"活动】 开展"敬老月"活动和老年文化艺术周活动。敬老月期间,市长暨军民,市委常委、组织部部长余杰,人大常委会副主任林一心分别带领四套领导班子,对市本级部分养老机构、居家养老服务照料中心、百岁老人和困难老人进行慰问,各级老龄办、各乡镇街道、村(社区)及大量的企事业单位和社团组织都参与老年人慰问活动,纷纷开展送文化、送科技、送温暖"三送"活动,社会各界全面开展为老服务活动。

(胡炳金)

城乡建设

城乡规划

【金义都市区规划】 开展《共建金华同心圆,优化都市区空间格局》等课题研究。《金华—义乌都市区规划纲要》与金华市"十三五"相关规划进行衔接后上报省政府审批。完成《金义都市区(浙中城市群)基础设施空间一体化规划》修改完善。以《金义都市区(浙中城市群)建设三年行动计划(2014—2016年)》明确的项目为载体,启动编制第二个《金华—义乌都市区建设三年行动计划(2017—2019)》。发布全国首份发展评价报告——《金华-义乌都市区2015年评价报告》。

【城市总体规划】 启动金华2049城市发展战略研究及相关专题研究。完成义乌市域总体规划的审查,并指导永康、浦江、武义、磐安等地开展总规修编工作。

【控制性详细规划】 编制完成城北综合园局部地块、石门农场坡地村镇首期地块、金义都市新区东石塘单元、金华开发区江南区块局部地块、多湖中央商务区控规修改、罗埠单元、洋埠单元、蟠龙单元、乾西单元、金东新区单元、湖海塘单元等控规。

【专项规划】 完成金华市城市近期建设规划、金华市中心城区管线综合(含地下综合管廊)布局专项规划、城市色彩、天际线、通风廊道研究、交通类专项规划等,并配合相关部门做好医疗卫生设施、养老设施、移动通信基站布局、加油站布局、海绵城市等专项规划编制工作。

【村镇规划】 全市9个县(市、区)均完成村庄布局规划,76个建制镇的总体规划编制均编制完成。全市新编(修编)村庄规划278个,新编(修编)乡镇规划10个,全市3559行政村完成95%以上的村庄规划编制,推进村庄规划设计工作,完成23个作为村庄规划设计培育试点村的规划设计,其中兰溪市水亭乡横塘村、东阳市巍山镇白坦村、武义县熟溪街道水碓后村为省级村庄规划设计试点培育村。

【金华历史文化名镇名村保护规划】 全市新增2个省级历史文化名镇(兰溪市游埠镇、东阳市虎鹿镇),8个省级历史文化名村(兰溪市诸葛村、芝堰村、长乐村,东阳市李宅村,永康市周山村,浦江县古塘村、潘周家村,磐安县梓誉村)。至此,2016年,全市已有国家级历史文化名镇2个、名村7个,省级历史文化名镇10个、名村26个。

【风景名胜区规划】 完成武义大红岩国家级风景名胜区总体规划面积审核,金华双龙工人疗养院方案审查。永康方岩风景名胜区总体规划。完成《东阳落鹤—社姆山风景名胜区总体规划》《东阳市三都—屏岩风景名胜区详细规划》规划审查。

【重点区块规划保障】 开展浙中总部经济二期、多湖天地、三江水街区块的概念方案设计。推进科技文化中心方案深化及开工建设。完成二七区块城市设计和控规编制。完成铁路金华站北站房周边区域整治规划及核心区城市设计,并完成火车站南广场景观设计方案。完成梅溪流域综合治理工程方案设计审查及梅溪流域综合治理工程设计与金安公路道路景观廊道设计、金安公路道路设计方案整合。完成湖海塘区块城市设计、公园景观设计和建筑方案设计工作,并通过PPP模式完成东北角公园的建设。完成金华山总体规划评审稿。

【规划服务】 制定双随机抽查机制加强事中事后监管意见、内控制度、控规分级审批、建筑方案评审办法等制度。深化“四张清单一张网”建设,自建系统与政务分厅实现对接。优化行政审批网上办理流程,创新电子签名、电子证照等应用机制,建立并推广规划行政审批“淘宝式”全流程网上办理模式。主动清理规划技术指标预审等中介服务事项,优化规划许可流程,切实为企业减负。采用提前介入、现场走访等新做法,加强部门间沟通协调,提升规划日常服务水平。针对疑难项目,强化日常规划管理工作,推进规划管理民主化、科学化,提高建设项目规划许可质量,优化项目决策,规范审批,提高审批透明度。

【测绘与地理信息】 完成城区泊车位调查、古树名木调查、历史文化保护调查、大型商业街区、福利院、110千伏以上电力廊道控制带、水域调查、生态湿地调查、农业两区调查、水稻蔬菜种植区、重点乡镇建成区11项市情普查。整合市区地下管线普查7429千米地下管线(管道)探测与三维建模数据,地下管线信息系统和管线管控平台投入使用,实现市区地下管线二三维无缝一体化管理。推广“数字金华”应用。市、县天地图推广应用数已达100多项,涉及公安、民政、防汛等多个部门。通过政务地理信息资源采集共享工作,全市已填报数据1.2万条,建立省、市、县三级联动的政务地理信息资源采集、更新、发布和共享机制,实现政务地理信息资源跨部门共享利用

(刘 俊)

城镇建设

【概述】 2016年,重点城建项目完成投资14亿元。三江六岸亮化工程、金华南货场等一批重点项目相继建成,万佛塔公园项目进入内外装饰和室外景观施工阶段。市第二水厂建成通水,市区日最大供水量从30万立方米提升至55万立方米。秋滨污水处理厂三期完成主体工程,垃圾填埋场渗滤液工程主体验收。青春路、胜利街等9条道路雨污分流改造基本完成,市区9条截污干管建成投入使用。全市完成综合管廊建设6.82千米,在建6.43千米。

【城中村改造】 全市共完成城中村改造2294万平方米,完成年度目标的574%。完成横塘沿安置房一期、二期建设,2018套交付使用,横塘沿项目周边三条配套道路建设完成。出台《金华市区城中村改造货币化安置试行办法》。完成旧住宅区改造2166万平方米,完成年度目标的722%。完成22个社区改善工作和19条背街小巷改造任务。

【道路改建绿化】 新建改造城市道路29.7千米,打通断头路23条、优化改造道路16条,多湖区块道路路网结构已形成、贯通南北的东市街正式通车。全

市完成绿道建设267千米，完成年度目标的243%。金华市迎宾大道、北山路、永康市五金大道3条入城口大道入选“浙江最美绿化通道之入城大道”，其中金华市区的迎宾大道和永康市的五金大道被列为“浙江最美绿化通道之十大入城口大道”。

【五水共治】 2016年，全市建设雨水管网304千米，完成年度目标的506%；提标改造管网252千米，完成年度目标的504%；雨污分流改造管网286千米，完成年度目标的362%；清淤排水管网3633千米，完成年度目标的330%；增加应急设备0.745万立方米/小时，完成年度目标的186%；全市建设屋顶集雨收集系统876处，完成年度目标的292%；新建供水管网207千米，完成年度目标的414%；改造供水管网170千米，完成年度目标的283%；改造节水器具3万，完成年度目标的601%；改造“一户一表”1.5万户，完成年度目标的500%；完成城镇污水管网建设601.08千米（DN300以上），完成年度目标的214.7%。

【国家森林城市创建】 自2012年以来，新建改造大型城市公园47个，人均公园绿地面积达到13.03平方米，绿地率达到37.7%，绿化覆盖面积达3217.57公顷，覆盖率40.1%，市民出门平均500米以内有公园休闲绿地。2016年，金华市成功创建“国家森林城市”，比预计划提前1年。

【精品城市创建】 全年共修补沥青路面3.9万平方米，修补人行道9000平方米，疏通下水道95.165千米，出动排涝抢险12次，抽排水8.6万余方，调换窨井盖121副，交通标志标线划线3942.6平方米，更换防撞桶106只、交通护栏1875米；市区桥梁养护工作，全年累计巡检1666人次，发现巡检问题842条，处理突发事件23次。养护婺州公园等15个公园总面积为124.26万平方米，街头绿地、道路绿化面积55.46万平方米、江北沿街花坛3.45万平方米、林地6万平方米，公园内公厕30座。

（唐有新）

村镇建设

【概述】 市建设局村镇建设管理处于2016年承担美丽宜居示范村建设、中国传统村落保护发展、农村危房改造、市区农房改造、农房设计等职能。

【美丽宜居示范村】 2016年新增省级美丽宜居示范村22个，国家级美丽宜居示范村1个，全市省级美丽宜居示范村增加至119个，国家级示范村3个。完成2016年年中和年终督查，21个省级美丽宜居示范村通过验收，全市通过省级验收的美丽宜居示范村增至61个。7月份，联合市文明办、市社科联、市司法局、广电总台等在金东区源东乡东叶村启动“希望的田野——美丽宜居示范村百村行”活动，10月30日在开发区汤溪镇寺平村举办第二期活动。

【传统村落保护】 启动《金华市传统村落保护条例》立法调研；制定《金华市传统村落名录申报认定办法》《金华市传统村落评价标准》等，启动第一批市区传统村落名录的申报，进行专家评审、部门会审和公示，共有15个村落列为第一批市级传统村落、16个村落列为市级传统村落预备名录；推动传统村落管理信息系统的建设，录入24个中国传统村落资料，于11月召开金华市传统村落网络平台评审培训会议并投入运行；完成“传统村落保护”全国征文大赛获奖作品的发布，并组织编印工作；完成“传统村落白蚁综合治理导则”和《金华市传统村落保护与利用规划》的编制工作等。2016年，全市共有29个村落列入第四批中国传统村落名录，总量达到53个。

【危房改造】 截至2016年12月底，全市共录入农村危房信息4.3万多户，标记困难家庭危房户数2500多户（动态调整），并在“全国农村住房信息系统”中建立“一户一档”。

同时为切实做好4600元以下贫困现象消除后巩固提升工作，组织各地对农办提供的贫困家庭户（总数837户）进行核对，拟定改造对象，并全部列入改造计划和建立“一户一档”。截至2016年12月底，全市农村困难家庭危房改造开工1357户，开工率90.47%，竣工1148户，竣工率114.8%。完成第四批48个市区农房改造建设项目的现场验收、资料审查和全面复核，并公布各区通过现场核查的43个项目名单。市财政也已向符合规定的项目拨付补助资金。为确保农房改造成效，将现场核查由抽查调整为普查方式，对照各区上报的数据和项目平面图逐一对拆除房屋进行现场取证。

【农房设计】 结合传统村落保护、美丽宜居示范村创建等工作，加快推进"11+2"（市本级2个项目，县级11个项目）农房设计落地试点，目前均已启动实施。联系浙江大学等专家对市区"美丽宜居示范村"规划设计进行现场指导等。组织编印"婺州民居"美丽宜居优秀农房设计方案推荐图集，免费下发给各县（市、区），供广大农户选用。组织对2017年省级村庄规划设计和农房设计落地试点项目进行筛选，共申报8个项目。

（汤贤孙）

建筑业

【概述】 2016年，全市建筑业总产值实现3263.44亿元，同比增长3.2%。其中市本级建筑业总产值实现329.38亿元，同比减少8.1%。省外建筑业总产值实现2014.02亿元，同比增长2.9%，其中市本级省外建筑业总产值实现96.41亿元，同比减少12%。建筑业地方税收31.2905亿元，同比减少16.55%，占全市地方税收总收入的12.94%。其中市区建筑业地方税收9.4581亿元，同比增长1.1%，占市区地方税收总收入的16.22%。

全市建筑业在省外总产值实现2014.02亿元。产值百亿以上的区域市场共有陕西、广东、安徽、江苏、山东5个，产值50亿—100亿元的区域市场有河北、河南、天津、青海、江西、湖北、山西、辽宁、北京、宁夏、云南11个，产值20亿元以上的区域市场达到25个。建筑市场已遍及除港澳台以外的全国所有省份。

截至2016年底，全市共有建筑施工企业1090家，其中特级6家、一级167家、二级253家、三级420家、劳务企业84家。全市共有园林绿化企业120家，监理企业29家，招标代理企业32家，工程质量检测机构15家，商品混凝土预拌企业36家。

（周顺利）

城市管理

【概述】 2016年，金华市城市管理工作以全面备战全国卫生城市复审、开展综合行政执法体制改革、推进队伍规范化建设为主线，理顺城市管理和综合行政执法体制机制，探索城市管理新思路，开展户外广告整治、马路市场夜市整治、餐饮油烟整治、"三改一拆"行动，推进严格执法、规范执法、文明执法，全面提升城市综合管理水平。

【全国卫生城市复审】 从3月份开始，按照国家卫生城市标准，开展迎检基础大排查，市区各分局联动开展各项市容秩序整治。从5月到11月，每周2次小规模整治，每周一、周四晚，统一开展全市性大规模集中整治，并根据整治的难易程度和轻重缓急，列出整治清单。共交办的52个夜市（大排档）问题，均已取缔到位或基本取缔到位，15个夜市规范点已由各区正式明确，并已初步实现规范管理；交办的28个马路市场中，曙光路、畅达街、车头等24个马路市场已经取缔到位或基本取缔到位。

【综合行政执法体制改革】 初步建立执法办案平台。现市区5个分局（大队）已完成第一期光纤铺设24条、人员库录入161条、权力事项库录入71项、裁量库配置裁量71条，配置文书40份、处罚系统录入案件118个。网上办案系统已初步进入试运行状态。

【城市管理】 推进餐厨废弃物处置项目，6月27日，全市餐厨废弃物资源化利用和无害化处置项目正式转为商业运营，市区餐厨垃圾实行统一收集、运输和处置，市区所有餐饮经营单位和机关单位、学校、医院及大中型企业等食堂全部纳入统一管理范围。全年累计处理餐厨垃圾32834.61吨，最高日收运量已达118.6吨/日。2016年，市区公共自行车租车卡办理量累计16.09万张，使用量突破2541.02万次。租车卡的日平均使用量从2015年的2.7万次增至2016年的2.8万次，单日最高使用量达5万次。实施市区停车新政工作，拟定《金华市区机动车停车场建设和管理办法》，明确市区停车场设置条件和要求。

【户外广告整治】 开展户外广告专项整治，规范户外广告设置管理，落实户外广告资源有偿使用制度，提升户外广告设置水平。市区累计排查、交办"平安浙江"宣传栏170处，招牌破损广告713处，拆除违法户外广告8249余处，督促规范补办审批手续90余处。制订户外广告经营行为专项整治工作任务清单，明确整治任务和责任单位。

【马路市场整治】 对市区核心区夜市、无证摊点进行集中整治。全市累计集中整治397次，累计出动20500余人次,《责令限期改正通知书》1150份,拆除占道搭建帐篷、遮阳篷1100余处,暂扣三轮车、电瓶车、电子秤等2000辆(台),一般程序立案处罚184件,简易处罚553起。

【餐饮油烟整治】 组织餐饮业单位整治回头看,监督餐饮业油烟净化装置的运行情况,督促餐饮业单位定期清洗油烟净化装置并建立台账,对市区餐饮业单位排查已基本完毕,共发放限改通知书329份。G20期间,协助相关部门开展联合整治,共组织占道整治38次,取缔流动摊贩800多处,取缔夜市烧烤摊190多处，教育劝导店家900多家，拆除遮阳棚126处。同时要求无证无照或超范围经营,且未安装油烟治理装置的餐饮业单位一律停业,全市露天烧烤全部停业。

【"三改一拆"】 2016年，全市累计拆除违法建筑面积1877.347万平方米,占全年目标任务的234.67%;累计完成"三改"建筑面积4948.88万平方米,占全年目标任务的549.88%。其中,旧住宅区改造建筑面积2091.95万平方米，城中村改造建筑面积2231.95万平方米，旧厂区改造建筑面积624.974万平方米,分别占全年目标任务的697.32%,557.99%,312.49%。累计拆后土地利用面积1499.03万平方米，利用率为88.93%。

【"无违建"创建】 2016年,通过开展排查摸底,全市共梳理出存量违法建筑1300余万平方米,现已全部录入省数据库。对照"无违建"创建标准,组织开展"无违建"创建工作台账培训,实现市、县、乡、村四级创建基础材料的规范、统一,并全面开展模拟测评,梳理问题清单,做好查漏补缺。二环路内的158个社区,创成一批示范样板。金东区还同步构建"无违建创建合格村(社区)""无违建创建示范村(社区)"两级创建体系,逐村过关、逐级创建。

(董丽莎)

医疗卫生和人口计生

【概述】 截至2016年底，全市共有医院124家,其中三级以上医院12家,三甲综合医院1家(金华市中心医院),三乙综合医院4家(金华市人民医院、东阳市人民医院、义乌市中心医院、永康市第一人民医院);三甲中医院1家(金华市中医医院),三乙中医院2家(东阳市中医院、义乌市中医院);三甲专科医院1家(金华市第二医院),三乙专科医院3家(金华广福医院、永康市妇保院、义乌市妇保院)。社区卫生服务中心(乡镇卫生院)155家、门诊部75家、个体诊所、医务室等1293家、村卫生室1649家、社区卫生服务站645家。妇保院10家,采供血机构2家,卫生监督和疾病预防控制机构各10家。全市有卫生专业技术人员37913人,其中执业医师、助理医师14756人,护士14330人,药师2469人,技师1971人。每千人卫技人员7.93人，每千人医师数3.08人、每千人护士数2.99人。医疗床位数26496张,每千人床位数5.54张。全年总诊疗5296.89万人次,出院人数85.22万,业务总收入154.95亿元。全市医疗机构门诊均次费用128.6元，住院均次费用8056.8元。全市现有民营医院(不含个体诊所、医务室)76家，民营医疗机构核定床位6804张,占25.68%;卫生技术人员总数9129人,占24.08%。

市区(婺城区、金东区、市经济技术开发区)共有医疗卫生机构938家,其中医院29家,妇保院3家、社区卫生服务中心(乡镇街道卫生院)41家、采供血机构1家，卫生监督和疾病预防控制机构各3家,门诊部37家。另有个体诊所、医务室等317家、村卫生室351家、社区卫生服务站140家。卫生专业技术人员10077人,每千人卫技人员10.49人;每千人卫技人员中,每千人医师数3.81人、每千人护士数4.37人。医疗床位数7890张,每千人床位数8.21张(全市平均4.83,排名第1位)。总诊疗人次1074.5万人次,出院人数2.45万,业务总收入46.4亿元。市区现有民营医院(不含个体诊所、医务室)15家,民营医疗机构核定床位1768张,占22.41%;卫生技术人员总数2634人,占26.14%。

【医药卫生体制改革】 2016年，金华市被列入第四批公立医院改革国家联系试点城市。重点开展药品耗材阳光采购、医疗服务价格调整、医保支付方式改革、人事薪酬制度改革和强化公立医院综合监管等"新五环联动"的公立医院综合改革试点工作。先后制定出台《金华市深化医药卫生体制改革实施方案（2016—2020年）》《金华市深化医药卫生体制改革2016年重点工作任务》《金华市公立医院药品集中采购实施方案》。

【分级诊疗】 2016年，全市范围内所有县(市、区)全部出台分级诊疗政策。10月，《金华市区区域医疗联合体系建设工作方案》出台，分别组建市中心医院、市中医医院、市人民医院、市第五医院、市妇保院、金华广福医院、文荣医院为核心的7个医联体，形成市区纵向医疗联合体系。基层医疗卫生机构门(急)诊人次占门(急)诊总人次的比例达到65%左右。全市8家县级医院与上级医院实行紧密型合作办医，所有市级三级医院均与1所以上县级医院建立合作办医关系；县级医院积极推进县域内资源下沉，实现全市范围内优质医疗资源下沉乡镇全覆盖。

【医保支付方式改革】 从2016年7月1日起，在7家医院试点实施总额预算下按病组付费结合点数法医保付费改革。有效控制医疗费用不合理增长。住院人次增长13.65%，但均次住院费用仅从9416元增长到9487元，群众看病自付水平下降。

【人口与计划生育改革】 2016年，全面实施“两孩”政策，取消二孩生育审批。全面推行生育登记制度，推进网上办事、开展代办服务。在金东区启动“浙江省深化生育服务证制度改革试点”工作，实行一孩生育备案登记制度，下放二孩再生育审批权限，免费发放一孩《生殖健康服务证》。全市共出生60482人，计生率为97.17%，出生人口性别比为108.18，孕前优生检查率84.09%。帮扶关爱计生特殊家庭，建立完善失独家庭档案，为每一户失独家庭确定一名乡镇(街道)干部和一名村(居)委会干部作为帮扶联系人；将60岁以上失独老人列入8890生活服务平台虚拟养老院服务对象，使入网失独老人享受到无偿、低偿的紧急救助、生活照料、就医陪护等服务；为全市49周岁以上的失独人员发放《绿色就医通道服务卡》等。全面落实基本公共服务均等化工作，对流动人口已婚育龄妇做到“人来登记、人在服务、人走注销”，全市流入已婚育龄妇女登记管理率、流出已婚育龄妇女信息掌握率均达到85%以上，跨省流入已婚育龄妇女计划生育基本公共服务覆盖率达90%以上。全年共免费为流动育龄妇女开展生殖健康检查5万余人次，免费提供预防出生缺陷药品7100余份，建立流动人口孕产妇保健手册16521份，查询流入已婚育龄妇女婚育信息55000多条。

【医疗服务能力建设】 市中心医院急诊病房大楼、后勤楼和规培基地改建工程已完工投入使用；市妇保院异地迁建工程、市中心血站迁建工程等基建工程按计划稳步推进。全市共申报省级龙头学科11个，特色学科3个，申报省民营医院特色学科建设项目4个。成功申请继续医学教育项目国家级35项、省级16项。5月，市中心医院被国家卫计委脑卒中防治工程委员会授予国家“高级卒中中心”，是浙江省唯一入围高级卒中中心的地区级医院。推进中医药工作，以金华市中医医院为第一级，各县(市、区)中医院为第二级，各乡镇卫生院及卫生服务中心为第三级的三级中医“治未病”服务网络初步形成。中医适宜技术培训推广工作实现100%的社区卫生服务中心、90%的乡镇卫生院、70%以上的社区卫生服务站和村卫生室能够提供中医药服务。推进“智慧医疗”，市本级卫生专网实验网完成(含中医医院、中心医院、三江、赤松)，市本级基层医疗单位系统集中改造顺利推进；在县域内加大医疗共享中心的建设，各县(市)已建成至少2个以上医疗资源共享中心，继续完善卫生管理、医疗服务、公共卫生、综合监管等集于一体的卫生信息平台，实现市域内医疗卫生信息互联互通。启动全市实施基层卫生强基创优补短板工程，完成国家级“群众满意的乡镇卫生院”评审和等级乡镇卫生院“回头看”工作。5月份，组织专家对2015—2016年度群众满意的乡镇卫生院进行市级评审，共有16家卫生院参评，13家通过国家级“群众满意的乡镇卫生院”评审。同时，开展等级乡镇卫生院“回头看”18家。抓好基层特色科室建设，创建“一院一品”，中医馆、小儿脑瘫康复、中风后遗症康复、高血压康复、糖尿病康复等在内的临床专科达78个，占基层卫生单位的50%。

【责任医生签约服务】 出台《金华市责任医生签约服务规范和考核办法》。全市责任医生签约服务费标准为每人每年120元，其中义乌市财政还另按10元/人/年标准划拨专项补助经费，签约服务费标准处于全省较高水平。签约服务费由医保基金、基本公共卫生经费和服务对象个人三方分别承担,其中,医保基金由社保部门根据“规范签约率”年度目标进行安排,2016年新增基本公共卫生服务经费(5元/每户籍人口)全部用于签约服务,如果新增经费未达到每签约对象40元的,不足部分由财政补足。低保对象、五保对象、残疾儿童、精神病人、“三瘫一截”人群、独生子女死亡的父母等签约对象的个人承担部分由财政全额补助。全市规范签约人数98.1万人,签约率20.5%。

【疾病防控】 2016年,全市共报告甲类传染病霍乱1例;报告乙类传染病19种11126例,报告发病率204.74/10万,同比上升10.50%(204.74/84.57),发病数居前五位的分别是:肺结核、病毒性肝炎、淋病、梅毒和艾滋病;报告丙类传染病7种24914例,报告发病率458.47/10万,同比上升159.33%(458.47/176.79),发病数居前五位的是手足口病、感染性腹泻、流行性感冒、流行性腮腺炎和急性出血结膜炎。

【传染病防治】 全市共发现活动性肺结核病人2893例,其中涂阳肺结核病人1245例(新发涂阳肺结核病人1131例),肺结核报告发病率为66.70/10万,DOTS覆盖率100%,新涂阳病人治愈率为93.39%,报告肺结核和疑似肺结核患者总体到位率为97.13%,肺结核患者全疗程系统管理率为99.47%,跨区域流动肺结核患者到位信息反馈率为97.62%。发现耐多药肺结核可疑病人193例,筛查161例,筛查率为83.42%。对32起学校结核病散发疫情进行及时规范的调查处置。全市新报告艾滋病病毒感染者及病人538例(较上年同期增长19.5%)。全市累计报告艾滋病病毒感染者及病人3226例,死亡324例。对艾滋病感染者给予免费抗病毒治疗,2016年新加入治疗432例,全市累计2034例纳入免费抗病毒治疗。开展全人群HIV抗体检测,对110.8万人次在全市各级医疗卫生机构的术前、产前、输血前等进行HIV抗体检测工作,较上年同期增长11.47%。全市52个免费咨询检测点累计咨询10777人次,检测10749人次,发现HIV抗体初筛阳性136人。落实高危行为干预。各级疾控中心和乡镇卫生院加大对重点人群艾滋病高危行为干预力度,共开展干预142.3万人次,检测4.38万人次,发现HIV抗体阳性者113例。

【血吸虫病防治】 制定并印发《金华市综合治理血吸虫病“十三五”规划》(金公卫办〔2016〕4号)。全市除磐安县外的8个历史血吸虫病流行县(市、区)72个乡镇、577个行政村开展春秋季查螺工作,查螺面积1003.02万平方米,其中5个县(市、区)的30个乡镇、114个行政村查出钉螺,查出有螺环境420个,查出钉螺面积16.70万平方米,无新发现钉螺面积。捕获钉螺36211只,解剖钉螺36211只,未发现阳性钉螺。累计药物灭螺面积为314.36万,实际药物灭螺面积28.97万平方米,消灭钉螺面积8.12万平方米。

【疫苗管理接种】 2016年,全市免疫规划基础五苗接种率98.55%。3月,“上亿元疫苗未冷藏流入18省份”事件发生后,全市开展非法经营疫苗案件涉案产品处置和案件查办工作,排查160家预防接种门诊均无“问题疫苗”,并下发《关于进一步加强疫苗使用管理工作的通知》,规范疫苗使用管理。同时,确定市中心医院和市人民医院为市级预防接种异常反应病例的医疗救治和康复定点医院,各县(市、区)也分别确定1家以上医院为当地预防接种异常反应病例的医疗救治和康复定点医院。根据国家5月1日起实施新的脊髓灰质炎疫苗免疫的要求,完成市、县两级疾控中心和160家预防接种单位原疫苗的回收、封存、销毁和新疫苗的领发工作。2016年,全市手足口病发病比上年同期大幅上升,自9月份开始,组织开展EV71疫苗的接种工作。全市累计下发EV71疫苗8000支,各县(市、区)的接种工作均顺利开展。

【慢性非传染性疾病防治】 全市共报告户籍死亡卡25044张,估算年死亡率6.31‰;糖尿病报卡14769张,报告发病率371.92/10万,恶性肿瘤报卡15071张,报告发病率379.52/10万,冠心病急性事件报卡1974张,报告发病率47.71/10万,脑卒中报卡16538张,报告发病率416.46/10万。全市高血压患者发现率10.02%、规范管理率70.47%、控制率62.17%;糖尿病患者发现率2.52%、规范管理率68.66%、控制率60.07%。推进慢病综合防控示范区创建,在已有3个慢病综合防控示范区(东阳市为国家级,义乌市、和永康市为省级)的基础上,动员更多县(市、区)开展创建工作,10月27日—28日,婺城区和兰溪市顺利通过省卫计委组织的省慢病综合防治示范区考核验收。规范开展适龄儿童口腔窝沟封闭项目。全市共有48家定点医疗机构负责具体实施，由金华市口腔卫生指导中心(金华口腔医院)负责整个口腔窝沟封闭项目的组织协调工作。对12115名学生开展口腔检查，应封闭学生10635人，实际封闭学生10565人，应封闭牙数35787颗，实际封闭牙数35415颗，封闭率99.3%，完好率98.9%，以县(市、区)为单位覆盖率100%。

【精神疾病管理】 全市录入浙江省严重精神障碍信息管理系统六大类精神障碍患者数22300人，登记在册的确诊六大类患者数(录入系统的六大类患者数–死亡人数)为20918人，严重精神障碍患者检出率为3.85‰，管理率96.31%，规范管理率达81.67%，稳定率94.80%，服药率58.68%。全市共有精神卫生专科医疗机构10家(含民营医疗机构、不含综合医院精神科等)。凡是符合条件的贫困严重精神障碍患者全部纳入医疗救助范围，有肇事肇祸行为的患者及时得到应急处置或住院治疗，全市严重精神障碍管理治疗项目(686项目)覆盖率达到100%。

【环境与职业卫生监测】 全年共对31家企业进行现场职业危害因素调查、检测与评价，采集并检测作业场所空气样本453份，检测物理性危害因素109项次；完成5家医疗机构的放射卫生检测及职业病危害评价；完成市本级医疗放射工作人员的个人累计吸收剂量监测1932人次；全年共采集水样1128份，其中城市生活饮用水190份，农村生活饮用水814份，生产用水124份；继续开展空气污染对人群健康影响监测工作，采集PM2.5样本数160份。

【地方病防治】 全市共检测居民户食用盐12206份，开展8~10周岁学生甲状腺检查24209人，采集尿样5597份；对全市原地氟病村的8–12周岁常住儿童进行氟斑牙患病率调查，累计调查7298人次，开展氟骨症病情及尿氟含量监测，全市124个饮水型地方性氟中毒病区，已改水村为120个，改水率为96.77%。

【卫生应急】 全市共报告突发公共卫生事件7起(水痘疫情2起，诺如病毒急性胃肠炎、输入性寨卡病毒病、霍乱、手足口病、腺病毒咽结膜热疫情各1起，累计发病151例，死亡0例)，均及时规范有效处置，全市无重大突发公共卫生事件发生。做好人感染H7N9禽流感防控工作。全市共采集外环境样品494份，经检测H7N9禽流感病毒阳性59份，阳性率为11.94%；H5亚型流感病毒阳性47份，阳性率为9.51%。做好寨卡病毒病疫情防控工作。2016年，全市发生输入病例3例。全市立即启动应急预案落实各项防控措施，由省、市疾控中心相关专家组成专家组赶赴义乌指导防控工作，协同义乌市落实相关人员的居家医学观察和健康监测。加强对重点单位(如浙师大等)相关留学人员疫情的监测和指导，加强对各医疗机构传染病防控相关措施落实情况的监督检查。

【食品安全监测】 全市完成特定病原体食源性疾病监测3625件，采集病例样本3537份，完成任务数的122.81%；报告14起食源性疾病暴发事件和102例食源性中毒性病例。制定《关于印发2016年金华市卫计系统食品污染物及食品中有害因素监测方案和2016年金华市食源性疾病监测方案的通知》，确保如期完成每千人口1件监测任务。

【食品污染物监测】 全市共采集560份样品进行食品微生物及其致病因子监测，3份地方食品–清明果中检出金黄色葡萄球菌，36份水产品–淡水产品检出副溶血性弧菌。采集1345份样品进行化学污染物及有害因素监测，1份蔬菜样品克百威和3–羟基克百威超标，8份即食海蜇含铝添加剂超标，17份油条含铝添加剂超标，10份预制水产品镉超标，1份预制水产品镉、总铬均超标，6份熟制水产品镉超标，5份海洋甲壳类镉超标，1份代用茶中检出铅超标，1份鸡肉中抗生素(沙拉沙星)超标，4份生(干、湿面制品)脱氧雪腐镰刀菌烯醇(DON)超标，2份餐饮食品–自制饮料甜蜜素超标。

【食源性疾病监测】 全市9家哨点医院共检出致病菌115株，检出率为3.25%；诺如病毒检出率为5.45%(41/752)。共报告食源性中毒性病例102例，其中蘑菇中毒有23例、百草枯中毒8例、亚硝酸中毒和石斑鱼中毒各6例、草乌中毒3例、红豆杉酒和三分三酒中毒各1例。全市共报告食源性暴发事件14起，食源性疾病监测覆盖全市所有二级以上医疗机构。

【妇幼保健】 2016年，全市户籍孕产妇死率12.65/10

万，婴儿死亡率2.70‰,5岁以下儿童死亡率3.63‰，婚前医学检查率97.41%，孕前优生检查率85.58%，孕产妇系统管理率98.27%，产前筛率91.42%，户籍剖宫产率40.34%，出生缺陷发生率16.03‰,新生儿疾病筛查率99.09%,新生儿听力筛查率99.03%,3岁以下儿童系统管理率97.82%,7岁以下儿童保健覆盖率98.06%。2016年,市“全面两孩”政策实施的第一年,为满足“全面两孩”需求,充分利用医疗机构现有资源,增加产、儿科床位和医疗设备,新增产科床位338张、儿科床位198张,投入1300多万元增添产儿科设备，增设再生育门诊27个。全市产科床位2052张,按每千分娩量产科床位17张要求,可满足“全面两孩”需求。市妇保院与市中心医院组成医疗联合体,实现优质医疗资源共享;市妇保院设立普儿科住院病区;市妇保院新建项目开工,占地80亩、建筑面积11万平方米、总投资6.76亿元,规划床位数600张。启动妇幼健康服务机构标准化建设，在义乌市试点后向全市推广，有5家妇保院完成标准化建设。

【母婴安全防护】 建立孕产妇安全管理信息采集、风险评估、能力建设、救治协作、宣传教育和考核督导“六大机制”,强化妇女孕前、孕期和产后全过程管理和高风险人群管理。加强高危筛查,开展妊娠风险预警评估，根据不同风险等级标注预警标识，实行分类管理、专案管理和“人盯人”管理。加强产儿科急救培训演练。义乌市开展孕产妇管理、急救知识考试竞赛和危重症抢救演练、新生儿窒息复苏操作技术比武，考核不合格人员予以待岗处理,制定推广《产科危重病人抢救标准作业书》;东阳、兰溪、磐安、浦江等地组织产科急救演练比武并进行现场点评指导。建立救治协作机制。助产机构均设立产科安全管理办公室和院内危重孕产妇急救小组,设立妇幼工作联络(协调)员;市、县两级均建立区域危重孕产妇和新生儿救治中心和急救指挥协调小组,从组织上加强转运、救治、用血等重点环节的保障,确保急救及时顺畅。

【出生缺陷防控】 加大婚检宣传力度，婚检率达97.41%;加强婚检培训,每年举办婚检技术培训班,提高婚检质量。强化叶酸增补,叶酸发放完成国家任务的214.20%,叶酸服用依从率91%。抓好孕前优生检查，引导群众先检后孕，孕前优生检查率85.58%。强化产前筛查宣传,产前筛查率90.27%。新生儿疾病筛查率99.77%、听力筛查率98.61%。

【医政管理】 全年市本级完成各类审批事项591项,完成医护注册2112人,完成职业病诊断机构医师资质认定35人。共受理各类食品安全企业标准451件,完成442件。推进全市卫生计生监督执法有机融合,联合下发《关于进一步加强卫生计生综合监督行政执法工作的意见》。落实“网格化”管理,实现卫生监督工作“重心下移、关口前移”,全年协查各类单位4300余家次。

【重点领域监管执法】 开展集中式供水、二次供水单位监管和水质监测,开展农村设计日供水百吨以上千吨以下集中式供水单位基本情况调查,继续推广社区生活饮用水卫生检测项目和水质在线监测网建设,做好涉水产品企业监管和涉水产品监督抽检等工作。开展校园卫生安全健康行动,完成全市558所学校的传染病防控、突发公共卫生事件应急、饮用水卫生、教学环境与生活设施的卫生监督检查与指导工作。学校卫生监督抽检122所,占21.8%,超过省局下达的大于20%的要求。综合评价80所学校。严打非法行医,加强医疗机构依法执业监督管理,检查各级各类医疗机构2347家。严厉打击非法制售和使用注射用透明质酸钠行为,立案查处非法从事医疗美容活动。加强采供血机构管理,对市中心血站和兰溪分站依法执业情况开展检查。加强传染病防控监督,开展专项治理和监督抽检工作。全面落实餐饮具消毒企业和医疗废物在线监控。对14家餐饮具集中消毒企业进行检查，抽检合格率96.25%。开展消毒产品监督抽检,从全市30家消毒产品生产企业和部分经营单位抽检产品50份,对不合格的3家生产企业进行立案查处。加强职业卫生和放射卫生监管工作。加强辖区内11家职业健康体检机构、3家诊断机构和1家鉴定机构的监督管理。加强医疗机构放射卫生监管,组织人员培训,开展双随机监督检查。开展《人口计划生育法》落实情况专项检查和出生人口性别比治理专项督查。

【无偿献血】 2016年,全市临床用血继续保持100%来自无偿献血。全市(不含义乌)献全血人数43713人,比上年同期增长7.26%;采血量14662.87升,比上年同期增长7.85%;临床用血量14719.61升,比上年同期增长9.28%;机采血小板2008人次,机采血小板量34574U,分别比上年同期增长17.43%、20.47%。

(李图强)

爱国卫生

【概述】 2016年,市爱卫会启动市区国卫复审工作。省爱卫办于3月16日—17日对金华市国家卫生城市复审工作进行省级现场考核。5月下旬,省除四害保峰会督查组专程到金华督导,抽查义乌、武义、金东和市级有关单位。市区外公共环境四害消杀经费追加110万元,达到167万元(上年为83万元)。全年度共发放督办单467份。兰溪、永康通过创建国家卫生城市省级考核和国家暗访,武义通过省级暗访和考核。开展省、市级卫生乡镇(社区、村)创建、复核、命名工作。义乌市义亭镇、苏溪镇、赤岸镇和永康市古山.镇通过省级卫生镇现场复审评估工作,浦江县白马镇、郑宅镇通过国家级卫生乡镇的暗访和现场考核。婺城区安地镇等15个乡镇命名为金华市级2015年度卫生乡镇称号。开展60个省级卫生村和37个省级卫生单位复核评估工作,开展市区17个星级卫生街道(乡镇)、154个星级社区(村)评审命名等工作。

【公共场所控烟】 2016年,金华市以国家卫生城市创建或复审为平台,大力推进控烟工作。各单位均成立以单位领导为组长的控烟领导小组,并健全控烟工作网络。金华市本级共进行控烟暗访工作11次,印制控烟宣传画报8000张,印制禁烟标志3万张,取缔烟草广告13处。制定并下发《禁烟制度》《无烟单位考核办法》。在公共场所设置禁烟标志,在各单位大楼的大厅、会议室、办公室、楼梯、电梯、走道和男厕所等醒目场所均设置禁烟标志,会议室、办公室内不能出现烟草相关物品。以世界无烟日宣传为契机,加强与部门间的协作,分别与街道、社区、学校、企业等单位合作,开展以控烟为主的宣传咨询活动。

【农村改水改厕】 2016年,共完成31个村级项目,受益覆盖人口1.5万,共投入资金833.8万元。对金东、婺城实施提升改造的28个农村分散式供水村饮用水开展水质监测。制定并下发"金华市农村改厕工作实施方案"。2016年底,全市农村总户数1451431户,累计卫生厕所户数1418554户,卫生厕所普及率97.73%,无害化卫生厕所普及率94.36%,新增无害化卫生厕所户数177841户。

【小城镇环境综合整治】 2016年底,全市需整治的乡镇131个,列入卫生乡镇创建的乡镇110个。修订印发《金华市卫生乡镇(村)标准(2016版)与评审管理办法的通知》。开展环境卫生"百日攻坚"行动,组建金华市卫生乡镇创建评审专家库,提高卫生乡镇创建工作的规范性和科学性。

(吴宗球)

8890便民服务

【概述】 2016年,市8890便民服务中心平台累计接打电话151.9万个,日均4163个,最高一天达到8643个,为广大市民群众解决54.4万件诉求。从横向数据看,市平台话务量占全市总量50.62%;受理诉求件占全市总量61.1%。从纵向数据看,市平台日均话务量由1月的3424个增长至6月的4039个,尤其是11月份12333人力社保咨询热线整合进入以来,日均话务量高达6128个,数据创历史新高。

【拓展服务项目】 截至2016年,建成8890光明电影院服务总站,覆盖9个县(市、区)以及金义都市新区。开展全程接送免费"看电影"服务。全市近一半600多名盲人,享受多对一全程免费接送,1500名志愿者参与接送服务。建设虚拟养老院。截至11月10日,8890虚拟养老院入住老人增至8467人,政府为80岁以上老人免费安装"一拨灵"话机877部,为70岁以上优惠安装318部。吸收加盟有老年服务专长的企业,可供老人结合自身实际,按需"淘宝",任选服务项目,探索解决老年人"不方便、不开心、不安全"。目前,虚拟养老院已延伸县市。

【创业帮扶】 全年累计开展20余场政策宣讲,人力资源和社会保障等5个部门接线解读新政策。开展首届金华家电招聘专场,30余名创业导师现场参与,140个岗位招贤纳才。4月,联合多部门单位举办2016年金华市青年创业大赛,34支来自全市各地和浙师大、金职院、上海财大浙江学院等队伍参赛。浙江方园农业科技有限公司孙灵娟获得一等奖,金东区的易卡便捷租车和武义的百凤孔雀养殖专业合作社蒋雁冰获得二等奖,磐安的"森呼吸"空气罐头、浙江师范大学"Ygps"项目、金东区的AR透明显示展示柜获得三等奖,准予享受金华市相关创业扶持政策。

【志愿服务】 18家律师事务所20名律师,9家二级以上医院的33名主任医师、40名副主任医师、135名医护人员入驻平台,为4659人次提供免费法律咨询服务,为3856人次提供免费健康咨询服务。开展8890平台三大联盟服务,公益志愿联盟人数达3万人,设有大脚印、宁能热电、大昌俱乐部等16支8890志愿者总队。开展定期每月便民服务进社区活动,开展8890爱心送考、爱心一杯水、一堂课名师支教等70余场公益活动,累计12万人次受益。10月,与市委政法委、司法局以及市委组织部等相关部门多次对接和规划,实体运作8890三大联盟。

【创新服务平台】 推动"互联网+"模式。8890地理信息系统、"掌上8890"APP、志愿者联盟管理系统、智能搜索系统、自动交办系统研发运用,8890门户网站改版升级,8890成为金华市打造"网上政府""智慧金华"的重要载体。推进8890便民服务"大超市",加盟企业已达826家,"8890一刻钟服务圈"初具模型。47家部门主动融合8890平台。《8890便民服务平台标准化试点》《8890生活服务管理规范》等8项地方标准规范、2项省级标准规范已申报。

(叶 帅)

生态文明建设

环境保护

【概述】 2016 年，全市 11 个国家考核断面、17 个省控断面(新增磐安上东岸考核断面)、10 个市界出境断面、20 个县市交接断面水质全部达到或优于地表水Ⅲ类水标准，达标率为 100%。8 个饮用水源地水质全部达到地表水Ⅱ类水标准，达标率为 100%，其中沙金兰水库达到Ⅰ类水标准。43 个地表水断面，42 个达到或优于Ⅲ类标准，占比 97.7%。大气环境，金华市区 AQI 优良天数比例 80.6%，同比增加 31 天、提高 7.3 个百分点；PM2.5 浓度为 46 微克/立方米，同比下降 14.8%；臭氧平均浓度(第 90 百分位)为 148 微克/立方米，同比下降 9.8%，达到国家标准。

【环境整治】 开展“清三河”巩固提升、排污口集中整治、城镇黑臭水体专项治理、农村“双治”扩面提升、养殖业污染深度治理等行动。新建、扩建城镇污水处理厂 10 座，新增配套管网 820.71 千米；取缔无证无照经营户 1899 家，拆除违章经营户 858 家，规范经营户排污整治 42327 家；累计清理淤泥 1900 余万立方米，治理入河排污口 3224 个，完成 66 个市控重点排污口整治任务，完成 25 条入江口水质劣Ⅴ类的重点支流专项治理；完成生猪存栏 50 头以上畜禽养殖场(户)的污染整治，生猪存栏量由年初的 123.8 万头降至 56.57 万头；3809 个行政村通过农村生活垃圾分类扩面提质合格村验收。建立乡镇交接断面水质考核通报机制，全市 376 条河流 535 个交接断面Ⅲ类以上水质达标率高于 85%。2016 年 3 月对市区 4 座污水处理厂实施严于“国标”污水处理尾水排放“金华标准”。启动义乌、永康、浦江 3 个省级重点县(市)和兰溪经济开发区、东阳横店电子工业园区 2 个重点园区污染整治专项行动。完成浦江水晶园区企业搬迁入园，兰溪 50 家豆制品、小萝卜加工行业、涉磷行业整治。推进饮用水水源规范化建设，全市 8 个县级以上城市集中式饮用水水源地均完成一级保护区物理(生物)隔离，短信提醒和水质自动预警监测监控。开展工业园区、矿山开采区和垃圾填埋场等地下水污染调查，启动加油站地下油罐更新和防渗处理。安排金华江、东阳江、永康江等 8 个流域污染源治理、生态修复与保护项目两大类 22 个子项目，年度总投资 566763.85 万元，获得 7500 万元中央资金补助。

大气污染防治。推进控煤减煤、治污减排、降尘抑尘、控车治堵、农村废气等专项行动，淘汰燃煤锅炉 2665 台；完成 100 家重点行业挥发性有机物(VOCs)治理；完成 4 台大型燃煤机组烟气超低排放改造，淘汰八达热电厂燃煤机组 3 台；完成水泥、锅炉行业清洁排放改造项目 26 个，再生铜、铝、铅、锌工业企业废气提标改造项目 28 个，无机化工企业废气提标改造项目 6 个；完成 284 家加油站、57 辆油罐车实施油气回收治理；实施国Ⅴ机动车排放标准，淘汰黄标车和老旧车 23542 辆，开展环保、公安联合“遥感+执法”路检，累计检查机动车 46000 多辆，查获尾气超标车 632 辆。加强建筑工地、道路扬尘治理，推进秸秆全面禁烧和综合利用。加强重污染天气联合会商和预警发布，全年发布蓝色预警 2 次。开展燃煤锅炉淘汰、老旧车淘汰、扬尘精细化管控、工业废气提标改造、挥发性有机废气治理、秸秆焚烧等治气工作。创新“无人机”巡查巡测、“驻厂环境监察”模式，打击重点区域、重点污染源环境违法行为。市区第四季度 PM2.5 浓度均值为 49 微克/

立方米，在频遭北方输入性污染影响的情况下，实现同比下降21%，AQI优良率同比提高12.9个百分点。G20杭州峰期间，出动执法人员39500余人次，督查巡查管控企业、工地、两路两侧、河道等点位31700余处。

土壤污染防治。完成30个国控土壤风险点和20个村庄周边土壤的调查监测。制定实施《金华市危险废物处置监管三年行动计划》。开展危险废物“存量清零”行动，全市危废库存减至1.1万吨。完成12家危废经营企业、10家危废产生重点企业危险废物全过程信息化监管试点。推进危废处置设施建设，全市拥有危险废物收集、处置经营许可证的企业共18家，新增2家，核准经营规模44.00万吨/年，新增2.169万吨/年。全年核、换发辐射安全许可证58份，放射性同位素使用单位和射线装置单位持证率100%；送贮废、旧放射源62枚，收贮率100%。

2016年共争取中央连片整治资金6000万元，涉及金东区、浦江县和磐安县3个县市，共303个项目，资金执行率100%。

【生态建设】 开展生态文明示范区建设规划编制，新创建省级生态乡镇12个、市级生态村777个，培育安地镇作为国家级生态文明建设示范乡镇；制定《金华市环境保护专项资金管理办法》《农村生活污水治理设施运行维护管理工作考核水质检测方案》，新开展连片整治建设303个村。截至2016年，全市累计建成国家级生态县市2个(义乌市、磐安县)、国家环保模范城市1个(义乌市)、国家级生态乡镇41个，省级生态县市4个(义乌市、东阳市、磐安县、武义县)、省级生态乡镇150个，市级生态乡镇(街道)131个、生态村2998个。不断加强绿色细胞创建，2016年新增省生态文明教育基地2个，省级绿色学校17所、省级绿色家庭20户，市绿色学校19所、市绿色家庭50户。全省生态环境质量状况满意度调查得分76.99分，同比提高7.43分，提升幅度10.7%。

【环保试点改革】 开展浦江生态环境损害赔偿制度改革试点，推进城市自备水污水处理收费、用能权有偿使用和交易改革等工作。

开展“规划环评+环境标准”改革，实施环保审批“四批一联”工作机制，实行豁免审批，承诺备案制。持续开展权力清单“瘦身”，下放审批权限，建立重大项目环保前期服务机制，提升建设项目环评审批管理效能。严格新建项目环保审批，强化以新带老、增产减污总量削减替代措施，办理建设项目环评审批、备案1771个，环评执行率100%。推进违法违规建设项目清理，累计清理未批先建项目3045个，清理未验先投项目9055个。

开展排污权有偿使用和交易试点工作评估。全市共办理排污权有偿使用和交易企业2458家，累计金额1.72亿元。开展企业间排污权二级市场交易78笔，累计金额3872.16万元。办理排污权抵押贷款登记28笔，贷款金额3.17亿元。完成排污权临时交易(租赁)114笔，累计金额102万元。创新开展两期排污权电子竞价出让，成交金额658万元。

【环境执法】 组织开展“春雷斩污”、“夏霆斩污”、百日执法大检查、环境执法大练兵、新大气法专项执法、畜禽养殖业整治、饮用水源涵养生态功能区“护水”等专项执法行动。全年共立案查处环境违法案件1574件，罚款额7089.33万元。其中，查处重大案件109起，移送公安机关175起，行政拘留86人，刑事拘留59人，适用按日计罚案件7件，实施查封扣押240件，实施停产限产18件。

开展环境安全隐患动态管理，定期排查重点行业企业环境风险隐患，排查整改环境安全隐患889个。拓宽信访渠道，将“12369”举报热线整合进全市统一举报平台。完善环境信访“四个第一时间”和“约访联查”工作机制。全年共受理环境信访投诉9911件次，同比下降24.1%，信访处理率100%，群众满意率99%。

【环境监测】 印发《金华市生态环境监测网络建设方案》。全力推进水环境自动监测系统建设，全市共建成水质自动站36座，其中交接断面地表水自动站15座，饮用水水源地固定站13座，饮用水水源地浮标站8座，累计投入建设资金6781万元；完善大气复合污染立体监测网络，建成城市环境空气质量自动监测站20个(新增金义都市新区一座)，农村空气质量监测点1个，累计投入建设资金3561万元。做好环境空气质量的预报预警工作，对市区空气质量数据异常原因进行分析调查。完成大气细颗粒物PM2.5源解析项目的排放源清单编制及源解析工作,形成终期报告并向社会公布 PM2.5 源解析结果。

新增污染源在线监控系统 19 套。实行网络巡检反馈制度。由专人 7×8 小时对污染源自动监控系统网络巡检;省控以上污染源自动监控系统联网率 99.20%,完整率 99.51%。全市国控污染源自动监测数据传输有效率 99.92%,居全省第二。截至 2016 年,全市累计建成并正常运行污染源自动监控系统 447 套,其中水 416 套,气 31 套,实现国省控全覆盖,污水处理厂全覆盖。

(舒 婷)

气候气象

【概述】 2016 年,面对各类异常和灾害性天气,准确预报年初寒潮、强降雪、梅汛期暴雨、秋台风影响等灾害性天气过程,并首次启动暴雪停课机制。做好 G20 峰会气象服务保障,峰会期间全市 8 支人影队伍按省局统一部署开展作业实施。根据地方需求开展人工影响天气作业 15 次,增雨效果近 3000 万吨。金华天气网、两区服务网、官方微信微博内容进一步完善,将全市 1000 个社会显示屏纳入实时规范转发气象信息系统。

【气象现代化建设】 金华气象应急指挥交付使用;自动站密度达百千米 2.6 个;《金华市山洪地质灾害监测预警及一键式发布平台》等项目进展顺利;开发多个本地化预报预警和监测服务系统。“十三五”规划编制发布。全市规划总投资 1.98 亿,其中市本级 4880 万元,全市已落实“十三五”暴雨预报精准工程、基本公共气象服务均等化工程及基础设施建设等重点工程项目资金约 8000 万元。兰溪三江流域预警中心,东阳气象预警中心,永康气象局整体搬迁工程,市本级气象综合探测服务基地,雷达站维修改造,婺城分局业务平面装修、气象台业务平面综合改造、气象影视综合业务平面改造等工程年内均全面竣工。

【公共安全保障】 2016 年,出台突发事件预警信息发布管理办法,已实现公安、民政、国土、环保、交通、水利、农业等 90%部门的预警信息接入该预警信息发布系统;国土和环保等部门已通过该平台发布预警信息。

成立气象安全技术中心,防雷管理、雷电监测预警等职能进行相应调整。组建金华市防雷安全检测有限公司,按现代企业管理参与市场公平竞争。

(严红梅)

五水共治

【概述】 坚持“以水质论英雄”,集中整治劣Ⅴ类支流、重点排污口等短板,流域水质改善幅度为历年之最。2016 年,11 个国家考核断面、16 个省控断面、10 个出境断面和 20 个县市交接断面水质百分之百达标;42 个地表水监测断面水质除 1 个为Ⅳ类外(永康塔海断面自 2016 年 10 月起也提升至Ⅲ类水质),全部达到或者优于Ⅲ类;535 个乡镇(街道)支流交接断面中,91%达到或优于Ⅲ类水质;8 个饮用水源地水质稳定在Ⅱ类或优于Ⅱ类。

【污水处理设施建设】 新建、扩建城镇污水处理厂 10 座,一级 A 提标改造 4 座,新增污水处理能力 13 万吨/日。改造老旧小区 22 个、城中村 18 个、背街小巷 27 条,新建城镇污水处理配套管网 820.71 千米。

【科学清淤】 全面查清淤泥存量,编制清淤工作技术规范流程,落实清淤资金保障政策,强化淤泥检测、规范处置和综合利用,组织开展“千河万塘”大清淤等系列行动,全市累计清理淤泥 1900 余万立方米。

【综合治理干流断面】 逐一制定国家“水十条”考核断面水质稳定方案、达标方案,综合整治断面上游水域及两岸污染源,有效确保 11 个国家考核断面全部稳定达标。

【集中整治劣Ⅴ类支流】 为全市 25 条入江口水质劣Ⅴ类的支流制定“一河一策”攻坚方案和“三图三表”(污染源分布图、截污纳管推进图、攻坚治理作战图,明确项目表、责任表、时间表),集中开展整治攻坚。25 条支流水质全面好转,其中 10 条提升至Ⅲ类,10 条提升至Ⅳ类,5 条提升到至Ⅴ类。

【综合整治重点排污口】 全流域排查出66个出水量大、氨氮浓度高于5毫克/升的重点排污口，按"一口一策""一口三哨""挂牌销号"要求，对汇污区实施综合治理。全市累计治理排污口3224个，每天减少直排入河污水30万吨，有效清除水环境"肿瘤""痼疾"。省督查交办的31项问题、省级媒体曝光的9个点位全部整改到位。

【"清三河"反弹隐患排查整治】 部署开展环境整治十大专项行动、河湖库塘沟渠等水体污染全面排查整治行动等，多轮次排查整治"清三河"反弹隐患，共巡查河湖库塘沟渠等3726条(次)，发现并整改问题1604处。市督考办、市治水办组织"3+X"护水作战12轮、蹲点调研1次、巡查暗访25次，督办整改事项1426件，有力促进各项工作落实。

【畜禽水产养殖综合整治】 实行畜禽养殖总量和污染排放总量控制，婺城区、金东区、兰溪市畜禽养殖污染智能防控平台建设任务全面完成，5~50头生猪养殖散户整治、230家规模化水禽场整治全面完成，全市生猪存栏量由年初的123.8万头降至56.57万头，完成温室甲鱼养殖整治443.7亩。大力推进畜牧产业转型升级，美保龙、浙江煊绿等成为全省美丽生态牧场建设样板。

【园区(集聚区)和工业企业污染整治】 继续加强集聚区(点)污水处理设施建设，加大重点企业监管力度，不断推进淘汰落后产能和"低小散"块状行业整治工作。义乌市以供地企业为单位全面开展雨污合流整治、兰溪市开展小萝卜加工行业和涉磷企业整治等，为工业企业污染治理提供新样板。

【城市"六小"服务业综合整治】 开展洗浴、餐饮、洗衣、洗车、美容美发等城市服务"六小行业"用水规范整治，组织5万多家经营单位安装隔油格栅、落实沉淀去砂措施，关停不具备整改条件、污水乱排经营单位1353家，有效解决污水跑冒滴漏和错接乱接问题，打通城市服务行业截污纳管的"毛细血管"。

【优化农村人居环境】 狠抓农村生活污水设施建设和规范运维，2016年新建804个村，3100个村、4242个终端移交第三方运维，2015年及以前建设的污水处理设施全部纳入"五位一体"运维管理体系。积极推行农村生活垃圾分类扩面提质，3309个行政村通过合格村验收。大力实施村庄治乱美化行动，金东区推出"红色引领"、东阳市进行环境革命、永康市打造5600个街角小品、浦江县实施"花漫浦江"、磐安县开展"乡风革命"等特色做法，推动城乡环境大变化、大提升。

【治水项目建设】 新建项目抓开工，续建项目抓进度，竣工项目抓投用，445个"五水共治"实施类项目进展顺利。治污水方面：金华江、东阳江、武义江等8个流域共安排污染源治理、生态修复与保护项目等两大类22个子项目。2016年度共完成治污水实施类项目投资额69.20亿元，并获得第一批中央水污染防治资金7500万元。防洪水方面：深入实施防洪保安工程，完成病险水库加固19座、山塘整治95座、钱塘江等堤防治理加固38.22千米，主要流域防洪保安体系基本形成。排涝水方面：新建排水管网304.19千米，清淤排水管网3633千米，完成积水点改造40处，综合整治城市河道10条，城市排涝能力得到全面提升。6月底，金华市遭遇50年一遇暴雨造成城市涝水，仅用2小时就快速排空，央视《新闻直播间》作了正面报道。抓节水方面：建成屋顶集雨等雨水收集系统876处，改造节水器具3万套，改造"一户一表"1.5万套。新增高效节水灌溉面积3.21万亩。保供水方面：新建投用水库2座，新建供水管网206.73千米，改造供水管网169.66千米，新增城市供水能力25万吨/日。累计改善提升农村饮水人口11万人，农村安全饮用水覆盖率达99%，新增改善灌溉面积11.1万亩。

【治水法制建设】 金华市首部实体性地方性法规《金华市水环境保护条例》于2016年12月1日经省人大常委会审议通过。《农村生活垃圾分类处理条例》列入立法规划，为"五水共治"提供法制保障，有力推动治水在法治轨道上运行。

【深化落实"河长制"】 每半年召开市、县河长履职报告会，每季度编制《市级河长报告书》。512条河流增配"一河两员"(监督员、指导员)1024名。全面应用河长制管理信息系统，为河长、联系部门配发工作终端1366套，实现河长治水信息化、常态化、制度化。全市共上传河长巡河记录6.17万条、河长日志3.4万篇，人均巡河44条次。

【流域水质奖惩考核机制】 以交界断面水质达到水环境功能区要求为基准，对流域区域水质开展标准化考核奖惩补偿，经验做法获环保部肯定并转发全国学习。截至2016年11月，累计奖补资金5165.7万元，惩罚631万元，倒逼成效明显。

【乡镇(街道)交接断面水质考核通报机制】 将“乡镇(街道)交接断面Ⅲ类以上水质达标率高于85%”作为市级“五水共治”评先评优刚性指标，每月通报全市376条河流535个乡镇(街道)交接断面水质情况，已有487个断面达到Ⅲ类或者以上水质，占91%，劣Ⅴ类断面只剩下2个，占0.4%。

【污水处理尾水排放“金华标准”】 在市区4座污水处理厂试行污水排放接近地表水Ⅳ类的“金华标准”(氨氮指标1毫克/升，比一级A标准提高80%，总磷指标毫克/升，比一级A标准提高30%)，经过8个月的运行，尾水氨氮、总磷平均浓度同比分别下降67%和86%。

【宣传发动机制】 全方位、立体式开展“五水共治”宣传报道和群众发动工作。市县两级人大、政协共组织人大代表、政协委员视察治水工作3.6万余人次，组织部门、工青妇、教育、关工委、驻金部队等发挥各自优势，组建志愿者护水哨兵团、巾帼护水队、市民监督团等民间护水组织，积极参与治水护水；组织开展“畅游母亲河·见证水之美”等系列活动；鼓励引导道情、快板、诗歌、动漫等治水作品创作，讲述治水故事、传扬节水生活理念，营造出全民参与治水、踊跃护水、共享美水的良好氛围，形成监管“闭合圈”，确保治水项目建设质量。

（王跃武）

党的建设

纪检监察

【概述】 2016年，全市共处置反映问题线索2963件，初步核实1124件，谈话函询357件，处置党员干部2919人，占总数的66.8%，数量同比大幅上升。为2045名党员、干部澄清问题。运用组织处理、纪律处分等方式，给予违纪党员干部纪律轻处分783人、纪律重处分934人。全市纪检监察机关共立案1896件，同比上升11.7%，其中涉及县处级干部3人、乡科级干部81人，移送司法机关68人。制订《纪检监察机关执纪审查谈话管理办法》《执纪审查安全工作手册》《市警示教育基地管理规定》等制度，细化优化执纪审查流程，推进市警示教育基地二期工程建设。

【严格纪律】 把严明政治纪律和政治规矩作为首要任务，把检查政治纪律和政治规矩执行情况作为监督执纪的重点，推动党规党纪的严格执行。认真检查党的路线、方针、政策和决议的执行情况，加大对中央和省委、市委重大决策部署贯彻落实情况的监督检查力度，全力保障“G20”维稳安保、“五水共治”、“三改一拆”、“四破攻坚”等重点工作顺利推进。严把干部选拔任用党风廉政意见回复关，开展拉票贿选专项治理行动，定期组织换届风气巡回督查，全市共查处和通报违反换届纪律案件25起。

【强化“两个责任”落实】 对照省委“两个责任”文件要求，市、县两级在原有责任清单的基础上，进一步明确责任边界、具体内容和履责要求，形成统一规范的责任清单体系。编印全程记实本，做到一事一记、全程留痕。建立全程记实每季汇报和每月检查制度，完善党风廉政建设责任制检查考核办法。贯彻《中国共产党问责条例》，对管党治党责任落实不力的，严肃责任追究。全市共实施“一案双查”13起，其中追究主体责任14人、监督责任5人。

【干部作风建设】 严格执行中央八项规定精神，紧盯年节假期等重要节点，加强对隐形“四风”、变种问题的明查暗访，部署开展酒驾醉驾、违规吃请等专项整治，点名道姓通报违纪行为。全市共查处违反中央八项规定精神问题45起，处理52人，其中党政纪处分23人，通报曝光19批51人。打造传统家规家训“一县一品”，浦江郑义门、兰溪诸葛村、永康胡则、武义吕祖谦、义乌徐侨、婺城盘溪何氏、磐安羊氏、金东沈氏等传世家训和东阳木雕家训馆相继登录中纪委网站。12集廉洁动漫片《郑义门》在央视多个频道播出。开展“树家风，严规矩，促勤廉，为‘走在前列、共建金华’作贡献”教育活动，制定党员干部加强家风建设的实施意见，并率先在浦江县实施，编撰《家正国兴——传统家规家训的历史与价值》一书，把家规家训、优秀文化融入干部教育、监督、管理等各个方面，实现正风肃纪严查严处与家规家训德化教育有机结合。

【巡视巡察】 突出问题导向，开展巡视整改“回头看”，省委巡视组向金华市反馈的4个方面30项问题基本整改到位，挽回损失14096.78万元，追责问责164人，制定完善112项长效机制，转交的1004件信访件办结率99.3%。在全省率先出台《党风廉政建设巡察工作实施办法》，2016年，市、县两级共巡察基层党组织260个，发现涉及党员干部违纪违规问题线索1460条，立案审查361人。中央党建工作领导小组《党建要报》第34期专门介绍金华的做法。开展基层党员干部侵害群众利益问题专项整治，全市立案查处农村党员干部406名。在市县乡集中换届中，全市纪检监察机关共受理信访举报3390件(次)，信访总量同比下降40.2%。

【派驻监督】 2016年，全市派驻机构共发现问题1783个，开展谈话函询717件次，提出建议2599条，立案208件，给予纪律处分206人。推进权力运行“痕迹管理”工作，强化党委(党组)“三重一大”决策以及执法、审批、招投标等环节的全程监管。深化乡镇纪委回归主业，增强基层纪检组织监督能力。2016年，全市乡镇纪委共立案1292件，党政纪处分1205人，分别占全市纪检机关立案数和处分数的68.1%、67.2%。

（章　静）

组织工作

【概述】 2016年，全市组织部门按照中央和省委、市委一系列重大决策部署，按照“五大发展理念”要求，把“两学一做”学习教育作为龙头任务，把抓好市县乡换届作为重头戏，统筹推进干部、基层组织、人才队伍和自身建设，为“全面小康、浙中崛起”“走在前列、共建金华”提供坚强组织保障。

【“两学一做”学习教育】 认真履行牵头抓总责任，围绕党章党规、习近平总书记系列重要讲话以及《中国共产党廉洁自律准则》《中国共产党纪律处分条例》，市县机关党委(党组)专题学习讨论1705次，各级领导干部和基层党组织书记讲党课3.6万多场。开展“学传统家风、立时代新风”活动，22.3万名党员干部定立和晾晒家规家训。以建党95周年系列纪念活动为契机，大力开展典型选树、发挥典型引领作用，推荐获评全国先进基层党组织1个，省“两优一先”36名(个)、省第二批“千名好支书”90名、“好党员”450名；评选表彰全市“两优一先”150名(个)。严格执行党员“十条红线”，1435名触碰“红线”的党员组织关系被转入乡镇(街道)教育整转支部进行集中教育。开展“走前列、当先锋”行动，市县乡7万余名机关8890党员志愿者、1.1万名两新组织党员志愿者积极参与护航G20等各项重点工作。开展党员干部违建违排情况专项整治，排查出违法用地、违章建筑、违法排放的农村党员干部4342人，758名党员被纪律处分、组织处置。开展“走前列、当先锋”行动助推各项重点工作，市县乡7万余名机关党员统一注册为8890志愿者，1.1万名两新组织党员组成168支专业党员志愿服务队，为群众提供常态化、专业化、精细化的志愿服务。

【市县乡集中换届】 市委成立市县乡换届工作领导小组，细化“五个责任主体”的责任清单。全市各县(市、区)领导班子顺利调整到位，共提拔任用或转重要岗位任职88人，形成老中青结合的梯队结构。圆满完成全市乡镇党委换届，824名党委委员、509名纪委委员全部高票当选。其中，112个乡镇保留50岁以上乡镇党政正职14名，配备35岁左右乡镇党政正职39名，从“三类人员”(乡镇事业编制人员、优秀村干部、大学生村官)中选拔乡镇领导班子成员153名。从严把好县乡“两代表一委员”人选政治关、素质关、结构关，防止“带病当选”。在乡镇党代表前期排查、资格审查环节，全市共有1357名党员因触及负面清单未被纳入推荐人选范围，286名初步人选被取消资格。建立代表委员资格联审机制，对22424名县乡人大代表初步人选逐一审核、出具明确结论，3466人经审查、考察被取消提名资格，全市选举产生县级人大代表2105人，乡级人大代表6587人。组建市县两级64个巡回督查组，开展换届风气巡回督查266次。组建9个县(市、区)党代会选举现场督导组，对县(市、区)进行一对一指导。建立违反换届纪律问题快查快办三项机制，共查处24起违反换届纪律案件，涉案的党员全部被纪律处分。

【领导班子和干部队伍建设】 坚持全面从严监督管理，出台《中共金华市委关于全力打造绝对忠诚勇立潮头敢打硬仗能打胜仗金华铁军的决定》。推进干部能上能下，调整不适宜担任现职的干部，坚决防止干部“带病提拔”，6名县(市、区)领导班子换届拟新进人选被取消考察对象资格或暂缓提拔使用，28名现任市管领导干部被诫勉；乡镇领导班子成员降职9人、免职19人。建立干部监督信息收集机制，开展审查审核工作。对235名符合换届继续提名政策的县(市、区)领导班子成员、法检“两长”和纪委副书记，及106名县(市、区)领导班子换届拟新进人选考察对象个人有关事项报告情况进行重点核查，对131名市管领导干部个人有关事项报告进行随机抽查，对存在少报漏报情况的市管干部进行严肃处理。开展任前审核档案1286卷，对发现档案存疑的6名干部暂缓提拔使用。

【公务员管理】 组织全市916名新录用公务员，开展为期15天的体验式实践活动。面向全国优秀应届本科以上毕业生公开招录选调生村官，36名选调生村官全部安排到村任职。继续做好北大、清华选调生跟踪培养工作。完善公务员平时考核制度，实现全市公务员“考勤核绩”全覆盖。做好县以下机关公务员职务与职级并行制度实施工作，全年共完成14名市管干部职级晋升审批。完成全市公务员、参照管理人员以及市、县党委管理的企事业单位领导班子成员在内的27995卷干部人事档案专项审核工作，对350名市管干部出生年月进行认定，为换届提供准确的干部信息。

【基层党建】 全面压实各级党委及书记抓基层党建工作的责任，高标准落实“浙江二十条”，实施“整乡推进2016行动计划”，示范点建设和软弱落后村整顿同步推进。倒排236个软弱落后村进行重点整顿和帮扶，市四套班子党员领导干部带头联系28个重点村，市县两级机关选派572名优秀机关干部到软弱落后村和贫困村担任“第一书记”。将村主职干部基本报酬、村级组织运转经费、社区党组织服务群众经费、村级活动场所建设经费等“四项经费”全额纳入财政预算。2016年，市县两级投入9.64亿元用于保障基层基础。完成基层党建“7+2”重点任务，3541名失联党员中，已重新取得联系3245名，412个未按期换届的基层党组织完成整改，1.8万个基层党支部全部开展党费收缴专项自查整改。推动党建促脱贫攻坚工作，启动新一轮村“第一书记”和农村工作指导员选派工作，下派38名市级机关干部到婺城区的扶贫重点村进行指导帮扶。继续实施“富村五年计划”，帮助贫困村全面“脱帽”。充分发挥广大基层党组织和党员在应对急难险重任务中的作用，在年初应对雨雪冰冻天气、6月暴雨救灾、“2·16”搜救失联儿童行动等突发性事件中，各地党员干部坚守一线、冲锋在前，保障群众生命财产安全。

【两新组织党建】 深化两新组织“双覆盖”专项行动，新建非公企业党组织215个、社会组织党组织103个，组织覆盖率达98.2%。选聘118名红色CEO，充实优秀两新党组织书记人才储备。选派百名优秀两新党组织书记(企业经营管理人才、创二代)挂职经济部门，搭建政企沟通平台，培养提升企业人才素质。探索党群服务中心常态运行机制，全市116个党群服务中心配置党建工作指导站、党员志愿服务站，辐射周边1.6万家两新组织、75万从业人员。制定《金华市特色小镇党建规划》《关于创建特色小镇党建示范点的指导意见》，推进磐安“江南药镇”、东阳“木雕小镇”等一批省级特色小镇党建示范点建设。制定《社会组织党建工作规范》，出台社会组织党建工作标准20条。以“党建+产业”助力五大千亿产业发展，培育产业党建“领头羊”，推动党员在提高生产效率、提升产品品质上发挥先锋模范作用。2016年，全市两新领域党员已申请并获得授权的发明专利370余项，参与克难攻坚项目1235项、紧急性任务3077项，提出合理化建议1.2万余条。

【人才工作】 制定金华人才政策30条，推进“千人计划”“双龙计划”，申报入选“国千”22人、“省千”67人，引进45人，评选“双龙计划”人才项目154个，创业项目91个，创新人才63名。全市“千人计划”“双龙计划” 人才企业累计实现产值近7亿、税收6000多万；创新类人才获得国家项目28个、省级项目115个、授权专利226项，助推企业新增利税近10亿元，2名国家“千人计划” 专家创办的企业在新三板上市。实施“青年创客”工程，建成“青创工场”33家，吸引6000多名大学生创业。开展“情系八婺、浙中崛起”系列引才活动，加拿大首席科学家陈忠伟院士团队落户金华开发区，创建中加产业园。积极推动北大(金华)信息科技园、义乌“千人计划”产业园等人才发展平台建设，继续探索网络经济、影视文化、国际贸易等领域性人才改革试点工作。深入推进“院士专家工作站”“博士后科研工作站”等平台，全市共建有院士专家工作站44家，在站院士45名；博士后科研工作站27家，在站博士45名。构建人才服务网络，成立“千人计划”联谊会、先进装备制造业人才协会，“金华人才银行”为35家人才企业提供贷款2.21亿元，其中面向“双龙计划”“千人计划”等人才提供金融服务104人次，发放个人专项贷款近

4000万元。

（廖雄波 彭春燕）

老干部工作

【概述】 2016年，金华市老干部工作部门认真学习贯彻中办发〔2016〕3号文件精神，坚持围绕中心，服务大局，大力开展“两学一做”学习教育，深入推进为党和人民事业增添正能量主题活动，不断提升老干部服务保障水平，实现老干部工作转型发展、科学发展，多项工作得到市委、市政府领导充分肯定，全年市级以上领导批示达24件次。

【离退休干部党建情况】 重点开展离退休干部党员“两学一做”学习教育，制定下发指导方案，召开专题推进会，进行专题督查调研。推动各地离退休干部党建创新，金华老年大学将2112名学员党员纳入89个临时党小组，抓好学员党员思想政治教育。兰溪市、磐安县成立离退休干部党工委，构建“党工委-党总支部-党支部-党小组”党建工作机制。永康市、武义县新成立老干部党校，东阳市在老年大学成立临时党组织。积极推荐评选“最美支书”19名，激发离退休支部书记对标先进比学赶超的内生动力。全面落实从严治党，开展离退休干部“我看从严治党新气象”主题调研。

【离退休干部思想政治建设情况】 通过专题学习会、读书会等形式，组织老干部学习习总书记系列重要讲话精神，专题召开十八届六中全会精神、市委六届十一次全会精神、市委六届十三次全会精神通报会。组织老干部开展“学传统家风、立时代新风”活动，积极培育好家风、好家规、好家训。全市共举办14期离休干部读书会和6期离退休支部书记培训会，提升思想政治建设实效。结合建党95周年，举办“永远的旗帜”主题演出，组织市级老领导赴嘉兴南湖开展“传承红船精神，重温入党誓词”主题教育活动。结合红军长征胜利80周年举办“传承长征魂 增添正能量”主题演出，弘扬长征精神。组织老干部和少先队员开展“老少携手，重走红军路”活动，赴沙畈银坑村开展革命传统教育。

【老干部作用发挥情况】 以“四大行动”为总揽，以“四支队伍”为主体，通过打好“政治引领”“平台引领”“活动引领”“机制引领”组合拳，引领老干部当好“四大员”，最大限度激活、凝聚、释放老干部优势，为“走在前列、共建金华”增添正能量，受到社会各界广泛赞誉。《当好四大员 发挥正能量》工作在全省老干部“双先”表彰会上做典型介绍。全市围绕产业转型和补齐短板共开展“走、看、促”活动41次，提出各类意见建议264条，被各级党委和政府采纳138条。深化“最美老干部”行动，评选表彰“最美老干部、最美老伴、最美子女”36人，广泛宣传先进典型的感人事迹。深化“银色人才志愿”行动，开展“助力G20·增添正能量”主题活动，成立网络宣传、平安巡防、环境保护、文明劝导等6支银色人才队伍开展志愿服务。深化“红色典藏”行动，编印《红色记忆》离休干部影册，市县联动编辑《红色典藏——金华老干部解放战争回忆录》，再现老同志艰苦卓绝的革命历程。

【离休干部生活待遇落实情况】 健全完善老干部工作领导小组成员单位为老干部办实事制度，集聚部门合力织密倾情关爱、生活服务、困难帮扶“三张网”。依托8890便民服务平台，整合利用社会资源，为老干部居家养老提供服务，并将经费标准提高到每人800元/年。增加离休干部体检项目，完善离休干部住院期间医疗自负费用补助政策，减轻医疗负担。提高65位解放时期离休干部享受副厅局级医疗待遇，提高800位解放时期离休干部享受副厅局级标准报销医疗费待遇。结合七一建党节、老年节、春节等重大节日开展走访慰问活动。

【“两个阵地”建设情况】 金华老年大学成功创建“全国示范老年大学”，并举办建校30周年庆祝活动，总结办学经验，提升办学水平。金东区成立首个社区老年大学，义乌市投资1.07亿元新建老年大学。各级老干部活动中心围绕纪念建党95周年、红军长征胜利80周年积极开展各类文艺活动。全市16件老干部书画摄影作品参加全省书画摄影作品展。市本级老干部以“信义金华”为主题，创作书画作品300余幅，免费送农村文化礼堂，丰富基层文化生活。

【老干部工作队伍建设情况】 结合“两学一做”学习教育，开展岗位练兵，举办每周一夜学活动。从组织纪律、工作效率、服务态度、创新意识、奉献精神等五方面开展优秀工作者星级评比，激发比学赶超热情。开展"'走在前列，共建金华'老干部工作者怎么干"大讨论活动，举办全市老干部工作分兼管人员培训会，开展全省(全国)老干部工作先进集体和先进工作者评选，积极参与引领老干部为党和人民的事业增添正能量等征文比赛，"两学一做"知识测试等，提升队伍综合能力。

(郭启民)

宣传工作

【概述】 深入贯彻落实中央、省委关于党委(党组)意识形态工作责任制的《实施办法》和《实施细则》，制定《关于落实党委(党组)意识形态工作责任制的实施意见》。2016年，市委常委会共8次专题学习和分析研究意识形态工作，下发《关于当前我市意识形态领域情况的通报》。坚持高标准严要求，扎实开展"两学一做"学习教育活动。市委宣传部被评为金华市G20杭州峰会安保工作先进集体，6人获评全省G20杭州峰会安保工作先进个人。

【理论武装】 全年共举办市委理论中心组各类学习会、"浙中论坛"报告会20场。广泛开展党中央治国理政新理念新思想新战略重大主题宣传，在市级媒体开设"治国理政新思想新实践""治国理政新实践走在前列谋新篇"等专题专栏，深入宣传报道和总结提炼金华的实践经验和改革发展成就。组建市委"两会"精神宣讲团，分赴各地开展"走在前列、共建金华"宣讲活动。做大做强"乡音宣讲"品牌，围绕十八届六中全会等主题，组织开展"百支宣讲队、千名宣传员" 宣讲活动。举办全市理论骨干培训班，共300多名基层宣讲员参加学习培训。建立金华爱国主义教育基地网上展馆。

【对外宣传】 在中央、省级媒体刊发金华正面报道700余篇(条)，其中在《人民日报》和中央电视台《新闻联播》《焦点访谈》等栏目刊播120余篇(条)，发稿数量与往年相比有较大幅度的提升。深化"媒体金华行"活动，组织开展"畅游母亲河 见证水之美——媒体集中采访"品牌活动。央视《焦点访谈》栏目用时8分钟对金华农村垃圾分类做法进行经验介绍。成功策划举办第三季"海外名校学子走进金华古村落"活动。与市台办合作，对接台湾中天电视台，拍摄《魅力东方·走进金华》专题宣传片，在联合新闻网、中天电视台、台湾中国电视台等台湾媒体推介。

【农村文化礼堂建设】 全市新建农村文化礼堂140家，完成年度目标的140%，全市累计建成784家。完善《文化礼堂星级动态管理实施办法》，积极推进文化礼堂理事会制度。健全县(市、区)镇村三级管理体系，落实文化礼堂管理员AB岗制度。成功承办全省农村文化礼堂现场会。开展"金华市农村文化礼堂典型示范'123'工程"，评选十佳文化礼堂，20个优秀文化礼堂，30名优秀文化礼堂从业人员。组织开展全市农村文化礼堂建设理论研讨征文大赛，2篇文章在全省农村文化礼堂建设理论研讨征文大赛中获奖。向全市44家文化礼堂赠送家庭影院系统。开展文化礼堂建设和管理员培训，全市参训人员超600人次。圆满完成五百滩历史文化名人雕塑和城市文化公园建设。

【文艺精品创作】 完成金华历史文化丛书《概说金华》等5个项目的书稿。《郑义门》等7个项目入选省第十一批文艺精品扶持项目，入选数量名列全省第二。英雄史诗大剧《抗倭英雄戚继光》获中国广播电影电视社会组织联合会优秀电视剧奖。婺剧电视连续剧《鸡毛飞上天》在央视戏曲频道播出。召开金华市文化精品创作座谈会，完成今后三至五年全市重点文艺创作项目题材库建设。组织开展"最美金华古村落摄影大赛""金华山之恋、金华山赋歌曲辞赋征集大赛""流淌的故事——来自 '五水共治'的报告"等系列采风创作活动。

【文化产业】 编制金华市文化产业"十三五"发展规划，制定出台《金华市关于扶持木雕根雕石刻金属雕刻等产业传承发展的意见》，开设文创金华微信公众号。召开2016年金华市文化影视时尚产业大会，市财政拿出1000万元重奖文化影视时尚产业十强企业与十佳成长型企业。建立总额度4亿元的市文化影视时尚产业发展基金，成立金华银行文创支行。主办金华首届动漫游戏展和e动金华创业创新创投峰会。10家企业入选全省文化企业100家成长型企业。2016年，全市文化影视时尚产业规模以上企业实现营业收入 2167.7 亿元，同比增长 7.4%。2015 年,全市文化产业增加值 207.45 亿元,占 GDP 比重 6.09%,居全省第二位。

【社会主义核心价值观建设】 在全市开展“学传统家风、立时代新风”活动,挖掘浦江《郑氏规范》等八婺好家风,开设“八婺家风好故事”专栏、家风家训陈列馆和展览馆,9 个县(市、区)家规家训专题被中纪委网站宣传推介,金华作为唯一的地级市代表在全省家风建设工作推进会上作经验交流。义乌周晓光家庭荣获“全国文明家庭”称号;浦江外来务工人员罗腊英被评为全国第十三届见义勇为英雄模范;金华籍科学家潘建伟入选“感动中国”十大人物,实现“一城五人”感动中国。全市共评选发布“金华好人”141 名,入选“浙江好人榜”43 名、“中国好人榜”2 名;评选发布 13 个行业、300 多名行业最美人物。4 部微电影入选中宣部社会主义核心价值观主题微电影大赛优秀作品。

【文明创建】 扎实推进全国文明城市创建，深入实施公民道德素质提升工程。开展乡镇(街道)季度测评排名 4 次,下发督查通报 12 期,督办解决各类创建难点、重点问题 500 多个。首创“迎接 G20 人人讲文明——做文明有礼金华人”H5 视频、《文明礼仪举手舞》等宣传载体,系统开展“文明旅游 金华有‘礼’”“百姓好口碑、行业金名片” 文明服务大赛、“十大交通陋习”集中整治行动等系列主题活动,受到群众热烈欢迎和广泛参与。承办 2016 年全省“春泥计划”实施工作暨乡村学校少年宫项目管理培训班。对全市 1383 家市级文明单位组织开展全面复评工作。

（胡华玉）

统战工作

【做好督查工作】 2016 年 6 月，省委督查组金华市贯彻落实中央和省委有关统一战线系列重大决策部署情况进行督查。在市委领导下,市委统战部牵头成立督查组对各县(市、区)、金华开发区、金义都市新区、金华山旅游经济区的统战工作进行督查。市委常委会专题听取省委统战工作督查情况汇报,学习传达省委副书记王辉忠的重要讲话精神,研究金华市贯彻落实意见。全市统战部门围绕省委督查组提出的 5 方面问题,全力做好整改工作,加大党外代表人士政治和实职安排力度,推动明确工、青、妇等团体单位的统战工作机构和人员,努力充实基层统战工作力量和加强统战部门自身建设,于 8 月份向省委提交整改报告。

【提升多党合作和政治协商的质量和水平】 市委出台《民主党派和无党派人士向市委提出建议“直通车”制度》,开辟民主党派建言献策的快速通道,通过建立市领导阅批、部门承办,市督考办督办、反馈考核等四项保障制度,确保意见建议及时、有效办理。民主党派报送的 8 件建议,都得到市委主要领导的批示。“直通车”在推进政党协商工作,辅助党委政府科学决策方面发挥重要作用，得到广泛好评,浙江在线、《联谊报》、《金华日报》等省市媒体都进行报道。

【加强党外代表人士队伍建设】 会同市人大对县乡人大换届工作进行调研,形成《金华市县乡两级人大换届选举工作面临的新形势、新问题及对策建议》的调研报告。会同组织部、政协党组对六届政协委员情况进行调研,草拟《第七届市政协人事安排工作的意见》。与组织部门联合印发《党外干部工作联席会议制度》,上下半年各召开一次联席会议,分别讨论和交流党外干部配备、市县政协换届等工作。加大教育培养力度,将党外中青年干部培训班时间由以往的 2 个星期延长为一个月,首次在重庆举办民主党派骨干培训班。

【推进党外知识分子统战工作】 建立健全加强律师行业统战工作机制,组织律师界人士在“五水共治”等专项行动中提供法律服务。开展“一县一品牌”活动,服务农村经济社会发展,召开发扬艾青文化、发展旅游经济等专题座谈会。加强无党派人士、党外知识分子队伍建设,在全市范围内开展无党派人士调整充实暨认定登记工作，共完成 220 名新增无党派人士信息数据建设。着力做好律师、网络界人士、社会组织统战工作，加强网络统战工作的探索,实现全市网联组织的全覆盖。

【提升非公有制经济领域统战工作水平】 举办首期

"婺商论坛",迅速向非公有制经济人士传达习近平总书记3.4重要讲话精神;完成《构建"亲""清"新型政商关系对策研究》调研报告。召开"2016信义好婺商"大型宣传活动工作部署会和全市非公有制经济代表人士综合评价工作部署会,制定《关于成立金华市非公有制经济代表人士综合评价工作联席会议的通知》等文件,牵头建立市领导"三联系"工作制度。成立金华市新一代创业者商会。开展"走企业、走商会、走项目,送温暖、送政策、送服务"活动。

【拓展港澳台海外统战工作】 举办港澳台侨迎春团拜会、香港同乡会新春联谊活动、黄大仙旅游文化活动等,市领导率团出席香港浙江美食文化旅游节活动。探索青少年领域工作,先后组织120多名香港青年学生到金华市访问交流。积极搭建交流平台,为人才和技术回归牵线搭桥,先后邀请近30位海外华侨华人专家来访,通过实地项目考察,与企业进行人才项目合作洽谈。

【助力民族地区经济社会发展】 争取省级以上民族发展资金310万元;落实"五水共治,五教同行"民族村帮扶项目3个,资金90万元;举办少数民族电子商务培训班,共180多名少数民族干部群众参加。9月,开展全市民族团结进步宣传月活动,集中开展民族团结进步宣传展;推荐上报省级创建活动示范单位培育名录6个,筛选确立35个市级示范单位培育名录,金华市汤溪高级中学被国家民委命名为"第三批全国民族团结进步创建活动示范单位"。

【创新宗教工作管理模式】 确保G20杭州峰会期间金华市民族宗教领域的和谐稳定。部署开展宗教工作"基层基础建设提升年"、社会主义核心价值观进宗教场所活动,推进宗教活动场所升挂国旗、奏唱国歌制度。义乌市创新社会管理,引导2.3万名穆斯林和睦共处。召开全市宗教工作会议,并组织各县(市、区)学习贯彻全国、全省和全市宗教工作会议以及中共中央、国务院出台的《关于加强和改进新形势下宗教工作的意见》和浙江省《实施办法》精神。

【充实全市统战工作力量】 成立市委统战工作领导小组,由市委书记担任组长。召开领导小组第一次会议,研究通过省委统战工作督查反馈问题整改方案,领导小组及其办公室工作规则、领导小组各成员单位职责分工等一批加强体制机制建设的重要文件。各县(市、区)相继建立统战工作领导小组。市委统战部增设民间信仰管理处和金华市海外联谊服务中心,市民族宗教事务服务中心增加3名事业编制,增加宗教工作经费30万元。扎实开展"两学一做"学习教育,组织机关党员参观警示教育基地、"江南第一家"郑义门,按照"政治上坚定、业务上精通、作风上过硬"的要求,不断提升统战部门党员干部队伍的整体素质。

(杨利军)

政策研究

【概述】 2016年,市委政研室紧扣市委市政府中心工作抓服务促落实,全力做好文字综合、调查研究、决策咨询、改革协调、财经服务等工作,推进市委市政府"核心智库"建设。全年共完成各类文稿、材料400余篇,共编发《金华政研》164期,组织实施一批重点调研课题。

【文稿服务】 完成市委六届十一次、十三次全会报告等重要文稿起草工作,起草《中共金华市委关于走在前列共建金华的决定》等重要政策文件,完成市委主要领导在专题研究实体经济、交通、城市、科技、旅游、经济形势分析会上的讲话、市委全面深化改革领导小组会议讲话等各种重要会议发言材料。全年在《民生周刊》《浙江日报》《今日浙江》《政策瞭望》等报刊发表《把"五水共治"进行到底》《全面提升城市发展质量加快建设现代化都市区》《积极探索城市发展新路径》等理论文章十余篇。

【调查研究】 结合市委全年重点工作部署,以破解金华市经济社会发展重点难题为着力点,主动谋划开展一系列专题调研,共编发《金华政研》164期。完成《"走在前列、共建金华"思路和举措研究》《推进供给侧结构性改革的思路和举措研究》《新媒体时代网络舆论引导机制建设的几点思考》等11篇市领导重点调研报告;完成《生物医药:研发如何着力》《影视文化:优势如何提升》《休闲旅游:特色如何彰显》《装备制造:先进如何体现》《信息经济:网络如何应用》等区域特色产业调研报告10余篇;完成《培育壮大新实体经济的思路、路径与对策》《提升金华科技创新能力的对策研究》《加快推进金义都市区共建共融共享共赢的对策研究》等3个市委重大发展战略课题研究。

【决策咨询】 2016年，市决咨委在市委全会和市两会报告征求意见中提出建议30余条。深入基层抓调研，完成"供给侧改革""一带一路"等9个重点调研课题。

【推进改革】 深入谋划抓重点，全年共筹备召开市委深改组会议五次，听取义乌市改革、兰溪市海绵城市建设试点、户籍制度改革等重点改革推进情况汇报，审议通过重大改革方案，配合完成市委常委会专题研究浦江水晶产业发展提升工作、市政府第十一次全体会议暨推进供给侧结构性改革工作会议。研究梳理出30项重点改革任务，印发《市委全面深化改革领导小组2016年工作要点》。出台《关于建立完善全面深化改革工作机制的实施意见》。7月—8月集中开展全面深化改革宣传活动，协调各部门和新闻媒体开展全方位、立体式、多角度改革宣传。完善信息报送机制，全年共编发《金华政研》改革动态41期，浦江县林权制度改革相关信息被中央改革办采用。

（于阳君）

党史研究

【概述】 2016年，按期完成《中国共产党金华历史(1949—1978)》初稿的编写，对县(市、区)党史二卷开展针对性指导。8月19日，召集东阳、永康、义乌、兰溪四个进度较快的县级市召开党史二卷编写修改研讨会。9月21日，召集婺城区、金东区、浦江县、武义县、磐安县正在编写党史二卷初稿的党史研究室召开编写推进会。

【党史纪念活动】 与金华广播电视总台联合推出寻访红色记忆、红色地图大型主题系列报道活动。精选出25个革命遗址和纪念场馆取景拍摄，电视台累计拍摄素材超过400分钟，编辑成片约100分钟。分别在金华电视台两个热门栏目《百姓零距离》和《小马开讲》播放。同时，在金华网、无限金华客户端、"金华百姓零距离"微信公众号、"小马开讲"微信公众号同步推出。编辑出版《春秋》纪念专刊；在"夜读党史"专栏推出《寻访〈共产党宣言〉首版中文全译本》、中共金华市历次代表大会回顾等。

【党史网络宣教】 2015年首创推出介绍金华党史的"夜读党史"品牌专栏，该专栏至2016年12月19日，共推出68期，仅在浙江新闻移动客户端上的浏览量就已达116.1万，单期浏览量最高达2.7万。至2016年12月23日，金华党史网已创办两年零4个月，网站页面浏览量超50万，页面显示栏目21个。

【党史资政】 开展中共浙江省第十三次党代会以来照片征集工作，系统征集2012年至2016年这五年间金华在经济建设、政治建设、文化建设、社会建设、生态文明建设和党的建设等方面的照片资料。市本级和各县(市、区)共征集相关照片数千张。开展《金华工业化的起步》专题研究，完成《金华工业化的起步》初稿，共5万字。出版《中共金华市委文件选编(2013年7月—2016年6月)》。11月18日，中共金华市委党史研究室编印的《中共金华市委文件选编（2013年7月—2016年6月)》(浙内图准字〔2016〕金04号)出版发行。本选编收录2013年7月至2016年6月期间，经报请中共浙江省委备案的市委文件76件，篇日按时间顺序排列。向上级推荐报送党史人物拍摄题材。向省委组织部推荐施存统、金佛庄、雷烨三个党史人物作为《红色故事汇》第二期拍摄题材，并报送相关资料用于拍摄。

【党史资料征集】 积极开展资料征集工作。一是采访先后四次受到毛泽东接见的鲍寿根烈士长女，征集到党和国家领导人接见鲍寿根照片5张，工作照5张；二是征集到金华撤地建市后历届党代会的相关照片共500多张；三是征集到历届市工科会照片共100多张。继续做好抢救活资料的工作。采访的原市委书记方根雄的文章，2016年3月定稿，1.3万字，发表在2016年《春秋》第二期。整理原金华地委副书记江革遗留下来的1961年至1988年间记录的笔记本七本的卷内内容提要目录。整理完成原金华地(市)委书记董朝才的回忆文章《心中装大爱，乾坤春无限》，1.6万字，刊登在2016年《春秋》第三期上。

（徐勋民）

党校教育

【干部培训】以学习习近平总书记系列重要讲话精神为重点，扎实推进中特理论的最新成果进教材、进课堂、进头脑,不断增强学员“四个自信”。深入开展理想信念、党的宗旨、党章党规党纪等教育,使党性修养内化于心、外化于行。坚持理论教育与金华改革发展实践相结合,围绕市委“走在前列、共建金华”要求,开设金华实体经济发展、城市群和都市区建设等课程,深受学员的欢迎。全年共举办主体班次10期,培训干部1823人,党的理论教育和党性教育占比达75.63%。教学质量稳步提高,主体班次课程测评优秀率达91%。

创新课堂教学方式。组织开展新课试讲和全市党校系统第五次精品课评选，综合运用讲授式、互动研讨式、情景模拟式等多种教学方式,提高课堂教学的吸引力。高度重视现场教学,加强对25家市级教学基地的规范化管理，新建现场教学基地3家,组织开展现场教学基地优质课评比,编印《金华市干部教育现场教学优质课教案汇编》，更好地发挥现场教学作用。组织开展实践锻炼。坚持在攻坚克难工作一线锻炼学员党性、提升能力,组织中青班学员开展“五水共治”实践锻炼和特色小镇、“两链”风险蹲点调研,提出对策建议60多条次。

【领导干部上课制度化】邀请全市党政及部门领导到党校上课达53人次,占总课时的34.8%。市长暨军民亲自到秋季主体班次上课,是近二十多年来到党校上课的最高级别的地方党政领导。领导干部到党校上课,主题紧扣“走在前列、共建金华”要求,既讲理论又讲实践,既接“天线”又接“地气”,提高干部培训的针对性和实效性,实现干部教、教干部的良性循环。

【对外培训】服务保障部门办班，加强与委托单位的对接,提高课程设置的针对性和有效性。组织开展村干部培训,突出“两学一做”学习教育等主题,引导广大基层党员干部争做“四讲四有”合格党员。拓展市外培训,积极承接新疆、青海、内蒙古、安徽等省外、市外干部培训班,扩大金华的知名度和美誉度。全年共举办对外培训班64期,培训干部6934人次,培训班次与培训人数再创新高。

【社会宣讲】广泛开展基层宣讲，建立教研人员联系乡镇党课宣讲制度,14名教研人员分别联系三个区的14个乡镇。重点加强对“两学一做”学习教育、中央和省委、市委重大会议精神以及《准则》《条例》的学习、宣传、解读。全年共开展宣讲222场次,听众近2万人次。积极发挥阵地作用,在《金华日报》理论版刊登理论文章10篇,定期编发《党校通讯》《金华干部论坛》等校刊校报,进一步扩大理论宣传的深度和广度。

【科研工作】明确科研导向,修订完善《科研精品记分标准和资助办法》,将科研经费的50%用于资助服务地方类成果,引导教研人员深入开展决策咨询研究,多出有价值、高质量的科研精品。加大咨政力度，中标市委公开招标课题1项,《加快推进金华-义乌都市区共建共融共享共赢的对策研究》，研究成果获市委公开招标课题评审最高分。在《金华政研》发表决策咨询文章2篇,实现零的突破。做好理论研究,根据市委主要领导指示,组织开展浦江郑氏家规对干部从政启示的研究,编写《〈郑氏规范〉与干部教育管理》一书。建立学员参与决策咨询机制,在开展实践锻炼和蹲点调研过程中,指导学员撰写调研报告18篇,获市领导批示肯定16篇。部长余杰还专门召开座谈会,就“两链”风险问题听取调研组成员的意见和建议，在党校历史上是第一次。全年获省、市课题立项33项,结题30项。论文获省、市科研奖9篇,公开发表16篇。

【党校队伍建设】先后派出校分管领导、学科带头人、中青年骨干教师等30余人次,到中央党校、省委党校、重点高校培训学习,以及到省委党校主体班跟班学习,不断提高教研人员的政治素质、理论修养和业务能力。协助省委党校举办全市党校系统师资科研培训班，市县党校共76名教研人员参加培训,有效提升基层党校教师科研工作能力。每月举办教学科研工作例会，搭建教研人员交流沟通平台,在学习交流中相互促进、相互提升。

制定《教研人员实践锻炼工作调研实施意见》,选派中青年骨干教师到市委办、市府办、市委政研室和乡镇锻炼1—2年,着力拓宽视野、把握大局、锻炼作风，强化理论与实践结合的能力。先后派出教研人员6名，力度之大近年少有。

围绕学科建设需要，招聘经济学、社会学专业硕士研究生2名，为教师队伍注入新鲜血液。有两名教师被评为副教授。

【后勤保障】 投入资金90余万元，完成教学楼、行政楼空调等设施更新，完成部分教室多媒体设备更新，修复部分屋顶、墙面漏水问题，办学条件持续改善。完成学校围墙、车棚改造更新，重新制作更换宣传标语、楼宇标识牌，开展校园内外污水管网排查整治和出水口改造，校园环境不断优化。

【智慧党校建设】 购买超星读秀数字资源查询系统，建立数字图书馆，安装高德电子书借阅机，为教研人员获取教科研参考资料提供便利。开展门户网站改版升级，进一步完善网站功能，提升网络安全。

【党群工作】 加强组织建设，严格按程序开展党支部换届。加强和规范党内政治生活，落实"三会一课"、党员活动日和民主评议等制度。做好党费补缴等工作。组织在职党员参加8890志愿者服务。第三支部被市直党群系统工委评为先进党支部；5名同志被市直机关工委和党群系统工委评为优秀共产党员、优秀党务工作者。发挥工会桥梁纽带作用，组队参加省委党校系统"歌唱祖国"歌咏比赛，获团体二等奖、个人三等奖。组织全校教职工体检，体检经费提高近40%。组织教职工参加全市机关单位运动会和疗休养等活动，进一步营造和谐氛围，增强单位凝聚力。

（陆　昇）

机关党建

【概述】 2016年，市直1148个基层党组织实现传统实体阵地和网络新型阵地两个全覆盖，突破场地、资金、资源要素制约，在全省首创党建阵地建设新模式。结合纪念建党95周年，指导各级机关党组织全面开展"两优一先"双争评比活动，相继推出一批各个层级的先进基层党组织、优秀共产党员、优秀党务工作者。市直1148个基层党组织、20757名党员参与"五星评定"，7个县(市、区)直机关工委、市直28个系统机关党委、有关单位党委所属202个基层党组织参与创建机关党建示范点34个，党建品牌138个，共产党员示范岗8个，学习型党组织23个。按照"控制总量、提高质量、优化结构、发挥作用"的总要求，严格规范发展程序，市直各级党组织共发展党员780名。集中排查党员组织关系，查找并落实流动党员组织关系10人，落实"口袋党员"组织关系32人，查找失联党员重新取得联系189人，补办党员遗失档案125份。

【两学一做】 坚持把"两学一做"作为锤炼党性的熔炉，在强化机关党员干部"四个意识"和"四讲四有"。组织收看《郑义门》动漫片，开展观后感征文比赛。编撰出版《八婺好家风》。20757名党员参与"两学一做"应知应会测试。举办"走在前列、共建金华"主题微型党课比赛、"两学一做迎七一"书法作品展和"金华革命斗争史"等图片展。7万多名机关党员参与网上联合大宣誓，推出党建微公益宣传片。开展"双比双立"活动，各个层面的岗位规范、家风家规550多条。倡导党员领导干部带头上党课，督导千名基层党组织书记深入支部讲党课，发动万名党员为基层干部群众上党课。指导各级机关党组织扎实召开专题组织生活会，开展民主评议党员，针对党性体检存在问题深入整改落实。

【党风廉政】 分层签订党风廉政建设责任书。下发《关于市直机关党员干部酒驾醉驾警示案件的通报》。组织200余名在职干部培训班学员赴省第五监狱开展现场警示教育。依纪依规处分市直违纪违法党员43人。

【创新工作】 制定出台《关于落实全面从严治党要求进一步加强机关党建工作的实施意见》。在市直所有基层党组织和在职党员中全面推行"信义先锋指数"网上考评系统，为精细量化全覆盖全过程全生命周期管理党员搭建科学平台。全面开展"双比双立"活动。在全市机关党员干部中组织开展"八小时内比担当、八小时外比形象""立岗位规范、立家风家规"活动。征集、编撰出版反映机关党员干部履职尽责、治家时代精神的专书，引导机关党员干部学传统家风、树时代新风，推动机关党员干部立足岗位比担当、引领社会比形象。

【服务中心】 自觉运用“共建共融共享共赢”理念指导机关党建实践,创新党建模式和组织方式。创新党建+岗位尽责。组织机关党员干部立足岗位,积极参与“万名党员进万企”、“走企业、送政策,送服务、解难题”百日攻坚走基层及营改增、畜牧业转型升级、机器换人等实体经济建设中心工作。创新党建+急难险重。全市各级机关党员干部全身心投入“护航G20”社区巡防,交通治堵、“平安公交”文明劝导,国卫复审环境整治等重大任务,累计志愿服务时长达26万余小时。创新党建+民生服务。与8890联动,持续开展送政策、送技术、送法律、送文化、送保障、送平安、送健康、送金融等先锋公益志愿服务行动310余场次, 参与党员干部41200余人次,13365名在职党员参与认领兑现“微心愿”。创新党建+乡村建设。组织机关党组织与农村党组织“一对一、面对面”开展结对活动,落实帮扶,共谋发展。开展“千人百次”劝钓禁泳护水、农产品电商专业培训、金融知识下乡、植树护绿、垃圾分类宣传等行动,助推美丽乡村建设和历史文化名村(古村落)建设。

【队伍建设】 开展素质提升培训工程, 联合省直机关党校举办“互联网+智慧党建”全市机关专职党务干部研修班,联合浙江大学举办全市机关党委书记素质提升研修班,共培训在职干部、党务干部、入党积极分子680余人。邀请省内高校知名教授专家举办专题大党课两场,市直机关1500余名党员干部聆听党课辅导。配齐配强党组织领导班子。市直6个机关党委、有关单位党委进行换届改选,调整、充实党委书记、副书记14人,委员17人,机关纪委书记8人,机关纪委委员16人。开展走访慰问。分别于春节和“七一”期间走访慰问老党务工作者、一线先进模范党员、生活困难党员和援疆党员干部320人,发放慰问资金56万元。

(王道伟)

县(市、区)概况

婺城区

【概述】 截至2016年底,婺城区现辖9个乡9个镇9个街道,总面积1391平方千米,现有571个行政村、98个社区,人口76万。其中,委托金华经济技术开发区管理1乡3镇4街道(苏孟乡、汤溪镇、罗埠镇、洋埠镇、江南街道、西关街道、三江街道、秋滨街道),面积254平方千米,下辖195个行政村、47个社区,人口25万;委托金华山旅游经济区管委会管理1个镇(罗店镇),面积68平方千米,下辖40个行政村,人口2万。

全区实现地区生产总值256亿元,增长6.1%;其中,第一产业增加值13.1亿元,增长2.2%;第二产业增加值63.6亿元,增长1.9%;第三产业增加值179.4亿元,增长7.9%。在第三产业中,交通运输、仓储和邮政业增长13.2%,批发零售业增长5.5%,住宿餐饮业增长6.5%,金融业增长2.7%,房地产业增长4.4%,其他营利性服务业增长20.5%,非营利性服务业增长6.4%。人均生产总值66560元,比上年增长5.5%。第一、二、三产业增加值占地区生产总值的比重由上年的5.1:26.3:68.6调整为5.1:24.8:70.1。

2016年,完成固定资产投资101.8亿元,同比增长3.5%;财政总收入42.5亿元、区级财政收入10.8亿元,同比分别增长14.2%和12.4%;社会消费品零售总额311.3亿元,同比增长8.8%;2016年城镇、农村居民人均可支配收入分别达44503元、19357元,同比增长7.2%、8.0%。

【工业经济】 大力培育装备制造等新兴产业,2016年实现工业总产值295.3亿元,完成工业投入24.4亿元。加快推进企业对接多层次资本市场,新增新三板挂牌企业3家,完成企业股份制改造6家。万里扬年产200万台自动变速器生产项目开工建设。深入实施"四换三名""两化融合"工程,新增市级以上"三名"企业8家、"机器换人"示范企业12家、"两化融合"示范企业3家。

实施全省集中开工、省"411"及省、市重点项目130个,完成投资186.6亿元。引进亿元以上项目22个,实际到位40.2亿元;引进浙(婺)商回归项目39个,实际到位54.6亿元。实现外贸进出口总额41亿美元,对外贸易不断扩大。

【农业及两区建设】 2016年实现农林牧渔业增加值13.7亿元,新增粮食生产功能区128个、现代农业精品园10个、现代农业示范基地57个。农业主体不断壮大,家庭农场、专业合作社、农业龙头企业分别增至190家、853家、28家。成功创建省级农产品质量安全可追溯体系示范县。实现粮食播种面积15万亩,总产量6.2万吨,花卉苗木销售额9.8亿元。珍其源两头乌入选G20杭州峰会专用食材,永根杜鹃花进入太空辐射育种。

【现代服务业】 实现第三产业增加值179.4亿元,浙中信息产业园形成"一区八园"发展格局,入园企业达313家,年交易额突破60亿元,被评为国家级电子商务示范园。金华信息经济产业集聚区概念性总体规划编制完成。江北核心商业区功能不断完善。积极发展区域特色旅游,累计接待游客1390余万人次,实现旅游综合收入123亿元。

【改革创新】 推进供给侧结构性改革,开展"四破"攻坚,处置"低小散"企业185家,盘活工业用地3457亩,资源要素差别化配置机制初步形成。商事登记制度改革取得突破,全面实行"先照后证""五证合一""一照一码",区市场监管局注册窗口被评为"全国工商(市场监管部门)商事制度改革创新工作成绩突出窗口"。农村三权改革稳步推进,农村经济合作社股份制改革基本完成。医药卫生体制改革深入实施,推行分级诊疗、双向转诊,协调推进"双下沉,两提升",群众就医更加便捷有效。科技创新成效显著。新增国家级高新技术企业18家、省级科技型中小企业58家,完成市级以上科技项目立项318个。大力推进"浙江制造"品牌建设,创市级以上名牌38个、著名商标35个、知名商号6个,获政府质量奖13家。农业农村改革不断深化,农村土地承包经营权确权登记颁证完成70.5%,"农合联"体系实现区乡全覆盖。扎实推进营改增改革。全面取消户口性质划分,完成户籍制度改革阶段性目标。建立科技金融风险池基金,发放科技贷款1000余万元,新增市级以上企业技术中心15家,国家级企业技术中心实现零的突破。

【五水共治】 推进"五水共治",全面推行河长制,实施水质提升十大工程,26个重点治水项目完成投资20.2亿元,通过省"清三河"达标区验收。完成截污干管建设48千米、河道清理1100千米,消灭黑臭河9条102千米、排污口1500余个,关停拆除畜禽养殖场4755家119万平方米,农村生活污水治理实现全覆盖。出境断面水质从Ⅴ类升为Ⅲ类。着力保供水。加强沙金兰、安地、莘畈、九峰等水源涵养生态功能区建设,实现畜禽全面退养,守好金华人民的"大水缸"。完成水库除险加固15座,整治山塘60座,新建、加固堤防25千米,新建雨水管网11.3千米。

【民生工作】 推进民生事业发展,完成政府十方面重点惠民实事172件,民生事业支出占财政总支出的84%。人民生活水平持续提高,2016年城镇、农村居民人均可支配收入分别达44503元、19357元,年均增长9.4%、10.1%。实施教育均衡化发展,启动新一轮学校布局调整,深入推进名师名校长工程和教师梯队培养工程,加强农村学校建设,投入11.2亿元改善学校硬件,东市街小学等一批学校建成投用,改造薄弱学校32所,省级标准化学校达96%。文化事业蓬勃发展,建成文化礼堂83个,送戏下乡606场,文化走亲30场。创建省级体育强乡镇12个、小康体育村527个。区乡村三级医疗卫生服务网络基本形成,国家基本药物制度全面实施,"两孩政策"全面落地。社会保障体系日益完善。实施积极的就业政策,新增就业2.1万人,城镇登记失业率控制在3%以内。全民参保工作扎实推进,新增城镇职工养老保险参保4.1万人,4.2万人纳入被征地农民生活保障体系。建成养老机构6家、居家养老服务照料中心252家。社区建设不断加强。扶贫工作成效明显,全面消除家庭人均年收入4600元以下绝对贫困现象,完成乾西、蒋堂移民新村16万平方米安置房建设,累计搬迁安置369户861人。社会持续保持和谐稳定。

【社会事业】 实施农村环境"四治两化",285个村完成环境综合治理。农村生活污水设施实现第三方运营维护。330国道改建、二环西路跨沪昆公铁立交桥、汤溪至莘畈公路改建工程建成通车,衢江航运开发、S313(45省道)改建、沙畈至箬阳公路、235国道金武快速路等重点工程加速推进。整治"两路两侧"问题点831处,实施杭金衢高速公路景观提升、宾虹西路优化改造、虹戴公路绿化提档工程,路域环境持续改善。

实施公共文化服务标准化两年提升计划,组织文化培训1.6万余人次。被评为省级足球试点区。完成5家乡镇卫生院改造提升,成功创建省级慢性病综合防控示范区。保障水平不断提升。山区扶贫力度加大,到位帮扶资金835万元。蒋堂移民新村首期安置房全面建成,乾西移民新村四期安置房开工建设,塔石高田、鱼潭村地质灾害点异地搬迁基本完成。

企业帮扶解困力度不断加大,收集化解企业难题135件,兑现各类奖扶资金6772万元。全力应对"两链"风险,为企业办理应急周转金4.5亿元。在全省率先试点"企业注册通",实施企业投资项目高效审批改革。

【城乡建设】 婺城新城区完成新一轮控规编制,新建续建工业项目21个,完成工业投入17.3亿元,实现工业总产值194.4亿元。区人民医院、金华银行婺城支行基本完工,总投资约3亿美元的马偕国际妇女儿童医院项目前期启动。仙源湖度假区完成管理体制调整,接待游客80余万人次,实现旅游收入2.5亿元,分别增长9.4%和11%。主城区建设提档升级。

完成旧住宅改造210万平方米、旧厂区改造76万平方米、城中村改造342万平方米，拆除违法建筑630万平方米，拆后利用率达94%。二七区块旧城改造征迁基本完成，拆除房屋58万平方米，6000多户居民圆了安居梦。金罗路、东市街北延、迎宾大道景观提升等重点工程顺利完工。新城区城市品质不断提升。荣光国际学校、伟达·雷迪森广场酒店等一批公建和商服配套设施投入运行，结顶房地产100余万平方米。仙源湖旅游度假区、水上运动中心等一批旅游项目落地建设，金华动物园获评国家AAA级旅游景区，40.57平方千米扩容可研报告获省级批复。推进新农村建设，建成桂花飘香、茶花争妍两条风景线，新增省级美丽宜居示范村4个、市级精品村15个、秀美村25个，安地镇喻斯村被评为国家级美丽宜居示范村。农村生活垃圾分类实现全覆盖。基础设施建设扎实推进。交通路网日渐完善，杭长高铁全线开通，二环西路、蒋罗公路等建成通车，新建农村联网公路39千米。加大城市治堵力度，打通断头路3条，新增停车位1814个。租赁自行车普及使用，4条BRT公交线路开通运营，城乡公交覆盖率达96%。电网建设稳步实施，新增10千伏线路33条。4G移动通信实现城乡全覆盖。

2016年，成功创建国家森林城市、国家园林城市、全国义务教育发展基本均衡区，被授予省双拥模范城(区)、省知识产权示范区、省体育强区、省粮食生产先进县、省首批“电子商务示范县”等称号，顺利通过国家卫生城市、省级文明城区复评验收。

（朱艳萍）

金东区

【概述】 金东区辖8个镇、一个乡、2个街道，共有464个行政村，28个居委会，总面积661.8平方千米。2016年末全区户籍总户数13.64万户，户籍总人口32.84万人。2016年全区实现地区生产总值(GDP)168.90亿元，按可比价计算，比上年增长7.5%。其中：第一产业增加值14.56亿元，增长2.0%；第二产业增加值77.09亿元，增长5.3%；第三产业增加值77.26亿元，增长11.0%。全区户籍人口人均地区生产总值达到51641元（按年平均汇率折算为7775美元)，增长6.2%。全区常住人口人均地区生产总值达到48571元（按年平均汇率折算为7312美元)，增长4.1%。第一、二、三产业增加值占地区生产总值的比重由上年的8.9:47.4:43.7调整为8.6:45.7:45.7，第三产业比重比上年提高2个百分点。

【财政收支】 2016年全区实现财政总收入29.70亿元，增长20.8%。其中，区级一般公共预算收入13.87亿元，增长29.3%。全区税收收入中，增值税11.08亿元，增长31.6%；企业所得税4.70亿元，增长37.1%；个人所得税1.91元，增长48.1%；营业税2.90亿元，下降19.8%。主体税种以外的其他中小税种共实现收入6.55亿元，下降3.7%。全区财政总支出30.86亿元，增长13.0%。其中，一般公共预算支出24.26亿元，增长15.1%。一般公共预算支出的79.2%用于保障和改善民生。

【就业和再就业】 2016年全区新增城镇就业人数3457人，其中城镇失业人员实现再就业458人，困难人员实现再就业112人。年末城镇登记失业率为3.02%。

【农业和农村建设】 2016年全区实现农林牧渔业增加值14.89亿元，增长4.5%。

【农业】 2016年，全区农作物播种面积15.22千公顷，下降0.4%。其中粮食播种面积为3100公顷，总产量为1.75万吨，分别增长8.0%和5.4%；棉花播种面积100公顷，下降59.2%，产量为0.01万吨，下降66.7%；油料播种面积为0.90千公顷，下降1.9%，产量为0.21万吨，与上年同期持平；蔬菜播种面积为5.01千公顷，增长1.9%，产量为13.93万吨，下降2.0%；果用瓜种植面积1.46千公顷，下降6.6%，产量为3.46万吨，下降15.8%；花卉苗木种植面积4.39千公顷，下降0.1%。全区肉类总产量为2.97万吨，比上年增长2.4%，其中猪肉2.51万吨，下降0.4%；全年生猪出栏31.58万头，下降5.4%；家禽出栏246.19万只，增长16.0%；全年牛奶产量1.75万吨，增长6.7%。

【农村建设】 2016年，落地2016—2017年度美丽乡村建设项目62个，其中市级项目24个。山区经济助推美丽乡村建设项目38个，计划投入建设资金5500

万元。完成农村生活污水治理项目 47 个,投入资金 4000 多万元,新增受益农户 8000 多户。农村生活垃圾分类处理“金东模式”在全国推广。277 个村达到“八无”达标村创建标准,创建率为 92%。完成垃圾分类优秀村创建 87 个,占行政村比例 30.1%。投入 250 万元完成劳动力素质培训 3043 人次, 农民大讲堂 32 期。新增市级农家乐聚集村 1 个、农家乐特色点 2 个、三星级农户 11 个。逐步形成大佛寺风景区、源东浙中桃花源、琐园岭五古村落、横腊焦岩民宿特色村等一批富有浓郁地方特色、产业特色的农家乐休闲旅游项目。

【工业经济】 2016 年, 全区完成工业增加值 58.37 亿元,增长 5.7%,工业增加值占 GDP 比重 34.6%。全区 272 家规模以上工业企业实现工业总产值 188.36 亿元,增长 3.9%;规模以上工业增加值 37.62 亿元,增长 3.8%;销售产值 169.31 亿元,增长 3.0%。规模以上工业企业完成出口交货值 62.3 亿元, 增长 3.8%,占销售产值的比重 36.8%。全区产值超亿元的企业达 50 家。全区规模以上工业企业实现利税总额 12 亿元, 增长 8.2%, 其中利润 4.65 亿元, 增长 4.3%。

【建筑业】 2016 年,全区建筑业总产值 76.86 亿元,增长 7.5%。建筑业增加值 18.72 亿元,增长 3.9%。房屋施工面积 168.09 万平方米,下降 5.2%;房屋竣工面积 99 万平方米,下降 14.8%。资质以上建筑企业实现利润总额 1.6 亿元,下降 25.9%;利税总额 4.94 亿元,下降 44.7%。

【固定资产投资】 2016 年, 全区完成固定资产投资 164.35 亿元,增长 18.3%。按产业分,第二产业投资 37.27 亿元,下降 18.2%;第三产业投资 127.08 亿元,增长 36.1%。按登记注册类型分,国有投资 65.18 亿元,增长 48.4%;非国有投资 99.17 亿元,增长 4.4%。全区共有重点项目 58 项,全年计划投资 99 亿元,完成投资 86.47 亿元,完成率 87.3%。

【房地产业】 2016 年, 全区完成房地产开发投资 47.84 亿元,增长 22.4%。全区房地产开发房屋施工面积 266.96 万平方米,下降 11.2%。商品房新开工面积 34.87 万平方米, 下降 13.9%。商品房销售面积 65.65 万平方米, 增长 34.2%; 其中住宅销售面积 61.91 万平方米,增长 43.5%。

【贸易】 2016 年, 全区实现社会消费品零售总额 133.99 亿元,增长 13.2%。分行业看,批发业 17.51 亿元,下降 13.5%;零售业 113.66 亿元,增长 20.2%;住宿餐饮业 2.82 亿元,下降 20.4%。分商品类别看,日用品类、五金电料类、文化办公用品类、饮料类快速增长,分别增长 237.7%、122.6%、101.9%、99.9%;权重商品汽车类消费增长较快,增长 15.5%;服装鞋帽针纺织品类、化妆品类、石油及中西药品类消费回落,分别下降 67.8%、33.7%、26.7%。

【交易市场】 2016 年, 全区共有成交额超亿元市场 6 个,成交总额 259.65 亿元,增长 11.1%。其中,农产品批发市场实现成交额 100.35 亿元,增长 14.5%;汽车城成交额 54.22 亿元,增长 16.2%;浙中建筑装饰材料市场成交额 38.58 亿元,下降 6.2%;汽配城成交额 37.83 亿元,增长 5.5%;澧浦苗木城成交额 12.75 亿元, 下降 3.4%; 二手车交易市场成交额 15.91 亿元,增长 74.7%。

【对外贸易】 2016 年, 全区完成外贸进出口总额 75.14 亿元,增长 15.4%。其中自营出口 73.76 亿元,增长 14.8%;进口 1.38 亿元,增长 56.1%。从主要出口产品看,纺织品出口 14.94 亿元,下降 12.9%;机电产品出口 13.73 亿元,增长 13.9%;机械器类出口额 10.9 亿元,增长 9.9%;塑料及其制品出口 5.53 亿元,增长 9.0%。从出口市场看,对欧洲出口 24.25 亿元,增长 26.1%;对北美洲出口 22.24 亿元,增长 17.3%;对亚洲出口 15.83 亿元,增长 10.2%;对拉丁美洲出口 4.99 亿元,下降 6.4%;对非洲出口 4.97 亿元,下降 4.3%;对大洋洲出口 1.37 亿元,增长 23.9%。

【招商引资】 2016 年,全区新引进亿元以上项目 17 个。实际引进内资 65.22 亿元,增长 6.9%。合同利用外资 9531 万美元,增长 33.3%;实际利用外资 6575 万美元,增长 12.2%。浙商回归产业项目到位资金 49 亿元,增长 10.2%;资本回归 6.9 亿元,增长 13.9%。全年新引进浙商回归项目 12 个,其中中国 500 强 1 个、中国民营 500 强 3 个、科研院所 2 家。新引进项目中 1.5 亿元以上的有 6 个、5 亿元以上的 3 个、10 亿元以上项目 3 个、15 亿元以上项目 2 个。

【交通设施】 2016 年, 全区交通建设共完成投资 5.66 亿元。其中,高速公路项目(杭金衢高速拓宽改造)完成投资 3.93 亿元,普通国省道、县道、乡道建设项目完成投资0.51亿元,公路大中修工程完成投资0.36亿元，农村公路提升改造工程完成投资0.1亿元,公路绿化完成投资0.38亿元,道路生命防护工程完成投资0.15亿元，桥梁加固改造完成投资0.04亿元,公交站候车棚建设工程完成投资0.03亿元,公路日常养护完成投资0.17亿元。全区境内公路总里程达到1143.24千米。

【旅游业】 2016年，全区共接待海内外游客421.2万人次,增长72.9%,实现旅游总收入31.6亿元,增长72.7%。其中,接待国内旅游者419.1万人次,增长72.4%,实现国内旅游收入31.4亿元,增长72.5%;接待入境游客2.05万人次,增长3.2%。

【环境保护】 2016年，主要污染物减排工作扎实推进。全年全区环境空气PM2.5浓度均值为45微克/立方米,比上年同期下降15.1%;全年空气平均优良率为79.3%,比上年同期提高3.5%,全年优良天数达到287天。全区25条主要河流水质明显改善,37个乡镇交接断面,达到或者优于三类水质标准的断面占45.9%。全区交接断面水质考核结果为良好,洪坞桥出境断面水质和东关桥出境断面水质稳定达到三类。全区共建成省级生态镇11个，市级生态村394个。

【水利建设】 2016年，全区完成水库除险加固工程2座、山塘整治15座,新增高效节水灌溉3960亩,新增改善灌溉面积4535亩。金东区中小河流治理重点县建设完成曹宅潘村、孝顺镇片、塘雅镇3个项目区;金华江治理工程完成堤防加固5.7千米,农村河道综合治理完成26千米。实施农村饮用水安全提升工程,受益人口1.1万人。全区67座水库全部施行洁水渔业,与上一年相比,Ⅲ类水质水库从36座增加到51座,I类水质水库达到21座,劣V类水质水库从5座下降到2座。完成全区水库和金华江水系增殖放流,共投放鱼苗1000万尾。河湖库塘清淤完成清淤82万方,资源化利用淤泥进行“旱改水”579亩,水利工程标准化管理完成11座工程标准化管理创建。

【教育事业】 2016年，全区拥有各级各类全日制学校50所,在校学生54836人。其中大学2所,在校学生9345人;高中(含民办职高)7所,在校学生14068人;初中16所,在校学生9536人;小学25所,在校学生21887人。全区共有幼儿园85所，在园幼儿14576人,全区学前儿童入园率99.6%;小学适龄儿童入学率、巩固率100%;初中适龄少年入学率、巩固率100%；初中毕业生升入高中段学校比例98.5%,升入优质高中占高中段招生比例89.8%。全区大学专任教师610人,高中(含民办职高)专任教师1262人,义务教育中小学专任教师1782人,专任教师学历合格率为100%。幼儿园专任教师913人,幼儿教师学历合格率100%。全区义务教育标准化学校39所,标准化学校比例95.1%,拥有塑胶运动场39个,塑胶运动场覆盖率95.1%。

【文化建设】 2016年,全区拥有文化馆1个、公共图书馆1个。新建文化礼堂13个,新建村级公共电子阅览室20个，成功创建市级文化示范村4个,1个非遗项目列入省级非遗名录。积极参与举办艾青诗歌节、建党95周年“红色引领 美丽金东”先锋颂等大型文化活动;成立施光南少儿合唱团,并在第七届中国魅力校园合唱节获全国一等奖;小品《英雄》获浙江省群星奖并参加省第十三届戏剧节的展演;舞蹈《猫咪的畅想》获首届“星空间”舞蹈大赛浙江赛区总决赛金奖,并入选全国青少年春晚进北京人民大会堂演出。实施文化惠民工程,开展区域外文化走亲5场、送电影下乡3934场、送戏下乡130场。全年培训农村文艺骨干11100余人次。推进文旅融合,开展“文化四进”(进景区、进企业、进村落、进学校)活动,新建和启用光南文化舞台10个。全区文化市场健康平稳,共出动各类执法人员663人次,检查经营单位1479家次。

【体育事业】 2016年,主(承)办金东乡村绿道马拉松赛、国际骑游大会等各类体育赛事和健身活动共21场(次)。组队参加金华市第八届八婺杯篮球赛获第四名；首届金超足球联赛获第三名;2016年浙江省少年儿童田径冠军赛，金东区代表队获1金5银4铜,位列全省90个县(市、区)第14名;省青少年沙滩排球锦标赛获得1金3铜、2个第4名、1个第5名、1个第8名的好成绩;2016年市中小学生田径锦标赛我区代表队团体总分第四名。2016年更新小康体育村室内外健身器材800余件(套)、打造小康体育提升工程10个、中心村全民健身广场1个、笼式足球场1个、打造竹村标准灯光门球场4片、气排球场2片。完成年度国民体质监测1080人。通过浙江省体育强区检查验收。

【卫生事业】 截至2016年底,全区共设医疗卫生机构365家,其中专业公共卫生机构3家、医院5家、卫生院11家、社区卫生服务中心2家、社区卫生服务站57家、村卫生室187家、门诊部(诊所、医务室)等其他卫生机构100家,卫生服务网络进一步完善。全区核定床位数434张(其中公立医疗机构334张,民营医疗机构100张),拥有卫生技术人员1125人。全面开展参保城乡居民健康体检工作,60周岁以上老人体检率为72.2%,0~6岁儿童体检率为97%,中小学生体检率为99.2%。城乡居民规范化电子健康档案建档率达81%。2016年全区产妇数2998人,孕产妇系统管理率98.4%,住院分娩率100%,产前筛查率90.4%,婚检率100%。农村妇女住院分娩补助2388人,补助经费119.4万元,农村孕产妇住院分娩补助项目任务完成率100%。

【人口增长】 2016年末全区户籍总户数13.64万户,户籍总人口32.84万人,平均每户家庭人口2.41人。全区出生人口3844人,出生率11.8‰;死亡人口2018人,死亡率6.4‰;人口自然增长率5.4‰。据2016年5‰人口变动抽样调查推算,全区常住总人口35.67万人。城镇化率达60.6%,比上年提高2.5个百分点。

【居民收入】 2016年,全区居民人均可支配收入29959元,增长8.4%。从收入来源看,工资性收入为18938元,增长6.8%;经营净收入为6183元,增长7.9%;财产净收入为1930元,增长6.5%;转移净收入为2908元,增长23.0%。全体居民人均生活消费支出21401元,增长5.9%。

分城乡看,城镇常住居民人均可支配收入38120元,增长8.6%;城镇常住居民人均生活消费支出24764元,增长5.3%。农村常住居民人均可支配收入21029元,增长7.5%;农村常住居民人均生活消费支出17722元,增长6.7%。

【民生保障】 截至2016年底,全区拥有农村敬老院11所、机构床位1700张、特困人员(五保、“三无”)463人,特困人员集中供养率为100%,特困人员供养标准从2015年的人年均9513元提高到2016年的人年均10641元。城乡居民最低生活保障实现全覆盖,2016年全区有城乡低保对象3323户4279人,发放救助金1926万元,低保标准逐年提高,城市低保标准达到每人每月665元,农村低保标准达到每人每月600元。特困人员、低保、优抚对象参加城乡居民医疗保险的参保费用由区财政全额承担,全年累计救助3276人次,救助金额666万元。全区现已建成居家养老服务照料中心295家,有7400多名老人享受到居家照料服务,辐射服务农村老人达4万多人,实现城乡社区居家养老服务全覆盖。

【社会保障】 2016年城乡居民养老保险累计参保人数17.17万人,城乡居民医疗参保人数22.96万人。被征地农民保障得到进一步加强,参保人数8.35万人,其中已转入职工基本养老保险人数6.87万人,发放养老金1.64万人次,累计发放金额730.36万元;发放生活补助1.09万人次,累计发放金额60.67万元。

【科技创新】 全区新到位市级以上科技资金2450万元。认定高新技术企业24家,新培育国家高新技术企业6家、市级高新技术企业28家、省高新技术企业研发中心3家、市研发中心14家,累计认定科技型中小微企业33家,列入市级以上科技计划项目立项15项(其中省级新产品试制计划8项),区级科技计划项目立项19项。公布国家知识产权优势企业1家,认定省专利示范企业2家,通过省专利示范企业复核3家,认定市专利示范企业4家,区专利示范企业5家,获市专利实施奖7家。认定省农业科技企业2家,市农业科技企业2家。新增申请专利1717件,其中发明专利申请535件;新增授权专利904件,其中发明专利授权量79件。专利权质押借款6610万元,发放科技信贷累计达6960万元,发放创新券204万元(区本级139万元)。实施“三博”工程,累计已有85名博士到金东“入企、联企、办企”。

【垃圾分类】 10月19日,金东区“垃圾分类县域全覆盖”项目获评“2016民生示范工程”。金东区结合本区实际,把以垃圾分类为主要内容的农村环境综合整治,农村人均年环境整治费用达84元,每年投入在2500万元以上。到2016年5月,金东区459个行政村已经开展垃圾分类,农村生活垃圾有效集中收集处理建制村达到82.7%,率先在全国实现县域全覆盖。

【金东区第六届源东桃花节】 3 月 11 日下午，金东区第六届源东桃花节开幕式在光南故里东叶村隆重举行。本届桃花节举办地放在施光南的家乡东叶村。金华书画院的书画家们将 70 多件与施光南相关的艺术作品，全部捐赠给施光南纪念馆。该纪念馆于 3 月底对外开放。开幕当天还举办农副产品展销会。从 3 月到 9 月，源东乡还陆续推出《追寻光南足迹、相约浙中桃源》摄影大赛、农副产品线上线下展销会、桃花源“定向运动”趣味大赛、第二届蟠桃会系列活动、施光南纪念馆开馆典礼、农家乐厨王争霸赛等活动，真正让源东成为游客休闲度假的世外桃源。近年来，金东区依托良好的生态环境、深厚的人文底蕴、丰富的农业资源优势，大力推进农旅融合发展，培育一批示范点和 A 级景区，“希望田野·美丽金东”的知名度和对外影响力不断提升。源东乡更是紧紧围绕“季季有花、季季有果、季季有绿”目标，坚持每年举办桃花节、蟠桃节等系列活动，修缮施复亮施光南故居，建设施光南纪念馆和墓园，加快实施牡丹园、百合园等一批项目，开创一条农旅产业深度融合的特色发展之路，全域化景区格局逐步形成。

【首届艾青诗歌节】 5 月 26 日晚，首届艾青诗歌节(中国·金东)开幕式暨艾青诗歌朗诵会在中国婺剧院隆重举行。艾青夫人高瑛，北京大学中国诗歌研究院院长谢冕，中国诗歌学会会长、北京大学中国诗歌研究院副院长黄怒波，中国作协原副主席、中国作协影视文学委员会副主任黄亚洲，中国作协出版集团管委会副主任徐忠志，中国作协诗歌创作委员会主任叶延滨及金华市领导，以及《人民日报》、《光明日报》、新华社等多家新闻媒体单位出席开幕式。

中国诗歌学会授予艾青故居“中国诗歌创作基地”称号。在艾青的母校——傅村镇中心小学，举行“艾青诗歌学校”授牌仪式。

【全国首家泛娱乐众创空间落户金东】 8 月 27 日，腾讯众创空间(金华)项目开园仪式在新城区金源大厦举行。腾讯众创空间(金华)项目以“资源+资本”双轮驱动，共享腾讯开放资源，以网红经济为核心带动周边产业业态，拟建设全国首个泛娱乐文化产业园。项目计划三年内引进、孵化 100 家泛娱乐企业，总产值超 10 亿元。2016 年上半年，金东信息软件创业园新增入园企业 63 家，现有园区企业 271 家，同比增加 48.9%；营业收入 73.4 亿元，是上年同期的 5.5 倍；实现税收 4035.6 万元，比上年同期增加 136.6%。实现软件与信息服务业营业收入 31.7 亿元，同比增长 42%。实现信息制造业收入 65.49 亿元，同比增长 25.9%。

(姚　敏)

兰溪市

【概述】 2016 年，兰溪市辖 6 个街道、7 个镇、3 个乡，共 328 个行政村，总面积 1313 平方千米。2016 年末，户籍总人口 66.51 万人。2016 年，全市实现地区生产总值 303.7 亿元，增长 7.5%；地方财政收入(公共财政预算收入)37.4 亿元；固定资产投资突破 200.7 亿元，增长 15.4%；外贸出口 81.7 亿元，增长率 7.1%；社会消费品零售总额 135 亿元，增长 11.6%；城镇常住居民人均可支配收入 35041 元，增长 8.9%，农村常住居民人均纯收入 16608 元，增长 8.5%。

全市实现规模以上工业增加值 176 亿元，增长 7.9%；完成工业投资 107 亿元，增长 7%；服务业投资增长 30.2%。举办中国(兰溪)国际纺织发展论坛，立马云山、鑫海纺织等 7 家企业进入行业百强。新增省名牌产品 7 只，鑫兰纺织填补“浙江制造”专项标准空白。启动新兴产业园建设，实现总部税收 2.7 亿元。入选全省首批服务业强县试点，服务业投资增长 30.2%。全年接待游客 1152 万人次，实现旅游总收入 112 亿元，分别增长 59.3%和 64.6%。电子商务实现网络零售额 28.7 亿元，增长 42.8%。兰溪杨梅获省杨梅擂台赛“双冠王”，小萝卜获全国农交会金奖。

新增国家高新技术企业 9 家。新组建异地商会 3 家，设立美国、中国香港海外引才工作站。华铝与锦江集团战略合作稳步推进，锦宏、锦辉光电材料落户兰溪。新增股改企业 3 家，金立达新材料成功挂牌新三板。

义兰公路兰溪段完工，临金高速、董将线、金兰中线、兰溪港方下店作业区、兰江航道五升四(级)

整治开工建设，姚家枢纽及船闸主体工程基本完工；金建铁路、351国道、47省道改扩建等项目前期进展顺利。列为省海绵城市试点,启动扬子江"海绵体"示范项目建设,建成胡大山生态湿地公园。启动城市南入口、迎宾大道和横山北入口改造工程。完成市污水处理厂二期扩建,新建城乡污水管网76千米,城南污水干管与婺城顺利对接。推进城乡管理,拆除溪西桥头煲庄,整治占道经营,垃圾分类城乡全覆盖。创建省级森林城市、省级体育强市,国家卫生城市创建通过国家暗访。加快畜牧业转型,削减生猪存栏15万头、家禽122万羽、温室龟鳖910万只,建成省级美丽牧场5家。"三改一拆"全省排名第十五位,"三改"466万平方米、拆违325万平方米。市域河流全部消灭劣V类,成功创建省"清三河"达标县。

开发区工业水厂、钱塘垅水厂、溪西水厂搬迁工程开工建设,启动芝堰水库除险加固,解决农村饮水安全3.5万人。扩大就业容量，新增城镇就业11594人。浙师大行知学院、城南小学迁建主体工程完工。实施双向转诊和责任医生签约服务,完成签约率20.1%。改扩建云山街道社区卫生服务中心。完成诸葛、香溪等乡镇敬老院改扩建。率先在金华开展支出型贫困家庭基本生活救助。开展"两路两侧"坟墓整治，新建农村公益性生态墓地（骨灰堂)19处、2.3万穴(格)。建成公共无线局域网AP点5000个,城乡主要公共场所免费WiFi全覆盖。

【合力海科与浙江大学签订战略合作协议】 1月15日,兰溪市新三板挂牌企业——浙江合力海科新材料股份有限公司举行上市发布会,并与浙江大学绿色建材技术中心签订战略合作协议。

【兰溪杨梅节在启动】 6月8日,2016浙江"六月杨梅红"系列活动暨兰溪杨梅节在兰溪市启动,这是省农业厅连续第4年将全省杨梅开摘仪式设在兰溪,也是兰溪连续举办杨梅节的第11个年头。

【兰溪市人民政府与杭州锦江集团有限公司签订全面战略合作协议】 9月19日，兰溪市人民政府与杭州锦江集团有限公司签订全面战略合作协议,双方将在光学薄膜、微反应等相关领域展开全方位、深层次的战略合作。

【中国·兰溪黄大仙文化节暨第二届黄蜡石文化博览会】 10月12日,中国·兰溪黄大仙文化节暨第二届黄蜡石文化博览会开幕,兰溪被中国观赏石协会现场授予"中国黄蜡石之乡"的称号,成为全国首个获此殊荣的县级市。

（汪明军）

东阳市

【概述】 东阳市辖6个街道、11个镇、1个乡，总面积1746.81平方千米。2016年末，总户数31.61万户,总人口83.95万人,年人口自然增长率2.06‰。

全市实现生产总值499.66亿元，按可比价计算,比上年增长7.5%。其中,第一产业增加值18.62亿元,增长1.7%;第二产业增加值231.10亿元,增长5.5%;第三产业增加值249.95亿元,增长10.0%。三次产业比重由2015年的3.8:48.0:48.2调整为3.7:46.3:50.0，第三产业比重比上年提高1.8个百分点。按户籍人口计算,全市人均生产总值达59573元(按年平均汇率折合8969美元),比上年增长7.1%。财政总收入达92.40亿元，比上年同期增长13.8%;完成固定资产投资(不含农户)295.64亿元,比上年增长16.3%。社会消费品零售总额250.46亿元,比上年增长8.9%。全年进出口总额185.22亿元,比上年增长9.0%。全市新批外商投资企业6家;合同利用外资4314万美元,增长49.3%;实际利用外资2758万美元，增长37.5%。年末全市拥有商品交易市场91个,商品交易市场成交额317亿元,增长40.0%。年末金融机构本外币存款余额1012.06亿元，比上年末增长12.5%。金融机构本外币贷款余额725.35亿元，比上年末增长3.3%，其中，人民币贷款余额724.85亿元,增长3.6%。全市挂牌企业57家(其中新三板挂牌7家)。全年全市保险机构保费收入218642万元,比上年增长12.2%,其中:财产险保费收入90874万元,比上年增长3.3%,人身险保费收入127767万元,比上年增长19.5%。全年全市居民人均可支配收入36461元,同比增长8.6%。分城乡看,城镇常住居民人均可支配收入44542元,同比增长8.0%；农村常住居民人均可支配收入24556元,同比增长 9.5%。

【农业】 粮食作物播种面积 19807 公顷，增长 4.1%，粮食产量 12.01 万吨，比上年增产 0.08 万吨，增长 0.7%。年末全市农田有效灌溉面积 22.71 千公顷，节水灌溉面积 17.70 千公顷，旱涝保收面积 17.20 千公顷。农业机械总动力 50.07 万千瓦，比上年下降 0.3%。水稻机插面积 4545.95 公顷，比上年增长 7.3%。

【工业】 全市 532 家规模以上工业企业完成增加值 128.49 亿元，同比增长 6.3%。全年完成规模以上工业销售产值 542.19 亿元，增长 6.1%。全年规模以上工业实现出口交货值 123.96 亿元，增长 6.0%。内销产值 418.23 亿元，增长 6.1%，对销售的贡献率为 77.1%。全年规模以上工业新产品产值同比增长 16.0%，新产品产值率为 32.0%，比上年同期提高 2.4 个百分点。全年服装产量 9728.5 万件，下降 15.8%，木质家具产量 9.43 万件，下降 0.8%。

【建筑业】 建筑业增加值 53.76 亿元，比上年增长 3.4%。全市 187 家资质以上建筑企业完成总产值 2386.76 亿元，比上年增长 7.1%，其中外省产值 1759.11 亿元，增长 4.6%，占建筑企业总产值的 73.7%。全年建筑企业房屋建筑施工面积 32950.40 万平方米，增长 7.0%，其中新开工面积 10778.88 万平方米，增长 6.0%；房屋建筑竣工面积 8601.85 万平方米，增长 21.5%。建筑业总产值连续八年蝉联全国县(市)级第一，新创“鲁班奖”2 个。

【交通】 全年公路客运量 1751 万人次，比上年下降 5.2%，旅客周转量 77387 万人公里，下降 10.2%；公路货运量 927 万吨，比上年增长 6.0%，货物周转量 76532 万吨公里，增长 7.6%。机动车辆快速增长，年末全市民用汽车拥有量达 209847 辆，其中私人汽车 198985 辆，比上年末分别增长 16.1%和 16.8%。

【邮电通信】 全市邮电业务收入 11.34 亿元，比上年增长 5.6%。年末拥有本地电话用户 13.61 万户。年末移动电话用户数达 124.65 万户，其中 3G 移动电话用户 4.19 万户，4G 移动电话用户 72.81 万户。年末拥有互联网宽带接入用户 28.69 万户；年末行政村宽带覆盖率达到 100%。

【旅游业】 全市接待国内外游客 2055.43 万人次，比上年增长 12.6%；实现旅游收入 165.41 亿元，比上年增长 20.1%。其中接待国内游客 2051.41 万人次，增长 12.6%，实现国内旅游收入 164.11 亿元，增长 20.2%。接待入境游客 4.03 万人次，增长 9.1%，国际旅游外汇收入 2098.43 万美元，增长 13.5%。

【教育】 全市拥有高等院校 2 所，当年招生数 5668 人，在校学生 14827 人，毕业生 5173 人。全市拥有普通高中 12 所，当年招生数 5802 人，在校学生 15659 人；职业中学 5 所，当年招生数 2355 人，在校学生 6762 人。初中毕业升高中段学校比例为 98.6%。全市初中 33 所，当年招生数 9859 人，在校学生 28329 人。初中入学率、巩固率均为 100%。全市小学 86 所，当年招生数 11400 人，在校学生 68139 人。小学学龄人口入学率、巩固率均为 100%，小学毕业升初中比例达 100%，义务教育学龄人口入学率为 100%。全市有幼儿园 180 所，当年招生数 11227 人，在园幼儿 35444 人；有省等级幼儿园 167 所，省等级幼儿园招生覆盖面 92.8%。全市特殊教育学校 1 所，当年招生数 25 人，在校学生 127 人。

【科技】 全市列入地市级以上科技项目 66 项，其中国家级 1 项，省级 46 项，地市级 19 项，新到位上级科技资金 1100.2 万元。全市新立市级科技项目 42 项，其中工业类 21 项，农业类 6 项，社会发展类 15 项。全市年末拥有地市以上独立研究开发机构 80 家，省级高新技术企业研发中心 31 家，其中国家级企业技术中心 2 家。全市新认定地市级以上高新技术企业 27 家，累计 103 家。全年获科技进步奖 35 项，其中，地(市)级 4 项。全年科技成果鉴定 25 项。全年专利申请受理 2501 项，其中发明专利 636 项；专利申请授权 1635 项，其中发明专利 137 项。

【文化】 全市年末拥有文化馆 1 个；公共图书馆 1 个文化艺术表演团体 1 个，剧院 1 个、电影院 7 个。全市建成农村文化礼堂 101 家，创建并命名市级以上文化示范村(社区)58 个。实施文化惠民工程，完成送戏下乡 208 场，送电影下乡 7825 场，“美丽非遗进文化礼堂”活动 30 场，送书 110011 册、送展览讲座 55 场、骨干培训 2 万人次、文化走亲 7 场。深化文化事业单位改革，推动文化旅游融合发展，推出“文化节目进景区” 活动，演出 43 场。全年出动检查 1157 人次，检查文化经营单位 3203 家次。全市数字电视 21.02 万户。广播综合覆盖率为 100%，电视综合覆盖率 100%。全市拥有档案馆 1 个，已开放各类档案30010卷,其中新中国成立前6437卷,新中国成立后23573卷。

【体育】 全年参加地市级以上运动会获得金牌51枚,银牌45枚,铜牌46枚,其中:省级比赛金牌6枚,银牌4枚,铜牌5枚。全市有二级运动员8人,向上级输送体育人才5名。全市共销售体育彩票12100万元,比上年增长11.0%。成功举办第二届横店国际马拉松赛。

【医疗卫生】 年末全市共有医疗卫生机构536个,其中医院、卫生院(含社区卫生服务中心)29个,门诊部11个,妇幼保健院1个,疾病预防控制中心1个,卫生监督所1个,其他卫生机构3个,诊所、医务室、村卫生室、社区卫生服务站490个。全市年末拥有床位4732张,其中医院、卫生院床位4382张,妇幼保健院床位350张。全市共有卫生技术人员6679人,其中执业医师2139人,执业助理医师394人,注册护士2376人。农村卫生服务继续改善,农村自来水普及率提高为98.13%,自来水受益人数达67.79万人。

【环境】 全市建成环境噪声达标区1个,面积25平方千米。烟尘控制区1个,面积25平方千米。城区拥有污水处理厂2座,污水处理厂日处理能力11.9万立方米,城市污水处理率达95.85%。规范化合格饮用水源保护区县级3个,水质达标率为100%,乡镇级8个,水质达标率为80%以上。全市6个出境断面水质达标100%,18个镇乡交接断面水质达标率100%,6个市控以上地表水断面水质达标率100%。城区“双禁”范围扩大到吴宁、白云、江北三街道所辖全部区域及上卢管理处所辖迎宾大道东侧绿化带以西区域。全年平均气温19.0℃,比常年偏高1.4℃,年总降水量1748.9毫米,比常年偏多24.7%,年降水日数166天,比常年偏多13.4天。年日照时数1571.2小时,比常年偏少11.3%。全市霾平均日数45天;环境空气质量持续改善。PM2.5年均浓度为40微克/立方米,比上年下降9.1%;空气质量优良率(AQI指数)为90.2%,比上年上升1.8%。全市生态公益林建设面积44086.53公顷,新增生态公益林优质林分141.93公顷,生态公益林优质林分面积累计达37594.33公顷,占公益林总面积的85.3%。全市森林面积达104803.2公顷,森林覆盖率达60.0%,年末森林蓄积量501万立方米。全年共发生各类事故70起,死亡52人。全年发生1起较大生产安全事故。道路交通共发生事故64起,死亡42人。

【社会保障】 年末全市城镇职工基本养老保险参保人数288078人,城镇职工基本医疗保险参保人数207953人,失业保险参保人数118727人,工伤保险参保人数220766人,生育保险参保人数116010人。年末全市城乡居民基本养老保险参保人数221038人,年内新增参保1185人。参保缴费人员104808人,扣缴保费收入3818.62万元。全市60周岁以上已享受城乡居民基本养老保险金待遇人员105881人,发放率100%,全年累计发放金额21369.91万元。年末城乡居民基本医疗保险参保人数641900人。城乡基本医疗保险享受待遇439906人次。被征地农民基本养老保障参保30737人,年内新增参保9663人,已享受待遇人员7829人,全年总发放金额4517.65万元。年末全市拥有各类社会福利单位28个,床位6988张,收养各类人员3310人。农村五保对象集中供养率为98.0%,城镇“三无”对象集中供养率为100%。城乡居民最低生活保障标准统一调整为698元每月,全市共有低保对象8384人,全年累计发放低保救助金1959万元。全年共筹集医疗救助资金1251.3万元,实际救助1072人次,发放救助金938万元。全年发放救灾款10万元,救济灾民650人。社区服务功能日臻完善,建立乡镇(街道)社区服务中心(站)18个,建成社区居家养老服务照料中心399个,建立捐赠接收站(慈善超市)19个。全市共有抚恤优待对象7781人,发放抚恤金3566.98万元、义务兵优待金1308.05万元、困难补助经费15万元。退役义务士兵自主就业率达到100%,发放自主就业一次性经济补助金683.37万元。

(陈 侃)

义乌市

【概述】 义乌地处浙江中部、金衢盆地东缘,市域面积1105平方千米,下辖6镇8街道,中心城区建成区面积105平方千米,本地户籍人口77.6万,登记在册外来建设者132万。2016年全年实现地区生产总值1118亿元,增长7.7%;完成一般公共预算总收入130.7亿元,增长1.7%,其中地方财政收入81.8亿元,增长3%(计入“营改增”因素同口径增长5.3%);完成固定资产投资581.7亿元,同比增长13.6%;外贸进出口总额2229亿元,同比增长5%;全市金融机构存款余额2665.8亿元,贷款余额2067.3亿元;三次产业比为2.0:34.4:63.6;城镇、农村居民人均可支配收入为60773元和30570元,分别增长7.4%和7.5%。

【市场商贸】 2016年,义乌市场经营面积640余万平方米,经营商位7.5万个,汇集26个大类、180多万种商品,被联合国、世界银行等权威机构誉为全球最大的小商品批发市场。电子商务呈现蓬勃发展之势,注册地在义乌的账户数超过25万家,快递日均出货量达290万件,国际快递60万件。进口贸易发展较快,国际商贸城内开设10万平方米的进口商品馆,累计引进100多个国家和地区的10万多种境外商品,建成非洲产品展销中心和东盟产品展销中心,2016年进口馆交易额同比增长50%。与阿里巴巴、京东开展战略合作,新增环球易购、价之链等大卖家、平台商和服务商25家。

【对外开放】 2016年,到义乌采购的境外客商近50万人次,有100多个国家和地区的1.3万多名境外客商常驻义乌。商品出口到世界210多个国家和地区,市场外向度达65%以上。吸引沃尔玛、麦德龙等20多家跨国零售集团和30多家国内知名连锁超市常驻采购,全市现有各类涉外机构5300多家,其中外商投资合伙企业2200多家,约占全国的75%。涵盖海、陆、空、铁、邮、网、“义甬舟”、“义新欧”的“义乌码头”初步构建。“义新欧”增开5个方向班列,成为开行国际铁路货运班列线路最多的城市。铁路口岸列入国家“十三五”规划,获批进口肉类指定口岸、省级跨境电商创新发展示范区。建成全国县级市首个国际邮件互换局和交换站、全省唯一铁路开放口岸、全省第四个空港口岸、全省第四个保税物流中心等开放功能平台。

【创新创业平台】 2016年,义乌有13个国家级产业基地,1个国家级经济开发区,1个省级工业园区,3万多家工业企业,其中无缝内衣产量占全球的30%、全国的80%。会展、金融、物流等现代服务业发达,有义博会、文交会、森博会、旅博会等国家级展会,全年举办义博会等展会活动131个。义乌物流覆盖全国321个地级市,全年实现快递业务量10.5亿件,增长77%。义乌海关与宁波港、上海港实行跨关区一站式通关,美国联邦快递等全球快递巨头和马士基等全球知名海运公司都在义乌设立分公司或办事处。

【改革试点】 义乌除了获国务院批复开展国际贸易综合改革试点之外,还获批多项国家级改革试点,包括获批开展国内贸易流通体制改革发展综合试点、国家新型城镇化综合试点、被确定为国家农村改革试验区、列入全国农村土地制度改革试点、国家首批创建社会信用体系建设示范城市、国家深化基础设施投融资体制改革试点、全国现代物流创新发展试点、电子商务大数据应用统计试点等,拥有优越的先行先试政策环境。义乌是全国首个开展个人跨境人民币业务的试点城市、全国首个拥有邀请外国人来华审批权限的县级市、全省首个拥有对外贸易经营者备案登记管理权限的县(市)。推进工商商事登记制度改革,在义乌注册一家外资公司最长只需3天,内资公司只需2天;实施海关无纸化通关改革,小商品出口效率大大提升。

【产业发展】 2016年,义乌引进重大项目52个,总投资1245亿元;浙商回归到位资金137亿元,实际利用外资超1亿美元,投资50亿以上项目10个。引进基金69家,资产管理规模超200亿元。国资成功参与竞购2个境外项目,实现跨国并购零的突破。引进国家、省“千人计划”专家6名。实施小微企业三年成长计划,新增小微企业20605家,“个转企”1937家,50家小微企业成长为规模以上工业企业。新增省重点建设项目和重大项目35个,其中特别重大产业项目3个,54个项目入选国家重点建设项目库。新增建设用地7650亩,争取国家专项建设基金及各类补助资金8.1亿元。高新技术产业、装备制造业产值分别增长10.3%和22.5%,全市研发投入增长18.9%。新增上市公司2家、企业股改30家、新三板和区域资本市场挂牌23家。新增省级重点企业研究院2家、国家重点支持高新技术企业19家。

【环境整治】 2016年,仓后、湖大塘区块完成100%

征收。主城区39个社区启动改造，改造10条精品街。实施“两路两侧”“四边三化”整治3.5万处，完成绿化11826亩。“五水共治”从末端治理转向九大源头治理，333个村实现管网专业化运行，2870宗工业用地中96.2%已实现持证排水。关停污染环境的猪场53家。PM2.5平均浓度下降15.7%，空气质量优良天数增加29天。

【改善民生】 投用8所公办学校及复旦实验学校，引进杭州新世纪外国语学校。完成12所山区学校饮用水保障工程，实现所有学校安全用水。新中医医院、急救中心等5家医疗机构投用，新增医院床位700张。建成镇街图书分馆14个、流通站50个，实现镇街联网借阅。完成改造镇街养老服务中心5家。城乡低保标准从640元提高到705元。帮扶低收入家庭就业369人。新增残疾人托养庇护中心床位490张。新建、改造标准化综合农贸市场20个，新增省级放心农贸市场3家、省四星农贸市场2家。

【法治建设】 办理人代会议案、代表建议、政协委员提案667件。出台金融支持企业、鼓励上市、支持中小微企业等系列“十条政策”，为企业减负14.5亿元，解决涉企难题944件，帮助企业稳定贷款633亿元。深化亩产效益综合评价，98家D类企业完成关停并转退。深化“四单一网”改革，行政权力事项减少17.2%。宅基地制度改革取得突破，实现农房可流转、可抵贷，农民财产有权能、有保障。

（何建栋）

永康市

【概述】 2016，永康市辖11个镇、3个街道和1个省级经济开发区、1个省级现代农业装备高新区、1个国家级AAAA风景名胜区，总面积1049平方千米。户籍人口60.2万人，登记外来流动人口53.7万人。

实现地区生产总值(GDP)517.5亿元，按可比价计算增长7.8%。第一产业实现增加值9.0亿元，不变价增长1.9%；第二产业实现增加值304.4亿元，不变价增长6.4%，其中工业实现增加值285.3亿元，不变价增长6.7%；第三产业实现增加值204.1亿元，不变价增长10.4%。第三产业中，交通运输仓储及邮政业实现增加值14.0亿元，可比价增长5.3%；批发零售业实现增加值50.8亿元，可比价增长9.9%；住宿餐饮业实现增加值10.8亿元，可比价增长7.6%；金融业实现增加值27.9亿元，可比价增长1.2%；房地产业实现增加值21.5亿元，可比价增长8.5%；营利性服务业实现增加值37.1亿元，可比价增长25.8%；非营利性服务业实现增加值41.7亿元，可比价增长9.2%。全市人均GDP为8.63万元。

永康市是中国五金商标品牌基地，全国最大的防盗门、电动工具、电动剃须刀、拖拉机、柴油机生产和出口基地，首个全国质量强市示范城市的县级市，还荣获中国五金之都、中国口杯之都、中国门都、中国电动工具之都、中国家居清洁用品之都、中国炊具之都、中国五金名城、中国五金工匠之乡等国家级称号。

【精品农业】 农林牧渔业总产值13.5亿元，按可比价计算增长1.9%。农作物播种面积17199公顷，同比增长5.4%。其中粮食作物播种面积8687公顷，同比下降0.3%；粮食总产量59419吨，同比增长0.04%；油料播种面积899公顷，同比增长20.5%；蔬菜播种面积5002公顷，同比增长11.2%；果用瓜播种面积1015公顷，同比下降8.9%；花卉面积424公顷，同比增长55.3%。全年肉类产量3576吨，同比减少23.6%，生猪饲养量5.6万头，同比减少20.0%。截至2016年底，全市建成省级粮食功能区1个、现代农业主导产业示范区2个、特色农业精品园7个。新增粮食生产功能区9.2万亩，获评省粮食生产先进市。新增农民专业合作社133家、家庭农场311家。方山柿、五指岩生姜获评国家农产品地理标志。

【工业经济】 注重浙商回归，引进回归产业项目182个，到位资金103亿元。2016年全市实现社会消费品零售总额209.2亿元，同比增长13.8%。全市有自营出口实绩的企业1137家，出口超千万美元企业89家，出口4000万美元以上企业11家，出口超亿美元企业1家；列金华市出口100强企业17家。全市外商企业家数80家，合同利用外资1734万美元，实际利用外资2629万美元。新批境外投资项目4个，境外投资总额2060万美元。实施小微企业三年成长计划，完成“个转企”2346家、“小升规”207家，规模以上企业达到617家,亿元企业达到179家,新增上市企业3家、新三板挂牌企业3家、股份制企业32家。开展“四破攻坚”,处置僵尸企业60家,盘活工业用地1.1万亩。出口交货值占销售产值的比重为23.3%,规模以上工业企业的产销率为97.5%,规模以上工业企业实现利润总额70.1亿元,同比增长6.5%;规模以下工业实现工业总产值319.9亿元,同比增长6.3%。全市有三级及以上建筑业企业44家,实现建筑业总产值82.8亿元,比增长12.4%。

【第三产业】 五金城、总部中心列入省现代服务业集聚示范区,五金指数进入中国商品指数十强榜单。五金城市场成交额年均增长8%,连续举办五金博览会、门博会、文体用品博览会,五金博览会获评中国十佳品牌展会。国际物流中心和城西物流中心投入使用。旅游影视产业发展迅猛,旅游年收入破百亿大关,影视产业实现年产值12亿元,方岩景区创建为AAAA级景区,新增AAA级景区5个、省级工业旅游示范基地2个。成功创建省创新驱动发展拓市场示范市,实际利用外资7858万美元,实现出口总额207亿美元。新批境外投资项目13个,投资额9547万美元。国家五金工具及门类产品质检中心、“无水港”基本建成。电子商务发展迅猛,跨境电商企业达到2600家,位居全国电子商务发展百强县第二,列为省首批产业集群跨境电商发展试点市。全市共接待国际旅游者1102.2万人次,旅游创汇收入1387.9万美元;接待国内旅游者1097.65万人次,国内旅游收入108.56亿元。全年实现财政总收入81.8亿元,地方财政支出合计67.9亿元。年末金融系统各项存款余额1043.5亿元,各项贷款余额901.1亿元,保费收入26.5亿元。

【环境设施】 实施“一心一轴两片,一大两小四点”发展规划,主城区面积扩至41.1平方千米。金温高铁、东永高速、台金高速、新解放桥建成通车。金台铁路、330国道改建、永义公路建设稳步推进。改造拓宽九铃西路、城南路、城东路,新增公共停车位3502个,主城区公共自行车实现全覆盖。梯度打造特色小镇,赫灵方岩小镇、众泰汽车小镇分别列入省特色小镇创建、培育名单。古山镇入选省级小城市培育试点,芝英镇被列为国家级历史文化名镇。打造街角小品5650个,荣获省美丽乡村先进县、农村生活污水治理优胜县。民生水务“六个率先”经验全国推广,最严格水资源管理制度试点通过水利部验收。“五水共治”累计投入41.6亿元,基本消除劣V类水质。成功创建省森林城市,国家卫生城市创建通过国家暗访。坚持污染防治、生态保护并重,先后开展春雷斩污、环保百日攻坚、环境执法大练兵等系列执法行动,全年共立案企业244家,移送公安机关处理案件9起。全年共受理环境信访、污染投诉案件3672起,调处率100%。严格实行总量削减替代制度,新建项目指标有偿使用率100%。桐琴交接断面在采用自动站数据省级考核中首次获得优秀。全年空气质量优良率86.06%,同比提高6.16个百分点。固定资产投资239.3亿元,同比增长15.0%。公路总里程1169.7千米。完成公路客运量2057万人,公路货运量1630万吨。完成邮电业务收入11.6亿元,年末固定电话用户10.4万户;移动电话用户137.3万户;国际互联网用户26.3万户,同比增加1.9万户。

【科教文卫】 连续第七次蝉联全国科技进步考核先进市,引进“国千”专家5名、“省千”专家10名,新增省级重点企业研究院4家、国家级高新技术企业51家、技术转移工作站4家。参与国家和行业标准制修订190次,获专利授权1.9万件、国家科技进步二等奖1项、省级科技成果奖5项。成功创建省级五金产业工业设计示范基地,入驻企业41家。各类科技计划项目申报数197项,其中省级项目102项,地市级项目34项,县市级项目61项。科技项目通过验收71项,其中国家级2项,省级40项,地市级15项,县市级14项。各类专利申请受理量7715项,专利授权量5501项。全市拥有各类学校309所,其中普通高中6所、初中23所、职业中学2所、小学53所、幼儿园226所、特教学校1所、教师进修学校1所;共有教职工10728人;在校学生14.1万人,其中小学在校学生6.3万人,初中在校学生2.3万人,普通高中在校学生1.0万人。小学适龄儿童入学率、小学巩固率、小学升学率,初中入学率、初中巩固率均为100%,初中升学率98.2%。2016年考上大专院校2712人,其中普通高校1831人。年末有图书馆(流通站)231个,藏书总量73.7万余册;文化馆1个;文化站16个;非物质文化遗产国家级保护项目6个,省级16个,金华市级36个,永康市级66个;电影院6个,其中国有1个;放映厅49个,票房收入3862万元;露天汽车影院1个。艺术表演团体27个,演出场次3604次,观众人数129万人次。有省级文保单位15个,金华市级文保单位75个,永康市级文物保护点221个,馆藏文物12636件。全市有线电视用户17.5万户,数字电视用户17.5万户。拥有医院、卫生院28个,医院、卫生院床位数3087张。有医生1489人,注册护士1845人,医院、卫生院技术人员4215人。参加城镇基本医疗保险人数15.8万人,其中城镇职工12.6万人,参加新型农村合作医疗人数46.6万人,新型农村合作医疗参保率99.2%。

【民生事业】 户籍总户数23.99万户,户籍总人口60.2万人,比2015年11月30日增加4244人。总人口中男性30.7万人,女性29.5万人;城镇22.8万人,乡村37.4万人,乡村人口比重为62.2%。出生人口8132人,出生率14.25‰;死亡人口3804人,死亡率7.93‰;自然增长人口4328人,自然增长率6.32‰。年内城镇常住居民人均可支配收入46463元,同比增长8.5%;农村常住居民人均可支配收入23625元,同比增长8.8%。年末民政部门办有社会福利院1个,床位1210张,收养174人;集体办敬老院8个(不含11家老年公寓),床位834张,在院人数565人。全市拥有室外健身公园、广场566个,室内全民健身中心21个,青少年体育俱乐部3个,体育场馆12个。举办全民健身活动30次,参加活动人数3.5万人。在校中小学体育锻炼达标率为98%。参加城镇基本养老保险人数21.2万人(其中城镇职工9.4万人),参加工伤保险人数22.4万人,参加新型农村社会养老保险人数18.6万人,新增城镇就业岗位13328个,企业劳动合同签订率为94.0%。享受农村居民最低生活保障人数6254人,享受城镇居民最低生活保障人数231人。

【众泰集团荣膺"全国五一劳动奖状"】 "五一"国际劳动节,永康众泰集团公司被中华全国总工会授予"全国五一劳动奖状"。众泰集团公司创办于2014年,通过树立民族自主品牌,实现从"众泰制造"向"众泰智造"的跨越式发展。2016年众泰汽车已发展成为年产值超过200亿的现代化汽车企业,成了中国自主品牌汽车的佼佼者。在2015年投入8亿元的基础上,2016年追加研发投入超10亿元,在美国、德国等汽车发达国家设立研发中心。众泰已拥有7个生产平台,产品覆盖轿车、SUV、MPV和新能源汽车市场。通过打造"七级变速",铸就"工匠精神",众泰汽车的3.0时代全面开启。1至9月份,众泰汽车的销售累计突破22万辆大关。开展"情系灾区,传递温暖",奉献爱心活动,先后为灾区捐款捐物总价值达1000多万元,为G20峰会捐车100辆。

【全国海陆空模型争霸赛】 10月8日,由国家体育总局航管中心、中国车辆模型运动协会、中国航空运输协会、中国航海模型运动协会、浙江省永康市人民政府联合主办的2016年全国科技体育CCTV海陆空模型争霸赛在永康市体育馆开幕。此次争霸赛从10月4日开始至10月13日结束。来自金华市东苑小学、永康市明珠学校、东莞市长安镇第二小学、广州市八一希望学校、武汉市育才小学、长沙市芙蓉区大同第二小学6支代表队的30名选手参加争夺。争霸赛分为航空模型、航海模型和车辆模型3个大项,18个分项共设四场比赛。金华市东苑小学、东莞市长安镇第二小学和长沙市芙蓉区大同第二小学分别获得冠军、亚军和季军。比赛用的蜻蜓四轴飞行器、沙漠越野车、攀爬车、防水大脚车、1:16平跑车等模型由飞神集团有限公司提供。

【永康五金在罗马尼亚建展贸中心】 "中国永康五金(欧洲)展贸中心",位于罗马尼亚布加勒斯特红龙市场原宇宙馆,该中心总建筑面积约15000平方米,全部为永久性产权现房。中心一层为五金精品展区,主要集中面向永康五金类企业或经销商,提供短期性的各类商品循环展览展销、城市商业品牌文化主题活动等;二层为企业形象常年展区,暂设1300个展柜展位。提供包括展览展销、现场翻译、专人推介、商品展示、大宗交易对接、进口报关、物流仓储、报税等全配套服务。罗马尼亚地处东南欧巴尔干半岛的东北部,连接里海—黑海货运走廊,为中东欧重要门户,是贯通欧洲-中亚-中国经济合作的重要欧洲桥头堡。为了畅通外贸通道,为"永康制造"实现跨境品牌发展组建平台,永康市人民政府决定在罗马尼亚首都布加勒斯特建设欧洲中国(永康)五金商品展贸中心。展贸中心立足于罗马尼亚,辐射中东欧16国,以组织举办展览展示、高峰论坛、贸易洽谈、产品推介和技术交流等为主要内容,是永康五金产品在欧洲的常年展销窗口和一站式采购集散地,也为永康企业和“永康制造”获取中东欧及欧盟市场采购订单提供信息和机会。特别是未来“CR 国际联盟”提供的会员专享资源支持,如大型政府工程、市政基础设施建设等的材料采购订单或竞标优先权等。

【省产业集群跨境电商发展试点】 6 月 15 日,永康市被省商务厅、省财政厅列为浙江省产业集群跨境电子商务发展试点县(市、区)。2016 年一季度实现网络零售额 72.36 亿元,位列全省 90 个县市区排名第 5 位。全市跨境电商企业 2600 多家,年跨境出口额超过 50 亿元。2015 年,中国科技五金城产业带作为阿里巴巴中国产业带首个签约合作的实体市场上线运营,目前申请入驻企业已超千家。

【省网上网下融合示范市场试点】 7 月下旬,省财政厅和省工商局联合发文,确定永康市为浙江省网上网下融合示范市场试点市,并给予专门配套资金。这是继永康的中国科技五金城被列入省网上网下融合示范市场试点单位后,永康市商品交易市场提升发展的又一重大利好。为加快融入电子商务发展潮流,推进电子商务发展,永康市先后出台《永康市电子商务发展扶持政策》《永康市电商发展规划》《永康市促进电子商务发展实施意见》等系列支持电子商务发展的政策。在放宽登记限制、推进电子电商信用体系建设和培育各级电商品牌等方面进行扶持。2015 年中国科技五金城集团组建电商产业发展公司,自主开发“尚五金”电商平台和手机应用 App,塑造“买卖五金,尚(上)五金”品牌。截至 2016 年 6 月底,“尚五金” 平台累计入驻商家 8000 多家,涵盖五金工具、日用五金、厨房用品等在内的 615 类、6 万余件产品,注册会员 25.4 万人,共成交订单 1062 万笔,实现交易额 23.57 亿元。至 7 月中旬,永康市已构建起以中国科技五金城为引领的 56 个商品交易市场和“尚五金”电商交易平台等 4 个网上交易市场及网上网下融合发展的良好格局。上半年,全市商品交易市场和网上交易市场分别成交 261.3 亿元和 89.1 亿元。

【全国县城经济百强县】 7 月下旬,国家工信部所属的赛迪公司对全国近 3000 个县市(不包括市辖区)进行综合评估,发布“县域经济 100 强”,永康市名列第 41 位。2016 年永康市成为浙江省 16 个规模以上工业产值迈入千亿方阵的县市区,主要经济指标逐步走上质量更高、效益更好、结构更优,优势持续释放的发展新路。上半年实现地区生产总值 234.7 亿元,同比增长 7.9%,交出一份“半年红”成绩单。

【中国五金工匠之乡】 8 月 22 日中国五金制品协会正式发文,授予永康市“中国五金工匠之乡”称号。永康素有“五金工匠走四方,府府县县不离康”的美誉。2016 年,永康有五金生产企业上万家,从事五金产业人数超过 30 万人,五金产品达 1 万多种,五金企业产值占工业总产值 90%。五金产品行销世界,其中不锈钢保温杯、电动车产量和出口量居全球第一,10 多种五金产品销量居全国之最,100 多种五金产品销量居全国前三位,成为全国最大的防盗门、电动工具、电动剃须刀、拖拉机、柴油机生产和出口基地,中国五金商标品牌基地。“永康五金”成为浙江区域品牌,永康(含武义、缙云)五金产业集群被列入浙江省产业集群转型升级示范区。

【全国质量强市示范城市】 9 月 1 日,国家质检总局正式命名永康为“全国质量强市示范城市”。根据中国标准化研究院调查结果显示,在永康市民质量满意度调查中,全市市民对全国质量强市示范城市创建活动的参与度达到 88,参与质量工作的意愿高达 95,总体质量满意度为 82.59,产品质量 84.19,公共服务质量 83.59,房屋与基础设施质量 84.69,服务质量 82.36,均高于全国平均水平(同类城市),永康走出一条具有特色的质量强市创建之路。

【全国工业百强县】 9 月 2 日,中国信息通信研究院通过对 2016 年全国各县(市)工业竞争力进行实证分析和比较研究,形成最新的百强县(市)排行榜,永康名列第 65 位。2016 年,企业研发投入持续扩大、新产品投放市场速度加快、新材料和新技术的应用周期缩短,工业经济发展活力明显增强。尤其是高新技术产业、装备制造业、战略性新兴产业快速增长,增加值增长快于往年平均水平。据统计,高新技术产业增加值 42.7 亿元,同比增长 16.3%;装备制造业增加值 75.1 亿元,同比增长 9.1%;战略性新兴产业增加值 6.2 亿元,同比增长 26.5%。全市企业启动技改的意愿增强,据对 53 家已实施“机器换人”

技改项目企业的调查显示，企业平均产能提高32.8%,产品质量提升18.5%,资源能耗降低12.9%,原材料成本降低7.9%,用工数减少15.9%,全市规模以上企业人均产值提高3.2%。例如永康市斯科电器公司实施“机器换人”项目后,公司提质增效明显,上半年6个月,80多名员工完成产值1亿多元,人均产值达到130多万元。截至8月底,全市有省级企业技术中心18家，市级企业技术中心43家，其中2016年新增金华市级企业技术中心5家。全市规模以上新产品产值率达到40.0%。2014年增长13.3%;非国有投资完成158.2亿元,

（童文贤）

浦江县

【概述】2016年,浦江县域面积920平方千米,辖7镇5乡3街道,共有429个村(社区),户籍人口39万。全县实现生产总值211.1亿元,按可比价计算,比上年增长7.6%,增速分别高于全国、全省和金华市0.9、0.1和0.1个百分点。

第一产业增加值10.4亿元,增长2.7%;第二产业增加值117.3亿元，增长5.8%；第三产业增加值83.4亿元,增长10.9%。三次产业比例由2015年的4.87:57.06:38.07优化调整4.95:55.55:39.50，第三产业增加值比重较上年提高1.43个百分点。

人均生产总值（按户籍人口计算)52944元,按当年美元平均汇率折算为7971美元，比上年增长7.2%。

【农业】2016年,农林牧渔业总产值15亿元,增加值10.6亿元,分别较上年增长2.6%和2.8%。其中,种植业产值10.3亿元,增长4.5%;林业产值0.3亿元,增长3.9%;牧业产值3.9亿元,下降2.8%;渔业产值0.4亿元,增长3.8%;农林牧渔服务业产值0.2亿元,增长8.2%。2016年,粮食播种面积6872公顷,总产量4.25万吨,分别同比增长14.7%和16.8%;蔬菜播种面积4824公顷,实现产值3.7亿元,同比增长11.9%。全年生猪出栏15.2万头，同比下降11.8%;牛出栏3602头,同比下降16.2%;羊出栏2.49万只,同比下降3.5%;鸡鸭鹅蛋总产量1297吨,同比下降12.8%。

【工业】全年完成规模以上工业总产值380.2亿元,同比增长5.6%；完成规模以上工业增加值79.4亿元,同比增长5.6%;完成销售产值370.6亿元,同比增长6.0%；完成出口交货值127.8亿元，同比增长1.7%,占销售产值的比重为36.8%。全年完成规模以上新产品产值107亿元,增长11.8%;新产品产值率28.1%,比重比上年提高1.2个百分点。

全年实现规模以上工业企业主营业务收入347亿元,同比增长3.6%;实现利税总额25.5亿元,同比增长3.3%，其中利润总额17.1亿元，同比下降4.6%,增速较上年同期回落3.8个百分点。全年战略性新兴产业增加值6.1亿元,增长9.8%,占规模以上工业增加值比重为7.7%;高新技术产业增加值13.9亿元，增长6.3%，占规模以上工业增加值比重为17.6%;装备制造业增加值14.7亿元,增长2.8%。全县25家资质以内建筑业法人单位,完成建筑业总产值达64.9亿元,增长0.1%;建筑房屋施工面积584.2万平方米,完成房屋竣工面积291.1万平方米。

【固定资产投资】2016年，全县完成固定资产投资122亿元,比上年增长15.4%。分产业看,第一产业完成投资0.38亿元，下降9.6%；第二产业完成投资63.8亿元,增长8.9%,其中工业投资63.8亿元,增长8.9%;第三产业投资57.8亿元,增长23.7%,增速比第二产业快14.8个百分点。

全年民间投资77.3亿元,同比增长34.7%;国有投资43.8亿元,同比下降7.8%,民间投资占固定资产投资的比重达为63.4%，较上年提高9.1个百分点,国有投资占固定资产投资的比重为35.9%。

全县房地产开发房屋竣工面积17.2万平方米,同比增长229.7%,全县商品房销售面积为25.1万平方米，增长25.6%，其中住宅销售面积24.3万平方米,同比增长21.5%。

【国内外贸易】2016年全县实现社会消费品零售总额111.4亿元,比上年增长12.3%。按城乡消费结构分，城镇社会消费品零售总额84.1亿元，增长11.8%；乡村社会消费品零售总额27.3亿元，增长13.9%。按消费类型分，餐饮收入6.8亿元，增长17.9%;商品零售104.6亿元,增长11.9%。

全县限上消费品零售额23.7亿元，同比增长17.5%。按行业分，限上批发零售业零售额22.4元，同比增长17.5%；限上住宿餐饮业零售额1.3亿元，同比增长17.7%。

全县完成进出口总额79550万美元，比上年下降7.3%。其中，进口总额1425万美元，同比下降68%，出口总额78126万美元，同比下降4.0%。从出口分行业看，绗缝业23474.5万美元，下降9.1%；服装业8228.4万美元，下降11.4%；锁业5982.7万美元，下降12.2%；水晶业3238.4万美元，增长0.8%。从出口分国别看，美国21661万美元，下降12.4%；阿联酋6868万美元，下降3.1%；俄罗斯6424.5万美元，下降14.4%；韩国4711.8万美元，增长19.2%。

【电子商务产业】 2016年全县网络零售额86.3亿元，同比增长36.8%，全省排名第34，跨境小包业务量2500万件，同比增长56.3%。据浙江省电子商务促进中心大数据分析，浦江县各类网店有16000余家，其中活跃经营主体8600余家，比上年同期增加1900家，电商直接解决就业岗位2.3万个，间接解决就业岗位6.3万个，分别比上年增加0.5万个、1.8万个。成功创建省级电子商务示范县和省十大“大众电商创业最活跃县”，被京东集团评为“2016年京东农村电商推广示范县”。

【财政和金融】 2016年，财政总收入25亿元，比上年增长0.9%，其中一般公共预算收入16.6亿元，增长8.8%。一般公共预算支出42.5亿元，增长45.7%，其中财政八项支出23.3亿元，增长13.7%。

年末全县金融机构存款余额332.5亿元，同比增长15.9%，其中住户存款208.8亿元，增长9.3%；企业存款55.1亿元，增长20.7%；政府存款66.3亿元，增长38.8%。金融机构贷款余额261.1亿元，同比下降1.6%，其中短期贷款160.4亿元，下降9.3%；中长期贷款99.5亿元，增长14.2%。

【交通和旅游】 完成119辆新能源汽车的采购，其中88辆为纯电动汽车，31辆为LNG清洁能源汽车。加快102套充电桩配套设施建设，全县城乡公交通达率达96.8%，投放公共自行车2300辆。G351国道郑家坞至联盟段顺利开工，“山上浦江”美丽交通环工程首批开建。全长17千米的浦阳江生态廊道、100千米的城乡绿道工程完成建设。全年共接待游客970万人次，同比增长90.5%；实现旅游收入92亿元，同比增长92.5%。仙华山风景名胜区成功获批省级旅游度假区，并申报国家级景区，已提交国务院审批。新光旅游创客基地荣获“中国乡村旅游创客示范基地”“全国十大跨界旅游创客基地”等称号。成功创建全国休闲农业和乡村旅游示范县，县级休闲观光农业示范点18个，浙江省旅游特色村6个，星级农家乐100多家。全县休闲农业和乡村旅游点总数超过110个，精品线路20条以上，旅游人数达到305万人次。

【教育和文化】 现有小学28所，在校生30703人；初中14所，在校生13814人；普通高中6所(其中含综合高中3所)，在校生6119人；职业高中1所，在校生4490人；幼儿园71所，在园幼儿14712人；特殊教育学校1所，在校生33人。现有小学教职工1620人，初中教职工1149人，普通高中教职工666人，职业高中教职工214人，幼儿园教职工1710人。全县学前三年幼儿人口入园率98.61%；小学适龄人口入学率、巩固率均为100%；初中阶段入学率、巩固率也均为100%；初中毕业生升入高中段比例为98.52%；普通高中与等职业学校招生比为1:0.9。

召开“上山文化”命名十周年暨稻作农业起源国际学术研讨会。重点培育“千年孝义”文化牌，推进郑义门古建筑群之郑宅镇区传统村落保护工程，廉政动漫片《郑义门》登陆央视。成功举办“浦江·第九届中国书画节”和“万年浦江全国中国画花鸟作品展”等重大活动。

2016年“迎春接福”春节文艺活动、农民文化艺术节、东山公园群文大舞台、百场文艺下乡、浦江·中国书画节和文化遗产日活动周6个文化品牌持续打响，全年共开展浦江乱弹古装戏、青年歌手演唱会、首届“多彩家园”童歌会、第十届农民文艺艺术节、开心越剧团送戏下乡等文艺演出101场次，受益群众达27.8万人次。推进文化“四下乡”活动，送书下乡34800册次，电影放映3856场，送戏101场次、送展览9次、文化走亲3次，培训19个，讲座390次，新创建图书流通站2家。

【环境】 全县51条支流水质全部达到或优于Ⅲ类(其中Ⅱ类水质40条)，乡镇交接断面水质达标率100%。金坑岭水库、通济桥水库、仙华水库均达到Ⅱ

类水质标准,符合饮用水源水质要求。

全县森林覆盖率达到71.42%,空气负离子平均浓度达到每立方厘米782个,城区空气环境质量优良率83.5%,同比提高12.4%;PM2.5浓度为每立方米41微克,同比下降19.6%,PM2.5浓度全市排名第四位。

成功创建首批“美丽乡村”示范县,省级森林城市,成为全省首批“基本无违建县”。全县15个乡镇(街道)中,成功创建3个国家级生态乡镇,实现省级生态乡镇(街道)全覆盖。

【人口、人民生活和社会保障】 2016年,全县户籍人口39.92万人,其中男性20.77万人,女性19.15万人,全县常住人口41.82万人,其中城镇常住人口25.34万人,城镇化率达到60.6%,较上年提高1.4个百分点。

据城乡住户抽样调查,全年全县居民人均可支配收入29573元,比上年增长8.3%,其中,城镇常住居民和农村常住居民人均可支配收入分别为38413元和17857元,增长8.3%和7.9%,城乡收入比为2.2:1。

全年失业人员实现再就业2451人,年末城镇登记失业人数1729人,城镇登记失业率2.8%,较上年下降0.15个百分点。全县医疗保险参保人数35.81万人,养老保险参保人数27.45万人。

【传统产业转型升级】 推进水晶整治,累计关停21520家水晶加工户,仅剩526家水晶企业,四个现代化水晶集聚园区全部建成投用,水晶小镇(中捷水晶产业合作园)被列为义甬舟开放大通道重大支撑性项目,小镇客厅完成规划设计,年底前完成主体工程建设。2016年水晶产值超90亿元,达到整治前的1.6倍;税收突破2亿元,达到整治前的6.7倍。第一季度,实现产值29.4亿,同比增长37.1%,实现税收0.5亿元,增长130%。绗缝产业全面完成“黑心棉”整治,2016年实现产值78.3亿元,同比增长8.6%。挂锁行业加快推进两个挂锁园区建设,2016年实现产值66.2亿元,同比增长10.1%。

【新兴产业培育】 电子商务异军突起,活跃的电商主体由2013年的2000余家增加到2016年的8600家,成功创建省电子商务示范县。仙华山景区成功创建国家级风景名胜区。功创建全国休闲农业和乡村旅游示范县。设施葡萄面积增至5.2万亩,成为全省最大的集中连片设施葡萄基地和G20杭州峰会葡萄主要供应地;香榧种植面积突破3.8万亩,成为全国林业基地基础建设的典范。生物医药、化妆品、文化时尚等产业呈现良好发展势头,全县5家生物医药制造企业,实现产值9.1亿元,平均每家企业产值达1.82亿元;文化时尚制造业实现产值2.05亿元,同比增长24%;化妆品规模以上产值1.86亿元,同比增长15.3%。水晶、挂锁、绗缝三大传统产业均占全国60%以上的市场份额,成为“水晶之都、挂锁之城、中国绗缝家纺城”。

【招商引资】 2016年,全县共有158个招商引资项目,意向投资总额逾450亿元。国内最大的LED生产商上海三思光电在浦江注册成立6家公司;主板上市企业浙江莱茵达新能源集团已在浦江设立3家企业;国内最大的饰品供应商旭平饰品已经通过企业内部决策,决定年内到浦江投资;中国移动计划至少投资20个亿,把水晶小镇打造成智慧小镇;江西联创电子科技公司计划投资20个亿,落地工业项目;香港宝信国际旅游集团计划投资30个亿,介入浦江中国水晶城改造提升项目;中国华信、上海阜兴、中青城投将分别出资100亿元,介入水晶小镇、仙华小镇、江南第一家等项目的开发建设。

【城乡建设】 推动“一区两廊三湖四小镇”建设,全长17千米的浦阳江生态廊道建成投用,“城市客厅”金狮湖成功申报浦阳江国家湿地公园。推进“花漫浦江”“裸土复绿”“美丽庭院”“清洁田园”等转型升级,累计创建美丽庭院3万余户,打造美丽茜溪风景线、水墨前吴山水线等五条美丽乡村精品线,涌现前吴民生、虞宅新光、白马嵩溪等一批美丽乡村“金名片”,成为全省首批美丽乡村示范县。第一季度,金狮湖和通济湖游客达到160余万,新光和建光两个村游客就达60多万。

(傅杰桢)

武义县

【概述】 2016年,武义县总面积1568.18平方千米,下辖8镇7乡3街道和浙江省武义温泉度假区管理委员会。年末户籍总人口342700人。

2016年全县生产总值216.55亿元,按可比价格计算,比上年增长7.0%。其中:第一产业增加值16.24亿元,增长1.8%;第二产业增加值108.94亿元,增长4.1%;第三产业增加值91.37亿元,增长11.8%。按户籍人口计算的人均生产总值63290元。经济结构调整稳步推进,第一、二、三产业增加值占全县生产总值的比重由上年的7.7:52.8:39.5调整为7.5:50.3:42.2。

全年实现农林牧渔业增加值16.64亿元,剔除价格因素,实际增长2.1%。全县粮食播种面积18.63万亩,比上年增长0.2%;粮食总产量7.44万吨,增长0.4%。油料面积3.70万亩,产量4094吨,增长20.1%。蔬菜面积8.30万亩,产量11.54万吨,增长0.9%。药材播种面积0.57万亩,产量1895吨,增长30.0%。果用瓜面积1.29万亩,产量2.27万吨,下降12.4%。花卉苗木面积2.12万亩,增长12.2%。茶园总面积10.1万亩,茶叶产量1.2万吨,下降0.1%。评为2016年度全国重点产茶县和茶业发展示范县。实现农业增加值11.73亿元,增长3.7%。推进城西现代生态循环农业示范区建设,完成1500亩全程机械化粮食生产基地扩建等项目,创建省级生态循环农业主体8个。成立省农科院武义农业产业发展研究院,完成农产品交易检测中心主体工程。年末生猪存栏6.22万头,全年生猪出栏27.33万头,下降9.9%;猪肉产量2.13万吨,下降7.7%。家禽年末存栏27.41万只,年内出栏107.59万只,下降28.9%。全年畜牧业增加值3.20亿元,下降6.2%。

全年实现林业增加值0.82亿元,增长4.4%;实现渔业增加值0.48亿元,增长10.5%;实现农林牧渔服务业增加值0.40亿元,增长13.2%。全年化肥施用量(折纯)1.27万吨,下降11.5%。农林牧渔业用电量2229万千瓦时,增长9.5%。美丽乡村建设深入推进,年末全县共有精品村15个,精品线4条;实现农村全域生活污水治理和生活垃圾分类减量化处理两个全覆盖。全年新增四星级农家乐经营户3家,三星级经营户7家,二星级经营户6家。全年新增省级农家乐特色村2个,市级农家乐特色村2个。

2016年全县实现全部工业增加值96.21亿元,增长4.3%。其中规模以上工业增长2.9%;规模以上工业总产值495.71亿元,增长1.9%。新产品产值111.29亿元,下降3.1%。工业销售产值440.0亿元,增长1.7%。全年规模以上工业企业实现利税总额32.76亿元,增长6.8%,其中利润总额16.79亿元,增长7.1%。应付职工薪酬28.77亿元,增长9.1%。规模以上工业资产负债率68.4%,同比回落0.8个百分点;总资产贡献率10.3%,同比提高0.1个百分点;主营业务利润率4.1%,同比提高0.3个百分点;成本费用利润率4.3%,同比提高0.4个百分点;规模以上工业劳动生产率13.47万元/人,增长4.9%。全县规模以上工业实现高新技术产业增加值25.83亿元,增长4.8%;战略性新兴产业增加值7.89亿元,下降3.2%;装备制造业增加值53.99亿元,增长1.4%。鼓励企业对接资本市场,新三板、股权交易中心挂牌企业各2家。强化创新驱动,新认定各类科技型企业74家,新增市级企业技术中心4个、省级首台(套)产品3个、省级工业新产品64个。深化"四破"攻坚,处置僵尸企业27家。加大招商引资力度,在北京、上海、深圳开展驻点招商招才。全县开发区和工业功能区累计建成面积22.08平方千米,进区企业1898家,竣工企业1875家。区内企业实现销售产值588.61亿元,增长1.6%,工业区每平方千米工业销售产值26.66亿元。

全年实现建筑业增加值12.74亿元,增长2.4%(根据固定资产中的建安工程投资和建筑业总产值加权核算);实现建筑业总产值25.56亿元,下降31.1%。资质以上建筑企业利润总额0.95亿元,下降4.8%;建筑施工面积213.89万平方米,下降28.1%;完成房屋竣工面积99.87万平方米,下降54.3%。全年完成固定资产投资127.58亿元,增长3.0%。国有投资52.15亿元,增长17.6%;非国有投资75.44亿元,下降5.1%,其中民间投资74.96亿元,下降5.7%。全年完成房地产开发投资15.09亿元,增长1.5%。房屋施工面积138.40万平方米,增长0.2%;房屋竣工面积23.57万平方米,增长146.6%;商品房销售面积20.40万平方米,增长45.6%。

全年完成第一产业投资0.79亿元,增长54.4%;第二产业投资51.75亿元,下降18.0%;第三产业投资75.04亿元,增长24.5%。第三产业投资占全部投资比重为58.8%,较上年提高10.1个百分点。全县共安排政府投资项目121项,完成投资31.80亿元,增长30.5%。

全年实现交通运输、仓储和邮政业增加值4.98亿元,增长5.0%。全县公路总里程为1379千米。拥有各种机动车104732辆,下降6.2%。其中:大型、小型汽车76603辆,增长16.4%;摩托车27819辆,下降38.9%;其他机动车310辆。全年完成营业性公路货运量501万吨,公路客运量1518万人;公路货运周转量3.67亿吨/千米,公路客运周转量2.43亿人/千米。

全年邮电业务收入4.30亿元,增长2.7%。其中,邮政业务收入0.69亿元,增长17.2%;电信业务收入3.61亿元,增长0.3%。年末城乡固定电话用户4.84万户,下降16.3%;移动电话用户数53.15万户,增长0.3%,其中4G电话用户数28.45万户,增长52.0%。全年实现旅游总收入113.01亿元,增长51.3%。接待游客1286.64万人次,增长50.1%;其中国内游客1284.73万人次,增长50.1%;入境游客1.91万人次,增长36.1%。景点门票收入1.43亿元,增长39.6%。高标准谋划建设“旅游四镇”,推进牛头山AAAAA景区创建,成功举办海外名校学子走进俞源古村落等活动。

全年实现社会消费品零售总额90.41亿元,增长10.5%。其中城镇消费品零售额61.26亿元,增长8.8%;乡村消费品零售额29.15亿元,增长14.4%。按消费形态统计,餐饮收入13.60亿元,增长10.0%;商品零售76.81亿元,增长10.6%。制定电子商务三年行动计划,推进“武义制造进京东”,实现网络零售额65.7亿元,跻身2016中国跨境电商创业二十五佳县。

全年海关进出口总额151.56亿元,增长6.3%。其中出口额150.56亿元,增长6.7%;进口额1.0亿元,下降28.2%。全年实际利用外资1450万美元,增长45.0%。

全年完成财政总收入37.46亿元,增长11.0%。其中,上划中央“六税”收入15.42亿元,增长10.8%;一般公共财政预算收入22.04亿元,增长11.1%。其中,税收收入19.31亿元,增长13.4%。一般公共预算支出44.54亿元,增长27.6%。

年末金融系统存款余额(本外币)354.76亿元,比上年末增长12.2%。其中,住户存款207.16亿元,增长13.6%;非金融企业存款83.21亿元,增长3.9%;广义政府存款61.64亿元,增长20.8%。金融系统贷款余额(本外币)335.18亿元,下降5.6%。其中,住户贷款120.61亿元,增长17.4%;非金融企业及机关团体贷款214.57亿元,下降14.9%。

2016学年全县共有幼儿园123所,招生数4695人,在园幼儿17822人;小学27所,招生数4833人,在校学生26916人;初中8所,招生数3652人,在校学生9840人;普通高中3所,招生数1295人,在校学生4027人;职业高中1所,招生数898人,在校学生2479人;特殊教育学校1所,在校学生28人。全县小学、初中的入学率和巩固率均达到100%,初中毕业升高中比例达到98.49%。全年普通高等院校录取1317人。推进省教育现代化县创建,武义一中迁建工程开工建设,壶山小学迁建完成主体工程,白阳幼儿园竣工,武义一中与杭州学军中学合作办学,中国计量大学国学院落户璟园。

全县专利申请量1859件,增长50.2%、授权量1072件,下降7.1%,其中发明专利申请量145件,增长52.6%;授权量27件,下降27.0%。新认定各类科技型企业74家,增长23.3%,其中国家级18家、省级22家、市级29家、县级5家,新组建企业研发机构13家,其中省级4家、市级9家。新立项科技计划项目94项,下降8.7%,其中省级30项、市级1项、县级63项。

年末拥有公共文化馆1个,组织文艺活动90次,举办培训班60次,馆办文艺团体2个。公共图书馆1个,藏书30.29万册,电子图书6.53万册。延福寺修复工程竣工,明招文化园景观工程一期启动实施。

2016年,推进县第一人民医院、第二人民医院、中医院、妇保院、口腔医院等县级医院的双下沉、两提升工作,邵逸夫医院浙中微创医学中心等合作项目开局良好。至年末全县共有各类医疗卫生机构278家,其中医院7家、卫生院16家、社区卫生服务中心(站)17家、妇幼保健和计划生育服务指导中心、疾病预防控制中心、卫生监督所、医学教育机构、会计核算中心各1家、门诊部2家、诊所(医务室)117家、村卫生室114家。开设床位1429张,增长2.2%。其中:医院1223张、卫生院145张、妇幼保健和计划生育服务指导中心61张。各类卫生技术人员2370人,增长8.8%,其中:执业医师759人、执业助理医师144人、注册护士860人、其他卫技人员607人。探索省县乡三级医联体服务模式,启动浙中微创医学中心建设,县级医院全面对口帮扶乡镇卫生院,县第一人民医院迁建完成总工程量的70%,县口腔医院完工投用,县域智慧医疗平台启动建设。

全年开展71场县级群众性的体育活动(比赛)。首次举办武义半程马拉松赛事,共吸引7675人报名参加。壶山小学网球队共参加各项网球比赛8次,2次获得全国冠军、4次获得华东地区冠军、7次获得浙江省冠军、13次获得金华市冠军。全年销售体育彩票1.39亿元。

县城环境空气质量优良天数326天(空气自动站监测有效天数364天),空气质量优良率为89.6%。集中式饮用水源地水质、宣平溪水质和流经县城及六乡镇街道的熟溪水质的达标率均为100%。5个主要河段及湖库市控以上断面,达到或优于三类水质标准的占100%,满足功能区要求的占100%;全县4个地表水交接断面及3个出境断面达到或优于三类水质标准均为100%。

据城乡住户抽样调查,全县全体居民人均可支配收入26140元,增长7.6%。全县农村常住居民人均可支配收入14834元,增长8.5%;城镇常住居民人均可支配收入32894元,增长7.1%。农村常住居民人均生活消费支出11512元,增长9.8%;城镇常住居民人均消费支出24104元,增长7.9%。

2016年末,全县在册低保对象9948人,其中城镇247人,农村9701人。全年发放最低生活保障金2637.83万元。年末各类收养性社会福利单位19个,床位数2407张(含民办)。其中,社会福利院1个,床位数453张。城市社区服务中心18个。实际医疗救助2030人,发放救助金732.51万元;发放救灾款169.33万元,救济灾民1398人;发放义务兵优待金545.35万元,自主就业退役士兵自谋职业率100%;农村五保对象集中供养率、城镇“三无”对象集中供养率均为100%。全年办理结婚登记2565对,离婚907对,依法办理收养登记18件。

年末全县城镇职工基本养老保险参保107647人,增长1.9%;城镇职工基本医疗保险参保78469人,城乡居民基本医疗保险参保268346人;工伤保险参保110571人,增长3.3%;生育保险参保人数43525人,下降10.1%。失业保险参保人数37810人,增长2.1%。城乡居民社会养老保险参保登记缴费人数104243人。被征地农民基本生活保障参保人数5522人,领取基本生活保障金2276人。

【主导制定灵芝和铁皮石斛国际标准】 2016年8月,由浙江寿仙谷医药股份有限公司和中国中医科学院重要资源中心合作提交的灵芝和铁皮石斛两个国际标准提案的立项申请获得通过。应国际标准制订委员会(ISO)的邀请,2016年6月5日—9日,寿仙谷公司李振皓博士应邀参加在意大利罗马召开的国际标准化组织中医药技术委员(ISO/TC249)第七次全体会议。业内人士表示,此次灵芝和铁皮石斛两个国际标准提案的立项申请得到通过,必将大力推进名贵中药生产的规范化,为确保珍贵中药的高品质提供支撑。

【首个国家级“茶园双减”项目试验示范区】 2016年5月,武义县被中国农科院茶叶研究所列为全省首个茶园化肥农药减施增效技术试验示范区。该项目为“十三五”国家重大专项《化学肥料与农药减施研发》组成部分,拟在全国13个省份分别建立3~4个核心示范区,通过研发实施一批综合增效技术,实现示范区茶园肥料农药施用减量25%目标。

【“浙贝母-水稻”省级农作创新试点】 该项目通过对水稻、浙贝母的茬口合理安排衔接,运用高产栽培技术,提升农田亩产效益。其中,水稻5月下旬插秧,9月中旬收获,浙贝母在9月下旬播种,翌年5月初收获。2013年该项目入选全省第一批农作制度创新示范点,从近两年200亩栽培示范基地收成分析,浙贝母亩产效益稳定在1万元以上,水稻亩产400多公斤,基本实现药稻轮作、钱粮双收。2016年5月,全省中药材新技术、新模式现场观摩会在该县召开。

【扑克产业转型升级】 武义县是全国扑克牌传统生产基地,已有30多年发展历史,2008年以来,围绕“以赛事促发展”理念,通过连续举办九届全国桥牌混双公开赛,邀请知名选手参赛和吸引重量级媒体聚焦,提升武义扑克的知名度和美誉度,打开高端市场。2016年,全县有扑克生产相关企业100多家,年产值20多亿元,产品涵盖6大类1600余种品种,远销50多个国家和地区,并涌现出正点、钓鱼等一批著名品牌,先后荣获“中国文教用品生产基地”和“中国扑克牌生产基地”称号。

【连续三年入选全国电子商务百佳县】 2016年5月,2015年度中国“电商百佳县”榜单揭晓,武义县以电商发展指数14.67分位居第22名,连续三年入选。武义县立足县域优势产业资源,大力引导电商集群发展,积极打造电商特色产业基地,涌现出楼王村、桐琴镇等一批中国淘宝村、淘宝镇。全县拥有电商注册企业317家。

【温泉小镇总投资超26亿元】 温泉小镇自2015年入选全省首批特色小镇以来,完成年度投资6.5亿元。温泉萤石博物馆、璟园古民居等一批项目开业。2016年7月,举办2016武义温泉节养博会新闻发布暨温泉小镇旅游项目集中开工仪式。陌上花开溪里湾二期工程、浙江博泉健康养生园、飞神谷国际慢城一期等7个项目集中开工,总投资额26.66亿元,其中特色产业项目5个、基础设施配套项目2个。

【全市最大单体光伏发电项目并网发电】 2016年9月2日,浙江武义大族菌光互补项目通过国家电网金华供电公司、武义供电公司联合验收,正式并网发电。该项目是全省首个新型林光互补光伏项目,也是金华市最大单体光伏发电项目。该光伏电站位于壶山街道上端头村食用菌农业大棚区,项目总投资4300万元,总装机容量5100千瓦,利用该县创新食用菌公司6万平方米的大棚屋顶,搭装18889块峰值功率为270的多晶硅太阳能电池组件进行发电,经逆变、升压,以10千伏专线接入变电所的并网方式接入电网系统,投运后年发电量可达500万千瓦时。

【大学生创业园开业】 2016年4月,首个大学生创业园投用,创业园内首期占地2500平方米。园区为每位创业大学生减免首年办公场所租金,并提供三年10万元以上的全额贴息贷款,在相应税费上给予优惠。截至2016年底,入驻创业企业33家,第一批入库创业项目351个。成立武义县大学生创业协会,已有创客68名,邀请省内知名专家及成功创业人士在园区内举办创业培训。

【构筑多层次居家养老】 制定《武义县养老设施布局规划(2013—2020年)》和养老服务产业标准,出台《关于深入推进农村(社区)居家养老服务照料中心建设的实施意见》。2016年,全县建成居家养老服务照料中心219家,占全县行政村数的40.4%,直接服务老人2万余人,间接服务6万余人。启动农村(社区)居家养老服务照料中心建设,探索建立不离家、不离亲,投入少、覆盖广、效果好的新型农村养老新路。2016年,针对运行情况进行分段补助,同时提高80岁以上、“低保”“五保”老人就餐补助经费,从原来的2元/人/天提高到4元/人/天。全县照料中心正常运转率达90%以上。依托8890便民服务平台,投入100多万元建设8890虚拟养老院,采集老年人信息68829份,占应采集量100%,入住老年人数5856人。发展和壮大各类志愿者服务组织,32家单位、2000余名志愿者加入服务队伍,每月定期开展助老服务活动,累计服务老人5万余人次。实行三级结对,建立机关部门“两富两美”指导员、乡镇(街道)机关党员、村支部党员三级联系照料中心制度。

【“物联网+”农业基地试点项目】 作为全省最早一批运用物联网技术的数字化农业基地——武义桑合无花果基地,自2012年建成来,先后投入80多万完成50亩基地大棚自动化水肥喷滴灌、远程视频与环境智能监控预警等系统建设,2016年可实现根据外部环境变化自动完成灌溉、施肥、防雪、防风等多个作业环节,每年节约劳动力成本50%以上。同时依托智能化系统科学施肥、灌溉,较普通无花果种植大棚每亩增产20%以上,每年亩均增收3000多元,并能抵御10级以上的台风。

(周云芳)

磐安县

【概述】 2016年,磐安县行政区域面积1194.74平方千米,辖19个乡镇、363个行政村。年末户籍人口212316人,其中,男109741人,女102575人。实现生产总值 82.73 亿元，按照可比价计算，同比增长 7.0%。分产业看，第一产业增加值 11.41 亿元，增长 2.5%。第二产业增加值 37.78 亿元，增长 5.0%。在第二产业中，工业增加值 29.11 亿元，增长 5.9%；建筑业增加值 8.68 亿元，增长 2.2%。第三产业增加值 33.55 亿元，增长 11.1%。在第三产业中，交通运输仓储和邮政业、批发零售业、住宿餐饮业、金融业、房地产业增加值分别为 1.59、5.80、2.30、3.95、3.86 亿元，分别增长 5.3%、6.8%、6.6%、1.7%、3.8%。全县人均生产总值达到 38990 元，折合 5870 美元。第一、二、三产业增加值占生产总值的比重由上年的 14.1:47.4:38.5 调整为 13.8:45.7:40.5。财政总收入 13.75 亿元，同比增长 7.5%。其中，一般公共预算收入 8.22 亿元，增长 8.0%。一般公共预算支出 25.27 亿元，增长 17.7%。

【农业】 年内全县农林牧渔业增加值 11.54 亿元，剔除价格因素(下同)，比上年增长 2.4%。其中，农业增加值 9.53 亿元，增长 2.5%；林业增加值 1.10 亿元，增长 5.7%；畜牧业增加值 0.75 亿元，下降 2.6%。全年农作物播种面积 23.76 万亩。其中，粮食播种面积 8.72 万亩，与上年基本持平；粮食总产量 3.23 万吨，同比增长 1.9%。全年中药材种植面积 7.46 万亩，实现产值 5.23 亿元，与上年基本持平；食用菌产值 2.42 亿元，增长 5.7%；茶叶种植面积 7.88 万亩，实现产值 1.49 亿元，下降 5.1%；蔬菜种植面积 5.14 万亩，实现产值 1.62 亿元，增长 14.1%。全年生猪出栏 4.42 万头；蚕茧产量 16 吨，减少 44.8%新增设施农业 520 亩，新建粮食生产功能区 6170 亩。整建制推进现代生态循环农业。创建现代生态循环农业示范区 2 个、认定现代生态循环农业示范主体 3 个。被评为 2016 年度中国十大生态产茶县，“磐五味”中药材被认定为中国驰名商标。农村土地确权工作全面推开。推进农村生活垃圾分类处理，出台《关于开展农村生活垃圾分类减量化处理资源化利用的实施意见》。完成 118 座阳光堆肥房、5 座机械化处理站建设，363 个行政村已配备 512 名分拣员。拆除危旧房 12.96 万平方米、空心村改造 5.96 万平方米、新建农民公寓 5.32 万平方米。57 个村完成生活污水治理项目建设，新增受益农户 7000 余户。新培育省级美丽宜居示范村 2 个、省级特色精品村 3 个，新增中国传统村落 2 个，尖山镇成为全省首批美丽示范乡镇。

【工业】 年内工业增加值 29.11 亿元，按照可比价计算，比上年增长 5.9%，工业增加值占 GDP 的比重为 35.2%。全县 133 家规模以上工业企业完成增加值 15.89 亿元，同比增长 4.3%。完成总产值 79.81 亿元，同比增长 6.1%。实现工业销售产值 72.44 亿元，同比增长 5.7%。其中，出口交货值 21.97 亿元，同比增长 8.3%。产值超亿元的企业达到 20 家。实现利税总额 7.09 亿元，同比增长 33.3%。全县工业用电量 2.46 亿千瓦时，同比增长 12.2%。其中，规模以上工业用电量 1.69 亿千瓦时，同比增长 15.6%。中盛新材料、益纸淀粉在新三板挂牌上市。成立帮扶办并实体化运作，征集并交办 42 个企业难题，发放企业应急周转资金 529 笔、金额 25.06 亿元，惠及企业 274 家。推进实施技术改造和“机器换人”。审批省级重点技改项目 1 项，市级重点技改项目 7 项。新增省级技术中心 1 家，新增市级机器换人示范企业 2 家；审批市级两化融合重点项目 5 项。获省级工业优秀新产品 2 项。年内，建筑业增加值 8.68 亿元，同比增长 2.2%。房屋建筑施工面积 1534.45 万平方米，建筑业总产值 135 亿元。房屋竣工面积 537.09 万平方米，竣工产值 83.63 亿元。施工总承包一级资质建筑企业 8 家，二级建筑企业 12 家；专业总承包二级建筑企业 5 家。固定资产投资 63.47 亿元，同比增长 13.7%。其中，房地产投资 9.10 亿元，增长 51.2%；基础设施投资 25.24 亿元，增长 15.4%；工业投资 23.15 亿元，增长 3.5%。在工业投资中，工业技术改造投资 14.23 亿元，增长 16.9%。全年进出口总额 3.70 亿美元，同比下降 2.3%。其中，出口额 3.63 亿美元，下降2.8%。

【旅游业】 确立旅游在“1+X”生态产业体系中的龙头地位，入选国家全域旅游示范区创建单位。编制《磐安县乡村休闲养生旅游发展三年行动计划》《磐安台地乡村休闲旅游集聚示范区规划》。推进养生、旅游产业联动，打造“沪上人家”养老基地。农家乐发展势头良好，累计发展农家乐 473 家、床位 11165 张、餐位 32180 个，全年接待游客 225 万人次，直接营业收入 13660 万元，游客购物收入 1711 万元。2016 年，全县接待游客 954.55 万人次，同比增长 20.6%；实现旅游总收入 69.74 亿元，同比增长 41.3%。全县实现社会消费品零售总额 32.59 亿元，增长 14.5%。实现商品销售总额 67.16 亿元,同比增长 14.4%。电子商务加快发展,淘宝·磐安特色馆开馆运营,新增农村电子商务服务点 55 个。

【科教文卫事业】 科教文卫事业加快发展。第四中学、新城中学主体工程全面结顶,教师进修学校、文溪小学二期开工建设,尚湖镇中心小学综合楼建设竣工。开展义务教育省标准化学校创建,标准化率达到 96.2%。加大教育信息化投入,6 所学校创建为市信息化特色学校,7 所学校创建为市首批数字化校园示范校。全县拥有各级各类全日制学校 29 所。其中,小学 15 所,在校学生 1.17 万人,小学适龄儿童入学率达到 100%;初中 11 所,在校学生 0.64 万人,初中适龄少年入学率达到 100%;高中 2 所,在校生 3070 人;职高 1 所,职业高中在校生 1464 人;初中毕业生升入高中段学校比例为 98.60%。全县学前儿童入园率为 99.05%。新增国家高新技术企业 4 家。鹏孚隆特种聚合物材料研究院成为磐安县首家省级新材料重点企业研究院,春光橡塑创建省级企业研究院。技术市场改革试点工作深入开展,连续两年获评浙江省网上技术市场先进县。获省重点研发项目和重大专项立项各 1 个,浙江和勤通信工程有限公司通过省级专利示范企业验收。评选首批道地磐安药膳,发布全省首个药膳行业标准。专利申请量 725 件(其中发明 101 件);专利授权量 478 件(其中发明 19 件)。年内完成 19 个乡镇文化站达标创建;送戏 157 场、送书 23920 册、送展览 160 场、送培训 192 场、送电影 2500 场、送讲座 52 场,文化走亲 28 场次,展演非遗节目近 50 场,大型文化活动 16 场。新引进影视企业 199 家,在磐拍摄影片 71 部,命名挂牌"百杖潭、花溪、水下孔、十八涡、舞龙峡、中经影视"等 6 个影视外景拍摄基地。与横店签订《影视产业合作协议》,联合培育群众演员 300 人次。国家文化部公布磐安县文化馆为国家二级馆。古茶场文化小镇入选省级特色小镇培育名单。创建省级体育强县,引进金华市山地自行车越野赛,举办横马·磐安生态马拉松、"友强杯" 中国磐安中药寻宝越野公开赛等重要赛事。"江南药镇" 加快建设,浙江省中医药研究院磐安分院成立,中医院迁建项目完成设计招标,人民医院医技楼开展可研编制,县中医院名医馆建设基本完成。开展医疗卫生体制改革,加强合作办医、分级诊疗,启动责任医生签约服务,探索"双下沉、两提升"新模式,县内就诊率达 78.7%。

【环境】 生态环境持续改善。全县化学需氧量、氨氮、二氧化硫、氮氧化物 4 项指标均超额完成省市下达的污染物削减任务。新建 1 个空气自动监测站。淘汰所有燃煤锅炉,完成黄标车淘汰任务,全县空气质量优良率达到 95%。江流域水质考核获全市第一。河湖库塘清淤 55.49 万立方米。19 个村的饮用水得到改造,50 个村农村饮用水水质提升, 改善供水人口 2.6 万人。2016 年,规模以上工业企业综合能源消费量(等价能耗)为 5.68 万吨标准煤,同比增长 10.1%; 单位工业增加值能耗为 0.36 吨标准煤/万元,同比增长 5.6%。举办省第二届森林休闲养生节暨第四届杜鹃花节、七仙湖湿地公园开园、"美丽浙江"微视开通仪式、浙江最美森林古道"磐安"行等系列活动。樱花谷栽植樱花 5000 棵,杜鹃谷栽植杜鹃 2000 棵。珍贵彩色森林建设 5000 余亩、绿地建设 200 亩、平原绿化 1065 亩。创建省级森林村庄 2 个、市级森林村庄 5 个。七仙湖湿地公园获评全省十大最具特色湿地。尖山森林旅游休闲小镇入选省森林特色小镇创建名单。首次开展野生动物资源专项整治,查处破坏野生动物资源刑事案件 11 起,救助野生动物 160 只。

【交通】 杭绍台高速磐安段开工建设, 金台铁路磐安段全面开工,杭温高铁完成可研审查,42 省道(双溪口—云山)建成通车,横窈线改建工程列入省计划项目,且路基工程建设进度过半。县交通应急中心建成并投入使用。G351 国道(安文–马宅)、西南线 (玉山镇西坑畈–九和乡南坑) 完成工可审查; S314 省道(双峰–新渥)改建工程完成线位方案。磐安被列入全省 20 个美丽公路示范县,40 省道被评为 2016 年"浙江十大最美绿化国省道"。实施建制村通客车"村村通"工程,新开通农村客运班线 35 条,实现 57 个未通班车行政村通车。

【邮电】全县完成邮电业务总量 1.53 亿元。其中,邮政业务总量 0.24 亿元,电信业务总量 1.29 亿元(含电信、移动、联通)。年末固定电话用户 6.04 万户,移动电话用户 21.05 万户,国际互联网用户 4.06 万户。

【居民生活】年内,常住居民人均可支配收入 32472

元,同比增长 7.9%;农村常住居民人均可支配收入 14656 元,同比增长 9.4%。新增城镇就业 1341 人,城镇登记失业率 2.6%。新增社保扩面 11908 人次,社会保障卡持卡人数达 19.6 万人。举办招聘会 10 场,为 280 家企业招聘员工 4322 人次。开展"药膳师""药乡月嫂""千名技术农民"等培训。出台《关于支持大众创业促进就业的实施意见》。发放城乡低保资金 2261 万元。开展低保动态调整工作。提高城乡居民低保标准:城镇低保标准从 528 元/月提高到 581 元/月,农村低保标准从 396 元/月提高至 581 元/月。推进居家养老服务规范化、制度化、长效化管理,出台《关于推进居家养老服务照料中心规范化建设的实施意见》。

【磐安入选国家全域旅游示范区创建单位】 2016 年 11 月,国家旅游局印发《关于公布第二批国家全域旅游示范区创建单位名单的通知》(旅发〔2016〕141 号),公布第二批 238 家"国家全域旅游示范区"创建单位名单,磐安入围。"全域旅游"将特定区域作为完整旅游目的地,进行整体规划布局、综合统筹管理、一体化营销推广,促进旅游业全区域、全要素、全产业链发展,实现旅游业全域共建、全域共融、全域共享的发展模式。

【磐安获评全国十大生态产茶县】 2016 年 10 月 25 日,在安徽黄山举办的第十二届中国茶业经济年会上,磐安因生态环境良好、茶产业资源优势突出,被评为 2016 年度"全国十大生态产茶县",是浙江省唯一一个入选县。

【首个驰名商标"磐五味 panwuwei 及图"】 2016 年 12 月 29 日,国家工商行政管理总局商标局印发《关于认定"磐五味 panwuwei 及图"注册商标为驰名商标的批复》(商标驰字〔2016〕271 号)。这是磐安首个通过认定的驰名商标,"磐五味"地理标志证明商标是磐安县中药材的核心品牌,涵盖白术、元胡(延胡索)、浙贝母、玄参、杭白芍等磐安传统道地药材。

【第十届药博会】 2016 年 9 月 19 日,在磐安县"浙八味"特产市场北广场开幕。开幕式上,发布首批道地磐安药膳名单,县中药材检验检测中心揭牌。投资 3.5 亿元的中医药养生园中医院项目同日开工。

【全县建制村全部通客运班车】 2016 年,磐安投入资金超 6000 万元,新开通农村客运班线 35 条。年内,全县 19 个乡镇 363 个建制村全部开通客运班车,惠及群众近 3 万人。

【尖山镇获评省美丽乡村示范乡镇】 2016 年 11 月 5 日,浙江省美丽乡村和农村精神文明建设现场会在嵊泗召开。会上公布第一批浙江省美丽乡村示范县和示范乡镇名单,磐安尖山镇获评"第一批浙江省美丽乡村示范乡镇"。

(陈金春)

国家、省直驻金单位

浙江省第三地质大队
浙江省核工业二六九大队

【概述】 2016年,大队拥有区域地质调查、固体矿产勘查、液体矿产勘查、水文地质调查、工程地质调查、环境地质调查、地质钻(坑)探、地质灾害防治工程评估、勘查、设计甲级资质;液体矿产勘查、地球物理勘查、地球物理勘查、地质实验测试乙级等资质,是矿山地质测量甲类机构。队属企业拥有市政、建筑、矿山工程等总承包壹级资质和地基与基础、钢结构、隧道、建筑装修装饰专业壹级;电子智能化、建筑工程专业承包贰级;爆破作业一级许可证及综合勘察甲级和测绘甲级等资质。大队下设地质调查院、地质环境院、核工业金华建设工程公司、浙江省第三地矿工程公司、核工业金华工程勘察院、浙江省浙中地质工程勘察院、浙江省第三地质大队测绘院、钻探分队、金华市金地置业有限公司、检测中心、金华市女子中学等十余家下属单位。

【地勘经济与社会服务】 2016年,大队共签订业务合同1272个,合同总额13.89亿元,其中千万元以上项目19个,5000万元以上项目2个,亿元以上项目2个,累计合同额9.937亿元;实现对外经营收入14.90亿元;实现利润4035万元,生产增加值4.21亿元,上缴税金8880万元。服务国土资源中心工作,完成各类地质项目546项,产值3365.3万元(不包括地质灾害治理及矿山生态环境治理施工项目)。开展金华、临安等8县(市)矿产资源规划(2016—2020年)编制工作。编制完成《金华市地质灾害与地质环境保护"十三五"规划》。完成江山市、东阳市、武义县农村山区地质灾害调查评价的综合研究成果报告编制及数据库建设。承担国家地下水监测工程(浙江省)地下水监测站点(Ⅴ标段)土建工程。为地方政府提供全方位综合服务,与磐安县政府签订地质工作战略合作协议,对兰溪市六洞山景区8.48平方千米内的旅游资源进行详查摸底。开展实施兰溪赤山湖旅游度假区及武义县徐村地热资源勘查等项目。2016年9月28日丽水遂昌苏村发生山体滑坡灾害造成重大人员伤亡和财产损失,大队积极配合省专家组开展应急勘查、地质灾害隐患点的排查及勘察治理、监测预警等灾后处置治理工作,为指挥部科学决策、精准搜救、安全搜救提供专业保障,为灾后重建工作提供技术支撑。全年在金华市辖县市区及衢州、台州等部分县市出动地质专家等专业人员1200余人次,完成地质灾害应急调查项目500余个,提交报告411份。梅汛季节主动对接地方国土部门,成立与地方应急值班配套的小分队,24小时待命。队属核工业金华建设工程公司2016年度在金华市区承接3个超千万的市政项目,承接的合同额2.48亿元的金华330国道改造PC+融资项目全面完工。队属核工业金华工程勘察院核勘院新取得地质灾害治理设计乙级资质、AAA级"企业信用报告",健全"三合一"管理体系认证,承揽杭州锦江集团印尼-中国产业园地形测量等多项施工勘察及矿山地质勘查项目。队属测绘院取得2016—2018年金华婺城金东违法矿山核实测量年度服务资格以及金华市多湖商务区年度"三测合一"服务资格和上海铁路局2016—2018年度测量服务资格。

(张明 李旭卿)

浙江煤炭地质局勘探二队

【概述】浙江煤炭地质局勘探二队，为中央（国资委）直属正处级事业单位，上级主管单位为中国煤炭地质总局浙江煤炭地质局。主要从事工程勘察、资源勘查、基础工程、工程测量、地灾治理等地质及延伸业工程施工，下属经济实体4个(浙江省华厦工程勘察院、浙江中煤实业集团公司杭州分公司、资源勘探二公司、浙江煤炭测绘院金华测绘处)。

【工程勘察】2016全年，华厦工程勘察院杭州分院签订工程勘察合同约125项，见证项目合同约55项，完成审查答复45份。参与的几项较大招投标工作取得不错的结果，中标良渚新城工程勘察2016—2017年年度标，中标余杭区基础工程勘察2017年年度标，中标德清医院、金华市人民医院等市县重点项目的工程勘察及湖州"誉华"、浙江迅鼎半导体材料科技有限公司湖州120吨硅乙烷项目等大型工民建工程勘察项目。2016全年，华厦工程勘察院金华分院共计完成勘察报告200份，完成见证报告138份，完成审查答复78份。参与十几个较大项目的招投标工作，中标项目有金义东轻轨初勘项目一标段、二标段、金华市BRT快速公交3号线、4号线项目、兰溪市2017—2018年6座小型水库等工程勘察项目；完成2015年度建设工程优秀勘察设计奖的申报工作，金色港湾二期荣获一等奖、绿城·金华海棠荣获二等奖，钱江杯奖金色港湾二期获得三等奖；ISO9001质量管理体系认证工作已完成。

【资源勘查】2016年，共新签订4个勘查项目，浙江省天台县三州乡五联村–平桥镇王长墓矿区萤石矿详查钻探工程，浙江省绍兴兰亭镇花街–诸暨枫桥镇屠家坞地区铜多金属矿普查钻探工程，浙江省淳安县姜家镇潘家一带铜多金属矿详查钻探工程，新建杭州至绍兴至台州铁路建设用地压覆矿产资源评估合同及补充协议。完成浙江省江山市淤头盆地地热资源勘查项目评审。浙江省缙云萤石矿详查项目，该项目勘查范围12.03平方千米，期限2015年9月23日至2017年6月9日。完成野外填图、槽探等部分工作，钻探工作完成15个钻孔1600余米。完成金华市山下村金矿普查探矿权注销、江山石门地热探矿权延续、东阳市上村萤石矿探矿权延续变更、衢州市杨源岭萤石矿探矿权保留、诸暨市大青山金银多金属矿探矿权保留、浙江省武义县白姆乡谢坑矿区萤石矿勘探项目探矿权注销、浙江省武义县鸡舍湾萤石矿详查探矿权保留等探矿权维护工作。完成钱塘坳陷金衢盆地白垩系页岩油气地质条件评价报告评审工作。完成浙西页岩气地质调查岩心汇交工作。浙江省江山市石门镇青山头区块矿泉水资源评价项目已完成三个孔施工任务。新建杭州至绍兴至台州铁路建设用地压覆矿产资源评估及储量分割报告已经通过专家评审，现正在进行资源储量备案及压覆审批工作。

【地质灾害监理】2016年，共签订地灾监理合同约11项，已完工的6项；上年结转项目约24个，其中已完工的验收项目5个，其余均在施工中。重点监理项目有兰溪市灵洞乡洞源–平原滑坡工程项目、浦江废弃矿山治理工程项目、义乌市大陈镇龙山景区瑞安寺入口处边坡崩塌治理工程。

（邵湉妍）

杭金衢高速公路金华管理处

【概述】杭金衢高速公路是国家高速网沪昆高速公路(G60)的组成部分，是浙江省公路主骨架"两纵两横十八连三绕三通道"中的重要一纵。金华管理处所辖杭金衢高速公路金华段，起于浦江县郑家坞镇，止于兰溪市游埠镇，境内主线全长99.242千米。管理处下设郑家坞、浦江、义乌、上溪、畈塘、金华、兰溪、金华西、游埠九个收费所。

【改扩建工程】杭金衢高速公路改扩建工程金华段里程长度63.595千米，国高网桩号为K256+902~K320+497(八一路分离立交桥头)，经过6个互通区(即郑家坞、浦江、义乌、上溪、畈塘、金华互通)，2个枢纽(金丽温高速公路枢纽、甬金高速公路枢纽)，1个服务区(金华服务区)，新建一处东河互通，一处养护工区。工程采用部颁平原微丘高速公路设计标准，汽车荷载等级为公路—Ⅰ级，扩建后路基宽度为 42.0 米,双向八车道(原路基宽度为 28 米,双向四车道),设计速度 120 千米/小时。工程建设中,浦江高边坡路段路基采用单侧整体式拼宽方式;不良地质易滑坡路段,采用新建抗滑桩+挡土墙防护形式或拆除原有抗滑桩采用新建抗滑桩防护形式或采用开挖卸载方式处理。金华拓宽段桥梁共计 212 座、涵洞 257 道;大中桥正常路段两侧拼宽 6.75 米,采用上连下不连的拼宽方式;涵洞正常路段两侧各拼宽 7 米;王市岭拆除原隧道改为路基形式,开挖量 48.4 万立方米,开挖后杭向侧边坡高约 50 米边坡,衢向侧边坡高约 7 米边坡。为了更适合高温天气的稳定性能,主线路面上面层结构采用 4 厘米厚 SMA 改性沥青罩面+中面层 6 厘米改性沥青+下面层 10 厘米普通沥青,沥青砼层达 20 厘米厚度。金华段于 2017 年 1 月双向八车道试通车营运。

【畅通服务】 2016 年所辖路段出入口车流量同比增长 16.89%;路面共发生交通事故 1279 起,同比上升 37.5%;死亡 12 人,同比下降 14.3%。全年共投入养护经费 2239 余万元。在改扩建施工道路通行环境复杂的情况下,实现重特大事故数以及人员伤亡数和因事故引起的封道分流影响等指标同比均大幅下降。春运及春节、清明、"五一"、国庆免通期间免费通行小型客车 89.34 万辆,免收通行费 3841.51 万元。加强路面管控,提升路面施救效率。全年共进行路面施救作业 4140 次,清理道路抛洒物 3778 起,路面保畅巡查 412154 千米。执行国家鲜活农产品运输"绿色通道"免费政策,全年共服务免费绿色通道车 28.03 万辆,免费金额 4262.45 万元。

【G20 峰会服务保障】 开展涉路维稳风险"大排查"、特殊利益群体"大走访"、信访工作"大提升"三个专项活动,落实"6 个三"举措,即:部署落实突出"三早"(早谋划、早部署、早落实);工作推进强化"三严"(严密排查、严格检查、严肃值班);沟通协作重视"三联"(联勤、联动、联席会议);道路养护做好"三全"(全力保洁、全程巡查、全面养护);安全保畅凸显"三强"(强化文明服务、强化指挥体系、强化力量落实);"三新"举措助力服务保障,安保指挥中心挂图作战;值班领导驻守,非轮值领导带队分片检查;1 日至 7 日 168 小时无缝值班,完成峰会服务保障的各项任务。

(洪　娟)

高速交警金华支队

【概述】 2016 年,高速交警支队管辖 5 条高速公路,里程约 336 千米。日均流量达 13.03 万辆次,同比上升 36.1%。支队共接报警 13.1 余起,实施交通管制措施 855 次,完成专项勤务 28 批 53 次。查处交通违法行为 22.9 万余起。辖区发生交通事故 6846 起,未发生一次死亡 3 人以上较大事故。

【完成 G20 峰会安保】 根据 G20 峰会安保总体部署,支队承担着 1 个二级公安检查站、1 个交通应急管控点、3 个交通诱导点和 336 千米路段夏季交通安全管控的任务。自 8 月 10 日启动等级勤务起,至 9 月 7 日等级勤务结束,支队共出动警车 4116 辆次,投入警力 10290 人次,查处交通违法行为 22469 起;辖区发生交通事故 42 起,无人员伤亡,交通安全形势平稳;单双号限行后,未发生严重排队拥堵情况,交通组织安全有序畅通;义乌检查站未发生漏管失控情况,圆满完成 G20 峰会安保任务。

【杭金衢高速公路郑家坞至金华段改扩建工程】 杭金衢高速公路改扩建工程是省重点工程。拓宽施工路段主线全长 150.8 千米,其中金华辖区 63.6 千米,自 2015 年 6 月开工建设,2016 年 12 月路面主体工程完工。该路段交通流量大,绕行道路条件差,尤其是三个月封闭施工后,实行"边施工边通车"的模式,施工管理压力大。金华支队全警奋战 600 天,圆满完成施工管理任务,期间未发生因施工引发的死亡事故和长时间、大面积拥堵。

(沈松韩)

专 记

金义综保区

【概述】 2015年，义乌市以国际贸易综合改革试点为核心，形成以国家新型城镇化综合试点、农村宅基地制度改革试点、农村改革试验区、金融专项改革等为重点的改革方阵。市场采购贸易方式实现平稳过渡，并由国务院向江苏海门、浙江海宁两地推广。“义新欧”货运班列实现双向常态化运行，至2015年底共往返运行36个班列，运输2192个标准集装箱。获批设立国际邮件互换局和交换站并投入运行，成为浙江中西部地区跨境邮件进出口新通道。铁路口岸获批临时开放，航空口岸扩大开放，成为国家对外经贸交流合作的新平台。

【市场采购实现平稳过渡】 3月24日，义乌市商务局启动市场采购贸易供货商备案工作。制定下发《义乌市市场采购贸易供货商备案实施细则（试行）》，联网信息平台启用商户备案功能。5月1日，实现“旅游购物(0139)”向“市场采购(1039)”平稳过渡。7月，国务院将义乌市场采购贸易方式试点经验在江苏海门叠石桥国际家纺城、浙江海宁皮革城推广。2015年，市场采购贸易出口283.94亿美元，同比增长59.65%，占整体出口的83.9%，成为义乌市场小商品出口的主要通道。

【启动国内贸易流通体制改革发展综合试点】 8月6日，国务院办公厅发布公告，同意在义乌市等全国9个城市开展国内贸易流通体制改革发展综合试点。8月10日，义乌市委书记李一飞率队专程赴商务部汇报国内贸易流通体制改革发展综合试点工作。8月25日，国务院副总理汪洋在北京主持召开内贸流通体制改革发展综合试点工作会议，义乌市委书记李一飞参加会议，并重点汇报义乌内贸流通体制改革发展综合试点工作准备情况及试点工作安排。10月15日，义乌召开国内贸易流通体制改革发展综合试点动员会，标志着义乌内贸流通体制改革发展综合试点工作全面启动。副省长梁黎明、省政府副秘书长陈宗尧、商务部流通业发展司政策标准处处长林健及省有关部门负责人出席会议。12月4日，义乌市市场监督管理局与上海、南京、郑州、广州、成都、厦门、青岛、黄石的质量技术监督局，共同发起成立国内首个城市间标准化联盟组织——城市标准化创新联盟，国内贸易流通体制改革发展综合试点标准化工作正式启动。

（金 鑫）

小城镇环境综合整治

【概述】 根据省、市有关开展小城镇环境综合整治行动的重大决策部署和《浙江省小城镇环境综合整治行动实施方案》要求，按照“走在前列、共建金华、勇立潮头”的新要求，金华市认真谋划、细致筹备、创新举措，迅速建立工作机构、出台行动方案、开展专项行动，全力开启小城镇环境综合整治行动的良好局面。

【全域动员】 11月2日，金华市召开千人大会，全面动员部署小城镇环境综合整治行动。会议由市长暨军民主持，市委书记赵光君出席会议并讲话，市委副书记何杏仁作工作部署，市四套班子有关领导、有关部门主要负责人等参加会议。会议的召开掀起全市小城镇环境综合整治热潮。12月相继召开“道乱占、车乱开”专项治理百日攻坚启动会、卫生乡镇创建百日攻坚启动会等4个专项推进动，专业动员、专项推进。截至12月底,全市“道乱占、车乱开”专项整治行动共开展联合执法行动数十次,出动警力7000多人,查处交通违法行为28000多起,发放宣传资料近10万份。为营造比学赶超的良好工作氛围,12月1日市委宣传部牵头部署全市的小城镇综合整治行动宣传工作,相继在金华电视台、金华日报等主流媒体开设“小城镇新观察”“小城镇环境整治进行时”“正风问效小城镇环境整治专题”等专栏,以正面典型、反面案例引导小城镇环境综合整治主体认清问题、落实行动。各县(市、区)、乡镇(街道)也多次召开动员会、部署会,并通过发放宣传资料、整治告知书等方式,全面发动县、镇、村的党干群、工青妇参与小城镇环境综合整治,加快形成全民共建、全民共享的良好社会氛围。

【专题培训】 开展集中培训,11月17日在东阳开设小城镇环境综合整治专题研讨班,各县(市、区)分管领导、整治办负责人,纳入整治范围的乡镇负责人共240余人参加培训。为期3天的培训内容涵盖规划、景观设计、建设、城市管理、文物保护等十多门相关课程。开设夜学课堂,为进一步提升基层干部在新型城镇化建设方面的能力,市整治办联合市委组织部创新夜学方式,搭建交流平台,开展市区小城镇环境综合整治“周四夜学”活动,推行长效学习机制。12月29日举行“周四夜学”课堂开课仪式。课堂每周确定一个主题,组织市本级各区(开发区)分管负责人、乡镇负责人参加。由省、市知名专家或在城市规划、建设、管理方面具有丰富经验的干部进行授课。

【战略合作】 积极争取金融机构、规划设计单位以及相关行业主体对小城镇环境综合整治工作的支持,为小城镇项目的规划、建设提供资金、技术等方面的保障。在全省率先和市农行签订“共同推进小城镇环境综合整治战略合作协议”，由该行在未来三年提供不低于人民币300亿元意向性信用额度,主要用于“小城镇环境整治及配套基础设施建设”;与省内外28家规划设计单位,其中21家具有建筑、规划、风景园林等乙级以上综合资质,7个县(市)各1家本地规划设计单位,签订“小城镇环境综合整治规划设计编制战略合作意向”，为金华市小城镇环境综合整治规划的编制优先保障技术力量,提供技术支撑。与杭州大华技术有限公司签订小城镇环境综合整治安防战略框架协议,建立城市管理、社会治理智慧平台。

【督查指导】 切实有效发挥督查指导的推进作用,通过新闻曝光、暗查暗访以及工作督查等多种形式,促进行动的规范化、制度化,保障行动的时效性、有序性。金华市小城镇整治办自10月24日成立以来,6个专项工作组分别对各县(市、区)的专项行动开展情况进行督查和指导;专门研究制定《金华市小城镇环境综合整治行动暗访工作制度》，明确暗访内容、程序和方式方法、组织纪律等,确保暗访质量,共组织开展3次暗访,针对存在的问题下发督办单;在12月份,针对各地宣传发动、机构建设、方案制定、规划编制等6个方面的情况开展全方位的督查,并在全市的月度工作例会进行通报；在金华电视台的《政风问效》栏目开设“聚焦乡容镇貌”曝光平台,曝光14个小城镇的各类环境问题，整改反馈情况良好。各县(市、区)也普遍开展督查工作,如婺城区完成对12个小城镇的全面督查工作，以问题促整治,以压力促动力,巩固、提升整治成效。

(周顺利)

河长制

【概述】 根据浙江省委、省政府部署,2013年底金华市全面启动浦阳江流域水环境综合整治,在浙江率先打响“五水共治”第一枪。全市各级党委、政府以落实“河长制”为抓手,全力全域全速推进“五水共治”工作,连续两年捧回省治水最高奖—“大禹鼎”,全国水环境综合治理现场会、全国农村垃圾治理现场会相继在金华召开。截至2016年底,全市11个国家考核断面、16个省控断面、10个市境出境断面、20个县市交接断面和8个饮用水源地水质实现100%达标;42个地表水监测断面,41个达到Ⅲ类以上水质。一批河流成了“水清、岸绿、流畅、景美”的风景线，曾经的“铁锈村”“臭美村”“垃圾村”变成风景秀丽的旅游热点村。2016年，累计完成病险水库除险加固77个，堤防加固267千米，金华市区江南片基本实现五十年一遇堤防闭合圈；解决农民饮水安全人口46.6万人，农村饮水安全覆盖率达到99%；完成河道综合整治1333千米，新增改善灌溉面积33万亩。全市群众满意度测评满意率达到98%，浦江县群众满意度从浙江省倒数第一跃升至第18位。

【各级联动】 市委、市政府把“五水共治”作为头号工程，向全市人民作出“一年灭黑臭、两年提水质、三年可游泳”的公开承诺，坚持市、县、乡、村四级联动，全面建立“河长制”组织体系。

成立由市委书记和市长任组长的“五水共治”工作领导小组，下设治水办（河长办），由市委副书记兼任办公室主任，从水利、环保等部门抽调50余名机关骨干集中办公。相继出台《关于全面建立“河长制”的实施意见》《关于从严落实“河长制”的若干意见》，市四套班子一把手带头担任主要河道河长，负责包干河道的水环境整治、水工程建设和水安全保障。全市共任命市、县、乡、村四级河长4250名，实现主要河道河流全覆盖。

按照“三个一”的要求，明确每名市、县河长落实一个具体部门联系服务、至少配备一名“河道警长”。16个部门作为联系服务部门，负责协助河长掌握包干河道水质和污染源情况，制定“一河一策”治理方案，做好上情下达、下情上报等工作。市水利局作为东阳江（金东段）河长的联系部门，除协助河长治污外，还指派专家指导河道清淤疏浚、堤防工程加固，帮助将东溪、西溪两条支流打造成“金东区”最美河流。市公安局为市域内主要河道河流配备714名“河道警长”，负责协助河长打击向河流、水道非法排放、倾倒、处置污染物，以及破坏治污、排水、供水等城市公共设施等违法行为。

市人大、市政协共组织人大代表、政协委员视察治水工作3.6万余人次，市“两会”向全社会发出“五水共治”倡议书。充分发挥人大代表、政协委员以及环保志愿者的监督作用，对污染重、流量大、群众反映强烈的118个市控重点排污口和金华江干流及25条入江口水质劣V类的支流，分别设置“一口双哨”和“一河两员”。组织部门、机关工委、工青妇、教育、驻金部队等组建志愿者护水哨兵团、巾帼护水队、市民监督团等民间组织，动员党政军民各界参与治水250万人次。设立治水公益基金，全市收到捐款3.81亿元。

【科学方法“五水共治”】 科学规划治。紧扣“清三河、两覆盖、两转型”的要求，制定全市“五水共治”年度工作要点、治污水三年行动计划、水利建设三年行动计划、防洪水保供水实施方案。市委、市政府明确提出治水工作“再夺大禹鼎、确保可游泳”的目标，要求各地以开展清淤大会战为突破口，掀起新一轮治水热潮。各级“河长”牵头制定“一河一策”“一口一策”，将规划的蓝图一步步落实到具体河流、具体节点。全年关停违法违规生猪养殖场户近1.6万家、减少生猪存栏量167万头，整治砂场633家，完成农村生活污水治理2803个村。

先进技术治。建成集治水决策、作战指挥、监督考核、举报投诉、处理应用、实景监控于一体的“智慧治水”信息系统，实现国土资源、水利、环保、农业、气象等部门网络资源信息互通、资源共享、治理同步。该系统已集成监测点位900余个，通过“五水共治”作战指挥室大屏幕，能实景监控全市1250条河道、3570座水库（山塘）水文环境情况。开发“河长”管理手机App模块，实现河道事件的“上报–派发–处理–反馈”的闭环处理，实现问题秒受理，处理不过夜。婺城区、义乌市、磐安县等地还建立河长工作微信群，将河道巡查情况，发现的问题，整治工作动态第一时间拍照和上传，方便河长随时掌握河情动态。

借智借力治。邀请中科院院士王浩挂帅组成治水专家服务团，开展“治水难题包案结对”“组团式攻坚服务”“专家治理示范河道”活动，河长和专家共同商讨治水对策，解决治理难题。邀请中外专家给各级河长讲授德国与美国的治理经验及成功案例，研究探讨适合各地实际的污水处理模式。联合浙江大学方萍教授团队，探索改进垃圾好氧气高温堆肥技术，推动农村生活垃圾分类工作，实现农村生活垃圾就地堆肥利用达70%以上。

因地制宜治。如兰溪市河长在固堤工程上引进“快速精密导向和密封防洪闸门”专利，建成国内首座大尺寸、大体量的钢结构防洪工程，既大大增强防洪能力，也在江边添加一道亮丽的风景线，成为市民休闲锻炼好去处。永康市河长洽谈引进民企建筑垃圾处理公司，日均消纳处理能力1000多吨，污泥日处理能力50多吨，处理后的建筑垃圾平均市场售价30多元/方，仅城区一个消纳点年产值可达1200万元，政府不花一分钱，实现建筑垃圾和污泥“变废为宝”。浦江县河长引入武义县莲藕专业合作社开展百村生态湿地建设，建成湿地1045亩，覆盖233个村，大幅提高农村生活污水的生态化处理水平。

从最难处着手。按照最脏的河流先治，最硬的骨头先啃，撕开缺口，带动整体突破，加快形成破竹之势。市、县党政主要领导分别带头整治一条水质最差河流、创建一条最美河流，党委副书记领衔治理干流劣V类断面，形成强有力的示范引导作用。如市委赵光君书记亲自领衔担任“牛奶河”—浦阳江(浦江段)市级河长。今年5月浦阳江(浦江段)全面消灭劣V类支流，目前37条支流全部达到Ⅲ类以上，浦阳江上仙屋出境断面水质稳定保持Ⅲ类，断面考核优秀。市区浙师大截污干管工程，涉及部队、高校、铁路、社区、农村等不同主体，地质构造非常复杂，专家测算工期需要5个月。在金华江(婺城段)市级河长、市长暨军民协调推动下，仅用时48天工程实现全面竣工，创造金华治水新速度。

【源头治理】 启动“三千一万”清淤计划(年内完成1000条河流、1000公里河道、1万口水塘的1000万立方米以上清淤任务)，开展清淤大会战。坚持“控源和减量相结合，无害化和资源化相结合”原则，注重淤泥规范处置、综合利用，变“废”为“肥”，变“废”为宝。全市累计清淤1800万方，全部实现资源化利用。如衢江航运姚家枢纽工程清淤疏浚的64万方泥质风化岩分别作为船闸和电站基础工程填筑料使用。探索形成“二级四分”的农村垃圾分类“金华模式”：即由农户将垃圾分为“会烂”和“不会烂”两类，“会烂”的就地进入阳光堆肥房堆肥处理，对“不会烂”的由村保洁员进行二次分类，分拣出“好卖”和“不好卖”两类，“好卖”的由再生资源利用公司上门有偿回收，既“不会烂”又“不好卖”的送垃圾填埋场统一处理，实现农村垃圾减量85%。至2016年底，农村垃圾治理乡镇覆盖面达到100%，行政村达95%。完成整治河流两岸重污染高耗能行业企业523家，整治提升塑料制品、水晶、五金铸造等“低小散”块状行业企业2000余家；投运污水处理厂10座，完成污水处理厂一级A提标改造24座，新建污水管网1446公里，完成雨污分流改造516公里，新增城镇污水日处理能力30万吨。

【建立健全制度】 建立最严格的责任制。建立河长日常巡查、重点项目协调推进、上下游协调、投诉举报受理、考核督查、问责、例会和报告等9项制度。在全市设置河长公示牌2064块，公布市、县、乡、村四级河长和联系部门号码，接受群众监督。定期召开市级河长履职报告会，研究部署“河长制”有关工作。

健全最严肃的问责制。将河长履职情况列为党政领导干部实绩考核内容，明确对县级河长进行约谈的9种情形，情节严重的依法依纪追究责任。对考核不合格、整改不力的单位一票否决、通报批评，对任务不落实、行动不到位、工作不配合、目标不完成的河长严肃追责。《市民问政》《正风问效》播出“五水共治”专题53期，市县河长坐镇直播间，接受群众问询。

实施最严厉的监管制。出台《金华市环境执法监管从高从严“十条”措施》《金华市环境执法监管“五书一谈”制度》等史上最严环境执法监管措施，采取“哪个部门处理快就叫哪个部门上，哪条法规最给力就用哪条法规套，哪种处罚手段重就用哪种手段来”的方法。以“一季一行动”的频度，开展“亮剑斩污”“零点行动”“环保风暴”等系列专项行动。坚持部门综合执法、河长巡查、河道警长护水、公众参与的四级联动，推进网格化监管。特别是对群众意见较大的污染企业、重大典型环境违法企业、破坏防洪防汛工程设施人员，实施“行政、民事、刑事”三责并追，一律关停。2016年，共立案查处环境违法案件1574起，罚款7100余万元，其中查处重大案件109起，移送公安175起，采取按日计罚5起、查封扣押240起、限产停产18起、刑事拘留59人，行政拘留86人。

（王跃武）

重点工程与重点区块建设

【金华市第二水厂及配套管网工程】 市第二水厂及

配套管网工程是浙江省重点项目，也是金华市重点民生项目，项目由引水隧洞、水厂及输水管道三部分组成。新建25万立方米/日净水厂，原水引水隧洞3.1千米，清水输水管DN1400和DN600管道各6.5千米，项目总投资4.6亿元，于2016年建成投产。

【金华市快速公交系统(BRT)建设项目3、4号线】 快速公交系统(BRT)建设项目3号线、4号线是加快金义都市新区、金华开发区金西分区建设的民生工程。BRT3号线(金华段)西起金华站北广场经，终点至义乌，线路总长约60千米，设站台17对，投资1.5亿；BRT4号线东起金华站北广场，终点至金西客运枢纽，线路总长约35千米，设站台18对。两条线路于2016年9月底通车运行。

【武义一中迁建工程】 武义一中迁建工程是浙江省重点建设项目，也是金华市重点建设项目。项目位于武义县城北岭新区，莹乡路以北郑村地段，南临莹乡路，北接天然水库，东西两侧为规划道路。占地面积350亩，总投资44945万元，建设工程规划设置48个班，可容纳学生2400人，校舍总建筑面积91500平方米(其中地上面积86000平方米，地下建筑面积5500平方米)米。该项目2016年10月26日开工建设，预计2018年底竣工交付使用。

【武义县第一人民医院迁建工程】 武义县第一人民医院迁建工程是浙江省重点建设项目，也是金华市重点建设项目。项目位于永武二线北侧，江山一路延伸段东侧。工程总用地面积106666平方米，总建筑面积140741平方米，项目总投资5.3亿元。其中一期总建筑面积为103741平方米，包括医疗综合楼82555平方米、感染综合楼3534平方米、后勤专家综合楼8000平方米、东侧开敞式双层地下停车场7500平方米。武义县第一人民医院迁建工程于2014年5月18日开工建设，预计2017年12月竣工投入使用。

【湖海塘公园景观工程】 金华市湖海塘公园景观工程属融资EPC总承包项目，项目东起双龙南街，南临二环南路，西至康迪路，北至新330国道，总用地面积为294万平方米，其中陆地面积148万平方米，水体面积146万平方米。有11个集生态、运动休闲为一体的分公园，其定位是运动休闲娱乐为一体的综合性公园，誉有“金华小西湖”美称。2015年8月开工，总投资5.63亿元。

【婺城区第二人民医院迁建工程】 婺城区第二人民医院迁建项目工程是省重点建设项目，婺城区“十大惠民实事”工程之一。位于金华市婺城区白龙桥镇330国道南侧，马海路北侧，规划路东侧，宏腾广场西侧。总占地面积约68亩，总建筑面积约4.7万平方米，建筑高度约41米，建筑层数地上十层，地下一层。项目概算总投资约为2.47亿万元，主体工程2014年11月开工，于2015年10月份顺利结顶，拟于2017年底前完工并投入使用。

【永康江综合治理二期工程】 永康江综合治理二期工程是浙江省重点建设项目，也是金华市重点建设项目。该工程总投资31597万元，于2014年工程开工建设，计划2017年完工。主要是对永康将流域内永康江、南溪、华溪、烈桥溪进行治理，二期工程河道治理28千米，对河道进行拓宽、清淤疏浚、护岸、清障；新建加固堤防35千米，对河道两侧进行整治提升。

【浙江中坚科技股份有限公司农林机械产业化建设项目】 项目总用地120亩，总建筑面积99329平方米，新建厂房、研发大楼及附属设施，于2016年工程开工建设，计划2017年完工。项目建成后形成年产坐骑式草坪割草机4万台、油锯40万台、割灌机40万台和绿篱修剪机5.1万台的生产能力。

【磐安县花溪水库工程】 磐安县花溪水库工程是浙江省重点建设项目，是磐安县城区供水水源工程。工程位于浙江省金华市磐安县境内，系钱塘江上游金华江支系南江流域。水库坝址位于磐安县安文镇双坑村，距县城9千米。水库总库容为490.6万立方米，正常库容为408.5万立方米，工程主要建筑物为拦河大坝、引水隧洞、发电厂房、管理房等组成，总投资15105.08万元。花溪水库工程于2012年6月开工，于2015年4月通过蓄水验收，于2015年5月开始蓄水，2016年完成管理房配套建设。工程建成后为磐安县城区主供水水源，年可供水量为910万立方米，实现城区双水源供水。

【大盘山博物馆及附属工程建设项目】 大盘山博物馆及附属工程建设项目是磐安县重点建设项目，位于磐安县城南郊云山旅游度假区中田村境内云大公路边，距磐安县城7.8千米，距保护区1.0千米，项目用地面积16668平方米，建筑面积约8293平方米,包括展览区、库房区、公众服务区、拓展研究区、行政管理区等五大区块,建筑高度22.5米,总建筑面积6000平方米,总投资6500万元。大盘山博物馆工程于2013年12月开工建设,2016年完成主体工程和附属用房建设,并着手展陈布展等工作,计划于2017年开馆运行。

【浦阳江生态廊道景观工程】该工程西起浦江县通济湖南侧,沿浦阳江南岸向东延伸,至黄宅高古线,全长约17千米,总投资49980万元。该工程于2015年建设,至2016年12月完工。主要建设慢行道及节点、广场、停车场、管理用房、卫生间、亲水平台及挑台、建筑小品、绿化、滨水栈道以及对浦阳江南岸部分堤坝进行加固改造等。

【金狮湖保护开发工程】该工程主要对金狮湖水库扩容整治、清淤,建设公共绿地、公共服务设施、道路等配套基础设施以及金狮湖区块的拆迁,安置房建设。项目总投资56亿元,于2015年开工建设,规划在2020年完成项目。目前景观工程已经完成沿湖岸线绿化、荷花以及水生植物的补种;完成对镜面水池安装及部分公共设施和道路建设。安置房工程已经完成室内外抹灰工程完成50%;石材幕墙工程完成20%;铝合金门窗工程完成10%;电梯第一、二批设备已到货,开始进行电梯安装;市政景观工程招标完成。

【新金温铁路金华南站站前广场新建工程】本项目是根据国家十三五规划金温铁路扩能工程的配套项目,是2016年度省重点建设项目,按市政府要求,由金东区组建新金温铁路金华南站站前广场新建工程指挥部,工程实施由金华市精诚投资控股有限公司负责，项目总用地面积33.64亩，地下空间18700平方米,地面层有公交车站、落客平台、景观集散广场、停车场、道路及地下车库出入口等,地下一层设置有出站大厅、社会车辆停车场及出租车蓄车场。总投资14893万元,项目于2016年完工。

(雷白鸽)

2016年金华市十大民生实事

表15

序号	实事名称	工作要求	牵头单位	责任单位
一	提升金华江流域水质	全面提升回溪等10条主要支流水质,入江口主要污染物平均浓度分别下降10%以上	市治水办	市环保局,婺城区、金东区政府,金华开发区、金义都市新区管委会
		新建改建污水管网90公里以上	市建设局	婺城区、金东区政府,金华开发区、金义都市新区管委会
		完成260个行政村、3.6万户农户的生活污水治理，农村生活垃圾分类减量化处理覆盖100%的乡镇、80%的行政村	市农办	市环保局,婺城区、金东区政府,金华开发区、金义都市新区管委会
二	推进大气污染防治	全面落实工地施工“7个100%”要求,创建市级绿色工地8家以上	市建设局	市公安局、市国土资源局、市交通运输局、市环保局、市行政执法局,婺城区、金东区政府,金华开发区、金义都市新区管委会
		淘汰所有黄标车	市环保局	市公安局、市交通运输局、市建设局、市国资委
		二环以内禁止燃放烟花爆竹	市公安局	市安监局、市行政执法局,婺城区、金东区政府,金华开发区管委会
		淘汰或改造高污染燃料锅炉400台	市发改委	市经信委、市环保局、市质监局,婺城区、金东区政府,金华开发区、金义都市新区管委会

续表 15

序号	实事名称	工作要求	牵头单位	责任单位
三	加快公交优先发展	新增新能源公交车辆 108 辆	市国资委	市财政局、市交通运输局
		新增公交线路 2 条、优化 5 条,新增、优化公交停靠站 20 个,新建公交专用道 5 公里,新建公交首末站 1 个。开通快速公交系统(BRT)1 号线,规划建设 2 号线	市治堵办	市公安局、市国土资源局、市建设局、市规划局、市交通运输局、市国资委,婺城区、金东区政府,金华开发区管委会
四	提升办学条件	改造 6 所薄弱学校校舍,优化校园环境。新增 6 所省等级幼儿园	市教育局	婺城区、金东区政府,金华开发区管委会
		湖海塘九年一贯制学校投入使用	金华开发区管委会	无
五	完善社会保障体系	按人均不低于 15 元的标准筹集医疗救助资金。城乡居民最低生活保障标准同比增长 8%以上,农村低保标准不低于城市低保标准的 75%	市民政局	婺城区、金东区政府,金华开发区管委会
		将市区所有定点医疗机构纳入"阳光医保"智能监管平台	市人力社保局	婺城区、金东区政府,金华开发区管委会
六	稳定和扩大就业	新增城镇就业 1.45 万人,城镇失业人员再就业 5800 人,其中困难人员再就业 1000 人,城镇登记失业率控制在 4%以内	市人力社保局	婺城区、金东区政府,金华开发区管委会
七	加快居家养老服务照料中心建设	建设城乡社区居家养老服务照料中心 90 家,实现全覆盖。建设家院互融养老服务机构 6 家。新增机构养老床位 200 张。培训养老服务从业人员 3000 人次	市民政局	婺城区、金东区政府,金华开发区管委会
八	深入实施文化惠民工程	举办惠民演出 50 场,公益性展览讲座 40 场。举办"欢乐金华"百姓文化节系列活动,完成 24 场"美丽非遗百村文化礼堂行"活动	市文化局	婺城区、金东区政府,金华开发区管委会
		新增农村文化礼堂 30 家	市委宣传部	婺城区、金东区政府,金华开发区管委会
九	继续改善居住环境	改造背街小巷 7 条,实施 4 个老旧小区改造	市建设局、婺城区、金东区政府,金华开发区管委会	无
		新启动城中村改造 14 个	市城改办	市规划局,婺城区、金东区政府,金华开发区管委会
		金华市餐厨废弃物资源化利用和无害化处理建设项目建成投入使用	市行政执法局	无
		市区建筑渣土资源化利用处置场建设项目建成投入使用	市建设局	市经信委、市规划局、市环保局,金东区政府
十	提升城乡公共服务水平	改善提升 1.8 万农村人口饮水条件	市水利局	婺城区、金东区政府,金华开发区管委会
		每个行政村基本实现普惠金融"村村通"工程	省农信联社金华办事处	市邮储行,婺城区、金东区政府,金华开发区管委会
		完成 40 个市级示范农村社区服务中心建设	市民政局	婺城区、金东区政府,金华开发区管委会
		新增农村改水项目 28 个,覆盖 28 个偏远山区农村 14350 人	市卫计委	婺城区、金东区政府,金华开发区管委会
		完成快递智能配送点(E 邮站)建设 376 个,累计完成 500 个	市商务局,市网络经济局	市邮政公司、市邮政管理局,婺城区、金东区政府,金华开发区管委会

附　录

2016 年金华市国民经济和社会发展统计公报

金华市统计局
国家统计局金华调查队

2016 年,面对复杂多变的宏观经济形势,市委、市政府带领全市上下全面贯彻落实中央、省委省政府的各项决策部署,围绕五大发展理念,积极推进供给侧改革,努力抓好“三去一降一补”等重点任务,凝心聚力,攻坚克难,坚定不移打好转型升级系列组合拳。全市经济稳中有进、进中提质,“十三五”实现良好开局。

一、综合

初步核算,2016 年全市实现生产总值(GDP) 3635.01 亿元,按可比价计算,比上年增长 7.5%。其中:第一产业增加值为 148.06 亿元,增长 1.9%;第二产业增加值为 1585.61 亿元,增长 4.9%;第三产业增加值为 1901.34 亿元,增长 10.3%。全市人均生产总值达到 75742 元(按 2016 年年均汇率折算为 11403 美元),增长 6.7%。第一、二、三产业增加值占地区生产总值的比重由上年的 4.1:45.6:50.3 变化为 4.1:43.6:52.3,三产比重比上年提高 2.0 个百分点。

市区居民消费价格总水平比上年同期上涨

2016 年金华市区各类价格指数(以上年为 100)一览表

表 16

居民消费价格总指数	101.5
1.食品类	102.7
# 粮食	99.9
肉禽及制品	109.3
水产品类	102.9
菜类	109.4
2.烟酒及用品类	102.6
3.衣着类	101.7
4.家庭设备用品及维修服务	100.5
5.医疗保健和个人用品	97.5
6.交通及通讯	101.8
7.娱乐教育文化用品及服务	101.4
8.居住	103.8
商品零售价格总指数	99.8

说明:表中使用的符号“#”表示其中的主要项

2016 年金华市五大千亿产业增加值一览表

表 17

产业名称	增加值(亿元)	比上年增长(%)
五大千亿产业合计	1720.1	7.9
信息经济	342.6	14.6
先进装备制造	505.1	2.3
健康生物医药	204.6	10.0
文化影视时尚	862.4	8.8
休闲旅游服务	272.8	12.6

说明:合计中已剔除产业间重复企业

1.5%,涨幅较上年扩大 0.3 个百分点。所调查的八大类消费品及服务项目价格“七涨一跌”,食品烟酒价格上涨 2.7%; 衣着价格上涨 2.6%; 居住价格上涨 1.7%;生活用品及服务价格上涨 0.5%;教育文化和娱乐价格上涨 1.8%;医疗保健价格上涨 1.4%;其他用品和服务价格上涨 3.8%; 交通和通信价格下跌 2.5%。商品零售价格指数下跌 0.2%。全市工业生产者出厂价格下跌 2.0%, 工业生产者购进价格下跌 2.8%,购销价格为顺差 0.8 个百分点。

2016 年,全市城镇新增就业 77909 人,失业人员实现再就业 28717 人,年末城镇登记失业率 2.77 %,低于 4.00%的控制目标。

2016 年, 全市五大千亿产业增加值 1720.1 亿元,现价增长 7.9%,占 GDP 比重 47.3%。其中制造业增加值 1043.5 亿元,增长 3.2%;服务业增加值 676.5 亿元,增长 15.9%。分产业看,信息经济增加值 342.6 亿元,增长 14.6%;先进装备制造增加值 505.1 亿元,增长 2.3%; 健康生物医药增加值 204.6 亿元, 增长 10.0%;文化影视时尚增加值 862.4 亿元,增长 8.8%;休闲旅游服务增加值 272.8 亿元,增长 12.6%。

二、农业

2016 年全市农林牧渔业增加值 151.95 亿元,比上年增长 2.0%。

2016 年, 全市农作物播种面积 223.56 千公顷,增长 1.3%。其中粮食播种面积为 99.36 千公顷,总产量为 60.44 万吨,分别下降 0.9%和 1.9%;棉花播种面积 3.53 千公顷,下降 21.3%,产量为 0.57 万吨,下降 19.8%;油料播种面积为 22.6 千公顷,增长 7.4%,产量为 4.34 万吨,增长 6.5%;蔬菜播种面积为 49.87 千公顷,增长 2.7%,产量为 114.49 万吨,增长 3.3%;药材播种面积 10.16 千公顷,增长 9.4%,产量为 3.34 万吨,增长 8.1%;果用瓜种植面积 10.72 千公顷,下降 1.6%,产量为 24.23 万吨,下降 3.9%;花卉苗木种植面积 17.6 千公顷,增长 7.4%。

全市共完成造林更新面积 2.97 万亩,其中人工造林面积 0.81 万亩;迹地更新面积 2.15 万亩,完成平原绿化 2.11 万亩;完成森林通道建设 488.2 公里,折合绿化面积 0.32 万亩,完成通道沿线林相改造面积 2.07 万亩。

全市肉类总产量为 18.27 万吨, 比上年下降 4.6%,其中猪肉 15.38 万吨,下降 5.9%;全年生猪出栏 207.72 万头,下降 7.4%;家禽出栏 1666.76 万只,增长 0.5%;全年牛奶产量 5.83 万吨,下降 6.9%。水产品产量 7.95 万吨,增长 2.3%。

全年化肥施用量(折纯)10.05 万吨,下降 8.0%;农村用电量 54.52 亿千瓦时,增长 6.7%。

三、工业和建筑业

2016 年全市完成工业增加值 1366.11 亿元,比上年增长 5.1%, 工业增加值占 GDP 的比重为 37.6%。全市实现规模以上工业总产值 5054.57 亿元,销售产值 4766.37 亿元,分别增长 3.4%和 3.6%。规模以上工业企业完成出口交货值 1061.30 亿元,下降 0.5%,占销售产值的比重为 22.3%。

全市规模以上工业企业科技活动经费支出 55.38 亿元,增长 22.9%。新产品生产增长较快,规模以上工业企业完成新产品产值 1711.81 亿元, 增长 9.8%,新产品产值率达到 33.9%,提高 1.2 个百分点。

全年规模以上工业企业实现利税 378.29 亿元,

增长 7.0%;其中利润 225.67 亿元,增长 7.2%。金属制品,纺织,医药制造,电气机械和器材制造,纺织服装、服饰,汽车制造等六大行业实现利润占全市规模以上工业利润总额的 49.4%。

全市建筑业总产值达 3263.44 亿元,增长 3.2%;建筑施工面积 39918.88 万平方米,完成房屋竣工面积 11623.80 万平方米。省外市场发展良好,2016 年建筑业企业在省外完成产值 2074.02 亿元,占全省省外完成产值的 16.1%,占全市建筑业总产值的 63.6%。

四、固定资产投资

2016 年全市完成固定资产投资 2084.01 亿元,比上年增长 13.5%。其中,房地产开发投资 408.85 亿元,增长 16.7%;投资项目(单位)投资 1675.16 亿元,增长 12.7%。国有投资快速增长,全年实现国有投资 736.06 亿元,增长 43.5%,占固定资产投资的 35.3%。

投资结构进一步优化。在固定资产投资中:第一产业完成投资 15.05 亿元,增长 41.4%。第二产业完成投资 749.95 亿元,下降 1.4%;其中工业投资 749.57 亿元,增长 1.2%。第三产业完成投资 1319.02 亿元,增长 23.8%。第二、第三产业投资比重分别下降和上升 5.4 和 5.3 个百分点,三次产业投资结构调整为 0.7:36.0:63.3。

全市省重点建设项目 176 项,年计划投资 254.60 亿元,其中新增省重点项目 41 项,全年完成投资 339.04 亿元,为年度计划 133.2%,开工率为 100%,竣工投产项目 39 项。列入市重点建设实施类项目共计 306 项,年计划投资 511.30 亿元,其中新增项目 111 项,全年完成投资 644.72 亿元,为年度计划 126.1%,开工项目 306 项,开工率 100%。

全市房地产开发房屋施工面积为 2586.42 万平方米,比上年下降 0.4%。当年新开工面积 456.47 万平方米,增长 28.4%;竣工面积 271.38 万平方米,下降 4.4%。全市商品房销售面积为 425.71 万平方米,增长 20.8%;其中住宅销售面积 377.38 万平方米,增长 16.0%。

五、国内贸易

2016 年,全市社会消费品零售总额 1977.87 亿元,比上年增长 11.2%。按经营地分,城镇消费品零售额 1715.42 亿元,增长 11.0%;乡村消费品零售额 262.45 亿元,增长 12.5%。按消费类型分,商品零售额 1813.48 亿元,增长 11.3%;餐饮收入额 164.39 亿元,增长 10.1%。

在限额以上批发零售业零售额中,汽车、石油及制品、服装鞋帽、中西药品和食品饮料烟酒是五大主要消费品,占限额以上批发零售业零售额的 84.0%,其中汽车类零售额比上年增长 12.8%,石油及制品类下降 3.0%,服装、鞋帽、针纺织品类增长 27.0%,中西药品类下降 1.5%,食品饮料烟酒类增长 3.9%。

全年实现网络零售额 1833.90 亿元,同比增长 36.5%,占全省网络零售额的 17.8%,网络零售额居全省第二。其中居民网络消费额 527.60 亿元,同比增长 33.6%,实现顺差 1306.30 亿元。跨境网络零售出口 187.20 亿元,占全省跨境网络零售出口的 58.6%,位列全省第一。金华“跨境通”单日通关量最高突破 10 万票。义乌市、永康市和浦江县被确定为省产业集群跨境电子商务发展试点县(市)。我市被评为浙江省跨境电子商务公共海外仓优秀试点地区。

全市共有各类市场 361 个,市场总成交额为 2897.20 亿元,增长 6.3%。其中年成交额超亿元的市场有 90 个,总成交额为 2825.64 亿元,增长 10.2%;实体市场 354 个,年成交额为 2657.80 亿元,增长了 8.5%;7 家网上市场成交 239.40 亿,下降 12.3%。

六、对外经济

2016 年全市完成进出口总额 3246.7 亿元(含一达通,下同),同比增长 5.6%,其中,出口总额 3171.3 亿元,同比增长 6.1%;进口总额 75.4 亿元,同比下降 12.3%。出口有效主体增加,全年新增备案企业 2660 家。全年有进出口实绩企业 6873 家,比上年净增 292 家。全市与 221 个国家和地区建立了贸易关系,其中出口超 10 亿元的国家和地区 69 个。

全市新批外商投资企业 400 家;合同利用外资 6.3 亿美元,同比增长 80.4%;实际利用外资 3.5 亿美元,同比增长 28.2%。二产实际利用外资金额 6777 万美元,占全市实际利用外资总额的 19.3%;三产实际利用外资金额 28397 万美元,同比增长 94.2%,占全市实际利用外资总额的 80.7%。全市省级及以上开发区实际利用外资 20954 万美元,占全市总数的

59.6%,同比增长19.6%。

全市新批核准境外投资项目42个,境外投资总额8.6亿美元,其中中方投资8.3亿美元。全市完成对外承包工程劳务合作营业额4亿美元。全年设立境外营销网络(贸易公司、办事处等)22家,涉及汽摩配件、五金产品、车业、纺织、五金机械、箱包等行业企业。以并购形式实现的境外投资项目共有6个,比上年同期增加3个,并购交易额2.7亿美元,同比增长8.2倍。

七、交通、邮电和旅游

2016年全市交通建设有效投资完成220亿元,占年度计划200亿元的110%。其中:铁路投资10.33亿元;公路完成投资137.28亿元,水运完成投资11.62亿元,客货运物流场站完成投资60.77亿元,均创历史新高。全市境内公路总里程达到12574.44公里。年内公路旅客周转量45.2亿人公里,货物周转量67.2亿吨公里。

邮电业务收入93.28亿元,比上年增长7.9%。其中,邮政业务收入16.14亿元,比上年增长27.5%;电信业务收入77.14亿元,增长4.6%。年末城乡固定电话用户98.57万户,比上年末下降11.3%。其中住宅电话47.47万户,下降20.3%;公用电话12.68万户,下降11.8%。年末移动电话用户达946.13万户,增长2.7%;其中4G移动电话用户514.92万户,增长44.4%。电话普及率217.68部/百人,其中移动电话普及率197.14部/百人,固定电话普及率20.54部/百人。互联网宽带接入用户达206.61万户,比上年末增长5.5%。全市快递服务企业快递累计完成业务量16.90亿件,同比增长74.0%,居全省首位;全市快递服务企业完成快递投递量5.74亿件,同比增长68.1%。

全市共接待游客8745.11万人次,同比增长23.4%,实现旅游收入957.52亿元,同比增长26.6%,其中接待国内旅游者8632.37万人次,同比增长23.5%,实现国内旅游收入914.48亿元,同比增长26.9%;接待入境旅游者112.74万人次,同比增长15.2%,实现旅游外汇收入64802.07万美元,同比增长11.7%。

八、财政、金融和保险

2016年全市完成财政总收入555.2亿元,比上年增长7.3%,其中:上划中央财政收入217.0亿元,增长4.8%;一般公共预算收入338.1亿元,增长9.0%。全市一般公共预算支出542.4亿元,增长16.7%。财政更加关注民生,一般公共预算支出的73.5%用于保障和改善民生。其中住房保障支出、节能环保支出、城乡社区事务支出、文化体育与传媒支出、医疗卫生和计划生育支出、教育支出、科学技术支出同比分别增长7%、38.5%、82.4%、6.1%、11.7%、8.2%、13.2%。

2016年末,全市金融机构本外币各项存款余额7618.92亿元,增长10.6%。其中住户存款余额3981.01亿元,增长12.6%;非金融机构企业存款1847.54亿元,下降4.4%;广义政府存款1275.53亿元,增长21.2%。金融机构本外币各项贷款余额6183.88亿元,增长0.9%。其中住户贷款2312.12亿元,增长8.0%;非金融企业及机关团体贷款3871亿元,下降2.9%。

全市保险机构全年保费收入192.96亿元,比上年增长21.1%。其中财产险保费收入73.91亿元,人身险保费收入119.04亿元,分别比上年增长5.7%和

2016年金华市全部金融机构本外币存贷款情况一览表

表18

指标	年末数(亿元)	比上年末增长(%)
各项存款余额	7618.92	10.6
其中:住户存款	3981.01	12.6
非金融企业存款	1847.54	-4.4
各项贷款余额	6183.88	0.9
其中:住户贷款	2312.12	8.0
非金融企业及机关团体贷款	3871	-2.9

38.3%。全年支付各类赔偿及给付 60.2 亿元,比上年增长 16.3%。其中财产险赔款 39.63 亿元,比上年增长 10.5%;人身险赔款及给付 20.39 亿元,同比增长 29.7%。

九、教育和科学技术

2016 年,金华市共有各级各类全日制学校 666 所(不含技工学校,下同),在校生 79.58 万人,教职工 8.21 万人。其中小学 393 所,在校学生 41.24 万人;初中 173 所,在校学生 16.27 万人;普通高中 68 所,在校学生 8.48 万人;中等职业学校 24 所,在校生 5.04 万人;特殊教育学校 8 所,在校学生 922 人;全日制高校 7 所,在校生 8.06 万人;成人高校 2 所,在校生 4077 人;全日制在校研究生 4120 人;博士生 38 人。全市幼儿园 1478 所,在园幼儿 25.18 万人,学前三年幼儿入园率 99.3%;省等级幼儿园 1301 所,省等级幼儿园招生覆盖面 93.9%;全市 112 个乡镇都建有中心幼儿园,乡镇中心幼儿园建园率 100%。十五年教育普及率 99.6%。小学入学率、巩固率 100%;初中入学率、巩固率 100%;初中毕业生升入高中段学校比例 98.6%,初中毕业生升入普通高中与中等职业学校的比例为 1:0.85,普通高中教育与中等职业教育协调发展。高等教育规模不断扩大,结构更趋合理,高等教育毛入学率 56.3%。

2016 年全市列入市级以上科技项目 305 项,其中省级 238 项,新到位上级科技资金 3132 万元。新立市级科技计划项目 67 项,其中工业类 35 项,农业类 17 项,社会发展类 15 项,公益类 50 项,农业科技成果转化项目 3 项。申请专利 26488 项,其中发明专利 3919 件;获专利授权 16873 件,其中发明专利 1101 件。新认定国家级高新技术企业 144 家,累计达到 425 家。新认定省科技型中小企业 518 家,累计达到 1534 家。新认定省级重点企业研究院 11 家,省级高新技术研发中心 32 家、市级 152 家,市级以上各类企业研发机构累计达到 847 家。全市共发放创新券 3126 万元,实际使用 2455 万元,位居全省第三位;发放使用率 78.5%,位居全省第二位。

全市新增浙江名牌产品 38 只,累计 304 只。新认定金华名牌产品 68 只,累计 444 只。参与制修订国际、国家或行业标准 36 项,累计 328 项。规上企业采标率 54.6%。获国家和省级农业标准化示范项目和服务业试点项目 4 个。5 家企业获得市政府质量奖,1 家企业获质量奖贡献奖(团队),15 家企业获县市区政府质量奖。累计 2 家企业获得省政府质量奖,1 家企业获得提名奖;38 家企业获得市政府质量奖,141 家企业获得县(市、区)政府质量奖。累计导入卓越绩效管理体系企业 405 家。产品质量监督抽查合格率 95.7%,特种设备定检率、登记率和操作人员持证上岗率达 95%以上,万台特种设备事故率 0.326,计量器具强制检定 14.14 万台件。查处质量违法案件 499 起。

十、文化、体育和卫生

2016 年全市拥有文化馆 10 个,公共图书馆 10 个。配合市委宣传部建成农村文化礼堂 146 家,制定全市文化系统农村文化礼堂建设服务菜单,提供点单式服务近 1200 场次。创建并命名市级文化示范村(社区)24 个。积极实施文化惠民工程,完成送戏下乡 2084 场,送电影下乡 43100 场,“非遗文化礼堂百村行”活动 110 场,送书 448497 册、送展览讲座 1278 场、文化走亲(县级以上)105 场。全市文化市场健康平稳有序,出动检查 3709 次,出动检查 9310 人次,检查文化经营单位 19551 家次,全市广播综合覆盖人口 475.73 万人,覆盖率 99.5%。电视综合覆盖人口 477.31 万人,覆盖率 99.8%,全市农村应急广播体系实现全覆盖。

全市共有婺城、金东、兰溪、东阳、磐安创建成省级体育强县(市、区),实现市域内省级体育强县(市、区)全覆盖。永康、武义通过省级体育强县(市、区)复评验收。全市共创建省级体育强镇(乡)5 个、复评 12 个,创建省级城市体育先进街道 1 个,创建省级体育特色乡镇 4 个,村级体育俱乐部 24 个,老年体育活动中心俱乐部 5 个。新建省级小康体育村提升工程 100 个,建成省级人民健身活动中心 1 个,社区多功能运动场 3 个,中心村全民健身广场 1 个,中心村体育休闲公园 3 个。全市新创国家级体育产业示范基地 1 个、示范单位 1 个;省级运动休闲示范基地 2 个示范服务企业 1 个;创建省级运动休闲旅游示范基地、精品线路、优秀项目 5 个;列入省体育产业发展资金项目库 8 个。创建市级体育产业示范基地 12 个,“体育+”特色村 10 个。

全市共举办 44 场(次)省级以上重大赛事,吸引了11万多人次市民观赛健身。兰溪、东阳、金东区、磐安、武义、义乌相继举办全程或半程马拉松赛,来自28个国家和地区净5万名运动员参赛,观众参与达10万多人。市体育中心在全年开放、室外场地设施全免费的基础上,实现所有场馆在全民健身日和其他国家法定节假日全部免费开放,接待健身休闲市民230多万人次,同比增长15%。市体育馆和市体育俱乐部也实现免费低收费开放。全年全市销售体育彩票7.7亿元,销量位列全省第四,创收体彩公益约6160万元。

全市共有医疗卫生机构4034家,其中医院126家;卫生院(含社区服务中心)156家;门诊部77家;专业公共卫生机构54家,其中妇保院(所、站)10家、疾病预防控制机构10家,卫生监督检验机构10家,专科疾病防治院(所、站)4家;其他卫生机构18家;诊所、医务室、社区卫生服务站、村卫生室3603个。全市共有实际开放床位数28275张,其中:医院和卫生院床位(含社区服务中心,不含妇保院)26948张。全市共有卫生技术人员40410人,其中执业医师和执业助理医师15642人,注册护士15694人。全市共有艾滋病实验室61个、其中初筛实验室57个,中心实验室2个、确诊实验室2个。

十一、环境保护

2016年,全市以绿色发展理念为指引,以改善环境质量为核心,扎实推进“五水共治”、“气尘合治”、治污减排、执法监管、改革创新等各项工作。全市11个国家考核断面、16个省控断面、10个市界出境断面、20个县市交接断面、8个饮用水源地水质,实现了5个100%达标。42个地表水市控以上断面,41个达到Ⅲ类以上,占比97.6%,较去年同期增加13个;Ⅳ类水质断面1个,占2.4%,较去年同期减少了12个;Ⅴ类断面0个,较去年同期减少了1个;劣Ⅴ类断面0个,与去年同期持平。金华市区pm2.5浓度为46毫克/立方米,同比下降14.8%,空气AQI优良率为80.6%,同比上升7.3%。据省考核,上一年度我市化学需氧量、氨氮、二氧化硫、氮氧化物等四项指标排放量同比分别下降5.4%、3.9%、3.2%、11.6%,超额完成年度减排任务;十二五期间,全市化学需氧量、氨氮、二氧化硫、氮氧化物等四项指标排放量累计下降18.2%、15.4%、19.4%和26.3%,分别完成省定目标任务的149%、111%、148%和163%。2016年,全市实施完成减排项目134个,其中涉水项目39个、涉气项目63个、农业项目32个。

全市生态公益林建设面积为487.8万亩,生态公益林达到优质林分面积372万亩。全市森林覆盖率61.1%,金华市被国家林业局授予“国家森林城市”称号;浦江县、兰溪市被授予“浙江省森林城市”称号;浦江县中余乡冷坞村被授予“全国生态文化村”称号;婺城区安地镇等10个乡镇(街道)被授予“浙江省森林城镇”称号;婺城区白龙桥镇双牌村等21个村被授予“浙江省森林村庄”;兰溪市灵洞乡洞源村等6个村被授予“浙江省生态文化示范基地”称号;婺城区安地镇南郭村等190个村被授予“金华市级森林村庄”称号。有国家级自然保护区1个,省级以上森林公园14个(其中国家级森林公园2个)。新创建省级生态乡镇12个、生态街道6个、生态文明教育基地2个、绿色学校17所、绿色家庭20户,市级生态村777个、绿色家庭50户,并新开展了连片整治建设303个村,培育安地镇为国家级生态文明建设示范乡镇。全市市级以上绿色学校增至536所,绿色社区152个,绿色家庭1229户,绿色医院18家,绿色企业89家,绿色饭店24家。

十二、人口、人民生活和社会保障

2016年全市出生人口57687人,出生率12.87‰;死亡人口30701人,死亡率8.43‰;人口自然增长率4.44‰。年末总人口481.15万人,其中市区96.85万人;城镇人口196.07万人,其中市区37.08万人。平均每户家庭人口2.58人。

2016年,金华市全体居民人均可支配收入37159元,同比增长8.1%。分城乡看,城镇常住居民人均可支配收入为46554元,增长7.8%;农村常住居民人均可支配收入为21896元,增长7.9%。全体居民从收入来源看,人均工资性收入20906元,增长8.8%;人均经营净收入6656元,增长3.3%;人均财产净收入4924元,增长9.1%;人均转移净收入4674元,增长11.1%。全体居民人均生活消费24961元,增长10.1%,其中城镇常住居民人均生活消费支出30311元,增长9.4%;农村常住居民人均生活消费支出16269元,增长11.2%。

2016年,全市共发生各类生产安全事故(不含

2016年居民人均收支主要指标一览表

表19

指标	全体居民		城镇常住居民		农村常住居民	
	绝对数(元)	增幅(%)	绝对数(元)	增幅(%)	绝对数(元)	增幅(%)
人均可支配收入	37159	8.1	46554	7.8	21896	7.9
工资性收入	20906	8.8	25934	8.8	12738	7.7
经营净收入	6656	3.3	7111	1.6	5917	6.5
财产净收入	4924	9.1	7445	8.4	828	9.8
转移净收入	4674	11.1	6065	10.6	2414	11.6
人均生活消费支出	24961	10.1	30311	9.4	16269	11.2

火灾事故)536起、死亡369人。

2016年全市拥有各类社会福利单位185个,社会福利床位数36911张,收养各类人员15755人。农村五保对象集中供养率为100%。全市共有低保对象7.19万人,发放最低生活保障金2.1亿元;筹集医疗救助资金8983万元,救助医疗困难群众8.5万人次;发放救灾款1156万元,救济灾民4.2万人次,改扩新建避灾场所266个。社区服务功能日趋完善,建立乡镇(街道)社区服务中心152个、城市社区服务中心(站)303个、村级社区服务中心(站)3954个、捐赠接收站(慈善超市)95个。全市共有社会组织4680家,其中社会团体2040家,民办非企业单位2640家。全市共有抚恤优待对象37674人,发放抚恤金18662万元、义务优待金8319万元、困难补助经费719万元,退役义务士兵自主就业率达到100%,发放自主就业一次性经济补助金3889万元。

年末全市城镇职工养老保险参保人数184.69万人,职工基本医疗保险参保人数143.81万人,失业保险参保人数80.52万人,工伤保险参保人数135.79万人,生育保险参保人数78.23万人;城乡居民养老保险参保人数137.49万人,城乡居民医疗保险参保人数341.28万人,被征地农民基本生活保障参保人数26.51万人。

注:

(1)本公报所列各项数据为年度初步统计数据;

(2)人口数为公安部门统计年报数;

(3)公报中生产总值和各产业增加值绝对数按现价计算,增长速度按可比价计算,人均生产总值按户籍人口计算;

(4)规模以上工业企业指年销售收入2000万元及以上工业企业。

2016 年金华市机动车数据统计表

表 20

一、机动车注册分布(辆)

车型	金华	兰溪	义乌	东阳	磐安	武义	永康	浦江	合计
大型车	2112		186	152			71		2521
小型车	60011	10916	58845	27927	3194	7621	27337	11548	207399
摩托车	2530	379	3302	1420	265	1072	2091	885	11944
轻便摩托车	11	1	13	8	43	4	4	3	87
挂车	204		28	4					236

二、新增机动车数量(辆)

车型	金华	兰溪	义乌	东阳	磐安	武义	永康	浦江	合计
大型车	194	158	861	369	37	85	194	64	1962
小型车	30608	14455	65738	30482	4116	10820	30608	12594	199421
摩托车	2111	392	3366	1427	268	1080	2111	893	11648
轻便摩托车	4	1	13	8	43	4	4	3	80
挂车	15	17	67	9		13	15	14	150
合计	32932	15023	70045	32295	4464	12002	32932	13568	213261

三、机动车业务工作量(起)

业务种类	金华	兰溪	义乌	东阳	磐安	武义	永康	浦江	合计
注册	65410	11296	62375	29511	3502	8698	29503	12436	222731
所有权转移	50380	246	26774	10579	32	1706	12790	5015	107522
变更	8976	894	6318	4289	240	1590	6320	2541	31168
抵押	117518	6315	33157	17945	1481	5344	19863	10169	211792
注销	33552	1028	4378	3026	1681	1266	6503	1141	52575
转入	9128	36	1916	1660	4	175	807	502	14228
补换领牌证	14466	2026	15967	10371	1375	2131	10440	3133	59909
转出	7011	26	3412	1247	4	199	1273	565	13737

四、机动车保有量分布(起)

车型	金华	兰溪	义乌	东阳	磐安	武义	永康	浦江	合计
大型汽车	6699	2004	5247	2405	436	957	2405	955	21108
小型汽车	269220	86477	449528	206602	26803	75646	245023	91732	1451031
摩托车	80478	28325	76909	46290	13550	23777	36221	30965	336515
轻便摩托车	949	173	649	652	1381	4042	727	319	8892
挂车	787	289	423	104	65	106	183	91	2048
教练车	1448	231	938	684	117	204	479	312	4413
合计	359581	117499	533694	256737	42352	104732	285038	124374	1824007

说明:机动车保有量不包括转出、注销、强制注销。统计时间为 2015 年 12 月 21 日至 2016 年 12 月 20 日 （丰百申）

金华市区大型商业网点设施一览表

表 21

序号	名 称	区位	业态类型	面积(平方米)
		已营业商业网点		
1	金华一百江北店	江北	百货	22000
2	金华一百江南店	江南	百货	18000
3	金华银泰新天地	江北	百货店	87036
4	金华珠宝城	江北	综合百货	35000
5	银泰百货江南福泰隆店	江南	百货	27000
6	金华大世界	江北	百货	12000
7	恒大百货	江北	百货	12400
8	宾虹广场	江北	专业店、专卖店	12000
9	西华广场	江北	专业店、专卖店	7000
10	中华广场	江北	服饰专业商场	13000
11	金华锦球百货	江北	百货	5000
12	金茂大厦	江北	百货、家电	10000
13	福泰隆超市江南店	江南	超市	8000
14	福泰隆超市江北店	江北	超市	10950
15	福泰隆超市现代城店	江南	超市	5000
16	乐天玛特金华店	江南	超市	5000
17	沃尔玛	江北	超市	15000
18	世纪联华	江南	超市	15000
19	加贝购物广场	江南	百货	8000
20	金华四通家电	江南	家电专业店	14800
21	苏宁电器	江北	家电专业店	8000
22	龙腾服装	江南	专卖店	7800
23	龙腾数码广场	江南	专业店	7800
24	金华商城购物中心	江南	专业店	83361
25	金发颐高数码广场	江南	专业店	7500
26	永盛购物广场	江北	综合	70000
27	大润发超市	江南	超市	8600
28	万达广场	金东	综合	200000
29	帝壹城	江北	综合	50000
	合计			785247
		在建大型商业网点		
1	世贸中心	江南	百货、超市	15.5
2	婺州城市广场	婺城	综合	11
3	五佰滩	市区	综合	10
	合计			36.5

金华市区主要医院

金华市中心医院

金华市中心医院是由建于1910年的金华福音医院和1946年的省立金华医院合并发展而来的百年老院，是浙江中西部地区集医疗、科研、教学、预防、保健、康复为一体的综合性三级甲等医院，国家级爱婴医院，全国综合医院中医药工作示范单位，国家级住院医师规范化培训基地，国家卫生部脑卒中筛查与防治基地，国家骨质疏松症诊疗技术协作基地，省高等医学院校教学医院，浙江大学医学院教学医院，浙江大学医学院博士生实践基地，浙江大学医学院硕士研究生培养基地，省自然科学基金项目依托单位，省文明单位，省健康促进医院，省平安医院，省绿色医院，是本地区医疗、科研、教学、预防、保健等工作指导中心。2012年挂牌浙江大学金华医院。

医院占地面积8.9887万平方米，有医疗用房面积16.3085万余平方米。核定床位900张，实际开放床位2400张，分设42个病区，临床科室37个，医技科室13个，特色专科门诊50余个。2016年，全院门急诊量174.34万人次；出院10.03万人次，同比增长11.77%；完成手术3.34万例，同比增长14.08%；平均住院日8.42天，同比缩短0.28天。总收入17.37亿，同比增长7.9%，其中医疗业务收入16.18亿，同比增长9.5%。住院病人平均满意度达98%上。

截至2016年底，全院有在岗人员2742人，其中卫技人员2425人，正高172人，副高309人，中级599人；博士8人(不含在读4人)，硕士387人。完成95名员工中、高级职称的职务聘任，其中正高8名、副高32名、中级55名。选送杨骐宁、王赛斌、章敬成3名医师攻读博士，8名医护人员攻读在职硕士研究生。副院长杜金林被评为浙江省有突出贡献中青年专家。享受政府特殊津贴7人，省优秀医师5人，省优秀护士4人，省新世纪151人才1人，市专业技术拔尖人才14人，市新世纪(321)专业技术人才14人，市名医74人。拥有复合手术室、PET-CT、眼科飞秒、3.0T磁共振、256排CT、SPECT、DSA、医用直线加速器、彩色多普勒超声仪、全套美国全自动检验设备、全套内窥镜等百万元以上先进医疗设施设备。

医院高度重视学科建设，拥有9个省区域专病中心建设学科(神经外科、普通外科、儿科、重症医学科、呼吸内科、血液科、麻醉科、心胸外科、消化内科)、3个省医学扶植重点学科(骨科、神经外科、胰腺外科)，1个省中医名科，18个市优先发展及扶持发展医学重点学科，18个省级住院医师规范化培训基地核准学科。稳步实施医学战略合作项目，深入开展与浙江大学医学院及其附属医院的学科对接合作，先后建立3个院士工作站和18个专家工作站。首次设立中青年科研启动基金，资助5项院级重点课题和15项院级一般项目，优化和完善科研各项制度和措施。获省医药卫生科学技术奖三等奖3项，获市科学技术奖二等奖1项，三等奖1项。全年在省级以上杂志发表学术论文161篇，其中SCI收录论文9篇，在中华医学会系列杂志发表论文44篇。获国家级继教项目立项13项，省级继教项目立项1项，举办国家级、省级继教培训班27期，新申报2017年国家级继教项目42项(中标15项)、省级继教项目10项。加强中心实验室建设，开展基因测序、肿瘤糖链检测、幽门螺杆菌检测等临床项目。

医院积极开展新技术新项目，近年来开展的ECMO手术、颈动脉内膜剥脱术、全腔镜肝脾胰胃大手术、内镜下逆行阑尾炎治疗术、腹腔镜下子宫腹膜外悬吊+直肠悬吊、冠状动脉旋磨技术、急性脑大血管栓塞动脉取栓术、免气腹腔镜下前列腺癌根治术、外阴恶性肿瘤腹腔镜腹股沟淋巴清扫术+腹膜外腹腔镜盆腔淋巴清扫等技术居于省内或国内先进水平。特色服务项目主要包括胰腺外科手术、神经外科创伤救治、骨科手术、儿科诊疗和重症监护、各类中毒的急救、中医治疗等。

金华市中医医院

金华市中医医院创建于1958年7月，是全国示范中医院、三级甲等中医医院、浙江中医药大学附属医院、浙江省首批“名院”建设单位。医院核定床位 600 张，开放床位 900 张，医院有在职职工 897 人，卫技人员 746 人，其中正高职称 47 人，副高职称 159 人。病区 14 个，一级临床学科 18 个，二级临床学科 20 个，专科 30 个。2016 年，医院总收入 4.9 亿元，同比增长 5.15%，其中医疗收入 4.41 亿元，同比增长 3.44%；中草药收入 6370 万元，同比增长 9.8%，占药品收入 30.95%；总结余 3778 万元，其中医疗结余 1992 万元，同比增长 11.02%；门急诊人数 62.42 万，出院人数 2.61 万，同比增长 1.84%；床位使用率 96.8%，床位周转次数 27.98 次；平均住院天数 12.77 天，同比下降 3.26%。

医院与中国工程院院士、国医大师石学敏签署合作协议，成立院士工作站和国医大师继承工作室；与国家名中医潘智敏教授合作成立全国名老中医传承工作室；与复旦大学附属中山医院建立医学合作，与杭州师范大学合作成立“脑康复与功能神经影像专家工作站”，提高医疗科研能力。对口帮扶金东区中医院、三江街道社区卫生服务中心、蒋堂卫生院等基层医疗机构。

金华市人民医院

金华市人民医院创建于 1958 年，是一所集医疗、预防、科研、教学、康复为一体的综合性三级乙等医院，浙江省首批高等医学院校教学医院，金华职业技术学院紧密型附属医院。

医院占地面积 3.4 万平方米，建筑面积 7.2 万平方米，核定床位 800 张，设有 17 个病区。有职工 1054 名，其中高级职称 182 名，中级职称 291 名，硕士研究生 53 名，博士研究生 2 名，市专业技术拔尖人才 2 名，市级名医20 名。形成以妇产科(包括生殖中心)、超声科为重点，特色鲜明的市级重点学科。

医院先后购置飞利浦公司大平板数字 DSA 机，超导双梯度高场 1.5T 磁共振、西门子 Acuson S2000 高档彩色多普勒超声诊断仪、超声胃镜等先进设备。2016 年，业务收入 6.31 亿元，门急诊人次72.43 万人次，出院人次 4.45 万人次，床位使用率 107.85%。

金华市第二医院

金华市第二医院创建于 1958 年，根据医院“一体两翼”发展战略，已发展成为以精神科、心理科、老年科为特色的三级甲等精神病专科医院，是金华市精神卫生中心，金华市精神病防治康复技术指导中心，金华市心理卫生协会挂靠单位，浙江省政府指定精神病医学鉴定医院。

医院占地 5.6 万平方米，建筑面积为 3.6 万平方米，核定床位 500 张，实际开放床位 750 张。有职工 350 名（正式在编人员 269 人），其中卫技人员 290 名，含高级职称 34 名，中级职称 95 名，初级职称161 名。2016 年，门诊人次 11.39 人次，出院人次5798 人次，业务总收入1.65 亿元。

金华市第五医院

金华市第五医院创建于 1982 年，前身为金华铁路医院，现为市直属二级乙等综合性公立医院，金华市 120 急救网络成员，“浙江省文明单位”“浙江省平安医院”“金华市文明单位”“金华诚信医院”，浙江省高等医学专科学校、金华职业技术学院医学院等大专院校的临床教学医院。

医院设有呼吸内科、心血管内科、消化内科、内分泌科、神经内科、肾病内科、重症监护室(ICU)、血透中心、普外科、骨科、脑外科、泌尿外科、肛肠科、妇产科、皮肤性病科、医学美容科、急诊科、五官科、口腔科、儿科、中医科、理疗科、放射科、检验科、麻醉手术科、特检科、体检中心等临床、医技科室，并开设高血压、糖尿病、白癜风、性病等 37 个专科专病门诊，下辖通圆、义乌铁西、金西 3 个社区卫生服务站。

2016 年业务收入 1.2 亿元，门急诊 27.32 万人次，出院人次 5977 人次，同比增长 22.5%；床位使用率105.32%。皮肤科是金华市医学重点学科，其诊疗水平在浙江中西部处于领先地位。皮肤科开展自体表皮游离移植治疗白癜风、骨科开展关节镜治疗关节疾病，创金华之先。医学美容中心与上海康奥激光美容中心合作，在金华首创美容项目，开展 8 大类40 余种医学美容诊疗项目，是浙江中西部地区技术、设备较为雄厚的医学美容中心。

金华广福医院

金华广福医院是浙中西部规模最大的民营医院,2016年引进联想弘毅投资旗下宏和医疗集团投资医院,是集医疗、科研、教学、预防、康复为一体的,以诊治肿瘤为特色的三级乙等专科医院,是非营利性医疗机构、医保定点医院,是浙江省价格计量信得过单位、全国劳动模范疗休养基地健康体检定点单位、浙江大学医学院附属邵逸夫医院友好医院。获全国民办非企业单位自律与诚信建设先进单位、全国优秀民营医院、AAAAA级民办非企业单位、省级文明单位、省价格计量信得过单位、省级绿色医院、省级平安医院、省级治安安全示范单位、省抗癌爱心单位、省创安先进集体、省卫生先进单位、省卫生系统思想政治工作先进单位、金华市首批“诚信医院”等市级以上荣誉称号50余项。经省卫生厅批准增挂“浙中肿瘤诊治中心”院牌。2010年,与浙江省肿瘤医院建立紧密型合作关系,经省卫生厅批准,成为“浙江省肿瘤医院金华分院”。

医院建设总投资占地10万平方米,总建筑面积8.65万平方米,开放床位1100张。有员工1038名,其中专业技术人员851名,高级职称人员120名,中级专业人员167名,硕士学位21人,市级名医18人。医院设有肿瘤科、呼吸科等28个临床科室,21个病区,20个医技科室,成立“金华市微创治疗中心”“金华市放射治疗中心”“金华市癌症疼痛治疗中心”“病理诊断中心”“介入治疗中心”“肿瘤综合治疗会诊中心”等国家和省内独具特色的专业技术中心。2016年,医院业务收入5.5亿元,同比增长6.8%,门急诊人次32.5万人次,出院人次3.1万人次。

医院引进三维适形调强放疗计划系统、直线加速器、ECT(单光子计算机断层扫描仪)、1.5T超导型磁共振、r-刀、肿瘤热疗系统、高能聚焦超声治疗系统、16排CT、DSA、高档彩超、PAC8000病理图像分析系统、运动心肺功能测试仪等高精尖诊治设备。使医院实现高科技人才与高精尖设备的有机结合,形成以手术、放疗、化疗、介入、生物、中医药为主体,凝固治疗、肿瘤热疗、术中放疗、微创体内放射粒子治疗等十多种先进技术相互配合的综合治疗优势,提高肿瘤的治疗效果。

文荣医院

文荣医院由横店集团投资创办,为非营利性、二级甲等综合性医院,占地面积49961平方米,建筑面积37628平方米,设置床位400张,开放床位400张,现设有29个业务科室。卫技人员数465名,卫技人员中有高级职称53名,中级职称82名;本科及以上学历178名。

医院通过“浙江省二级甲等综合医院”评审;通过浙江省档案目标管理二级认定;骨科人工关节置换技术临床应用通过浙江省卫生厅评价;与上海仁济医院风湿免疫科合作成立协作中心;医院被列为金华市级儿童先天性心脏病救治定点医院,并举办“金华心希望”先天性心脏病大型公益活动。2016年,业务总收入2.18亿元,其中,医疗收入同比增长3.83%,药品比例36.24%,下降2%;药品收入下降5.31%。门急诊人次24.83万人,增长1.35%;出院人次1.7万人,增长1.19%。门诊均次费264.6元,同比下降1.28%;出院均次费用7187元,同比下降12.68%。

金华眼科医院

金华眼科医院是浙中西部首家集医疗、预防、保健、教学、科研于一体的民办非营利性专科医院,核定床位80张,是卫生部视光学研究中心、温州医学院眼视光学院临床教学实习基地,金华市低视力康复定点医院,同时也是金华市红十字眼科医院,金华市慈善眼科医院,金华慈善光明工程指定医院。先后荣获中共浙江省委、浙江省人民政府颁发的“残疾人工作先进集体”,浙江省人民政府残工委颁发的“扶残助残先进集体”,金华市委、市政府颁发的“文明单位”“金华慈善奖”等荣誉,是金华市(县、区)城镇医疗保险和新型农村合作医疗定点医院。

医院拥有世界上一流的飞秒激光、鹰视酷眼等激光近视治疗系统,眼底照相荧光造影及分析系统、眼底OCT、眼内激光、博士伦超声乳化波切一体机、蔡司高级手术显微镜、眼电生理、眼科A/B超、瑞士OCTOPUS101视野机,角膜地形分析仪,非接触眼压计、综合验光仪等一大批高精眼科医疗设备。

医院有一大批眼科专业技术人员,设有白内障专科、青光眼专科、眼底病专科、角膜病专科、眼外伤专科、视光学专科、小儿眼科、斜弱视专科、眼整形专科和屈光(近视激光)手术专科。2016年,门诊总诊疗人数同比增长23.68%,出院人数同比增长93.03%,入院和出院诊断符合率98.49.0%;手术前后诊断符合率98.86%;医疗质量基本达到三乙眼专科医院要求。

(李图强)

索引

H

J

K

L

M

N

P

Q

R

S

T

W

图书在版编目(CIP)数据

金华年鉴. 2017 / 金华市地方志编纂委员会编. --
北京：方志出版社，2018.6
ISBN 978-7-5144-3118-6

Ⅰ. ①金… Ⅱ. ①金… Ⅲ. ①金华市—2017—年鉴
Ⅳ. ①Z525.53

中国版本图书馆 CIP 数据核字(2018)第 155631 号

金华年鉴（2017）

编　　者：金华市地方志编纂委员会
责任编辑：王　品
出 版 人：冀祥德
出 版 者：方志出版社
　　地址　北京市朝阳区潘家园东里 9 号（国家方志馆 4 层）
　　邮编　100021
　　网址　http://www.fzph.org
发　　行：方志出版社发行中心
　　电话（010）67110500
经　　销：各地新华书店
印　　刷：金华日报商务彩印有限公司
开　　本：889 × 1194　　1/16
印　　张：20.5
字　　数：563 千字
版　　次：2018 年 6 月第 1 版　　2018 年 6 月第 1 次印刷
印　　数：001~600 册

ISBN 978-7-5144-3118-6　　定价：220.00 元

金华市城区

金园水泥
济台寺
上殿溪水库
大舍殿
溪滕
张家村
高村
三甲山
跃进水库
上湖头
竹马馆
竹马乡
倪村
浙江师范大学
后畈田
马淤
王埠头
G60
高店
杜车头
方下店
倪西店
推包井
六头塔
S313
丽泽花园
绿城
王店
下河
新店桥头
坝上
下张家
牛长坑
中华水泥
塘角
新世纪学校
友谊水库
二中
广福医院
杨麻车
下河
国际山茶物种园
麻园
林田
吴店
宗宅
十里铺
后地小区
城北街道
后杜
畈下
应店
黄桥头
十八中
金华站
幸福
樊里
樊司
湖头新村
塘西
下天师
汽车西站
杨梅山
协和医院
三中
五星大酒店
城中花园
四中
五院
东下
临江
张都
乾西卫生院
上天师
万安家苑
鲍塘
九中
城西街道
筱溪
黄武范
湖头
乾西乡
四季人家
银泰百货
坛头
婺城大桥
石道畈
金虹桥
通济桥
邵家
竹园
下塘
市十七中
七里殿
肉类联合加工厂
河盘大桥
龙溪桥
下潘家
方店
寺园
开发区管委会
韦达国道商广场大酒店
婺城中学
上潘家
今飞机械
江南明珠
中医院
永乐工艺
婺城区
季家
金华火腿厂
红旗
婺州城市广场
三联
益塘
婺江大桥
图书馆
中级法院
G330
婺城人民医院（规划）
雅村
市二医院
西关街道
市民广场
白龙桥镇
怡村
迪耳药业
江南中学
沙溪
东晶电子
皇冠电动工具制造
姜山头
荣耀
西苑中学
豪迪染整
S103
晶宙兵电
秋滨街道
燃机发电
梦祥家私
南检察院
郑阳
金华实验中学
浙江大学
深蓝艺墅
艾克医院
金华职业技术学院
和嘉塑业
庄长
鹿庄工具
家和园
华庭常青墅
银鹰集团
佳环电子
沈天田
工商局
洞溪社区
宏发工具
金棉纺织
龙蟠
吕塘水库
绿源电动车
G330
湖海塘水库
姜丰
吕塘下
中国青年汽车
冠山顶新村
黄浦桥头
佳乐乳业
雅饶
化山小区
唐宅
华港工具实业
科惠医疗器械
东构机械制造
黄元
塘上
山背
蒋马山背
浙中模具城
华欣工艺
高精新型科技材料
下水碓
井头
黄碧塘
市体育中心
清塘下
十二丘
今飞机械集团
闪耀玻璃
闪耀玻璃
青塘淀水库
后屋
下山头
合山头新村
杨林